주역

·

상권

주역

상권

정병석 역주

을유문화사

옮긴이 정병석(鄭炳碩)

영남대학교 철학과와 동 대학원을 졸업하고, 타이완(臺灣) 중국문화대학(中國文化大學) 철학연구소에서 철학박사 학위를 취득하였다.
계명대학교 철학과 교수를 거쳐 현재 영남대학교 철학과 교수로 재직 중이다.
주요 저술로는 『傳統儒學的現代詮譯』(공저), 『중국철학특강』(공역), 『주역철학의 이해』, 『인륜과 자유』, 『동양철학과 아리스토텔레스』, 『중국고대사상사론』 등이 있다.

주역 상권

발행일
초판 제1쇄 2010년 11월 30일
초판 제6쇄 2022년 5월 25일

옮긴이 정병석
펴낸이 정무영
펴낸곳 (주)을유문화사

창립 1945년 12월 1일
주소 서울시 마포구 서교동 469-48
전화 02-733-8153
팩스 02-732-9154
홈페이지 www.eulyoo.co.kr
ISBN 978-89-324-5259-3 03150

- 저작권법에 의해 보호를 받는 저작물이므로 무단전재와 복제를 금합니다.
- 이 책의 전체 또는 일부를 재사용하려면 저작권자와 을유문화사의 동의를 받아야 합니다.
- 책값은 뒤표지에 있습니다. 잘못된 책은 구입하신 곳에서 바꾸어 드립니다.

해제

1. 『주역(周易)』과 점(占)

1) 『주역』의 신원해명(身元解明) 점치는 책인가? 동양의 세계관(世界觀)과 수신(修身)을 말한 책인가?

『주역』을 말하고 연구하는 데 있어서 가장 크게 논란을 일으키는 것 중의 하나가 바로 점(占)과 연관되는 문제이다. 『주역』이라는 책이 가지고 있는 근본 성격이 무엇인가라는 문제를 말할 경우 단호하게 점치는 책으로 규정하는 사람들이 많이 있다. 그들이 자신들의 논점을 강하게 밀어붙일 수 있는 유력한 근거는 바로 그것의 출신 성분(?)이다. 말하자면 『주역』은 점복(占卜) 또는 복서(卜筮)에서 출발하고 있다는 발생적(發生的) 기원(起源)을 주요 근거로 제시한다는 것이다. 실제로 우리가 『주역』의 기원과 형성 과정이란 문제에 관해 살펴보면 그것은 분명히 복서라는 고대의 점치는 문제와 밀접한 관련을 가지고 있음을 발견할 수 있다.

2) 그럼 점치는 책인 『주역』이 어떻게 수천 년 동안 최고 경전의 지위를 차지할 수 있는가?

『주역』의 발생적 기원이 점에 있다고 한다면 『주역』의 원류는 분명히 거북이나 동물의 뼈에 점을 치는 귀복(龜卜), 그리고 시초(蓍草)로 점을 치는 서점(筮占)과 직·간접적으로 연결되어 있다. 그러나 현재의 통행본(通行本) 『주역』은 결코 점서(占筮)를 행하기에는 적합하지 않다. 이는 상당 부분 기능상에서 점이라는 측면이 퇴색되고, 그 자리에 도덕적 수신이나 형이상학적인 내용들이 훨씬 더 강화되었기 때문이다. 오늘날 점을 말할 경우 무조건 『주역』의 권위를 이용해 관련 지으려 한다. 그러나 그것이 정당화되기 위해서는 『주역』의 발생적 기원과 그것의 철학적 해석의 길을 통한 진화(進化)라는 문제를 학문적인 측면이나 현실적인 입장에서 분명히 연구하고 지적할 필요성이 있을 것으로 보인다.

3) 점(占)과 철학(哲學)의 모순적 동거(同居)

점의 바탕(易經) 위에 철학적 해석의 내용(易傳)을 부가한 모순적 통일체로서의 『주역』에서 점과 철학의 긴장 관계를 어떻게 보아야 하는가? 이 문제는 『주역』이 있어 온 이래로 항상 논의되어 온 과제라고 할 수 있다. 사실 우리는 『주역』의 본질적 성격을 점이나 철학 혹은 사상과 관련되는 성격 어느 하나만으로 규정할 수는 없다. 왜냐하면 이것은 발생적 단계와 발전적 단계 중 어느 하나를 통하여 배타적으로 규정하는 것은 어렵기 때문이다.

  64괘의 괘사(卦辭)와 효사(爻辭)의 내용으로 구성된 『역경(易經)』을 제외한 『역전(易傳)』 부분에는 계사전(繫辭傳), 설괘전(說卦傳), 서괘전(序卦傳), 잡괘전(雜卦傳) 등이 있다. 이른바 『역전』의 다른 이름인 십익(十翼)은 단전(彖傳 : 괘의 종합적 해설을 주로 함) 상·하 2편, 상전(象傳 : 64괘가 가진 상을 해설함) 상·하 2편, 계사전(繫辭傳 : 종합적인 철학적 해석, 십익의 핵심 사상) 상·하 2편, 문언전(文言傳 : 乾坤 2괘의 윤리적 해석), 설괘전(說卦傳 : 8괘의 성질에 대한 설명), 서괘전(序卦傳 : 64괘 배열 순서의 설명), 잡괘전(雜卦傳 : 서로 대립하는 괘의 설명)의 7종 10편으로 이루어져 있다.

2. 『주역』의 작자

  1) 성인작역(聖人作易) : 『주역』은 성인이 지었는가?

  『한서』「예문지」에서 반고(班固)는 삼성설(三聖說)을 제기하여 복희씨(伏犧氏)가 8괘를 그렸고, 문왕(文王)이 64괘와 괘효사(卦爻辭)를, 공자가 『역전』을 지어서 경문(經文)을 해석하였다고 말한다. 그러나 동한(東漢) 시기의 학자들과 주자(朱子)는 사성설(四聖說)을 제기하여 주공(周公)이 효사(爻辭)를 지었다고 하면서 주공을 『주역』

을 지은 작자의 반열에 포함시킨다. 『주역』을 과연 누가 지었는가라는 문제에 대해서는 정말 다양한 견해들이 있다. 『주역』을 지었다는 사람으로 등장하는 복희, 문왕, 주공과 공자 등은 모두 중국 문화사 속에 등장하는 위대한 성인들이다. 과연 이들이 『주역』을 만들었는가?

2) 인류 지혜의 산물, 모든 이들이 지은 책

이런 성인이 『주역』을 지었다는 '성인작역'이라는 신성 합리성(神聖合理性)의 관점은 송대(宋代)의 구양수(歐陽修) 등의 도전적 견해를 시작으로 하여 20세기 초기의 고사변(古史辨) 학파로 불리는 의고적(疑古的) 경향에 의해 매우 심하게 동요되고, 20세기 후반의 수자괘(數字卦)와 백서 주역(帛書周易) 등의 새로운 출토 자료(出土資料)에 의해서 심각한 타격을 받게 된다. 이런 '성인작역'은 또 다른 심각한 문제점을 발생시켰는데 그것이 바로 '이전해경(以傳解經)'의 관점이다. 이것은 『역경』과 『역전』이 비록 시기적으로 떨어져 있으나 성인들이 모두 같은 마음(同心)으로 만든 저작이기 때문에, 『역경』은 『역전』의 관점에 근거하여 해석하는 것이 당연하고 내용상으로도 전혀 문제가 없다고 생각하는 관점이다. 그러나 여기에는 철학적으로 해명되어야 할 대단히 중요한 문제가 있다. 그것은 『역경』에서 『역전』으로의 전환이 어떤 발전적 사유과정을 거쳤는가 하는 것이다. 하지만 이에 대한 해명 없이 그 자리에 성인이나 전설을 채워 넣었다. 이제 '성인작역'이라는 초역사적인 관점을 벗어나서 『주역』의 경(經)과 전

(傳)의 발생을 그들이 발생한 각자의 역사에 돌려줄 때가 되었다. 즉 『역경』과 『역전』이 각기 다른 문화적 성질을 가지고 있음을 일단 인정하여 『역경』은 점치는 부분을 기록한 것이고, 『역전』은 철학을 말하는 책이라는 것을 명확히 하여야 구분할 것이다. 또 『역경』과 『역전』의 저자를 성인이 아닌 다른 보통 사람들에게 돌려주어야 하는 것이 합당할 것이다. 나아가 『주역』 해석의 주체와 권리를 특수한 소수 계층에서 개별적 다수인 보통 사람들에게 돌려주어야 할 것이다.

3. 『주역』과 변화(變化)

1) 『주역』의 명명(命名)과 삼역(三易)

가. 『주역』의 '周'는 어떤 의미를 가지고 있는가?

'周'는 시간, 공간을 모두 포함한 上下四方(宇)과 古今往來(宙)의 모든 것을 두루(周) 통괄하고, 포괄한다는 의미를 말하는가? 그렇지 않고 조대(朝代) 혹은 시대를 의미하는 周나라, 주대(周代)의 의미로 周를 쓴 것인가? 만약 후자의 말이 맞다면 주나라 이전의 하(夏)나 은(殷)에도 『역(易)』이 있었다는 말인가?

나. 중국 고대의 삼역(三易)

중국 고대의 『易』에는 모두 세 종류가 있었다고 전한다. 『주례(周禮)』에서는 그것을 『연산역(連山易)』, 『귀장역(歸藏易)』, 『주역』으로 말하고 있다. 『연산역』이나 『귀장역』은 이미 실전되어 그 전모를 완전하게 파악할 수 없다. 일반적으로 삼역(三易)의 성립 시기와 작자에 대해 『연산역』은 하대(夏代)의 신농역(神農易), 『귀장』은 은대(殷代)의 황제역(黃帝易), 『주역』은 주대(周代)의 복희역(伏犧易)이라고 말한다.

『연산』은 艮(☶)을 머리 괘(首卦)로 하고 있는데, 간(艮)은 山으로 두 개의 산이 겹쳐 있으므로 『連山』이라고 한 것이다. 간괘(艮卦)의 「상전」에서 말하는 "겸산(兼山)"의 의미와 같다. 『귀장』은 곤(☷)을 머리 괘로 하고 있는데, 만물을 보존하고 담아줄 수 있는 것(歸藏)이 바로 땅이기 때문이다. 『주역』은 바로 현존하는 『역』으로 건(☰)을 머리 괘로 하고, 있고 건은 하늘(天)을 상징한다.

그런데 지금까지는 『주역』을 제외한 『귀장』이나 『연산』의 존재에 대해서는 부정적으로 보아온 것이 사실이다. 이런 측면에서 왕가태(王家台)의 진간(秦簡, 진나라 시기의 죽간을 말함) 『역점(易占)』의 발견은 매우 중요하다. 1993년에 호북성(湖北省) 강릉현(江陵縣) 형주진(荊州鎭) 왕가태(王家台) 15호 묘(墓)에서 역점(易占)과 관련된 죽간(竹簡)이 발견되었다. 이 죽간에는 모두 54개의 괘가 보이는데, 괘는 괘획(卦劃), 괘명(卦名), 괘사(卦辭)의 세 부분으로 구성되어 있다. 이들 괘의 괘사에 남아 있는 내용들이 기존에 남아 있는 『귀장』의 내용(대표적인 것으로는 馬國翰의 『玉函山房輯佚書』가 있다)과 거의 같다는 사실이 밝혀지면서 여러 학자들은 이 왕가태의 진간 『역점』을 『귀장』으로 간주한다.

  만약 그들의 생각처럼 왕가태의 진나라 죽간 『역점』이 『귀장』의 내용을 담고 있는 것이 사실이라면 그것은 매우 중요하다. 우선 생각하여야 할 것은 바로 『귀장』의 『주역』에 대한 영향이다. 『주역』이 은나라 역을 채용하였다는 관점은 송대의 이과(李過)[1]나 상병화(尙秉和)[2] 등이 이미 언급하였다. 그러나 문제는 『귀장』 자체에 대한 진위(眞僞) 논란이 끊이지 않고 이어져 왔다는 것이다. 물론 최근에 그것이 위서(僞書)가 아님을 주장하는 관점도 제기되고 있지만, 후대의 위작(僞作)으로 보는 경우가 일반적이었다. 『위서통고(僞書通考)』에서 장심징(張心澂)은 "『귀장』은 한대 초기에 이미 없어졌다가 수대(隋代)에 갑자기 출현한 것은 그것이 위서임을 말해주는 것이다. …… 진대(晉代)와 수대(隋代)의 『귀장』은 모두 위서이다"고 하였다. 그러나 1993년 왕가태 진간 『역점』의 발견은 위의 논란에 대해 상당히 새로운 증거들을 제시해주어 고서(古書)에서 언급되는 『귀장』이 진실성을 가지

---

[1] 이과는 『서계역설서(西溪易說序)』(文淵閣 『四庫全書』本)에서 『주역』이 『귀장』을 바탕으로 삼고 있는데 괘명(卦名)을 상나라 역에서 채용하고 있을 뿐만 아니라 괘사(卦辭) 역시 상나라 역을 채용하고 있음을 말하고 있다.
[2] 상병화는 『초씨역고(焦氏易詁)』(中華書局, 1991年) 241쪽에서 "『주역』의 글은 고대의 두 『역』을 인습(因襲)하고 있다(周易之文, 因襲于二易)"고 하였다.

고 있음을 말해주고 있다. 왕가태 진간『역점』의 발견은『귀장』을 새롭게 인식하게 만들었을 뿐만 아니라,『귀장』의『주역』에 대한 영향을 더욱 분명하게 인식하도록 만들었다.

2)『주역』은 변화(變化)의 책 : 역(易)과 변역(變易)

『주역』이란 말에서 역(易)은 또 무슨 의미를 가지고 있는가? 역(易)은 변화와 운동의 의미이다. 이른바 변역(變易)이다.『주역』이 변화를 강조하는 이유는 사람들이 이 변화에 어떻게 주도적으로 현실에 적응하는가 라는 문제를 제기하기 때문이다. 그러므로『주역』에서는 때에 들어맞는 행위, 즉 시중(時中)을 가장 강조한다.『주역』이라고 말할 때의 '易'이라는 글자의 어원(語源) 자체는 이미 변화(變化)라는 의미를 지니고 있다. 易자의 문자적 분석에 대한 여러 가지 의견이 많지만, 그 중 몇 가지를 소개하면 다음과 같다.

첫째,『설문해자(說文解字)』에서는 易의 상형(象形)을 하루에도 열두 번씩 그 색깔을 변화시키는 한 마리 도마뱀, 즉 석척(蜥蜴)으로 보고 있다. 이른바 자기 변신에 능한 카멜레온을 말하는 것으로 보인다.

둘째, 한대(漢代) 위백양(魏伯陽)의『주역참동계(周易參同契)』에서는 日과 月을 합하여 易이라는 글자가 이루어진 것으로 보고 있다. 이는 문자적인 의미뿐만 아니라 달이 상징하는 음(陰)과 해가 상징하는 양(陽)을 우주의 근본적 동력으로 보는 입장이다.

셋째, 황진화(黃振華)는 易의 상형을 日沒로 보는 입장이다.[3]

넷째, 易자의 상형을 태양이 구름에 가려져 있으면서 때로는 맑았다가 흐려지는 날씨의 변화로 이야기하기도 한다.[4]

위의 몇 가지 해석들 중에서 공통적인 요소는 바로 변화(變化)라는 의미이다. 이 변화라는 말은 「계사전」에서 "하늘에 걸려 있는 것(예를 들면 日·月·星)은 상이 되고 땅에 있는 것(예를 들면 산천초목)은 형체(形)가 되니, 여기에서 변과 화가 나타난다(在天成象, 在地成形, 變化見矣)", "강과 유가 서로 밀쳐서(서로 번갈아 가면서 자리를 옮겨) 무궁한 변화를 낳는다(剛柔相推而生變化)", "변화라는 것은 진퇴의 상이다(變化者, 進退之象也)" 등으로 자주 언급된다.

또 「계사전」에서는 '변화'라는 개념을 '변(變)'과 '화(化)'로 나누어 더욱 세밀하게 분석하기도 한다.[5] 그러나 보통 동의자(同義字)로 보고 둘을 합하여 사용한다. 이 변화의 개념이 바로 『주역』에서 이야기하고자 하는 핵심이다. 이 '변화'라는 개념을 통하여 『주역』은 자연과

---

3 처음에는 역(易)을 일출(日出)로 말하다가 후에 일몰(日沒)로 견해를 바꿈.
4 고홍진(高鴻縉), 『중국자례(中國字例)』, 第一冊, 257-258쪽, 台北, 廣文書局, 1970.
5 혜동(惠棟)은 "하늘에는 八卦의 象이 있고, 땅에는 八卦의 形이 있어, 하늘에 있는 것은 變이고, 땅에 있는 것은 化이다"라고 하였다. 『주역술(周易述)』, 卷十四 참조 바람. 유백민(劉百閔)은 陽의 변화를 '變'이라 하고, 陰의 변화를 '化'라고 한다. 「易事理序論」, 『新亞學報』, 第一期, 61쪽, 1963, 홍콩. 그리고 Richard Wilhelm의 독일어 번역본을 C. F. Baynes가 영역(英譯)한 "The I-Ching or Book of Change"에는 '變'을 Change 로, '化'를 Transformation으로 번역하고 있다. Richard Wilhelm rendered into English by Cary F. Baynes, The I-Ching or Book of Change, p.280과 p.289, Princeton U. Press, 1965.

인간사의 변화하는 과정을 상징적으로 표현한다. 이러한 변화의 의미를 단적으로 표현하고 있는 것이 바로 '변역(變易)'이라는 개념이다.

정현(鄭玄)은 『주역건착도(易緯乾鑿度)』의 주(注)에서 "易은 하나의 이름으로 세 가지의 뜻을 포함하고 있는데, 이른바 간이, 변역, 그리고 불역이다"[6]고 하였다. '간이(簡易)'는 『주역』의 효용적인 측면에 대해 말한 것이고, '불역(不易)'은 변화현상 배후의 상도(常道) 혹은 법칙을 말한 것이며, '변역(變易)'은 우주의 부단히 변화하는 현상에 대해 말한 것이다. 그 중에서 이 변역이야말로 『주역』에서 가장 중요한 개념이다. 그러므로 공영달(孔穎達)은 『주역정의(周易正義)』에서 "역이라는 것은 변화의 총칭이고, 변경하여 바꾼다는 의미의 다른 이름이다. 천지가 개벽한 이래로 음양이 운행하여, 추위와 더위가 서로 번갈아 오고 해와 달이 서로 교대로 나오니, …… 새롭고 또 새로워 끊임이 없고, 낳고 낳아 서로 이어 가는 것은 이 변화의 힘과 교체하는 작용에 바탕하지 않음이 없다(夫易者, 變化之總名, 改換之殊稱, 自天地開闢, 陰陽運行, 寒暑迭來, 日月更出, …… 新新不亭, 生生相續, 莫非資變化之力, 換代之功)"고 하였다.

이 우주의 모든 만물은 '—'과 '--'으로 상징되는 陽과 陰의 교감(交感)과 배합(配合)으로 생성된 것이다. 이 음과 양의 상대적 인수로 배합되어져 생성된 우주 속의 모든 사물은 끊임없이 발전하고 변역하

---

[6] 鄭康成注, 「易緯乾鑿度」 卷上, 台北, 三才書局, 1978.

는 과정 중에 있다. 모기령(毛奇齡, 1623~1716, 청대의 학자)의 『중씨역(仲氏易)』에서는 이전의 여러 관점들을 종합하여 역(易)에는 변역(變易), 교역(交易), 반역(反易), 대역(對易), 이역(移易)의 다섯 가지 뜻이 있다고 말한다. 이른바 반역(反易)은 삼국 시기의 우번(虞翻)이 말하는 두 괘의 반대(反對)를, 이역(移易)은 동한(東漢)의 순상(荀爽)이 말하는 승강(乘降, 양효는 상승하고 음효는 하강한다는 관점)을, 대역(對易)은 우번이 말하는 두 괘의 방통(旁通)을 가리키는 것이다.

4. 『주역』과 상(象)

1) 『주역』이 가지고 있는 다중적(多重的) 의미

『주역』의 괘효(卦爻)는 처음에는 대부분 점복(占卜)에 이용되는 것에 불과하였다. 그러나 후대에 64괘가 정돈된 형식으로 구성되면서, 『주역』이 가지는 관점과 기능 역시 변화된다. "역에는 성인이 항상 사용하는 도가 네 가지 있으니, 『주역』으로 말하는 사람은 그 말을 숭상하고, 『주역』으로 행동하는 사람은 그 변화를 숭상하고, 『주역』으로 기물을 만드는 사람은 상을 중시하고, 『주역』으로 점서(占筮)를 행하는 사람은 점치는 기능을 숭상한다(易有聖人之道四焉, 以言者尙其辭, 以動者尙其變, 以制器者尙其象, 以卜筮者尙其占)"고 하여 『주역』의 네 가지 큰 기능을 말하고 있다. 이것을 보면 『주역』에 대한 관점이 점치는 것에만 머물러 있거나 혹은 결코 점서가 아니라고 보는 극단적인 두 가지 입장이 모두 문제가 있음을 알 수 있다. 다시 말하면 『주역』은 점서(占筮)의 기능뿐만 아니라, 인간 행동의 기준과 문화적 산물의 제작 등 많은 기능을 가지고 있다. 이처럼 『주역』에서 占이라는 기능이 1/4밖에 되지 않음에도 불구하고 전체를 한 권의 「점술서」로만 간주하는 것은 분명히 문제가 있다.

2) 『주역』의 상(象)을 통한 무한한 해석의 가능성

『주역』은 괘효의 상(象)이라는 부호체계와 여기에 달려 있는 괘효사(卦爻辭)를 통하여 의미를 전달하는 특수한 형식으로 되어 있어 이해하기가 결코 쉽지 않다. 그러나 다른 경전과는 확연히 구별되는 이런 역상(易象)의 특수한 형식체계는 후대에 매우 다양한 해석을 낳게 만든다. 그런데 여기에서 우리는 하나의 중요한 문제를 제기할 수 있다. 그것은 바로 "어떻게 해서 점서(占筮)의 기록에 불과한 『주역』이 깊이 있고 차원 높은 철학적인 체계를 갖춘 책으로 발전할 수 있었는가?"라는 것이다. 이런 문제의식으로 본다면 『주역』이 점치는 책에서 심오한 철학적 체계와 다양한 문화적 해석을 가능하게 한 내재적 원인 혹은 본질적인 근거를 상징부호체계에서 그 해답을 찾아볼 수 있다.

『주역』이 다른 책들과 구별되는 가장 큰 특징은 역시 '--'과 '—'을 운용한 64개의 괘와 384개의 효로 구성되어 있는 괘효상(卦爻象)의 부호체계와 괘효에 붙어 있는 괘효사(卦爻辭) 및 초(初), 상(上), 구(九)와 육(六) 등으로 구성된 효제(爻題) 등의 독특한 상징부호체계의 결합방식에서 찾을 수 있다. 『주역』이 가지고 있는 이런 상징부호체계들은 예비적 지식이 없는 보통 사람들로 하여금 『주역』의 이해를 가로막는 가장 큰 장애로 작용한다. 이러한 괘효상의 상징체계는 『주역』을 마치 무슨 특별한 능력을 가진 사람들만이 이해할 수 있는 난해하고 신비로운 책이라는 잘못된 인상을 가지게 만드는 데 결정적인 역할을 한다. 어쨌든 『주역』이라는 경전이 무엇을 말하고 있으며, 또 어떤 성격을 가지고 있는 책인가를 이해하기 위해서는 이런 괘효의 부호를 바탕으로 하는 상(象)의 사유와 인식에 대한 이해는 필수적이다. 바로 이 상징체계야말로 본문(本文)과 『주역』의 핵심을 이룬다. 따라서 이에 대한 철저한 이해가 없이는 주석이나 철학적 해석은 불가능하다.

『주역』의 이런 '상(象)'과 관련되는 일련의 사유과정과 인식체계는 『역전』 등의 철학적 해석뿐만 아니라 이후의 유가, 도가 심지어 불가에 이르기까지 모두 이를 응용한 다양한 관점들을 양산하게 만든다. 즉 『사고제요(四庫提要)』「역류소서(易類小序)」에서 "역의 도리는 매우 넓어 포함하지 않는 것이 없는데 널리 천문, 지리, 악률, 병법, 음운학, 산수를 비롯하여 방외의 봉화에 이르기까지 모두 『주역』을 바탕으로 하여 이야기하고 있다(易道廣大, 無所不包, 旁及天文, 地理, 樂律, 兵法, 韻學, 算術, 以逮方外之烽火, 皆可援易以爲說)"고 말하는 것을 보면 그 활용(活用)과 응용의 범위를 어렵지 않게 짐작할 수 있을 것이다. 『주역』이 한 권의 점치는 책에서 출발하여 이와 같이 방대한 문화적 기능과 인식가치를 지닐 수 있었던 근원적인 이유는 바로 그 자체의 괘상, 괘효사, 효수(爻數) 등이 밀접하게 배합된 '상'의 사유체계와 해석 때문이다. 즉 『주역』의 외연(外延)이 이처럼 무한대로 확장될 수 있었던 배경에는 이런 '상'의 인식체계 혹은 사유가 있었기 때문에 가능했던 것이다. 그러므로 『주역』을 이해하는 데 있어서 선결적인 과제는 '상'의 의미와 체계에 대한 해석과 판독이다.

본문에 해당하는 괘효 체계의 상징적 기능이 없었다면 후대의 창조적인 철학적, 문화적인 해석은 불가능했을 것이다. 또 이를 통해 왜 고대의 점서적(占筮的) 내용에 해당하는 『역경(易經)』 부분이 역사적 발전에 따라서 사라지지 않고 여전히 창조적인 해석을 가능하게 해 주는 원천이나 재료의 역할을 하면서 굳건하게 존재하고 있는가라는 사실에 대해서도 충분히 이해할 수 있을 것이다.

3) 상(象)의 의미

『주역』의 '상'에 대해 전면적 해석을 하는 부분이 바로 「계사전」이다. 역전의 「계사전」은 명확하게 "역이라는 것은 상이다(易者, 象也)"라고 하여 『주역』의 특징이 상(象)에 있음을 매우 분명하게 말하고 있다. 『역전』 속에서 '상'은 모두 485번이나 출현한다(그 가운데 「계사전」 중의 '象曰'이라는 말의 '상'을 빼면 42번이다). 괘상(卦象)은 '상(象)'의 핵심으로 심지어 『주역』의 대명사라고 하여도 틀린 말은 아닐 것이다. 「계사전」에서 말하는 "역이라는 것은 상이다"의 '상'을 표면적으로 이해하면 괘상의 체계만을 말하는 것으로 이해할 수 있다. 이 괘상은 『주역』에서 만사만물을 인식하는 중개(仲介)의 역할을 하는 가장 중요한 핵심임에는 틀림이 없지만, 엄밀히 말해서 여기에서 말하는 '상'은 결코 괘효의 부호체계만을 의미하지 않는다. '상'이라는 말이 가지고 있는 성질을 분석하면 크게 두 가지로 나눌 수 있다. 그것은 바로 명사(名詞)로서의 '상'과 동사(動詞)로서의 '상'이다.

명사로서의 '상'에는 괘상(卦象), 효상(爻象)과 괘효(卦爻)가 상징하는 물상(物象) 및 사상(事象) 등이 있고, 또 일체의 현상·형상까지도 모두 포함된다. 즉 형태가 있고 볼 수 있는 구체적인 기물의 모습과 비록 형태가 없어서 볼 수 없지만 느낄 수 있는 현상들을 상이라고 말한다. 「계사전」에서는 "나타난 것을 상이라 하고, 형체로 구체화 된 것을 기라 한다(見乃謂之象, 形乃謂之器)"고 하여 보이는 상과 형태가 있는 기물을 모두 '상'이라고 하였다.

동사로서의 '상'은 "상(像)"과 통하는데 상징·비유 등의 의미를 가지고 있다. 이는 『주역』이 괘효의 부호를 이용하여 자연변화와 인간사의 길흉을 상징하고 비유하는 것을 가리킨다. 「계사전」에서 "이 때문에 역은 상이니, 상은 본뜬다는 것이다(易者, 象也, 象也者, 像也)", "물의 마땅함을 상징한다(象其物宜)", 또 "성인이 상징한다(聖人象之)"에서 말하는 '상'은 모두 동사로 사용되고 있다.

이 같은 이유로 '상'은 『주역』에서 가장 중요한 구성요소이고 심지어 『주역』의 대명사라고도 말한다. 이 중에서 실제로 상이 가지고 있는 중요한 의미와 기능은 동사로서의 '상', 즉 취상(取象), 상징이나 비유의 방법론에 있다. 동사로서의 상은 앞에서 말한 '상(像)'으로 취상, 상징, 유비(類比)의 뜻을 가지고 있다. 이것은 『주역』은 괘효의 부호를 이용하여 자연변화와 인간사의 길흉을 상징하고 유비(類比)한다는 것을 뜻한다.

5. 『주역』과 天·地·人의 삼재지도(三才之道)

1) 『주역』의 천인관(天人觀)

어떤 다른 경전이나 철학자들의 관점과 구별되는 『주역』의 천인관(天人觀)이 가지고 있는 가장 큰 특색은 천(天道)·지(地道)·인(人道)의 '삼재(三才)' 또는 '삼재지도(三才之道)'라는 관점을 통하여 '천과 인간의 관계'를 이야기하고 있다는 점에서 찾을 수 있을 것이다. 그러나 '삼재'는 『역전』의 모든 전(傳)에서 통용되는 그런 보편적인 개념은 아니다. 그 중에서 「계사전」과 「설괘전」만이 천도·지도·인도의 '삼재'라는 개념을 통하여 '천인'의 문제를 이야기하고 있을 뿐이다.[7] 물론 천도·지도·인도라는 말은 『역전』의 다른 편에서도 출현한다. 예를 들면 겸괘(謙卦)의 「단전」에서도 분명하게 천도·지도·인도 등에 대해 언급하고 있지만,[8] 그러나 '삼재'를 통일적으로 설명하고 있는 직접적인 언급은 보이지 않는다.

『역전』은 왜 '천인'의 문제를 천·지·인의 '삼재'를 통하여 설명하는가? 『역전』이 '천인'의 문제를 천·지·인의 '삼재'로 나누어 설명하려는 의도는 도대체 어디에 있는 것인가? 어쩌면 이 문제를 파악하는 것이 『주역』이 말하려고 하는 철학적 함의를 이해하는 중요한 첩경일지도 모른다. 천·지·인의 '삼재'를 통하여 『역전』이 말하려고 하는 의도 혹은 궁극적 목적이 무엇인가 하는 문제는 여러 가지 다양한 각도에서 다룰 수 있을 것이다.

우선 『역전』에서 인용되고 있는 '삼재'에 대해 먼저 살펴보도록 하자. 『계사전』에서는 '삼재'를 다음과 같이 말하고 있다.

> 주역이라는 책은 넓고 커서 하나도 남김없이 (모든 것을) 다 갖추고 있는데, (그 중에는) 천도도 있으며 인도도 있고 지도가 있으니, 삼재를 겸해서 둘로 하였다. 그러므로 여섯이니, 여섯이란 것은 다른 것이 아니라 삼재의 도이다.[9]

우선 『계사전』의 인용문은 『주역』이 세상의 모든 이치를 다 갖추고 있는데 그 중에서 가장 대표적인 것이 바로 천도·지도·인도라고 말

---

7 '삼재'와 같은 의미로 통용되는 '三極'이라는 말은 「繫辭傳」上, 第2章의 "六爻之動, 三極之道也"라는 곳에 보인다.
8 謙卦「彖傳」"謙, 亨. 天道下濟而光明, 地道卑而上行. 天道虧盈而益謙, 地道變盈而流謙, 鬼神害盈而福謙, 人道惡盈而好謙. 謙尊而光, 卑而不可踰, 君子之終也."
9 「繫辭傳」下, 第10章, "易之爲書也, 廣大悉備, 有天道焉, 有地道焉, 有人道焉. 兼三材而兩之, 故六, 六者, 非它也, 三才之道也."

한다. 이것은 전체 우주는 하나의 큰 상관적(相關的)인 세계 혹은 체계를 이루고 있고, 또 이 체계 속에 여러 가지 다양한 체계들이 서로 의존하면서 존재하고 있는 통일적인 하나의 대체계(大體系)를 구성하고 있음을 말하는 것이다. 즉 천·지·인을 포함한 천지만물이 하나의 전체적이고 연속적인 통일체로 구성되어 있고, 이런 세계 혹은 우주의 체계를 이끌어가는 법칙이 바로 천도·지도·인도의 '삼재지도'라는 것이다. 이런 '삼재'로 구성되어진 세계를 『계사전』은 여섯 개의 효를 각각 둘로 나누어 상징적으로 표현하고 있다.

2) 삼재지도(三才之道)의 의미

'삼재지도'가 무엇인가라는 문제에 대해서 「설괘전」은 비교적 구체적으로 말하고 있다.

> 옛날 성인이 역을 지은 것은 장차 성명의 이치를 따르고자 한 것이니 이 때문에 하늘의 도를 세워서 음과 양이라 하고, 땅의 도를 세워서 유와 강이라 하고, 사람의 도를 세워서 인과 의라 하니 천, 지, 인 삼재를 겸하여 둘로 겹쳤기 때문에 여섯 획으로 괘를 이루었다. 음의 자리와 양의 자리를 분별하여 나누고, 다시 유효와 강효를 차례로 사용하여 역이 여섯 위를 통하여 무늬를 이루었다.[10]

---

10 「說卦傳」, "昔者聖人之作易也, 將以順性命之理. 是以立天之道曰陰陽, 立地之道曰柔

위의 인용문은 먼저 천·지·인의 가장 중요한 존재들로 결합되어진 통일적인 체계에 대해 말하고, 후반부에서는 『계사전』과 마찬가지로 괘와 6효의 관계에 대해 말하고 있다. 즉 이 세상의 모든 이치들 중 가장 대표적인 것이 바로 천도·지도·인도이고, 이것을 근거로 하여 『주역』을 지었고 괘를 제작했다는 것이다. 삼재 중에서 천의 도인 음양(陰陽)은 무형적인 것으로 주로 기(氣)에 해당하고, 지의 도인 강유(剛柔)는 형태가 있는 것으로 대지(大地) 위의 만물로 대부분 만질 수 있고 감각으로 느낄 수 있는 것이기 때문에 강과 유로 개괄한 것으로 보인다. 그리고 인의(仁義)는 오로지 사람의 경우에 한정해서 말하는 것으로 인의를 온전히 행하여야 성물(成物)할 수 있다.

「설괘전」은 특히 괘를 제작한 하나의 원칙으로 "삼재를 겸해서 둘로 하였다"는 것을 말하고 있다. 그것은 바로 삼재에 근거하여 위의 두 효는 천이고, 아래의 두 효는 지이며, 중간의 두 효는 인(人)에 해당하는 것으로, 하나의 괘는 모두 여섯 개의 효로 되어 있음을 말하는 것이다. 즉 천·지·인의 일체 혹은 합일이라는 존재의 연속 속에서 천·지·인이 각기 고유한 기능과 역할을 가지고 있을 뿐만 아니라, 그 내용이 구체적으로 무엇인가를 말하고 있다. 여기에서 "삼재를 겸해서 둘로 하였다(兼三才而兩之)"는 것은 팔괘를 중첩하여 중괘(重卦)가 이루어지는 과정을 말한 것이다.

與剛, 立人之道曰仁與義. 兼三才而兩之, 故易六畫而成卦, 分陰分陽, 迭用柔剛, 故六位而成章."

이와 같이 본다면 천지의 보편법칙인 음양의 법칙과 인간의 가치세계가 결합된 것이 바로 64괘의 결합이다. 여기에서 인간이 천지 사이에 존재하는 의미가 무엇인가를 말해주고 있다. 『주역』에서 말하는 우주는 천, 지, 인 삼재의 가장 중요한 존재들로 결합되어 있는 전체라는 것을 말하고 있다. 즉 천, 지, 인 삼자가 서로 평등한 관계 속에서 존재하고, 여기에서의 인간은 바로 상관적 존재(相關的 存在)로서의 인간이고, 우주는 삼자(三者)가 서로 조화롭고 균형을 가지는 상관적 존재체계(The System of co-relational Existence)로서의 우주이다. 인간은 천지 사이에서 다른 존재들과 어떠한 대립과 충돌도 없이 조화로운 상호관계 사이에서 서로 공존하고 있는 존재이다.

3) 생생(生生) 철학으로서의 『주역』

『주역』은 '삼재'를 통하여 천·지·인이 가지고 있어야 할 고유한 기능과 역할에 대해 말하고 있다. 물론 '삼재'가 가지고 있는 내용은 크게 보면 사실상 천도(天道)의 유행(流行)아닌 것이 없는 것으로 이른바 "한번 음하고 한번 양하는 것을 도라고 한다"[11]는 말에 해당하는 것으로 볼 수 있다.[12] 즉 비록 천도·지도·인도 등의 '삼재'로 나

---

11 「繫辭上傳」 제5장. "一陰一陽之謂道."
12 장대년(張岱年)은 '삼재지도'를 나누어서 말하면 천도·지도·인도 등의 분명한 구별이 있지만 전체적으로 말하면 "一陰一陽之謂道"라는 공통적인 보편성 속에 있다고 하였다. 『중국고전철학개념범주요론(中國古典哲學槪念範疇要論)』, 北京, 中國社會科學出版

누어 구별하였다고 하여서 별개로 따로 존재하는 것이 아니라 같은 한 존재의 다른 표현이고 근본적으로는 모두 천도의 음양을 벗어나지 않고 있다.[13] 그래서 "천도는 본원적(本源的), 결정적이고 궁극적인 범주인 데 비해서, 지도와 인도는 천도의 외재적 전개라고 할 수 있다."[14] 그러나 『역전』에서 강조하려는 것은 '삼재'간의 주종(主從) 관계를 말하려는 데 핵심이 있는 것이 아니라, 천·지·인이 가지고 있는 고유한 기능과 역할을 말하려는 데 초점이 있는 것으로 보인다.

비록 천·지·인은 각자 독립적인 형태로 나누어 구별할 수 있지만, 하나의 거대한 상관적 세계 혹은 통일적인 큰 체계라는 측면에서 보자면 이들은 모두 공통된 변역법칙을 따르고 있다. 이것이 바로 『주역』이 말하는 핵심으로 「계사전」에서 "낳고 또 낳는 것을 생이라고 한다(生生之謂易)"는 것에 해당한다. 천·지·인의 '삼재'가 가지고 있는 '변화' 혹은 '생성'이 말하는 것을 정리하면 '천생인성'(天生人成)이라는 개념으로 압축할 수 있을 것이다.[15] 여기에서 말하는 '천생'이

社店, 1987, 26쪽 참조.
[13] 이 문제에 대해 장재(張載)는 "易一物而合三才, 天地人, 陰陽其氣, 剛柔其形, 仁義其性"이라고 말한다. 『장재집(張載集)』(中華書局, 1978年, 北京) 제235쪽. 오징(吳澄)은 『역찬언(易纂言)』(商務印書館, 1986年, 臺北) 5640쪽에서 역시 말하기를 "6이란 것은 다른 것이 있는 것이 아니라, 삼재의 도가 각각 음양을 갖추고 있는 것을 말한다"(六者非有他也, 以三才之道, 各有陰陽也)라고 하였다.
[14] 사유양(謝維揚), 『지고적철리(至高的哲理)』, 北京, 三聯書店, 1997, 154쪽.
[15] 몽배원(蒙培元)은 천도·지도·인도 등의 '삼재'가 가지고 있는 작용에 대해 말하고 있다. 즉 천의 도는 '시만물(始萬物)', 지의 도는 '생만물(生萬物)'이고 인의 도는 '성만물(成萬物)'이라고 말하고 있다. 이런 관점은 '삼재지도'의 각기 다른 작용을 매우 분명하게 잘 나타내주고 있다고 할 수 있을 것이다. 『인여자연(人與自然)』 113쪽 참조 바람.

라는 말이 "한 번 음하고 한 번 양하는" 천지의 '생생'하는 '생성철학' 혹은 '생명철학'을 의미한다면,[16] '인성'은 '생생'하는 천지를 본받아 '인문화'(人文化)하여 나가는 과정을 말한다. 특히 천지의 '생생'하는 자연세계를 강조하기 위해서 『역전』은 천과 지를 남녀(男女), 부모 등을 통하여 그 기능과 역할을 은유적으로 표현하고 있다.

6. 『주역』과 인간의 자기완성(自己完成)

『주역』 속에는 천지(天地), 일월(日月), 사시(四時), 낮과 밤의 교체 등의 음양, 동정(動靜), 강유(剛柔), 진퇴(進退), 변화와 생생(生生) 등 만물의 생성변화에 대한 개념들로 가득 차 있다. 이것들은 모두 객관적으로 실재(實在)하는 자연 세계의 모습을 표현하는 개념들이다. 『주역』의 상징체계가 가지는 표층구조(表層構造)는 바로 우주의 실상(實相)을 드러내는 것이라고 할 수 있다. 이 때문에 사람들은 『주역』이 상징하려는 가장 궁극적인 의도가 우주변화를 설명하는 기화적(氣化的)인 우주관(宇宙觀)에 있는 것으로 생각한다. 그래서 『주역』이 가지고 있는 본질적 성격을 전체 우주의 축소판(易之一書,

---

[16] 여소강(呂紹綱)은 『주역』의 자연철학을 생명철학 또는 생성철학이라고 부르는데 생명철학이라는 말은 다소간 신비적인 색채를 가지는 인상이 있기 때문에 생성철학이라고 부르는 것이 더 정확하다고 말한다. 「주역적철학정신(周易的哲學精神)」(『哲學雜誌』, 1996年 第16期) 64쪽을 참조 바람.

即宇宙全體之縮影)으로 보아 버린다.

하지만 이것은 『주역』이 궁극적으로 상징하려고 하는 심층구조의 내용을 쉽게 간과해 버릴 가능성이 크다. 『주역』의 상징체계는 우주론적 기술(記述)이 결코 궁극적인 목적은 아니다. 그래서 64괘의 「상전」은 모두 두 부분으로 구성되어 있다. 즉 앞부분은 우주의 모습과 상태를, 예를 들면 「天行健」 등을 말하고, 뒷부분은 「君子以…」 「先王以…」 등으로 대부분 인간이 이를 본받아서 스스로에게 적용할 수 있는 의의를 주체적으로 자각하고, 반성하게 만드는 것이다. 이와 같은 구성이 가능한 것은 이 우주가 가지는 위대한 도(道)의 작용 속에서 인간은 그 이치를 파악하고 그것을 스스로에 적용할 수 있는 자각적 능력 즉 자기인식을 할 수 있는 유일한 존재자이기 때문이다.

또 한편으로 『주역』을 단순한 점술서(占術書)로 보아서 미래에 대한 길흉(吉凶)을 점치는 예언서 정도로 보는 경우가 많다. 이런 입장들은 대개 『수역』의 상징체계에 붙어 있는 길, 흉 등의 판단개념에 대한 오해에서 비롯된다. 이 길흉개념은 우리로 하여금 우리의 자유의지와는 관계없이 이미 결정되어져 있는 것으로 보게 할 여지가 상당히 많다. 그러나 여기에는 세계와 자기에 대한 철학적 인식을 포함하고 있다.

"길흉회린(吉凶悔吝)이란 개념은 움직임에서 생긴다(吉凶悔吝者, 生乎動者也)." 여기에서 말하는 "움직임(動)"은 결코 천하의 움직임에서 나온 것은 아니다. "천하의 움직임"은 인간이 관찰하는 대상으로 객관적인 우주의 변화이다. 그렇기 때문에 길흉은 결코 객관적 대상세계에 의해서 결정되어지는 것이 아니다. 인간이 대상세계의 변화를 관찰하고 난후에 길흉이 나온다. "성인이 괘를 만들어 상징을 드러내고, 그곳에 말을 덧붙여 길흉을 드러내었다(聖人設卦觀象, 繫辭焉以明吉凶)"고 하는 것처럼 길흉의 근원은 인간자신과 관계되는 "움직임"으로 볼 수 있다. 그것은 바로 행위의 움직임, 즉 행동과 관계된다. 이 행동은 주체적 가치판단의 결정 후에 실천되고 여기에서 길흉이 드러난다. 그러므로 길흉은 객관적인 대상자체가 길흉을 가지는 것이 아니라, 인간자신의 주체적 행위에 따라서 발생되는 것이다. 다시 말하면 『주역』의 길흉 등의 판단사가 상징하는 의의는 결코 인간의 구속된 운명을 드러내는 것이 아니라, 인간이 어떻게 주체적으로 길흉을 취할 것인가, 즉 어떻게 스스로의 운명을 결정하고 확립할 것(立命)인가를 강조하고 있는 것이다.

　인간은 이런 "자기완성"에 대한 자각을 통하여 그의 삶을 충동에 의해서가 아니라, 인간이면 마땅히 가져야 하는 당위성(當爲性)에 따라서 살아가야 하는 것이다. 물론 현실 속의 인간은 항상 많은 결점을 가진 존재이다. 인간은 쉽게 충동적 삶을 살 수 있고 본래적으로 지니고 있는 본성(本性)대로 살아갈 수 없는 그런 가능성을 항상 지니고 있다. 이런 인간의 현실성을 『주역』은 인정하고 있다. 그러므로 『주역』의 인간관을 우환적(憂患的) 존재(存在)로 말한다. 그러나 이런 우환은 정신과 도덕상의 위기를 자각한 것으로 결코 소극적인 자기폐쇄적(閉鎖的) 상태 속에서의 소아(小我)적 걱정이 아니라 자기개방과 자기행위에 대한 도덕적 책임감이라는 입장에서 말하는 것이다.

즉 『주역』이 말하는 우환은 자기완성에 대한 책임감과 자각을 의미한다. 그러므로 초순(焦循)은 "주역이란 사람들로 하여금 과오를 고치게 하는 책이다(易之書, 敎人改過之書)"라고 말한다. 이와 같이 『주역』에 보이는 인간의 모습은 자기를 둘러싼 환경에 대한 자기의식 혹은 자각을 통하여 스스로를 형성하여 가는 부단한 자기변혁의 과정으로 그려지고 있다.

7. 이경해경(以經解經)과 이전해경(以傳解經)의 해석

일반적으로 『주역』을 해석하는 경우는 대부분 '이전해경(以傳解經)'의 해석방식에 근거한다. 즉 『주역』의 경문(經文) 부분인 『역경(易經)』을 『역전(易傳)』의 체계와 이론에 따라서 해석하는 방식이 바로 '이전해경(以傳解經)'이다. 특히 진한(秦漢) 이래 『역전』의 지위는 역학사(易學史) 뿐만 아니라 유학사(儒學史)에서 가장 중요한 지위를 차지하여 막강한 영향력을 행사한다. 역학사에 출현한 상수학파(象數學派)나 의리학파(義理學派)의 관점을 막론하고 그들이 세우는 이론의 근거들은 대부분 역전에서 나온다. 예를 들면 맹희(孟喜), 경방(京房)의 이론이나, 왕필(王弼)과 한강백(韓康伯)의 주석들의 기본적인 관점 역시 역전에서 나온다. 이들 이외에도 우리는 기나긴 역학사 속에서 수백 종의 '이전해경'의 해석 방식을 통하여 출현한 저작들을 쉽게 발견할 수 있을 것이다. 이런 관점들은 『역경』과 『역전』이

가지고 있는 차이를 구분하지 못하게 할 뿐 아니라 그 둘의 관계를 더욱 혼란하게 만드는 결과를 초래하였다.

위의 관점들에 대하여 『역경』과 『역전』을 분리하여 연구하여야 한다는 반론이 제기된다. 이런 관점을 제기한 현대 학자들로는 고힐강(顧詰剛), 이경지(李鏡池), 곽말약(郭沫若), 고형(高亨) 등이 있다. 이 중 고힐강과 이경지 등은 고사변학파(古史辨學派)로 알려져 있다. 그들은 이른바 전통적인 중국 고사(古史)는 결코 진실한 객관적 역사가 아니라, 후대인들이 조작하여 만든 것이라고 말한다. 이런 흐름에 편승하여 『주역』의 연구 역시 새로운 국면을 맞게 된다. 고힐강은 "한대인(漢代人)의 경설(經說) 타파", "복희(伏犧)와 신농(神農)의 성스러운 경전의 지위를 파괴하고 그 복서(卜筮)의 지위를 세움", "『십익(十翼)』이 『역경』의 상하경과 일치하지 않음을 분명하게 밝힘"(『古史辨』 제3책, 「자서(自序)」)이라는 구호를 통하여 『역경』과 『역전』의 성립시기, 저자 등의 문제를 집중적으로 고증하고 있다. 이런 논쟁을 통하여 그들은 『역경』과 『역전』의 성격이 다른 점을 밝히고 역학 연구에 새로운 장을 열었다.

곽말약은 유물사관(唯物史觀)의 입장에서 『주역』에 관한 두 편의 논문을 발표하였다. 하나는 1927년에 쓴 「주역의 시대배경과 정신 생산(周易的時代背景與精神生産)」이고, 다른 하나의 논문은 1935년에 쓴 「주역의 제작시대(周易之制作時代)」이다. 「주역의 시대배경과 정신 생산」은 『주역』 괘효사의 사료가치를 이용하여 은주(殷周) 사회의 정치, 경제구조와 정신문제 등을 말하고 있다. 「주역의 제작시대」는 주로 『주역』 경전(經傳)의 저자와 성서(成書) 시대를 고증하고 있다.

고형은 유명한 『주역고경금주(周易古經今注)』와 『주역대전금주(周易大傳今注)』를 내놓아 역학사에 중요한 공헌을 하였다. 그는 '경의(經意)' 즉 경(經)의 원의(原意)와 전(傳)의 이해인 '전해(傳解)'를 구별하여 '이경해경(以經解經)'의 입장에서 주역을 해석하려는 시도를 하고 있다. 그는 분명히 『역경』과 『역전』을 구별하여 어떤 경우 『역전』을 통한 해경(解經)이 『역경』의 원의와 엄청난 차이를 가지고 있음을 분명하게 지적하고 있다.

그들이 제기하는 반론의 요점은 우선적으로 『역경』과 『역전』은 각기 다른 시기에 형성되었고 또한 각기 다른 사상 의식과 배경을 가지고 있다는 사실이다. 분명히 '이전해경'의 해석 방식으로만 주역을 대하고 연구하는 입장은 결코 바람직하지 못하다. 그러면 우리가 『주역』을 대할 경우 『역경』과 『역전』의 관계를 어떻게 설정하여야 하는가? 만약 『역경』과 『역전』이 성립된 시기나, 다루는 내용과 성격이 전혀 다르다고 한다면, 우리는 이 둘을 별개의 책으로 완전히 구별하여 놓고 보아야 하는가? 그렇지 않고 그 둘이 밀접한 연계성을 가지고 있다면 그 관계를 어떤 관점에서 처리하여야 하는가?

본 번역서는 '이전해경(以傳解經)'의 해석 방식을 중심으로 하되 동시에 '이경해경(以經解經)'의 방식 역시 부분적으로 적용하려고 한다. 일방적인 '이전해경(以傳解經)'의 해석 방식은 『주역』이 가진 발생적 기원을 무시하고 간과하는 결과를 초래할 것이다. 또 일방적인 '이경해경(以經解經)'의 해석 방식 역시 『주역』이 가진 철학적 해석의 풍부성을 외면하는 우를 범할 가능성이 크기 때문이다.

8. 백서주역(帛書周易)

　백서주역(帛書周易)은 1973년 장사(長沙) 마왕퇴(馬王堆) 3호 한대(漢代)의 묘(墓)에서 비단에 기록된 12만 자가 넘는 자료들이 발견되었다. 이들 진귀한 백서(帛書) 자료들 중에는 『주역』과 관련된 내용들도 들어 있었는데 약 2만 자 정도이고 경(經)도 있고 전(傳)도 있었다. 이것이 바로 백서주역이다. 백서주역의 발견은 현재의 통행본과의 비교를 통해서 『주역』의 작자, 『역전』의 형성, 학파의 귀속 문제 및 『역경』과 『역전』의 관계 등의 문제를 다루는 데 많은 시사를 받을 수 있으리라 생각한다. 비단이 접혀진 주름을 타고 지워진 모든 행(行)들을 제외하고 백서본은 상당히 판독하기 쉽다(그리고 오늘날까지 발표된 백서본의 사진들은 감탄할 만큼 명료하다). 백서본의 모든 원문들은 백서노자본의 'B'본에 있는 것과 매우 유사하게 육필로 복사되어졌다. 백서『노자(老子)』본과 같이 백서주역의 원문에는 '邦'을 쓸 자리에 '國'이라는 이름을 통상적으로 쓰고 있는데 이는 한(漢)나라 시황제(劉邦을 말함, B.C 202-195)의 금기시되는 이름을 피하는 것으로 보아 이 『주역』 백서본은 대략 기원전 190년경에 복사되어졌음이 명백한 것으로 추정된다.[17]

　백서주역과 통(현)행본『주역』의 관계에 대해서는 여러 가지 설이 있으나 대체적으로 백서주역이 통행본『주역』의 원형이거나 또는 출현 시기가 더 이르다는 관점이 더욱 우세한 것으로 보인다. 그 중의 하나를 예로 들면 백서주역에는 임괘(臨卦)가 '䷒'로 기록되어 있다. 숫자괘의 원형과 비교할 때, 죽간『주역』의 효는 옛 숫자 '∧'(六)의 형상을 유지하고 있지만 백서『주역』의 효는 이미 옛 숫자(六)의 형태가 '八'로 변하였으며, 통행본『주역』에서는 '八'을 '--'으로 표현하고 있다. 즉 六은 '∧' → '八' → '--'라는 서수(筮數)에서 부호괘(符號卦)로 단계적으로 변화한 것으로 보인다.

　백서주역 경문(經文)의 괘효사는 통행본『주역』과 기본적으로 같다. 백서주역의 괘효사는 표면적으로 보면 통행본과는 전혀 다른 것처럼 보이나 내용적으로는 거의 일치한다. 당연히 백서주역과 통행본『주역』을 대비하면 적지 않은 이문(異文)들이 발견된다. 그러나 이런 이문들은 통행본『주역』의 경문을 이해하는 데 매우 중요한 도움을 주는 경우가 적지 않다. 백서주역 경문과 통행본『주역』이 근본적으로 다른 점은 괘서(卦序)이다. 본 번역서에서는 백서주역을 현행본『주역』의 형식에 맞추어 양자를 대비해 보려고 한다. 이런 대비 과정을 통하여 통행본『주역』이 가지고 있는 실상을 보다 정확하게 파악하고 새로운 각도나 지평에서『주역』을 볼 수 있는 계기를 제공할 수 있기 때문이다.

---

17 Edward L. Shaughnessy, *The Mawangdui Yi Jing Manuscript*,

차례

해제 5

일러두기 36

주역 | 상권 |

1. ☰ 중천건(重天乾, 𱎴 鍵 第一) 41
2. ☷ 중지곤(重地坤, 𱎴 川 第三十三) 87
3. ☵ 수뢰둔(水雷屯, 𱎴 屯 第二十三) 113
4. ☶ 산수몽(山水蒙, 𱎴 蒙卦 第十三) 129
5. ☵ 수천수(水天需, 𱎴 襦 第十八) 142
6. ☰ 천수송(天水訟, 𱎴 訟 第五) 155
7. ☷ 지수사(地水師, 𱎴 師 第三十七) 169
8. ☵ 수지비(水地比, 𱎴 比 第十九) 182
9. ☴ 풍천소축(風天小畜, 𱎴 小毄 第五十八) 197
10. ☱ 천택이(天澤履, 𱎴 禮 第四) 211
11. ☷ 지천태(地天泰, 𱎴 柰 第三十四) 225
12. ☰ 천지비(天地否, 𱎴 婦 第二) 239

13. ☰☲ 천화동인(天火同人, 백 同人 第六) 252

14. ☲☰ 화천대유(火天大有, 백 大有 第五十) 264

15. ☷☶ 지산겸(地山謙, 백 嗛 第三十五) 275

16. ☳☷ 뢰지예(雷地豫, 백 餘 第二十七) 288

17. ☱☳ 택뢰수(澤雷隨, 백 隋 第四十七) 300

18. ☶☴ 산풍고(山風蠱, 백 箇 第十六) 314

19. ☷☱ 지택임(地澤臨, 백 林 第三十六) 326

20. ☴☷ 풍지관(風地觀, 백 觀 第五十九) 339

21. ☲☳ 화뢰서합(火雷噬嗑, 백 筮盍 第五十五) 352

22. ☶☲ 산화비(山火賁, 백 蘩 第十四) 365

23. ☶☷ 산지박(山地剝, 백 剝 第十一) 379

24. ☷☳ 지뢰복(地雷復, 백 復 第三十九) 393

25. ☰☳ 천뢰무망(天雷无妄, 백 无孟 第七) 409

26. ☶☰ 산천대축(山天大畜, 백 泰蓄 第十) 424

27. ☶☳ 산뢰이(山雷頤, 백 頤 第十五) 438

28. ☱☴ 택풍대과(澤風大過, 백 泰過 第四十八) 454

29. ☵☵ 중수감(重水坎, 백 習贛 第十七) 470

30. ☲☲ 중화이(重火離, 백 羅 第四十九) 485

| 일러두기 |

* 번역의 체제는 크게 1) 괘의 소개 2) 괘효사 원문의 번역 3) 괘의 의미와 교훈 등의 순서로 구성된다. 구체적인 내용을 간략하게 소개하면 다음과 같다.

1) 괘의 소개는 ① 괘의 순서 ② 괘명의 의미 ③ 괘상의 의미로 구성된다.

2) 괘효사 원문의 번역은 괘사의 경우는 ① 경의 의미 ② 전의해석 ③ 백서 주역의 해석 등으로 구성되고 효사의 경우는 대부분 ② 전의 해석과 ③ 백서 주역으로 구성되지만 특히 논란이 되거나 쟁점이 되는 부분에는 ① 경의 의미를 추가하여 해석한다.

주로 참고한 주석서와 번역서

* 『주역언해(周易諺解)』 선조본(宣祖本)
* 왕필(王弼), 『주역주(周易注)』
* 공영달(孔穎達), 『주역정의(周易正義)』
* 이정조(李鼎祚), 『주역집해(周易集解)』
* 주진(朱震), 『한상역전(漢上易傳)』
* 정이(程頤), 『이천역전(伊川易傳)』
* 주희(朱熹), 『주역본의(周易本義)』
* 오징(吳澄), 『역찬언(易纂言)』
* 항안세(項安世), 『주역완사(周易玩辭)』
* 호병문(胡炳文), 『주역본의통석(周易本義通釋)』
* 내지덕(來知德), 『역경래주도해(易經來註圖解)』
* 이광지(李光地), 『주역절중(周易折中)』
* 요배중(姚配中), 『주역요씨학(周易姚氏學)』

* 유염(兪炎), 『유씨역집설(兪氏易輯說)』
* 진몽뢰(陣夢雷), 『주역천술(周易淺述)』
* 정수창(丁壽昌), 『독역회통(讀易會通)』
* James Legge, *I Ching : Book of Changes*
* Richard Wilhelm, F. Baynes, *The I Ching or Book of Changes*
* Richard John Lynn, *The Classic of Changes : A New Translation of the I Ching as Interpreted by Wang Bi*
* 금정자삼랑(今井字三郞), 『역경(易經)』
* 공전연태랑(公田連太郞), 『역경강화(易經講話)』
* 상병화(尙秉和), 『주역상씨학(周易尙氏學)』
* 이경지(李鏡池), 『주역통의(周易通義)』
* 고형(高亨), 『주역대전금주(周易大傳今注)』
* 부예박(傅隷樸), 『주역이해(周易理解)』
* 김경방(金景芳), 여소강(呂紹綱), 『주역전해(周易全解)』
* 주진보(周振甫), 『주역역주(周易譯注)』
* 황수기(黃壽祺), 장선문(張善文), 『주역역주(周易譯註)』
* 서지예(徐志銳), 『주역대전신주(周易大傳新注)』
* 손진성(孫振聲), 『닉경입문(易經入門)』
* 마항군(馬恒君), 『주역정종(周易正宗)』
* 등구백(鄧球栢), 『백화백서주역(白話帛書周易)』, 『백서주역교석(帛書周易校釋)』
* 장립문(張立文), 『백화백서주역(白話帛書周易)』
* Edward L. Shaughnessy, *The Mawangdui Yi Jing Manuscript*
* 김석진, 『대산주역강해』

* 『주역』 원문의 발음은 여러 가지로 논란이 많은 관계로 『주역언해(周易諺解)』 선조본(宣祖本)의 발음을 기준으로 삼았다.

주역

상권

1. ☰ 중천건(重天乾, ䷀ 鍵 第一)

1) 괘의 순서

건괘(乾卦 : ☰)는 『주역(周易)』의 첫 번째인 머리 괘(首卦)로 곤괘(坤卦 : ☷)와 더불어 근원이 되기 때문에 조상괘(祖卦)로 불리기도 한다. 주(周)나라의 역서(易書)인 『주역』이 건괘를 앞머리에 두고 있는 데 비해, 은(殷)나라 때의 역서인 『귀장역(歸藏易)』의 머리 괘는 곤괘이다. 이것은 은나라가 모계(母系) 계통을 중심으로 하고 있는 데 비해, 주나라는 부계(父系) 계통을 중심으로 하는 문화 체계를 구성하고 있는 것과 연관이 있는 것으로 보기도 한다.

또 하나 여기에서 주목할 것은 건곤(乾坤)을 제일 앞에 배치하고 있다는 사실은 바로 건곤이 상징하는 천지(天地)가 만물(萬物)의 본원(本源)임을 상징적으로 말해준다고 할 수 있다. 『주역』이 건곤을 앞에 두고 64괘로 괘의 수를 확정하고 마지막 괘에 미완성을 의미하는 미제괘(未濟卦)를 배치한 것 등은 모두 당시의 우주와 자연에 대한 인식을 분명하게 보여주는 것이라고 할 수 있다.

2) 괘명(卦名)의 의미

건(乾)이란 글자에 대해 『설문해자(說文解字)』에서는 "건은 위로 나오는 것이다. 을(乙)을 따랐으며, 물체가 이른 것이다"[1]라고 하였다. 여기에서 중요한 것은 "건은 위로 나오는 것이다"라는 말인데, 이것이 바로 건(乾)의 본의에 해당하는 것으로 볼 수 있다. 건(乾)이란 글자는 선진

(先秦) 시대의 주요 경전 속에서는 거의 발견되지 않는다. 비록 『시경』이나 『맹자』 등에 보이기는 하지만 그 '건(乾)'은 '건조하다'는 의미로만 쓰였지 『주역』의 건의 의미로는 사용되지 않았다. 다만 『좌전(左傳)』과 『국어(國語)』에서는 역학적(易學的)인 의미의 건곤(乾坤)의 개념으로 쓰이고 있다.[2] 『주역』에서 말하는 '건(乾)'에 관해서 「설괘전(說卦傳)」은 "건은 하늘이다(乾, 天也)", "건은 굳세다(乾, 健也)"라고 하였다. 여기에서 천(天)이라는 것은 건이 상징하는 사물을 구체적으로 지적하여 말한 것이고, 건(健, 굳셈)이라는 것은 건(乾)이 가지고 있는 의미, 작용이나 성질에 대한 설명이라고 할 수 있다. 건괘가 상징하려는 것은 하늘의 운행이 지극히 굳세어 그칠 줄 모르는 것을 말한다.

3) 괘의 상(象)

건(乾)은 순양(純陽)의 괘로 여섯 개의 양효(陽爻)로만 구성되어 있다. 즉 상괘(上卦)도 건(乾)이고 하괘(下卦)도 건이다. 건이라는 말의 본래 의미가 위를 향하여 올라가는 성격을 가지고 있는 것과 관련해서 건괘는 용(龍)을 통해 전체 괘를 상징한다. 이 때문에 건괘의 여러 효는 용이 있는 위치를 통해 설명된다. 예를 들면 건괘의 초구(初九)는 용이 물

---

1 『설문해자』 "乾, 上出也, 從乙, 物之達也."
2 『좌전(左傳)』 장공(莊公) 二十二年 : "건은 하늘이다(乾, 天也)" "곤은 땅이다(坤, 土也)"
『좌전』 민공(閔公) 二年 : "대유의 괘가 건의 괘로 변하는 점괘가 나왔다(遇大有之乾)"
『국어(國語)』 「주어(周語)」 下 : "건괘가 비괘로 변하는 점괘가 나왔는데, 말하기를 ……(遇乾之否曰)"
『국어』 「진어(晉語)」 四 : "곤은 땅이다(坤, 土也)."

속에 잠긴 것(潛龍)으로, 구이(九二)는 땅위에 나타난 용(見龍)으로, 구오(九五)는 하늘 위를 날고 있는 용(飛龍在天)으로 상구(上九)는 지나치게 높이 올라간 용(亢龍)으로 상징되고 있다.

乾³은 元亨하고 利貞⁴하니라.
건　　원 형　　　리 정

---

3 건(乾)이라는 말은 천(天)의 성질을 나타내는 말이다. 송대의 유명한 유학자인 정이(程頤, 호는 伊川, 1033~1107)는 "천은 천의 형체(形體)를 말하고, 건은 천의 성정(性情)을 말하는 것이다(天者, 天之形體, 乾者, 天之性情)"라고 하였다. 『백서주역(帛書周易)』(1973년 호남성 장사 마왕퇴의 한나라 묘에서 출토된 비단에 쓰여 있는 주역을 말함, 대체로 약 기원전 190년경에 복사되었던 것으로 추정된다)에서는 건(乾)을 건(鍵)으로 표기하고 있는데 관건(key, 핵심), 요점, 요체의 뜻을 가지고 있다. 고대에는 건(乾)·건(健)·건(鍵)을 서로 통용하여 사용하였다. 『주역』의 유명한 번역자인 독일의 빌헬름(Richard Wilhelm, 1873-1930)은 건(乾)을 '창조적인 것(the creative)'으로 번역하고 있다(1924년도에 처음 출판된 리하르트 빌헬름의 독일어 번역본을 베인즈(F. Baynes)가 다시 영어로 번역한 *The I Ching or Book of Changes*, Princeton University Press, part I, p.3 참조 바람, 아래에서는 이 책을 '빌헬름의 영역본'으로 칭함).

4 "크게 형통하고 바르면 이로울 것이다(元亨利貞)"는 구절이 어떤 의미를 가지고 있는가에 대한 논의는 매우 분분하다. "원형이정(元亨利貞)"의 의미가 무엇인가에 대한 다양한 관점은 수많은 주석이나 번역본들을 통해 살펴볼 수 있다. 어쩌면 이 말의 이해야말로 『주역』을 이해하는 첫 번째 관문이라고 할 수 있다. 우선 이 구절을 "元, 亨, 利, 貞"의 사분법(四分法)으로 해석할 것인지 또는, "元亨, 利貞"의 이분법(二分法)으로 해석할 것인가 하는 문제가 가장 논란이 된다. 먼저 사분법(四分法)으로 해석하는 것에는 『자하역전(子夏易傳)』, 『좌전(左傳)』, 『역전(易傳)』, 왕필(王弼, 226-249), 정이천 등이 있다. 위의 관점 가운데 "원형이정"의 의미를 이해하는 데 가장 큰 영향을 준 것으로는 「문언전(文言傳)」의 인(仁), 예(禮), 의(義), 고(固)의 사덕설(四德說)이 있다. 이외에 『자하역전』에서 '원'을 시작(始)으로, '형'을 형통(亨通), '이'를 조화(和), '정'을 바름(正)의 뜻으로 해석한 후에 이것은 거의 하나의 통례(通例)가 되다시피 하였다. 의리적(義理的 : 철학적인 의미나 이치들을 중심으로 하여 주역을 이해하고 해석하는 관점)인 입장에서 『주역』을 해석하는 대표적인 역학자인 왕필은 그의 『주역주(周易注)』에서 "원형이정"에 대해 전혀 주석을 달지 않고 초구 효사에 "문언전에 (그 뜻이 상세하게 설명되어) 갖추어져 있다(文言備矣)"라는 말을 덧붙여 놓고 있다. 청대의 손성연(孫星衍, 1753-1818)은 『주역집해(周易集解)』에서 초구 효사 아래에 있는 이 주석을 아예 "원형이정" 아래에 옮겨 놓고 있

건 鍵,[5] 元亨, 利貞.
　　　　원　형　리　정

다. 여기에서 그는 '文言備矣'라는 주석은 '원형이정'이라는 구절을 해석한 것으로 왕필본은 초구의 '潛龍勿用' 아래에 잘못 두고 있는데 지금 이것을 바로잡는다(備在文言, 卽釋此注也. 原本誤於潛龍勿用下, 今改正)고 하였다. 이처럼 왕필은 "원형이정"의 의미를 「문언전」의 관점에 따라 해석해 버린다. 「문언전」을 근거로 하여 "원형이정"을 4덕으로 보는 왕필의 관점은 후대의 역학자들에게 많은 영향을 끼친다. 이런 "원형이정"에 대한 다양한 해석은 시간이 갈수록 점점 윤리적, 철학적 성격을 가지는 것으로 변모하게 되는데 정이천의 관점 역시 마찬가지이다.

이에 비해 주자(朱子, 1130-1200)는 "元亨利貞"을 4덕으로 보기보다는 점(占)과 관련되는 내용으로 보고 이분법으로 해석하고 있다. 그의 이런 관점은 원래 『주역』의 발생적(發生的) 기원이었던 '점치는 책'의 성격이 고려되어야 함을 지적한 것이라고 할 수 있다. 그는 『주역본의(周易本義)』에서 "원형이정이라는 것은 문왕이 붙인 말로 한 괘의 길흉을 판단한 것으로…… 문왕은 건도가 크게 형통하여 지극히 바르다고 했으니, 점을 쳐서 이 괘를 얻어 6효가 다 변하지 않으면 그 점은 마땅히 크게 형통함을 얻고 반드시 바르고 곧게 함에 이로운 후에 그 마침을 보존할 수 있음을 말한다(元亨利貞, 文王所繫之辭, 以斷一卦之吉凶……文王以爲乾道大通而至正, 故於筮得此卦而六爻皆不變者, 言其占當得大通而必利在正固然後, 可以保其終也)"고 하여 "원형이정"이 점과 관련 있는 내용임을 분명하게 말하고 있다. 『주역절중(周易折中)』에서는 주자의 이런 관점에 대한 원대의 호병문(胡炳文, 1250-1333)의 관점을 인용하고 있는데, 그는 "원형이정은 여러 학자들이 네 가지 덕으로 삼아 풀이했으나 오직 『주역본의』만이 점사로 보았으니…… 건괘는 역의 첫 번째 괘로 점쳐서 이를 얻은 자는 그 일은 비록 크게 형통할 것이나 바르고 곧지 않으면 여전히 그 마침을 보존하지 못할 것이거늘 하물며 다른 괘에 있어서는 더 말할 필요가 있겠는가?(元亨利貞諸家便作四德解, 惟本義以爲占辭……乾爲易第一卦, 占得之者其事雖大通而非正固, 尙不能保其終, 況他卦乎)"라고 하였다. 주자는 "원형이정"을 4덕으로 보지 않고 점과 관련되는 것으로 보아 "크게 형통하고, 바르게 하여야 이로울 것이다(元亨, 利貞)"는 것으로 해석하고 있다. 주자의 이런 관점은 매우 중요하다. 왜냐하면 주자가 『주역본의』를 통하여 이야기하려는 『주역』의 본래 의미(本義)는 바로 『주역』의 발생적 기원에 해당하는 점친 내용과 후대의 철학적 해석이 부가되어 있는 부분은 구별하여 볼 필요가 있는 것으로 보았기 때문이다. 그러므로 주자는 "원형이정"을 철학적이고 윤리적인 4덕으로 보지 않고 점과 관련되는 것으로 보아야 한다고 말한다. 실제로 『주역』의 가장 이른 판본에 해당하는 『백서주역』 역시 "원형이정"을 "元亨, 利貞(크게 형통하여 점치기에 적합하다)"으로 해석하고 있다. 이런 관점은 20세기 들어와서 더욱 큰 호응을 얻게 된다. 현대의 학자들은 역사주의적 방법에서 '경 부분은 경으로 해석하고(以經解經)' '전 부분은 전으로 해석하는(以傳解傳)' 관점을 통하여 "원형이정"의 해석에 새로운 차원을 열었다. 이 중에서 특히 가장 대표적인 사람이 바로 고형(高亨, 1900~1986)과 이경

경의 의미 : 건은 크게 형통하고, 점을 쳤는데 이로운 점이 나왔다.

지(李鏡池, 생몰년도 미상, 현대의 역학가로 주요 저작으로는 『周易通義』, 『周易探源』 등이 있다)이다.
고형은 철학적 해석 부분인 『역전』과 점친 기록에 해당하는 『역경(易經)』은 엄격하게 분리하여 놓고 보아야 함을 주장하여 "원형이정"을 점치는 것과 관련이 있는 내용임을 분명하게 말하고 있다. 고형은 문자학적인 관점에서 '형(亨)'을 제사지낸다는 뜻을 가진 '향(享)'으로 보고 있다(『백서주역』 역시 '형'을 '향(享)'으로 보고 있다). 그는 『설문해자』의 "정(貞)은 점쳐서 묻는다(貞, 卜問也)"고 하는 관점에 근거하여 '정(貞)'을 '점쳐서 묻는(占問)' 것으로 해석하고 있는데 충분한 근거가 있는 것으로 보인다. 이럴 경우 "元亨利貞"은 "大享, 利占(큰 제사를 지낸다. 점쳐서 물었는데 유리하다)"으로 해석되어야 한다고 말한다. 고형의 『주역대전금주(周易大傳今注)』 53쪽 참조 바람. 이경지는 "元亨"과 "利貞"을 모두 점친 내용을 판단하는 전문 술어로 보고 있다. 그는 "元亨"을 "크게 형통한다"는 것으로 거의 '대길(大吉)'과 같은 의미로 보고 있고, "이정(利貞)"을 "점쳐서 유리한", 즉 '길'로 보고 있다. 그는 『주역』에 나오는 모든 "정(貞)"의 뜻을 '점치는 의미'로 보아야 하고, 건괘(乾卦)에서 말하는 "원형"과 "이정"은 두 개의 길점(吉占)이라고 말한다(『주역통의(周易通義)』 1쪽 참조). 고형이나 이경지의 이런 관점은 현대 학자들에 의해 매우 설득력이 있는 것으로 인정되어 많은 영향을 끼치게 된다. 그러나 이 관점 역시 『주역』 전체에 일률적으로 적용시킬 경우에는 문제가 생긴다. 예를 들면 관괘(觀卦) 육이효사의 "육이는 엿보는 깃이니 여자가 바르면 이롭다(窺觀, 利女貞)"의 경우에 있어서 '정(貞)'을 점친다는 의미보다는 '바름'이라는 의미로 해석하는 것이 훨씬 더 설득력이 있는 것으로 보인다. 또 손괘(損卦) 구이 효사 "바름을 지키는 것이 유리하다. 나아가면 흉하다(利貞, 征凶)"의 경우도 역시 '정'을 '점문(占問)'으로 해석할 경우, 유리한 점괘가 나와서 나아가는데 왜 흉한가라는 문제에 대해서는 설명하기가 쉽지 않다. 여기에서도 '바름'이라는 의미로 해석하는 것이 훨씬 타당할 것으로 보인다.
이처럼 어떤 하나의 개념의 뜻을 『주역』 전체에 일률적으로 적용시키는 것은 곤란하다. 위에서 말하는 어떤 관점도 『주역』에 출현하는 모든 "원형이정"을 100% 만족스럽게 해석해 내기에는 상당한 무리가 있는 것으로 보인다. 역대의 유명한 역학자들도 이 문제에 대해서 곤혹스러움을 토로하고 있다. 공영달(孔穎達, 574~648)은 『주역정의(周易正義)』에서 "주역은 만상을 담고 있어서 어떤 사태나 의미가 하나가 아니라 수시로 경우에 따라 다양하게 변한다(易含萬象, 事義非一, 隨時曲變)"고 하고, 또 "하나의 예로서 전체의 뜻을 구할 수가 없고, 하나의 부류로 전체의 뜻을 취할 수 없다(不可一例求之, 不可一類取之)"고 하여 하나의 개념을 각 괘의 경우에 따라 다르게 사용할 수 있음을 말한다. 이것은 우리가 『주역』을 해석할 때 반드시 참고로 삼아야 할 매우 중요한 방법론 중의 하나로 볼 수 있다. 이런 각도에서 "원형이정"의 의미 역시 각 괘의 상황에 따라 약간 달리 해석할 수밖에 없을 것으로 보인다. 즉 "원형이정"은 기본적으로 그 괘가 가진 주된 의미

전의 해석 : 건은 크게 형통하고 바르면 이로울 것이다.

백 (점치는 관건인) 건은 크게 형통하고 점쳐 묻는 데에 적합하다.

初九⁶는 潛龍이니 勿用⁷이니라.
초 구   잠 룡   물 용

와 말하려는 방향이나 내용에 따라 달리 해석되어야 한다. 어떤 문제를 말하는 것인가에 따라서 그 해석과 내용은 달라질 수밖에 없을 것으로 보인다. 주자 역시 건괘의 괘사에서는 "원형, 이정"을 점과 관련된 입장에서 해석하지만, 「문언전」에서는 사덕(四德) 또는 사시(四時)로 해석하고 있다. 『주역』 경문 중의 '정(貞)'을 점문(占問)으로 해석하는 것이 가능하지만 어떤 곳에서는 '바름을 지킴(守正)'으로 해석하는 것이 더 문의에 적합할 경우가 있다. 어떤 하나로 고정시켜서 해석할 경우 전혀 뜻이 통하지 않을 경우가 많다.

5 "건(鍵)"은 열쇠 또는 관건의 의미이다.
6 여섯 효(爻)가 차지하고 있는 자리를 '위(位)'라고 말한다. 이 위(位)는 아래에서부터 위로 초(初), 이(二), 삼(三), 사(四), 오(五), 상효(上爻)로 부르는데, 이렇게 부르는 이유는 "만물은 아래에서부터 (위로) 자란다(物由下生)"는 관점에 근거하고 있다. 또 양의 효, 즉 '―'는 '구(九)'라고 하고, 음의 효 '--'는 '육(六)'이라고 부른다. 지금 건괘의 가장 아래의 위에 있는 효(爻)는 초구(初九)가 되고 세 번째의 효는 구삼(九三)이 된다. 하나 더 예를 들면 여섯 개의 음효로 구성된 곤괘(坤卦)의 가장 아래의 효는 초육(初六)이고 세 번째의 효는 육삼(六三)이 된다. 이런 효를 부르는 이름을 효제(爻題), 효명(爻名) 또는 효칭(爻稱)이라고 말한다. 그러면 가장 아래 효를 초(初)라고 할 경우 제일 위의 효는 종(終)이 되어야 함에도 왜 상(上)이라고 하는가? 혹은 제일 위의 효가 상(上)이라면 아래의 효는 하(下)가 되어야 하는데 초라고 하는가? 여기에는 나름대로의 철학적 의미가 들어 있는 것으로 보인다. 초(初)는 시생(始生)의 의미로서 시간의 의미를 함유하고 있고, 상(上)의 의미는 가장 높은 위로서 공간적인 면을 이야기하고 있기 때문에 6효의 변화는 한편으로는 시간을 이야기하고, 또 다른 한편으로는 공간을 이야기하고 있다. 이처럼 6효는 만물의 시공 중에서의 여섯 단계의 시공의 변화를 상징하여 시간과 공간은 서로 분리될 수 없다는 시공(時空)의 불가분성(不可分性)을 상징하는 것으로 볼 수 있다.
7 건괘가 용(龍)을 통하여 말하는 것은 용은 물속과 지상뿐만 아니라 하늘 위로도 날아갈 수 있기 때문이다. 용의 변화막측(變化莫測)한 작용을 통하여 사람의 인생이나 사업의 발전 단계를 비유하고 있다. "잠룡(潛龍)"의 상태는 아직 능력이 부족하여 현실을 감당하기 어렵기 때문에 실력을 더 길러야 함을 말한다. "쓰지 말라(勿用)"라는 말은 "아직은 행동할 때가 아니기 때문에 기다려야 한다"는 의미를 말하는 것이다. 마치 용이 물속에 잠복하여 움직일 수도 없고 움직여서도 안 되는 상황을 상징적으로 표현하고 있다.

백 初九, 浸⁸龍勿用.
　　　초구　　침룡물용

초구는 물속에 잠겨 있는 용이니 아직 (능력을) 쓰려고 하지 말아야 한다.

백 초구는 물속에 잠겨 있는 용이니 아직 쓰려고 하지 말아야 한다.

九二는 見龍在田⁹이니 利見大人¹⁰이니라.
구이　　현룡재전　　　이견대인

백 九二, 見龍在田, 利見大人.
　　　구이　　현룡재전　　이견대인

구이는 나타난 용이 땅위에 있으니 대인을 봄이 이롭다.

---

8 등구백(鄧球柏)은 『백화백서주역(白話帛書周易)』에서 "침(浸)"을 "침(寢)"으로 보아 누워 있는(臥) 뜻으로 해석하기도 한다.

9 구이(九二)는 용이 지상(地上)에 나타난 것을 빌린다. 즉 초구(初九)의 잠복과 은둔을 벗어나 지금 막 지상에 나타난 용의 모습을 말한다. 이는 『주역』에서 여섯 개의 효를 천(天)·인(人)·지(地)의 삼재(三才)로 나누는 것과 연관지어 해석될 수 있다. 즉 초효(初爻)와 이효를 지(地), 삼효와 사효를 인(人)에, 오효와 상효를 천(天)에 속하는 것으로 나누는데 이효는 땅 즉 지(地)에 속하는 것으로 지상(地上)을 의미한다고 할 수 있다. 전(田)은 지상의 의미인데 재전(在田)은 지상(地上)에 자리하고 있다는 말이다.

10 "대인(大人)"은 큰 덕(德)이 있는 사람을 가리킨다. 건괘에서 "대인"은 구이(九二)와 구오(九五)에 보인다. 보통 "대인"은 두 가지의 의미를 가지고 있다. 하나는 지위(位)는 가지고 있지 못하나 덕이 높은 사람을 말하고, 다른 하나는 덕도 높고 지위도 높은 사람을 말한다. 구이는 전자의 경우에 해당하고 구오는 후자의 경우에 해당한다. 구이의 "대인"은 비록 아직 지위를 가지고 있지는 못하지만 대덕(大德)을 가진 존재로 이 세상에 출현해서 은혜가 온 천하에 미치기 때문에 "대인을 봄이 유리하다(利見大人)"고 말한다. 구이는 초구의 잠(潛)과 은(隱)을 벗어나 양(陽)의 변화가 현실에서 작용하고 있는 것을 말하는데, 인간사의 입장에서 말하면 큰 덕을 가진 대인이 오랜 수양을 한 후 출현하여 활동하기 시작하는 상이다. 이를 지금 막 지상에 모습을 나타낸 용(見龍在田)으로 상징하고 있다.

■ 구이는 나타난 용이 땅위에 있으니 대인을 봄이 이롭다.

九三은 君子[11]이 終日乾乾[12]하여 夕惕若[13]하면 厲[14]하나 无咎[15]리라.
구 삼   군 자   종 일 건 건   석 척 약   려   무 구

---

[11] 다른 효(爻)와는 달리 구삼(九三)은 왜 용(龍)을 말하지 않는가? 용은 비록 변화를 말할 수는 있으나 어떤 일이나 사태에 직면하여 걱정이나 고민을 표현하기에는 부적합하다. 그러므로 용 대신에 사람, 즉 군자(君子)를 등장시킨 것으로 보인다. 구삼의 전체 괘에서의 위치는 하괘와 상괘가 교체하는 가운데에 있다. 하괘의 상(上)에 자리하여 약간의 성취에 자칫 기고만장할 가능성이 높기 때문에 늘 마음가짐을 조심스럽고 신중하게 가지고 시종일관 노력하여야 하는 위치에 있다. 또 구이나 구오에서는 대인(大人)을 말하는데 왜 구삼 효사에서는 군자를 등장시키고 있는가? 구이나 구오는 중(中)의 자리에 위치하고 있으나 구삼은 중의 자리를 얻지 못한 부득중(不得中)이기 때문이다. 득중(得中)은 이(二)와 오(五)의 위(位)에 있는 것을 말한다. 구삼은 비록 이와 오의 자리에 있지 못하나 정위(正位)에 자리하고 있기 때문에 군자라고 칭한다. 정위라는 말은 초(初), 삼(三), 오(五)의 자리에 양효(陽爻)가 오거나, 이(二), 사(四), 상(上)의 자리에 음효(陰爻)가 오는 것을 정위(正位) 혹은 득위(得位)라고 하고, 그 반대의 상황을 부정위(不正位) 또는 부득위(不得位)라고 한다. 양의 자리는 초, 삼, 오이고, 음의 자리는 이, 사, 상이기 때문이다. 따라서 정위 혹은 득위는 바로 음의 자리에 음효가 오거나 양의 자리에 양효가 온 것을 말한다.

[12] "건건(乾乾)"이라는 말은 쉬지 않고 계속적으로 노력하는 것을 말한다. 상괘(上卦)의 가장 높은 효로 작은 성취(하괘는 사업의 처음 시작 단계에 해당하는 소성(小成)을 말하고, 상괘는 사업의 대성(大成)을 말한다)에 만족하지 않고 굳세게 부단히 계속 노력하여야 함을 말한다. 이 때문에 "종일토록 굳세고 굳세어서(終日乾乾)"가 말하려는 내용은 "계속적으로 노력하는 마음가짐과 태도가 굳세고 굳세어야" 함을 말하는 것이다. 공영달은 『주역정의』에서 "건건은 굳세고 또 굳세다는 것을 말하는 것과 같다(乾乾, 猶言健而又健)"라고 하였다.

[13] "척(惕)"이란 '근심하다' '걱정하다'의 뜻으로 '두려워 삼가는' 것을 말한다. 『백서주역』에서는 "척"을 "니(泥)"로 쓰고 있다. "니"는 '진흙의', '회색의', '혼란한', '잿빛의', '창백한' 이란 뜻을 가지고 있기 때문에 "밤에는 마치 위험에 처한 것처럼 군자가 창백해 있으니 어떤 허물도 없을 것이다"라는 말로 해석할 수 있다. '약(若)'은 형용사의 뒤에 붙는 어미(語尾) 조사로 '연(然)'과 같이 별 다른 뜻이 있는 것은 아니다.

[14] "려(厲)"의 뜻에 대해 『광아(廣雅)』나 『경전석문(經典釋文)』에서는 "위태롭다", "위험하다(危)"는 뜻으로 해석하고 있다. '려는 『주역』에서 모두 27번 출현하는데 표현 형식으로는 "려(厲)", "유려(有厲), 兌卦 구오)", "정려(貞厲, 旅卦 구삼)" 등이 있다. 『주역』의 괘효사에서 말하는 "려"는 사람들에게 위태함을 드러내주고 있다. 그런데 『주역』

백 九三, 君子終日鍵鍵, 夕泥若厲, 无咎.
　　　　구 삼　군 자 종 일 건 건　　석 니 약 려　무 구

구삼은 군자가 종일토록 굳세고 굳세어서 저녁까지도 여전히 두려운 듯이 행동하면 비록 위태로우나 허물은 없을 것이다.

백 구삼은 군자가 종일토록 굳세고 굳세어서 저녁에는 마치 위험에 처한 것처럼 군자가 창백해 있으니 허물은 없을 것이다.

九四[16]는 或躍在淵[17]하면 无咎[18]리라.
구 사　　　　혹 약 재 연　　　　무 구

　이 위태로움을 말하려는 목적은 사람들로 하여금 이런 위태로움을 정면으로 돌파하거나 슬기롭게 피하도록 하기 위한 것에 있다. 그러므로 「문언전(文言傳)」에서 "비록 위태로우나 허물이 없을 것이다(雖危无咎矣)"고 말한다.

15　"구(咎)"에 대해서 『이아(爾雅)』는 '허물', '하자(病也)'라고 하였고, 『광아』에는 '악(惡)'이라고 하였다. 보통 "구"를 허물, 재난 또는 과실을 의미하는 말로 사용하기 때문에 '무구(无咎)'는 '허물이 없다', '재난(災難)이 없다' 또는 '잘못이 없다'는 의미로 사용한다. "구"는 『주역』에서 모두 98번 출현하는데 딱 한 번 "위구(爲咎)"로 쓰이고(夬卦 초구), 나머지는 "비구(匪咎)"가 한 번(大有卦, 초구) "하구(何咎)"가 세 번 출현하고 나머지 대부분의 93번은 "무구(无咎)"로 사용되고 있다.

16　구사(九四)는 하괘에서 상괘로 오르는 자리로 가장 어려운 때에 해당하는데, 위로 올라갈 수도 있고 제자리에 있을 수도 있다. 구사와 구삼은 같은 상황을 두 가지 측면으로 나누어 설명하는 것이라고 할 수 있다. 기본적으로 이 두 위(位)는 자리 자체가 불안하고 위태한 자리로 늘 갈등하고 결단을 필요로 한다. 그러므로 「계사전」에서는 "삼효(三爻)에는 흉이 많고(三多凶)", "사효(四爻)에는 두려움이 많다(四多懼)"고 말한다. 구삼(九三) 효사에서는 군자가 주어로 나타나지만 구사에서 주어는 용(龍)으로 생략되어 있다.

17　구사(九四)의 자리 자체가 불안하기 때문에 "혹(或)"자가 먼저 나오며, 안주할 수도 있고 뛰어 올라갈 수도 있다고 말한다. "혹(或)"의 의미는 분명히 두 가지 일에 관해서 말하는 것으로, 여기에서 말하는 두 가지의 가능성은 혹은 뛰어 오르거나 혹은 여전히 못에 머무는 두 가지 경우를 말한다. 뛰어 오른다는 것은 일종의 모험을 의미하고, 여전히 못에 머문다는 것은 현실에 안주함을 말한다. 이 구절에 대한 일반적인 해석은 "때에 따라 나아가고 물러나는 것"으로 해석한다. 하나의 특수한 관점을 소개하면, James Legge(1815-1897, 서양에 완벽한 형태의 『주역』을 영어로 번역한 스코틀랜드 출신의

백 九四, 或鯩在淵,[19] 无咎.
　　　구 사　혹 약 재 연　　무 구

구사는 혹 위로 뛰어오르거나 혹은 연못에 있으면 허물이 없을 것이다.

백 구사는 혹 위로 뛰어오르거나 혹은 연못에 있으면 허물이 없을 것이다.

九五[20]는 飛龍在天[21]이니 利見大人[22]이니라.
구 오　　　비 룡 재 천　　　　이 견 대 인

중국학자)는 "도약을 시도하였으나 아쉽게도 여전히 못에 머물러 있지만 허물이 될 일은 아니다"라고 번역하였는데 상당히 일리 있는 해석으로 보인다.
18 왜 "허물이 없다"고 말하는가? 때에 (맞게) 따라(隨時) 나아가기도 하고 물러나기도 한다면 허물이 없다는 뜻이다.
19 "약(躍)"을 『백서주역』에서는 "약(鯩)"으로 쓰고 있는데, 실제로 이 글자는 자서(字書) 속에서는 발견되지 않는 글자이다. 그러나 뜻은 '고기'와 관련이 있고, 발음은 "약(龠)"인 것으로 추정할 수 있다. 등구백의 『백서주역교석(帛書周易校釋)』 73쪽 참조 바람. 장립문(張立文)은 '鯩'과 '약(躍)'을 서로 통용되는 것으로 말하고 있다. 『백화백서주역(白話帛書周易)』 7쪽 참조 바람.
20 보통 6효 중에서 초효(初爻)는 어려운 때에 해당하고, 3과 4효는 위태한 때이고, 상효(上爻)는 기세가 모두 다한 때를 상징하는데 비해 2효와 5효는 가장 조건이 좋은 때에 해당하는 것으로 본다. 특히 5효는 보통 존위(尊位) 혹은 성인지위(聖人之位)라고 하여 천자 혹은 군주의 위(位)를 상징한다. 건괘의 6효 중에서는 구오(九五)가 가장 중심이 되는 주효(主爻)라고 할 수 있다. 주효(主爻)는 일효위주설(一爻爲主說)을 말하는 것으로 왕필(王弼) 역학의 중요 내용이다. 즉 어떤 한 괘의 전체적 의미는 주로 그 괘 중의 어떤 한 효에 의해 결정된다고 왕필은 말한다. 예를 들면 제2효와 5효가 대체적으로 주효가 될 가능성이 높다. 또 한 괘중에서 다섯 개의 양효와 하나의 음효로 구성되어 있으면 이 음효가 주효가 되고, 반대로 다섯 개의 음효와 하나의 양효로 이루어져 있으면 하나의 양효가 주효가 된다. 왕필은 주효설을 통하여 복잡한 효상(爻象) 중에서 간이(簡易)한 원리를 찾아내어 사물의 보편적 원리를 드러내려고 한다.
21 5효나 6효는 삼재(三才)로 보자면 천(天)에 속하는 것이기 때문에 "하늘에서 나는 용(飛龍)" 또는 "너무 높이 올라간 용(亢龍)" 등으로 상징된다. "비룡(飛龍)"이라는 것은 가장 순조로이 목표가 성취되어 이루어진 단계를 말하는 것으로 거침없이 모든 일이 행해지는 것을 상징한다. 자리로는 군주의 자리에 해당한다. 『백서주역』에서는 "비(飛)"를 "비(翡)"로 쓰고 있는데, "비(翡)"는 『설문해자』에서는 "붉은 깃이 있는 참새(翡, 赤羽

백 九五, 翡龍在天, 利見大人.
　　　구 오　비 룡 재 천　이 견 대 인

구오는 나는 용이 하늘에 있으니 대인을 보면 이로울 것이다.

백 구오는 나는 용이 하늘에 있으니 대인을 보면 이로울 것이다.

上九²³는 亢龍²⁴이니 有悔리라
상 구　　　항 룡　　　　유 회

백 尙九,²⁵ 抗龍有悔.
　　　상 구　　항 룡 유 회

상구는 너무 높이 올라가버린 용은 후회함이 있으리라.

作也)"란 뜻으로 말하고 있는데, "붉은 참새가 날개를 펼치면서 나는 모습"을 빌려 상징한 것으로 보인다. 현 통행본 『주역』에서 사용하는 '비(飛)'와는 소리나 뜻이 비슷하기 때문에 가차(假借)한 것으로 보인다.
22 여기에서 말하는 "대인"은 위(位)와 덕(德)을 모두 갖춘 존재이다. 그러므로 주자는 『주역본의(周易本義)』에서 구오에 대해 "강건 중정하여 존위에 있으니 성인의 덕을 가지고 성인의 자리에 있는 것과 같다(剛健中正, 以居尊位, 如以聖人之德, 居聖人之位)"라고 하였다.
23 상구(上九) 효는 건괘의 최고, 최후의 효를 말한다. 일반적으로 괘의 가장 위에 위치한 상효(上爻)는 중용(中庸)의 관점에서 보면 지나친(過) 것으로 조건이나 상황이 좋지 않은 것으로 표현된다.
24 "항(亢)"에 대해 정이천은 "구오는 그 위가 매우 중정하고 지극한 때를 얻었으나 이를 넘어서면 지나치게 된다(九五者, 位之極中正者, 得時之極, 過此則亢矣)"라고 하였다. 이는 구오가 중용(中庸)을 벗어나 지나치게 높이 올라가서 후회하는 상으로 이해한 것이다. 『백서주역』에서는 '항룡(抗龍)'으로 쓰고 있는데 두 글자는 고대에 통용되었다.
25 『백서주역』에서는 "상구(上九)"를 "상구(尙九)"로 쓰고 있다. "상(尙)"의 뜻은 "높이 평가된"·"상방(上方)"이란 뜻이며, 통행본(通行本) 『주역』에서는 상(上)이라 읽고, 그 뜻은 "높은", "위의" 의미이다. 그러나 "상(上)"과 "상(尙)"은 고대에 거의 통용된 것으로 보인다.

🔲 상구는 저항하는 용은 후회함이 있으리라.

用九²⁶는 見群龍하되 无首²⁷하면 吉하리라.
용구   견군룡   무수   길

---

26 『주역』의 64괘는 모두 6개의 효사로 구성되어 있는데 이 중 건괘와 곤괘에만 효사 이외에 용구(用九)와 용육(用六)의 내용이 더 붙어있다. 용구(用九)와 용육(用六)은 무엇을 말하는 것인가? 우선 구와 육은 점서(占筮)의 수(數)와 관련되는 문제인 것은 확실하지만, '용'(用)이란 말이 어떤 뜻으로 사용되는가 하는 문제에 대해서는 여러 가지 논란이 있다. 우선 먼저 점서(占筮)의 수와 관련되는 문제에 대해 말해보자. 용구는 모두 양효(陽爻)이고 변효(變爻)이다. 변효라는 말은 서법(筮法)의 9, 8, 7, 6의 수와 연관된다(부록의 점서 부분 참조 바람). 이들 9, 8, 7, 6의 수가 바로 노양(老陽), 소음(少陰), 소양(少陽), 노음(老陰)이다. 주자는 『주역본의』에서 "용구는 점을 쳐서 양효를 얻으면 모두 9를 쓰고 7을 쓰지 않는데 (이는) 모든 괘의 192개 양효에 일반적으로 통용되는 예이다. 이 괘는 순양이면서 맨 앞에 자리하므로 여기에서는 이것을 말하였고 성인이 이에 근거하여 말을 붙이니 이 괘를 만나서 여섯 양효가 다 변한 것으로 곧 이것으로 점치게 하였다(用九, 言凡筮得陽爻者, 皆用九, 而不用七, 蓋諸卦百九十二陽爻之通例也. 以此卦純陽居首, 故於此發之. 而聖人因繫之辭, 使遇此卦而六爻皆變者卽此占之)"고 하였다. 서점(筮占)을 칠 때 양효의 수는 7과 9이고, 음효의 수는 8과 6이다. 여기에서 노양 9와 노음 6은 변효(變爻)이고 소양 7과 소음 8은 불변효(不變爻)이다. 왜냐하면 노양이 변하면 음으로 바뀌고 노음이 변하면 양으로 바뀌어 변효가 되기 때문이다. 그러나 소양은 변하여도 노양으로 되어 여전히 양에 속하고 또 소음이 변하여 노음으로 되어 여전히 음에 속하기 때문에 불변효인 것이다. 예를 들면 노양 9가 변하면 소음 8로 되고, 소음 8은 변하여 노음 6으로 변하고, 노음 6은 소양 7로 변하고 소양 7은 노양 9로 변한다. 노양 9(—)→소음 8(--)→노음 6(--)→소양 7(—)→노양 9(—)의 순서이다. 말하자면 소양에서 노양으로의 변화나 소음에서 노음으로의 변화가 양적 변화(量變)라고 한다면, 노양에서 소음으로의 변화나 노음에서 소양으로의 변화는 질적인 변화(質變)라고 할 수 있다. 질적인 변화가 바로 변효이다. 그리고 용구(用九)라는 말에서 9는 모두가 변효라는 것을 말하여 건(乾)에서 곤(坤)으로 변하는 것을 말하는 것으로 보인다.
"용(用)"이라는 말의 의미가 무엇인가에 대한 논란 또한 많다. "용구"라는 말의 "용"을 『백서주역』에서는 "동"(迵)으로 말하고 있다. "동"은 "통"(通)의 뜻으로 '전부' '모두'를 의미한다. 그러므로 "동구"(迵九)라는 말은 "건괘의 여섯 개 양효는 전부 구(九)이다"는 뜻이다. 이정조(李鼎祚)의 『주역집해(周易集解)』에서도 "전체적으로 여섯 효가 모두 양의 뜻을 가지고 있기 때문에 용구(用九)라고 말한다(總六爻純陽之義, 故曰用九也)"고 하여 건괘의 여섯 효가 모두 양이기 때문에 용구라고 말한다고 하였는데, 이는 『백서주역』의 관점과 상당히 일치하고 있다. 즉 양효는 모두 구(九)이고, 음효는 모두 육(六)이라는 말이다. 위의 관점 이외에 "용"의 의미를 건곤의 작용과 관련지어 보는 관

백 週九, 見群龍無首, 吉.
　　　동구　견군룡무수　길

구를 사용하는 것은 여러 용을 보되 머리가 없으면 길하다.

백 여섯 개 양효가 전부 구인 것은 여러 용을 보되 머리가 없으면 길하다.

점도 있다. 이 관점은 64괘 중의 384효에 보이는 모든 양효는 칠(七)을 쓰지 않고 하나같이 구(九)를 사용(用九)하고, 마찬가지로 모든 음효는 팔(八)을 쓰지 않고 하나같이 모두 육(六)을 사용(用六)한다고 말한다. 여기에 주목하는 이유는 건곤의 "용"의 핵심이 바로 '음양(陰陽)의 생성과 변화'에 있기 때문이다. 건곤은 바로 양음(즉 음양)이다. 즉 건곤은 음양이고 천지로 만물의 생성과 변화의 근본이다. 말하자면 『주역』은 용구와 용육을 통하여 만물과 세계의 변화와 작용을 설명하고 있다는 것이다. 특히 위의 관점에서 중요한 것은 둘 다 변화를 강조하고 있다는 사실이다. 그러므로 "용구"가 말하려고 하는 핵심은 초구의 "잠룡"에서부터 상구의 "항룡"에 이르기까지의 변화를 종합적으로 미리 파악하여 변화의 흐름에 적극적, 능동적으로 대처하여야 한다는 점이다. 즉 그냥 변화에 피동적으로 끌려가는 것이 아니라 오히려 변화를 객관적으로 관찰하여 적극적으로 이용하여야(用) 하는 것이 바로 "용구"가 지니고 있는 지혜라는 것이다.

27　"여러 용을 보되 머리가 없으면(見群龍无首)"이 무엇을 말하는 것인가에 대한 관점은 정말 다양하다. 예를 들면 정이천은 "여러 용들을 본다는 것은 여러 양(陽)들을 본다는 의미를 맡하는 것이니 우두머리가 되려고 하지 않으면 길하다(見群龍, 謂觀諸陽之義, 無爲首則吉也)"고 하여 자기 자신을 내세워 앞서가려고 하면 흉하다는 뜻으로 말한다. 이 견해에 따르면 "여러 용(群龍)"이라는 것은 6효가 모두 양이라는 것을 말한다. 그런데 여기에서 말하는 여섯 효는 모두 음으로 변하는 변효(變爻)이기 때문에 곤괘(坤卦)로 변하는, 즉 '건지곤(乾之坤)'이다. 이것은 『주역』을 지은 사람들이 건곤음양(乾坤陰陽)의 대립뿐만 아니라 건곤음양의 상호전환(相互轉換)이라는 관점도 이미 파악하고 있음을 반영하고 있다. 즉 건 속에 곤이 있고 곤 속에 건이 있을 뿐만 아니라 건곤이 상호 전환한다는 관점에서 건괘의 육효 뒤에 다시 "용구(用九)"를 더 부가(附加)하여 "여러 용을 보되 머리가 없으면(見群龍无首)"이라는 의미심장한 말을 한 구절 더 붙여 놓은 것으로 보인다.

주자는 이에 대해 "여섯 양이 모두 변하여 강하면서도 유순할 수 있는 길한 도이므로(蓋六陽皆變, 剛而能柔, 吉之道也)"라고 하였다. 즉 "여러 용을 보되(見群龍)"는 건의 강건(剛健)함을 말하고, "여러 용을 보되 머리가 없으면(見群龍无首)"은 곤(坤)의 유순(柔順)함을 말하는데 이는 강건을 체(體)로 하고 유순을 용(用)으로 하여 강건하면서도 유순할 수 있기 때문에 길하다고 말한다. 주자의 이런 해석은 매우 합당한 것으로 보인다.

象曰[28] **大哉**[29]**라 乾元**[30]**이여 萬物이 資始**[31]**하나니 乃統天**[32]**이로다.**
단 왈　대 재　건 원　　만 물　자 시　　　내 통 천

---

28 「단전(彖傳)」은 괘사(卦辭)를 해석한 것을 말한다. 「단전」이 말하는 내용을 "단왈(彖曰)"이라고 하는데 단사(彖辭)의 뜻이 어떠하다고 말하는 것이다. "단(彖)"은 원래 무엇이든지 끊어 먹는(斷) 동물을 말하였는데, 이것으로부터 한 괘(卦)의 의미를 단정(斷定)하고 판단한다는 의미를 이끌어낸 것으로 보인다. 그래서 빌헬름의 영역본에서도 결정하거나 판단한다는 의미의 decision으로 번역하고 있다. 즉 「단전」은 한 괘의 기본 대의(大義)를 설명하는 부분이다.

29 "건원(乾元)"의 위대함을 말하는 감탄사이다.

30 "건원(乾元)"은 건의 원(元)을 말한다. 여기에서 말하는 "원"은 "원형이정(元亨利貞)"의 "원"이다. 이 "원"은 만물이 생겨나는 최초의, 원시적(原始的)인 기(氣)로 일종의 종자(種子) 또는 씨와 같은 의미이다. 주자는 『주역본의』에서 "원은 큰 것이고 시작이다. 건원은 천의 공덕의 큰 시작이므로 만물의 생겨남은 모두 이것에 근거하여 시작으로 삼으며, 또 사덕(四德)의 머리가 되어 천의 공덕의 시작과 끝을 꿰뚫으므로 하늘을 통솔하였다고 말하는 것이다(元, 大也, 始也. 乾元, 天德之大始也, 故萬物之生皆資之以爲始也, 又爲四德之首而貫乎天德之始終, 故曰統天)"라고 하였다. 사계절을 가지고 말하면 "원"은 봄에 해당한다. 마치 봄이 있어야 여름, 가을, 겨울이 있을 수 있는 것과 같다. 괘의 밑에 원(元)을 붙인 것은 오직 건괘와 곤괘뿐이다. 원을 붙인 이유는 64괘의 가장 기본이고 출발점이고 부모를 상징하기 때문이다. 즉 "건원"은 아버지, "곤원(坤元)"은 어머니에 해당한다. 그러므로 「서괘전(序卦傳)」에서는 "천지가 있고 난 후에 만물이 생긴다(有天地然後萬物生焉)"라고 하고 「계사전」에서는 "건곤은 주역의 문호이다(乾坤其易之門)"고 말한다.

31 "건원"은 만물의 시작이기 때문에 만물은 모두 여기에 근거하여 생성 변화가 일어남을 말하고 있다. 즉 "원(元)"은 만물 시생(始生)의 상태이기 때문에 만물의 생성은 이것에 근거하여 생기고 자라난다. "자(資)"는 "바탕하다", "밑천으로 삼다"는 뜻으로 이것을 바탕으로 하여 시작한다(資始)는 말이다. 예를 들면 봄이 있어야 여름과 가을 및 겨울이 있을 수 있다는 말이다.

32 여기에서 말하는 "통(統)"은 통솔(統率), 통령(統領), 통괄(統括), 통합(統合)의 의미를 가지고 있다. 부예박(傅隸樸)은 '천(天)'을 형체(形體)로만 보면 형체는 스스로 어떠한 작용도 하지 못하기 때문에 여기에는 어떤 정신적인 것에 해당하는 것이 필요하다고 말한다. 그에 따르면 이런 정신적인 것에 해당하는 것이 원(元)이고, 이런 위대한 정신이 있어야 천(天)은 만물을 창조해 낼 수 있다는 것이다. "통천(統天)"이란 말은 바로 이런 '원'이 천을 통솔한다는 의미라고 하였다(『周易理解』22쪽 참조). 여기에서 말하는 정신적인 측면의 '원'이라는 것은 실제로는 만물의 생장원리를 담고 있는 어떤 것, 즉 기(氣)의 원리와 정신에 해당하는 것으로 보인다. 이에 비해 빌헬름의 영역본은 "통(統)"을 '(어떤 영향력이) 스며들거나 퍼진다'는 의미의 'permeat'라는 뜻으로 해석하고 있는데

단전에서 말하기를 위대 하도다, 건원이여! 만물이 이에 바탕 하여 시작하니 이에 하늘을 통솔하는구나.

雲行雨施[33]하여 品物[34]이 流形[35]하느니라.
운 행 우 시   품 물   류 형

구름이 움직여 비가 내리니 만물이 (각자의 모습대로) 형체를 갖춘다.

大明終始[36]하면 六位時成[37]하나니 時乘六龍[38]하여 以御天[39]하느니라.
대 명 종 시   육 위 시 성   시 승 육 룡   이 어 천

매우 일리 있는 관점으로 보인다(370쪽 참조).
33 "구름이 움직여 비가 내리니 만물이 (각자의 모습대로) 형체를 갖춘다(雲行雨施, 品物流形)"는 말은 '형(亨)'을 해석한 구절이고, 계절로는 여름에 해당한다. '원'이 어떤 원리적인 측면을 말하였다면 '형'은 구체적인 활동의 표현에 해당한다. 즉 건원(乾元)이 만물을 창생한 후에 만물이 생장하고 자라나는 단계에 접어드는 시기로, 그 기(氣)는 끓어올라 하늘로 올라가서 구름이 되었다가 다시 비가 되어 땅에 내려 백과초목(百果草木)으로 하여금 그 형태를 갖추도록 한다는 것이다.
34 "품물(品物)"의 "품(品)"을 『설문해자』에서는 "많다(衆庶也)"라고 하였는데 만물(萬物)을 말하는 것으로 보인다. '만물'이라고 하지 않고 "품물"이라고 말하는 것은 만(萬)이라는 수에 제한되는 것을 피하기 위한 측면도 있고, 또 모든 사물은 각각의 분류가 다르고 각기 다른 모습을 가지고 있기 때문이다.
35 "유형(流形)"이라는 말에서 "유(流)"라는 말은 변동(變動) 혹은 변화를 의미하고, "형(形)"은 형태 또는 모습을 말한다. 따라서 "유형"이라는 말은 '변화' 혹은 '역동적(力動的)'인 관점에서 만물의 모습이나 형체를 말하는 것으로 보인다. 특히 이 구절은 기(氣)의 유통(流通)에 해당하는 부분으로 모든 만물(혹은 物類)이 변화하여 각자의 형체를 갖추고서 변화의 흐름 속에 놓여 있는 것을 상징하고 있다.
36 "끝과 시작을 크게 밝히면(大明終始)"의 "대명(大明)"의 뜻은 대체로 크게 두 가지로 이야기한다. 우선은 "대명"을 "태양"으로 보는 경우인데, 이정조는 『주역집해』에서 "대명은 해이다(大明, 日也)"라고 하였다. 두 번째로는 "대명"을 "크게 밝힌다"는 해석으로 주자의 『주역본의』에서 보인다. "시(始)"는 곧 원(元)이요, 종(終)은 정(貞)을 말하니, 끝나지 않으면 시작이 없고 정이 아니면 원이 될 수 없다(始卽元也, 終謂貞也, 不終則无始, 不貞則无以爲元也)." 여기에서 말하는 '종시'는 사물의 변화에는 시작과 끝이 있고 또 그 둘은 순환한다는 종시순환(終始循環)의 이치를 말하고 있다.
37 "육위(六位)"는 건괘의 6효를 말한다. "시(時)"는 부사로 "때에 맞게", "때로"의 뜻이

끝과 시작을 크게 밝히면 여섯 자리가 때에 맞추어 이루어지니, 때에 맞추어 여섯 마리의 용을 타고 천도를 행한다.

乾道⁴⁰變化⁴¹에 各正性命⁴²하나니 保合大和⁴³하여 乃利貞⁴⁴하니라.
건 도   변 화   각 정 성 명   보 합 대 화   내 이 정

다. 즉 6효가 각기 다른 시간에 따라 이루어진다는 것으로 양기(陽氣)가 정해진 법칙에 따라 발전해 가는 것을 말한다. 여기에서는 자연계가 사계절의 순서에 따라 가을이 되어 만물이 성숙한 단계에 이른 것을 말한다. 앞에서 말한 "때에 맞추어 이루어지니(時成)"란 말 속에 가을의 모습이 포함되어 있다.

38 "육룡(六龍)"을 건괘의 6효로 비유하고 있다. 6효의 양기(陽氣)가 각각의 시간에 따라 마치 여섯 마리의 용을 타고 천도를 행(行)하는 것처럼 그리고 있다. 이 말을 고형(高亨)은 『주역대전금주(周易大傳今注)』에서 고대 신화에 태양이 여섯 마리의 용을 타고 하늘을 운행하는 내용을 차용(借用)한 것으로 말하기도 한다(54쪽 참조).

39 천도(天道)에 맞게 행한다는 의미이다. 이정조는 『주역집해』에서 유명한 한대(漢代)의 역학자(易學者)인 순상(荀爽, 128-190)의 말을 인용하여 "어"(御)를 '행'(行)으로 말하고 있다. 정이천은 "하늘의 운행에 맞게 함을 말하는 것이다"(謂以當天運)라고 하였다. 주자는 순상의 관점에 따라 『주역본의』에서 "여섯 마리의 용을 타고 천도를 행한다"(乘此六龍以行天道)라고 하여 "어천"(御天)을 "천도를 행하는 것으로"(行天道) 풀이하고 있다.

40 "건도(乾道)"는 천도(天道)로 자연의 운행 법칙을 말한다. 건원(乾元)이라고 말하지 않고 "건도"라고 하는 이유는 여기에서 강조하는 초점이 변화의 시작을 말하는 것에 있는 것이 아니라 전체 과정에 있기 때문이다. 이 점에 대해서는 김경방(金景芳, 1902-2001), 여소강(呂紹綱, 1933-2008)이 함께 지은 『주역전해(周易全解)』 15쪽을 참조하기 바람. 아래에서는 김경방의 『주역전해』로 칭함.

41 주자는 『주역본의』에서는 "변(變)"과 "화(化)"를 구별하여 말하고 있다. "변은 점점 화해 가는 것이고 화는 변하여 완성된 것이다(變者化之漸, 化者變之成)"고 하였다. 즉 "변"은 사물의 점차적인 변화인 점변(漸變)을 말하고, "화"는 점변에서 질적인 변화(質變)에 이르는 것을 말한다. 김경방의 『주역전해』 15쪽 참조.

42 "성명(性命)"에서 "성"은 부여받은 본성을 말하고, "명"은 수명(壽命) 등을 말한다. "성"이라는 측면에서 보면 어떤 한 종류의 사물은 동일하지만(예를 들면 사람의 본성인 인성(人性)이나 소의 본성인 우성(牛性)으로 보면 모든 사람과 모든 소는 각각의 동일한 성을 가진다), "명"이라는 측면에서 보면 각자는 수명의 길이가 다르다. 이처럼 "성명"은 만물의 각각이 가지고 있는 통일성과 차별성을 말해주는 것이라고 할 수 있다. 『주역본의』에서 주자는 "만물이 받은 바를 성이라 하고, 하늘이 부여한 바를 명이라고 한다(物所受爲性, 天所賦爲命)"고 하였다. 이처럼 '성'과 '명'은 말하는 입장의 차이가 있어

건도가 변화하여 각각 성명을 바르게 하니 큰 조화를 보전하고 모으니 이에 바름이 이로울 것이니라.

首出庶物에 萬國이 咸寧⁴⁵하느니라.
   수출서물   만국   함령

여러 가지 사물 중에 으뜸으로 나오니 (이를 본받아) 모든 나라가 다 평안해진다

서 그렇지 실질적인 내용이 결코 다른 것은 아니다. 즉 "성명"은 비록 두 개의 전혀 다른 글자로 구성되어 있으나 그것은 어떤 하나의 "사물의 본성"을 구성하는 것에 대해 말하고 있다. 예를 들면 물속에서 사는 물고기나 땅에 사는 동식물이나 날아다니는 새가 각기 다르게 구별되는 것은 각자의 성명이 모두 다르기 때문이다. "각정(各正)"의 "정(正)"은 '정한다(定)'는 의미이다. 즉 모든 존재들이 각기 그 나름대로 정해진 존재 의의를 가지고 있다는 말이다.

43 "대화(大和)"를 주자는 "음양이 모이고 합하여 조화된 기를 말한다(陰陽會合沖和之氣也)"고 하였다. 여기에서 말하는 '충화지기(沖和之氣)'는 천지 사이의 조화된 기를 말한다. "보(保)"와 "합(合)"에 대해 내지덕(來知德, 1525-1604)은 『역경래주도해(易經來註圖解)』에서 "보라는 것은 항상 존재해서 줄어들지 않는 것을 말하고, 합이라는 것은 하나로 모아서 흩어지지 않는 것을 말한다(保者, 常存而不虧, 合者, 翕聚而不散)"고 하였다. 즉 "보합"은 보존하고 합하여 모으는 것을 말한다.

44 "이에 바름이 이로울 것이다(乃利貞)"고 하는 것은 앞의 말들이 "이정(利貞)"을 해석한 말이라는 의미이다. "내이정(乃利貞)"을 "정이천은 "이로써 이롭고 또 바르다(是以, 利且貞也)"라고 하였고 주자는 "이정의 뜻을 해석하였다(釋利貞之義也)"고 하였다.

45 "건도가 변화하여(乾道變化)"라는 구절의 아래 것들이 모두 천도(天道)의 법칙에 대한 언급이었다면, 이 구절은 천도를 인간사에 적용 또는 응용한 것이라 할 수 있다. 즉 천도 또는 건도로부터 "여러 가지 사물 중에 으뜸으로 나오는(首出庶物)" 것을 본받아 성인(聖人)이나 왕이 "모든 나라가 다 평안해지도록(萬國咸寧)"하여야 한다는 것이다. 주자는 『주역본의』에서 "성인이 위에 있어 만물보다 더 높게 나옴은 마치 건도가 변화하는 것과 같고, 만국이 각기 그 자리를 얻어 모두 편안함은 만물이 각각 성명을 바르게 하여 대화를 보전하고 모으는 것과 같으니 이는 성인의 이정을 말한 것이다(聖人在上, 高出於物, 猶乾道之變化也, 萬國各得其所以咸寧, 猶萬物之各正性命而保合大和也, 此言聖人之利貞也)"라고 하여 대자연 속에서 만물이 각기 성명을 바르게 하듯이 천하를 다스림에 있어서 모든 백성들이 다 잘 살 수 있도록 해주어야 할 것을 말하고 있다.

象[46]曰 天行이 健[47]하니 君子以하여 自彊不息[48]하느니라.
상 왈 천 행 건 군 자 이 자 강 불 식

상전에서 말하기를 하늘의 운행이 굳건하니, 군자는 그것을 본받아서 스스로 힘쓰고 쉼이 없다.

---

[46] 이 부분은 「상전(象傳)」에 해당하는 부분이다. 「상전」은 괘상(卦象)과 효상(爻象)이 가지고 있는 상징적 의미들을 해석하고 있다. 이처럼 "상(象)"을 따로 해석하는 것은 『주역』에서 가장 중요한 개념 중의 하나가 바로 '상(象)'이기 때문이다. 「계사전」은 "주역(의 핵심)은 상징에 있다(易者, 象也)"라고 말한다. 「상전」은 크게 「대상전」과 「소상전」으로 나눈다. 「대상전」이 주로 전체 괘가 가지고 있는 상징적 의미에 대해 말하고 있다면, 「소상전」은 6효의 효상에 대해 설명하고 있다. 「상전」과 「단전(彖傳)」의 구별은 「단전」이 괘가 가진 함의를 해석하고 있다면, 「상전」은 형상(形象)을 풀이하고 있다. 함의가 형상보다는 더 중요하기 때문에 「단전」이 「상전」보다 앞에 놓인다.

[47] "천행(天行)", 즉 하늘의 운동 또는 운행이 굳건하다는 것(健)을 이야기하고 있다. 『주역정의』에서 "행이라는 것은 운동을 말하는 것이고 건이라는 것은 굳세고 씩씩한 것을 이름한다(行者, 運動之稱. 健者, 强壯之名)"고 하였다. 여기에서 "굳세다(健)"는 의미는 하늘의 운행이 조금의 차질이나 중지(中止)라는 것이 없음을 말한다. 예를 들면 하늘은 사계절과 주야(晝夜)의 교체(交替)를 잠시도 중지하거나 순서를 한 번도 바꾼 적이 없이 줄기차게 행해 오고 있기 때문이다.

[48] 「대상전」의 기본 체제와 구조는 먼저 상하괘의 괘상에 대해 설명한 후에 괘상에서 인간사와 관련되는 상징들을 추리해 낸다. 즉 64괘(卦)의 「상전」인 「대상전」은 모두 두 부분으로 구성되어 있는데, 앞부분은 모두 자연사물의 모습과 상태를, 예를 들면 "天行健", "天地交", "雷在地中" 등을 말하고, 뒷부분은 "君子以……", "后以……", "先王以……" 등으로 대부분 인간이 이를 본받아서 어떻게 덕을 쌓고 수신해야 하는가 하는 것을 말하기 때문이다. "군자이(君子以)"의 "이(以)"는 여기에서 매우 중요한 의미를 가지고 있다. 즉 "이"는 "본받는다(法之)"는 뜻을 가지고 있다. 이 말을 빌헬름의 영역본은 "모델로서의 이 상을 통해서(With this image as a model)"(7쪽 참조)라는 말로 매우 분명하게 해석하고 있다. 말하자면 군자는 건괘가 말하는 천도가 굳세게 운행하는 상을 하나의 모델로 삼아 그것을 본받아 시종 분발하여 행동해야 할 것을 말하고 있다. 군자 역시 하늘을 본받아서 스스로 노력하는데 굳세어 쉼이 없다면 건괘가 지니고 있는 덕을 공유(共有)할 수 있게 된다는 것이다. "강(彊)"은 "강(强)"과 같은 의미이다. 군자는 건괘가 말하는 천도가 굳세게 운행하는 모습을 본받아 시종 분발하여 행동해야 할 것을 말하고 있다. 군자 역시 하늘을 본받아서 스스로 노력하는데 굳세어 쉼이 없다면 건괘의 덕을 함께 공유(共有)할 수 있게 된다는 것이다. "강(彊)"은 "강(强)"과 같은 의미이다.

潛龍勿用은 陽在下也⁴⁹요
잠 룡 물 용   양 재 하 야

물속에 잠겨 있는 용이니 아직 쓰려고 하지 말아야 한다는 것은 양의 기운이 아래에 있다는 것이요.

見龍在田은 德施普也⁵⁰요
현 룡 재 전   덕 시 보 야

나타난 용이 땅 위에 있다는 것은 덕을 널리 펼 수 있다는 것이요,

終日乾乾은 反復道也⁵¹요
종 일 건 건   반 복 도 야

하루 종일 열심히 노력하는 것은 반복하기를 도에 맞추어 함이요,

或躍在淵은 進이 无咎也⁵²요
혹 약 재 연   진   무 구 야

---

49 "양의 기운이 아래에 있다(陽在下也)"는 말은 초구가 금방 생겨나서 아래에 자리하고 있다는 것을 말한다. 이 구절에서부터 시작하여 "天德不可爲首也"까지가 바로 건괘의 「소상전」에 해당한다. 나머지 괘와 다른 점은 효사 아래에 붙어 있지도 않고 "상왈(象曰)"이라는 말도 보이지 않는다는 점이다.
50 지상에 출현하여 그 동안 가꾼(이룬) 덕을 만물에 널리 베푸는 것을 말한다.
51 정이천은 『이천역전(伊川易傳)』에서 "나아가고 물러나며 움직이고 멈춤을 반드시 도로써 한다(進退動息, 必以道也)"라고 하였다. 여기에서 말하는 '반복'을 주자는 『주역본의』에서 "거듭하여 실천한다(重複踐行之意)"는 의미로 해석하고 있다. 이광지(李光地, 1642-1718)는 『주역절중(周易折中)』에서 항안세(項安世)의 관점을 인용하여 "구삼은 스스로의 수양에 대해 말하기 때문에 반복(反復)을 말하는 반면에 구사는 스스로 시도하기(自試) 때문에 진퇴(進退)를 말한다(三以自修, 故曰反復. 四以自試, 故曰進退)"고 하였다.
52 정이천은 『이천역전』에서 "그 때에 적합하게 하면 허물이 없다(適其時則无咎也)"고 하였다. 나아가고 머무름을 때에 잘 맞추면 허물이 있을 수가 없다는 것이다.

혹 위로 뛰어 오르거나 혹은 연못에 있다는 것은 앞으로 나아가도 허물이 없다는 것이다.

飛龍在天은 **大人造也**[53]요
비 룡 재 천　　대 인 조 야

나는 용이 하늘에 있다는 것은 대인이 하는 일이요

亢龍有悔는 **盈不可久也**[54]요
항 룡 유 회　　영 부 가 구 야

너무 높이 올라가버린 용은 뉘우침이 있다는 것은 가득 차면 오래가지 못한다는 것이요,

用九는 **天德**은 **不可爲首也**[55]이라.
용 구　　천 덕　　부 가 위 수 야

구를 사용하는 것은 하늘의 덕은 으뜸이 되려고 해서는 안 된다는 것이다.

文言[56]曰 **元者**는 **善之長也**[57]요 **亨者**는 **嘉之會也**[58]요 **利者**는
문 언 왈 원 자　　선 지 장 야　　　　형 자　　가 지 회 야　　　　리 자

---

53 "조(造)"는 하는 일(事, 정이천의 관점) 또는 일함(作, 주자의 관점)의 뜻이다. 『주역절중』에서는 "대인(大人)은 용(龍)을 해석한 말이고, 조(造)는 비(飛)를 해석한 말(大人釋龍字, 造釋飛字)"에 해당하는 것으로 보고 있는데 용이 하늘 위에서 나는 것을 대인이 임금의 자리에서 활동하는 것에 비유하고 있다.
54 정이천은 "차면 변하고 뉘우침이 있을 것이다(盈則變, 有悔也)"라고 하여, 사물이나 사태가 극단의 상황으로 가면 반드시 그 반대로 돌아간다는 "물극필반(物極必反)"의 관점에 대해 말하고 있다.
55 정이천은 이 구절에 대해 "천덕은 양강인데 여기에 다시 강을 써서 앞서기를 좋아하면 지나치다(天德, 陽剛, 復用剛而好先則過矣)"고 하여 강유를 둘 다 갖추어야(兼備) 할 것을 말한다.

義之和也[59]요 貞者는 事之幹也[60]이니
의 지 화 야 　　정 자　　사 지 간 야

---

56 "문언(文言)"은 『문언전(文言傳)』을 말한다. 건괘와 곤괘에만 『문언전』이 붙어 있다. 『문언전』은 건과 곤 두 괘의 말을 장식(文)해 주는 것으로 십익(十翼) 중의 하나이다. 공영달은 『주역정의』에서 "문은 장식을 말하는데 건괘와 곤괘의 작용이 중요하기 때문에 특별히 장식하여 문언을 지었다(文謂文飾, 以乾坤德大, 故特文飾以爲文言)"고 하였다. 즉 건곤의 두 괘는 말 그대로 『주역』의 문호(門戶) 또는 근본이고, 그 뜻이 심오하고 중요하기 때문에 특별히 한 번 더 반복하여 해석하고 있다. 건괘의 『문언전』은 모두 6절로 나누어져 있는데, 이 구절은 그 중의 첫 번째 절에 해당하는 것으로 건괘의 4덕인 원, 형, 이, 정의 의미에 대해 설명하고 있다. 『문언전』은 인간사의 덕행이나 수양의 문제를 가지고 설명하고 있는데, 특히 유가의 관점이나 이론을 통하여 『주역』을 해석하고 있다. 그러므로 『문언전』은 단지 길흉을 묻는 점사(占辭)에 불과하던 건곤괘의 괘효사에 철학적 이론을 투여하여 완전히 다른 내용으로 바꾸어 놓았다. 다시 말해서 점의 의미를 말하던 "원형이정"을 "원, 형, 이, 정"으로 나누어 4덕이나 4계절로 설명하고 있다.

57 『문언전』은 특히 "원형이정"이라는 천 또는 천덕(天德)의 특성을 유가적인 덕행이나 수양이라는 각도를 통하여 해석하고 있다. 먼저 "원"을 '인(仁)'과 관련하여 말하고 있다. 이 구절은 『좌전』 양공(襄公) 9년 조에서 목강(穆姜)이 말한 것이다(공자는 노 양공 21년에 출생하였는데 이것은 공자의 생전에 이미 이 문장이 있었음을 증명하고 있다. 그러므로 이 문장은 당연히 공자가 직접 지은 것은 아니다). 주자는 『주역본의』에서 '원'을 계절로는 봄(春)으로, 사람의 덕성으로는 인(仁)으로 말하고 있다. "원은 사물을 낳는 시작이니 천지의 덕이 이것보다 앞서는 것이 없기 때문에 때에 있어서는 봄이 되고 사람에게 있어서는 인이 되어 모든 선의 으뜸이 된다(元者, 生物之始, 天地之德莫先於此, 故於時爲春, 於人則爲仁, 而衆善之長也)"고 하였다. "모든 선의 으뜸이 된다"는 말은 건의 4덕 중에서 "원(元)"이 그 '시작'으로 마치 봄이 만물을 소생케 하는 것처럼 '인의예지' 중에서 '인(仁)'이 그에 해당하는 것으로 이보다 더 근본적이고 가치 있는 덕은 없기 때문에 모든 선의 우두머리라고 말한다.

58 "형"은 천이 만물을 생성하려는 시도가 본격적으로 실행되고 확산된 상태를 말한다. 주자는 『주역본의』에서 "형이라는 것은 사물을 낳아 형통한 것으로 사물이 여기에 이르러 아름답지 않은 것이 없으므로 계절로는 여름이요, 사람에게는 예에 해당하여 여러 아름다운 것들의 모임이 된다(亨者生物之通, 物至於此, 莫不嘉美, 故於時爲夏, 於人則爲禮, 而衆美之會也)"고 하였다. 즉 여름이 되면 만물은 무성하고 왕성한 생명력을 보여주어 모두 아름다운 자태를 뽐낸다는 것이다.

59 "이(利)"는 가을에 만물이 생육(生育)을 완성하여 이루는 것을 말한다. 주자는 『주역본의』에서 "이는 사물을 낳아 이룸이니 사물이 제각기 마땅함을 얻어 서로 방해하지 않으므로 계절로는 가을이요, 사람에게는 의에 해당하여 자기 분수의 조화를 얻음이 된다(利者生物之遂, 物各得宜 不相妨害, 故於時爲秋, 於人則爲義, 而得其分之和)"고 하였

『문언전』에 말하기를 원이란 것은 선의 우두머리요, 형이란 것은 아름다운 것의 모임이요, 이라는 것은 마땅함에 조화되는 것이요, 정이란 것은 일의 줄기이니,

君子體仁이 足以長人[61]이며
군자체인　　족이장인

다. 사람들에게 있어서 다툼은 대부분 이익의 충돌이나 쟁탈에서 발생하는데, 자신들의 이익만을 도모하다가 결과적으로는 누구에게도 별다른 실익(實益)이 없게 될 가능성이 크다. 그러므로 자신의 욕심을 버리고 모든 사람이 다 같이 지켜야 할 의무나 정의에 따라야 비로소 진정한 이익을 얻을 수 있다. 이런 점은 바로 천도가 만물의 생육을 완성하여 이루어주는 '이'를 본받아야 할 것이다. 왜냐하면 천도는 사사로운 이익(私利)이 아닌 공공적인 이익(公利)을 행하여 모든 사물이 각각의 마땅함을 얻게 만들어주고 서로 조화하게 만들어주기 때문이다.

60 "정(貞)"은 계절로 겨울에 해당하고 사람에게는 지(智)에 해당한다. "정"은 '바르고(正)' '곧음(直)'을 말한다. '바르고' '곧음'이야 말로 모든 일에 있어서 가장 근간(根幹)이 되는 것이다. 가장 '바르고' '곧음'은 역시 천도의 운행에서 발견할 수 있다. 이런 천도의 '정'에 따라 행위 하는 것이 바로 인간의 '지혜'이고, 이런 '지혜'가 바로 어떤 일을 완성하는 근간이나 바탕이 된다. 그러므로 주자는 『주역본의』에서 "정은 사물을 낳아 완성하는 것이니 실제의 이치가 구비되어 있어서 모든 곳에서 스스로 충족하므로 계절로는 겨울이요, 사람에게는 지혜가 되고, 모든 일의 줄기가 되니 (간은 나무의 몸이니) 가지와 잎새가 의지해서 서 있는 것이다(貞者生物之成, 實理具備, 隨在各足, 故於時爲冬, 於人則爲智, 而爲衆事之幹, 而枝葉所依以立者也)"라고 하여 만물이 이것에 의지하여 생성하고 있음을 말하고 있다.

61 이 아래의 구절은 '원형이정'을 군자의 수양이라는 측면에 구체적으로 적용하고 있다. 천(天)에는 천의 '원형이정'이 있고, 사람에게는 사람의 '원형이정'인 '인례의지(仁禮義智)'가 있기 때문이다. 이 구절에 대해 정이천은 "건의 인을 체득해 본받음이 바로 군주나 어른의 도가 되니 충분히 사람을 기를 수가 있다. 인을 체득하는 것은 원을 체득한 것이니 견주어 본받는 것을 체라고 한다(體法於乾之仁, 乃爲君長之道, 足以長人也. 體仁, 體元也, 比而效之謂之體)"라고 하였다. 이에 비해 주자는 "인을 본체로 삼아(以仁爲體)"라고 하여 체를 본체 혹은 근본으로 보아 이천과는 다른 해석을 하고 있다. 또 "장인(長人)"에 대한 정이천과 주자의 해석 역시 다르다. 정이천은 '장(長)'을 '우두머리'의 뜻으로 본 반면에 주자는 '장(長)'을 '기르다'는 동사적 의미로 해석하고 있다. 이 문제에 대한 학자들의 관점은 매우 다양하다. 고형은 체를 '실천하다', '행하다'(『周易大傳今注』61쪽 참조)라는 의미로 보고, 김경방은 '본체(體)', '근본'(『주역전해』21쪽 참조)

군자가 인을 본받아서 행해야 다른 사람의 우두머리가 될 수 있으며,

嘉會 足以合禮⁶²며
가 회 족 이 합 례

모이는 것을 아름답게 하여야 충분히 예에 합치할 수 있으며,

利物이 足以和義⁶³며
이 물   족 이 화 의

다른 사물을 이롭게 해야 충분히 의로움과 조화될 수 있으며,

貞固 足以幹事⁶⁴니
정 고 족 이 간 사

바르고 굳게 함이 일의 근간이 될 수 있으니,

의 뜻으로 보고 있다.
62 "합례(合禮)"의 "예"를 『주역집해』에서는 "예는 서로 만나고 회통하는 도리이다(禮是交接會通之道)"고 하였다. 이에 대해 정이천은 "모으고 통하는 것이 아름다움을 얻으니 바로 예에 합치하는 것이다. 예에 합치하지 못하면 이치가 아니니 어찌 아름다운 것을 얻을 수 있으며, 이치가 아니면 어찌 형통할 수 있겠는가?(得會通之嘉, 乃合於禮也, 不合禮則, 非理豈得爲嘉, 非理安有亨乎)"라고 하여 예를 분배(分配)와 회통(會通)이라는 측면에서 말하고 있다.
63 "화(和)"는 '합(合)'의 뜻이다. 정이천은 『이천역전』에서 "의로움에 조화하여야 사물을 이롭게 할 수 있으니 어찌 그 마땅함을 얻지 못하고서 사물을 이롭게 할 수 있겠는가?(和於義乃能利物, 豈有物不得其宜而能利物者乎)"라고 하였다. 주자는 『주역본의』에서 "사물로 하여금 각각 그 이로운 바를 얻게 한다면 의로움에 맞지 않음이 없다(使物各得其所利則義无不和)"고 하였다. 말하자면 다른 사물을 이롭게 하는 것은 결국 자기에게도 이롭다는 것을 의미한다.
64 주자는 『주역본의』에서 "정고라는 것은 바른 것이 있는 곳을 알아서 굳게 지키는 것을 말한다. 이른바 알아서 (바른 것을) 버리지 않는다는 것으로 충분히 일의 근간이 될 수 있다(貞固者, 知正之所在而固守之, 所謂知而弗去者也, 故足以爲事之幹)"고 하여 바르고 굳음이 모든 일을 처리하는 데에 있어서 근간이 됨을 말하고 있다.

君子 行此四德者⁶⁵라 故로 曰乾元亨利貞이라.
_{군 자   행 차 사 덕 자   고   왈 건 원 형 리 정}

군자는 이 네 가지 덕을 행하는 자이다. 그러므로 건은 원형이정이라고 말한다.

初九曰 潛龍勿用은 何謂也⁶⁶오 子曰 龍德而隱者也⁶⁷니
_{초 구 왈   잠 룡 물 용   하 위 야   자 왈   용 덕 이 은 자 야}

不易乎世하며 不成乎名하여 遯世无悶하며 不見是而无悶⁶⁸하여
_{부 역 호 세   불 성 호 명   둔 세 무 민   부 견 시 이 무 민}

樂則行之하고 憂則違之⁶⁹하여 確乎其不可拔이 潛龍也라.⁷⁰
_{악 즉 행 지   우 즉 위 지   확 호 기 부 가 발   잠 룡 야}

---

65 여기에서 말하는 "사덕(四德)"은 '인례의지(仁禮義智)'를 말한다.
66 이 말은 「문언전」의 작자가 묻는 말로 아래의 문장에서도 계속 보인다.
67 공영달은 『주역정의』에서 "인간사를 가지고 잠룡의 의미를 해석하고 있다(以人事釋潛龍之義)"고 하였다. 여기에서 말하는 "용덕(龍德)"은 성인의 덕으로 용의 덕을 가진 사람만이 숨을(隱) 수 있다. 이와 같은 사람이 숨는 것은 세상으로부터 버려졌기 때문이 아니라 자신의 뜻에 의해 주동적으로 숨은 것을 의미한다.
68 세상이 그를 옳은 바를 행하는 사람으로 보아 주지 않아도 홀로 그 옳은 바를 행하는 것을 말한다.
69 "위지(違之)"는 행하지 않는다는 말이다.
70 "물속에 잠겨 있는 용(潛龍)"은 용의 어떤 존재 상태를 말하는 것으로 일종의 '물상(物象)'이다. "쓰려고 하지 말아야(勿用)" 한다고 말하는 것은 용의 이런 존재 상태에서 도출된 판단으로 사람들이 어떻게 행동하여야 하는 가를 말하고 있다. 「문언전」의 해석은 「상전」의 해석보다 훨씬 풍부하고 깊이가 있다. 여기에서 '용'과 '덕(德)'이 결합하여 "물속에 잠겨 있는 용"은 어려운 역경 속의 존재를 상징하는 것으로 안으로는 용의 덕 즉, 성인의 덕을 가지고 있으면서 은둔해 있는 군자의 상징으로 바뀌었다. 이러한 「문언전」의 관점은 『중용』의 어떤 부분들과 매우 유사하다. 『중용』 11장의 "군자는 중용의 덕에 근거하여 세상을 벗어나 숨어 있으면서 자신을 몰라주어도 후회하지 않는다. 오직 성인만이 이런 일을 할 수가 있다(君子依乎中庸, 遁世不見知而不悔. 惟聖者能之)"라는 구절과 거의 비슷하다. 「문언전」에서 말하는 이런 은둔의 관점은 『논어』 가운데에서도 자주 발견된다. 이처럼 「문언전」의 관점은 분명히 유가의 영향 아래에서 생겨난 것으로 보인다.

초구에 말하기를 "물속에 잠겨 있는 용이니 아직 쓰려고 하지 말아야 한다는 것"은 무슨 의미인가? 선생님께서 말씀하셨다. "마치 용과 같은 덕을 가지고 있으면서 숨어 있는 것이니, 세속의 일에 의해 자기 지조를 바꾸지 않으며, 헛된 이름을 이루는 데 연연하지 않고 세속을 떠나 있어도 괴로워하지 않고, 자신을 옳은 것으로 보아주지 않는다고 해서 괴로워하지 않으며, 즐거우면 그것을 행하고 근심할 때는 그것을 하지 않으니 너무 확고해서 뽑아낼 수 없는 것이 바로 잠룡이라."

九二曰 見龍在田利見大人은 何謂也오 子曰 龍德而正中者也[71]니
구 이 왈 현 룡 재 전 이 견 대 인   하 위 야   자 왈 용 덕 이 정 중 자 야

庸言之信하며 庸行之謹[72]하여 閑邪存其誠[73]하며 善世而不伐[74]하며
용 언 지 신   용 행 지 근   한 사 존 기 성   선 세 이 부 벌

---

[71] 구이와 초구는 비록 다 같은 "용덕(龍德)"을 가지고 있지만, 시(時)가 다르기 때문에 여러 가지로 구별된다. 구이는 비록 은둔을 벗어났지만 여전히 도약(躍)의 단계에는 이르지 못하고 잠시 지상에 나타나 머물러 있는 상황을 말하고 있다. 건괘의 육효는 모두 "용덕"을 가지고 있지만 구이의 특수한 점은 그것이 "정중(正中)"을 말하고 있다는 점이다. "정중"은 '정위(正位)'나 '중정(中正)' 등의 효위(爻位)의 관점을 통해서 명쾌하게 설명하기에는 여러 가지로 어려운 점이 많다. 왜냐하면 "정중"이라고 말하고 있지만 '이(二)'는 음의 자리이고 '구(九)'는 양효로 원래가 '부정(不正)'이기 때문이다. 물론 '이(二)'에 위치하고 있어서 '중'은 사실이지만 '정(正)'이라고 말할 수는 없다. 이 때문에 '정중'을 '위(位)'의 입장에서 말하기보다는 사람의 '바르고 온건한 성품'이라는 입장에서 보는 것이 더 나을 것으로 보인다. 예를 들면 손진성(孫振聲)의 『역경입문(易經入門)』에서는 "정중"을 "바르면서 중용의 덕행을 행하는"(37쪽) 것으로 말하고 있고, 빌헬름의 영역본에서는 "온건하고 올바른(moderate and correct)"(380쪽) 의미로 번역하고 있다. 또 마항군(馬恒君)의 『주역정종(周易正宗)』에서는 "중정을 유지하는"(49쪽) 의미로 말하고 있다.
[72] "용(庸)"의 의미는 '일상적', '보통'이라는 뜻이다. 즉 '일상적으로' 말을 할 때는 항상 신실(信實)하여야 하고, 행위도 또한 항상 근신(謹慎)하여야 한다는 의미이다.
[73] 이 말은 사악함이 마음에 침투하지 못하도록 막는 동시에 내심(內心)의 진실함을 보존한다는 의미이다. 여기에서 "한(閑)"은 방지한다는 뜻이다. 『주역』에서는 "성(誠)"이라는 말을 모든 수양의 근본이자 출발점으로 보고 있다. 왜냐하면 "사악함을 막아내고 그 진

德博而化니 易曰見龍在田利見大人이라 하니 君德也⁷⁵라.
덕 박 이 화   역 왈 현 룡 재 전 이 견 대 인   군 덕 야

구이에 말하는 "나타난 용이 땅위에 있으니 대인을 만나면 이롭다"고 함은 무슨 의미인가? 공자께서 말씀하셨다. "용의 덕을 가지고 있고 올바르고 치우치지 않는 행동을 하는 사람이니, 평상시의 말은 진실되게 하며 평상시의 행동은 삼갈 줄 알아 사악함을 막아서 그 진실한 마음을 보존하며 세상을 깨끗이 하고서도 자신의 공을 자랑하지 않으며, 덕을 넓혀 감화시키니, 주역에 '나타난 용이 땅 위에 있으니 대인을 만나면 이롭다'고 함은 군주의 덕을 가지고 있는 사람이 출현함을 말한 것이다."

九三曰 君子終日乾乾夕惕若厲无咎는 何謂也오? 子曰君子進德
구 삼 왈 군 자 종 일 건 건 석 척 약 려 무 구   하 위 야   자 왈 군 자 진 덕

脩業⁷⁶하나니 忠信이 所以進德也⁷⁷요 脩辭立其誠⁷⁸이 所以居業
수 업   충 신   소 이 진 덕 야   수 사 입 기 성   소 이 거 업

실함을 보존하여야(閑邪存其誠)" 말하는 데 있어서도 신실(信實)함이 있고 행동을 하는 데 있어서도 진지함이 있을 수 있기 때문이다.
74 "선세(善世)"는 천하를 깨끗하고 선하게 만든다는 의미로 '숙세(淑世)'와 같은 뜻이다. "벌(伐)"은 자랑한다는 뜻으로 비록 사회나 나라를 위하여 많은 공헌을 했다고 하더라도 자신의 덕과 공을 드러내어 자랑하지 않는다는 말이다.
75 "군덕(君德)"은 구이가 비록 군주의 위치에 오르지는 못했으나, 군주의 인품과 덕망을 가지고 있다는 의미이다.
76 "진덕(進德)"과 "수업(脩業)"은 하나의 문제를 두 가지 측면에서 이야기한 것이라고 할 수 있다. 왜냐하면 "진덕"은 물론이고 "수업"도 외적인 것이지만, "말을 닦아 진실함을 굳건히 세우는(脩辭立其誠)" 것도 행위를 표현하는 덕(德)과 관련되기 때문이다. 구별하자면 "진덕"은 내심(內心)의 수양을 말하고 "수업"은 내심의 수양을 바깥으로 표현하는 것을 말한다. 김경방의 『주역전해』 25쪽 참조 바람.
77 "충신(忠信)"은 '충성신실(忠誠信實)', 즉 '진심으로 미덥게 행동하는 것'으로 이 "충신"이 있어야 "진덕(進德)"할 수 있다는 것이다. 다시 말해서 "진덕"의 전제가 바로 "충신"이다. 주자는 『주역본의』에서 "충신은 마음을 주관하는 것이니, 한 생각이라도 성실하지 않음이 없는 것이다. 말을 닦는 것은 일에 나타나는 것이니, 한 마디 말이라도 성실하지

也⁷⁹라. 知至至之⁸⁰라 可與幾也⁸¹며 知終終之⁸²라 可與存義也⁸³니
야   지지지지   가여기야   지종종지   가여존의야

않을 수 없는 것이다. 비록 충신의 마음이 있다 하더라도 말을 닦고 정성을 세우지 않으면 제대로 자리를 지켜 내지 못한다(忠信主於心者, 无一念之不誠也, 修辭見於事者, 无一言之不實也, 雖有忠信之心, 然非修辭立誠則无以居之)"고 하였다.

78 "말을 닦아 진실함을 굳건히 세워야(修辭立其誠)"의 "사(辭)"는 오늘날 우리가 말하는 "사"와는 다르다. 오늘날의 "사"는 생각을 말이나 글로 표현하는 것을 말한다. 이른바 인간의 사상이나 감정을 멋지고 효과적으로 표현할 수 있기 위해 언어와 문장의 사용법을 연구하는 학문인 수사학(修辭學, rhetoric)이 이것에 속한다. 그러나 여기에서 말하는 "수사(修辭)"는 단순히 언어를 바로잡거나 세련되게 하는 데 그치는 것이 아니라 내부의 마음을 바로 잡는 데 궁극적인 목적이 있다. 왜냐하면 언어의 표현은 바로 마음에서 나오기 때문이다. 여기에서 말하는 "사"가 인간 내부의 진실한 마음에 치중해 있다면, 오늘날 말하는 "사"는 표현 방식의 아름다움을 도모하는 외부의 표현에 강조점이 있다고 할 수 있다.

79 "거업(居業)"의 "거(居)"는 '지킨다(守, 김경방의 『주역전해』 25쪽 참조)', '축적하여 크게 하다(尙秉和의 『주역상씨학』 24쪽 참조)'는 뜻이다. 진몽뢰(陣夢雷, 1650-1741)의 『주역천술(周易淺述)』에서도 "거(居)라는 것은 지켜서 잃어버리지 않는 것(居者守而勿失)"으로 말하고 있다. 사업을 지속적으로 크게 할 수 있는 방법은 바로 "말을 닦고 정성을 드리는 데 있다"고 할 수 있다. "수업(修業)"과 "거업(居業)"의 차이에 대해 『주역절중』은 유염(俞琰)의 말을 인용하여 "일이 이미 이루어진 것을 업이라고 하는데, 수업이라는 것은 업이 미처 이루어지지 않아서 더 닦아서 이루는 것을 말한다. 거업이라는 것은 업이 이미 이루어져서 자리하여 지키는 것을 밀한다(事已成謂之業, 修業者, 業未成則修而成之也. 居業, 業已成則居而守之也)"고 하였다. 정리하자면 수업이 말하려는 것은 덕을 더욱 연마하여 발전하려는 데 초점이 있고, 거업은 닦은 덕을 지키는데 핵심이 있다.

80 이것은 목표에 도달하기 위한 노력을 말한다. "이를 데를 안다(知至)"라는 것은 도달하여야 할 목표를 말하고, "지(知)"는 자각(自覺)을 말한다. 즉 앞의 "지(至)"는 명사로 도달하는 목표를 말하고, 뒤의 "지(至)"는 동사로 이 목표에 도달하기 위해 노력하는 것을 말한다.

81 "기(幾)"는 "기미(幾微)"로 사물의 발전 변화에 있어서 미리 드러나는 낌새나 미묘한 조짐을 말한다. 구삼은 하괘의 제일 위에 자리하여 상괘와 인접하고 있어서 추세로 말하면 양은 계속 발전해 나가는 것이 분명하다. 이런 상황 속에서 앞을 내다보는 혜안이 없이 목표를 향해 맹목적으로 강하게만 밀어붙이는 것은 곤란하다. 오히려 이러한 추세 속에서 멈출 줄 아는 지혜를 가질 수 있어야 대성(大成)할 수 있기 때문에 "이를 데를 알아 이르므로(知至至之)"라고 하는 것이다. 이것은 사물의 미묘한 변화를 미리 파악하여 기선(機先)을 장악하여 앞서 대비하여야 함을 강조한 것이다.

是故로 居上位而不驕하며 在下位而不憂[84]하나니 故로 乾乾하여
시고　거상위이불교　　　재하위이불우　　　　　고　건건

因其時而惕하며 雖危나 无咎矣리라.
인기시이척　　　수위　무구의

구삼에 말하기를 "군자가 종일토록 힘써서 저녁까지도 여전히 두려운 듯하면 위태로우나 허물은 없을 것이다"라는 것은 무엇을 의미하는가? 공자께서 말씀하셨다. "이것은 군자가 덕을 증진시키고 사업에 힘을 써야 하니 진심으로 미덥게 하여야 덕을 증진시킬 수 있고, 말을 닦아 진실함을 굳건히 세워야 사업을 계속 지켜낼 수 있기 때문이다. 이를 데를 알아 이르므로 더불어 기미를 알 수 있고, 마칠 데를 알아서 마치니 더불어 의로움을 보존할 수 있다. 이런 까닭에 윗자리에 있으면서도 교만하지 않고 아랫자리에 있어도 근심하지 않는다. 또한 이 때문에 힘쓰고 힘써(굳세고 굳세어) 때에 따라서 두려워하면 비록 위태로우나 허물이 없으리라."

九四日 或躍在淵无咎는 何謂也오? 子日上下无常[85]이 非爲邪
구사왈　혹약재연무구　　하위야　　　자왈상하무상　　　비위사

---

82 "마칠 데를 알아서 마치니(知終終之)"에서 앞의 "종(終)"은 명사로 사물의 종결을 말하고, 뒤의 "종(終)"은 동사로 끝남을 말한다. 구삼은 하괘의 마지막 효로 사물이 여기에 이르러 어떤 하나의 과정을 마무리하는 단계이기 때문이다. "이를 데를 안다(知至)"는 것이 자각(自覺)정신이라고 한다면, "마칠 데를 알아서 마치니"라는 것은 행동 또는 실천의 부분에 속한다고 할 수 있다. 김경방 『주역전해』 26쪽 참조 바람.
83 "존(存)"은 '지켜서 불변한다'는 의미이고, "의(義)"는 '마땅함(宜)', '적합하다'는 뜻이다. "마땅함을 보존한다(存義)"는 말은 마땅한 도리에 들어맞게 행동하고 처신한다는 말이다.
84 "상위(上位)"는 구삼이 하괘의 상에 자리한 것을 말하고, "하위(下位)"는 구삼이 상괘의 아래에 있음을 말한 것이다. 교만하지도 않고 걱정하지도 않는 것은 "이를 데를 알고" 또 "마칠 데를 알고 있기" 때문에 그러하다.
85 "오르고 내림에 일정함이 없는 것(上下無常)"이라는 말은 현재의 구사가 위로 갈 수도 있고 아래로도 갈 수 있는 위치에 있기 때문에 여러 가지 다른 상황들을 살펴보고 상하로

也^{86}며 進退无恒이 非離群也^{87}라 君子進德脩業은 欲及時也^{88}니
야   진퇴무항   비리군야   군자진덕수업   욕급시야

故로 无咎^{89}니라.
고   무구

의 진퇴를 결정하여야 한다는 말이다. 상황에 따라 올라갈 수도 있고 내려갈 수 있는 경우를 효위(爻位)로 말할 수 있는데, 장혜언(張惠言, 1761~1802)은 『주역우씨의(周易虞氏義)』에서 "상은 오효를 받드는 것(承)을 말하고, 하는 초효와 상응하는 것을 말한다(上謂承五, 下謂應初)"고 하였고, 『주역집해』는 순상(荀爽)의 말을 인용하여 "나아간다는 것은 오효에 자리하는 것을 말하고 물러난다는 것은 초효에 자리하는 것을 말한다(進謂居五, 退謂居初)"고 하였다. 즉 구사의 시기는 상하가 서로 교접(交接)하는 때이고 위치 역시 그러하다. 그래서 어떤 일을 하는 데 있어서 이때가 가장 중요한 때이다. 구삼과 구사의 효를 가지고 비교하면, 구삼은 기미를 파악하는 데 머물러 있어 상당히 보수적인 데 비해, 구사는 본인의 판단에 따라 언제든 위로 또는 아래로 갈 수 있어 비교적 진취적이고 모험심이 강하다고 할 수 있다.

86 구사의 상하 진퇴는 상황에 따라 다를 수 있지만 사사로이 자기 욕심대로 하는 것이 아니라 반드시 올바른 도리에 따라야 한다는 것이다. 『주역정의』에서 "위로 도약하려고 하거나 아래로 물러나려고 하는 것에는 정해진 법도가 있는 것은 아니다. 그것은 오직 공적인 것에 근거해야 하고 사특한 것을 도모해서는 안 된다(上而欲躍, 下而欲退, 是无常也. 意在于公, 非是爲邪也)"고 하였다.

87 이 구절은 나아가려고 하거나 혹은 물러나는 것에 정해진 법칙이 있는 것은 아니지만, 같은 무리에서 벗어나서 개인적인 행동을 하려고 해서는 안 된다는 점을 말하고 있다. 즉 같은 무리들을 무시하고 자신의 우수함이나 뛰어남만을 과시하려고 해서는 곤란하다. 또한 지나치게 자기 입장만을 주장해서는 곤란하고 늘 중용의 도를 지켜 중정한 마음으로 모든 일에 임하여야 할 것을 말한다. 즉 무리를 벗어나 제 멋대로 행동하는 것이 아니라 갈 때 가고 물러날 때 물러날 줄 아는 시중(時中)의 도리를 이야기하고 있다.

88 이것은 때에 따라서 일을 처리해야 함을 말한다. 그래서 정이천은 『이천역전』에서 "군자가 때에 따르는 것은 마치 그림자가 형체를 따르는 것과 같으니 떠날 수 있으면 도가 아니다(君子之順時, 猶影之隨形, 可離非道也)"고 하였다.

89 주자는 『주역본의』에서 "내괘는 덕과 학문을 가지고 말하고, 외괘는 때와 위를 가지고 말한다(內卦以德學言, 外卦以時位言)"고 하였다. 내괘가 주로 인간 내면의 덕과 학문의 축적을 말한다면, 외괘는 그 축적한 덕과 학문을 현실에 실현하는 데 초점을 두고 있기 때문에 외괘에 속하는 구사는 '때', 즉 시간의 적절함을 강조한 것으로 보인다. 『주역절중』은 유염의 말을 인용하여 "상(上)과 진(進)은 약(躍)자를, 하(下)와 퇴(退)는 재연(在淵)의 뜻을, 무상(無常)과 무항(無恒)은 혹(或)의 뜻을 풀이한 것이다. 비위사(非爲邪), 비리군(非離羣), 욕급시(欲及時)는 무구(无咎)의 뜻을 거듭 밝힌 것이다(上與進釋

구사에 말하기를 "혹 위로 뛰어오르거나 혹은 연못에 있으면 허물이 없을 것이다"라는 것은 무엇을 의미하는가? 공자께서 말씀하셨다. "오르고 내림에 일정함이 없는 것은 사특함이 되는 것은 아니며, 나아가고 물러남에 항상 됨이 없는 것은 같은 무리에서 벗어나 혼자 행하려고 하는 것이 아니다. 군자가 덕을 증진시키고 사업에 힘을 쓰는 것은 때에 미치려는 것이니 그러므로 허물이 없는 것이니라."

九五曰 飛龍在天利見大人은 何謂也오? 子曰同聲相應하며
구오왈 비룡재천리견대인 하위야 자왈동성상응

同氣相求[90]하여 水流濕하며 火就燥하며 雲從龍하며 風從虎라
동기상구 수류습 화취조 운종룡 풍종호

聖人作而萬物이 覩[91]하나니 本乎天者는 親上하고 本乎地者는
성인작이만물 도 본호천자 친상 본호지자

躍字. 下與退, 釋在淵之義. 無常無恒, 釋或之義. 非爲邪, 非離羣, 欲及時, 以申進无咎之義)"고 하였다.

90 이 구절 아래의 내용들은 모두 사물의 상호감응(相互感應)에 관해 이야기하고 있다. 예를 들면, "구리산이 서쪽에서 무너져 내리면, 낙종이 동쪽에서 감응한다(銅山西崩, 洛鍾東應)"는 말처럼 동류(同類)끼리는 어디에서나 상응하고 있음을 말하고 있다. 마찬가지로 인간 사회에서도 비슷한 생각이나 성향을 가진 사람들끼리 상호 감응하게 마련이다.

91 여기에서 말하는 "작(作)"은 일어난다는 의미이고, "도(覩)"는 본다는 의미이다. 성인이 출현하면서 온 천하가 밝아지고, 만물은 자신의 모습을 있는 그대로 드러내는 상황을 말하고 있다. 주자는 『주역본의』에서 "'작(作)'은 일어남이요, '물(物)'은 사람과 같다. '만물'은 바로 '만인'을 말한다. '도(覩)'는 '이견(利見)'의 뜻을 해석한 것이다. '하늘에 근본 하는 것(本乎天者)'은 동물을 말하고, '땅에 근본 하는 것(本乎地者)'은 식물을 말하는 것으로 사물이 각각 그 동류를 좇는다는 말이다. 성인은 인류의 우두머리이므로 위에서 흥기하면 사람이 모두 보게 된다(作, 起也, 物, 猶人也, 覩, 釋利見之意也, 本乎天者, 謂動物, 本乎地者, 謂植物, 物各從其類. 聖人, 人類之首也. 故興起於上則人皆見之)"고 하였다. 여기에서 "성인이 일어났다(聖人作)"는 것은 "나는 용이 하늘에 있다(飛龍在天)"는 것을 해석한 것이고, "만물이 우러러본다(萬物覩)"는 것은 "대인을 보는 것이 이롭다(利見大人)"는 것을 해석한 것이다.

親下하나니 則各從其類也⁹²니라.
친 하   즉 각 종 기 류 야

구오에 말하기를 "나는 용이 하늘에 있으니 대인을 보면 이로울 것다"라는 것은 무슨 의미인가? 공자께서 말씀하셨다. "같은 것끼리 서로 감응하며 같은 기가 서로 구하여, 물은 습한 곳으로 흐르고 불은 메마른 곳으로 나아가며, 구름은 용을 따르고 바람은 호랑이를 따른다. 성인이 일어남에 만물이 우러러본다. 하늘에 근본 하는 것은 위를 친하고 땅에 근본 하는 것은 아래에 친하나니, 각각 그 성격이 비슷한 종류끼리 따른다."

上九曰 亢龍有悔는 何謂也오? 子曰貴而无位하며 高而无民하며
상 구 왈   항 룡 유 회   하 위 야   자 왈 귀 이 무 위   고 이 무 민

賢人이 在下位而无輔⁹³이라 是以動而有悔也⁹⁴니라.
현 인   재 하 위 이 무 보   시 이 동 이 유 회 야

상구에 말하기를 "너무 높이 올라가 버린 용은 후회함이 있을 것이다"라는 것은 무엇을 의미하는가? 공자께서 말씀하셨다, "귀하여도 자리가 없으며 높아도 따르는 백성이 없다는 것이며, 현인이 아랫자리에 있지만 도와줌이

---

92 하늘과 땅은 양과 음을 말한다. 이 세 구절은 앞의 문장의 의미를 이어받아 성인이 일어나서 세상을 올바르게 다스리는 것을 설명하고 있는데, 마치 음양이 분명하게 구분되듯이 만물 역시 같은 유(類)를 따른다는 것을 말하고 있다. 정이천은 『이천역전』에서 "하늘에 근본 하는 것은 일월성신 같은 것이고, 땅에 근본 하는 것은 벌레, 짐승, 풀, 나무 같은 것들이다. 음양이 각각 그 성격이 비슷한 것끼리 좇으니 사람이나 사물이 그렇지 않은 것이 없다(本乎天者如日月星辰, 本乎地者如蟲獸草木. 陰陽各從其類, 人物莫不然也)"고 하였다.
93 현인은 아래의 여러 양효를 말한다. 예를 들면 구삼은 군자이고 구이는 대인으로 모두 현인이다. 특히 구삼과 상구의 두 양효는 상응하지 않는데, 이것을 상구가 현인의 도움을 받지 못하는 것으로 비유하고 있다.
94 지위가 없기(無位) 때문에 권력 또한 있을 수 없다. 그리고 백성이 없다는 것(無民)은 아래에 음이 없어서(無陰) 도움을 받지 못한다는 것(無輔)을 말한다.

없다. 이 때문에 움직이면 뉘우침이 따르게 될 것이다."

潛龍勿用은 下也요
_{잠룡물용   하야}

물속에 잠겨 있는 용이니 아직 쓰려고 하지 말아야 한다는 것은 아랫자리에 있기 때문이요,

見龍在田은 時舍也[95]요
_{현룡재전   시사야}

나타난 용이 땅위에 있다는 것은 아직은 때가 완전히 풀린 것이 아니요,

終日乾乾은 行事也[96]요
_{종일건건   행사야}

종일토록 힘쓰는 것은 일을 행하는 것이요,

---

[95] "사(舍)"의 의미에 대해서는 여러 설이 있다. 정이천은 『이천역전』에서 "때에 따라 멈추는 것(隨時而止也)"으로 주자는 『주역본의』에서 "아직 때에 쓰임이 되지 못하는 것을 말함(言未爲時用也)"라고 하였다. 여기에 비해 공영달은 『주역정의』에서 왕필의 관점을 이어 "통(通)으로 사(舍)를 해석했으니 사(舍)는 통(通)의 뜻이다(以通解舍, 舍是通義)"라고 말한다. 현대의 고형은 『주역대전금주』에서 "사(舍)"를 "잠시 머무는 것"으로 보고 있고, 황수기(黃壽祺)·장선문(張善文)의 『주역역주(周易譯註)』에서는 왕필과 공영달의 관점에 근거하면서도 완전히 시운(時運)이 풀려 통하는 것보다는 "서서히 풀리는 것"으로 해석하고 있다. 위의 설을 종합하면 비록 용이 지상에 출현하기는 하였지만 아직은 자신의 능력을 100% 발휘하기에는 무리가 있는 시기이다. 즉 군덕(君德)은 있으나 군위(君位)가 없는 상태로 아직은 시운이 완전히 풀린 시기가 아니기 때문에 좀 더 기다려야 함을 말하고 있다.

[96] 여기에서 말하는 "행사(行事)"는 마땅히 힘써서 실천해야 하는 일 혹은 임무를 말한다. 주자는 이 말을 "덕을 증진시키고 사업에 힘을 쓰는 것(進德修業也)"이라고 하였다.

或躍在淵은 自試也⁹⁷요
혹 약 재 연   자 시 야

혹 위로 뛰어 오르거나 혹은 연못에 있다는 것은 스스로 시험함이요.

飛龍在天은 上治也요
비 룡 재 천   상 치 야

나는 용이 하늘에 있다는 것은 아주 높은 데 있으면서 아래의 백성을 통치하는 것이요.

亢龍有悔는 窮之災也⁹⁸요
항 룡 유 회   궁 지 재 야

너무 높이 올라가 버린 용은 뉘우침이 있을 것이라는 것은 궁지에 이르러 생긴 재앙이요.

乾元用九는 天下治也⁹⁹라.
건 원 용 구   천 하 치 야

---

97 "자시(自試)"라는 말은 이른바 '시행착오'를 전제로 하는 말이라고 할 수 있다. "시(試)"라는 말은 '도약(躍)'과 관련된다. 도약할 수도 있고 못에 안주할 수도 있는데, 이런 모든 시도는 자신의 결단 여하에 달려 있다. 그래서 주자는 『주역본의』에서 "때에 따라 스스로 써보는 것이다(隨時自用也)"라고 하였고, 정이천은 『이천역전』에서 "단번에 일을 할 수는 없고 잠시 그 가능성을 시험해본다(未遽有爲 姑試其可)"라고 하였다.
98 상구는 괘의 가장 마지막 효이다. 용이 너무 높이 올라가 지나친 시기로 양적인 변화가 드디어 한계에 도달하여 질적인 변화가 요구되는 때가 이르렀음에도 변화를 거부하면 재앙이 있게 마련이다. 이 점에 대해서는 김경방의 『주역전해』를 참조 바람.
99 "용구(用九)"는 양을 이용하는 도를 말한다. 건괘의 여섯 효는 모두 양을 통하여 변화를 말하고 있다. 초구에서 상구에 이르기까지의 변화의 흐름을 파악하여 적극적으로 대처할 수 있으면 천하는 잘 다스려질 수가 있다는 말이다. 이 구절은 건괘가 모두 양강(陽剛)만을 쓰는데 여기에다 음유(陰柔)의 덕을 함께 쓰면 천하가 잘 다스려질 것임을 말하고 있다. 주자는 『주역본의』에서 "군주의 도가 강하면서 동시에 부드러울 수 있으면 천하가

건원이 구를 사용하는 것은 천하가 다스려짐이다.

潛龍勿用은 陽氣潛藏[100]이요
잠 룡 물 용   양 기 잠 장

물속에 잠겨 있는 용이니 아직 쓰려고 하지 말아야 한다는 것은 양기가 잠겨 숨어 있는 것이요,

見龍在田은 天下이 文明[101]이요
현 룡 재 전   천 하   문 명

다스려지지 않을 수 없을 것이다(君道剛而能柔, 天下无不治矣)"라고 하였다. 여기까지가 「문언전」의 제3절에 해당한다. 위의 일곱 구절은 인간사의 관점에서 건괘의 효사를 해석한 것이라고 할 수 있다. 아래 제4절의 일곱 구절은 '시간(時)'의 측면에서 효사를 해석하고 있다.

100 초구의 양기(陽氣)가 아직 미약하여 드러나지 않고 밑에 잠겨서 숨어 있는 것을 말한다. 이를 사람의 연령으로 비유하여 말하면 아직은 10대에 해당하는 시기이고, 절기(節氣)로 말하면 음력 11월의 동지(冬至)에 해당한다. 이 구절에 근거하여 한대(漢代)의 괘기(卦氣)설이나 소식(消息)설이 출현하였다고 말한다. 가장 대표적인 것이 바로 맹희(孟喜: 생졸년 미상. 서한(西漢)의 역학자)의 12벽괘(辟卦)설이다. 여기에서 말하는 '벽(辟)'은 임금, 군주의 뜻으로 열두 달을 주재한다는 의미이다. 12벽괘는 괘상을 통해 12달의 변화를 나타낸 것인데, 그 원리는 음효와 양효의 수가 줄어들고 늘어난 것에 따른 것이다. 맹희의 12벽괘는 아래와 같다.

䷗	䷒	䷊	䷡	䷪	䷀	䷫	䷠	䷋	䷓	䷖	䷁
11月	12月	1月	2月	3月	4月	5月	6月	7月	8月	9月	10月
復卦	臨卦	泰卦	大壯	夬卦	乾卦	姤卦	遯卦	否卦	觀卦	剝卦	坤卦

이처럼 건괘의 초구는 바로 11월의 복괘(復卦)에 해당하는 것으로 유일한 하나의 양이 여러 음 밑에 잠겨서 숨어 있는 모습이다.

101 비록 아직 군주의 자리에 있지는 않으나 대인이 나타나서 천하가 이미 그 덕의 감화(感化)를 입어서 빛이 나고 밝아진다는 것이다. 제임스 레게의 영역본에서는 "문명(文明)"을 "장식하여 밝아진다(adorned and brightened)"(414쪽 참조)로 해석하고 있다. 정이천은 『이천역전』에서 "용의 덕이 땅위에 나타났으니 천하가 그 문명의 교화를 받을 것이다(龍德見於地上則天下見其文明之化也)"고 하였다. 구이(九二)는 1월인 태괘(泰

나타난 용이 땅 위에 있다는 것은 천하가 장식하여 밝아진다는 것이요.

終日乾乾은 與時偕行[102]**이요**
종일건건　　여시해행

종일토록 힘쓰는 것은 시간과 더불어 행한다는 것이요.

或若在淵은 乾道乃革[103]**이요**
혹약재연　　건도내혁

혹 위로 뛰어오르거나 혹은 연못에 있다는 것은 건도가 변혁되었다는 것이요.

飛龍在天은 乃位乎天德[104]**이요**
비룡재천　　내위호천덕

나는 용이 하늘에 있다는 것은 천덕에 자리하고 있다는 것이요.

卦)에 해당된다.
102 "시간과 더불어 행한다(與時偕行)"는 것은 계속적으로 쉼이 없이 변화하는 이른바 생생불식(生生不息)한다는 의미이다. 구삼(九三)은 늦봄에서 초여름으로 가는 3월인 쾌괘(夬卦)에 해당된다.
103 구사에서 건도의 변혁을 말하는 것은 하괘에서 상괘로 올라왔기 때문이다. 정이천은 『이천역전』에서 "아랫자리를 떠나 위의 자리로 올라갔으니 위와 아래가 바뀐 것이다(離下位而升上位, 上下革矣)"고 하였고 주자는 『주역본의』에서 "아래를 떠나 위로 갔으니 변혁의 때이다(離下而上, 變革之時)"고 하였다. 구사는 5월인 구괘(姤卦)에 해당되고 양기가 음기로 바뀌는 시기이다. 하지(夏至)는 음기(陰氣)가 시생(始生)하는 때이다.
104 "나는 용이 하늘에 있다(飛龍在天)"는 것은 양의 기운이 하늘에 있는 것을 상징하고 있는데, 이것을 인간사에 비유하면 대인이 큰 덕으로 제위(帝位)에 오른 것으로 말할 수 있다. 만약 군위(君位)만 있고 군덕(君德)이 없었다면 다만 "천위(天位)에 자리했다"고 말했을 것이다.

亢龍有悔는 與時偕極[105]이요
항 룡 유 회　　여 시 해 극

너무 높이 올라가 버린 용은 뉘우침이 있을 것이라는 것은 때와 더불어 다 했다는 것이요.

乾元用九는 乃見天則[106]이라.
건 원 용 구　　내 견 천 칙

건원이 구를 사용하는 것은 하늘의 법칙을 볼 수 있다.

乾元者[107]는 始而亨者也[108]요
건 원 자　　　시 이 형 자 야

건원이라는 것은 시작하여 형통하는 것이요.

利貞者는 性情也[109]라.
이 정 자　　성 정 야

---

105 때가 극단에 이름을 말하는 것으로 마치 너무 높이 올라가 버린 용의 운명처럼 극한의 운명에 도달한 것을 말하고 있다. 왕필은 『주역주(周易注)』에서 "시운과 함께 모두 극을 다했다(與時運俱終極)"고 하였다.
106 여기에서 말하는 "칙(則)"은 법칙 또는 규율의 의미를 가지고 있다. 주자는 『주역본의』에서 "강하면서도 부드러울 수 있는 것은 천의 법칙이다(剛而能柔, 天之法也)"라고 하였다. 건괘(乾卦)라는 순양괘(純陽卦)를 통해 하늘의 법칙인 천도(天道)를 볼 수 있다는 말이다. 빌헬름의 영역본에서는 "천칙(天則)"을 하늘의 법칙(the law of heaven)" (제 383쪽 참조)으로 번역하고 있다. 여기까지가 「문언전」의 제4절에 해당한다.
107 왕념손(王念孫, 1744-1832)은 『독서잡지(讀書雜志)』에서 "원(元)"자 아래에 "형(亨)"자가 탈락한 것이라고 말한다. "형(亨)"자가 있어야 아래의 "이정(利貞)"과 상응할 수 있기 때문인데 나름대로 일리 있는 것으로 보인다.
108 "건원(乾元)"은 만물의 시생(始生)과 형통(亨通)을 말한다. "건원"의 기는 만물을 발생하게 하는 시작으로 이를 통해 만물은 계속적으로 형통하여 생장(生長)한다.
109 여기에서 말하는 "이정(利貞)"은 바로 건원의 "성정(性情)"에 해당한다. "성정"은 무슨 의미인가? "성"과 "정"을 '체용(體用)'과 '정동(靜動)'으로 나누어 보기도 한다(이마이

이와 정이라는 것은 (건원의) 성정이로다.

乾始能以美利로 利天下¹¹⁰라 不言所利하니 大矣哉¹¹¹라.
건 시 능 이 미 리   이 천 하   부 언 소 리   대 의 재

건의 시작이 아름다운 이로움으로써 천하를 이롭게 하는지라 그 이로운 바

우사부로(今井字三郞)의 『易經』 上卷 130쪽 참조 바람). 김경방은 『주역전해』에서 "성"을 정태적(靜態的)인 입장에서 보고, "정"을 동태적(動態的)인 관점에서 나누고 있다. 예를 들면 사물이 봄에 생겨나서 여름의 활발한 동적(動的) 생성 과정을 거쳐, 가을에 수확하고 겨울에 갈무리하는 정적(靜的)인 상태를 거쳐서 다시 이듬해 봄에 동적인 상태로 돌아가는 것을 통하여 비유하고 있다. 이처럼 가을과 겨울의 정(靜)의 단계를 지나 봄과 여름에는 다시 동(動)의 상태로 돌아가는 식의 순환을 계속적으로 반복하게 되는데 이것이 바로 건괘의 "원형이정"이 말하고 있는 '생생불식(生生不息)'의 모습이다. 그러므로 주자는 『주역본의』에서 "거두어 들여서 갈무리함에 이에 성정의 실정을 볼 수가 있다(收斂歸藏, 乃見性情之實)"고 말하는 것이다.

110 여기에서 말하는 "건의 시작(乾始)"은 바로 "건원(乾元)"을 말한다. "아름다운 이로움(美利)"이라는 것은 어떤 대상에만 제한되는 그런 이익이 아니라, 천하의 만물 모두에게 이익을 주는 보편적인 이익을 말한다. 그러므로 "미리(美利)"의 "미(美)"는 매우 완벽하고 멋지기 때문에 지극히 아름답다고 하는 것이다. 이정조는 『주역집해』에서 우번(虞翻)의 말을 인용하여 "미리라는 것은 '구름이 일어 움직여 비가 내리니 만물이 (각자의 모습대로) 형체를 갖춘다'는 것을 말하는 것이고, 그 때문에 천하를 이롭게 할 수 있다(美利, 謂雲行雨施品物流形, 故利天下也)"고 하였다. 말하자면 비를 내리는 것이 어떤 특정한 존재에게만 이로움을 주려는 것이 아니라 만물 전체에게 모두 이로움을 주기 때문이다.

111 "그 이로운 바를 말하지 않으니(不言所利)"라는 것은 구체적으로 어떤 무엇을 이롭게 하는지를 말하지는 않는다는 것이다. 왜냐하면 모든 사물을 다 이롭게 하여 어떤 하나의 구체적인 대상에만 이로움을 제한하지 않기 때문이다. 그러나 건괘와는 달리 다른 괘에서는 이익을 받는 대상을 구체적으로 지적하여 말하고 있다. 예를 들면 곤괘(坤卦)에서는 "암말의 바르게 함이 이로우니(利牝馬之貞)"이라 하고, 둔괘(屯卦)에서는 "제후를 세우는 것이 유리할 것이다(利建候)"라고 말한다. 말하자면 이 구절은 하늘이 베푸는 이익과 은혜가 너무 크기 때문에 말로 표현하기가 매우 어렵다는 것이다. 정이천은 『이천역전』에서 "천하가 그 아름다운 이익을 입으면서도 이익 받는 대상을 말하지 않는 것은 이익 되지 않는 바가 없기 때문으로 (어느 하나를) 가리켜 이름할 수 있는 것은 아니다. 그러므로 그 큰 이익을 칭찬하여 '크다'라고 말하는 것이다(天下蒙其美利, 而不言所利者, 蓋无所不利, 非可指名也, 故贊其利之大, 曰大矣哉)"고 하였다.

를 말하지 않으니 그 이로움이 크도다.

大哉라 乾乎여! 剛健中正이 純粹精也¹¹²오
대재   건호   강건중정   순수정야

위대하다, 건이여! 강건하고 중정한 것은 순수하여 정미함이요,

六爻發揮는 旁通情也¹¹³요
육효발휘   방통정야

---

112 정이천은 "剛健中正純粹, 精也"라고 하는 데 비해 주자는 "剛健中正, 純粹精也"로 말하고 있다. 주자는 『주자어류(朱子語類)』에서 문세(文勢)로 보아 "剛健中正" 네 자를 말하고 다시 "純粹精也"로 말해야 옳다고 주장하고, 『이천역전』이 여섯 개의 덕으로 해석하는 관점은 온당치 못하다고 말한다(卷 第69 참조 바람). 384효 가운데 중효(中爻)는 모두 128개이다. 128효 가운데 '중(中)'하고 '정(正)'한 것은 64개이고, '중'하고 '부정(不正)'한 것은 64개이다. '중정(中正)'한 64효 가운데 유일하게 건괘 구오가 "강건중정(剛健中正)"하다. 건(乾)의 '체(體)'는 '강(剛)'이며, 그 '용(用)'은 '건(健)'이고 그 행동은 '과불급(過不及)'이 없는 '중(中)'이며 그 입장은 '불편(不偏)'의 '정(正)'이다(주자의 『주역본의』 참조 바람). 그러므로 "순수정(純粹精)"이라는 말을 붙인다. 이정조의 『주역집해』에서는 "섞여 있지 않기 때문에 순(純)이라고 하고, 변화하지 않았기 때문에 수(粹)라고 말한다. 건은 순수의 정미로움이기 때문에 강건중정의 네 덕이 있다고 말하는 것이다(不雜曰純, 不變曰粹. 言乾是純粹之精, 故有剛健中正之四德也)"고 하였다. 즉 "순(純)"이라는 말은 다른 두 개의 괘가 섞이지 않는 것을 말한다. 『주역』 중에는 모두 8개의 순괘(純卦)가 있다. "수(粹)"라는 말은 음양이 섞이지 않는 괘를 말하는데 『주역』 중에는 건괘와 곤괘 두 괘만이 여기에 해당된다. 나머지 62괘는 "순(純)"하지만 "수(粹)"하지 않다. "정(精)"은 순수의 지극함을 말하는 것이다. "정(精)"에 대해 정이천은 『이천역전』에서 "강(剛)·건(健)·중(中)·정(正)·순(純)·수(粹)의 여섯 가지로 건도를 형용하였으니, 정은 이 여섯 가지가 정미로움이 지극하다는 것을 말한 것이다(以剛健中正純粹六者, 形容乾道, 精謂六者之精極)"라고 하였다. 이 때문에 "순", "수", "정"은 가장 순수한 것을 표현한 것이라고 할 수 있다. 건괘는 강건하고 중정을 지키는 괘로 순수하고 지극히 정미하다고 할 수 있다.

113 여기에서 말하는 "발휘(發揮)"라는 개념은 그 기능을 응용하여 펼친다는 의미로 하나의 관점을 다른 방면으로 확대하여 적용하는 것을 말한다. "방(旁)"은 '광(廣)'의 뜻으로 두루 가지 않는 곳이 없음을 말한다. 이 때문에 주자는 『주역본의』에서 "방통은 곡진하다고 말하는 것과 같다(旁通, 猶言曲盡)"고 한다. "정(情)"은 실정(實情) 혹은 실제의

여섯 효로 발휘함은 실정을 두루 사방으로 통하게 함이요.

時乘六龍하야 以御天也이니 雲行雨施이라 天下平也라.[114]
시승륙룡　　이어천야　　운행우시　　천하평야

때에 따라 여섯 마리의 용을 타고 천도를 행하니 구름이 움직이고 비가 내려 천하가 평화롭다.

君子以成德爲行[115]하나니 日可見之이 行也[116]라 潛之爲言也는
군자이성덕위행　　　　　일가견지　행야　　잠지위언야

　　뜻이다. 그러므로 "실정을 두루 사방으로 통하게 한다(旁通情也)"는 말은 "옆으로 확대하여 만사만물의 실정과 뜻을 모두 통하게 한다"는 의미이다. 구체적으로 건괘에서 6효의 발휘는 "잠(潛)"·"현(見)"·"척(惕)"·"여(慮)"·"비(飛)"·"회(悔)"로 이를 통하여 모든 만물의 사태를 설명하는 데 적용하고 있다.

114 여기까지가 제5절에 해당한다. "육룡(六龍)"은 건괘의 6효로 각 효가 용을 가지고 말하기 때문에 "육룡"이라고 말한다. "시승(時乘)"이라는 말은 때에 따라서 움직인다는 뜻이다. 즉 어떤 때는 물속에 있기도 하고 밭에 있기도 하고 하늘에 있기도 하다는 말이다. "천도를 행하니(御天)"라는 말은 천(天)을 타고서 행한다는 것으로, 천이 행하는 대로 따라간다는 의미이다. 결코 사선스런 천도를 위배하여 제 멋대로 천도를 부린다는 뜻이 아니라 자연스런 천도에 따라서 행한다는 말이다.

115 이 구절은 "군주는 반드시 자신의 덕을 성취한 후에 행동해야 한다"는 것을 말하고 있다. 정이천은 『이천역전』에서 "덕을 이루어 그 일을 볼 수 있는 것이 행실이니 덕이 이루어진 뒤에 쓸 수가 있다. 초구는 바야흐로 잠기고 숨어서 나타나지 않아 그 행실이 아직 이루어지지 않았고 아직 나타나지 않으니, 이 때문에 군자가 쓰지 않는 것이다(德之成, 其事可見者行也. 德成而後, 可施於用, 初方潛隱未見, 其行未成, 未成未著也, 是以君子弗用也)"고 하여 덕을 성취한 후에 행동할 것을 말한다. 덕이 마음속에 들어 있어서 드러나지 않는 것이라면 그것이 외부로 표현된 것이 바로 행동 또는 행실이다. 만약 덕이 아직 이루어지지 않았는데 쉽게 행동하는 것은 곤란하다. 비록 덕이 어느 정도 이루어진 후에 자신의 능력을 발휘하더라도 큰 허물이 되지는 않을 것이다.

116 유월은 『군경평의(群經平義)』에서 "일(日)"은 "왈(曰)"이 잘못 쓰인 것으로 보고 있다. 상당히 일리 있는 견해로 보인다. 그러나 이 구절이 이야기하려는 핵심은 "일신(日新)"에 있기 때문에 '왈(曰)'보다는 '일(日)'로 보아야 의미상으로 더욱 적절할 것으로 보인다. 즉 매일 새로워지는 행실을 볼 수 있다는 의미이다.

隱而未見하며 行而未成[117]이라 是以君子 弗用也하느니라.
_{은이미현　　　행이미성　　　　　시이군자　불용야}

군자가 덕을 이루는 것을 행실로 삼으니 매일 볼만한 것이 행실이다. 잠겨 있다라는 말은 가려져서 드러나지 않으며 행동하여도 아직 이루어지지 않는다는 것이다. 이 때문에 군자가 쓰지 않는 것이다.

君子學以聚之하고 問以辨之[118]하며 寬以居之[119]하고
_{군자학이취지　　　문이변지　　　　　관이거지}

仁以行之하나니 易曰見龍在田利見大人이라하니 君德也라.
_{인이행지　　　　역왈현룡재전리견대인　　　　　군덕야}

군자가 배워서 모으고 물어서 분별하며, 너그러움으로 자리하고 인으로써 행동하는 것이니, 역에서 말하기를 '나타난 용이 땅위에 있으니 대인을 만나면 유리하다'고 하니 임금의 덕이다.

---

117 정이천은 『이천역전』에서 "미성(未成)"을 "미저(未著)"(아직 드러나지 않음)로 보고 있다. "미성(未成)"하는 이유는 아직 덕이 이루어지지 않았기 때문에 분명한 효과가 드러나지 않는다는 말이다.
118 이 구절은 구이 효사에서 용이 지상에 나타나기는 하였으나 여전히 학문에 힘을 써서 지식을 더욱 축적하고 모르는 것은 물어 분명하게 분별하여 견문을 넓힐 것을 강조하고 있다. 왜냐하면 구이는 군주의 덕은 가지고 있으나 여전히 군주의 자리(位)에는 있지 못하기 때문이다. 그러므로 공영달은 『주역정의』에서 "군자가 배워서 (지식을) 축적한다는 것은, 구이가 미미한 것에서부터 발전하여 나아갔으나 아직 군주의 자리에 있지 않기 때문에 더욱 학문을 익혀서 그 덕을 축적하여야 함을 말한 것이다. 물어서 분별한다는 것은 배움에는 마침이 없기 때문에 더욱 상세하게 그 일을 물어서 의심나는 것을 분명하게 분변해내어야 하는 것이다(君子學以聚之者, 九二從微而進, 未在君位, 故且習學以畜其德. 問以辨之者, 學有未了, 更詳問其事, 以辨決于疑也)"고 하였다.
119 공영달은 『주역정의』에서 "'너그러움으로 자리한다'는 것은 마땅히 너그럽고 여유로운 도로 그 자리에 있어야 한다는 것이다(寬以居之者, 當用寬裕之道居處其位也)"고 하였다.

九三은 重剛而不中[120]하야 上不在天[121]하며 下不在田[122]이라 故로
구삼   중강이부중   상부재천   하부재전   고

乾乾하여 因其時而惕하면 雖危나 无咎矣[123]리라.
건건   인기시이척   수위   무구의

구삼은 강이 겹쳐 있으면서 중이 아니며, 위로는 하늘에 있지 않고 아래로는 밭(地上)에 있지 않다. 그러므로 힘쓰고 힘써서 때에 따라서 두려워하면 비록 위태로우나 허물은 없을 것이다.

九四는 重剛而不中[124]하여 上不在天하며 下不在田하며 中不在
구사   중강이부중   상부재천   하부재전   중부재

人이라 故로 或之하니 或之者는 疑之也니 故로 无咎[125]니라.
인   고   혹지   혹지자   의지야   고   무구

---

120 구삼이 양으로서 양의 자리에 있기 때문에 "강이 겹쳐 있으면서(重剛)"라고 말한 것이다. 하나의 괘 가운데 이(二)와 오(五)는 중이지만 삼은 부중(不中)이기 때문에 "중강으로써 부중이다(重剛而不中)"고 말한다.
121 구삼은 인(人)의 자리인 삼(三)에 사리하고 있고, 천(天)의 자리인 오(五)에 자리하고 있지 않기 때문에 "위로 천에 자리하지 않는다(上不在天)"고 말한다.
122 구삼은 삼(三)에 자리하고 있고 이(二)에 자리하고 있지 않기 때문에 "아래로 밭에 자리하지 않는다(下不在田)"라고 말하는 것이다.
123 전체적으로 구삼은 위태롭고 두려운 위치에 자리하고 있어서 상황이 매우 좋지 않다. 그러나 만약 구삼이 때에 따라 적절하게 행동하고 끊임없이 노력하여 온종일 마치 두려워하듯이 한다면 비록 위태로우나 허물이 있는 상태까지는 이르지 않을 것이다.
124 구사는 양으로 음의 자리에 위치하고 있어서 중강(重剛)이 아니다. '중(重)'자는 아마도 쓸데없는 글자(衍文)로 보인다. 정이천은 이 구절에 대해 별다른 설명을 하고 있지 않으나 주자는 『주역본의』에서 "구사는 중강이 아니니 중자는 연자로 의심된다(九四, 非重剛, 重字, 疑衍)"라고 하였다.
125 여기에서 말하는 "혹(或)"은 일종의 의심하는 것으로 "아직 머물러 있을 것인가" 혹은 "뛰어오를 것인가"를 결정하지 않고 있는 것을 말한다. 그러나 병적인 그런 의심이 아니라, 어떤 일을 함에 있어서 마치 두려워하는 것처럼 신중하게 하는 것을 말한다. 즉 신중한 의심이기 때문에 "허물이 없는 것이다(无咎)"라고 말한다.

구사는 강이 겹쳐 있으면서 중이 아니며, 위로는 하늘에 있지 않고 아래로는 밭(地上)에 있지 않고, 가운데로는 인간에 있지 않다. 그러므로 혹(或)이라고 하니, 혹이라고 하는 것은 의심하는 것이니 이 때문에 허물이 없다.

夫大人者는 與天地合其德하며 與日月合其明하며 與四時合其
부 대 인 자   여 천 지 합 기 덕   여 일 월 합 기 명   여 사 시 합 기

序하며 與鬼神合其吉凶[126]하여 先天而天弗違하며 後天而奉天
서   여 귀 신 합 기 길 흉   선 천 이 천 불 위   후 천 이 봉 천

時[127]하나니 天且弗違온 而況於人乎이며 況於鬼神乎[128]여!
시   천 차 불 위   이 황 어 인 호   황 어 귀 신 호

---

[126] "대인(大人)"의 덕은 매우 커서 하늘처럼 고명(高明)하고 땅처럼 광대하다. "대인"의 광명정대(光明正大)한 지혜는 해와 달처럼 밝게 빛나고, 대인의 하는 일은 춘하추동 사시의 운행처럼 항상(恒常)함이 있고 절도가 있다. 대인이 선한 자에게 상을 주고 악한 자에게 벌을 내리는 시비(是非)와 선악에 대한 분명한 태도는 귀신이 선한 사람에게 길함을 주고 악한 자에게 흉을 내리는 것과 똑같다는 말이다. 여기에서 말하는 "귀신(鬼神)"은 종교 미신적(迷信的)인 의미의 귀신이라기보다는 조화의 자취(造化之迹), 즉 자연 법칙의 작용을 말한다.(『주역전해』 34쪽 참조) 이에 비해 고형은 「문언전」의 작자가 아마도 귀신을 믿는 것으로 보인다고 말한다.(『주역대전금주』 56쪽 참조)

[127] 일반적으로 "선천(先天)"과 "후천(後天)"을 천지의 형성 이전과 천지의 형성 이후로 나누어 설명하는데, 이런 관점은 「문언전」에서 말하는 관점과는 상당한 거리가 있다. 「문언전」에서 "선천"과 "후천"을 구별할 경우, "선천"은 자연 현상 혹은 사회 현상 중의 변화가 나타나기 이전의 상태를 말하고, "후천"은 자연 현상 혹은 사회 현상 중의 변화가 나타난 이후를 말한다. 특히 「문언전」은 "선천"과 "후천"을 대인의 덕이라는 관점에서 말하는데 초점이 있지 "천"(天)의 선후가 있음을 말하려는 것은 아니다. 이에 대해 『주역절중』에서는 왕종전(王宗傳)의 말을 인용하여 "'천에 앞서 있으면서도 천이 어기지 않으며'라는 것은, 때가 아직 이르지 않았는데도 내가 천에 앞서 하여도 천도 나와 어긋나지 않는 것을 의미한다. '천의 뒤에 있으면서도 천시를 받드니'라는 것은, 때가 이미 이르러 내가 천의 뒤에 있으면서 받드니 내 또한 천을 어길 수 없다는 것을 의미한다. 즉 대인이 바로 천이고 천이 바로 대인이다(先天而天弗違, 時之未至, 我則先乎天而爲之, 而天自不能違乎我. 後天而奉天時, 時之旣至, 我則後乎天而奉之, 而我亦不能違乎天, 蓋大人卽天也, 天卽大人也)"고 하였다. 말하자면 "선천"은 자연 현상이나 사회 현상이 아직 변화하기 이전에 미리 앞서서 필요한 조치를 취하는 것을 말하고,

무릇 대인은 천지와 더불어 그 덕에 합하며, 일월과 더불어 그 밝음에 합하며, 사시와 더불어 그 질서에 합하며, 귀신과 더불어 그 길흉에 합하며, 천에 앞서 있으면서도 천이 어기지 않으며 천의 뒤에 있으면서도 천시를 받드니, 천 또한 어기지 않는데 하물며 사람에게 있어서며, 하물며 귀신에게 있어 어김이 있겠는가?

亢之爲言也는 知進而不知退하며 知存而不知亡하며 知得而不知
항지위언야   지진이부지퇴   지존이부지망   지득이부지

喪[129]이니
상

항이란 말은 나아가는 것만 알고 물러나는 것을 알지 못하며, 존재하여 있는 것만 알고 망하여 없어지는 것을 알지 못하며, 얻는 것만 알고 잃는 것을 모르니

其唯聖人乎아 知進退存亡而不失其正者이 其唯聖人乎[130]인저.
기유성인호   지진퇴존망이부실기정자   기유성인호

"후천"은 자연계가 변화를 일으킨 후에 때에 맞추어 적합한 행위를 하는 것을 의미한다. "천시(天時)"는 자연계의 변화하는 규칙을 말한다.
128 천(天)조차 대인이 행하고 이루는 일과 어긋나지 않기 때문에 하물며 사람이나 귀신이 감히 이것을 어기지 못한다는 말이다.
129 사물이 발전하여 나가는 데 있어서 분명히 알아야 할 문제가 있는데, 그것은 나아가는(進) 것이 극단에 이르면 그 다음에는 물러나는(退) 상황이 온다는 것이다. 이른바 '물극필반(物極必反)'이다. 나아가는 것이 있으면 물러나는 것도 있고, 물러남이 있으면 반드시 나아감이 있다는 음양(陰陽)의 도리를 알아야 하는 것이다. 이런 도리를 망각하거나 모르는 것에 대해 주는 교훈이 바로 "항(亢)"이다.
130 "항(亢)"이라고 하는 말은 나아가는 것만 알고 반드시 물러나야 할 때를 모르고, 있는(존재하는) 것만 알고 반드시 망할 때가 있는 것을 모르고, 얻는 것만을 알고 반드시 잃을 때가 있다는 것을 모르고 있는 것을 말한다. 진퇴(進退) · 존망(存亡) · 득상(得喪)의 필연적 이치를 알고 이것에 근거해서 바른 도리에 어긋나지 않게 행동하는 자는

그런 자는 오직 성인뿐인가? 나아감과 물러섬, 존재하여 있는 것과 망하여 없어짐 둘 다를 알아 그 바름을 잃지 않는 자는 오직 성인뿐일 것이다.

* 건괘의 의미와 교훈

『주역』 64괘의 첫 번째 괘가 바로 건(乾)이다. 건괘는 '천(天)'을 그 상징과 형상으로 삼아 '강건(剛健)'이라는 성질과 그 변화하고 발전하는 모습을 말하고 있다. 특히 건괘가 말하려고 하는 핵심은 「대상전」에서 천도(天道)의 강건 정신을 본받아 자기 스스로를 분발하게 하여 발전시키고 향상시키는 데 있다. 이것은 이른바 상징(象)과 의미(意)의 관계를 언급하는 것이라고 할 수 있다.

건괘의 건(乾)은 굳세다(健)는 의미를 가지고 있다. 굳세다는 이 말에 건괘의 성질과 의미가 자리하고 있다. 건괘 전체가 말하려고 하는 것은 바로 굳셈이다. 굳센 특징을 가장 잘 반영할 수 있는 것이 천이기 때문에 건괘는 하늘을 상징으로 삼는다. 그러나 하늘은 다만 굳센 것의 상징이지, 굳센 것 자체는 아니다. 그러므로 건괘는 건을 이름으로 하지 하늘을 이름으로 하지는 않는다. 이런 의미에서 건괘는 괘사를 "원형이정(元亨利貞)"의 네 자로 표현한다. 실제로 "원형이정"이라는 이 네 글자는 하늘의 운동과 변화를 말하고 있다.

엄밀히 말해서 고대인들이 말하고 있는 하늘은 어떤 의미에서 태양을

단지 성인(聖人)뿐일 것이다. 앞의 "그런 자는 오직 성인뿐인가?(其唯聖人乎!)"라는 말은 묻는 말이다. 이에 대한 두 번째의 "그런 자는 오직 성인뿐일 것이다(其唯聖人乎!)"는 말은 대답이다. 그 대답의 내용은 "그렇다, 오직 성인뿐이시다. 성인은 실로 위대하다"일 것이다.

가리켜 말하는 것으로 보인다. 천은 바로 태양을 의미한다. 태양의 운동(실제로는 지구의 운동을 말하고 태양은 움직이지 않는다)이 춥고 더운 변화를 만들어 사계절이 교차하게 된다. 이 때문에 옛날 사람들은 춘하추동의 네 계절을 통하여 원형이정을 해석한다. 원은 봄, 형은 여름, 이는 가을이고 정은 겨울이다. 정이 지나가면 또 원이고 겨울이 지나가면 또 봄이 되는데 이렇게 영원히 쉬지 않고 운동 변화하여 이른바 '굳셈'의 특징을 충분하게 표현해 낸다.

건괘의 괘사는 하늘을 상징으로 하고 여섯 개의 효사는 용(龍)을 가지고 상징을 삼는다. 괘사와 효사의 취상(取象)이 다른 것은 64괘의 일반적인 특성으로 대부분의 괘는 비슷하다. 이것은 괘와 효의 특징이 다르기 때문이다.

건괘의 성질은 굳센 것이고 건괘에 속하기 때문에 모든 효는 굳셈의 성질을 가진다. 이런 의미에서 말하면 괘는 상대적으로 변화하지 않고 정태적(靜態的)이다. 이에 비해 육효는 하나의 괘를 형성하고, 하나의 효는 한 시대 중의 다른 발전 단계를 상징한다. 그 때문에 효는 상대적으로 변화하는 것이고 동태적(動態的)이다. 하나는 정태적이고 또 다른 하나는 동태적인 것이기 때문에, 취상(取象)의 내용도 자연적으로 다를 수밖에 없다. 괘는 정태적인 것이기 때문에 하나의 상을 취하면 충분하다. 그러나 효는 동태적이기 때문에 취하는 상은 여러 가지 일 수 있다. 만약 육효가 동일한 상을 취하였다고 한다면, 이 하나의 상은 반드시 동태적인 상황을 충분히 반영해 낼 수 있어야 한다. 건괘는 천을 상징으로 삼고 있는데, 천은 굳센 특징을 충분히 반영해 낼 수 있다. 만약 육효가 여전히 천을 상징으로 삼았다면 육효는 오직 굳셈이라는 공통적 성질만을 가지고 있는 것과 동일한 것이 되어 각자의 개성은 이야기할 수 없었을 것이다. 효로서 개성이 없다면 그것은 효라는 존재의 의미를 상실해 버리는 것이나 마찬가지다. 이 때문에 건괘는 천을 상징으로 취하지만 육효는 용을 상징으로 삼는다.

건괘의 육효는 천지의 기(氣)와 군자의 도(道)를 말하고 있다. 천지의 기는 오르고 내리는 것이 있고, 군자의 도는 현실에 참여할 수도 있고 은둔(隱遁)할 수도 있다. 용은 사람들의 상상 속에서 물속에 숨어 있을 수도 있고, 하늘 위를 날 수도 있는 동물이기 때문에 건괘의 육효는 용을 상징으로 삼는다. 용은 양물(陽物)이면서 변화불측(變化不測)한 동물이다. 용의 움직임을 가지고 건의 육효의 움직임을 표현하는 것이야말로 가장 합당한 비유라고 할 수가 있다. 천은 굳셈을 표현할 수 있다. 용은 굳셈을 표현할 수 있을 뿐만 아니라, 또한 변화 속의 굳셈을 표현해낼 수도 있다.[131]

건괘는 굳건하고 적극적인 양강(陽剛)의 성격을 지니고 있는데, 이것은 바로 자강불식(自强不息)의 분투정신이다. 이런 정신은 이른바 개척적(開拓的)인 독립창업자(獨立創業者)의 상징이라고 할 수 있다. 우리가 어떤 일이나 사업을 시작하려고 할 경우 필요한 정신이 바로 건괘가 가지고 있는 자강불식의 분투정신과 때에 적절하게 들어맞는 시중(時中) 정신일 것이다. 그것은 바로 충분하게 함양(涵養)한 자기 능력과 진퇴(進退)의 적절한 때를 파악하는 능력으로 이를 갖추고 구사해야 목표를 성취할 수 있을 것이다.

---

[131] 김경방, 여소강의 『주역전해』 36-7쪽 참조 바람

2. ☷ 중지곤(重地坤, ䷁ 川 第三十三)

1) 괘의 순서

곤괘(坤卦 : ☷)는 64괘의 두 번째 괘로 '대지(地)'를 그 상징과 형상으로 삼고 있다. 순서상으로 건이 앞에 있고 곤이 뒤에 있지만 실제로는 분리(分離)할 수 없는 것이다. 왜냐하면 천지는 항상 붙어 있고 같이 움직여 둘을 분리하여 생각할 수 없듯이 건곤 역시 그와 같기 때문이다. 엄밀히 말해서 만물의 처음은 건곤(乾坤)이지 건(乾) 단독은 아니다. 건만으로는 만물의 발생이 불가능하고 또 그것을 설명하는 것 역시 불가능하기 때문이다. 그러면 왜 곤괘(坤卦)를 건괘(乾卦)의 뒤에 두고 있는가? 이 문제는 주(周)나라 사람들의 우주관의 성격을 그대로 보여주고 있다.

삼역(三易) 중에서 하대(夏代)의 『연산역』(連山易)은 간괘(艮卦)를 머리 괘로 하여 건곤을 중요한 것으로 보고 있지 않다. 이것은 하대 사람들이 건곤이 가지고 있는 생성(生成)의 의미를 이해하지 못하였기 때문인 것으로 보인다. 즉「서괘전(序卦傳)」에서 밀히는 "천지가 있은 연후에 만물이 있다(有天地然後, 有萬物)"라는 말을 이해하지 못한 것으로 보인다.

삼역 중에서 은대(殷代)의 『귀장역(歸藏易)』은 곤건(坤乾)을 앞에 두고 있다. 이것은 은(殷)나라 사람들이 곤건의 중요성을 인식했으나, 건괘「단전(彖傳)」에서 말하는 "위대 하도다, 건원이여! 만물이 이에 바탕 하여 시작하니 이에 하늘을 통솔하는구나(大哉乾元! 萬物資始, 乃統天)"라는 건괘가 가지고 있는 창시(倉始)의 의미를 이해하지 못한 것을 의미한다. 즉 은대인들이 생성의 중요성은 인식하고 있으나, 생성의 구체적인 전후(前後) 단계에 대해서는 아직은 이해가 부족한 것으로 볼 수 있다.

『주역』에 와서야 비로소 건곤을 말하였다는 것은 생성의 중요성과 생성의 전후 단계까지도 이해하여 우주론의 새로운 지평을 열게 되었다는 것을 의미한다.

2) 괘명의 의미

'곤(坤)'이라는 글자는 '토(土)'와 '신(申)'이라는 글자로 구성되어 있다. 여기에서 말하는 '토(土)'는 바로 '땅'을 말한다. '신(申)'은 '巛'으로 사용되었는데 바로 '☷'의 상이다. '곤'을 『백서주역』에서는 '천(川)'으로 말하고 있는데, 아마도 이 글자(巛)는 시내(川)의 흐름과 무관하지 않은 것 같다. 즉 강물이 주도적으로 흐름을 만들어 가는 것이 아니라 주어진 조건들 예를 들면, 산이나 들 등의 지형지물에 따라 흐름을 이어가는 상황과 어떤 관련이 있을 것으로 보인다. 이런 점에서 곤의 성질은 건괘에 비해서 의존적이고 순종적이다. 그것을 도표로 그려보면 다음과 같다.

	상징	역할	특성
건(乾)	강건(剛健)하게 하늘을 나는 용(龍)	양(陽)의 주도적 지위	진취적, 주도적, 강건적(剛健的)
곤(坤)	유순(柔順)하게 땅위를 걷는 암말(牡馬)	음(陰)의 순종적 지위	의존적, 보조적, 유순적(柔順的)

3) 괘의 상

곤괘는 여섯 효가 모두 음효로 구성되어 있는 순음(純陰)의 괘상이다. 건괘가 천의 기가 상승(上升)하는 것을 상(象)으로 하고 있다면, 곤괘는 땅이 아래로 떨어지는 모습(☷)을 상(象)으로 하고 있다. 이런 괘상과 관련하여 건괘의 괘상인 하늘은 높고 그 성질은 강건(剛健)하여 군주나 남자가 여기에 속하는 반면에, 곤의 괘상인 땅은 낮고 그 성질은 유순(柔順)하여 신하(臣下)나 여자가 여기에 속한다.

坤은 元亨하고 利牝馬之貞[1]이니
곤   원형   이 빈 마 지 정

ㅃ 川,[2] 元亨, 利牝馬之貞
천   원형   이 빈 마 지 정

---

[1] 이 구절에 대한 해석은 매우 분분하다. 가장 논란이 되는 부분은 점친 내용과의 관련성이다. 고형, 이경지, 상병화(尙秉和) 등의 20세기의 유명한 역학자들은 이 구절은 분명히 점치는 내용과 관련이 있다고 말한다. 이에 비해 전통적인 대부분의 『주역』 주석가들은 『역전』의 사덕설(四德說)에 근거하여 이 구절을 해석한다. 여기에서 관건이 되는 것은 "정(貞)"을 무엇으로 해석하느냐는 데 있다. 전자의 학자들은 "정(貞)"을 "점치다(占)"는 것으로 해석하는 데 비해, 후자는 "바르다(正)"는 뜻으로 해석한다. 이런 까닭에 여기에서는 분명히 경(經)과 전(傳)의 입장을 나누어 해석하여야 할 것으로 보인다. 경의 입장에서 해석한다면 이 구절은 "크게 형통하고 암말을 타는 것이 유리하다는 점괘가 나왔다"라는 말로 해석할 수 있다. 이에 반해 전의 입장에서 해석한다면 이 구절은 "크게 형통하고, 암말의 바름이면 유리하다"로 해석할 수 있다. 왜 암말을 가지고 이야기하는가? 아마도 말은 어떤 것을 태우고 묵묵히 움직이는 동물로 땅이 가지고 있는 상징적 성격과 잘 맞아 떨어지기 때문으로 보인다. 또 수말이 아닌 암말을 이야기하는 것 역시 곤괘(坤卦)가 지니고 있는 유순(柔順)한 성격과 관련이 있다. 건괘를 상징하였던 용은 우리 눈에 잘 띄지 않는 반면에 말은 우리 눈에 보인다는 점 역시 두 괘가 가지고 있는 생성(生成)의 성질을 잘 보여주는 것이라고 할 수 있다. 이런 생성의 단계 혹은 성질은 마치 건으로서의 아버지와 곤으로서의 어머니가 결합하여 자식으로서의 만물을 낳는 단계와 성격으로 비유할 수 있다. 또 곤괘에서 말하는 "정(貞)"과 건괘에서 말하는 "정(貞)"은 차이가 있다. 이 문제에 대해 정이천은 "건괘는 강하고 굳셈으로 정을 삼는 반면에, 곤괘는 유순함으로 정을 삼고 있다(乾以剛固爲貞, 坤則柔順而貞)"고 말한다. 다른 것이 아닌 암말을 가지고 곤괘를 설명하는 것은 아마도 암말이 '사람이나 물건을 태워주고 실어주면서 묵묵히 걸어가는' 이미지와 땅이 가지고 있는 이미지가 일치하기 때문인 것으로 보인다.

[2] 『백서주역』에서 '곤(坤)'은 '천(川)'으로 표기되어 있고, 괘의 순서도 두 번째가 아니고 33

경의 의미 : 곤은 크게 형통하고 암말을 타는 것이 이롭다는 점괘가 나오니

전의 해석 : 곤은 크게 형통하고 암말의 바르게 함이 이로우니

🅱 강물은 크게 형통하고 암말을 타는 것이 이롭다는 점괘가 나오니

君子(군자)의 有攸往(유유왕)[3]이니라.

🅱 君子有攸往(군자유유왕).

경의 의미 : 군자가 가는 바가 있으니

전의 해석 : 군자가 가는 바가 있으니

🅱 군자가 가는 바가 있으니

先(선)하면 迷(미)하고 後(후)하면 得(득)[4]하리니 主利(주리)[5]하니라.

번째이다.
3 여성을 말하는 곤괘에 어떻게 군자(君子)가 나오는가? 군자는 상대적이다. 여기서 말하는 군자는 군주에 대한 신하를 의미한다. "유(攸)"는 소(所)와 같다.
4 정이천은 『이천역전』에서 "음은 양을 따르는 것으로 먼저 부르기를 기다렸다가 화답하는 것이니 음으로서 양에 앞서면 혼미하여 잘못되고, 뒤에 서면 그 떳떳함을 얻는다(陰從陽者也. 待唱而和, 陰而先陽則爲迷錯, 居後乃得其常也)"고 하여, 곤의 덕이 유순과 뒤에 자리하는 것(居後)에 있음을 나타내었다. 만약 이러한 곤의 특성을 무시하고 다투어 앞서 나아가려 한다면 반드시 미혹하고 잘못되게 될 것이다. 이 때문에 다만 뒤를 따라간다면 분명히 이익을 얻을 것이라고 말한다.
5 주자는 『주역본의』에서 "先迷後得, 主利"로 보지만, 다른 주석서에서는 "先迷後得主,

🅱 **先迷, 後得主, 利.**
　　선 미　　후 득 주　　이

경의 의미 : 먼저 가면 미혹하고 나중에 가면 주인을 얻어서 유리하니

전의 해석 : 먼저 가면 미혹하고 나중에 가면 얻으니 이로움을 주로 하니

🅱 먼저 가면 미혹하고 나중에 가면 주인을 얻어서 유리하니

西南은 得朋이요 東北은 喪朋[6]이니 安貞하여 吉[7]하니라.
　서 남　　득 붕　　　동 북　　상 붕　　　　안 정　　　길

利"나 또는 "先迷後得主, 利西南得朋"으로 읽기도 한다. 여기에서는 주자의 관점을 따르기로 한다. "이로움을 주로 하니(主利)"라는 말은 땅이 가지고 있는 기능이나 또는 아내나 신하의 역할이 모두 실질적인 결과물 혹은 결실을 내어야 하는 위치에 있기 때문에 "이로움(利)"을 주로 한다고 말한다. 여기에서 말하는 "주(主)"는 사명, 임무, 바탕 또는 주장의 의미를 가지고 있다.

[6] "서남(西南)"과 "동북(東北)"이라는 두개의 방위는 어떻게 해석해야 하는가? 일반적으로 이것은 문왕(文王)의 '후천팔괘도(後天八卦圖)'의 방위에 연결시켜 해석한다. 문왕의 '후천팔괘도'는 아래와 같다.

```
                    南
                   ☲離
          ☴巽            ☷坤

   東  ☳震                      ☱兌  西

          ☶艮            ☰乾
                   ☵坎
                    北
```

위의 '후천팔괘도'에서 서남쪽은 음(陰)의 방향이고 동북쪽은 양의 방향이다. 「설괘전(說卦傳)」에서는 8괘를 부모와 3남 3녀로 나누어 구분하고 있다. 즉 ☰(아버지), ☷(장남), ☵(차남), ☶(삼남), ☷(어머니), ☴(장녀), ☲(차녀), ☱(삼녀)로 나누어진다. 이

백 西南得朋, 東北亡朋, 安貞吉.
　　　서 남 득 붕　　 동 북 망 붕　　안 정 길

경의 의미 : 서남으로 가면 친구를 얻고 동북으로 가면 친구를 잃어버리니 안부를 점치면 길하다.

전의 해석 : 서남으로 가면 친구를 얻고 동북으로 가면 친구를 잃어버리니 바른 도를 지키면 길하다.

백 서남으로 가면 친구를 얻고 동북으로 가면 친구를 잃어버리니 안부를 점치면 길하다.[8]

象曰 至哉[9]라 坤元[10]이여! 萬物이 資生[11]하나니 乃順承天[12]이니
단 왈 지 재　　곤 원　　　　만 물　　자 생　　　　　내 순 승 천

중 남자와 관련된 네 개의 괘는 모두 동북쪽에 있고, 여자와 관련되는 괘는 서남쪽에 분포되어 있다. 그러므로 동북쪽은 양방(陽方)이고 서남쪽은 음방(陰方)에 해당한다고 말한다. 여기에서 말하는 "붕(朋)"은 동류(同類)를 말하는 것으로 여성은 여성, 남성은 남성을 말한다. 그러므로 음이 서남쪽의 음방으로 가면 동류로 "친구를 얻는(得朋)" 것이지만, 동북쪽의 양방으로 가면 "친구를 잃어버린(喪朋, 『백서주역』에서는 "亡朋"이라고 함)" 것이라고 말한다. 정이천은 『이천역전』에서 "서남은 음의 방향이요 동북은 양의 방향이니 음은 반드시 양을 따라야 한다. 그 벗의 같은 유를 떠나 잃어버려야 이에 능히 화육의 공을 이루어 안정의 길함이 있을 것이다(西南陰方, 東北陽方, 陰必從陽, 離喪其朋類, 乃能成化育之功而有安貞之吉)"고 하여 궁극적으로는 음양 또는 남녀의 결합이 더욱 중요하다고 말한다. 음으로서 양으로 가는 것은 음양상배(陰陽相配)하는 도리이기 때문에 끝내는 길함이 있다는 것이다.

7 "안정길(安貞吉)"은 바른 도를 잘 지키면 길하다는 뜻이다. 모든 일을 행할 때 암말(牝馬)의 곧고 바름(貞正)을 따라 행동하면 길한 결과를 가져올 것이라고 말한다. 이에 대해 빌헬름의 영역본에서는 조용히 인내하여야 길한 결과를 가져올 것이라고 말한다. 11쪽 참조.
8 『백서주역』에서는 "상(喪)"을 "망(亡)"으로 쓰고 있는데 뜻은 동일하다. 장립문(張立文)은 『백화백서주역』에서 이 구절을 "마땅히 서남쪽에서는 재물을 얻고 동북쪽에서는 재물을 잃으니 바른 도를 빈틈없이 지키면 길하다"고 해석하고 있다. 307쪽 참조 바람.

단전에 말하기를 지극하다 곤원이여! 만물이 이것에 바탕하여 생겨나니, 이에 유순하게 하늘의 뜻을 이어받는 것이니

坤厚載物이 德合无疆[13]하며
곤 후 재 물   덕 합 무 강

---

9 "지극하다(至哉)"라는 말은 형용사로서 만물을 낳고 기르는 땅의 덕을 칭찬한 말이다. 공영달은 『주역정의』에서 "땅이 만물을 낳고 기를 수 있음이 지극한 데는 하늘과 마찬가지라고 말한다. 그러나 하늘 또한 지극한데 땅을 완전히 둘러싸고 있어서 지극할 뿐만 아니라, 또한 땅보다 더 크기 때문에 건괘 단전에서는 '위대하도다'라고 말하고 곤괘 단전에서는 '지극하도다'라고 말하는 것이다(言地能生養至極, 與天同也. 但天亦至極, 包籠於地, 非但至極, 又大于地, 故乾言大哉, 坤言至哉)"고 하였다.

10 곤괘(坤卦)에서부터 「단전」과 「대상전」이 괘사(卦辭)의 뒤에 붙기 시작한다. 『주역』에서 괘의 중요성으로 말하면 곤괘는 건괘 다음으로 중요하다고 할 수 있다. 괘상(卦象)으로 말하면 건은 하늘, 부(父)이고 곤은 땅, 모(母)로 만물 시생(始生)의 근원이다. 그러므로 곤원(坤元)이라고 하여 원(元)을 붙인다. 건괘에는 원형이정의 사덕(四德)이 있고, 곤괘 또한 원형이정의 사덕이 있다. 다른 것은 건은 선도(先導)하고 곤은 쫓아서 따르는 수순(隨順)을 특성으로 하고 있다는 점이다. 이 때문에 괘사(卦辭)의 내용도 다르게 된 것이다.

11 건괘가 시작이라는 개념을 통해서 구체적인 형태가 생겨나기 이전의 기(氣)의 활동을 말하였다면, 곤괘는 '생(生)'을 강조하여 구체적인 형태가 생겨난 후의 시작을 말한다. 즉 구체적인 형태가 생겨난 이후의 상태를 설명하는 것이 바로 곤원(坤元)이다. 이것은 하늘이 기를 주면 땅은 이를 받아서 사물을 낳는다는 의미이다. 이 때문에 주자는 『주역본의』에서 "시작이라는 것은 기의 시작이고 생이라는 것은 형체의 시작이니, 하늘이 베푸는 것을 유순하게 이어받는 것이 바로 땅의 도리이다(始者氣之始, 生者形之始, 順承天施, 地之道也)"라고 하여 건과 곤의 성질을 대비적으로 설명하고 있다.

12 "이에 유순하게 하늘의 뜻을 이어받는 것이니(乃順承天)"라는 것은 '곤(坤)'의 성격을 말하는 것으로 유순하게 하늘의 뜻을 이어 받는 것을 말한다. 이처럼 곤은 건의 작용을 이어 받아서 구체적으로 완성하는 것을 말한다. 즉 건은 하늘의 작용인 창시(創始)작용을 하고, 곤은 건의 작용을 이어받아 만물을 낳고 기르는 생성(生成)작용을 한다. 이는 부체(父體)의 정기(精氣)가 모체(母體) 속에 들어가 정자와 난자가 결합하여 모체에서의 잉육(孕育)을 통해 어린이로 태어나는 과정과 꼭 같다.

13 땅이 가지고 있는 모습은 두터워 만물을 모두 실어줄 수 있는 체형(體形)을 가지고 있다. "두텁다(厚)"라는 말은 땅의 두터운 덕을 말하고, "무강(无疆)"이라는 말은 건(乾)의 무한한 덕을 말한다.

곤이 두터움으로 만물을 싣고 있는 것은 그 덕이 (하늘의) 끝없는 덕에 합치하며

含弘光大[14]하여 品物이 咸亨[15]하나니라.
함 홍 광 대　　　　　품 물　　　함 형

(땅이 가지고 있는) 포용력이 넓고 커서 모든 사물이 다 형통하느니라.

牝馬는 地類이니 行地无疆[16]하며 柔順利貞이 君子攸行[17]이라.
빈 마　　지 류　　　행 지 무 강　　　　유 순 이 정　　군 자 유 행

---

14 이 구절은 곤덕(坤德)이 가지고 있는 위대함을 말하고 있다. "포용력이 넓고 빛나고 커서(含弘光大)"라는 말을 정이천은 한 글자 한 글자씩 해석하고 있다. 즉 "함, 홍, 광, 대"의 네 가지로 곤도를 형용하였는데, 마치 건의 '강건하고 중정한 것은 순수하여 정미함이요' 라는 것과 같다. 함은 포용한다는 말이고, 홍은 관대하고 너그럽다는 말이고, 광은 비추어 밝다는 말이고, 대는 넓고 두텁다는 말이니, 이 네 가지가 있는 까닭에 하늘의 작용을 이어 받아 이루어서 만물이 모두 형통하게 이루어지는 것이다(以含弘光大四者 形容坤道, 猶乾之剛健中正純粹也. 含, 包容也. 弘, 寬裕也. 光, 昭明也. 大, 博厚也. 有此四者, 故能成承天之功. 品物咸得亨遂"고 하였다. 즉 "함(含)"은 포함하지 않는 것이 없는 '포용'을, "홍(弘)"은 없는 것이 없는 넓음을, "광(光)"은 드러나지 않는 것이 없는 밝음을, "대(大)"는 은덕을 입지 않는 것이 없을 정도로 크다는 것을 의미한다. 그러나 실제로는 "함"과 "홍"은 같은 뜻이고, "광"과 "대" 또한 같은 뜻이다. 먼저 "함홍"은 땅의 덕이 매우 두터워 모든 것을 포용하고 실어주어 그 품을 벗어나는 것이 없음을 말하고 있다. 곤괘는 그 덕이 이와 같기 때문에 건괘와 짝이 될 수 있는 자격을 갖출 수 있게 된다. 그리고 "광대"는 넓고 크다는 의미이다. 『주역』에서 "광(光)"의 뜻은 두 가지가 있는데 하나는 빛나서 밝게 비추는 의미이고, 다른 하나는 넓다(廣)는 의미이다. 여기에서 말하는 "광"의 의미는 "광대(廣大)"하다는 것이 더 적합하다. 이것을 보면 "광대"라는 말은 "함홍"이라는 의미를 더욱 강조하는데 그 초점이 있는 것으로 보인다.
15 "품물(品物)"은 개별적인 모든 사물을 말한다. 이 부분은 "형(亨)"에 대한 설명이다.
16 여기에서 말하는 "암말"은 땅이 묵묵히 자신의 책임을 다하고 있는 성질을 빌려서 비유적으로 설명한 것이다. 즉 땅이 포용력을 가지고 만물을 낳고 길러주듯이 암말 역시 말을 번식하고 묵묵히 책임을 다하는 점에서 동일한 작용을 가지고 있다는 것이다. 이에 대해 주자는 『주역본의』에서 "말은 건의 상징이나 땅과 같은 부류로 삼은 것은 암말은 음물(陰物)이고 말은 또 땅위를 걸어가는 동물이기 때문이다. 땅위를 걸어감이 끝이 없다는 말은 순하고 굳센 것이고, 부드럽고 순종적이라 올바름을 지켜 나가는 것에 유리하다

암말은 땅과 같은 부류이니 땅위를 걸어감이 끝이 없으며 부드럽고 순종적이라 올바름을 지켜 나가는 것에 유리하니 이것이 군자가 행할 바이다

先하면 迷하여 失道하고 後하면 順하여 得常[18]하리니 西南得朋은
선   미   실도   후   순   득상   서남득붕

乃與類行이요 東北喪朋은 乃終有慶[19]하리니
내여류행   동북상붕   내종유경

먼저 나아가면 올바른 방향을 찾지 못하여 도를 잃고, 나중에 나아가면 순종하여 바른 도를 얻음이 있으리니 서남으로 가면 친구를 얻는다는 것은 같은 부류와 함께 가는 것이고 동북으로 가면 친구를 잃는다는 것은 끝내 경사가 있을 것이리니

는 것이 바로 곤의 덕이다(馬, 乾之象而以爲地類者, 牝陰物而馬又行地之物也. 行地无疆則順而健矣, 柔順利貞, 坤之德也.)"라고 하여 암말과 땅 모두가 유순하면서도 굳센 성질을 가진 같은 부류로 간주하고 있다.

17 "군자가 행할 바이다(君子攸行)"라는 부분을 이 구절이 아닌 뒷부분에 연결되는 것으로 보는 역학자들도 있다(예를 들면 王夫之). "군자"라는 개념이 항상 남성적인 것으로만 한정되어 사용되는 것은 아니다. 여기에서 말하는 "군자"는 상대적으로 해석되어야 한다. 예를 들면 아버지가 집에서는 양(陽)이지만 조정에 나아갈 경우 아랫사람의 위치에 있으면 군주나 윗사람에 대해서는 음(陰)이 되는 것과 같다. 그러므로 "군자"를 음의 성격으로 말할 경우 앞서 나가는 것이 바른 것이 아니라 오히려 묵묵히 순종하는 것이 올바른 도리가 되는 것이다.

18 "상(常)"을 이천은 '상리(常理)'로 해석하고 있다. '상리'라는 말은 '사람이 행해야 할 바른 이법, 즉 '바른 도리'나 '정도(正道)'를 말한다.

19 "끝내 경사가 있을 것이리니(乃終有慶)"라는 말은 음과 양의 상호 작용에 의하여 만물이 화생(萬物化生)함을 말하는 것이다. 만물이 생성하고 변화하는 것은 음양의 상호 작용에 의한 것으로 음만 있는 독음(獨陰)이나 양만 있는 독양(獨陽)으로는 만물이 생겨날 수 없기(不生) 때문이다. 따라서 이것은 음양의 순환과 소장(消長)의 이치를 드러내는 것으로 설령 같은 부류를 잃어버린다 하여도 음양, 군신, 부부의 결합이라는 경사를 맞이하게 될 것이라는 말이다.

安貞之吉이 應地无疆[20]이니라.
_{안 정 지 길   응 지 무 강}

바른 도를 지켜 길한 것이 땅이 가진 무한한 덕에 응하는 것이니라.

象曰 地勢坤[21]이니 君子以하여 厚德으로 載物[22]하나니라.
_{상 왈 지 세 곤   군 자 이   후 덕   재 물}

상전에 말하기를 땅의 형세가 곤이니 군자가 이것을 본받아서 두터운 덕으로 사물을 실어주느니라.

初六은 履霜하면 堅冰至[23]하나니라.
_{초 륙   이 상   견 빙 지}

---

[20] 이것은 괘사에서 말하는 "바른 도를 지키면 길할 것이다(安貞吉)"라는 말을 설명하는 것으로 군자는 지속적으로 정도를 지키고 있어야 땅의 큰 포용력에 비견할 수 있는 덕성을 이룩할 수 있음을 말한 것이다.

[21] "세(勢)"는 눈에 보이는 형색(形色)을 말한다. 이정조의 『주역집해』에서는 "땅에는 상하 아홉 등급의 차이가 있기 때문에 형세를 가지고 땅의 성질을 말한다(地有上下九等之差, 故以形勢言其性也)"고 하여, 대지가 각기 다른 다양한 모습을 가지고 있음을 말하고 있다. 여기에서 형세가 순(順)하다고 말하는 것은 곤이 가지고 있는 순한 성격을 말하는 것으로 하늘의 주동적인 성격에 비해 땅이 가지고 있는 순종적인 이미지를 이야기하는 것으로 볼 수 있다.

[22] 여기에서 "후덕(厚德)"은 땅의 두터운 덕을 말하고, "재물(載物)"은 만물을 싣는다는 의미로 모든 사물을 포용하고 있는 땅의 후덕한 성격을 표현하고 있다. 따라서 이 구절은 군자가 땅이 가지는 이런 심후한 덕을 본받아 다른 사람들을 포용하고 길러주어야 한다는 것을 표현하는 말이다.

[23] 초육(初六)은 차가운 겨울이 곧 다가올 것이라는 것을 말하는 것으로, 앞으로 다가올 시세(時勢)를 미리 예측할 것을 말하고 있다. 곤괘(坤卦)는 12벽괘(闢卦) 중에서 10월에 해당하는 것으로 그 중 초육은 아직 본격적인 추위가 오기 전에 서리가 내리는 때에 해당한다. 처음에 내린 서리는 해가 나오면 금방 사라지지만 나중에 큰 추위가 왔을 때 단단하게 굳은 얼음은 결코 쉽게 부술 수 없게 된다. 이 때문에 서리가 내린 것을 알면 미리 단단한 얼음이 곧 내리게 될 것을 앞서 예측하여야 한다. 빌헬름의 영역본에서는 "단단한 얼음이 어는 시기가 멀지 않았다(not far off)"고 말한다. (13쪽 참조 바람) 『백서주역』에서는 "이(履)"를 "예(禮)"로 표기하고 있다. 이것은 고대에 이 두 글자가 발음이나

백 初六, 履霜, 堅冰至.
　　　　초육　이상　　견빙지

초육은 서리를 밟으면 단단한 얼음이 곧 올 것이니라.

백 초육은 서리를 밟으면 단단한 얼음이 곳 올 것이다.

象曰 履霜堅冰은 陰始凝也니 馴致其道²⁴하여 至堅冰也²⁵하나니라.
상왈　이상견빙　　음시응야　　순치기도　　　지견빙야

상전에 말하기를 서리를 밟으면 단단한 얼음이 온다는 것은 음이 응결하기 시작하는 것이니, 그 도(음의 도)를 계속 따라가게 되면 단단한 얼음에 이른다고 하는 것이다.

六二는 直方大²⁶라 不習이라도 无不利²⁷하니라.
육이　　직방대　　　불습　　　　무불리

의미상에서 같은 것으로 사용되었기 때문인 것으로 보인다.
24 정이천은 『이전역선』에서 "순(馴)은 이치는 것을 말하는 것이니 익혀서 성대(盛大)한 것에 이르는 것이며, 습(習)은 그대로 따르는 것이다(馴謂習, 習而至於盛, 習, 凶慣也)"고 하여 음의 도를 그대로 순순하게 따라가면 차가운 겨울이 와서 단단한 얼음을 만나게 될 것임을 말하고 있다.
25 곤괘는 12벽괘에서 음력 10월에 해당되는데 서리가 본격적으로 내리는 시기이다. 음이 서서히 응결되어 서리가 되고, 이 응결이 점차적으로 강해지면 단단한 얼음으로 된다. 이는 속담에 세 살 버릇 여든까지 간다는 말처럼 한 번 기세를 탄 것은 좀처럼 바꿀 수 없다는 것을 의미한다. 그러므로 초기 단계에서 미리 경계(警戒)하는 것이 중요하다. 위에서 말하는 "그 도(음의 도)를 계속 따라가게 되면(馴致其道)"이라는 말은 바로 처음의 미미한 단계를 그대로 방치할 경우의 상황에 대해서 말하고 있다. 즉 소인의 도가 처음 시작할 때는 미미하지만 점차적으로 누적되고 타성화(惰性化) 되면 나중에는 더 이상 제어할 수 없는 상태로 되어 버린다. 이 때문에 곤괘 초육의 「상전」은 이런 상황을 미리 예측하고 준비하여야 할 것을 강조한다. 그러므로 빌헬름의 영역본에서는 "서리를 밟는" 현상을 첫 번째 경고 혹은 주의(first warning sign)로 해석하고 있다. 13쪽 참조 바람.
26 "곧고 반듯하고 크니(直方大)"라는 말은 땅이 가지고 있는 작용과 현상에 대해 설명하고

🔲 六二, 直方大, 不習无不利.
　　육이　직방대　불습무불리

육이는 곧고 반듯하고 크니, 익히지 아니하여도 이롭지 않은 것이 없다.

🔲 육이는 곧고 반듯하고 크니, 익히지 아니하여도 이롭지 않은 것이 없다.

象曰 六二之動이 直以方也니 不習无不利는 地道光也[28]라.
상왈　육이지동　　직이방야　　불습무불리　　　지도광야

있다. 공영달은 『주역정의』에서 "사물을 낳는 것이 사악하지 않기 때문에 곧다(直)고 하였고, 땅의 형체가 안정한 것은 그것이 반듯하기(方) 때문이고, 싣지 못할 사물이 없다는 것은 그것이 크기(大) 때문이다(生物不邪謂之直也, 地體安靜是其方也, 无物不載是其大也)"고 하였다. 이에 따르면 "직(直)"은 땅이 사물을 낳는 인자함을, "방(方)"은 땅이 가지고 있는 안전성을, (왜냐하면 둥근 것은 구를 수 있는 위험이 크지만 네모난 것은 안정적이고 쉽게 움직이지 않기 때문이다.) "대(大)"는 땅이 가지고 있는 용량의 큼을 말한 것이다. 이처럼 땅은 모든 존재들을 그 위에서 생존하게 만들 수 있는 엄청난 용량을 가지고 있다.

27 "익히지 않는다(不習)"는 말은 땅은 하늘이 하는 것에 자연스럽게 따라가기만 하면 되고 일부러 따로 배워서 익힐 필요가 없다는 말이다. 『이천역전』에서 정이천은 "'불습(不習)'은 저절로 그렇게 됨을 말한 것이니 곤도에 있어서는 하려고 하지 않아도 하게 되고, 성인에 있어서는 조용하게 도에 들어맞게 된다(不習, 謂其自然, 在坤道則莫之爲而爲也, 在聖人則從容中道也)"고 하였다. 말하자면 따로 배울 필요가 없이 자연스럽게 맡겨 두면 전혀 불리함이 없다는 의미이다. 주자는 『주역본의』에서 "그러므로 그 덕이 안으로는 곧고 밖으로는 반듯하고 또 성대하여 배우고 익힘을 기다리지 않고도 이롭지 않음이 없다(故其德內直外方而又盛大, 不待學習而无不利)"고 하였다. 고형은 "불습(不習)"을 "숙련되지 않음"으로 해석하고 있는데, 그는 『주역대전금주(周易大傳今注)』에서 육이 효사를 "배(方)를 조종하는데, 숙련되지 않았다 하더라도 이롭지 않음이 없다"로 해석하고 있다. 이경지는 "불습(不習)"을 "낯설다"란 의미로 보아 『주역통의(周易通義)』에서 "비록 낯선 곳에 가더라도 큰 어려움은 없을 것이다(不習, 无不利)"고 해석한다.

28 육이의 변동은 곧고 반듯한 데로 나아가기 때문에 곧고 반듯하다고 말한다. "곧고 반듯하니(直以方也)"는 '안으로는 곧고 바깥으로는 반듯하다(內直外方)'는 것으로, 하늘이 주는 성격에 따라 곤(坤)이 행동하려면 "곧고 반듯해야(直以方)"한다는 것이다. "직(直)"은 내적 행위에, "방(方)"은 외부적 행위에 해당한다. 여기에서 말하는 '지도(地

상전에 말하기를 육이의 움직임이 곧고 반듯하니 익히지 아니하여도 이롭지 않은 것이 없다는 것은 땅의 도가 크게 빛난다는 것이다.

六三은 含章可貞[29]이니 或從王事[30]여 无成有終[31]이니라.
류삼   함장가정   혹종왕사   무성유종

🔲 含章可貞, 或從王事, 无成有終.
　　함장가정   혹종왕사   무성유종

육삼은 아름다움을 머금어서 늘 곧게 할 수 있으니 혹 나라의 일에 종사하는 기회가 있다 하더라도 자기 마음대로 이룰 수 있는 것은 아니나 마치는

道)'는 땅의 유순한 도를 말한다. 이광지는 『주역절중』에서 『주자어류』를 인용하여 "곤괘 가운데에서 이 효가 가장 순수하다. …… 사효는 중음(重陰)으로 부중(不中)이고 삼 또한 정위가 아니다. 오직 이효만이 중정함을 얻었기 때문에 여기에서 '직방대'라고 말한다(坤卦中惟這一爻最純粹. …… 四重陰而不中, 三又不正. 惟此爻得中正, 所以就這說個直方大)"고 하였다.

29 이 말은 자신이 가지고 있는 재능을 드러내지 않고 안에 담아두는 것으로 곤괘가 가지고 있는 유순의 덕을 계속 지킴을 말한다. 여기에서 "함(含)"이라는 말은 머금다 또는 내재한다는 의미이고, "장(章)"은 빛난다는 의미로 속에 내재하고 있는 아름다움을 말한다. "가정(可貞)"은 바르게 굳게 지킨다는 뜻을 가지고 있다.

30 "혹(或)"이라는 말은 건괘의 구사 효사에서 말하는 "혹 위로 뛰어 오르거나 혹은 연못에 있으면(或躍在淵)"에서 말하는 "혹(或)"과 마찬가지로 모두 진퇴(進退)가 정해지지 않은 상태를 가지고 말한다. 즉 나아가는데 급해서는 안 되고 신중해야 함을 말한다. "왕사(王事)"라는 말은 주(主)가 되는 것 즉, 주도권을 가진 것을 말한다. 그러므로 "나라의 일에 종사한다(從王事)"는 말은 왕, 하늘, 건, 양을 따른다는 의미이다. 이것은 곤괘가 가지고 있는 유순(柔順)의 성질을 말하는 것이다.

31 "무성(无成)"이라는 말은 자기의 주장을 앞세워 자기 마음대로 어떤 일을 행하거나, 자기가 이룬 공을 자랑해서는 안 되고 그 공을 모두 군주에게 돌리는 것을 말한다. "유종(有終)"이라는 말은 비록 자기 마음대로 어떤 일을 행하거나 자기가 이룬 공을 자랑하지는 않지만 자신의 직분을 끝까지 행하여 소임을 다하는 것을 말한다. 이는 자기 멋대로 어떤 일을 단독으로 처리하는 것이 아니라, 다른 것을 대신하여 일을 완성하는 것을 말한다. 예를 들면 땅은 단독으로 만물을 생성하지 못하지만 하늘을 대신하여 만물을 낳아서 길러주는 것과 같다.

것은 있을 것이다.

■ 육삼은 아름다움을 머금어서 늘 곧게 할 수 있으니 혹 왕의 일에 종사하여서 스스로 이룸은 없으나 마치는 것은 있을 것이다.

象曰 含章可貞이나 以時發也[32]요
상 왈 함 장 가 정   이 시 발 야

상전에 말하기를 아름다움을 함축하여 늘 곧게 할 수 있으나 때에 따라 발하는 것이다

或從王事는 知光大也[33]라.
혹 종 왕 사   지 광 대 야

혹 왕의 일에 종사하는 것은 지혜가 빛이 나고 큰 것이다.

六四는 括囊[34]이면 无咎이며 无譽[35]리라.
육 사   괄 낭   무 구   무 예

---

32 이것은 속에 함축하고 있는 덕을 적절한 시기에 발휘하여야 함을 말한다. 그런데 평소에 함축하고 있는 덕이 없으면 그것을 드러내어 발휘할 기회조차 없을 것이다. 항상 밖으로 드러내어 보여주고 발휘하려고만 한다면 더 이상 축적한 것이 없어서 어떠한 발휘도 불가능하게 되기 때문이다.
33 이것은 안목이 깊고 넓어야 많은 지혜와 덕을 감추어 담을 수 있다는 말이다. 이에 대해 정이천은 『이천역전』에서 "지혜가 빛이 나고 아주 크기 때문에 감출 수 있다(唯其知之光大, 故能含晦)"고 하였다. 말하자면 자기 주장으로 일을 처리하는 것이 아니라 보조하여 묵묵히 실천하면 공은 비록 왕의 것이라 하여도 결실이나 이익은 자기의 것이 된다는 말이다.
34 육사는 후천괘(상괘)의 초효로 경계하고 조심해야 하는 시기임을 말한다. 육사의 효가 가지고 있는 위치로 말하면 정위(正位)이지만 부중(不中)이다. 또 상하가 모두 음으로 어두운 현실을 상징하고 있다. 여기에서 군자는 입을 닫고 근신해야 하기 때문에 "주머니를 묶어 버려야 한다(括囊)"고 말한다.

백 括囊, 无咎无譽.
　　　괄 낭　무 구 무 예

육사는 주머니를 묶으면 허물도 없고 명예도 없다.

백 육사는 주머니를 묶으면 허물도 없고 명예도 없다.

象曰 括囊无咎는 愼不害也[36]라.
상 왈　괄 낭 무 구　　신 부 해 야

상전에 말하기를 주머니를 묶으면 허물도 없고 명예도 없다는 것은 삼가면 해가 없다는 것이다.

六五는 黃裳[37]이면 元吉[38]이리라.
육 오　　황 상　　　　원 길

---

35 주머니를 묶어서 드러내지 않으면 어떠한 선악도 표현되지 않기 때문에 해로움도 없고 영예로움도 없다고 말한다. 그러므로 주자는 『주역본의』에서 "주머니를 묶어 버린다는 것은 주머니 입을 묶어서 드러내지 않음을 말하는 것이고, '예(譽)'라는 것은 실제보다 지나친 것을 말한다. 삼가고 세밀한 것이 이와 같나면 허물은 없지만 또한 영예도 없을 것이다(括囊, 言結囊口而不出也, 譽者, 過實之名, 謹密如是則无咎而亦无譽矣)"고 하였다.
36 3효와 4효는 하괘와 상괘가 교체하는 때이고 또 그런 위치에 있기 때문에 항상 삼가고 조심해야 하는 자리라고 할 수 있다.
37 기본적으로 "누런 치마(黃裳)"가 상징하는 것은 곤괘의 유순한 성질을 말한다. 왜 누런 치마라고 말하는가? 황색은 땅을 상징하는 색이고, 방위로는 중앙을 의미한다. 오행과 오색 및 오방을 도표로 그리면 다음과 같다.

오행(五行)	목(木)	화(火)	토(土)	금(金)	수(水)
색(色)	청(靑)	적(赤)	황(黃)	백(白)	흑(黑)
방위(方位)	동(東)	남(南)	중(中)	서(西)	북(北)

중(中)의 의미를 가지고 있는 황색이나 땅은 육오가 중의 자리에 위치하고 있는 것을 상

> 黃裳,[39] 元吉.
> 황 상   원 길

징한다. 치마는 윗저고리가 무엇이냐에 따라 바뀌는 것으로 의존적, 부수적인 성격을 드러내는 것이며, 이는 신하가 군주에 대해 가지고 있어야 할 도리에 대해 설명한 것이다. 즉 치마는 윗저고리에 맞춰 입는 옷이기 때문에 윗저고리와 별개로 입을 수는 없다. 당시에 치마는 높은 귀족만이 입을 수 있었는데, 이것은 음으로서 최고의 지위에 있는 육오(六五)를 상징하고 있는 것으로 보인다. 공영달은 『주역정의』에서 "황은 중의 색이고 치마는 아래를 장식하는 것이다. 곤은 신하의 도리를 말하고 오가 군주의 자리에 있는데, 이는 신하로 최고의 귀한 자리에 있는 것이다(黃是中之色, 裳是下之飾. 坤是臣道, 五居君位, 是臣之極貴者也)"고 하였다. 육오(六五)에서 육은 신하를 의미하고, 오는 군주의 자리를 말하여 신하로서 군주의 자리에 있는 것으로 무왕(武王)이 죽은 뒤 나이 어린 성왕(成王)이 제위에 오르자 그를 도와 섭정(攝政)을 한 주공(周公)의 경우나 아내가 가정의 모든 일을 맡아 실권을 쥐고 있는 경우를 예로 들 수 있다.

38 "원길(元吉)"은 원래부터 중단 없이 계속 크게 길한 것을 말하고, "대길(大吉)"은 한때는 길이 아니었으나 지금은 크게 길한 것을 말한다. 『좌전』에는 "누런 치마라면 크게 길하리라(黃裳元吉)"는 점의 결과를 기록한 부분이 있는데, 이 구절은 길(吉)과 점(占)에 대한 고대인들의 의식변화를 잘 보여주고 있는 자료라고 할 수 있다. 이 문제에 대해 주자는 『주역본의』에서 "춘추에 남괴가 장차 반란을 일으키려 할 때 점을 쳐서 이 효를 얻어 크게 길하다고 하였는데, 자복혜백이 충성되고 미더운 일이면 가하지만 그렇지 않으면 반드시 실패하게 될 것이라고 말하였다. 밖이 강하고 안으로 온순한 것은 '충(忠)'이요, 조화해서 바른데 따르는 것은 '신(信)'이므로 '황상원길(黃裳元吉)'이라 말했다. '황(黃)'은 가운데 색이요, '상(裳)'은 아래를 꾸밈이요. '원(元)'은 선(善)의 우두머리이다. '심중(中)'에서부터 충성하지 않으면 그 색을 얻지 못할 것이요, 아래에서 공손하지 않으면 그 꾸밈을 얻지 못할 것이요, 일이 선하지 못하면 그 지극한 결과를 얻지 못한다. 또한 무릇 역이라는 것은 험한 것을 점치는 것이 아니니, 3가지(忠, 恭, 善) 가운데 빠짐이 있으면 점이 비록 맞아도 아니라고 하였는데, 후에 과연 남괴가 패했으니 이것으로 점치는 법을 볼 수 있다(春秋傳南蒯將叛, 筮得此爻, 以爲大吉, 子服惠伯曰忠信之事則可, 不然必敗, 外强內溫忠也, 和以率貞信也, 故曰黃裳元吉. 黃中之色也, 裳下之飾也, 元善之長也. 中不忠不得其色, 下不共不得其飾, 事不善不得其極. 且夫易不可以占險, 三者有闕, 筮雖當未也, 後蒯果敗, 此可以見占法矣)"고 하였다. 이 구절은 덕(德)의 요소가 점(占)의 전제 조건이고 더욱 근본적임을 분명하게 말하고 있다. 점과 덕의 관계에서 덕이 점의 지위와 권위를 대신해 버리는 '이덕대점설(以德代占說)'의 관점을 위의 인용문은 잘 표현하고 있다. 만약 덕을 갖추지 못한 사람이 점쳐서 길한 것을 얻었다 할지라도 결코 좋은 결과를 얻을 수는 없다고 말한다. 점이 정확성을 가지기 위해서는 우선적으로 점치는 사람(問占者)이 높은 덕을 가져야만 한다고 말한다. 점이 길할 수 있는 요소로 충(忠), 공(恭), 선(善) 등을 말하고 있는데 이것이 없으면 좋은 결과는 결코

육오는 누런 치마라면 크게 길하리라.

🔲 육오는 누런 치마라면 크게 길하리라.

象曰 黃裳元吉은 文在中也[40]라.
상 왈 황 상 원 길   문 재 중 야

상전에 말하기를 누런 치마라면 크게 길하다는 것은 빛나는 것이 가운데에 있다는 것이다

上六은 龍戰于野[41]하니 其血이 玄黃[42]이로다.
상 육   룡 전 우 야   기 혈   현 황

나올 수 없다.
39 『백서주역』에서는 "상(裳)"을 "상(常)"으로 쓰고 있다. 고대에서 이 두 글자는 통용된 것으로 보인다.
40 "빛나는 것이 가운데에 있다(文在中也)"라는 말은 아름다운 덕을 속에 머금고 있음을 말한다. 육삼에서 말한 "함장(含章)"이 유순한 미덕을 속에 넣어 드러내지 않는 것을 말한다면, "황상(黃裳)"은 바깥으로 드러낸 것을 말한다. "빛나는 것이 가운데에 있다"의 의미는 아름다운 덕을 속에 남아투고 있으면서 스스로 낮추니 크게 길하다는 것을 말한다. 정이천은 『이천역전』에서 "누런색은 가운데를 장식한 것이니 가운데에 있다는 것은 지나치지 않다는 것이다. 안에 지극히 아름다운 것을 쌓아서 낮은 데에 자리하기 때문에 원길이라고 하는 것이다(黃中之文, 在中不過也, 內積至美而居下, 故爲元吉)"고 하여, 진실한 덕이 속에 잘 갖추어져 있음을 말하고 있다. 건괘와 비교하면, 건괘 구오가 강건(剛建)의 도리를 말하고 있다면 곤괘의 육오는 유순(柔順)의 도리를 말하고 있다고 할 수 있다.
41 여기에서 말하는 용(龍)은 건괘에서 말하는 용과는 다르다. 즉 음이 극성한 단계에 이르면 음 또한 용이 되어 건(乾)의 용과 싸우는 상황을 비유적으로 말한 것이다. 실제로 곤괘에서 용을 말하는 것은 어쩌면 비정상적일 수도 있다. 왜냐하면 용은 양(陽)이어야 하기 때문이다. 상육은 여섯 음의 가장 극성의 단계로 양으로 돌아갈 수밖에 없는 상황에서 싸움이 일어난다. 여기에서 말하는 "들판(野)"은 야외 혹은 바깥의 의미로 그 도가 궁하여 극단에 이름을 말한다. 본래 고대에서 "야(野)"는 사람들이 거주하는 읍(邑)과 그 바깥에 있는 교(郊)보다 더 외곽에 있는 지역으로 계층이 가장 낮은 사람들이 거주하는 지역이다. 말하자면 용이 싸운다는 것은 음과 양이 가장 바깥에서 싸운다는 것을 상징

백 上六, 龍戰于野, 其血玄黃.
   상 육 용 전 우 야 기 혈 현 황

상육은 용이 들판에서 싸우니 그 피가 검고 누렇다.

백 상육은 용이 들판에서 싸우니 그 피가 검고 누렇다.

象曰 龍戰于野는 其道窮也⁴³라.
상 왈 용 전 우 야   기 도 궁 야

상전에 말하기를 용이 들판에서 싸운다는 것은 그 도가 다하였다는 것이다.

用六⁴⁴은 利永貞하니라.
용 육   이 영 정

백 迵六, 利永貞.
   동 육 이 영 정

육을 사용한 것은 영원히 바른 도를 지켜야 이롭다는 것이다.

적으로 표현하고 있다.
42 "그 피가 검고 누렇다(其血玄黃)"고 말하는 것은 하늘의 색깔은 검고(玄), 땅의 색깔은 누런 것(黃)으로 하늘과 땅을 대표하는 음양이 싸우기 때문에 그 피 색깔이 섞여서 검고 누렇다고 말한다.
43 궁(窮)이라는 말은 상육의 순음(純陰)이 이미 극단으로 발전했음을 말한다. 정이천은 『이천역전』에서 "음이 성해서 궁극에까지 이르러 반드시 (양과) 다투게 되어 부상을 입게 된다(陰盛至於窮極則必爭而傷也)"고 하여, 그 도가 더 이상 나아갈 데가 없음을 말하고 있다.
44 "용육(用六)"은 건괘에서 말하는 "용구(用九)"와 대조되는 것으로 음의 효를 상징한다. 주자는 『주역본의』에서 "용육은 모두 음효를 얻은 것이니 모두 육을 쓰고 팔을 쓰지 않는 것이 또한 일반적인 통례이다. 이 괘가 순전히 음으로서 머리에 자리하는 까닭에 그렇게 말한 것이다(用六言凡得陰爻者, 皆用六而不用八, 亦通例也, 以此卦純陰而居首, 故發之)"고 하여, 건괘의 용구와 마찬가지로 『주역』의 변화를 위주로 하는 철학적 특색을 잘 보여주고 있다.

🅑 여섯 개 음효가 전부 육인 것은 계속 점을 치는 것이 유리하다.

象曰 用六永貞은 以大終也⁴⁵라.
_{상왈 용육영정 이대종야}

상전에 말하기를 육으로서 영원히 바른 도를 지켜야 한다고 말하는 것은 (작은 것에서) 큰 것으로(陽) (변화하여) 마친 것이니라.

文言曰 坤은 至柔而動也剛하고 至靜而德方⁴⁶하니
_{문언왈 곤 지유이동야강 지정이덕방}

문언전에 말하기를 곤은 지극히 부드럽지만 움직이는 것은 강하고, 지극히 고요하면서도 그 덕은 반듯하니

後得하여 主(利)⁴⁷而有常⁴⁸하며
_{후득 주이 이유상}

---

45 "큰 것으로(陽) 마친 것이니라(以大終)"에서 "유종(有終)"은 좋은 의미의 끝맺음을 말한다. 양은 대(大)를 상징하고 음은 소(小)를 상징하기 때문에 음에서부터 양으로 변화하여 감을 말하고 있다. 즉 음이 극단에 이르면 반드시 양으로 다시 돌아간다는 말이다. 이 때문에 주자는 『주역본의』에서 "처음은 음이었다가 뒤에는 양이 되니 크게 마쳤다고 하는 것이다(初陰後陽, 故曰大終)"고 하였다.

46 이 구절은 땅이 가지고 있는 성격과 작용에 대해 설명하고 있다. 땅(곤)은 그 성격 자체가 하늘(건)을 따라가는 과정 중에서 그 움직임을 보여준다. 구체적으로 말하면 땅(곤)은 하늘(건)의 영향에 따라서 만물을 생장(生長)하고 실어준다. 이런 만물을 생장하고 실어주는 움직임(動)은 오히려 강(剛)의 성질을 표현하고 있다.(김경방의 『주역전해』 참조 바람) 땅은 정지된 물체이고 그 형태는 곧고 네모진 것이고 그 덕은 반듯한 것으로 말하고 있다. 이 때문에 주자는 『주역본의』에서 "강과 방은 암말의 곧음을 해석한 것이다. 방은 사물을 생하는데 하나의 변하지 않는 법칙이 있음을 말한다(剛方釋牝馬之貞也, 方謂生物有常)"고 하였다.

47 정이천은 『이천역전』에서 "주(主) 아래에 이(利) 자가 빠졌다(主字下, 脫利字)"라고 하였는데, 주자 역시 같은 입장이다. 땅은 주동적(主動的)이 아니고 주동적인 움직임을 따라가는 "종동적(從動的)"인 성격을 가지고 있다. "후득(後得)"은 곤(坤)의 여성적 성격

뒤에 하면 얻어서 이로움을 주장하여서 (불변의) 바른 도리가 있으며

含萬物而化光⁴⁹하니
함 만 물 이 화 광

만물을 머금어 화육(化育)시켜주는 것이 광대(廣大)하니

坤道其順乎인저 承天而時行⁵⁰하나니라.
곤 도 기 순 호   승 천 이 시 행

곤의 도가 얼마나 유순(柔順)한가! 하늘을 받들어 때에 따라 행하는구나.

積善之家는 必有餘慶하고 積不善之家는 必有餘殃하나니 臣弑其
적 선 지 가   필 유 여 경   적 부 선 지 가   필 유 여 앙   신 시 기

君하며 子弑其父가 非一朝一夕之故라. 其所由來者漸矣⁵¹니
군   자 시 기 부   비 일 조 일 석 지 고   기 소 유 래 자 점 의

을 잘 보여주고 있다. 왜냐하면 곤(땅이나 여자)은 건(하늘이나 남자)이 베푸는 것(施)을 얻은 이후에 물을 낳는(生物) 일을 주관하기 때문이다.

48 이 말은 앞서 나아가지 않고 스스로를 뒤로 하면 불변의 바른 도(常道)를 얻게 된다는 것이다. 뒤로 물러나는 것을 주로 하는 것이 바로 곤이 가지고 있는 올바른 도라고 할 수 있다.

49 이것은 땅이 가지고 있는 무소불포(無所不包)의 포용성을 말하고 있다. 즉 이 구절은 곤괘 「단전」에서 말하는 "(땅이 가지고 있는) 포용력이 넓고 빛나고 커서 모든 사물이 다 형통한다(含弘光大, 品物咸亨)"는 말의 다른 해석이라고 할 수 있다.

50 앞에서 말한 "지극한 부드러움(至柔)", "지극한 고요함(至靜)", "뒤에 하면 얻어서 이로움을 주장하여(後得主利)" 등의 말들은 모두 이 "순(順)"이라는 곤괘의 가장 중요한 특성에 귀결된다. "순"이라는 곤괘의 이 특성은 이것은 건괘가 가지고 있는 "건(健)"이라는 성격과 대비된다.

51 초육의 "서리를 밟으면 단단한 얼음이 온다(履霜堅冰至)"라는 말을 해석하고 있다. 선행(善行)을 쌓은 집에는 그 자신뿐만이 아니라 반드시 자손에까지 미치는 복택(福澤)이 있고, 불선(不善)을 쌓은 집에는 그 자신뿐만이 아니라 자손에까지 재화(災禍)가 미친다는 것이다. 이 구절은 "세 살 버릇 여든까지 간다"는 말처럼 어떤 하나의 결과가 점차적

由辯之不早辯也[52]니 易曰履霜堅氷至라하니 蓋言順也[53]라.
_{유 변 지 부 조 변 야   역 왈 리 상 견 빙 지   개 언 순 야}

선을 쌓은 집안은 반드시 경사가 남아 있고, 불선을 쌓은 집은 반드시 재앙이 남아도니 신하가 그 임금을 시해하고 자식이 그 아버지를 시해하는 것은 하루아침이나 하루저녁의 연고가 아니라. 그로 말미암아 온 것이 점차로 이루어진 것이니, 분별할 것을 일찍 분별하지 못함으로 말미암은 것이다. 역에 말하기를 '서리를 밟으면 단단한 얼음이 온다'라고 하였으니 대개 사태의 발전추세를 말하는 것이다.

直은 其正也요 方은 其義也[54]니 君子敬以直內하고 義以方外[55]하여
_{직   기 정 야   방   기 의 야   군 자 경 이 직 내   의 이 방 외}

으로 누적되어 생긴 것을 의미하는 것으로 결코 하루아침에 생긴 것이 아님을 말하고 있다. 이 "점(漸)"이라는 말은 "쌓이다", "누적하다"라는 의미의 "적(積)"과 같은 것이다.
52 "변(辯)"이라는 말은 '구별하다' '분명하게 나누다'라는 의미를 가진 "변(辨)"과 같다. 그러므로 나쁜 습관을 일찍이 잘 살펴서 분별하여, 미리 버려야 할 것은 버려야 하는데도 불구하고 버리지 못했기 때문에 결국은 회복할 수 없을 정도의 나쁜 결과를 맞이하게 된다는 것이다.
53 "순(順)"은 어떤 사태가 서서히 자라 발전하여 가는 추세를 의미하는 "순장(順長)"을 말한다. 특히 정이천은 『이천역전』에서 "천하의 일은 말미암아 이루어지지 않는 것이 없으니 집에 쌓은 것이 착하면 복과 경사가 자손에 미치고 쌓은 바가 착하지 못하면 재앙이 후세에 미칠 것이다. 크게는 윗 사람을 죽이는 화에 이르는 것도 다 조금씩 쌓여짐으로 인해서 이루어진 것이니 하루아침 하루저녁에 이루어진 것이 아니다. …… 서리가 얼음에 이르는 것은 작은 악이 커짐이니 모두 일의 형세가 점차 커진 것이다(天下之事未有不由積而成, 家之所積者善, 則福慶及於子孫, 所積不善, 則災殃流於後世, 其大至於弑逆之禍, 皆因積累而至, 非朝夕所能成也. …… 霜而至於氷, 小惡而至於大, 皆事勢之順長也)"고 하였다.
54 이 구절은 "직(直)"과 "방(方)"을 해석하는 부분이다. "직"은 사사로움이 없는 마음을 뜻하고, "방"은 마땅한 이치를 의미하는 것이다.
55 여기에서 "경(敬)"은 지속적으로 올바름을 보유하는 자세로 일종의 자아억제 능력을 말한다. "의(義)"는 외재 표현을 담당하는 내재적 역량을 말한다. 이 때문에 경은 안을 바르게 하고, 의는 바깥을 곧게 한다고 말한다. "경으로써 안을 바르게 하고(敬以直內)"라는 것은 바른 마음(正心)을 말하고, "의로써 바깥을 반듯하게 하여(義以方外)"라는 것

敬義立而德不孤[56]하나니 直方大不習无不利는 則不疑其所行也[57]라.
경의립이덕부고　　　　직방대부습무부리　　즉부의기소행야

직은 그 바름이고, 방은 그 마땅함이니, 군자는 경으로써 안을 바르게 하고 의로써 바깥을 반듯하게 하여 경과 의를 세운 후에 덕은 외롭지 않으니, 곧고 반듯하고 크니, 익히지 아니하여도 이롭지 않은 것이 없다는 것은 그 행하는 바를 의심하지 않는 것이다.

陰雖有美나 含之하여 以從王事하여 佛敢成也니 地道也며
음수유미　　함지　　이종왕사　　　불감성야　　지도야

妻道也며 臣道也니 地道는 无成而代有終也[58]니라.
처도야　　신도야　　지도　　무성이대유종야

음이 비록 아름다움이 있으나 그 아름다움을 안에 함축하여 왕의 일에 종사하여서 감히 스스로 이루고자 하는 것이 없으니 땅의 도이며, 아내의 도이며, 신하의 도이니 땅의 도는 스스로 이룸은 없으나 대신에 마치는 것은 있으리라.

　은 올바른 행동(義行)을 말한다.
56 공영달은 『주역정의』에서 "자신이 경과 의를 가지고 다른 사람을 대하면 다른 사람 역시 경과 의로써 응할 것이니, 이것이 바로 '덕은 외롭지 않은 것'이다(身有敬義以接於人, 則人亦敬義以應之, 是德不孤也)"고 하였다. 더 나아가서 이러한 "직"과 "방"의 두 가지 덕을 이루면 그 사람의 인격 또는 덕이 천지와 함께 하는 합일의 단계(天人合一)로 올라가기 때문에 결코 외롭지 않다고 말하기도 한다.
57 육이의 효사에 "곧고 반듯하고 크니, 익히지 아니하여도 이롭지 않은 것이 없다는 것(直方大, 不習无不利)"이라는 말은 덕을 이루면 행하는 바가 거리낌이 없고 의심만할 여지를 두지 않을 정도로 분명하다는 것을 뜻한다.
58 곤도(坤道)에 해당하는 "지도(地道)", "처도(妻道)", "신도(臣道)"는 모두 자기 주도적으로 어떤 일을 만들어 낼 수는 없고 다만 '천도(天道)', '부도(夫道)', '군도(君道)'를 대신하여 일을 마치고 완성하는 것들이다.

天地變化하면 草木蕃하고 天地閉하면 賢人이 隱하나니
천 지 변 화   초 목 번   천 지 폐   현 인   은

易曰括囊无咎无譽⁵⁹라하니 蓋言謹也⁶⁰라.
역 왈 괄 낭 무 구 무 예   개 언 근 야

천지가 변화하면 초목이 번성하고 천지가 막히면 어진 사람이 숨으니 역에 말하기를 '주머니를 묶으면 허물도 없고 명예도 없다'라고 하니 모두 삼가야 함을 말하는 것이다.

君子黃中通理⁶¹하여
군 자 황 중 통 리

군자는 중용(黃中)의 덕을 안에 가지고 있으면서 (모든 일의) 이치에 통달하여

正位居體⁶²하여
정 위 거 체

---

59 "천지가 변화한다(天地變化)"는 것은 선시가 교감(交感)하여 만물이 번성하는 것을 말한다. 만약 "천지가 막히면(天地閉)" 음양이 통하지 않게 되어 초목이 번성하지 못하게 되고 어진 현인들 역시 은둔하여 세상에 나오지 않는다. 이런 현인들의 은둔 방식이 바로 "주머니를 묶는(括囊)" 것이다. "주머니를 묶는다"는 것은 말하지 않고, 지혜를 드러내지 않고, 몸을 드러내지 않는다는 의미이다.
60 "삼간다(謹)"는 말은 먼저 자연현상의 조짐과 기미를 살피면서 스스로를 근신하여야 하고, 다른 한편으로는 덕을 충실하게 축적하여야 함을 의미한다.
61 "황(黃)"은 흙의 색으로 중앙토(中央土), 즉 중(中)을 말하는데, 사람에게 있어서는 심(心)을 말한다. 황색(黃色)은 다른 색처럼 대립적이지 않기 때문에 중용(中庸)의 의미를 나타낸다. 따라서 여기에서 군자는 중용의 덕을 가지고 있고 사물의 이치에 통달한 사람을 말한다. 그래서 주자도 『주역본의』에서 "황중은 중덕이 안에 있음을 말하는 것으로 황이란 글자의 뜻을 해석하고 있다(黃中言中德在內, 釋黃字之義也)"고 하였다.
62 현대의 황수기와 장선문은 『주역역주』에서 "정위거체(正位居體)"는 "체거정위(體居正位)" 즉 "바른 자리에 몸을 두고 있으며"라는 의미로 해석되어야 한다고 말한다. 매우 일리 있는 관점으로 보인다. 또 주자는 『주역본의』에서 "비록 존위에 있으나 하체에 자리

바른 자리에 몸을 두고 있으며,

美在其中而暢於四支[63]하며 發於事業하나니 美之至也[64]라.
미 재 기 중 이 창 어 사 지   발 어 사 업   미 지 지 야

아름다움이 그 가운데에 자리하고 있어서 사지에 퍼져 나가며, 사업에서 나타나니 아름다움의 극치이다.

陰疑於陽[65]하면 必戰하나니 爲其嫌於无陽也[66]이라 故로 稱龍
음 의 어 양   필 전   위 기 혐 어 무 양 야   고   칭 룡

焉하고 猶未離其類也라 故로 稱血焉하니 夫玄黃者는 天地之雜
언   유 미 리 기 류 야   고   칭 혈 언   부 현 황 자   천 지 지 잡

하고 있으니 상자(裳字)의 뜻을 해석한 것이다(雖在尊位而居下體, 釋裳字之義也)"고 하여 '체(體)'를 '하체'로 보고 있다. 정이천 역시 『이천역전』에서 "바른 자리에 거하여 아랫사람이 된 체모(體貌)를 잃지 않는다(居正位而不失爲下之體)"라고 하여 비록 가장 높은 자리에 있으나 스스로 겸손할 줄 알아 본분(本分)을 잃어버리지 않음을 말하고 있다.

63 "사지(四支)"는 "사지(四肢)"를 말한다. 주자는 『주역본의』에서 "아름다움이 그 가운데에 자리하고 있다고 하는 것은 황중(黃中)을 다시 해석한 것이고, 사지에 퍼져 나간다는 것은 다시 거체(居體)를 해석한 것이다(美在其中, 復釋黃中, 暢於四支, 復釋居體)"고 하였다. 즉 비록 가장 높은 자리에 있으나 스스로 겸손할 줄 아는 곤(坤)의 유순(柔順)하고 겸손(謙遜)한 내재적(內在的) 미덕(美德)이 저절로 드러나 사지(四肢)에 창달(暢達)하고 있음을 말하고 있다.

64 가장 높은 자리에 있으면서도 스스로 겸손할 줄 아는 내재적(內在的) 미덕(美德)이 사지(四肢)에 창달(暢達)할 뿐만 아니라, 큰 사업을 발흥(發興)하는 데까지 이르게 된다는 말이다. 이러한 큰 사업은 천하와 국가를 다스리는 일에까지 미친다.

65 여기에서 말하는 "의(疑)"라는 말을 이천은 의심(疑心)의 뜻으로, 주자는 대적(對敵)한다는 의미로 해석하고 있다. 본래 음은 신하이고 양은 군주지만 신하의 세력이 너무 강하여 서로 대적하는 상황을 "음이 양과 대적하면 반드시 싸우나니(陰疑於陽必戰)"라고 하는 것이다. 주자는 『주역본의』에서 "의는 (힘이) 엇비슷해서 대적하여 작고 큰 차이가 없는 것을 말한다(疑, 謂鈞敵而无小大之差也)"고 하였다.

66 극성한 단계에 도달한 음이 마치 양이 없는 것으로 생각한다는 의미이다.

也니 天玄而地黃[67]하니라.
야　천현이지황

음이 양과 대등해지면 반드시 싸우나니 마치 양이 없는 것으로 생각하기 때문에 용이라 말하였으나 여전히 음이라는 부류를 떠나지 못함이라. 그러므로 피라고 말했으니 무릇 검고 누렇다고 하는 것은 하늘과 땅이 뒤섞인 것이니 하늘은 검고 땅은 누렇기 때문이라.

＊ 곤괘의 의미와 교훈

건괘와 곤괘, 즉 천지가 함께 힘을 합하여 만물을 생(生)하고 길러주지만 건괘와 곤괘는 결코 평등하지가 않은 것 같다. 우선 괘서(卦序)로는 건괘 다음에 곤괘가 오는데 이것이 가지고 있는 의미는 "하늘은 높고 땅은 낮다(天尊地卑)", '땅은 하늘의 작용을 잇는다(承)'라는 말에서 보는 것처럼 건은 주동적(主動的)이고 곤은 종동적(從動的)이라는 것이다. 『주역』의 전체 괘는 음과 양이 서로 대립하면서 또한 서로 의존하는 관계

---

[67] 이런 신하가 군주와 싸우는 것은 마치 군주가 없는 것으로 생각하기 때문이다. 그러므로 음 스스로 용이라고 칭하지만 여전히 음이라는 부류를 벗어나지는 못한다. 본래 음은 양에 따라야 하지만 지금은 음이 극성(極盛)한 자리에 있고 그 위세는 양에 필적할 정도이기 때문에 반드시 양과 싸우는 상태에 이른다. 이처럼 음은 그 위세가 강하고 번성해 마치 양이 없는 것 같은 상황이기 때문에 양의 상(象)인 용(龍)으로 칭한 것이다. 여기에서 말하는 "피(血)"에 대해서 주자는 피를 음에 속하는 것(血屬陰)이라고 하여 음의 류(類)를 혈이라고 하였다. 이에 비해 왕필은 아무리 음이 극성해도 양이 없는 것이 아니기 때문에 "양과 싸워서 서로 다치므로 피라고 한다(猶與陽戰而相傷, 故稱血)"고 하였다. 이 천의 관점 역시 유사하다. 말하자면 아무리 음이 강해도 천도(天道)의 작용에 양이 없을 수는 없기 때문에 양과 싸워 상처를 입어 피를 흘리는데 그 피의 색이 "현황(玄黃)"이라고 말한다. "현황"이라고 하는 것은 천의 색인 현(玄)과 지(地)의 색인 황(黃)이 서로 섞인 것이며 음양이 같이 상처 입었다는 것을 나타낸다.

임을 말하는 데에 있다. 이런 대립과 상호의존의 관계 속에서 음(陰)은 이차적, 종속적인 지위에 놓여 있고, 양(陽)에 의존하고 순종하여 존재하고 발전하는 수밖에 없다.

괘상(卦象)을 가지고 말하면 곤은 땅을 상징으로 삼고 있는데 그것이 가지고 있는 뜻은 '순종(順從)'을 주로 하는 데에 있다. 괘사(卦辭)에서는 암말의 곧음(貞)을 따르는 것이 유리하고 다른 주인을 따라가는 것이 길함을 말하고 있다. 이런 것들은 모두 곤괘가 가지고 있는 "유순(柔順)"의 의미를 말하고 있다. 여섯 개의 효는 한걸음 더 나아가 음이 양을 따라가는 전제하에서의 발전과 변화의 규칙을 하나하나 풀어내고 있다. 두 번째 효는 하괘에서 중(中)의 자리에 위치하여 있고 오효는 존위(尊位)에 자리하고 있으면서 아래에 대해 겸손하고 삼효와 사효는 군주를 모시거나 스스로 물러날 줄을 알아 곤괘가 가지고 있는 순종의 덕을 잘 드러내고 있다. 이 중에서 이효와 오효가 가장 훌륭하다.

초육 효사에서 말하는 "서리를 밟는다(履霜)"는 것과 상육 효사의 "용이 들판에서 싸운다(龍戰于野)"는 것은 서로 대조되고 음기(陰氣)가 점차적으로 확연하게 드러나는 것을 말하여 그것이 지나치면 양으로 돌아간다는 일종의 변증법적인 사상을 보여주고 있는 것이라고 할 수 있다. 「계사상전」에서 "한번 음하고 한번 양하는 것을 도라고 한다"라고 하였는데 이런 관점은 사실은 건괘와 곤괘에서 발단한 것으로 『주역』을 지은 사람들이 음양의 두 가지 힘이 서로 작용하는 것은 우주간의 사물이 운동, 변화 발전하는 원천이라는 사실을 드러내고 있는 것으로 보인다.

3. ☵☳ 수뢰둔(水雷屯, ䷂ 屯 第二十三)

1) 괘의 순서

건괘와 곤괘를 이어서 나오는 세 번째의 괘가 바로 둔괘(屯卦 : ䷂)이다. 왜 이 괘를 '둔'(屯)이라고 하는가? 「서괘전」에서는 "천지가 있고 난 뒤에 만물이 생겨나니, 천지 사이에 가득 차 있는 것은 오직 만물이다. 그러므로 (건·곤괘 다음에) 둔괘로서 받는다. 둔은 가득 참이며, 둔은 만물이 처음 생겨나는 것이다. 만물이 처음 생함에 막히고 맺혀서 통하지 못하므로, 천지 사이에 가득 차고 막힘이 되니, 통창하고 무성함에 이르면 막히는 뜻이 없어진다. 천지가 만물을 낳는데, 둔은 사물이 처음 나오는 것이므로, 건·곤의 뒤를 이었다. 두 상으로 말하면 구름과 우레가 일어남이니 음양이 처음 사귀고, 두 체로써 말하면 진은 아래에서 처음 사귀고 감은 가운데에서 처음 사귀니, 음양이 서로 사귀어 구름과 우레를 이룬다. 음양이 처음 사귀는 까닭에 구름과 우레가 서로 응하나, 우로(雨露)가 되지는 못한다. 그러므로 둔이 되었으니, 만약 이미 우로(雨露)가 되었다면 풀림이 된다. 또 험한 가운데서 움직이니 역시 둔의 뜻이다. 음양이 사귀지 못하면 막힘이 되고, 처음 사귀어 통창하지 못하면 어려움이 되니, 때에 있어서는 천하가 어렵고 힘들어서 형통하지도 태평하지도 못한 때이다(屯, 序卦曰有天地然後萬物生焉, 盈天地之間者惟萬物, 故受之以屯. 屯者盈也, 屯者物之始生也. 萬物始生, 鬱結未通, 故爲盈塞於天地之間, 至通暢茂盛則塞意亡矣. 天地生萬物, 屯物之始生, 故繼乾坤之後, 以二象言之, 雲雷之興, 陰陽始交也. 以二體言之, 震始交於下, 坎始交於中, 陰陽相交乃成雲雷, 陰陽始交, 雲雷相應而未成澤, 故爲屯. 若已成澤則爲解也, 又動於險中, 亦屯之義, 陰陽不交則爲否, 始交而未暢則爲屯,

在時則天下屯難未亨泰之時也)"고 하였다.

『주역』 64괘의 구조로 말하면 건·곤의 두 괘는 천지를 상징하고 그 나머지 62개는 건·곤의 두 괘가 서로 교착하여 생겨난 만물로 상징된다. 둔괘는 건과 곤이 처음 교류하여서 생겨난 첫 번째 괘로 만물이 천지의 사이에 처음으로 생겨나는(始生) 것을 상징하고 있다. 옛 사람들이 보기에 천지가 만물을 낳기 시작할 때에 만물은 하나의 혼돈 상태 속에 놓여 있다. 바로 이런 시기, 또 이런 상황을 '둔(屯)'이라고 말한다. 둔괘는 바로 이 시기, 이 상황의 어려움을 이야기한 것이다.

2) 괘명의 의미

둔괘의 괘명은 육오 효사의 "혜택을 베풀기가 어려우니(屯其膏)"라는 말에서 나왔다. "屯"을 "준"으로 발음하는 경우도 있는데, 여기에서는 『주역언해』 선조본을 기준으로 하여 "둔"으로 발음한다. 여기에서 '둔'은 '어렵다'는 뜻을 가지고 있는데 특히 그 어려움을 '둔난(屯難)'이라고 말한다. 이른바 '둔난'이라는 것은 다른 어려움과는 구별된다. 그것은 어떤 사업을 시작할 때의 어려움으로 노력한다면 끝내는 극복 가능한 것이다. 그러므로 빌헬름은 '둔'을 "처음의 어려움(Difficulty at the beginning)"이란 말로 번역하고 있다.

'둔(屯)'은 '시생(始生)'을 뜻하는데, '일(一)'과 '초(艸)'가 합해져 생긴 글자이다. 여기에서 말하는 '일(一)'은 '땅'을 의미하고, '초(艸)'는 새로 트는 싹(萌芽)의 떡잎을 의미하는 것으로 풀이 땅을 뚫고 돋아 나오는 것을 상징적으로 보여주고 있다. 이처럼 '둔괘'가 가지고 있는 의미는 마치 어린 떡잎이 흙 속에서 싹을 트는 것처럼, 비록 처음 잠시 동안은 땅을 뚫고 나오기에는 어려움이 따르겠지만 끝내는 땅을 뚫고 나와 무성하게 자라난다는 것이다. 그러므로 둔괘가 사람들에게 이야기하려고 하는 교훈은 바로 처음의 어려운 시기를 극복하기 위해서나 또는 사업의 성공을 이루기 위해서는 반드시 몇 가지의 노력을 하여야 한다는 것이다. 그 노력 가운데 하나는 올바름에 처하여 그 바탕을 끝까지 지켜 경거망동하지 않아야 하는 것이고, 다른 하나는 '제후를 세우는 것(建侯)'으로 전체를 조절할 수 있는 기획을 하여야 한다는 것이다. 둔괘에 후자와 같은 노력이 필요한 것은 '둔'에는 '촌(村)'이라는 뜻이 있기 때문이다.[1] 따라서 둔괘 괘사의 "제후를 세우는 것이 이롭다(利建侯)"는 말은 백성들이 주거할 부락이 처음 생겨 그들을 이끌어 갈 지도자가 필요한 상황이 "둔"의 상황이라는 의미이다.

3) 괘의 상

둔괘의 구조를 가지고 말하면 하괘는 진괘(震卦 : ☳)로 그 의미는 움직이는 것(動)이고, 상괘는 감괘(坎卦 : ☵)로 그 의미는 위험(險)이다. 말하자면 움직여서 위험을 만나거나 또는 위험 속에서 움직인다는 것이다. 그래서 이 괘에는 힘들고 어렵다(屯難)는 뜻이 있다. 이러한 괘상으로 볼 때 둔괘 「단전」의 "강과 유가 사귀기 시작하니 어렵게 나오며(剛柔始交而難生)"라는 말 가운데 "어려움이 생기며"라는 말이 바로 이 둔괘의 가장 큰 특징을 나타낸 것이라고 할 수 있다.

---

[1] "村, 國也." 『광아』(廣雅) 「석고」(釋詁)에서 "촌이라는 것은 나라이다"라고 하였다.

屯은 元亨하고 利貞하니 勿用有攸往이요 利建侯²하니라.
둔   원형   이정   물용유유왕   이건후

📖 屯, 元亨, 利貞. 勿用有攸往, 利律侯.³
   둔 원형 이정 물용유유왕   이율후

경의 의미 : 둔은 크게 형통하고 점을 치니 유리한 점괘가 나왔는데 바깥으로 나아가지 말고 제후를 세우는 것이 유리할 것이다.

전의 해석 : 둔은 크게 형통하고 바르게 하는 것이 이로우니, 나아가려고 하지 말고 제후를 세우는 것이 유리할 것이다.

---

2 천지의 생기(生氣)는 겨울철부터 서서히 형성되기 시작하는 것처럼 초목의 맹아 역시 차가운 겨울 사이에 이미 생동하기 시작한다. 비록 차가운 날씨가 이러한 사물들의 생기가 활발하게 움직이는 것을 어렵게 만들지만 끝내 그것들은 자신의 생명의 결실을 맺어낸다. 이 때문에 둔괘는 "원형이정"이라고 말한다. 그러나 초목이 막 싹을 틀 때에는 매우 연약하여 그것을 이용할 수도 없고 또 사용할 수도 없다. 이 때문에 "쓰지 말라(勿用)"는 말은 경거망동 하지 말라는 의미이다. "바깥으로 나아가다(有攸往)"라는 것은 어떤 일을 시작하는 것을 말한다. "제후를 세운다(律侯)"는 말은 도움을 구한다는 의미이다. 그래서 "바깥으로 나아가지 말고 제후를 세우는 것이 유리할 것이다(勿用有攸往, 利建侯)"고 하는 것은 자신의 힘으로는 경거망동하여 나아갈 수 없고 마땅히 다른 도움을 받아야 한다는 것이다. 정이천은 『이천역전』에서 "천하의 어려움을 어찌 혼자의 힘으로 구제할 수 있으리오? 반드시 널리 보조함을 얻어야 하기 때문에 제후를 세움이 이로운 것이다(天下之屯, 豈獨力所能濟, 必廣資輔助, 故利建侯也)"라고 하였다. 공영달은 『주역정의』에서 "세상의 도가 처음 만들어질 때 세상의 사물들은 아직 편안하지 못하기 때문에 마땅히 제후를 세워서 편안하게 하는 것이 유리하다(世道初創, 其物未寧, 故宜利建侯以寧之)"고 하였다. 『주역』의 괘효사 가운데 나오는 "용(用)"이라는 글자는 일반적으로 두 가지의 의미를 가지고 있다. 하나는 동사로 사용되어 "쓰임을 베풀다(施用)"이다. 예를 들면 건괘의 "물 속에 잠겨있는 용이니 아직 (능력을) 쓰려고 하지 말아야 한다(潛龍勿用)"의 경우가 바로 이것이다. 두 번째로는 부사로 사용되는데 "마땅히(宜)"의 뜻을 가지고 있다. 배학해(裵學海)의 『고서허자집석』(古書虛字集釋)에서는 "용(用)"을 "응(應)"과 "의(宜)"의 뜻으로 볼 수 있다고 말한다. 예를 들면 둔괘의 "바깥으로 나아가지 말라(勿用有攸往)"의 경우로 "반드시~해서는 안 된다"의 의미로 사용된다. 황수기의 『주역역주』 36쪽 참조 바람.
3 『백서주역』에서는 "이건후(利建侯)"를 "이율후(利律侯)"로 쓰고 있는데, 장립문은 『백화백서주역』에서 "율(律)"은 "건(建)"을 잘못 기록한 것이라고 말하고 있다. 213쪽 참조.

■ 둔은 크게 형통하고 점을 치니 유리한 점괘가 나왔으니 바같으로 나아가지 말고 제후를 세우는 것이 유리할 것이다.

彖曰 屯은 剛柔始交而難生[4]하며
단왈 둔 강유시교이난생

단전에 말하기를 둔은 강과 유가 처음 사귀기 시작하니 어렵게 나오며

動乎險中하니
동호험중

위험한 가운데 움직임이니

大亨貞은 雷雨之動이 滿盈[5]일새라.
대형정 뇌우지동 만영

크게 형통하고 바르다는 것은 우레와 비의 움직임이 가득차기 때문이다

天造草昧[6]에는 宜建侯요 而不寧[7]이니라.
천조초매 의건후 이불녕

---

[4] "강유(剛柔)"는 음양이나 천지를 말하고, "시교(始交)"는 음양이 처음 사귀기 시작한다는 말이다. 이러한 말이 둔괘에 나타난 것은 건괘와 곤괘에는 순양이나 순음만 있다가 둔괘에서 음과 양이 처음으로 함께 나타나 교류하기 때문이다. 음양이 처음으로 사귀기 시작하여 장남(震)과 중남(坎)을 낳는 것이니 초산(初産)이고 난산(難産)이다. 그래서 주자는 『주역본의』에서 "두 괘의 체로써 괘명의 뜻을 풀이했다. 처음 사귀었다는 것은 진괘를 말하고 어렵게 나온다는 것은 감괘를 말한다(以二體釋卦名義, 始交爲震, 難生爲坎)"고 하여, 둔괘의 의미를 괘상(卦象)을 통하여 설명하고 있다.

[5] 정이천은 『이천역전』에서 "이른바 크게 형통하고 바르다는 것은 우레와 비의 움직임이 가득차기 때문이다. 음과 양이 처음 사귀면 험난하여 아직 통창하지 못하고 그 화합함에 미치면 우레와 비를 이루어 천지의 사이에 가득하여 사물을 낳음이 이에 이루어지니 둔에 크게 형통하는 도가 있는 것이다.(所謂大亨而貞者, 雷雨之動滿盈也, 陰陽始交則難屯未能通暢, 及其和洽則成雷雨, 滿盈於天地之間, 生物乃遂, 屯有大亨之道也)"고 하였다.

하늘이 운행하는 처음 시기는 아직 어지럽고 어둡기 때문에 마땅히 제후를 세워야하고 편안하다고 생각하지 말아야 한다.

象曰 雲雷屯이니 君子以하여 經綸[8]하나니라.
_{상 왈 운뇌둔   군 자 이   경 륜}

상전에 말하기를 구름과 우레로 이루어진 괘가 둔이니 군자가 이를 본받아 일을 계획하고 구상하여야 한다.

初九는 磐桓[9]이니 利居貞[10]하며 利建候하니라.
_{초 구   반 환   이 거 정   이 건 후}

---

6 "하늘이 운행하는 처음 시기는 아직 어지럽고 어둡다(天造草昧)"는 말은 천도(天道)의 운행이 처음 시작될 때의 어지럽고 혼돈된 상태를 말한다. "천조(天造)"는 말 그대로 "하늘이 짓는 것"을 말하는데 "천조(天造)"를 정이천은 '시운(時運)'으로, 주자는 '천운(天運)'으로 말하고 있다. "초매(草昧)"는 초창기의 어지럽고 어두운 때를 말한다. "초매(草昧)"를 주자는 『주역본의』에서 "초는 잡란함이고, 매는 어두움이다(草, 雜亂, 昧, 晦冥也)"라고 하여 질서가 없이 문란한 혼돈 상태를 말한다. 때가 이러하기 때문에 군주를 세워 질서를 잡아나가는 것이 필요하게 되는 것이다.

7 아직은 안녕무사(安寧無事)할 수 있는 시기가 아니라 계속적으로 긴장감을 가지고 경계하여야 함을 말하고 있다. 빌헬름은 "스스로 편안함에 안주하지 말며, 조력자를 정하는 것이 적합하다"(399쪽)고 말한다.

8 감괘(坎卦)는 물을 상징하는 것으로 상괘에 있으면 구름이고, 하괘에 있으면 비가 된다. 경륜(經綸)은 일을 계획하고 구상하는 단계를 두고 말한다. 주자는 『주역본의』에서 "경륜은 실을 다스리는 일인데 경은 당기고, 윤은 다스린다는 말이다. 어려운 세상에는 군자가 해야 할 일이 있는 때이다(經綸, 治絲之事, 經, 引之, 綸, 理之也. 屯難之世, 君子有爲之時也)"라고 하여, 경륜으로 질서를 세우고 일을 계획하고 구상한다는 말로 군자가 책임감을 가지고 국가를 다스려야 할 것을 강조하고 있다.

9 초구는 하괘(下卦)의 주효로 육사와 상응하여 앞으로 나아가려고 하나 육이가 앞에서 가로막고 있는 상황이다. 즉 초구는 위험을 상징하는 상괘의 간괘(艮卦)에 직면해 있기 때문에 쉽게 나아가지 못하고 머뭇거리면서 배회하는 상황을 말한다. "반환(磐桓)"은 두 가지의 의미로 해석할 수 있다. ① 머뭇거리며 앞으로 못 나아가는 상태, 즉 배회하는 모습이다. ② 나아가기 어려워 주저하는 상황이다. "반(磐)"이라는 말은 넓고 평평한 바위를 말하고, "환(桓)"은 견고한 기둥으로 둘 다 쉽게 움직이지 못한다는 상징적 의미를 가지

🔳 初九, 半遠, 利居貞, 利建候.[11]
　　초구　반원　이거정　이건후

경의 의미 : 초구는 머뭇거리며 앞으로 나아가지 못하는 상태이니, 거처하는 것에 대해 점을 치는 것이 이롭고, 또 제후를 세우는 것도 유리하다고 하였다.

전의 해석 : 초구는 머뭇거리며 앞으로 나아가지 못하는 상태이니, 바른 것에 처하는 것이 이로우며 제후를 세우는 것이 유리하다.

🔳 초구는 분리하여 각자의 위치에서 편안히 자리하는 것이 이롭고 제후를 세우는 데 유리하다

象曰 雖磐桓하나 志行正也[12]며
상왈　수반환　　　지행정야

상전에 말하기를 비록 머뭇거리며 앞으로 나아가지 못하더라도 뜻은 바른 것을 행하는 것이며,

고 있다.
10 이 구절은 일이 쉽게 풀리지 않고 어려운 시기일수록 그것을 해결하는 가장 좋은 방법은 정도(正道)를 지키는 것에 있음을 말하고 있다. 올바른 것에 처하여 덕이나 힘을 기르는 것이 문제를 해결하는 가장 쉬운 방법이기 때문이다.
11 『백서주역』에서는 통행본의 "반환(磐桓)"을 "반원(半遠)"으로 쓰고 있다. "반(半)"이란 글자는 "반(磐)"의 가차자(假借字)로 보이지만(장립문과 Edward L. Shaughnessy의 『백서주역』의 영역본의 경우), 등구백(鄧球栢)은 『백서주역교석』(帛書周易校釋)에서 "반원(半遠)"을 "분리(分離)"의 뜻으로 보아 이 구절을 "분리하여 각자의 위치에서 편안히 자리하는 것이 유리하고 제후를 세우는 데 유리하다"고 해석하였다.
12 이것은 그 뜻(志)이 어려움(屯難)을 구하는 정도(正道)를 행하는 데 있다는 의미이다. 이 구절은 "바른 것에 처하는 것이 이롭고(利居貞)"에 대해 말한 것으로 "바른 것에 처하는(居正)" 목표는 바로 올바른 것을 수행함으로써 도달될 수 있다는 것이다.

以貴下賤하니 大得民也¹³로다.
이 귀 하 천　　대 득 민 야

귀한 신분으로 천한 자보다 몸을 더 낮추니 크게 민심을 얻을 것이다.

六二는 屯如邅如¹⁴하며 乘馬班如¹⁵하니 匪寇면 婚媾¹⁶리니
육 이　 둔 여 전 여　　　승 마 반 여　　 비 구　 혼 구

女子貞하여 不字¹⁷라가 十年에야 乃字¹⁸로다.
여 자 정　　 부 자　　 십 년　　　내 자

---

13 초구(初九)는 양이면서 세 음의 아래에 위치해 있기 때문에 겸손하다고 말한다. 이런 겸손함을 가지고 있기 때문에 크게 민심을 얻게 된다.
14 육이는 구오와 상응하여 마땅히 구오에게 가야 하지만 가까이에 있는 초구 때문에 바로 가지 못하고 머뭇거리는 모습을 말하고 있다. "둔(屯)"은 나아가기 어려워 머뭇거리는 것을 의미하고, "전(邅)" 역시 망설이고 머뭇거린다는 의미를 가지고 있다. "여(如)"는 조사로 형용사의 어미에 붙어서 상태나 정도를 설명하는 말로 연(然)과 같은 의미로 사용된다. 『주역』에는 이런 의미의 "여(如)"가 많이 보인다.
15 이 구절 역시 쉽게 앞으로 나아가지 못하는 상황을 설명하고 있는 말인데, 말을 타고 행렬(行列)을 이탈하여 다른 쪽으로 가 버리는 것을 "반(班)"이라고 한다. 『좌전』에서는 행렬을 이탈한 말을 "반마(班馬)"라고 말한다(襄公 18년 조 참조). 또 "반마(班馬)"를 말에서 내린다(下馬)는 뜻으로 해석하기도 한다(『이천역전』).
16 "이들은 도적의 무리가 아니라 혼인하러 온 사람들이니(匪寇婚媾)"라는 말은 말을 탄 사람들의 무리가 곧 바로 가지 못하고 왔다갔다 배회하다가 돌아오니 마치 도둑의 무리처럼 보이지만 그들은 사실 혼인하러 온 무리들이라는 말이다. 혼인이라는 말은 육이와 구오의 상응하는 관계를 비유한 것으로 볼 수 있다. 즉 육이가 초구 때문에 구오에게 바로 가지 못하고 머뭇거리는 상황을 비유적으로 설명하고 있다. "비(匪)"라는 말은 "비(非)"와 같은 뜻이고, "구(媾)"는 혼인한다는 의미이다.
17 여기에서 말하는 "여자"는 구오에 대해 육이를 상징하는 것으로 신하로 바꾸어 놓아도 무방하다. 왜냐하면 정절이 있는 여자나 충성심이 있는 신하는 같은 부류이기 때문이다. 이 구절은 육이가 구오와 상응하는 것이 도리인데도 불과하고 초구로 인하여 잠시 머뭇거리지만 끝까지 바른 도를 지켜야 한다는 말이다. "자(字)"는 '시집가다' 또는 '생육한다'는 의미이다.
18 "십년"은 매우 긴 시간을 말한다. 육이에서 구오에 이르는 시간은 본래 4년이지만, 머뭇거리면서 지나쳐 다시 한 번 돌아와서 가는 6년의 시간을 모두 합하면 10년에 해당한다.

백 六二, 屯如邅如, 乘馬煩如,[19] 非寇閩厚,[20] 女子貞不字,
육이 둔여단여 승마번여 비구민후 여자정불자

十年乃字.
십년내자

육이는 (나아가지 못하여) 어려워하고 머뭇거리며, 말을 타고 가려하나 말이 행렬을 이탈하여 나아가지 못하고 배회하니, 이들은 도적의 무리가 아니라 혼인하러 온 사람들이니, 여자가 바름을 지키면 바로 그때 시집가지는 못하더라도 10년을 기다리면 시집간다.

백 육이는 제단에 많은 제물(祭物)을 진열하고 있는데 말을 탄 많은 사람들이 제물이 있는 곳으로 오고 있는데 도둑질하러 온 사람들이 아니라 혼인하러 온 사람들이니, 여자가 바름을 지키면 바로 그때 혼인하지 못하더라도 10년을 기다리면 시집간다.

象曰 六二之難은 乘剛也[21]요 十年乃字는 反常也[22]라.
상왈 육이지난 승강야 십년내자 반상야

---

19 『백서주역』에서는 "전(邅)"을 "단(壇)"으로 쓰고 있는데 두 글자는 같은 의미로 통용된다. 등구백은 『백서주역교석』에서 "둔(屯)"을 "진열하다"는 의미로 쓰고 있다. 장립문은 『백화백서주역』에서 "승마반여(乘馬班如)"의 "반(班)"을 "번(煩)"으로 쓰고 있는데, 이 두 글자는 음(音)이 비슷하다는 점에서 통용되는 것으로 보고 있다. 이에 비해 등구백은 "번여(煩如)"를 '매우 많다'는 뜻으로 해석하고 있다.
20 장립문과 등구백은 "민후(閩厚)"를 모두 "혼구(婚媾)"로 보고 있다.
21 "승강(乘剛)"이라는 것은 음이 양의 위에 있는 것을 말하고, '승강(承剛)'은 음이 양 아래에 있는 것을 말한다. 음이 양위에 있는 승강은 흉하지만, 음이 양 아래에 있는 승강은 길하다. 육이의 어려움도 바로 "승강(乘剛)", 즉 아래의 초구를 타고 있기 때문이다.
22 이것은 정상적인 상태로 돌아온다는 의미이다. 즉 상응(相應)하는 것과 합한다는 것이다. 이 구절은 상응하는 것이 합하는 정상적인 상태로 돌아오는 데에 십년이란 긴 세월이 걸렸다는 의미이다.

상전에 말하기를 육이의 어려움은 강을 타는 데 있고, 십년을 기다리면 혼인한다는 것은 정상적인 상태로 되돌아오는 것이다.

六三은 卽鹿无虞[23]라 惟入于林中[24]이니 君子幾하여 不如舍[25]니
육삼　　즉 록 무 우　　　유 입 우 임 중　　　군 자 기　　　불 여 사

往하면 吝[26]하리라.
왕　　　　린

백 六三, 卽鹿毋華, 惟人于林中[27], 君子幾不如舍, 往吝.[28]
　　육삼　즉 록 무 화　유 인 우 림 중　　군 자 기 불 여 사　왕 린

---

23 "즉(卽)"은 쫓는다는 말이고, "우(虞)"는 고대에 산림을 관리하던 관명(官名)인데, 여기에서는 사냥하는 데 길을 안내하는 사람을 말한다.
24 여기에서 말하는 숲은 세 개의 음(陰)이 중첩되어 있는 것을 상징하는 것이다. 즉 육이에서 육사까지가 모두 음효인데 그 중에서도 육삼은 한가운데 있는 음이기 때문에 컴컴하고 깊숙한 숲속에 들어간다고 말한 것이다.
25 "기(幾)"는 '기미', '조짐'을 말하는 것으로 이런 기미를 통하여 미리 일어날 상황을 판단할 수 있다. 그래서 『주역』은 특히 이 기미의 공부, 즉 '연기(硏機)'를 강조한다. 이른바 미래에 대한 예측 능력은 바로 연기의 공부에서 나온다고 말할 수 있다. 본 괘의 육삼 효사에서도 안내 없이 깊은 산중으로 사슴을 추적하는 것은 위험하다는 사실을 미리 예측하여 사슴을 쫓는 것을 그만두는 것이 좋다고 말한다. "그만두는 것보다 못하다(不如舍)"라는 말은 바로 이것을 두고 한 말이다.
26 만약에 사슴을 잡는 일에 몰입하여 무작정 숲속으로 들어가게 된다면 큰 화를 당하게 될 것이다. 이것을 효사의 위치로써 말하면, 육삼은 음으로 중정하지 않기 때문에 근신하는 것이 필요한데 그렇지 않고 계속 나아간다면 부끄러운 일을 당하게 될 것이라는 말이다. 여기에서 말하는 "린(吝)"의 의미는 후회하다, 부끄러워하다, 애석해하다, 한탄하다 등의 뜻을 가지고 있는데 문의에 따라 약간씩 그 내용이 달라진다. 허신(許愼)의 『설문해자』에서는 "린(吝)이란 원망스럽고 애석함(吝, 恨惜也)"이라고 말하였다. James Legge(1815-1897)는 *I Ching : Book of Changes*에서 "린(吝)"을 'regret(아까워하다, 후회하다)'로 번역하고 있다. 빌헬름은 'humiliation(치욕을 당하다, 창피를 당하다)'으로 해석하고 있다. 즉 변명의 여지가 없이 떳떳하지 못하고 궁색하여 부끄러움을 당하게 된다는 의미이다.
27 고대에는 "화(華)"와 "우(虞)"가 통용되었다. "인(人)"과 "입(入)"의 형태가 비슷하여 "인(人)"을 "입(入)"으로 오기했을 가능성이 큰 것으로 보인다.
28 등구백은 『백서주역교석』에서 "록(鹿)"을 산기슭을 의미하는 "록(麓)"으로, "화(華)"를

육삼은 사슴을 쫓는데 길 안내자가 없이 오직 숲속으로 들어갈 뿐이니 군자가 기미를 알아 그만 두는 것만 못하다. 계속 나아가면 (궁색하게 되어) 큰 창피를 당하게 될 것이리라.

■ 육삼은 군자가 산기슭(山麓)에 갔으나 꽃은 보이지 않고 다만 숲속에 사람만 있었다. 군자가 배가 고팠으나 집에 들어가서 먹지도 못하고 배고픈 채 가버렸다. 백성이 군자가 배고픈 채 가는 것을 보고 애석하게 생각하였다.

象曰 卽鹿无虞는 以從禽[29]也요 君子舍之는 往하면 吝窮也라.
상왈 즉록무우　　이종금　야　　군자사지　　왕　　　린궁야

상전에 말하기를 사슴을 쫓는데 길 안내자가 없다는 것은 짐승을 욕심내어 쫓는 것이요, 군자가 그것을 버리는 것은 계속 따라가면 큰 창피를 당하는 곤궁한 상황이 될 것이다.

六四는 乘馬班如니 求婚媾하여 往하면 吉하여 无不利[30]하리라.
육사　승마반여　　구혼구　　　왕　　길　　　무불리

"화(花)"로, "여(如)"를 "왕(往)"으로, "기(幾)"를 배고픔을 뜻하는 "기(饑)"로 보고 있다. 육삼은 사슴을 쫓는데 길 안내자가 없이 오직 숲속으로 들어갈 뿐이니 군자가 기미를 알아 그만두는 것만 못하니 계속 나아가면 (궁색하게 되어) 큰 창피를 당하게 될 것이라고 말한다.

29 "종금(從禽)"은 "즉록(卽鹿)"의 뜻과 같다. 즉 짐승을 쫓는다는 말이다.
30 "말을 타고 가려 하나 말이 행렬을 이탈하여 나아가지 못하고 배회한다(乘馬班如)"는 이 말은 육사가 정위이고 초구와 상응하지만 가까이 있는 구오의 양에 빠져서 바로 초구에게로 가지 못하고 갈등하는 모습을 표현하고 있다. 그러나 구오의 양에게 일시적으로 마음을 두지만 정도(正道)에 따라 초구에게 가서 혼인을 구하면 길하고 어떠한 불리함도 생기지 않을 것이라는 의미이다.

백 六四, 乘馬煩如, 非寇婚媾, 往吉, 无不利.
육사 승마번여 비구혼구 왕길 무불리

육사는 말을 타고 가려하나 말이 행렬을 이탈하여 나아가지 못하고 배회하니 혼인하러 계속 나아가면 길하여 이롭지 않음이 없으리라.

백 육사는 말을 탄 사람들이 오고 있는데 도둑질하러 온 사람들이 아니라 혼인하러 온 사람들이니 계속 나아가면 길하여 이롭지 않음이 없으리라.

象曰 求而往[31]은 明也라.
상왈 구이왕 명야

상전에 말하기를 구하여 나아가는 것은 현명하기 때문이다.

九五는 屯其膏니 小貞이면 吉하고 大貞이면 凶[32]하리라.
구오 둔기고 소정 길 대정 흉

---

[31] 육사의 음이 초구의 양을 구(求)하는 것은 높은 자리에 있는 자가 예를 갖추어 아래에 있는 현자(賢者)를 구하는 것에 비유하고 있다. 정이천은 『이천역전』에서 "자기의 부족함을 알고 현명한 인재를 구해 자신을 보필하게 한 뒤에 가는 것을 일러 현명하다고 할 수 있다(知己不足, 求賢自輔而後往, 可謂明矣)"고 하였다.

[32] 구오는 양강(陽剛) 중정(中正)으로 존위(尊位)에 있고 둔난(屯難)을 구해야 하는 자리이다. 그러나 구오 자체가 위험 속에 빠져 있고, 위나 아래에 가까이 있는 자들이나 상응하는 효 모두 음유(陰柔)로 그 바탕과 자질 자체가 미약하여 어려움을 구하기에는 역량이 부족하다. 그래서 군주의 은택도 백성에게 쉽게 베풀어지지 않는다. 둔괘라는 명칭은 바로 이 구절에서 나왔다. 즉 "고(膏)"라는 말은 은혜, 은택, 기름을 의미하는데 가장 높은 자리인 구오에서 아래의 백성들에게 혜택을 베풀기가 어렵다는 것이다. 구오는 군주의 위치로 은택을 내리는 자리이지만, 둔괘 자체가 처해 있는 시기가 초창기이기 때문에 백성들에게 쉽게 은혜를 베풀기가 어렵다. 이 때문에 이런 상황을 물 위의 기름처럼 쉽게 침투하지 못한다는 말로 상징하고 있다. 작은 일(小事)에는 바름(貞)을 지키면 길하지만, 큰 일(大事)을 쉽게 도모하는 때가 아니기 때문에 설령 바름을 지켜 추진할 경우라도 결과는 흉하다고 말한다.

효 九五는 屯其膏니 小貞이면 吉하고 大貞이면 凶.
　　　　구 오　　둔 기 고　　소 정　　　　길　　　대 정　　　흉

경의 의미 : 기름진 고기를 모아 두었다. 작은 일을 점치면 길하고 큰일을 점치면 흉하다.[33]

전의 해석 : 구오는 혜택을 베풀기가 어려우니 작은 일에는 바름을 지키면 길하지만, 큰일에는 설령 바름을 지키더라도 흉하다.

효 기름진 고기를 모아 두었다. 작은 일을 점치면 길하고 큰일을 점치면 흉하다.

象曰 屯其膏는 施未光[34]也라.
상 왈　둔 기 고　　시 미 광　　야

상전에 말하기를 혜택을 베풀기가 어렵다는 것은 베푸는 것이 아직 빛이 나지 않는다는 것이다.

上六은 乘馬班如하여 泣血漣如[35]로다.
상 육　　승 마 반 여　　　읍 혈 연 여

---

33 고형의 『주역대전금주』와 이경지의 『주역통의』에서 "둔(屯)"을 "모으다" "축적하다"로, "고(膏)"를 "기름진 고기"로 풀이하고 있다. 이경지는 "소정(小貞)"을 '일상적인 작은 일'로 "대정(大貞)"을 "전쟁이나 제사 등의 큰일을 가리키는 것"으로 해석하고 있다.
34 혜택을 받는 범위가 아직 크지 않다는 말이다.
35 본 괘의 육이, 육사, 상육 효사에는 모두 "말을 타고 가려하나 말이 행렬을 이탈하여 나아가지 못하고 배회하니(乘馬班如)"라는 말이 있다. 그러나 육이와 육사는 상응하는 것을 기다리기 위해 머뭇거리는 경우이고, 상육은 상응(相應)하는 것이 없기 때문에 어떠한 일도 할 수 없어서 머뭇거리는 경우이다. 실제로 상육의 희망은 오직 아래의 응원에 있다. 당연히 육삼의 응원을 받아야 하지만 불상응이다. 또 가까이에 있는 구오 역시 "은택을 내리기가 어려운(屯其膏)" 상태라 도와줄 수가 없다. 이 때문에 피눈물을 줄줄 흘

🄱 **尙六, 乘馬煩如, 汲血漣如.**
　　상 육　　승 마 번 여　　급 혈 연 여

상육은 말을 타고 가려 하나 말이 행렬을 이탈하여 나아가지 못하고 배회하니 피눈물이 줄줄 흐르고 있다.

🄱 상육은 말을 탄 사람들이 오고 있는데 피눈물이 줄줄 흐르고 있다.

象曰 泣血漣如어니 何可長也[36]**리오.**
　상 왈　읍 혈 연 여　　　하 가 장 야

상전에 말하기를 피눈물이 줄줄 흐르는 것이니 어찌 오래 갈 수 있겠는가?

* 둔괘의 의미와 교훈

둔괘는 사물이 처음 생겨났을 때의 어려움을 말하고 있다. 한 마디로 '초창기의 간난(艱難)함'을 말하고 있다고 할 수 있다. 그래서 괘사에서는 어떤 일이나 사물이 생성되는 초기는 매우 어려운 것이라는 관점을 분명히 말하고 있다. 하지만 이런 시기에도 형통할 수 있고 또 올바름을 지키

린다고 말하는 것이다 "읍혈(泣血)"은 피눈물을 말한다. "연(漣)"은 눈물이 줄줄 흐르는 상태를 말한다. 그러나 지금은 하나의 전환기에 있기 때문에 이러한 어려움을 참고 기다려야 한다.

36 상육이 처한 상황이 곤궁하여 한탄하고 있지만 전체적인 상황을 고려하여 참고 기다린다면 충분히 희망을 품을 수 있다. 그래서 이광지는 『주역절중』에서 양간(楊簡, 1141-1226)의 말을 인용하여 "어찌 오래 갈 수 있겠는가라는 것은 어찌 이와 같은 상태가 오래 갈 수 있겠는가라는 것을 말한 것이다. 단지 깊이 근심하지만 말고 또한 그 변화를 기대하기도 해야 하는데, 일단 변하기만 한다면 거의 통하게 될 것이다(何可長者, 言何可長如此也. 非惟深憫之, 亦覬其變也, 變則庶乎通矣)"고 하였다.

면 유리하다는 것도 분명히 말하고 있다. 이것이 둔괘가 우리에게 주고자 하는 교훈일 것이다. 다시 말해서 어떤 일을 새롭게 하는 것은 매우 어려우나, 만약 정확한 흐름을 파악할 수 있으면 그 이후의 어려운 상황 속에서도 분명히 성공할 수 있다는 것이다.

  괘중의 여섯 효는 각각 다른 물상(物象)을 통하여 '둔(屯)'에 처해있는 의미와 교훈을 말하고 있다. 둔괘는 비록 두 개의 양효를 가지고는 있으나 네 개의 음효에 포위되어 고립무원(孤立無援)의 매우 어려운 상태에 놓여 있는 형국이다. 구체적으로 초효는 "머뭇거리며 앞으로 나아가지 못하는 상태(磐桓)"를 통하여 바름을 지켜 벗어나지 않는 것을 이로운 것으로 보고 있다. 이효는 방황하여 앞으로 나아가지 못하는 상으로 마치 "여자가 바름을 지키면 바로 그때 시집가지는 못하더라도 10년을 기다리면 시집간다(女子貞不字, 十年乃字)"는 것처럼 굳게 정도를 지키면 문제가 없을 것임을 말하고 있다. 삼효는 "사슴을 쫓는데(卽鹿)" 마땅히 물러나야지 계속해서 나아가서는 안 된다고 말한다. 사효는 "혼인하러 계속 나아가면 길하여(求婚媾, 往吉)"라고 하고, 오효는 초창기의 막힌 국면이 서서히 풀려 통하려 하는데 조금의 방심도 없이 바름을 지켜 흉함을 막아내어야 할 것을 말하고 있다. 상효는 비록 "피눈물이 줄줄 흐르고 있다(泣血漣如)"고 하지만 이후의 대세는 이미 어려움을 벗어나 걱정이 기쁨으로 변화할 것이라고 말한다.

  종합적으로 말하면 육효는 모두 사물의 '초생(初生)'과 때(時)의 '초창(初創)'을 중심으로 하여 길흉의 문제를 밝히고 있는데, 그 핵심적 의미는 바른 데 처하여 신중한 행동을 해야 어려움을 돌파할 수 있음을 강조하는 데 있는 것으로 보인다. 특히 어떤 일을 처음으로 착수(着手)하는 사람들은 새싹이 딱딱한 땅을 뚫고 빠져 나오는 불굴(不屈)의 의지를 본받아 한 걸음 한 걸음 역량을 축적하여 어려움을 타개(打開)하여야 할 것이다. 다시 말하면 전체 괘는 초생(初生)에서 발생하는 간난(艱難)의 의미를 밝혀 초창기의 발전추세에 따라 올바른 태도와 목표를 버리지 않고 끊임없이 개척하고 노력하여 원형(元亨)의 궁극적인 목적을 추구하도록 하는 데 있다.

4. ☷☵ 산수몽(山水蒙, 🀄 蒙卦 第十三)

1) 괘의 순서

몽괘(蒙卦:☷☵)는 둔괘(屯卦:☵☳) 다음에 온다. 둔괘와 몽괘가 바로 이웃해 있다는 것은 상당히 의미가 있는 것으로 보인다. 왜냐하면 「서괘전」에 "둔은 가득 찬 것이며 둔은 만물이 처음 낳은 것이다. 사물이 생겨남에 반드시 어리므로 몽으로써 받으니, 몽은 몽매함이니 사물의 어린 것이다(屯者盈也, 屯者物之始生也. 物生必蒙, 故受之以蒙, 蒙者蒙也, 物之穉也)"고 한 것처럼 사물이 막 생겨난 이후는 반드시 어리고 몽매할 수밖에 없다. 사물이 초생(初生) 단계의 어려움을 극복하였지만 여전히 몽매한 상태에 머물러 있다. 이 때문에 둔괘 다음에 몽괘가 오는 것이다. 몽괘는 만물이 막 생겨난 이후의 발전단계이기 때문에 괘사에서는 "원(元)"을 말하지 않고 "형(亨)"만을 말한다.

2) 괘명의 의미

몽(蒙)은 사람이나 다른 생물이 막 생겨나기 시작하여 아직 어린 상태에 처해 있는 것을 말한다. 이 상태는 아직 몽매(蒙昧)하여 아무것도 모르기 때문에 이른바 '계몽(啓蒙)'이 필요하게 된다. 그래서 일반적으로 몽괘를 교육(敎育)에 관한 괘라고 말한다. 어린이는 어리고 몽매하므로 스승을 필요로 한다. 인류의 역사가 발전하는 데 있어서 가장 중요한 역할을 하는 것은 분명히 교육의 힘이다. 인간이 야만의 상태에서 문명의 단계로 넘어가는 데 있어서 가장 큰 원동력은 교육을 통한 역량의 축적에서 찾아야 할 것이다. 교육이야말로 인간 이외의 다른 존재자도 가질 수 없는 고유한 기능이라고 할 수 있다.

몽괘가 강조하려는 것은 몽매한 사람을 어떻게 교육시키고 계몽하느냐 하는 것이다. 둔괘(屯卦)가 괘사에서 "제후를 세워" 질서를 바로잡는 '군주 추대'의 문제를 강조하듯이, 몽괘 역시 괘사에서 우매한 사람을 계몽하고 교육시키는 "발몽자(發蒙者)로서의 스승을 구하는" '스승 추대'라는 문제를 강조하는 것은 매우 흥미 있는 대조라고 할 수 있다. 몽매한 사람에게 있어서 어떤 스승을 구하느냐 하는 것은 바로 그 미래와 삶의 방향을 정하는 것이기 때문에 무엇보다 중요할 수밖에 없다.

3) 괘의 상

괘체(卦體)로 말하면 몽괘는 상간하감(上艮下坎)으로 간은 산(山)과 지(止)이고, 감은 물(水)과 위험(險)이기 때문에 상하를 합해서 보면 산 아래에 위험이 있고, 위험을 만나서 멈추는 상이다. 마치 산 아래에 작은 샘물이 어디로 가야 할지를 모르는 경우와 같다. 몽괘의 여섯 효는 계몽을 담당하는 주체로서의 발몽자(發蒙者)인 구이와 계몽 받아야 할 대상인 육오의 동몽(童蒙)의 관계를 잘 보여주고 있다.

蒙은 亨[1]하니 匪我求童蒙[2]이라 童蒙求我[3]니 初筮어든 告[4]하고
몽　형　　　비아구동몽　　　동몽구아　　초서　　곡

---

[1] "몽(蒙)"은 아직 밝지 않은 몽매(蒙昧)의 뜻으로 유치(幼稚)한 어린아이(童蒙)로 비유하고 있다. 고형이나 『백서주역』에서는 제사를 지내는 뜻으로 말하고 있다. 여기에서 "형통

再三이면 瀆⁵이라 瀆則不告이니 利貞⁶하니라.
재 삼   독   독 즉 불 곡   이 정

백 蒙. 亨. 匪我求童蒙, 童蒙求我. 初筮吉, 再參瀆,
몽   형   비아구동몽   동몽구아   초서길   재삼독

瀆則不吉, 利貞.
독 즉 불 길   이 정

경의 의미 : 몽은 제사를 지내니 내가 몽매한 어린아이에게 가서 점을 치는

(亨)"하다고 말하는 것은 지금은 어리고 몽매하지만 온갖 어려움을 다 겪으면 장차 광명을 회복하게 될 것이라는 의미이다. 이런 "형통"의 내용은 불명(不明)에서 '명(明)'으로의 변화를 말한다. 실제로 괘사에서 "형(亨)"자 이하의 내용은 계몽(啓蒙) 또는 발몽(發蒙)의 기본 과정을 말하는 것이라고 할 수 있다.

2 "동몽(童蒙)"은 어린아이로 배워야할 학생을 지칭하는데 여기에서는 육오를 말한다. 원래 올바른 교육이 되기 위해서는 피교육자(被敎育者, 童蒙)가 스승(我)을 찾아 가르침을 구하는 데에서 시작하여야 한다.

3 괘사에서 말하는 "나(我)"는 구이로 몽매한 자를 계몽시키고 교육시키는 "발몽자(發蒙者)" 또는 교육자를 지칭한다.

4 "서(筮)"는 원래 시초(蓍草)로 점을 치는 것을 말한다. 여기에서는 배우는 학생인 '동몽'이 '발몽자'인 선생에게 의문이 있는 것을 해결하기 위해 물어보는 것을 말한다. "고(告)"는 발음이 "곡"으로 '가르치나' '깨우쳐주다' '알려주다'는 뜻을 가지고 있다. 특히 아랫사람이 윗사람을 가르치는 것을 "곡(告)"이라고 한다. 여기에서는 신하인 육이가 임금인 구오를 깨우쳐주는 것을 상징하고 있다.

5 "독(瀆)"이라는 말에 대한 해석은 매우 분분하다. 정이천은 '불경(不敬)스럽다'는 의미의 "독만(瀆慢)"으로 보고, 『경전석문』은 "독(瀆)"을 '난(亂)'으로 보아 "독란(黷亂)" 즉 어지럽히고 문란하다는 뜻으로 보고 있다. 김경방과 황수기 역시 비슷한 의미로 사용하고 있다. 제임스 레게는 성가시거나 말썽부린다는 의미의 "troublesome"의 의미로 해석하고 있다. 이 구절에 대해서 이마이 우사부로(今井宇三郎)은 『역경』에서 "점서의 경우에도, 상대가 성심성의를 가지고 구해 오는 초서(初筮)라면, 길흉회린을 이야기해준다. 그것이 아니라 두 번 세 번하는 점서에서는 그 신성함을 더럽힌다"(216쪽 참조)고 하여 "독(瀆)"을 "더럽힌다" "모독(冒瀆)하다"는 의미로 보고 있다.

6 배우는 자가 스승에게 물을 때에도 나름대로의 규율과 순서가 있다. 물론 이 말은 점치는 문제와 관련이 있지만 교육에 있어서도 적용이 된다. 경건하고 순서에 따라 의문을 제기하여야 한다. 특히 스스로 생각할 수 있는 문제에 대해서는 충분히 스스로 생각하고 그래도 의문이 날 때 물어야 하는 것이 교육적인 측면에서도 효과가 있다.

것이 아니라 몽매한 어린아이가 나에게 와서 점을 치니 처음 점치거든 말해주고 두 번 세 번 점치면 모독하는 것이라. 모독하면 말해주지 않으니 이로운 점이니라.

전의 해석 : 몽은 형통하니 내가 몽매한 어린아이에게 구하는 것이 아니라 몽매한 어린아이(배워야 할 학생)가 나에게서 구하는 것이니 처음 묻거든 깨우쳐주고 두 번 세 번 물으면 모독하는 것이다. 모독하면 깨우쳐주지 않으니 바르게 함이 이롭다.

백 몽은 제사를 지내 점을 친다. 내가 몽매한 어린아이에게 가서 점을 치는 것이 아니라 몽매한 어린아이가 나에게 와서 점을 친다. 처음 점친 결과는 매우 좋았으나 두 번째, 세 번째 점을 빼 본 결과는 좋지 않았고 마지막에 좋은 점괘를 얻었다.

象曰 蒙은 山下有險하고 險而止[7] 蒙이라.
<small>단 왈 몽 산하유험 험이지 몽</small>

단전에 말하기를 산 아래 위험이 있고 위험하여 그친 것이 몽이다.

蒙亨은 以亨行이니 時中也[8]요 匪我求童蒙童蒙求我는 志應[9]也요
<small>몽형 이형행 시중야 비아구동몽동몽구아 지응야</small>

---

[7] "위험(險)"과 "그침(止)"이라는 말은 상하괘가 가지고 있는 각각의 덕(德), 즉 성정(性情)에서 나온 말이다. 구체적으로 이것은 「설괘전」의 "건(乾)은 굳건함이고 곤(坤)은 온순함이며, 진(震)은 움직임이고 손(巽)은 들어가는 것이고, 감(坎)은 빠지는 것이고, 이(離)는 연결되는 것이며, 간(艮)은 멈춤이고, 태(兌)는 기쁨이다(乾, 健也, 坤, 順也, 震, 動也, 巽, 入也, 坎, 陷也, 離, 麗也, 艮, 止也, 兌, 說也.)"라는 구절과 관련이 있다. 「설괘전」에서는 감괘(坎卦)를 빠지는 것(陷)으로만 말하고 있는데, 이것이 나중에 '위험'이라는 의미로 전용된 것으로 보인다.

몽이 형통함은 형통한 것으로 행하니 때에 들어맞기 때문이요, 내가 몽매한 어린아이에게 구하는 것이 아니라 몽매한 어린아이가 나에게서 구한다는 것은 뜻이 응하기 때문이다.

初筮告은 以剛中也요 再三瀆瀆則不告은 瀆蒙也[10]일새니
_{초 서 곡   이 강 중 야   재 삼 독 독 즉 불 곡   독 몽 야}

처음 묻거든 깨우쳐준다는 것은 강중하기 때문이요, 두 번 세 번하면 모독하는 것이고 모독하면 깨우쳐주지 않는다는 것은 몽을 모독하는 것이다.

蒙以養正이 聖功[11]也라.
_{몽 이 양 정   성 공 야}

---

8 "몽(蒙)"과 "형(亨)"은 서로 대립적인 개념이다. 그런데 "몽" 중에는 "형"의 의미를 함유하고 있다. 왜냐하면 "몽"은 끝까지 "몽"일 수 없고 결국 교육을 통해 계몽되어 형통할 것이기 때문이다. "시중(時中)"은 때에 맞추는 것으로 적기에 교육받아야 함을 강조한 말이다.
9 "뜻이 응한다(志應)"는 말은 괘 가운데에서 이효와 오효의 음양이 상응하여 마치 스승과 학생이 완전히 의기투합하는 것을 의미한다. 이것은 괘사의 "내가 몽매한 어린아이에게 구하는 것이 아니라 몽매한 어린아이(배워야 힐 학生)가 나에게서 구하는 것이니(匪我求童蒙, 童蒙求我)"라는 구절을 해석한 것이다.
10 "몽을 모독한다(瀆蒙)"는 것에 대해 정이천은 『이천역전』에서 "처음 점친다는 것은 한결같은 정성으로 와서 그 몽매함을 결단해주기를 구함을 말하는 것이니 마땅히 강중의 도로써 구하여 그것을 개발해주어야 한다. 두 번, 세 번 점친다는 것은 번잡하게 여러 번 한다는 것이니 와서 점치는 뜻이 번잡해서 정성스럽기가 한결같지 못하면 모독하는 것이므로 알려주지 말아야 한다. 가르치더라도 믿고 받아들이지 않으니 한갓 번거롭고 모독하기만 할 것이다. 그러므로 몽을 모독한 것이라 했으니 구하는 자와 가르치는 자가 다 번거롭고 모독하는 것이 된다(初筮謂誠一而來, 求決其蒙, 則當以剛中之道, 告而開發之. 再三煩數也, 來筮之意煩數不能誠一, 則瀆慢矣, 不當告也. 告之必不能信受, 徒爲煩瀆. 故曰瀆蒙也, 求者告者皆煩瀆矣)"고 하였다.
11 "성공(聖功)"은 "성인에 도달하는 방법(致聖之功)"의 의미로 성인이 되는 방법 또는 성인을 만드는 방법을 말한다. 정이천은 『이천역전』에서 "아직 깨우쳐 개발되지 않은 것을 몽이라고 하니, 순수하고 아직 깨우쳐 개발되지 않은 몽의 상태를 바름으로 기르는 것이 바로 성인이 되는 공부이다(未發之謂蒙, 以純一未發之蒙而養其正, 乃作聖之功也)"고

깨닫지 못한 상태에서 올바른 것을 기르는 것이 성인이 되는 방법이다.

象曰 山下出泉이 蒙이니 君子以하여 果行하며 育德¹²하나니라.
상왈 산하출천 몽 군자이 과행 육덕

상전에 말하기를 산 아래에 샘물이 나오는 것이 몽이니 군자가 이것을 본받아 행동을 과감하게 하여 덕을 기른다.

初六은 發蒙하되 利用刑人하여 用說桎梏이니 以往이면 吝¹³하리라
초육 발몽 이용형인 용탈질곡 이왕 린

🔲 **初六, 廢蒙, 利用刑人, 用說桎梏, 已往閵.¹⁴**
초육 폐몽 이용형인 용탈질곡 이왕린

하였다.
12 몽괘의 주요한 의미는 몽매한 어린아이를 계몽시키는 데 있다. 「대상전」에서 말하는 "산 아래에 샘물이 나온다(山下出泉)"는 말에서 샘물이 의미하는 것은 '처음 단계의 물 또는 '순수한 물'을 가리킨다. 처음의 샘물은 한갓 술잔을 띄우기에도 부족할 정도이지만 점진적으로 어려운 단계를 지나 대하(大河)를 이루어 나간다. 이런 것을 본받아 군자는 어려움이 있다고 하여도 올바른 방향이 무엇인가를 확실하게 정하여 행동을 과단성 있게 하여 어려움을 돌파하고, 정신적으로는 덕을 점차적으로 길러 나가야 함을 말하고 있다.
13 초육은 음효로 가장 아래에 자리하고 있기 때문에 하층의 몽매한 민중을 지칭하는데 바로 "발몽(發蒙)"의 "몽(蒙)"을 말한다. 여기에서 말하는 "발몽(發蒙)"의 "발(發)"은 의미상으로는 "초서곡(初筮告)"의 "곡(告)", 즉 "일깨워준다"는 말에 해당한다. 무지한 백성의 "몽"을 깨우쳐주는 데 있어서 유효한 방법은 범죄자를 징벌하는 데 사용하는 형구(刑具)처럼 사람들이 함부로 망동(妄動)하지 못하도록 하기 위해 적절한 법규(法規)나 규범을 제정하여 따르도록 하게 하는 것이다. 이런 법규는 사람들로 하여금 함부로 범법(犯法) 행위를 하지 못하도록 구속하는 기능을 가지고 있다. 그런 후에 점차적으로 교화(敎化)를 받아들이도록 백성들을 이끌어가야 한다. 그런데 계속하여 이런 법규의 구속만을 이용하여 백성을 다스리려고 한다면 참된 의미의 교화는 불가능하게 된다. "질곡(桎梏)"이라는 말은 발을 묶는 차꼬와 손을 묶는 수갑이란 뜻으로 형벌 혹은 속박(束縛)이라는 뜻을 가지고 있다. 백성들이 범법을 행하는 것이 부끄럽다는 것을 스스로 느끼고 자신을 스스로 바로잡아 나가도록 하는(有恥且格) 자각적 방식이 가장 나은 방법이라 할 수 있을 것이다.
14 백서에서는 "몽(蒙)"을 "폐(廢)"로 쓰고 있다.

초육은 몽매한 자를 일깨워주되 사람에게 형벌함을 쓰고서 질곡을 벗겨놓는 것이 이로우니 형벌만 사용하여 그대로 둔다면 부끄러움을 초래하게 될 것이다.

■ 초육은 몽매한 사람을 버리고 형을 살고 있는 사람을 이용하여 차꼬와 수갑을 제거하여 (일하러) 보냈으나 여전히 곤란하다.

象曰 利用刑人은 以正法也[15]라.
상 왈 이 용 형 인   이 정 법 야

상전에 말하기를 사람에게 형벌함을 쓰는 것이 사람들을 교육하는 것이 이롭다는 것은 법을 바르게 하는 것이다.

九二는 包蒙이면 吉[16]하고 納婦면 吉하리니 子克家[17]로다.
구 이   포 몽   길   납 부   길   자 극 가

---

15 죄와 벌을 분명히 해야 어린이와 무지몽매한자를 깨우치게 할 수 있다. 그런 다음에 교화를 행할 수 있게 된다. 이에 대해 정이천은 『이천역전』에서 "몽매함을 다스리는 초기에 금지하는 한계를 세워서 죄와 벌을 밝히는 것은 그 법을 바로잡는 것이니 이로 말미암아 점차 교화되도록 한다(治蒙之始, 立其防限, 明其罪罰, 正其法也, 使之由之, 漸至於化也)"고 하였다.
16 구이는 양으로 하괘의 중에 자리하고 있는데 초, 삼, 사와 오의 여러 음, 즉 '몽'을 포용하여야 한다. 스승, 즉 '발몽자'가 여러 학생들인 '몽'에게 둘러싸여 그들을 모두 포용하여 가르침을 주고 있기 때문에 길하다.
17 오히려 높은 자리에 있는 육오가 낮은 자리에 있는 구이에게 가르침을 받는 상황이다. 이것을 주자는 『주역본의』에서 "또 양으로서 음을 받아들이니 부인을 받아들이는 상이요, 또 아랫자리에 있으면서 윗사람의 일을 맡을 수 있으니 자식이 집안을 다스리는 상이 된다(又以陽受陰, 爲納婦之象. 又居下位而能任上事, 爲子克家之象)"고 하여, 음양과 상하의 위(位)라는 관점으로 나누어 비유적으로 설명하고 있다. "자(子)"는 구이를 말한다. 조정을 예로 들어 말하면 오효는 군주이고 이효는 학문이 있는 신하 혹은 학자이고, 가정으로 말하면 오효가 아버지의 자리라면 이효는 자식의 자리이다. 즉 육오는 가정에서 나약한 가장이고 아들이 아버지를 대신해서 집안을 다스리는 것을 비유하고 있

백 九二, 枹蒙吉,¹⁸ 人婦吉, 子克家.¹⁹
구이 포몽길   입부길   자극가

구이는 몽매한 자들을 포용하면 길하고, 아내를 받아들이면 길하리니, 자식이 집안을 온전히 하도다.

백 구이는 몽매한 자들을 보호하는 것이 길하고, 며느리를 받아들이면 길하니 그 아들은 집안을 잘 이룰 수 있다.

象曰 子克家는 剛柔接也²⁰라.
상왈 자극가 강유접야

상전에 말하기를 자식이 집안을 온전히 한다는 것은 강유가 만남(상응함)이라.

六三은 勿用取女²¹니 見金夫하고 不有躬²²하니 无攸利하니라.
육삼 물용취녀   견금부   불유궁   무유리

다. "극가(克家)"는 "제가(齊家)"의 의미이다.
18 "포(枹)"와 "포(包)"는 통용되는데, 장립문은 "포몽(包蒙)"을 "임신하였으나 아직 구체적인 형태가 생기지 않은"이라는 의미로 해석하고 있다.(『백화백서주역』 125쪽 참조 바람) 이에 비해 등구백은 『백화백서주역』에서 "포(枹)"를 보호한다는 의미로 해석하고 있다. 30쪽 참조.
19 "극가(克家)"를 "성가(成家)"로 보고 있다.
20 "강유(剛柔)"는 음양을 말한다. "접(接)"은 구이와 육오가 상응하는 것을 말한다. 여기에서의 "상응"은 강유 상호간의 굳건한 이해와 신임이 바탕이 되어야 가능한 것이다.
21 육삼은 부정(不正)한 여자이기 때문에 아내로 삼지 말라고 경고한다. 왜 육삼을 부정한 여자라고 하는가? 이는 효위(爻位)의 관점에서 보아야 한다. 우선 육삼은 음으로 부정위(不正位)이고 부중(不中)이다. 그러나 여기에서 더욱 중요한 것은 상응의 문제이다. 즉 육삼과 상구는 상응의 관계이지만 육삼이 가까이 있는 구이에 빠져있는 상황에서 보아야 한다.
22 육삼은 당연히 그와 상응하는 상구를 기다려야 함에도 오히려 가까이에 있는 돈 많고 멋진 구이에 마음을 뺏겨 결국은 자신의 몸마저 지키지 못하게 되어 버린다. 그래서 "제 몸

백 六三, 勿用取女, 見金夫, 不有躬, 无攸利.
　　　　육 삼　물 용 취 녀　견 금 부　불 유 시　무 유 리

육삼은 (이런) 여자를 취하지 말 것이니, 돈 많은 사람을 보고 제 몸을 두지 못하니, 이로운 바가 없다.

백 육삼은 이런 여자를 취하지 말 것이니, 돈 많은 사람을 보고 제 몸을 두지 못하니, 이로운 바가 없다.

象曰 勿用取女는 行이 不順也[23]라.
상 왈　물 용 취 녀　　행　　불 순 야

상전에 말하기를 (이런) 여자를 취하지 말라는 것은 행실이 신중하지 못하기 때문이다.

六四는 困蒙[24]이니 吝하도다
육 사　곤 몽　　　　린

백 六四, 困蒙, 吝.
　　　　육 사　곤 몽　린

육사는 몽매함에 막혀 있으니 매우 부끄러움을 당할 것이다.

을 두지 못한다"는 말은 체통을 잃어버린다는 뜻이 된다. 빌헬름의 영역본에서는 "자제력을 잃어버린다(loses possession of herself)"는 말로 해석하고 있다.
23 "순(順)"은 "신(愼)"과 같은 의미로 사용되는데, 그 뜻은 행동이 진실한 상태를 의미한다.
24 "곤(困)"은 "막혀 있다"는 뜻이다. 육사는 몽매한 사람들 사이에 끼여 있어서 답답하기 때문에 "몽매함에 막혀 있다(困蒙)"고 말한다. 양과 너무 멀리 떨어져 있기 때문이다. 즉 육사는 음유(陰柔)로 아래와 위, 상응하는 효 모두가 음이다. 그래서 스스로 계몽할 수가 없고, 또 양(陽)의 도움도 없는 상황으로 몽매함에 괴로워하는 상황이다.

📖 육사는 몽매함에 막혀 있으니 곤란하다.

象曰 困蒙之吝은 獨遠實也²⁵라.
_{상 왈 곤 몽 지 린   독 원 실 야}

상전에 말하기를 몽매함에 막혀 있어서 부끄럽다는 것은 홀로 양과 거리가 멀리 떨어져 있기 때문이다.

六五는 童蒙²⁶이니 吉하니라.
_{육 오   동 몽   길}

📖 六五, 童蒙, 吉.
_{육 오 동 몽 길}

육오는 어린아이의 몽매함이니 길하니라.

📖 육오는 어린아이의 몽매함이니 길하니라.

象曰 童蒙之吉은 順以巽也²⁷일새라.
_{상 왈 동 몽 지 길   순 이 손 야}

상전에 말하기를 어린아이의 몽매함이 길하다는 것은 유순(柔順)하여서 겸

---

25 "실(實)"은 양(陽)을 의미한다. 왜냐하면 '―'는 "실(實)"이고 '--'는 "허(虛)"이기 때문이다. 그래서 이 구절은 몽매함을 일깨워주는 발몽자인 양과의 거리가 너무 멀리 떨어져 있어서 계몽할 기회가 거의 없다는 것을 의미한다.
26 아직 어리고 몽매하나 교육을 받아 계발(啓發)하면 길하게 될 가능성이 크다. 하지만 그러기 위해서는 가장 높은 자리에 있는 육오가 아래에 있는 구이에게 겸손하게 배움을 구하지 않으면 안 된다.
27 "순"(順)은 "자기를 버리고 다른 사람을 따르는 것(舍己從人)"이고, "손(巽)"은 "높고 귀한 자리에 있으면서 낮은 자리에 있는 사람에게 자신을 낮추는(以貴下賤) 것"을 말한다.

손하다는 것이다.

上九는 擊蒙²⁸이니 不利爲寇요 利禦寇²⁹하니라.
상구   격몽   불리위구   이어구

🔳 尙九, 不利爲寇, 利所寇.³⁰
    상구 불리위구 이소구

상구는 몽매함을 쳐서 일깨워주는 것이니 스스로 도적이 되면 이로움이 없고 도적을 막는 것은 이롭다.

🔳 상구는 몽매함을 일깨워주는 것이니 스스로 도적이 되면 이로움이 없고 도적을 막는 것은 이롭다.

---

28 몽괘 중의 두 양효는 몽매한 자를 계몽하는 사람이다. 그러나 그들이 계몽하는 방법에는 차이가 있다. 구이는 중(中)의 자리에 있어 계몽하는 범위가 넓을 뿐만 아니라 방법 역시 관대하여 "포몽(包蒙)"이라고 말한다. 이에 비해 상구는 가장 높은 자리에 위치하고 있고 그가 계몽시켜야 할 대상 역시 지극히 몽매한 자이기 때문에 그 수단 역시 상당히 과격하지 않을 수 없어 "격몽(擊蒙)"이라고 말한다.(김경방의 『주역전해』 참조 바람) "격(擊)"에 대해 『경전석문』은 왕숙(王肅)의 말을 빌려 "치(治)"로 풀이하여 좀 강한 방식으로 몽을 다스린다는 의미로 해석했다. 즉 여러 몽(群蒙)을 계몽하는 데는 경우에 따라 약간은 지나치다 싶을 만큼 강한 방법을 쓰는 것이 효과적일 수 있다는 말이다.
29 매우 과격한 "격몽(擊蒙)"의 방법을 쓰는 이유는 외부에서 오는 강한 유혹(寇)을 뿌리치도록(禦) 하기 위해서다. "격몽"을 하는 데 있어서 가장 중요한 것은 "격(擊)"의 정도를 어떻게 조절할 것인가의 문제이다. "격몽"의 방법이 격하고 지나치거나 과분해서는 곤란하다. 이런 방법을 사용할 경우에는 목표가 분명하고 철저하게 기획된 상태에서 적용되어야 한다. 만약 이런 준비나 이유가 불충분한 상태에서 "격몽"을 할 경우 오히려 엄청난 후유증 혹은 역효과가 발생하게 될 것이다. 몽괘는 "격"의 적절한 사용을 "도적을 막는(禦寇)" 작용을 하는 것으로, 반대로 해를 끼칠 정도로 "격"의 지나친 사용을 "도적이 되어 버리는(爲寇)" 작용을 하는 것으로 비유하고 있다.
30 "소(所)"는 "처(處)"의 의미로 "막는다"는 뜻을 가지고 있다.

象曰 利用禦寇는 上下順也[31]라.
상왈 이용어구 상하순야

상전에 말하기를 도적을 막는 것이 이롭다는 것은 위에서 겸손하고 아래에서 충직하니 상하가 서로 따르는 것이다.

* 몽괘의 의미와 교훈

발전의 초기단계에 있는 사물은 매우 몽매(蒙昧)하다. 『예기』「학기편」(學記篇)에 "옥을 조탁하지 않으면 그릇이 될 수 없다. 사람은 배우지 않으면 도리를 알지 못한다. 이런 까닭에 옛날의 왕들은 나라를 세우고 백성을 다스리는 데는 가르치고 배우는 것을 우선으로 삼았다(玉不琢, 不成器. 人不學, 不知道. 是故古之王者, 建國君民, 教學爲先)"고 하였다. 이는 중국 고대에 이미 교육과 계몽사업을 중요하게 여겼다는 것을 의미한다. 그래서 무지몽매하다는 의미를 지닌 몽매는 몽매한 사람을 계몽하는 도리를 드러내는 데 그 핵심이 있다.

괘사에서 "내가 몽매한 어린아이에게 구하는 것이 아니라 몽매한 어린아이(배워야 할 학생)가 나에게서 구하는 것이니(匪我求童蒙, 童蒙求我)"라는 말은 스승을 존중하고 학문을 경외하는 뜻을 구현하고 있다. 또 『예기』의 「곡례(曲禮)」 상편에서 말하는 "예는 남이 와서 내게 배우는 것이고 내가 가서 가르치는 것이 아니다(禮聞來學, 不聞往教)"라는 것과 뜻이 똑같다. 또 "어린아이의 몽매함(童蒙)"이 처음 물으면 대답해주지만 두세 번 물으면 대답해주지 않는다는 것은 계발(啓發)과 인도(引導)

---

[31] 이 구절에 대해 주자는 『주역본의』에서 "도적 막기를 강함으로써 하면 상하가 모두 그 도를 얻게 된다(禦寇以剛, 上下皆得其道)"고 하였다.

방식의 교학(敎學) 원칙을 보여주고 있다. 이는 『논어』 「술이편」에서 말하는 "한 모퉁이를 들어주었는데 이것을 가지고 남은 세 모퉁이를 반추(反推)하지 않으면 말해주지 않는다(擧一隅, 不以三隅反, 則不復也)"는 뜻과 거의 비슷하다.

여섯 효의 큰 뜻을 말하면 두 개의 양효는 스승을, 네 개의 음효는 동몽을 비유한다. 그 때문에 정이천은 "두 개의 양은 몽매한 것을 다스리는 자이고, 네 개의 음은 모두 몽매함에 처해 있는 자다(二陽爲治蒙者, 四陰皆處蒙者也)"고 하였다. 그 중 구이의 양효는 아래에 처하여 여러 몽매한 자들을 계발할 수 있는 도를 지닌 인물로 사표(師表)의 상이 된다. 상구는 강건하여 마지막에 위치하여 엄하게 가르치면 이롭고, 난폭함으로 가르침을 내리면 이롭지 않다고 하였는데 이것은 교(敎)의 각도에서 계몽의 법칙을 천명하고 있다. 육오는 존위에 자리하여 아랫사람들에 대해 겸손하여 바름으로 몽매한 자들을 기르는 것으로 군자의 상이 된다. 초육은 나약하고 몽매한 자로 잠심(潛心)하여 몽매함을 계발하는 것은 가능하나 급하게 계몽하려 하면 위태롭다. 육삼과 육사의 두 효는 배움의 올바른 길을 따르지 않고 몽매함에 빠져 맹목적으로 함부로 움직여 그 스승으로부터 벗어나 발몽(發蒙)의 기회를 놓쳐버린다. 이것은 학(學)의 각도에서 몽매함을 다스리는 법칙을 설명하고 있다.

전체 괘를 살펴보면 교(敎)와 학(學) 두 가지의 입장을 벗어나지 않는데 여기에서 작역자(作易者)의 교육사상이 잘 드러난다. 그래서 채청(蔡淸)은 『역경몽인』(易經蒙引)에서 "몽매한 자는 마땅히 밝은 것을 구하여야 하고, 밝은 자는 마땅히 몽매한 자를 계발하는 일을 해야 한다. 그런데 거기에는 각각 그 도를 가지고 있다(在蒙者便當求明者, 在明者便當發蒙者, 而各有其道)"고 하였다. 이는 바로 몽괘의 대의를 핵심적으로 잘 말해준 것이다. 이런 의미에서 몽괘는 유가의 교육철학을 가장 잘 드러내주는 괘라고 할 수 있다.

5. ䷄ 수천수(水天需, 백 襦 第十八)

1) 괘의 순서

수괘(需卦)는 「서괘전」에서 "몽은 어린 것이니 어린 사물이다. 어린 것은 길러주지 않을 수 없다. 그러므로 수괘로써 이어 받았는데 수는 음식의 도이다(蒙者, 蒙也, 物之穉也. 物穉不可不養也, 故受之以需, 需者, 飮食之道也)"라고 하여, 수괘를 어린 것을 길러주는데 필수적인 요소인 음식(飮食)과 관련되는 것으로 말하고 있다. 현실적으로 보더라도 어린 아이를 기르는 데 음식은 필수불가결한 것이다.

수괘 앞의 두 괘인 둔괘(屯卦)가 어려움을 말하는 괘라고 한다면, 몽괘(蒙卦)는 몽매함을 말하고 있는데 수괘(需卦)가 이들 뒤편에 놓인 이유 역시 분명하다. 왜냐하면 모든 사물의 발생과 발전에는 모두 하나의 과정이 있기 때문이다. 그러므로 그 과정을 마칠 때까지 시간을 갖고 인내하며 때를 기다리는 능력을 길러야 한다.

2) 괘명의 의미

수(需)라는 것은 '기른다(養)', '필요로 하다(需要)', '기다린다(待)'는 의미를 가지고 있다. 이 의미들은 서로 유기적인 관계에 있다. 생명을 가진 것을 기르기(養) 위해서는 음식물을 통한 영양의 공급(需要)이 필수적이다. 그리고 '기다린다'는 뜻은 우선 괘상에서 위의 괘가 위험을 상징하는 감괘(坎卦)이기 때문에 기다려야 한다고 말한다. 그러나 여기에서 '기다린다'는 말은 아무 생각 없이 기다리는 것이 아니라 몸과 마음을 기르면서 미래를 대비한다는 의미를 가지고 있다.

3) 괘의 상

수괘(需卦 : ䷄)는 물을 상징하는 감괘(坎卦)가 건괘의 위에 자리하고 있다. 괘덕(卦德)으로 말하면 상괘의 감(坎)은 위험함이고, 하괘의 건(乾)은 앞으로 나아가려는 성질을 가지고 있다. 그래서 수괘가 상징하는 것은 앞으로 나아가려고 해도 어려움이 앞에 있어 적절한 때를 기다려야 하는 상황이다. 또 물이 하늘 위에 있다는 것은 아직 비가 되어 하늘 아래로 내려오지 못하고 구름의 상태로 있기 때문에 기다려야 하는 상황을 또한 상징한다. 수괘의 상(象)이 말하려는 의미는 단순히 어려움이 있기 때문에 주저앉아 목적 없이 기다리는 것이 아니라, 어려움을 돌파할 능력을 기르면서(養) 기다리는(待) 상징을 보여준다. 즉 바깥의 어려움(坎)을 안의 굳건함(乾)으로 돌파하려는 상을 가지고 있다.

需는 有孚[1]하여 光亨[2]하고 貞吉[3]하니 利涉大川[4]하니라.[5]
　수　　　유 부　　　　광 형　　　　정 길　　　　　이 섭 대 천

---

[1] "부(孚)"라는 말이 무슨 뜻인가에 대한 견해는 매우 다양하다. 고형은 『주역대전금주』에서 "부(孚)"를 '포로로 사로잡다(俘)'라는 의미로 보고 있다(81쪽). 이경지(李鏡池) 역시 『주역통의(周易通義)』에서 '포로'의 뜻으로 보고 있다(13쪽). 그러나 일반적으로는 『설문해자』의 관점에 따라 '믿음(信)'을 의미하는 성실, 진실, 정성, 진심을 마음속에 가지고 있다는 뜻으로 받아들인다. 즉 "유부(有孚)"라는 말은 일반적으로 "스스로의 마음이 가지고 있는 진실함(誠信)"을 의미한다. 정이천이나 주자 역시 이 의미로 사용하고 있지만, 부(孚)와 신(信)이 가지고 있는 의미의 차이에 대해서도 주목한다. 주자는 『주자어류(朱子語類)』에서 그 의미의 차이와 관계에 대해 "정이천이 말하기를 '마음속에 있는 것이 부(孚)이고 일에 드러난 것이 신(信)이라고' 하였는데 매우 잘 분석한 말이다(伊川云存於中

煩, 有復, 光亨, 貞吉. 利涉大川.[6]
유　유복　광형　정길　이섭대천

경의 의미 : 수는 포로를 잡으니 영광이라. 제사를 올리고 점친 것이 길하

爲孚, 見於事爲信, 說得極好)"고 하여, 마음속의 진실함을 부(孚)라 하고 이것이 구체적으로 표현되어 사람들에게 믿음을 주는 것을 신(信)이라고 하여 그들을 분명하게 구분하고 있다. 말하자면 내심(內心)이 진실하거나 성실하면 사람들이 믿고 따른다는 것이다. 몽괘(蒙卦)에서 수괘(需卦)로 갈 때에 남의 도움을 받아야 하는데 남의 도움을 받기 위해서는 유부(有孚)해야만 한다. 이 책에서는 문맥에 따라 대부분 "유부"를 "마음속에 진실함을 가지고 있는", "진실한 믿음이 있는"(井卦 상육) 것으로 또 어떤 경우에서는 "반드시 그러할 것이다(大壯 초구)" 등의 의미로 해석하려고 한다.

2 "광형(光亨)"이라는 말은 『주역』에서는 단 한 번 출현한다. "원형(元亨)"을 잘못 썼을 가능성도 있는 것으로 보인다. 정이천은 '광(光)'을 '광명한'이라는 의미로 보고 있다. 즉 광명정대(光明正大)하면 형통하다는 것이다.

3 "마음속에 진실한 믿음을 가지고 있는 것이니, 밝게 형통하고 바르면 길하고(有孚, 光亨, 貞吉)"라는 말 속에는 '기다리다'는 의미가 들어 있다. 즉 진실하고 공명정대하고 바름을 지킬 수 있으면 형통하고 길함을 얻을 수 있다는 것이다. 특히 이런 의미를 가장 잘 반영하고 있는 것이 바로 구오(九五) 효사이다.

4 "대천(大川)"은 『주역』 경문 중에서 모두 11번 출현하는데, 대부분 점단어(占斷語) 속에서 보인다. "대천"은 문자적인 의미에 따라 보통은 '큰 내(大河)'로 해석하는데, 이것이 이 말이 가지고 있는 본래적 상징 의미를 충분하게 표현하지 못하고 있다. 당시 주나라 사람들이 활동하던 황하(黃河) 유역은 강수량이 지금보다는 훨씬 많았기 때문에 홍수의 범람에 관한 기록들도 많이 보인다. 강물이 꽉 차 있었기 때문에 당시의 기술이나 조건으로 이런 강을 건너는 것은 큰 문제일 수밖에 없었다. 이 때문에 당시 사람들에게 있어서 "대천"은 바로 '곤란'이나 '어려움'을 의미하고 상징하는 것이었다. 『주역』 중의 "대천(大川)"은 모두 이런 의미로 사용된 것으로 볼 수 있다. 특히 수괘의 괘사에서 말하는 "큰 내를 건너는데 유리하다(利涉大川)"의 의미는 현실적으로 존재하는 곤란함을 극복하기 위하여 좀 더 기다려야 할 것을 주문하는 경우이다. 그러므로 『주역집해』에서는 "위험이 앞에 놓여 있으니 멋대로 건널 수 없기 때문에 반드시 때를 기다린 후에 움직여야 한다(有險在前, 不可妄涉, 故須待時然後動也)"고 말하는 것이 바로 이런 의미에 해당한다.

5 김경방의 『주역전해』는 수괘 괘사에서 "진실한 믿음을 가지고 있는 것이니 밝게 형통하고(有孚, 光亨)"라고 하는 것은 수(需)가 가지고 있어야 할 방향을 말하고, "정길(貞吉)"은 수(需)를 실현하는 방법을 말하고, "이섭대천(利涉大川)"은 수(需)의 효과를 말한다고 하였다(78쪽).

6 등구백의 『백서주역교석』에서는 "유(煩)"를 '그물눈이 촘촘한 그물'을 의미하는 "수(繻)"로 보고, "복(復)"을 왔다갔다라는 왕복하는 의미로 사용하고 있다.

니 큰 내를 건넘이 이로우니라.

전의 해석 : 수는 마음속에 진실한 믿음을 가지고 있는 것이니, 밝게 형통하고 바르면 길하고 큰 내를 건너는 데 유리하다.

🉑 큰 제사를 지내기 위해서 큰 내를 왕래하면서 그물을 던져 고기를 잡는데, 점쳐 보니 크게 길하고 또 큰 내를 건너는 데 이로운 점이 나왔다.

象曰 需는 須也[7]니 險이 在前也니 剛健而不陷[8]하니
단왈 수 수야   험 재전야   강건이불함

其義[9]不困窮矣라.
기 의 불 곤 궁 의

단전에서 말하기를 수는 기다린다는 의미인데, 위험이 앞에 있으면서도 강건하여 위험에 빠지지 아니하니 그 기다리는 뜻이 곤궁함에 빠지지 않을 것이니라.

需有孚光亨貞吉은 位乎天位하여 以正中也[10]요
수유부광형정길   위호천위   이정중야

---

[7] 「잡괘전(雜卦傳)」에서는 "수는 나아가지 않는 것이다(需, 不進也)"라고 하여 "기다린다"는 의미로 해석하고 있다.
[8] 여기에서 "험(險)"은 상괘의 감(坎)을 말하고, "강건(剛健)"은 하괘의 건(乾)을 말한다.
[9] "의(義)"는 의미, 마땅함, 뜻 또는 도리 등으로 다양하게 해석할 수 있는데, 여기에서는 "기다리는 뜻"이라는 말로 해석하였다.
[10] "구오의 천위(天位)에 자리하고 하고 있어 바르게 가운데(中) 자리하기 때문이요(位乎天位, 以正中也)"라는 말은 구오의 중정(中正)한 효위(爻位)를 말하려는 것이 아니라, "바르게(正)"라는 말을 통해서 "중"을 강조하려는데 있다. 한 괘의 여섯 효 중에서 초효와 이효는 지위(地位)이고, 삼효와 사효는 인위(人位)이고, 오효와 상효는 천위(天位)로 오효는 천위에 속한다.

수는 마음속에 진실함을 가지고 있는 것이니 밝게 형통하고 바르면 길하다는 것은 구오가 천위(天位)에 있으면서 바르게 가운데(中) 자리하기 때문이요.

利涉大川은 往有功也라.[11]
이섭대천   왕유공야

큰 내를 건너는데 이롭다는 것은 가서 공이 있음이라.

象曰 雲上於天이 需[12]니 君子以하여 飮食宴樂[13]하나니라.
상왈 운상어천   수   군자이   음식연락

상전에 말하기를 구름이 하늘 위에 있는 것이 수이니, 군자가 이것을 본받아 먹고 마시며 잔치를 열고 즐기며 기다리니라.

初九는 需于郊[14]라 利用恒[15]이니 无咎리라.
초구   수우교   이용항   무구

---

11 때를 기다리면서 강건(剛健)한 덕을 길러 어려움을 돌파하니 공을 이루게 된다는 말이다.
12 건괘는 천(天)이고 감괘는 구름(雲)인데, 구름이 하늘 위에 있어서 아직은 비가 되어 내리지 않는 상으로 더 기다려야(須待) 하는 의미를 담고 있다. 즉 ☵(水)는 상괘(上卦)에 있으면 구름이 되고, 하괘(下卦)에 있으면 비로 표현된다. 쉽게 경거망동해서는 안 되는 상황이다. 계속 난관이 있기 때문이다.
13 여기에서 말하는 "먹고 마시며 잔치를 열고 즐기며(飮食宴樂)"라는 말은 단순히 주색잡기에 빠져 놀고 있다는 의미가 아니라, 때를 살피면서 심신을 편안히 하고 능력을 기르면서 기다리는 것을 말한다. 이에 대해 정이천은 "군자가 구름이 하늘에 올라가서 기다렸다가 비가 되는 상을 관찰해서 도덕을 품으면서 편안하게 때를 기다리고 음식으로 자기의 기운과 몸을 기르며 잔치하고 즐김으로써 자기의 마음과 뜻을 화락하게 하니 이른바 마음 편하게 거하면서 천명을 기다린다는 말이다(君子觀雲上於天需而爲雨之象, 懷其道德, 安以待時, 飮食以養其氣體, 宴樂以和其心志, 所謂居易以俟命也)"고 하였다.
14 고대의 국가(國家)에는 교(郊)를 중심으로 하여 국(國)과 야(野)의 구분이 있었다. 『이아(爾雅)』에서는 "읍(邑)의 바깥을 교(郊)라 하고, 교(郊)의 바깥을 야(野)라고 한다(邑

효 初九, 需于郊,[16] 利用恒. 无咎.
　　　초구　유우교　　　이용항　무구

초구는 교외에서 기다리는 것이니 평상시의 마음을 가지고 인내하면 이로우니, 반드시 잘못하는 허물이 없을 것이리라.

백 초구는 교외에서 고기를 잡는데 오래 하면 이로우니 이것으로 점을 쳐도 해로운 점이 나오지 않을 것이다.

象曰 需于郊는 不犯難行也[17]**요 利用恒无咎는 未失常也**[18]**라.**
　　상왈　수우교　　불범난행야　　　　이용항무구　　미실상야

상전에서 말하기를 교외에서 기다린다는 것은 험난함으로 무작정 나아가는 우를 범하지 않는 것이오, 평상시의 마음을 가지고 인내하면 이로워 반드시 잘못하는 허물이 없을 것이라는 것은 아직 항상심(恒常心)을 잃지 않았기 때문이다.

　外謂之郊, 郊外謂之野)"고 하여 도성의 바깥을 교(郊)라고 하였다. 여기에서 멀리 "교외에서 기다린다(需于郊)"는 의미는 상괘인 감괘(坎卦)의 위험에서 멀리 떨어져 있음을 말한다.
15 비록 초구가 위험에서 멀리 떨어져 있으나 경거망동하지 않고 본래의 마음을 가지고 인내하면서 때를 기다려야 한다고 말한다.
16 등구백의 『백서주역교석』에서는 "교(莢)"와 "교(郊)"가 같은 음이기 때문에 같은 의미를 가지고 있는 것으로 보고 있다.
17 하괘인 건괘(乾卦)는 앞으로 나아가는 성질이 있기 때문에, 이를 경계하여 위난(危難)을 범하면서 함부로 나아가지 않아야 함을 말하고 있다.
18 기다리겠다는 항상심(恒常心)으로 초심(初心)을 잃지 않고 끝까지 견지하여야 함을 말한다. 이른바 "견디는 것이 승리하는 것"이라는 말이다. 초구에서 말하려는 것은 위험에 직면한 상황에 대해 말하려는 것이 아니라, 미리 위험을 고려한 전단계의 마음상태에 대해 말하는 것이라고 할 수 있다.

九二는 需于沙[19]라 小有言[20]하나 終吉하리라.
구이 수우사 소유언 종길

🔲 九二, 穤于沙, 小有言, 冬[21]吉.
구이 유우사 소유언 동길

구이는 강변의 모래톱에서 기다리니 조금의 말이 있기는 하나 끝내는 좋을 것이다.

🔲 구이는 그물로 고기를 잡다가 피곤하여 모래톱 위에 누워 있는데 거의 말을 못할 지경이었으나 다시 말을 할 수 있게 되는데 끝내는 결과가 길하게 될 것이다.

象曰 需于沙는 衍으로 在中也[22]니 雖小有言하나 以吉로 終也리라.
상왈 수우사 연 재중야 수소유언 이길 종야

---

19 "모래톱(沙)"은 물가에 있다. "모래톱"에서 기다린다는 것은 초구의 "교외에서 기다리는" 것에 비교하면 위험에 한 걸음 더 가까이 접근해 있음을 비유한 것이다.
20 재해(災害) 중에는 큰 것이 있을 수도 있고 작은 것이 있을 수도 있다. 작은 재해 중의 하나가 바로 언어에 의한 상해(傷害)이다. 즉 위험과 거리가 보다 가깝지만 아직 위험에는 직면하지 않음을 비유적으로 설명한 것이라고 할 수 있다. "언(言)"은 『주역』중에서 구설(口舌)의 시비(是非) 혹은 다른 사람이 뒤에서 험담을 하거나 또는 언어적 비판을 하는 것을 의미한다. 수괘(䷄)의 괘상(卦象)으로 보면 제2효에서 제4효까지는 태괘(兌卦)의 호괘(互卦)이다. 호괘라는 것은 모든 괘의 초효(初爻)와 상효(上爻)를 제외한 중간의 네 효를 서로 연결하여 하나의 소성괘(小成卦, 세 효로 이루어진 8괘)를 이룬 것을 말한다. 그 중 2, 3, 4효를 연결한 호괘를 하호(下互)라 하고 3, 4, 5효를 연결한 호괘를 상호(上互)라고 한다. 『좌전』이나 『국어』 등에서는 자주 호괘를 사용한다. 본 괘의 하호(下互)인 제2효에서 제4효까지는 태괘(兌卦)로 그것이 의미하는 것은 바로 구설(口舌)이다. 왜냐하면 「설괘전」 제11장에서 태괘를 구설(口舌)로 보기 때문이다. 그러나 구이(九二)는 위험 속에 있지 않기 때문에 상해(傷害)가 그렇게 크지 않다. 그러므로 "조금의 말이 있다(小有言)"라고 하는 것이다.
21 "동(冬)"이라는 말과 "종(終)"이라는 말은 상통한다. "동(冬)"은 사계절 중에서 마지막이기 때문이다.
22 "연(衍)"이라는 말은 관대하여 여유롭게 중(中)의 자리에서 기다린다는 말이다. 급하게

상전에 말하기를 모래사장에서 기다린다는 것은 너그러움으로 가운데에 있는 것이니 비록 조금의 말이 있기는 하나 길하게 마치리라.

九三은 需于泥²³니 致寇至²⁴리라.
구삼   수우니   치구지

🔳 九三, 襦于泥, 致寇至.
　 구삼　유우니　치구지

구삼은 진흙탕에서 기다리니 도적을 불러 오게 하였다.

🔳 구삼은 진흙탕에서 고기를 잡으니 도적을 불러 오게 하였다.

象曰 需于泥는 災在外也라 自我致寇하니 敬愼이면 不敗也²⁵리라.
상왈 수우니   재재외야   자아치구   경신   불패야

상전에 말하기를 진흙탕에서 기다린다는 것은 재앙이 밖에 있으니 나로 말미암아 도적을 부르는 것이니 경건하고 신중히 하면 낭패를 당하는 상태에

　　나아가지 말아야 한다는 의미이다.
23 "니(泥)"는 진흙탕을 말한다. 위험을 상징하는 물, 즉 감괘(坎卦)에 바짝 다가서 있기 때문이다.
24 "도적(寇)"은 해로운 것 중에서 가장 심각한 것을 상징한다. 구삼(九三)의 효는 하괘의 맨 위(上)에 자리하여 상괘의 위험과 바로 붙어 있다. 이에 대해 주자는 『주역본의』에서 "도적은 해로움 중에서 큰 것으로 구삼이 험한 데로 감이 더욱 가깝고 지나치게 강하고 중을 얻지 못했기 때문에 그 상이 이와 같다(寇則害之大者, 九三去險愈近而過剛不中, 故其象如此)"고 말한다. 즉 구삼(九三)은 비록 정위이기는 하나 지나치게 강한 과강(過剛)이고 또 중(中)의 자리가 아닌 부중(不中)의 자리(位)에 있어서 스스로 위험을 초래할 가능성이 크다는 것을 경계하고 있다.
25 "패(敗)"는 부상, 상처를 뜻한다. 제임스 레게는 "패(敗)"를 "최악의 나쁜 상태(worst)"라는 말로 표현하고 있는데 매우 좋은 해석으로 보인다. 이런 낭패의 상황으로 가지 않기 위해서는 자신의 행동을 진지하고 신중하게 하여야 한다.

빠지지는 않을 것이다.

六四는 需于血²⁶이니 出自穴²⁷이로다.
육사   수 우 혈   출 자 혈

백 六四, 繻于血, 出自穴.²⁸
육사   유 우 혈   출 자 혈

육사는 피 속에서 기다리니 구멍으로부터 빠져 나왔다.

백 육사는 혈거(穴居)에서 나와 큰 도랑으로 가서 고기를 잡는다.

---

26 상괘(上卦)인 감괘(坎卦)의 위험 속에 이미 빠져들어서 기다리는 것을 말한다. "피(血)"라고 말하는 것은 부상당한 상태가 심각하다는 것을 의미한다.

27 육사는 비록 정위(正位)로 이미 위험에 빠져들기 시작하는 단계이지만 진실하게 기다리는 태도를 가져야만 어려움에서 벗어날 수가 있다. "혈(穴)"에 대한 해석은 각기 다르다. 예를 들면 주자는 그것을 위험한 곳(險陷之所)이라고 하는 데 비해, 정이천은 안전한 곳(物之所安)이라고 말한다. 『백서주역』에서는 혈거(穴居)로 말하고, 빌헬름의 영역본에서는 위험한 구덩이나 구멍(pit)으로 해석하고 있다. 육사는 감험(坎險)의 시작인 "혈(穴)"에 있다. 「설괘전」에서 "감은 ……숨어 엎드리는 것이 되고, …… 피를 의미하는 괘가 되고(坎, ……爲隱伏, ……, 爲血卦)"라고 하였는데, "숨어 엎드리는 것(隱伏)"이 바로 "혈(穴)"의 상이다. "피 속에서 기다리니(需于血)"라는 말은 감(坎)에서 기다린다는 말로 육사가 이미 감괘에 진입하여 기다린다는 말이다. 숨어 엎드려 있는 "혈(穴)"에서 나오는 이유는 아래에서 강하게 올라오는 건괘(乾卦)에게 편안한 자리인 "혈(穴)"을 양보하고 순순하게 나오기(出自穴) 때문이다. 그래서 혈(血)에 기다리는 상(象)이다. 따라서 깊은 감험(坎險)에 빠지는 일없이 때를 잘 기다려서, 결국에는 "피", 즉 위험에서 탈출할 수가 있다.

28 등구백의 『백서주역교석』에서는 "혈(血)"을 "혁(洫)"의 뜻으로 보고 있다. "혁(洫)"은 성벽을 둘러싸고 있는 도랑을 말한다. 고대에는 맹수들의 공격을 피하기 위해 성벽 둘레에 폭이 상당히 넓은 도랑을 팠는데 그곳에는 많은 물고기가 살고 있었을 것으로 보인다. "혈(穴)"을 혈거(穴居)또는 지혈(地穴), 즉 땅속의 거주지로 말하고 있다. 153쪽 참조바람.

象曰 需于血은 順以聽也²⁹라.
상 왈 수 우 혈   순 이 청 야

상전에 말하기를 피 속에서 기다린다는 것은 순종하여서 따르는 것이다.

九五는 需于酒食이니 貞하고 吉³⁰하니라.
구 오   수 우 주 식   정   길

🔲 九五, 禘于酒食. 貞吉.
   구 오   유 우 주 식   정 길

구오는 술과 음식을 먹는 가운데 기다리니 바르면 길할 것이다.

🔲 구오는 고기를 잡아 잔치를 열고 점을 쳐 물어 보니 매우 길한 결과가 나왔다.

象曰 酒食貞吉은 以中正也³¹라.
상 왈 주 식 정 길   이 중 정 야

상전에 말하기를 술과 음식을 먹는 가운데 바르면 길하다는 것은 중정하기

---

29 비록 쉽게 벗어나기 어려운 위험과 난관에 처해 있지만 냉정히 기다려서 시세(時勢)의 흐름에 따라가면 충분히 벗어날 수 있다.
30 구오는 양강(陽剛)의 중정(中正)으로 존위(尊位)에 자리하고 있고, 본 괘의 주효(主爻)에 해당한다. 술과 음식을 먹고 마시며 만족하고 즐기며 때를 기다리고 있다. 주자는 『주역본의』에서 "술과 음식은 잔치에서 갖추는 것이니 편안히 기다리라는 말이다. 구오가 양강으로 중정해서 높은 자리에서 기다리기 때문에 이런 상이 있으니, 점치는 사람이 이와 같이 하고 곧고 바르게 하면 길함을 얻는다(酒食宴樂之具, 言安以待之. 九五陽剛中正, 需于尊位, 故有此象, 占者如是而正固則得吉也)"고 하였다. 중요한 것은 역시 바름을 지켜야 길(吉)하다는 것이다. 이 괘의 「단전」(彖傳) 및 「대상전」(大象傳)은 모두 이 효사에 근거해서 말하고 있다.
31 술과 음식으로 기다리며 바르고 길한 것은 구오가 중정의 자리에 있으면서 중정의 도를 온전히 실현하였기 때문이다.

때문이다.

上六은 入于穴[32]이니 有不速之客三人이 來[33]하리니 敬之면
상육   입우혈   유불속지객삼인   래   경지

終吉[34]이리라.
종길

🔳 尙六, 人[35]于穴, 有不楚[36]客三人이 來하리니 敬之면 終吉.
상육   인 우혈 유불초 객삼인   래   경지   종길

32 수괘(需卦)의 두 음효는 모두 구멍(穴)의 상을 가지고 말한다. 육사는 "구멍에서 빠져 나오는 것(出自穴)"으로 말하는데, 그것은 하괘의 세 양에게 길을 양보한 것을 말한다. 이에 비해 상육은 극단의 상황이 이미 변하여 더 이상 물러날 필요가 없어서 음의 편안한 자리인 구멍 속에 들어가도 되기 때문에 "구멍 속에 들어간다(入于穴)"라고 말한다. 하괘의 세 양, 즉 건괘가 위로 올라오는 것은 때를 기다린 끝에 위험이 풀렸기 때문이다. 이런 상황을 이정조는 『주역집해』에서 순상(荀爽)의 말을 인용하여 "구름이 위로 극단의 위치에 이르렀기 때문에 더 이상 올라가지 못하고 내려와서 비가 되니 …… 비가 내려 땅의 구멍 속으로 들어가면 아래의 삼양(三陽)이 움직여 저절로 오게 된다(雲上升極則降而爲雨, ……雲雨入地則下三陽動而自至者也)"고 하여, 마치 구름이 비가 되어 내린 후에 하늘이 더욱 높게 드러나는 것과 같은 것으로 말하고 있다. "혈(穴)"은 머무는 집이나 처소(處所), 거처 등을 말하고 있는 것으로 보인다.
33 상괘인 감(坎)은 "큰 내(大川)"이고 하괘인 건괘(乾卦)는 강건(剛健)을 말한다. 상육은 가장 높은 극(極)의 자리에 있는데, 이것은 기다림(需)의 극(極)으로 그 기다림의 끝이 온 것을 상징한다. 아래 있는 세 양의 입장에서 말하면 "큰 내를 건너는데 이로운(利涉大川)" 때가 되었기 때문에 하괘의 세 양이 올라오기 시작하게 되는 것이다. 그러므로 "초대하지 않은 세 명의 손님이 올 것이니(有不速之客三人來)"라고 하는 것이다. "속(速)"은 "청(請)"의 뜻으로 세 사람의 불청객(不請客)을 말한다. 아래의 세 양이 스스로 올라오기 때문에 초대하지 않은 손님이 셋 온다고 말한다. 그러나 이들을 공경하면 결국에는 길하게 된다. 세 사람의 불청객은 아래의 초구, 구이와 구삼을 말한다. "'빈(賓)'과 '객(客)' 두 글자를 두루뭉술하게 해석해도 뜻이 통하기는 하나, 따로 떼어서 해석하면 다른 점이 있다. 일반적으로 귀한 손님을 '빈(賓)'이라 했기 때문에 천자 제후의 손님을 빈(賓)이라 했다. 일반 손님은 객(客)이라 한다." 박종연 옮김, 『논어』 134쪽 참조.
34 비록 청하지 않은 손님이지만 공경하는 태도로 대접하면 길할 것은 분명하다. 이런 태도야 말로 곤경과 어려움을 돌파하는 가장 효과적인 방법이다.
35 장립문은 『백화백서주역』에서 "인(人)"과 "입(入)"의 형태가 비슷한 것에 근거하여 "인

상육은 구멍 속에 들어가니 초대하지 않은 세 명의 손님이 올 것이니 공손하게 대하면 끝내는 길할 것이다.

■ 상육은 (고기를 잡고 돌아와) 집으로 들어가니 갑자기 청하지 않은 세 명의 손님이 오니 공손하게 대하면 끝내는 길할 것이다.

象曰 不速之客來敬之終吉은 雖不當位[37]나 未大失也[38]라.
상 왈 불 속 지 객 래 경 지 종 길   수 불 당 위   미 대 실 야

상전에 말하기를 초청하지 않은 세 명의 손님이 올 것이니 공손하게 대하면 끝내는 길할 것이라는 것은 비록 자리는 마땅하지 않더라도 크게 잃지는 않는다는 것이다.

(人)"을 "입(入)"으로 보고 있다. 173쪽 참조 바람.
36 등구백의 『백서주역교석』에서는 "속(速)"과 "초(楚)"의 발음이 유사한 것에 근거하여 "불초(不楚)"를 "불속(不速)"으로 보고 있다. 153쪽 참조 바람.
37 이른바 당위(當位)와 부당위(不當位)라는 말은 효의 음양이 정위(正位)인가를 따지는 것을 말한다. 이런 관점에서 보자면 상육은 당연히 당위인데 왜 부당위라고 하는가? 왕필은 그의 "초상무위설(初上無位說)"에 근거하여 "무위의 자리에 처했으니 부당위한 이다(處無位之地, 不當位者也)"라고 말한다. 이 문제에 대해서 주자는 "미상(未詳)"이라고 솔직하게 말하고 있다. 현대의 김경방은 "부당위"라고 하는 말의 핵심은 "경지(敬之)"에 있는 것으로 보아 "(당위이지만) 비록 부당위라고 할지라도 오는 불청객들에 대해 진심으로 공경하기만 하면(敬之) 전혀 어떠한 문제도 발생하지 않을 것"(『주역전해』, 82쪽)이라고 말한다. 나름대로 일리 있는 해석으로 보인다. 그러나 『주역절중』에서는 채청(蔡清, 1453-1508, 명대의 유명한 학자로 저서로는 『역경몽인(易經蒙引)』이 있다)의 말을 인용하여 "비록 '당위는 아니더라도'라는 말은 음이 위험의 극(極)에 자리하고 있음을 말하는 것으로, 바로 곤괘(困卦) 상육의 「상전」에서 말하는 '칡넝쿨과 위태로운 데에 곤궁하다는 것은 자리가 마땅치 않음이고'라는 말과 꼭 같다(雖不當位, 謂其陰居險極, 正與困上六 '困于葛藟', 未當也'一般)"고 하였다. 말하자면 부당위라는 말은 효위(爻位)의 관점에서 말하기 보다는 마땅하지 않는 조건이나 환경에 놓여 있는 것을 말하는 것으로 해석해야 옳을 것으로 보인다.
38 비록 적당한 자리에 있지 않지만, 적어도 크게 허물될 일은 생기지 않는다.

* 수괘의 의미와 교훈

　수괘가 말하려고 하는 것은 기다려야 한다는 의미로 사물의 발전과정 속에서 인내심을 가지고 때를 기다리는 이치에 대한 것이다. 괘사에서 말하는 "형(亨)"·"길(吉)"·이섭대천(利涉大川) 등은 바로 바름을 지키면서 때를 기다려야 함을 말하고 있다. 괘 가운데 여섯 효는 강효나 유효를 막론하고 각각 참으면서 조심스럽게 때를 기다려야 길하거나 무구(无咎)하거나 또는 위험을 평안함으로 바꿀 수 있기 때문에 6효 어디에도 흉(凶)의 상은 나타나지 않는다.

　수괘는 매우 중요한 인생과 정치적인 철리를 이야기하고 있다. 국가나 개인을 막론하고 위험을 맞이하면 시세(時勢)를 조심스럽게 살펴 앞으로 나아가야 할 때는 반드시 나아가야 하고, 나아가지 말아야 할 때에는 때를 기다릴 줄 알아야 한다. 아무리 성공의 조건을 모두 구비하고 있다고 하여도 무조건 급하게 나아가려 해서는 분명히 실패하게 되어 있다. 여기에서 중요한 것은 진실성, 믿음, 항심(恒心) 및 인내심을 가지는 것이다.

　이러한 관점은 강건중정하면서도 존위에 자리하고 있는 구오에서 표현된다. 괘사·「단전」·「대상전」에서 말하는 것들도 모두 이러한 내용들이다. 똑같은 위험을 맞이하더라도 시간·지점(地點)과 조건이 다르기 때문에 처리하는 구체적 태도나 방법은 모두 달라진다. 하괘의 세 양효가 공통적으로 요구하는 것은 함부로 쉽게 나아가지 않아야 한다는 것이다. 초구는 교외에서 기다려야 함을 말하고, 구이는 모래에서 기다려야 함을 말하고, 구삼은 진흙에서 기다려야 한다고 하여, 위험으로부터 가까이 또는 멀리 있느냐에 따라 조심하고 삼가는 태도 또한 차이가 있다. 육사와 상육의 두 효는 위험 속에 처해 있어서 다른 네 개의 양효가 처해 있는 상황과는 구별된다. 그러나 이 두 효의 효사가 강조하는 것을 근본적으로 말하면 여전히 진실함과 인내심을 가지고 적절한 때를 기다려야 한다는 기본적인 입장을 벗어나지는 않는다.

6. ䷅ 천수송(天水訟, 🔲 訟 第五)

1) 괘의 순서

송괘(訟卦)는 「서괘전」에서 "음식에는 반드시 송사가 따르기 때문에 송괘로써 받았다(飮食必有訟, 故受之以訟)"고 하였다. 이에 대해 정이천은 『이천역전』에서 "사람이 필요한 것은 음식이고, 이미 필요한 것이 생기면 쟁송(다투고 송사함)이 이로 인해 일어나니 이것이 바로 송괘가 수괘 다음 차례가 된 까닭이다(人之所需者飮食, 旣有所須, 爭訟所由起也, 訟所以次需也)"고 하였다. 「서괘전」은 수괘를 음식에 관련된 괘로 보아, 음식에 의지해서 살아갈 수밖에 없는 인간으로서는 그와 관련될 때 자연스레 다툼이 따르게 되어 있다는 점을 말하고 있다.

분명히 고대에 벌어진 수많은 전쟁의 직접적인 원인은 이런 문제와 관련이 있었을 것으로 보인다. "송(訟)"은 말을 통한 싸움으로 여전히 해결할 가능성이 크다. 왜냐하면 "송"의 상대방은 부부, 친구나 형제 등으로 대등한 조건에서 의견의 불일치로 일어나는 비교적 경미한 싸움을 의미하기 때문이다. 그러나 이런 "송"이 확대되고 심각해질 때는 천하마저도 어지러워지고 큰 군대를 동원하는 피비린내 나는 전쟁으로 치닫게 된다. 그러므로 송괘 다음에 사괘(師卦)가 나온다.

2) 괘명의 의미

송(訟)을 「잡괘전(雜卦傳)」에서는 "송은 친하지 않은 것이다(訟, 不親也)"고 하고, 『설문해자』에서는 "쟁(爭)"으로 말하고, 주자는 『주역본의』에서 "쟁변(爭辯)"이라고 말한다. "쟁(爭)"은 손으로 서로 집어 당기고 끌면서 싸우는 것을 말한다면, "송(訟)"은 말로 서로 다투는 것을 의미한다는 점에서 다르다. 송괘(訟卦)에서 말하는 "송"은 다른 사람과 시비곡직(是非曲直)을 쟁변하면서 다른 사람의 판결을 기다리는 소송(訴訟)이나 송사(訟事)의 의미를 가지고 있다.

송괘에서는 집중적으로 쟁송(爭訟)의 문제를 다루고 있는데 이 중 제일 좋은 것은 소송을 하지 않는 무송(無訟)이고, 그 다음이 송사를 빨리 끝내는 것이고, 가장 나쁜 것이 소송을 끝까지 벌이는 쟁송(爭訟)이다. 이는 공자의 "소송에 관해서야 나도 남만큼은 하지만 (가장 좋은 것이야) 소송을 일으키지 않게 하는 것이지!"[1]라는 말을 통해서 파악할 수 있을 것이다. 공자는 인간 사회의 가장 이상적이고 행복한 삶을 조화롭고 충돌이 없는 다분히 이상적인 세계에서 찾고 있다. 이 때문에 유가는 법과 형벌의 존재를 잠정적 혹은 제한적인 입장에서 인정하거나 동의할 뿐이고, 그것보다는 도덕적 교화(敎化)를 강조한다.

3) 괘의 상

송괘의 괘상은 상괘인 건괘(乾卦)와 하괘인 감괘(坎卦)로 구성되어 있다. 이 괘가 쟁송의 의미를 가지고 있다는 점을 괘상을 통해 이야기할 경우 대부분 상하괘의 괘덕(卦德)이나 이미지를 통하여 말한다. 즉 상괘는 강건하여 강권(强權)으로 아랫사람을 억압하고, 하괘는 음험(陰險)하여 윗사람을 넘보아서 서로 세력 다툼을 하고 있는 형상이다. 또 상괘의 건

---

[1] 『論語』, 「顔淵篇」 "聽訟吾猶人也, 必也使無訟乎"

은 양기(陽氣)로 상승하고, 감괘는 물로 아래로 떨어지니 둘 사이가 괴리(乖離)되어 쟁송이 생긴다고 말한다. 전체 효를 가지고 말하면 송사가 일어나게 되는 것은 대부분 구이(九二) 때문에 생긴다고 할 수 있다. 즉 구이가 구오에게 도전하므로 쟁송이 벌어진다.

訟은 有孚나 窒하여 惕²하니 中은 吉하고 終은 凶³하니
송　유부　　질　　척　　　중　길　　　종　흉

利見大人이요 不利涉大川⁴하니라.
이견대인　　　　불리섭대천

백 訟, 有復,⁵ 洫寧,⁶ 克吉, 冬凶. 利用見大人, 不利涉大川.
　　송　유복　　혁녕　　극길　동흉　이용견대인　　불리섭대천

---

2 "막힌다(窒)"는 말은 의견 대립으로 뜻이 막혀 펼 수 없게 된다는 말이다. 이런 상태에서는 냉정하게 사태를 보면서 두려워하는(惕) 계신공구(戒愼恐懼)의 태도가 필요하다.
3 중용의 덕으로 중간에서 적절하게 화해하면 길하지만, 쟁송(爭訟), 즉 싸움을 끝까지 밀고 나가면 흉하다는 말이다. 정이천은 "중길은 중도를 얻으면 길하다(中吉, 得中則吉也)"고 하였다. "끝내 흉하다(終凶)"는 것은 쟁송을 끝까지 밀어붙여서는 안 된다는 말이다. "중길(中吉)"을 "중간에 그만두면 길하다"는 의미로 해석하는 경우도 있다.
4 대인(大人)은 싸움이나 송사를 다스리는 구오(九五)를 말한다. 두 사람이 싸우면 중재하는 사람을 필요로 한다. 즉 대인의 중재를 구하면 유리하다고 말하는데, 이것이 바로 "어진 사람의 중재를 만나면 이로운 것(利見大人)"이라는 말이다. 중정(中正)의 덕을 가지고 있는 대인(九五)을 만나 재판을 받는 것이 좋다. 강건(剛健)(乾)으로서 위험(危險)(坎)을 밟고 있는 상이기 때문에, 위험을 무릅쓰고 무리하게 큰 강을 건너는 식의 위험한 일을 하는 것은 좋지 않다. "대천(大川)"은 큰 위험을 말하고, "섭(涉)"은 어떤 일을 계속 추진하는 것을 말한다.
5 통행본 주역에서는 "부(孚)"인데, 백서본 주역에서는 "복(復)"이다. 백서본 주역의 괘효사에서는 "유복(有復)"이 모두 26곳에서 출현한다. 등구백은 『백서주역교석』에서 "유복(有復)"의 뜻을 "돌아오다", "점친 결과를 보고하다" 또는 "진실하고 선량한 마음으로 돌아가다"는 뜻으로 해석 가능하다고 말하고, 송괘 괘사의 경우는 "점친 결과를 보고하다"는 뜻으로 해석하고 있다. 92-93쪽 참조.
6 "혁(洫)"은 봇 도랑, 수로(水路)의 뜻으로 사용된다. "영(寧)"은 "안(安)"의 뜻으로 물이

경의 의미 : 송은 포로를 잡아서 도망가지 못하도록 닫아 막아 놓고 경계하니, 어느 정도는 괜찮으나 끝내는 도망가 버려 흉하다. 대인을 봄이 이롭고 큰 내를 건너는 것은 이롭지 않다.

전의 해석 : 송은 마음속에 진실함을 가지고 있으나 막혀서 두려워하니, 지나치지 않고 중용을 지켜야 길하고 끝까지 밀고 나가면 흉하니 대인을 봄이 이롭고 큰 내를 건너는 식의 어려운 일을 추진하기에는 불리하다.

백서 주역 : 수로의 물이 움직이지 않아 점쳐서 물어보았는데, 도중에는 길할 수 있으나 끝내는 흉할 것이라는 점의 결과를 보고하였다. 이와 같은 이유로 대인을 보는 것이 이롭고, 큰 내를 건너는 것은 이롭지 않다.

彖曰 訟은 上剛下險하여 險而健이 訟[7]이라
단 왈 송   상 강 하 험   험 이 건   송

단전에 말하기를 송은 위가 강하고 아래가 험하여 속은 음험하고 밖은 강건하니 송이라 하고,

訟有孚窒惕中吉은 剛來而得中也[8]요
송 유 부 질 척 중 길   강 래 이 득 중 야

전혀 움직이지 않고 있는 것을 말한다. 즉 물이 전혀 움직이지 않아 수로가 제 기능을 못하고 있다는 것이다.
7 송괘(訟卦)의 상괘인 건(乾)은 굳세고(剛), 하괘인 감(坎)은 험함(險)이다. 즉 내심(內心)의 감(坎)은 음험(陰險)하고, 외표(外表)의 건(乾)은 강건하니 이 때문에 서로 쟁송(爭訟)이 벌어지게 된다.
8 여기에서 말하는 "강이 온다(剛來)"는 말은 괘변(卦變)의 입장에서 해석할 수 있다. 괘변은 괘효의 추이(推移)에 대한 운동법칙이라고 할 수 있다. 이에 대한 것은 한대(漢代) 이후의 우번(虞翻, 146-233)이나 간보(干寶, 286-336) 등이 이야기하고 있다. 그 후 특

송은 마음속에 진실함을 가지고 있으나 막혀서 두려워하니 지나치지 않고
중용을 지켜야 길하다는 것은 강이 와서 중을 얻은 것이요

終凶은 訟不可成也[9]요
종 흉　　송 불 가 성 야

끝까지 밀고 나가면 흉하다는 것은 쟁송은 부득이 해서 하는 것이니 이 일
을 끝까지 밀고나가서는 안 된다는 것이요

利見大人은 尙中正也[10]요
이 견 대 인　　상 중 정 야

히 송대의 학자들도 이에 대해 다양한 관점들을 제시하였다. 가장 영향이 큰 것으로는 주
자의 『주역본의』 속에 나오는 '괘변도(卦變圖)'와 주진(朱震, 1072-1138)의 『한상역전
(漢上易傳)』 속에 소개된 이정지(李挺之)의 '괘변반대도(卦變反對圖)'와 '육십사괘상생
도(六十四卦相生圖)'이다. 주자는 우번과 촉재(蜀才, ?-318. 西晉 시기의 范長生을 말
한다. 이정조의 『주역집해』에서는 촉재로 말하다)의 관점에 근거하여 건곤(乾坤)을 제외
한 나머지 모든 괘는 가) 하나의 양이나 하나의 음인 괘는 복괘(復卦 : ䷗)와 구괘(姤卦 :
䷫)에서 변하여 나오는데 각각 6괘이다. 나) 두 개의 양이나 두 개의 음인 괘는 임괘(臨
卦 : ䷒)와 돈괘(遯卦 : ䷠)에서 변하여 나오는데 각각 15괘이다. 다) 세 개의 양이나 세
개의 음으로 된 괘는 태괘(泰卦 : ䷊)와 비괘(否卦 : ䷋)에서 변하여 나오는데 각각 20괘
이다. 라) 네 개의 양이나 네 개의 음으로 이루어진 괘는 대장괘(大壯卦 : ䷡)와 관괘(觀
卦 : ䷓)에서 변해 나오는데 모두 15괘이다. 마) 다섯 개의 양이나 다섯 개의 음으로 이루
어진 괘는 쾌괘(夬卦 : ䷪)와 박괘(剝卦 : ䷖)에서 변하여 나오는데 각각 6괘이다. "강이
와서 중을 얻은 것이다(剛來而得中也)"에서 말하는 강(剛)은 구이를 말한다. 이는 앞의
괘변에서 보는 것처럼 두 개의 음으로 이루어진 송괘(訟卦 : ䷅)는 돈괘(遯卦 : ䷠)로부터
변하였는데, 돈괘의 제3효가 제2효로 내려오고 제 2효는 삼효에 자리하게 되었다는 것이
다. 즉 구삼과 육이가 자리를 서로 바꾸어 송괘가 되었다는 관점이다. 구이는 송괘의 주효
(主爻)이다. 구이가 송괘의 주효가 되는 것은 중(中)의 자리에 있으면서 나름대로의 믿음
을 가지고(有孚) 구오와 송사를 벌일 수 있기 때문이다.
9 "송(訟)"은 좋은 일이 아니기 때문에 이것을 끝까지 밀고 나가면 흉한 결과를 가져올 가
능성이 크다. "끝까지 밀고 나가면 흉하다는 것(終凶)"은 쟁송(爭訟)은 끝까지 밀고 나가
지 말아야 하며, 만약 끝까지 고집하면 흉하다는 말이다.
10 쟁송은 본래 시비(是非)와 곡직(曲直)을 밝히기가 쉽지 않기 때문에 반드시 중정(中正)

대인을 봄이 이롭다는 것은 중정을 숭상하는 것이요

不利涉大川은 入于淵也[11]라.
불리섭대천 입우연야

큰 내를 건너는 식의 어려운 일을 추진하기에는 불리하다는 것은 더욱 깊은 물로 빠지는 것이다

象曰 天與水違行이 訟이니 君子以하여 作事謀始[12]하나니라.
상왈 천여수위행 송 군자이 작사모시

상전에 말하기를 하늘과 물이 어긋나게 나아가는 것이 송이니, 군자는 이것을 본받아 일을 할 때는 처음부터 철저히 잘하도록 도모해야 한다.

初六은 不永所事면 小有言하나 終吉[13]이리라.
초육 불영소사 소유언 종길

백 初六, 不永所事, 小有言, 冬吉.
초육 불영소사 소유언 동길

하고 강명(剛明)한 사람의 판단을 통해야 한다. 구오는 강효(剛爻)로 정위(正位)에 있으면서 중(中)을 얻고 있는 대인(大人)이기 때문에 공정한 판결을 내릴 수 있다.
11 옛날 교통이 발달하지 않은 시기에 강을 건너가는 것은 매우 위험한 일이었다. 이런 위험한 일은 여러 사람들이 마음을 한결같이 하여 협력하여도 쉽지 않다. 따라서 쟁송하는 시기에 이런 위험한 일을 계속 추진하면 성공하기도 어려울 뿐만 아니라 더욱 어려운 위험 속에 빠질 가능성이 크다는 말이다.
12 하늘의 기운은 위로 올라가고 물은 아래로 떨어지는 성질이 있어서 그 방향이 서로 어긋난다. 모든 쟁송(爭訟)이 일어나는 출발은 무엇보다도 의견의 불일치이다. 어떤 일을 행할 때 그 시작을 분명하게 잘 헤아려서 싸움이 벌어질 수 있는 단서를 시작부터 철저하게 차단해야 싸움이 생기지 않을 수 있다.
13 초육은 지위도 비천하고 힘도 없어서 다른 사람(九四)과 쟁송을 하여 이길 수 없다. 이 효는 쟁송의 근본 원칙을 말하고 있는데, 처음에는 다소의 언쟁이나 비판을 피할 수는 없지만 과단성 있게 쟁송을 중단한다면 결국에는 길하게 될 것이라고 말한다.

초육은 쟁송하는 일을 오래도록 길게 하지 않으면, 조금 말이 있어도 끝내는 길할 것이리라.

🅱 초육은 쟁송하는 일을 오래도록 길게 하지 않으면, 조금 말이 있어도 끝내는 길할 것이리라.

象曰 不永所事는 訟不可長也[14]니
상왈 불영소사 송불가장야

상전에 말하기를 쟁송하는 일을 오래도록 길게 하지 않는다는 것은 쟁송을 길게 할 수 없다는 것이니,

雖小有言이나 其辯이 明也[15]라.
수소유언 기변 명야

비록 조금 말이 있다 하더라도 그 분별함은 밝다.

九二는 不克訟[16]이니 歸而逋[17]하여 其邑人이 三百戶면 无眚[18]하리라.
구이 불극송 귀이포 기읍인 삼백호 무생

---

14 송사(訟事)나 쟁송(爭訟)은 길게 끌고 나갈 수 없음을 말한다.
15 초육은 "비록 조금 말이 있다 하더라도(雖小有言)" 그에 상응하는 구사의 응원(應援)을 얻어 송사가 밝고 분명하게 분별되어 결국에는 길하게 된다는 말이다.
16 "불극송(不克訟)"의 "극(克)"은 "능(能)"의 뜻으로 "불능송(不能訟)", 즉 "쟁송할 수 없다"는 말이다. 구이와 구오는 적응(敵應)으로 쟁송하는 사이이다. 그러나 구오가 위에서 득위(得位)한 반면, 구이는 아래에서 실위(失位)하고 있기 때문에 구이는 구오를 상대로 싸워서 이길 수는 없는 것이 현실이다.
17 구이는 비록 중의 자리에 있으나 부정위로 구오와 싸워 이길 능력은 없다. 이는 마치 신하와 군주의 싸움과 같은 것이라고 할 수 있다. 이럴 경우 가장 좋은 것은 스스로의 능력을 잘 판단하여 몸을 낮추어 물러날 줄을 알아야 하는 것이다. "포(逋)"는 도망하는 것을 말한다.
18 『좌전』「장공(莊公) 28년」에 "모든 읍(邑) 가운데 종묘에 선왕의 신주가 있는 곳을 도

■ 九二, 不克訟, 歸而逋, 其邑人三百戶无眚.[19]
　 구이　불극송　귀이포　기읍인삼백호무생

구이는 쟁송할 수 없으니 돌아가 도망하여 그 주민이 삼백호 이하인 작은 읍(邑)이라면 큰 재앙은 없을 것이다.

■ 구이는 쟁송할 수 없으니 집으로 돌아가는 도중에 도망하여 그 읍의 주민 중 어느 누구도 그가 도망치는 것을 본 사람이 없었다.

象曰 不克訟하여 歸逋竄[20]也니
상왈 불극송　　　　귀포찬　야

상전에 말하기를 쟁송에서 이길 수 없어 돌아가 도망하여 숨으니

自下訟上이 患至掇[21]也리라.
자 하 송 상　 환 지 철　야

(都)라고 하고, 없는 곳을 읍(邑)이라고 했다(凡邑, 有宗廟先君之主曰都, 無曰邑)"고 기록되어 있다. 또 『공양전』 「환공(桓公) 원년」에 "토지가 많고 읍(邑)이 적은 곳을 전(田)이라 하고, 읍(邑)이 많고 토지가 적은 곳을 읍(邑)이라 불렀다(田多邑少稱田, 邑多田少稱邑)"고 한 것을 보면 "읍(邑)"은 고대 서민들이 모여 살던 곳으로 경작할 토지가 많지 않은 지역을 의미한다. "삼백호"는 소읍(小邑)을 말하고, 대읍(大邑)은 5백호 이상이다. 소읍으로 도망가면 큰 재앙이 생기지 않을 수 있다는 것은 반란을 일으킬 힘이 없어서 전쟁이 일어날 가능성이 많지 않기 때문이다. 여기에서 말하는 "큰 재앙이 없다(无眚)"는 것을 이정조는 『주역집해』에서 순상(荀爽)의 말을 인용하여 "군주가 싸우지 않으면 백성은 해가 없다(君不爭則百姓无害也)"는 것으로 해석하고 있다. "생(眚)"은 재앙을 말한다. 재(災)가 천재지변(天災地變) 등의 일반적인 재앙을 말한다면, "생(眚)"은 스스로 잘못해서 자초한 재앙을 의미한다.

19 여기에서 "성(省)"은 "관찰하다", "본다"는 뜻으로 쓰인다.
20 "찬(竄)"은 쥐가 구멍으로 달아나 숨는 모습을 말한다.
21 "철(掇)"은 "주워서 담는다"는 뜻을 가지고 있다. 이를테면 화(禍)를 스스로 주워 담는 것으로 화를 자초(自招) 또는 자취(自取)한 것을 말한다.

아래에서 위로 쟁송함으로 환난이 온 것이니 스스로 화를 자초한 것이다

六三은 **食舊德**하여 **貞**하면 **厲**하나 **終吉**[22]이리니 **或從王事**하여
육삼　　식구덕　　　정　　여　　종길　　　　　혹종왕사

无成[23]이로다.
무성

🔲 六三, 食舊德, 貞, 厲, 或從王事无成.
　　육삼　식구덕　정　려　혹종왕사무성

육삼은 옛 녹봉(祿俸)으로 먹고 살면서 올바름을 지키면 위태로우나 끝내는 길할 것이니, 혹 나라의 일에 종사하는 기회가 있다 하더라도 (자기 마음대로) 이룰 수 있는 것은 아니다.

---

22 "옛 녹봉(祿俸)으로 먹고 산다(食舊德)"는 말은 "음덕(陰德)에 의지한다"는 것으로 자신의 처지를 냉철하게 파악하여 주어진 현실에 만족한다는 의미이다. 왜냐하면 육삼(六三)은 초육(初六)과 마찬가지로 음유(陰柔)이고 부정위(不正位)이므로 쟁송을 할 힘이 없어 분수를 지켜야 하기 때문이다. 분수를 지켜 바른대로 행동을 하기만 하면 비록 위험이 있다 하더라도 끝내는 길할 것이다. 효의 위치로 보면 육삼은 구사와 구이의 사이에 자리하여 승강(乘剛)하면서 승강(承剛)하고 있는 형상이다. 즉 위험한 지경에 처해 있으면서도 두려움을 피할 줄 아는 위치이기 때문에 분수를 지켜 다른 사람과 다투지 않으면 끝내는 길할 것이라는 말이다.

23 이 구절은 곤괘(坤卦) 육삼 효사에서 말하는 "혹 나라의 일에 종사하는 기회가 있다 하더라도 자기 마음대로 이룰 수 있는 것은 아니다(或從王事, 无成)"의 구절과 같다. 또 나라의 일을 잘 처리했다 하여도 그 공을 자신의 것으로 삼지 않아야 한다. 이에 대해 『주역절중』에서는 이간(李簡)의 말을 인용하여 "'혹 나라의 일에 종사하는 기회가 있다 하더라도 자기 마음대로 이룰 수 있는 것은 아니다'라는 말은 나라의 일에 종사하는 기회가 있어서 공을 이룬 것을 자신의 것으로 자처하지 않아야 한다는 말이다. 쟁송이라는 것은 그 행하는 바가 서로 어긋나는 것에서 생기는데 천하의 쟁송은 또한 공을 자랑하고 자신의 선함을 과시하는 데에서 생긴다. 유는 강을 따르고, 아래는 위를 따르고, 공이 있으면서도 스스로 자처하지 않으면 능히 옛 덕을 잃지 않아서 끝내는 또한 길함을 얻을 수 있게 되는 것이다(或從王事无成者, 謂從王事而不以成功自居也. 夫訟生於其行之相違, 而天下之訟, 又起於矜功而伐善. 以柔而從剛, 以下而從上, 有功而不自居, 故能不失舊德, 而終又獲吉也)"고 하였다.

■ 육삼은 덕을 오래도록 길러 행동할 수 있는지를 점을 치니 위험하니,[24] 혹 나라의 일에 종사하는 기회가 있다 하더라도 (자기 마음대로) 이룰 수 있는 것은 아니다.

象曰 食舊德하니 從上이라도 吉也[25]리라.
　　상 왈　식 구 덕　　　 종 상　　　 길 야

상전에 말하기를 옛 녹봉으로 먹고 사는 것이니 위를 따르더라도 길할 것이다.

九四는 不克訟[26]이라 復卽命[27]하여 渝하여 安貞하면 吉[28]하리라.
　구 사　　불 극 송　　　복 즉 명　　　유　　　안 정　　　 길

---

24 통행본 『주역』에서는 뒷부분에 "종길(終吉)"이라는 말이 더 있으나 백서본에서는 보이지 않는다.
25 효사의 "옛 녹봉으로 먹고 사는 것(食舊德)"이라는 말은 주어진 분수에 만족하여 허튼 것을 구하지 않고, 다만 위의 사람을 따르면 길하고, 스스로 무엇인가를 주재하려고 하면 성공하지 못한다고 말한다.
26 구사는 강으로 음의 자리에 있는 부중부정(不中不正)의 상황에 처해 있다. 빌헬름의 영역본에서는 구사가 자신의 처지에 불만족하여 이런 상황을 쟁송을 통하여 타개하려는 것으로 말하고 있다. 구이와 비교하면 구사가 힘이 더 강하고 적수도 약해 이길 가능성이 크지만 실지로는 행동에 옮기기 어렵다. 왜냐하면 쟁송의 과정에서 명분이나 정당성을 확보하기가 쉽지 않아서 스스로의 위치에 만족할 수밖에 없기 때문이다.(30~31쪽 참조바람) "극(克)"은 능(能)이나 승(勝)의 뜻이다. 이에 대해 정이천은 『이천역전』에서 "위로 구오를 받들고 육삼을 밟고 초육과 상응한다. 구오는 군주이니 의리상 쟁송할 수 없으며, 육삼은 아래에 있으면서 유순하므로 쟁송을 하지 못하고, 초육은 상응이므로 순종하여 함께 쟁송을 할 수 있는 자가 아니다. 구사가 비록 강건하여서 쟁송하려고 하나 대적할 사람이 없어 쟁송이 일어날 수 없기 때문에 쟁송을 하지 못한다고 한 것이다(承五履三而應初, 五君也, 義不克訟, 三居下而柔不與之訟. 初四應而順從, 非與訟者也. 四雖剛健欲訟, 无與對敵, 其訟无由而興, 故不克訟也)"고 하였다. 여기에서 말하는 "밟는다(履)"는 의미는 양효로 음효의 위에 있는 것을 말하는데 또한 '거(據)'라고 하기도 한다. 이와 반대로 음효로 양효의 아래에 있는 것은 '부(附)'라고 한다.
27 자연스러운 데 돌아가 순응하는 것을 말한다. "복(復)"은 "돌아가다"는 뜻이고, "즉(卽)"은 "나아가다", "순종하다"는 의미를 가지고 있다. "명(命)"은 거역할 수 없는 어

白 九四, 不克訟, 復卽命, 渝安, 貞, 吉.
　　　　구 사　불 극 송　복 즉 명　유 안　정　길

구사는 쟁송할 수 없으니 되돌아가 올바른 명령에 따라 쟁송하는 마음을 바꾸어서 편안하고 바르게 지키면 길하리라.

백 구사는 쟁송할 수 없으니 돌아가 도망하였다는 보고를 받은 후에 즉시 혼란을 안정시키라고 명령하였다. 이 때문에 점을 치니 길하였다.

象曰 復卽命渝安貞은 不失也[29]라.
　　상 왈　복 즉 명 유 안 정　　불 실 야

상전에 말하기를 되돌아가 올바른 명령에 따라 쟁송하는 마음을 바꾸어서 편안하고 바르게 지키면 잃음이 없을 것이다.

九五는 訟[30]에 元吉[31]이라.
　구 오　　송　　원 길

백 九五는 訟에 元吉.
　　　구 오　송　원 길

───────

떤 객관적 환경이나 사실을 나타내는 정도(正道) 또는 명령을 말한다.
28 "유(渝)"는 본음(本音)이 "투"인데, 여기에서는 "유"로 읽고 "마음을 바꾼다"는 의미로 바른 데 편안히 처하는 것을 말한다. 즉 강(剛)을 유(柔)로 바꾸고 송(訟)을 화해하는 화(和)로 바꾸는 것을 말한다.
29 정도(正道)를 끝내 잃지 않았기 때문에 길함(吉)을 얻게 된다는 말이다. 바꾸어 말하면 감정에 휘말려 쟁송을 하게 되면 분명히 패하게 될 것이라는 말이다.
30 구오는 중정(中正)으로써 가장 높은 위치에 자리하여 송사(訟事)를 듣고 판결하고 중재하는 역할을 하는 사람으로 상징된다. 또 여기에서 말하는 "송(訟)"은 소송이나 쟁송의 내용을 판단하고 다루는 "치송(治訟)"을 의미한다. 치송을 할 때 중정하기 때문에 그 결과 역시 크게 길하다는 것이다.
31 구오가 가지고 있는 강건하고 중정한 덕으로 쟁송하는 문제들을 공정하게 처리한다면 백성이나 나라에 모두 길할 것이라는 말이다.

구오는 쟁송하는 데에 크게 길하다.

🔳 구오는 쟁송을 해결하였는데 길한 점이 나왔다.

象曰 訟元吉은 以中正也³²라
_{상 왈 송 원 길   이 중 정 야}

상전에 말하기를 쟁송하는 데에 크게 길하다는 것은 중정한 것으로 하기 때문이다.

上九는 或錫之鞶帶³³라도 終朝三褫之³⁴리라.
_{상 구   혹 석 지 반 대   종 조 삼 치 지}

🔳 尙九, 或錫之般帶,³⁵ 終朝三褫之.
_{상 구   혹 석 지 반 대   종 조 삼 치 지}

---

32 구오는 대인(大人)이나 군주(君主)의 상으로 그 덕이 바로 "중정(中正)"으로 괘사에서 말하는 "대인을 봄이 이롭다(利見大人)"는 것에 해당한다.
33 "혹(或)"이라는 말은 요행히 얻었다는 느낌을 주는 말이다. "석(錫)"은 "상(賞)"을 내리다"는 뜻이다. 옛날 왕이 신하에게 동기(銅器)를 내리는 것을 "석(錫)"이라 하고, 패물(貝物)을 내리는 경우를 "사(賜)"라고 하였다. "반대(鞶帶)"는 큰 가죽 띠를 말한다. 이 띠는 고대에 대부(大夫) 이상이 사용한 것으로 고관대작(高官大爵)과 높은 복록(福祿)을 상징한다.
34 "치(褫)"는 "벗다", "뺏기다"는 의미로 요행히 쟁송에서 이겨서 띠를 상으로 받았다 하더라도 얼마 못가 결국은 또 벗어주어야 하는데, 이런 일을 하루아침에 세 번을 연거푸 한다는 말로 쉽게 쟁송을 일으켜서는 안 됨을 경계하고 있다. 상구는 "송(訟)"의 끝에 있고, 양강으로 쟁송을 끝까지 밀고 나가 끝내 이기는 것을 말한다. 그러나 설령 이겨 신하가 임금에게 관복(官服)의 장식을 하사받는 일이 있어도 다시 연이어 공격을 받아 하루아침 사이에 금방 세 번이나 빼앗길 것이라고 하여 쟁송이 가지고 있는 폐단을 단적으로 이야기하고 있다.
35 "반대(般帶)"의 "반(般)"은 "대(大)"의 뜻이다. 『광아(廣雅)』에서 "반은 크다는 것이다(般, 大也)"고 하였다.

상구는 혹 상으로 가죽 띠를 하사 받았다 하더라도 아침이 끝나기 전에 세 번 빼앗길 것이다.

■ 상구는 혹 상으로 큰 가죽 띠를 하사 받았다 하더라도 아침이 되기 전에 세 번이나 옮길 것이다.

象曰 以訟受服이 亦不足敬也[36]라.
상 왈 이 송 수 복   역 불 족 경 야

상전에 말하기를 쟁송을 통하여 관복을 하사받는 경우라도 또한 공경할 만한 것이 못 된다.

* 송괘의 의미와 교훈

송괘(訟卦)가 말하려는 것은 사람들에게 어떻게 쟁송(爭訟)하여 이길 것인가를 이야기하려는 것이 아니라, 오히려 쟁송을 그치고 싸움을 하지 않도록 하는 것을 가르치려는 것에 그 궁극적 목적이 있다. 송괘에는 괘 전체를 일관하고 있는 하나의 근본적인 생각이 있는데, 그것은 바로 쟁송은 좋지 않은 일이고 가장 좋은 것은 쟁송하지 않는 것이라는 것이다. 설령 쟁송에 끼어들더라도 항상 중용의 덕을 가지고 있어야 한다. 만약 쟁송이 극단에 이르면 반드시 흉하게 된다는 것을 알아야 한다.

쟁송의 결과는 결코 좋지 않고 흉한 것이 대부분이다. 이런 쟁송이 흉함에도 불구하고 송괘의 괘효사에서는 길함(吉)을 더 많이 이야기하고 있

---

36 쟁송에 이겨 관복(官服)을 하사받는 영광을 얻었다 하더라도 특별히 공경하고 소중히 여길 수가 없다. 왜냐하면 곧 다시 빼앗기는 재앙이 오기 때문이다.

다. 왜 이러한가? 본괘의 괘효사에서 말하는 길함은 모두 신중하여 스스로 경계하거나 중용이나 중정의 덕을 발휘하여 가능한 경우들이다. 예를 들면, 구오는 군주의 자리로 그 덕이 중정하고 어느 쪽에 치우치거나 사사로움이 없어서 천하의 소송거리를 분란 없이 잠재울 수 있는 능력을 지니고 있다. 초육은 음유이고 음유는 쟁송을 할 능력도 없고 또 다른 사람과 쟁송을 실제로 하지 않아 끝내 길하게 되는 경우이다. 구이는 쟁송에서 패하여 재빨리 물러날 줄 알아 무생(無眚)을 얻게 된다. 육삼은 음유로 자기의 위치와 능력을 파악하여 싸우지 않기 때문에 또한 길함을 얻게 된다. 구사는 또 양효로 쟁송에서 패하여 후회하고 깨달음이 있어서 "쟁송하는 마음을 바꾸어서 편안하고 바르게 지키면 길하리라(渝, 安貞吉)"고 말한다. 오직 상구만이 끝까지 쟁송하여 스스로 자리를 빼앗기는 굴욕을 당하게 된다.

　이처럼 쟁송은 어쩔 수 없어서 하는 것이지만 가능하면 서로 화해하고 푸는 것이 가장 좋다. 설령 쟁송에 끼어들게 되는 상황에 있을 경우, 가능하면 빨리 그만두는 것이 가장 좋다는 말이다. 왜냐하면 비록 이긴다 하여도 이것으로 큰 이익을 얻거나 또는 다른 사람의 존경을 받을 일은 거의 없을 것이기 때문이다. 이처럼 송괘는 분명히 첨예한 대립이나 모순투쟁보다는 중화(中和) 또는 중용(中庸)의 도리를 더욱 중요한 것으로 보고 있는 것 같다.

7. ䷆ 지수사(地水師, ䷆ 師 第三十七)

1) 괘의 순서

인간들이 살아가는 이 사회에는 다툼이 없을 수 없다. 이런 싸움은 매우 사소한 것에서 시작하여 점차 큰 싸움으로 변하여 간다. 「서괘전」에서는 "쟁송에는 반드시 많은 사람들이 일어나기 때문에 사괘로써 받았다(訟必有衆起, 故受之以師)"라고 말한다. 앞의 송괘(訟卦)가 말을 통해 서로 다투는 사소한 말싸움을 의미한다면, 사괘(師卦)가 말하려는 것은 집단 간의 싸움이며, 이 싸움은 엄청난 수의 군대와 병기(兵器)가 동원되는 대규모의 전쟁을 의미한다. 송(訟)이 개인 간의 쟁송이라고 한다면, 사(師)는 나라 간의 전쟁을 의미한다.

2) 괘명의 의미

"사(師)"의 의미는 '중(衆)', 즉 '많은 사람의 무리'를 말하는데 바로 '군대(兵)'를 말한다. 고대 국가에는 상비병(常備兵)을 두지 않고 있다가 유사시에 군대를 모으는데 그 군인들은 바로 농부들이다. 농부들은 평시에는 농사를 짓다가 전쟁이 발발하면 소집되어 전쟁에 나간다. 사괘(師卦)의 "사(師)"라는 말은 "군사의 무리(兵衆)",[1] "군대(軍旅)"를 의미하는 말로 『주례』에서는 사(師)를 2500명으로 이루어진 단위로 보고 있다.[2]

---

[1] 주자의 『주역본의』의 말.

즉 500명을 여(旅), 1만 2,500명을 군(軍)이라고 한다.

사괘는 군대를 동원하여 전쟁을 치르는 문제 이외에 또한 집단을 지도하는 사람의 도리를 설명하고 있다. 이런 군대에는 뛰어난 지도자가 필요하다. 지도자의 능력에 따라 군대의 운명이 달라진다. 이는 군대뿐만 아니라 정치나 기업 경영에 있어서도 마찬가지이다. 사괘는 이런 집단의 지도자가 어떠해야 하는가에 관한 문제를 다루고 있다. 사괘는 사람을 이끄는 원칙이 '정의로움' 또는 '올바름(貞)'에 있다는 점을 매우 강조한다. 아무리 힘들어도 올바른 목적과 명분이 있으면 백성은 따른다. 정의로운 명분이 있어야 전쟁이 가능하다.

3) 괘의 상

사괘(䷆)는 상괘가 땅이고 하괘는 물로 "땅 속에 물이 고여 있는" 것으로 마치 많은 사람이 모여 있는 것과 같은 상이다. 또 상괘의 지(地)는 유순한 농민을 상징하고, 하괘의 수(水)는 험난함으로 전쟁을 상징한다고 할 수 있다. 괘의 6효로 말하면, 주효는 구이인데 이 효가 여러 다른 음들을, 즉 군대를 이끌고 있는 장수의 상이다. 구이가 주효가 되어 임금이 오히려 신하를 따르는 상황인데, 이는 특별한 관계로 오직 전쟁 시기에만 가능한 경우라고 할 수 있다. 이런 구이의 역할에 대해 정이천은 『이천역전』에서 "사괘는 양 하나가 여러 음들의 주장이 되어 아래에 있으니 장수의 상이다(師, 以一陽爲衆陰之主而在下, 將帥之象也)"고 하였다.

---

2 이정조, 『주역집해』, "師者, 軍旅之名, 故周禮云二千五百人爲師也."

師는 貞³이니 丈人⁴이라야 吉하고 无咎⁵하리라.
  사   정   장인   길   무구

🔲 師, 貞, 大人吉, 无咎.
   사 정 대인길 무구

경의 의미 : 사는 대인이 점을 쳐보니 길하고 허물이 없다고 하였다.

전의 해석 : 사는 올바름을 지켜야 하니 빼어난 지혜와 덕을 가진 장수라야 길하고 허물이 없을 것이다.

🔲 군대를 일으키기 전에 대인에게 물어보면 길하고 큰 재앙은 없을 것이다.

象曰 師는 衆也⁶요 貞은 正也니 能以衆正하면 可以王矣⁷리라.
  단왈 사   중야   정   정야   능이중정   가이왕의

단전에 말하기를 사는 무리를 말하고 정은 바름을 굳게 지키는 것을 말하는

---

3 군사를 움직이는 데에는 반드시 바름(貞), 즉 올바른 명분(名分)이나 정의(正義)로운 전쟁의 명분이 있어야 한다. 전쟁을 수행하는 데 있어서 그 전쟁이 정의롭지 않을 경우 그 군대는 목표를 잃고 지리멸렬(支離滅裂)한 오합지졸(烏合之卒)이 될 뿐이다.
4 장인(丈人)은 구이(九二)를 말하며 뛰어난 지도자를 지칭한다. 장인은 덕(德)과 재주를 겸비하여 다른 사람의 존경을 받는 사람이어야 한다. 『백서주역』에서는 "대인(大人)"으로 쓰고 있다. 『주역집해』에서도 대인(大人)의 뜻으로 볼 수 있음을 최경(崔憬)의 말을 인용하여 말하고 있다.
5 힘든 난국에 지혜와 덕을 갖춘 장수를 발탁하여 전쟁을 잘 수행하면 그 결과도 길(吉)하고 민심(民心)까지 얻을 수 있게 되어 별다른 허물이 없음을 말한다.
6 "무리(衆)"를 괘상으로 말하면 다섯 음효를 가리킨다. 이 다섯 음효를 일사불란하게 이끄는 자가 바로 구이의 유일한 양이다.
7 천하를 통일하여 왕업(王業)을 이루어 왕 노릇을 할 수 있을 것이라는 말이다. 여기에서 "왕(王)"은 동사로 사용되고 있다. 또한 도덕정치에 근거하고 있는 왕도(王道)를 천하에 펼친다는 의미로 쓰이기도 한다.

것인데, 무리를 바른 정도로 이끌 수 있으면 (천하를 통일하여) 왕 노릇을 할 수 있을 것이다.

剛中而應하고 行險而順[8]하니
강중이응　　행험이순

(구이의) 강이 중에 있고 위의 (육오와) 상응하여 위험을 행하지만 유순으로 하니,

以此毒天下而民從之[9]하니 吉하고 又何咎矣리오.
이차독천하이민종지　　　길　　우하구의

이로써 천하의 모든 국민에게 해를 주면서 부리는데도 백성들이 군주의 명에 따르니 길하고 또 어찌 허물이 있겠는가?

象曰 地中有水[10]師니 君子以하여 容民畜衆[11]하나니라.
상왈 지중유수 사　 군자이　　 용민휵중

---

8 군대의 지휘권을 가지고 있는 장수인 구이와 그를 발탁한 왕인 육오와의 관계에 대해 말하고 있다. 구이는 양강(陽剛)으로 중의 위치에 자리하여 여러 음들을 지휘하는 군의 사령관을 상징한다. 육오는 음효로 군위(君位)에 자리하고 있는 군주이다. 구이와 육오가 상응한다는 것은 군대를 지휘하고 있는 구이를 군주인 육오가 전폭적으로 신임하고 있다는 말이다. 군대의 통수권을 가진 육이가 위험한 일, 즉 전쟁을 치르면서 자칫 쉽게 권력을 남용할 경우가 있을 수 있지만 끝까지 군주인 육오와의 군신(君臣) 관계를 망각하지 말아야 할 것을 이야기하고 있다.

9 "독(毒)"은 "해독(害毒)"(정이천), "해롭다(害)"(朱子), "부리다(役)"(왕필), "다스리다(治)"(馬融) 등의 다양한 해석들이 있다. 여기에서는 "해를 주면서 부린다"는 뜻으로 해석하였다. 비록 온 천하의 백성들에게 많은 해를 주면서 심지어 목숨까지 던지게 하기 위해서는 그들을 믿고 따르게 하는 정의로움과 명분이 있어야 한다는 말이다. 또 김석진의 『대산주역강해』에서는 "독(毒)"에 대해 "왕이 군사를 쓰는 것은, 마치 평소에 쓰지 않다가 난치의 병을 다스릴 때만 쓰는 독약과 같은 것이니, 마땅히 대중적인 합의가 있을 때에만 부득이하게 써야 하는 것이다"(150쪽 참조 바람)라고 하였는데 매우 좋은 해석으로 보인다.

상전에 말하기를 땅 속에 물이 있는 것이 사괘인데 군자가 이것을 본받아 (땅처럼) 백성을 포용하고 길러주어야 한다.

初六은 師出以律¹²이니 否면 臧이라도 凶¹³하니라.
초육   사출이율   부   장   흉

▨ 初六, 師出以律, 否臧凶.¹⁴
  초육   사출이율 부장흉

초육은 군대를 출동시키는 데 있어서 엄격한 군율로서 지휘하여야 하는데 그렇지 않으면 선하다(승리한다) 하더라도 결국은 흉하게 될 것이다.

▨ 초육은 군대를 출동시키는 데 있어서 엄격한 군율로서 지휘하지만 혼

---

10 땅 속으로 물이 흘러들어와 엄청난 양의 지하수가 한데 모여 있는 형상으로 다양한 여러 사람들이 모여 군대를 이루는 것을 상징하고 있다.
11 정수창(丁壽昌, 생졸년대 미상, 청대의 역학자)은 『독역회통』(讀易會通)에서 "휵(畜)에는 모은다는 뜻과 기른다는 뜻 두 가지가 있다고 하였다. 『경전석문』에서는 그 설을 모두 말하고 있는데 『주역정의』에서는 기른다는 뜻으로 보고 있고, 『이천역전』에서는 모은다는 의미로 보고 있는데, 이 두 설을 다 겸해야 비로소 깊추었다고 말할 수 있다(畜有聚養二義. 釋文兼存其說, 正義訓養, 程傳訓聚. 兼兩說始備)"고 하였다. "땅 속에 물이 있는 것(地中有水)"처럼 땅의 후덕함으로 자신을 크게 비운다는 "중(中)"의 의미가 바로 앞에서 말하는 "백성을 포용하고 길러주어야 한다(容畜)"는 뜻에 해당한다고 할 수 있다.
12 초육은 사괘(師卦)의 시작으로 전체 괘의 대의를 말하고 있다. 출사(出師)하는 데 있어서 가장 중요한 것은 역시 엄격한 군기(軍紀)이다.
13 "부(否)"는 "부(不)", "장(臧)"은 "선(善)"의 의미로 "부장(否臧)"은 "불선(不善)", 즉 '군기가 불량하다'는 뜻으로 해석할 수 있는데, 주자의 해석이 이와 가깝다. 즉 만약 군기가 불량할 경우 그 군대의 장래가 어떻게 될 것인가는 너무나 자명한 사실이라는 것이다. 이에 비해 정이천은 "군율대로 하지 않으면 비록 선하더라도 또한 흉하니 비록 승전하였다 하여도 여전히 흉한 도이다"(不以律, 則雖善亦凶, 雖使勝捷, 猶凶道也)로 해석하고 있다.
14 백서주역에서는 "장(臧)"을 '매장'의 의미로, "흉(兇)"을 '재앙' 또는 '혼란'의 뜻으로 사용하고 있다.

란스런 요인들을 완전하게 제거하지(숨기지) 못했다.

象曰 師出以律이니 失律하면 凶也[15]리라.
상왈 사출이율   실율   흉야

상전에 말하기를 군대를 출동시키는 데 있어서 엄격한 군율로서 지휘하여야 하는데 군율을 잃으면 흉하게 된다는 것이다

九二는 在師하여 中할새 吉하고 无咎[16]하니 王三錫命[17]이로다.
구이   재사   중   길   무구   왕삼석명

백 九二, 在師中, 吉, 无咎. 王三湯[18]命.
구이 재사중 길 무구 왕삼탕 명

구이는 군을 통솔하는 자리에 있으면서 중의 덕을 가지고 있으면 길하여 허물이 없으니 왕이 세 번이나 상을 내리는 명령을 내렸다.

---

15 어떤 일이든지 시작을 신중하게 하여야 함을 64괘의 모든 초효(初爻)가 강조하고 있지만, 사괘(師卦)에서는 특히 강조되고 있다. 왜냐하면 군대의 시작과 끝은 바로 군기에 의해 이루어지기 때문이다.
16 구이는 부정위이지만 육오와 상응하고, 또 유일한 양으로 중(中)의 자리에 있어서 다른 모든 음들이 믿고 따르는 빼어난 장수(將帥)의 상이다. 신하의 자리에서 이처럼 최고의 권력을 행사하는 경우는 군대의 경우에나 가능한데, 여기에서 가장 중요한 덕목은 절대로 교만해서는 안 된다는 것이다. 다행히 구이가 중의 덕을 가지고 있고, 군주(육오)에게 신임을 받고 있어서 자신에게 주어진 소임을 성실하게 다 할 수만 있으면 길하여 아무런 죄도 허물도 없을 것이다.
17 왕(王)이 공(功)을 칭찬하여 세 번이나 상을 내리라는 명령을 하는 것을 말한다. 공이 큰 신하에게 왕이 내리는 세 번의 명 가운데 첫 번째 명은 공(公), 후(侯), 백(伯), 자(子), 남(男) 등의 작위(爵位)를 내리라는 것이고, 두 번째 명은 복(服)을 내리라는 것이고, 세 번째 명은 수레(車)나 말(馬) 등을 하사하라는 것이다.
18 "탕(湯)"은 "사(賜)"를 가차(假借)한 글자로 하달(下達)한다는 뜻을 가지고 있다. 등구백의 『백화백서주역』 94쪽.

🅑 구이는 군을 지휘하는 중심에서 길하고 허물이 없다는 점을 얻었다. 왕이 세 번이나 명령을 하달하였다.

象曰 在師中吉은 承天寵也요 王三錫命은 懷萬邦也[19]라.
상왈 재사중길   승천총야   왕삼석명   회만방야

상전에 말하기를 군을 통솔하는 자리에 있으면서 중의 덕을 가지고 있으면 길하다는 것은 하늘의 총애, 즉 천자의 총애를 받는다는 것이고, 왕이 세 번이나 상을 내리라는 명령을 내린다는 것은 모든 나라를 굴복시켜 품으려 하기 때문이다.

六三은 師或輿尸면 凶[20]하리라.
육삼   사혹여시   흉

🅑 **六三, 師或輿尸, 凶.**
육삼   사혹여시   흉

육삼은 군사가 혹 시체를 수레에 싣게 되면 흉할 것이다

🅑 육삼은 죽은 병사들의 시체를 보고 모두 놀라 두려워하고 있다.

---

19 육오의 왕(王)이 공을 칭찬하여 사령관인 구이에게 세 번이나 상을 내리라는 명령을 내리는 것은 근본적으로 모든 나라를 굴복시켜 품으려는 의지를 가지고 있기 때문이다.
20 이 구절은 전쟁에 패한 것을 상징적으로 표현한 말이다. 고대에는 전쟁에 지더라도 시신을 함부로 버리지 않았기 때문이다. 육삼은 구이를 승강(乘剛)하고 있고 상응하는 것도 없다. 또 음유(陰柔)로서 부중부정하고 재주는 약한데 뜻만 강하여 자기 분수를 넘어서는 일을 맡아 실패하는 상이다. 만약 자신의 역량을 올바로 파악하지 못하고 군대를 가볍게 움직이면 대패하여 시체만을 잔뜩 싣고 돌아올 가능성이 클 것이라고 말한다. 정이천은 "시(尸)"를 "시신"이 아닌 "주장하다"라는 뜻으로 해석하기도 한다. 즉 여러 사람이 제 마음대로 각자 주장하는 상황에서 군사를 이끌면 반드시 대패하게 된다는 것이다.

象曰 師或輿尸면 大无功也²¹리라.
　　　상 왈　사 혹 여 시　　대 무 공 야

상전에 말하기를 군사가 혹 시체를 수레에 싣게 되면 큰 공이 없다는 것이다.

六四는 師左次²²니 无咎로다.
육 사　　사 좌 차　　　무 구

🔲 六四. 師左次. 无咎.
　　육 사　사 좌 차　무 구

육사는 후퇴하여 머무르니 허물이 없다.

🔲 육사는 군대가 좌측에서 야영하고 있다. 재앙이 없을 것이라는 점의 결과가 나왔다.

---

21 성공하지 못하고 결과는 흉하다고 말하면서 큰(大) 공이 없다는 것은 특히 구이의 "왕이 세 번이나 상을 내리는" 경우와 대비하여 말하고 있다. 구이는 "길하고 허물이 없다(吉无咎)"고 하여 길함을 강조한 데 반해 육삼은 "대(大)"를 통하여 실패한 것을 강조하고 있다.

22 본래 『주역』에서 사(四)의 자리는 자주 진퇴(進退)를 말한다. 예를 들면 건괘 구사의 "혹 위로 뛰어 오르거나 혹은 연못에 있으면(或躍在淵)"이나, 곤괘 육사의 "주머니를 묶으면 허물도 없고(括囊无咎)" 등의 경우가 그것이다. 사괘(師卦)의 육사는 부중(不中)이지만 정위(正位)로 어려움을 알고 진퇴를 올바로 파악할 수 있는 능력을 가지고 있다. 정이천과 주자 둘 다 "좌차(左次)"를 "후퇴하여 머묾(退舍)"으로 해석하고 있다. 『좌전』 장공(莊公) 3년 조에 "군대가 하루 밤 머무는 것을 사(舍)라 하고, 이틀 밤 자는 것을 신(信)이라 하고, 그 이상 머무는 것을 차(次)라고 한다(凡師一宿爲舍, 再宿爲信, 過宿爲次)"고 하여 후퇴하여 상당 기간 머물러 있음을 말한다. 머물면서 때를 기다려 진격하려 한다는 것이다. 제 때에 잘 물러나는 것은 비록 전공을 세울 수는 없더라도 패배해서 물러나는 것보다는 훨씬 낫다. 그러므로 화(禍)나 허물은 당연히 없다.

象曰 左次无咎는 未失常也²³라.
상왈 좌차무구   미실상야

상전에 말하기를 후퇴하여 머무르니 허물이 없다는 것은 아직 상도를 잃어 버리지 않는 상황이다.

六五는 田有禽이어든 利執言하니 无咎²⁴리라. 長子帥師니
육오   전유금   이집언   무구   장자솔사

弟子輿尸하면 貞이라도 凶²⁵하리라.
제자여시   정   흉

---

23 주자는 『주역본의』에서 "어려움을 알고 후퇴하는 것은 군사의 상도이다(知難而退, 師之常也)"라고 하여 작전과 군사 지휘에 있어서의 적절한 융통성과 기민함에 대해 말하고 있다.
24 육오는 전쟁을 치르는 군주의 경우를 말하고 있는데, 실질적인 군대의 지휘자인 육이와 상응 관계에 있다. 여기서는 전쟁에 임한 군주가 결단하여야 할 두 가지 문제에 대해 이야기하고 있다. 하나는 수행하는 전쟁이 정의(正義)로운 것인지 아닌지 하는 문제이고, 다른 하나는 어떤 사람을 사령관으로 임명할 것인가 하는 문제이다. 이런 문제들을 구이와 육오의 효사에서 말하고 있다. "밭에 짐승이 있다(田有禽)"는 말은 "적이 쳐들어 왔다"는 의미이다. "잡는 것이 이롭고(利執言)"라는 말에서 "집언(執言)"의 뜻을 정이천은 "말을 받들어(奉辭)", 즉 대의명분을 세우는 것으로 해석하고 있는 데(우번, 순상, 이정조의 견해도 마찬가지임) 비해, 주자는 "집언(執言)"의 "언(言)"을 별다른 뜻이 없는 허사(虛詞)로 보고 있다. 아마도 주자는 "언(言)"을 "지(之)"의 의미로 받아들인 것 같다. 여기에서는 정이천의 해석을 따른다. 여기에서의 전쟁은 적이 침범하여 부득이하게 군사를 일으킨 것으로 전혀 잘못된 것이 없기 때문에 "허물이 없다(无咎)"고 말한다.
25 "큰아들(長子)"은 구이를 말하는데 괘사에서 말하는 "장인(丈人)"과 뜻이 같다. 이에 대해 『주역절중』에서는 호병문의 말을 인용하여 "장자는 바로 단전에서 말하는 장인이다. 무리의 입장에서 존중하여 말하면 장인(丈人)이고, 군주의 입장에서 장자(長子)로 칭하는데 모두 장로(長老)를 말하는 것이다(長子卽象所謂丈人也. 自衆尊之, 則曰丈人. 自君稱之, 則曰長子, 皆長老之稱)"고 하여, 능력과 덕을 갖춘 인물로 묘사되고 있다. "작은 아들(弟子)"로 재덕(才德)이 부족한 소인(小人)은 육삼과 육사를 상징한다. 이런 사람에게 군사 지휘권을 맡기면 반드시 패배하여 시체 싣는 일만 하게 된다는 것이다. 이런 상황에서는 아무리 전쟁의 동기가 바르고 정의롭다 하여도 결과는 패하고 흉할 것이라고 말한다.

🔲 六五, 田有禽, 利執言. 无咎. 長子帥師, 弟子輿尸.
육오　전유금　이집언　무구　장자솔사　제자여시

貞, 凶.
정　흉

경의 의미 : 육오는 사냥하여 짐승들을 잡았다. 윗사람의 말을 집행하는 것이 유리하고 해가 없을 것이다. 큰 아들은 군대를 지휘하고 작은 아들은 수레에 시체를 싣는 일을 하니 흉하다는 점의 결과를 얻었다.

전의 해석 : 육오는 밭에 짐승이 있으면 (적이 침입하거든) 말을 받드는 것이 (전쟁의 명분을 세우는 것이) 이롭고 허물이 없을 것이다. (백성의 신임을 받는 군자인) 큰아들이 군사를 이끌어야지 (재덕이 부족한 소인인) 작은 아들에게 맡기면 패배하여 수레에 시체를 싣는 일만 하여 아무리 정의로운 전쟁이라 하더라도 (결과는 분명히 패하여) 흉할 것이다.

🔲 육오는 사냥하여 새들을 잡아 맛있는 음식을 얻었다. 점쳤는데 재앙이 없을 것이라는 결과를 얻었다. 전쟁 중에 사령관은 군대를 지휘하고 그 부관은 수레에 시체를 싣는 일을 담당한다. 흉하다는 점의 결과를 얻었다.

象曰 長子帥師는 以中行也요 弟子輿尸는 使不當也[26]라.
상왈　장자솔사　　이중행야　　제자여시　　사부당야

상전에 말하기를 큰아들이 군사를 이끄는 것은 중도로 행하는 것이고, 작

---

26 육오「상전」의 이 말은 군주의 입장에서 말한 것으로 심지가 굳고 능력 있는 인물에게 군대를 맡긴 것은 군주의 판단이 정확하다는 말이다. 만약 재덕(才德)이 부족한 소인(小人)에게 군사 지휘권을 맡겨서 패배한다면 그것은 군주가 사람을 잘못 기용했기 때문이라는 것이다.

은 아들이 수레에 시체를 싣는 일을 하는 것은 부림이 마땅하지 못한 것이다.

上六은 大君이 有命이니 開國承家에 小人勿用[27]이니라.
상육   대군   유명   개국승가   소인물용

■ **尙六, 大人君有命, 開國承家, 小人勿用.**
상육   대인군유명   개국승가   소인물용

상육은 대군이 명령을 내려 나라를 개국하여 (제후로 봉하고) 가를 받게 하지만 (경대부를 삼을 때에) 소인은 등용하지 말아야 한다.

■ 상육은 나라의 대군이 명령을 내려 나라를 개국하고 가를 받을 때에도 소인은 등용하지 말아야 한다.

象曰 大君有命은 以正功也[28]요 小人勿用은 必亂邦也[29]일새라.
상왈 대군유명   이정공야   소인물용   필란방야

상전에 말하기를 대군이 명령을 내린다는 것은 공을 올바르게 평가한다는 것이고, 소인을 등용하지 말라고 하는 것은 반드시 나라를 어지럽힐 것이기 때문이다.

---

27 상육은 사괘의 끝, 즉 전쟁이 끝난 후에 논공행상(論功行賞)을 하는 시기에 해당한다. "대군(大君)"은 육오를 말한다. 공이 큰 사람은 제후로 봉하여 개국(開國)하게 하고, 공이 작은 사람은 가(家)를 받아 경대부(卿大夫)로 삼는다. 군자를 등용해야 하고 소인은 더 이상 등용해서는 안 된다. 왜냐하면 비록 전쟁 상황에서는 부득이하여 재주에 따라 중용(重用)하지만 평화로운 시기에는 도덕적 품성(品性)이 중요하기 때문이다.
28 "정공(正功)"의 "정(正)"은 동사로 "공을 올바르게 평가하여 확정하는" "평정(評定)"의 의미를 가지고 있다.
29 소인이 만약 공을 세웠다고 하여도 "개국승가(開國承家)"하도록 해서는 곤란하다. 왜냐하면 나중에 나라를 혼란하게 하거나 심지어 반란을 일으킬 가능성이 크기 때문이다.

* 사괘의 의미와 교훈

　사괘(師卦)는 수많은 사람이 모인 군대의 의미를 가지고 괘명을 삼고 있으며, 군대를 지휘하는 도리에 대해 이야기하고 있다. 사괘는 전쟁의 원칙이 무엇인가에 대해 말하고 있다. 사괘는 고대 전쟁에 관한 몇 가지 중요한 문제에 대해 상당히 깊이 있게 논하고 있다. 예를 들면 전쟁에 있어서의 중요한 두 가지 원칙을 말하고 있는데 하나는 군대를 이용하는 전제는 바름(正)에 있다는 것이다. 즉 "무리를 바른 도리로 이끄는(能以衆正)" 것으로 "모든 국민에 해를 주면서 부리는데도 백성들이 군주의 명에 따르게(毒天下, 而民從之)" 할 수 있느냐는 문제이다. 이것은 전쟁의 정의성(正義性)에 관한 문제이다. 군사가 목숨을 바쳐 싸울 수 있는 근거는 이 전쟁이 정의로운가 그렇지 않으냐의 문제에 달려 있기 때문이다. 자신들이 수행하는 전쟁이 정의롭지 못하다고 한다면 누가 목숨을 걸고 싸우겠는가? 두 번째 원칙은 출사(出師)에 있어 승부의 관건은 올바른 장수를 선택하느냐의 여부에 있다는 것이다. 현명한 장수를 등용하여야 좋은 결과를 얻을 수 있기 때문이다. 아무리 막강한 무기와 군대를 거느리고 있다고 하여도 지휘자가 현명하지 못하면 그 전쟁은 반드시 지게 마련이다. 그러므로 사괘에서는 장수의 빼어남과 그렇지 않음을 여러 가지로 비유하고 있다.

　또 사괘에서 중요한 것은 군대를 일으키는 문제와 군대를 이끄는 문제를 나누어서 말하고 있는데, 군대를 일으키는 흥사(興師)는 앞에서 말한 정의의 문제와 연결되고, 군대를 이끄는 행사(行師)의 문제는 용병(用兵)의 문제로 지휘관의 전략전술과 연결된다.

　여섯 효는 대체로 군대를 이용하여 작전을 행하는 구체적 과정에 대해 이야기하고 있다. 초육은 군대를 이끄는 시작을 군기(軍紀)를 통하여 말하고, 구이는 군대를 지휘하는 문제에 대해 말하고 있다. 육삼은 능력이 되지 않는 지휘관의 패배에 대해 말하고, 육사는 전쟁을 행하지 않을 때의 군대 주둔의 문제에 대해 말하고 있다. 육오는 군주가 장수를 선택하여 그 임무를 맡기는 문제에 대해 말하고, 상육은 군대를 이끄는 마지막 결과에 대해 이야기하여 분봉(分封)의 문제와 논공행상에 대해 말하고 있다.

8. ䷇ 수지비(水地比, ䷇ 比 第十九)

1) 괘의 순서

비괘(比卦)는 사괘(師卦)의 도전괘(倒顚卦, 또는 綜卦)로 전쟁이 끝난 후의 상황을 말하고 있다. 즉 사괘가 '전쟁(戰)'을 말한다면, 비괘는 '화합(和)'을 말한다는 점에서 서로 극명하게 대비된다. 비괘는 「서괘전」에서 "무리는 반드시 돕는 바가 있기 때문에 비괘로써 받았다. 비는 친하여 돕는 것이다(衆必有所比, 故受之以比. 比, 親輔也)"라고 하여, 인간이 함께 살아가야 하는 데 있어서 서로 친하여 도와주는 것이 매우 필요함을 말하고 있다. 이에 대해 정이천은 『이천역전』에서 "사람들은 반드시 서로 친하여 도운 다음에 편안할 수 있기 때문에 무리가 있으면 반드시 돕는 바가 있으니 비괘가 사괘 다음에 온 까닭이다(人之類必相親輔然後能安, 故旣有衆則必有所比, 比所以次師也)"고 하였다. 실제로 동서양을 막론하고 많은 사람이 함께 살아가기 위한 국가나 사회 등의 공동체 성립에 대해 다양한 견해들을 표명하였다. 예를 들면 중국 고대의 혈연중심의 종법(宗法)에 근거하고 있는 봉건제나 서양의 국가 계약론은 모두 이것과 연관이 있는 것으로 보인다. 비괘 역시 이런 공동체 속의 정치적 관계에 대해 말하고 있다.

2) 괘명의 의미

"비(比)"의 고자(古字)는 다른 사람의 발걸음을 뒤에서 그대로 따라가는 형태를 가지고 있다. 『설문해자』에서는 "비(比)"를 "밀(密)"이라고 하여 "서로 친하여 밀접한 것"으로 말하고 있다. 비괘의 효사에서 나오는 "비(比)"의 의미를 여러 주석본은 "친하다", "돕다", "친밀하게 돕다(親輔)" 또는 "친하게 가까이하다(親比)" 등으로 다양하게 해석하고 있다. 이들이 공통적으로 이야기하려는 것은 "비"는 서로 친하고 의지해야 하는 인간관계라는 것이다. 하지만 비괘에서는 인간관계의 문제보다는 고대 국가 속에서 계층상의 서열에 근거한 존비(尊卑), 상하(上下), 지배자와 피지배자, 군주와 제후, 경대부 등의 관계에 대한 문제를 주로 다루고 있다.

3) 괘의 상

비괘(比卦 : ䷇)는 하나의 양효와 다섯 개의 음효로 이루어진 괘이다. 이 하나의 양이 바로 이 괘의 주효(主爻)인 구오로 존위(尊位)에 자리하고 있다. 이 구오를 다른 다섯 음이 받들어 서로 친하게 지내고 서로 돕는 상을 보여주고 있다.

비괘의 하괘는 곤(坤)으로 땅의 성질을 가지고 있고, 상괘는 감(坎)으로 물에 해당한다. 괘의 상은 땅위에 물이 있는 모습인데 땅은 물을 얻음으로 인해 더욱 부드러워지고, 물은 대지를 만나 더욱 빨리 흘러갈 수 있다. 그러므로 정이천은 "사물이 서로 친하고 가까이해서 서로 사이가 벌어진 것이 없는 것으로는 물이 땅위에 있는 것보다 더한 것이 없기 때문에 비괘가 된 것이다(夫物相親比而無間者, 莫如水在地上, 所以爲比也)"라고 하였다. 물이 땅위에 있는 것은 바로 서로 친하고 서로 도와주는 상징이라고 할 수 있다.

괘상으로 말하면 비괘는 구오 이외에 모든 효가 다 음효이기 때문에 구오는 그야말로 지존(至尊)의 위치에 있다. 이런 괘상을 가진 비괘가 강조하려는 공동체의 단결은 여러 음들의 구오에 대한 충성과 존중이 있어야 하고 아울러 구오의 정중(正中)한 도리에 따르는 행위가 있어야 비로소 가능해 진다고 말한다.

比는 吉¹하니 元筮²하되 元永貞이면 无咎³리라.
비 길 원서 원영정 무구

【백】 比, 吉. 元筮, 元永貞, 无咎.
비 길 원서 원영정 무구

경의 의미 : 비는 길하니 거듭 점쳐보고 큰 제사를 올렸다.⁴ 오랜 시간 점을

---

1 「잡괘전」에서 "비는 즐겁고, 사는 근심스러운 것이다(比樂師憂)"라고 하였다. "비(比)"는 사람과 사람 간에 어떻게 서로 친하게 지내고 돕는가 하는 문제를 말하고 있다. 그러므로 비괘(比卦)의 괘사는 어떤 다른 말이 필요 없이 곧 바로 "길(吉)"하다는 말이 출현한다. 비괘는 어떤 한 효가 길한 것이 아니라 모든 효가 다 길하다.
2 몽괘(蒙卦)는 초서(初筮)를 강조하는데 그 이유는 몽매한 사람이 스승을 구하기 위해서는 온 정성을 다 기울여야 하기 때문이다. 두 번 세 번 점을 친다는 것은 정성을 기울이지 않았기 때문에 그것을 일종의 모독(冒瀆)으로 보았다. 이에 비해 비괘가 말하는 "원서(原筮)"는 바로 "다시 한 번 점을 치는 것(再筮)"을 말한다. 그 이유는 내가 친밀하게 도우려는 사람이나 나와 친하게 지내려고 오는 사람 모두에 대해서 매우 신중하게 살펴보아야 하기 때문이다. 여기에서 "점을 친다(筮)"라는 말은 일종의 비유로 상황을 살펴서 결정하는 것으로 일종의 선택의 과정이라고 할 수 있다. 그러므로 공영달은 『주역정의』에서 "원서(原筮)"를 "처음부터 전체적인 상황을 분석하여 그 상황이 가지고 있는 의미를 (점쳐) 판단하여 결정을 내리는(原窮其情, 筮決其意) 것"으로 말하고 있다. 주자는 "재서(再筮)"라고 하였다.
3 "비(比)"는 "친하게 지내고 돕다(親輔)"라는 뜻이다. 윗사람이나 아랫사람이 서로 친하게 지내고 도와주려는 것에 있어서도 이런 "원영정(元永貞)"의 덕을 가지고 있어야 서로 믿을 수 있어서 허물이 없을 수 있다는 것이다. "원영정(元永貞)"의 뜻에 대해 정이천은 "원(元)"은 "인군과 어른 노릇할 수 있는 덕", "영(永)"은 "항상(恒常)하고 오래 할 수 있는 덕", "정(貞)"은 "바른 도를 얻음"으로 말하고 있다. 말하자면 이런 "원영정"의 덕을 가지고 있는 사람을 선택하여 친하게 지내고 도와야 "허물이 없을 것(无咎)"이기 때문이다.

물으면⁵ 허물이 없을 것이다.

전의 해석 : 비는 길하니 (상황을 상세하게) 거듭 점쳐서 큰 덕을 가진 사람과 서로 친밀하게 지내면서 계속하여 변하지 않으면서 바른 도를 지닐 수 있다면 허물은 없을 것이다.

▨ 친한 것은 길하다. 처음 점쳐서 크게 형통하고 계속 오랜 시간 다시 점쳐 물어도 재앙이 없을 것이다.

不寧이어야 方來⁶니 後면 夫라도 凶⁷이리라.
불녕   방래   후   부   흉

▨ 不寧方來後,⁸ 夫凶.
　불녕방래후　부흉

---

4 고형이나 주진보(周振甫, 1911-2000)는 "원(元)"은 마땅히 "원형(元亨)"으로 읽어야 하다고 주장한다. 그 근거로『좌전』소공(昭公) 7년 12월조에 "둔괘가 비괘로 변하는 점괘가 나왔다. 그는 섬을 쳐 얻은 전괘를 사조에게 보였다. 그러나 사조는 원형(元亨)이라 했는데 의심할 것이 무엇이 있겠습니까?(遇屯====之比====. 以示史朝. 史朝曰, "'元亨, 又何疑焉?)"라고 한 문장을 예로 들고 있다. 주진보의『주역역주』(周易譯注) 37쪽 참조 바람.
5 고형은 오랜 기간 점을 쳐 길흉을 묻는 것을 영정(永貞)이라고 말한다.『주역대전금주』97쪽 참조 바람.
6 "불녕(不寧)"은『주례』(周禮)에서 말하는 "불녕후(不寧侯)"를 말하는 것으로 보인다. "불녕후"를 손이량(孫詒讓, 1848-1908)은『주례정의』(周禮正義)에서 "순순히 귀순하지 않는 제후(不安順之諸侯)"라고 말하고 있다. 그런 제후국의 제후가 지금 귀순하여 친하게 지내고 도우려고 한다는 것이다.
7 이 구절은 약자의 강자에 대한 친비(親比)를 말하고 있다. 주자는『주역본의』에서 "구오가 양강의 덕으로써 상괘의 중의 자리에 있으면서 바름을 얻었고, 상하의 다섯 음이 가까이 하면서 따르니, 한 사람이 만방을 어루만지고 천하가 한 사람을 우러러보는 상이다(九五以陽剛, 居上之中而得其正, 上下五陰, 比而從之, 以一人而撫萬邦, 以四海而仰一人之象)"고 하였다. 바로 사방에서 많은 "불녕후(不寧侯)"들이 속속 귀순하고 있는 시점이기 때문에 당연히 빨리 올수록 좋은 것이다. "후부(後夫)"는 뒤에 오는 사람을 말한다.

경의 의미 : 평안하지 않은 나라에서 (조정으로) 이제 겨우 오니 늦게 오는 자는 흉할 것이다.

전의 해석 : 복종하지 않은 제후가 귀순하러 지금 드디어 오니 뒤에 오는 자는 흉할 것이다.

🔲 복종하지 않는 제후국이 늦게 오니 재앙이 미칠 것이다.

象曰 比는 吉也며
_{단 왈 비 길 야}

단전에 말하기를 비는 길하며

比는 輔也니 下順從也[9]라.
_{비 보 야 하 순 종 야}

비는 돕는다는 것이니 아래가 순순히 (구오에게) 따르는 것이다.

原筮元永貞无咎는 以剛中也[10]요
_{원 서 원 영 정 무 구 이 강 중 야}

---

8 등구백은 『백서주역교석』에서 "불녕방(不寧方)"을 "안녕하지 않은 나라"라는 의미로 말하고 있다. "방(方)"은 "방국(邦國)"으로 제후국을 말한다. 즉 "불녕방"은 바로 큰 나라에 복종하지 않고, 귀순하지 않는 제후국을 말한다.
9 아래에 있는 여러 음들이 구오에 순종하는 것을 가리킨다. 이정조의 『주역집해』에서는 최경(崔憬, 생몰년 미상, 唐代의 역학자로 저서에는 『周易探玄』이 있다)의 말을 인용하여 "아래에서 위를 친하려는 이것이 바로 아래가 순순히 따르는 것이다(下比於上, 是下順也)"고 하였다.
10 구오의 양(陽)이 중(中)에 자리하여 계속하여 변하지 않으면서 바른 도를 지니고 있어서 모든 사람들이 그와 친하게 지내려고 하는 상황을 말하고 있다.

거듭 점쳐서 큰 덕을 가진 사람과 서로 친밀하게 지내면서 계속하여 변하지 않으면서 바른 도를 지닐 수 있다면 허물은 없을 것이라는 것은 강으로써 중의 자리에 있기 때문이고,

不寧方來는 上下應也[11]요
불 녕 방 래   상 하 응 야

복종하지 않은 제후가 귀순하러 지금 드디어 오는 것은 위아래가 응하는 것이고,

後夫凶은 其道窮也[12]라.
후 부 흉   기 도 궁 야

뒤에 오는 자는 흉할 것이라는 것은 그 도가 궁한 것이다.

象曰 地上有水比[13]니 先王[14]이 以하여 建萬國하고 親諸候[15]하니라.
상 왈 지 상 유 수 비   선 왕   이   건 만 국   친 제 후

---

11 상하의 다섯 음과 구오가 서로 상응함을 말하고 있다. 일반적으로 『주역』에서 말하는 "응(應)"은 대부분 상괘와 하괘의 강유(剛柔)의 두 효가 상응하는 것을 의미하지만, 여기에서 말하는 "응"은 상육을 포함한 다섯 개의 음효와 구오가 서로 의지하는 것을 말한다. "위아래가 응하는 것(上下應)"이라고 말하는 것은 『주역』의 국가론(國家論) 혹은 군주와 백성 간의 관계를 말하는 관점에서 살펴볼 수 있다. 즉 군주를 추대하는 이유가 혼자 자존(自存)할 수 없는 현실적 상황에서 군주를 추대하여(국가의 기원에 해당함) 안녕을 구하게 되고, 군주 역시 백성의 지지가 없으면 통치의 정당성을 잃어버리기 때문에 서로 소통하지 않을 수 없다는 것이다. 여기에서 "위아래가 응한다"라는 말이 나온다. 이런 관점은 정이천의 『이천역전』에 분명하게 나타난다.

12 이것은 상육의 경우에 해당한다. 다른 사람들은 다 친비(親比)하였지만 홀로 늦게 왔기 때문에 그와 친할 자가 없게 된 경우로 비(比)의 도가 궁한 상태를 묘사하고 있다.

13 「단전」이 "아래에 있는 다섯 음이 위에 있는 하나의 양에 친비하려는" "하비상(下比上)"의 각도에서 괘의 의미를 해석하였다면, 「대상전」은 반대로 "위가 아래와 친하려는" 관점을 보여주고 있다. 즉 물이 지면(地面)과 친하게 지내 틈(불화)이 없다는 것을 나타내고 있다.

상전에 말하기를 땅위에 물이 있는 것이 비니 선왕이 이것을 본받아 만국을 건설하고 제후와 친하게 지낸다.

初六은 有孚比之라야 无咎리니 有孚盈缶¹⁶면 終에
초육   유부비지   무구   유부영부   종

來有他吉¹⁷하리라.
래유타길

---

14 군자(君子)라 하지 않고 "선왕(先王)"이라 한 것은 전쟁 후 새롭게 나라를 정비하는 왕과 관련이 있기 때문이다. 「대상전」은 대부분 "군자이(君子以)"지만 "선왕이(先王以)"가 그 다음으로 많다. 이를 도표로 그려보면 다음과 같다.

○○以	괘　　　명	총수
先王以	比, 豫, 觀, 噬嗑, 復, 无妄, 渙	7
后以	泰, 姤	2
大人以	離	1
上以	剝	1
君子以	나머지 괘	53

15 "선왕(先王)"은 친하여 틈이 없는 비괘(比卦)의 상을 본받아 천하에 만국(萬國)을 봉건(封建)하고 제후(諸侯)와 친하게 지내려고 한다. 봉건이라는 말은 봉방건국(封邦建國) 또는 봉토건후(封土建侯)라는 말에서 나왔다. 즉 왕이 직접 다스리는 지역 외에 봉지(封地)를 내려 제후(諸侯)를 세워 나라를 이룬다는 뜻이다. 또 봉건친척(封建親戚)이라고도 하는데 봉건의 형태가 주로 주(周)나라 왕실의 친척에게 봉지가 내려졌기 때문이다.

16 초육은 "비(比)"의 시작으로 구오와 친밀하게 지내면서 도우려고 한다. 본래 초육은 정위가 아니지만 워낙 진실하여 육오가 의외의 도움을 주게 된다는 것이다. 이처럼 다른 사람과 친밀하게 지내면서 돕는 데 있어서 가장 중요한 것은 "거짓 없는 진실한 마음(有孚)"이라고 할 수 있다. 이런 마음을 가지고 있어야 다른 사람의 신뢰와 믿음을 얻을 수 있게 되어 자신의 불리한 여러 조건들을 극복하여 좋은 결과를 얻을 수 있게 된다. 이것을 초육의 효사는 마음속으로 진실함을 가지고 있기 때문에 바깥으로 전혀 꾸밈이 없이 행동하는 사람, 즉 마치 어떤 장식도 하지 않은 질그릇(缶)처럼 행동하는 사람으로 표현하고 있다.

17 "종(終)"은 "끝내"라는 뜻이다. "타(他)"는 "예상치 못한 길함을 얻게 되는 것" 또는 "다른 도움을 얻는 것"을 말한다. 왜냐하면 초육과 구오는 전혀 상응의 관계가 아니기 때

🅑 初六, 有復, 比之, 无咎. 有復盈缶, 冬來或池,[18] 吉.
　　초육　유복　비지　무구　유복영부　동래혹지　　길

초육은 진실한 마음을 가지고 친밀하게 도와야 허물이 없을 것이니 마음속에 진실함을 가지는 것이 질그릇에 가득 차듯이 하면 끝내는 (예상치 못한) 다른 길함이 있을 것이다.

🅑 초육은 명령에 따라 왕래하여 따라다니며 점쳐서 물어 보았는데 허물이 없다. 계속 왕래하여 흙으로 만든 술잔에 술을 가득 채워 나라에서 만든 주지(酒池)에 가져오니 점을 치면 길할 것이다.

象曰 比之初六은 有他吉也니라.
상왈　비지초육　　유타길야

상전에 말하기를 비괘의 초육은 예상치 못한 다른 길함이 있을 것이다.

六二는 比之自內니 貞하여 吉하도다.[19]
육이　　비지자내　　정　　　길

🅑 六二, 比之自內.[20] 貞, 吉.
　　육이　비지자내　　정　길

문이다. 이런 "예상치 못한 길함을 얻게 되는 것"은 오직 진실한 마음을 가지고 있기 때문이다.
18 "동(冬)"은 "종(終)"이고, "혹(或)"은 "국(國)"자이다. "지(池)"를 등구백은 『백서주역교석』에서 상대의 주(紂) 임금이 만든 "주지(酒池)"로 보고 있다.
19 "내(內)"는 육이가 내괘(內卦)에 있는 것을 말하는데, 이 육이가 외괘(外卦)의 구오와 상응하여 길하다는 것을 말한다. 그런데 문제는 "정(貞)"하여야 "길(吉)"한 것으로 일종의 조건부적 "길"이다. 육이가 구오와 친하면서 도우려는 것에도 반드시 정도로 나아가야 하고 구차하지 않아야 한다. 즉 육이가 직접적으로 구오에게 친함을 구하는 것은 곤란하고 스스로 바른 정도를 지켜서 구오가 친함을 구하러 오도록 만들어야 한다.
20 실제로 백서본에서는 결손된 부분인데 통행본에 근거하여 보충하였다.

육이는 안으로부터 친밀하게 지내면서 도우니 바른 도를 지켜야 길하다.

▣ 육이는 내부로부터 일치단결하여야 한다. 길한 점의 결과가 나왔다.

象曰 比之自內는 不自失也[21]라.
<small>상 왈 비 지 자 내   부 자 실 야</small>

상전에 말하기를 안으로부터 친밀하게 돕는다는 것은 스스로 바른 도를 잃지 않는 것이다.

六三은 比之匪人[22]이라.
<small>육 삼   비 지 비 인</small>

▣ 六三, 比之匪人.
<small>육 삼   비 지 비 인</small>

육삼은 친밀하게 도우려고 하여도 그럴만한 사람이 아니다.

▣ 육삼은 어떤 사람도 그를 도우려 하지 않는다.

象曰 比之匪人이 不亦傷乎[23]아.
<small>상 왈 비 지 비 인   불 역 상 호</small>

---

21 주자는 『주역본의』에서 "바름을 얻으면 스스로 잃어버리지 않을 것이다(得正則不自失矣)"고 하였다.
22 "비인(匪人)"은 한 마디로 말하여 "친밀하게 도울만한 합당한 대상이 아닌 사람"을 말한다. 주자는 『주역본의』에서 "유약한 음으로 부중부정(不中不正)이며, 그 승(承) · 승(乘) · 응(應)하는 것도 모두 음이니, 친하게 도와주려는 것들이 모두 다 그럴만한 사람들이 아닌 상이다(陰柔不中正, 承乘應皆陰, 所比皆非其人之象)"라고 하여, 육삼이 친하면서 도우려는 사람은 모두 도와줄 만큼 가치가 있는 사람이 아니라고 말하였다. 친밀하게 도우려고 하지만 주위에 자기가 뜻하는 그런 사람이 없음을 말하고 있다.
23 친밀하게 도와서는 안 될 사람만 있으니 어찌 마음 상하는 것이 아니겠는가?

상전에 말하기를 친밀하게 도우려고 하여도 도울만한 사람이 아니라는 것이니 어찌 마음 상하는 것이 아니겠는가?

六四는 外比之²⁴하니 貞하여 吉하도다.²⁵
육사 외비지 정 길

🔳 **六四, 外比之.²⁶ 貞, 吉.**
육사 외비지 정 길

육사는 바깥에서 친밀하게 도우니 바른 도를 지켜야 길하다.

🔳 육사는 바깥을 도와야 한다. 길한 점의 결과가 나왔다.

象曰 外比於賢은 以從上也²⁷라.
상왈 외비어현 이종상야

상전에 말하기를 밖으로 현덕을 가진 군주를 친밀하게 도우려는 것은 위를 따르는 것이다.

---

24 육사는 구오를 승(承)하고 있다. "바깥에서 친밀하게 도우니(外比之)"의 "외(外)"는 효가 아래 있을 때는 내(內)라 하고, 위에 있을 때는 외(外)라고 하는 의미이다. 여기에서 말하는 "외비(外比)"는 구오를 따르는 것을 말한다.
25 64괘의 육사(六四) 중에서 가장 길한 괘가 바로 비괘(比卦)이다. 그러면 왜 "외비(外比)"가 길한가? 우선 육사는 정위이고, 아래의 위치에서 위의 강명(剛明)한 군주를 도우려는 것은 기본적으로 문제가 없다. 그러나 여기에서도 역시 조건이 따르는데 그것은 바른 도를 굳게 지켜야 한다는 것이다.
26 등구백은 『백서주역교석』에서 이 구절을 외국과 친선관계를 맺는 것이 나라에 이롭다는 의미로 해석한다. 157쪽 참조 바람.
27 "현(賢)"은 현덕(賢德)을 가진 군주인 구오를 말한다. 『주역』에서 "현(賢)"은 "양강중정(陽剛中正)"일 경우에 주로 사용하는 말이다.

九五는 顯比²⁸니 王用三驅에 失前禽하며 邑人不誡니 吉²⁹하도다.
구 오   현 비   왕 용 삼 구   실 전 금   읍 인 불 계   길

🄱 九五, 顯比, 王用三驅, 失前禽, 邑人不誡. 吉.
구 오   현 비   왕 용 삼 구   실 전 금   읍 인 불 계   길

구오는 친밀하게 돕는 것을 공평무사하게 드러내니 왕이 (사냥을 하면서) 세 군데로 몰아가고 (앞의 한 군데를 터놓으니) 앞에 있는 짐승을 놓아주며 읍의 사람이 경계하지 않으니 길하도다.

🄱 구오는 왕은 사냥을 할 때 세 번이나 짐승을 잡을 수 있는 기회를 놓쳤다. 읍에 사는 시종을 죽이지도 않고 오히려 잘 대해주었다. 길한 점괘가 나왔다.

象曰 顯比之吉은 位正中也³⁰요
상 왈   현 비 지 길   위 정 중 야

---

28 비괘의 구오는 정중(正中)의 덕을 가지고 있는 군주로 비괘의 주효이다. 그러므로 다른 여러 음(衆陰)들에 대하여 어느 한쪽만 편애하는 것이 아니라 공평무사하게 드러내 놓고 친밀하게 함을 말한다. "현(顯)"은 "밝음(明)"이란 뜻에서 "광명정대"하고 "공평무사"하다는 뜻으로 확장되어 사사로움이 없다는 의미를 나타낸다.
29 옛 천자가 사냥할 때 "삼구(三驅)"의 법을 사용했는데, 이는 세 면을 에워싸서 몰고 앞으로 한 길을 열어 놓고 도망가도록 하여, 안으로 들어오는 짐승만 잡고 남김없이 모두 잡지는 않았다. 이는 일종의 비유로 천자가 제후들이나 사람들 가운데 진정으로 친밀하게 돕기를 원하는 자와는 서로 친밀하게 돕지만, 싫어해서 도망가는 자는 쫓아가지 않는다는 것이다. "읍(邑)"은 천자나 제후가 거주하는 도성이나 중심을 말한다. 읍에 사는 백성들도 이런 천자의 공평무사함을 이해하고 특별히 경계하지 않으니 길할 것이라고 말한다.
30 "중정(中正)"이라고 하지 않고 "정중(正中)"이라고 말하는 이유는 무엇인가? 이에 대해 정이천은 『이천역전』에서 "친밀하게 돕는 것을 공평무사하게 드러내서 길한 까닭은 그 처한 바의 자리가 정중한 자리를 얻었기 때문이니, 정중한 자리에 처함은 바로 정중한 도에 말미암는다. 비괘에서는 치우치지 않음을 선으로 여기기 때문에 정중이라고 말하였다. 그러므로 무릇 정중이라고 말한 것은 그 처한 것이 바르게(正) 중을 얻은 것이니 비

상전에 말하기를 친밀하게 돕는 것을 공평무사하게 드러내니 길하다는 것은 자리가 바로 중하다는 것이다

舍逆取順이 失前禽也³¹요
사 역 취 순   실 전 금 야

거역하는 자는 버리고 순종하는 자를 취한다는 것은 앞에 있는 짐승을 놓아주는 것이요

邑人不誡는 上使가 中也³²일새라.
읍 인 불 계   상 사   중 야

읍의 사람이 경계하지 않음은 윗사람의 부림이 편벽되거나 치우치지 않기 때문이라.

上六은 比之无首니 凶³³하니라.
상 육   비 지 무 수   흉

괘(比卦)와 수괘(隨卦)가 이 경우이고, 중정이라고 말한 것은 중과 정을 얻은 것으로 송괘(訟卦)와 수괘(需卦)가 바로 이 경우에 해당한다(顯此所以吉者, 以其所居之位得正中也, 處正中之地, 乃由正中之道也. 比以不偏爲善, 故云正中. 凡言正中者, 其處正得中也. 比與隨是也, 言中正者, 得中與正也, 訟與需是也)"고 하였다. "정중"이라고 말한 것은 단순히 효의 위치를 가지고 말한 것이라기보다는 군주의 자리에서 공정하게 치우치지 않고(中) 광명정대(光明正大)하게 친해야 하는 덕(德)의 측면을 강조하는 것이라고 할 수 있다.

31 떠나는 자는 좇지 않고 버리고, 오는 자는 막지 않고 취하는 것이 바로 효사에서 말하는 "앞에 있는 짐승을 놓아주는 것(失前禽也)"이다.
32 "상(上)", 즉 구오가 아래(下), 즉 여러 음들을 부리는 데 중정(中正)하고 편벽되지 않는 공평무사한 덕을 보여준다는 것이다.
33 비괘(比卦) 상육(上六)의 "무수(无首)"는 "흉(凶)"인 데 비해, 건괘(乾卦) 용구(用九)의 "무수(无首)"는 "길(吉)"이라고 말한다. 그 이유가 건괘의 경우는 "양(陽)"이기 때문이다. 물론 이 "길"(吉)도 "머리를 내보이지 말아야 하거나", "유순하거나", "나서지 않아야 하는" 조건적인 "길(吉)"이다. 그러나 비괘의 상육은 입장이 다르다. 왜냐하면 상

백 尙六, 比无首, 兇.
　　　상 육　비 무 수　흉

상육은 친밀하게 돕는 것에 앞선 것이 없으니 흉하다.

백 상육은 (여러 사람들이 왕을 따라서 사냥하러 갔다가) 왕이 보이지 않아서 모두 놀라워서 혼란하였다.[34]

象曰 比之无首 无所終也[35]니라.
상 왈　비 지 무 수　무 소 종 야

상전에 말하기를 친밀하게 돕는 데에 앞선 것이 없다는 것은 끝마칠 바가 없다는 것이다

* 비괘의 의미와 교훈

비괘(比卦)의 핵심적인 의미는 공동체를 형성하는 문제로 그 내부의 상하(上下)와 피차(彼此) 상호간에 어떻게 도와서 가깝게 지낼 수 있는가라는 문제에 대해 말하고 있다. 공동체 속에는 반드시 우뚝한 리더가 있고 그를 둘러싼 구성원들 사이의 단결과 화합 및 소통의 문제가 생겨날

육은 "음(陰)"으로 오히려 "머리가 있어야 하는" 또는 "머리를 보여야 할 필요가 있는" 경우이기 때문이다. 여기에서 "무수(无首)"는 친밀하게 돕는 데 늦었다는 말이다. 다시 말해서 친밀하게 돕는 데 있어서 적극성을 보여주어야 하는데 그렇지 못했으므로 흉하다는 것이다.

34 이 관점은 등구백의 『백서주역교석』에 근거하였다.
35 끝이 좋지 않은 이유는 시작이 좋지 않았기 때문이다. "무수(无首)"는 "무시(無始)"이다. 즉 처음에 일을 잘못 처리하였기 때문에 결과가 좋을 리 없다는 말이다. 모두 친밀하게 돕는데 유일하게 늦게 온 후부(後夫)를 말한다.

수밖에 없다. 비괘는 먼저 괘사에서 친밀하게 도울 수 있으면 길(吉)하다는 것을 말하는데, 여기에서 가장 중요한 덕목은 중정(中正)하고 진실함이다. 이런 비도(比道)의 주요 내용을 몇 가지로 나누면 다음과 같다.

우선 친밀하게 도우는 대상을 선택하는 데는 반드시 신중해야 한다. 즉 "상황을 상세하게 거듭 살피거나(原)" "점친 후에(筮)" 친해야만 한다. 두 번째로는 마땅히 덕이 있는 사람을 도와서 영원히 정도를 지켜야 한다. 세 번째는 친하게 지낼 때는 마땅히 서둘러야 하고 지체하거나 늦추어서는 곤란하다. 괘 가운데 여섯 효 중에 구오는 양으로 존위에 자리하고 있어서 사람들이 서로 가까이 친하게 지내려는 상을 가지고 있고 나머지 다섯 효는 음으로 각각 상하괘에 자리하여 모두 다른 사람을 친밀하게 도와주는 상이다. 그 중에 초육 · 육이 · 육사는 친함의 도리를 잃어버리지 않아서 각각 길함을 얻고 있다. 그러나 육삼은 친밀하게 도우려고 하나 그 사람을 얻지 못하고, 상육은 구오의 뒤에 머물러 있어 친할 대상을 찾지 못하여 불리하거나 혹은 흉하게 되어 버린다.

육효 간의 연계성으로 보면 그 핵심적인 뜻은 다른 사람과 친밀하게 도우려 하거나 혹은 다른 사람에 의해서 친하려는 대상이 되거나를 막론하고 모두 진실하고 올바른 태도를 가지고 있어야 하고 기회주의적인 태도는 버려야 할 것을 강조하고 있다. 이런 관점은 인간과 인간 사이의 관계에 있어 보편적 의미를 지니고 있는 문제에 대해 언급한 것이나 마찬가지이다. 특히 이 가운데서 중요한 것은 주종(主從) 관계의 문제이다. 구오가 한 괘의 존경받는 군주(尊主)가 될 수 있는 것은 바로 대공무사함과 믿음으로 아랫사람과 잘 소통하고 친한 데 그 원인이 있다. 이 때문에 많은 사람들이 경쟁이라도 하듯이 친밀하게 도우려 한다. 이것은 실은 존비(尊卑) 관계가 매우 잘 융합된 것을 구현하는 상징이다.

이처럼 비괘는 사람들이 공동체나 무리를 이루는 데 있어서 가장 중요한 보편적 의미를 이야기하고 있다. 무리 혹은 공동체 속에서는 반드시 올바른 리더가 있어야 한다. 모든 구성원들은 정성을 다하여 리더를 도와서 단결하고 함께 노력하여야 한다. 여기에서 가장 중요한 것은 믿음과 올바름인데 이것이 바로 공동체의 근본이다.

비괘(比卦)는 친밀하게 돕는 것을 말하고 있는데 여기에서 음양은 대립면의 통일을 유지해야할 것을 강조하여 다섯 음이 하나의 양을 어떻게 친밀하게 도울 수 있는가 하는 것을 말하고 있다. 모든 음효는 유일한 양효인 구오와의 친함의 정도에 따라서 길함을 얻거나 그렇지 못하기도 하다. 초육은 육사를 빌려서 구오와 간접적으로 친하기 때문에 길하다. 육이는 구오와 상응하여 서로 친밀하게 돕기 때문에 길하다. 육사는 구오와 친하여 길하다. 육삼은 구오와 친함을 얻지 못하여 걱정하나 이것은 자신의 잘못이 아니기 때문에 흉하다고 말하지 않는다. 상육은 거꾸로 아래의 구오와 친하지 못하고 서로 배척하기 때문에 흉하다. 비괘의 여섯 효의 관계가 드러내는 초점은 각 효 사이의 배척적(排斥的)인 대립의 측면보다는 조화와 소통의 측면을 강조하는 데 있다고 할 수 있다.

9. ☰ 풍천소축(風天小畜, ䷈ 小畜 第五十八)

1) 괘의 순서

사람과 사람 사이의 친비(親比) 관계가 형성된 이후에 '쌓고', '모이고', '기르는' '축(畜)'의 관계가 생긴다. 그러므로 「서괘전」에서는 "친하게 가까이 하면 반드시 모이고 쌓는 것이 있기 때문에 소축괘로 받았다(比必有所畜, 故受之以小畜)"고 하였다. 친하면 서로 모이게 되는데(聚), 이런 것은 친한 사람끼리 모임을 만들거나 정당을 결성하는 경우를 통해서 알 수 있다. 정이천은 『이천역전』에서 "사물이 서로 친하고 따르면 모이게 되는데, 모이면 쌓이고 또 서로 친해서 가까이 하면 뜻이 서로 합쳐지게 되니 이것이 바로 소축괘가 비괘의 다음에 오는 까닭이다(物相比附則爲聚, 聚畜也, 又相親比則志相畜, 小畜所以次比也)"고 하였다.

2) 괘명의 의미

'축(畜)'의 뜻에는 '축적(畜聚)', '기름(畜養)', '저지(畜止)' 등의 여러 가지 의미가 있다. 즉 물건을 축적해 모아 놓아야 다른 사물들을 기를 수가 있고 또한 저지할 수도 있는 힘이 생길 수 있기 때문이다. 물론 소축괘(小畜卦)의 '축'의 본의는 '축적(蓄積)'이고, '기름(畜養)', '저지(畜止)'는 응용된 뜻이라고 할 수 있다. 괘 속에서는 크게 '축적'과 '저지'의 두 가지 뜻이 동시에 보인다.

괘명에서 '소(小)'는 음을 상징하고 육사를 말한다. 왜 '소축'이라고 말하는가? 우선 작은 것(小), 즉 음이 큰 것(大), 즉 양(陽)을 저지하는 것을 말하는데 구체적으로 육사가 여러 양을 저지하는 것을 말한다. 하지만 이런 상황에서 제지할 수 있는 힘은 제한적일 수밖에 없기 때문에 '소축'이라고 말한다.

또 상괘인 손(巽)이 강건한 건괘(乾卦)를 제지하는 방법은 아무래도 유순(柔順)한 방법으로 제한될 수밖에 없다. 그 때문에 제지하는 것이 급속하게 이루어질 수 있는 것이 아니라 천천히 기다리면서 이루어진다. 그래서 '소축'이라고 한다. 예를 들면 신하가 군주의 잘못된 점을 시정하는 경우가 그것이다.

『맹자』의 「양혜왕」편에서 "제경공이 안자에게 나는 전부산과 조무산을 돌아보고 난 후에 다시 해변을 따라 남쪽으로 내려가 낭사산까지 가고 싶은데 어떻게 준비하여야 옛날 선왕이 본 것 정도가 될 수 있느냐고 물어보았다. 이에 대해 안자는 …… 고대의 선왕들은 놀이에 빠져 즐기는 것이나 사냥과 술에 빠진 방탕함이 없고 다만 군주가 행해야 하는 일만 하였습니다 하고 대답하였다. 경공은 이 말을 듣고 (진심으로 자신을 아끼는 마음에서 나온 것으로 보고) 기뻐하여 명령을 내려 철저한 준비를 하도록 하고 스스로 교외로 나가 (백성들의 생활을) 살펴보고 창고를 열고 곡식을 풀어 백성들의 부족함을 보충하도록 하였다. 대악사를 불러 나를 대신하여 군주와 신하가 서로 즐거움을 느낄 수 있는 음악을 만들도록 하였다. …… 그 시에서 말하기를 '군주의 욕심을 저지하는 것이 무슨 허물이겠는가?'라고 하였는데 군주의 욕심을 저지하는 것은 바로 군주를 좋아한 것입니다(昔者齊景公問於晏子曰, '吾欲觀於轉附朝儛, 遵海而南, 放於琅邪, 吾何脩而可以比於先王觀也?' 晏子對曰, …… 先王無流連之樂, 荒亡之行, 惟君所行也.' 景公悅, 大戒於國, 出舍於郊. 於是始興發補不足. 召大師曰, '爲我作君臣相說之樂!' …… 其詩曰, '畜君何尤?' 畜君者, 好君也.)"라고 하였다.

이것은 신하가 임금이 바르지 못한 일을 하려는 것을 제지하고, 군주역시 이런 고언이 진정으로 자신을 아끼는 마음에서 나온 것을 깨닫고 행동을 고치는 경우를 말한다. 괘로 말하자면 신하인 육사가 군주를 제지(止)하는 것을 말하는데, 위의 인용문은 바로 소축괘가 가진 괘명의 이러한 의미를 잘 말해주고 있다.

3) 괘의 상

기본적으로 소축괘는 양이 많고 음이 적은 양대음소(陽大陰小)의 형상으로 음이 왕성하려 하나 역량이 부족하다. 또 소축괘는 건(乾)이 손(巽) 아래에 있는 상이다. 즉 바람이 하늘 위에서 돌고만 있지 아래로 내려오지 못하고 있는 상이다. 이런 때에는 어떤 큰일을 도모하려고 해서는 곤란하다. 역량을 길러 때를 기다려야 한다. 이런 상황은 수괘(需卦)와 비슷하다. 그래서 특히 소축괘와 같은 상황에서는 유순의 덕으로 스스로의 힘을 길러 축적하여야 한다.

小畜은 亨[1]하니 密雲不雨는 自我西郊[2]일새니라.
소 축   형   밀운불우   자아서교

---

[1] "소축(小畜)"이 저지하려고 하는 힘은 처음에는 약하고 부족하지만 끝내는 형통한 결과를 가져 오게 된다. 왜냐하면 작은 것이 큰 것을 저지하고, 아래가 위를 저지하는 것은 결국은 큰 것과 위에 있는 것에게 엄청난 유익함을 가져다주기 때문이다. 군주가 악한 일을 하려는 것을 신하가 저지하는 것은 작은 일일지 모르나 그 결과는 백성뿐만 아니라 군주 자신에게도 엄청난 이익을 가져다주는 경우가 이에 해당한다.
[2] "빽빽한 구름에 비가 오지 않는 것은 우리 서쪽 교외로부터이다(密雲不雨, 自我西郊)"는 구절에 대한 해석은 다양하다. 정이천은 "빽빽한 구름에 비가 오지 않는 것은 우리 서쪽 교외로부터이다"라고 하였다. 이에 비해 주자는 "빽빽히 구름만 끼고 비가 오지 않는 것은 문왕(文王)의 서쪽 교외로부터이다"로 말하고 있다. 즉 주자는 "빽빽한 구름은 음의

백 少𡎺³ 亨. 密雲不雨, 自我西郊.
　　소 숙　형　밀 운 불 우　자 아 서 교

경의 의미 : 소축의 점이다. 제사를 올렸다. 빽빽한 구름에 비가 오지 않는 것은 우리 서쪽 교외에서 시작하였다.⁴

전의 해석 : 소축은 형통하니 빽빽한 구름에 비가 오지 않는 것은 우리 서쪽 교외로부터이다

백 잡초는 이미 제거하였으나 날이 가물어 기우제를 지냈다. 우리 서쪽 교외 상공에 빽빽한 구름이 있으나 여전히 비가 오지 않는다.

彖曰 小畜은 柔得位而上下應之할새 曰小畜⁵이라.
단 왈 소 축　　유 득 위 이 상 하 응 지　　왈 소 축

사물이고 서쪽 교외는 음의 방위이며, 아(我)는 문왕(文王) 자신이다. 문왕이 주역을 유리(羑里)의 감옥에서 연역할 때에 기산(岐山)의 주(周)나라를 보면 서쪽이 되니 바로 소축의 때에 해당한다(蓋密雲陰物, 西郊陰方, 我者, 文王自我也. 文王演易於羑里, 視岐周爲西方, 正小畜之時也)"고 하여, 이것을 문왕의 연역(演易, 문왕이 64괘를 만들고 괘효사를 붙인 것)과 관련지어 이야기하고 있다. 이 문제를 문왕 당시에 적용하여 보면 서교(西郊)는 주나라의 서쪽인 기산을 말하고, 주왕(紂王)이 있는 곳은 동북(東北)쪽으로 문왕의 등극을 막고 있어 아직은 더 기다려야(密雲不雨) 한다는 것이다. 비록 성읍(城邑)의 서쪽 교외에 빽빽한 구름은 있으나 동북에 바람이 일면 구름이 성읍으로 날아오지 못한다. "서쪽"이라는 것은 고대인들에게 있어서는 음(陰)의 방향이다. "아(我)"에 대해서는 이천과 주자의 관점이 다른데, 이천은 육사(六四)로, 주자는 문왕으로 보고 있다. 아무튼 "빽빽히 구름만 끼고 비가 오지 않는 것"은 축적된 힘이 아직 부족하기 때문이라는 것을 의미한다.

3 등구백의 『백서주역교석』에서는 "소숙(少𡎺)"을 "잡초가 매우 적다는 것"으로 해석하고 있다. 322쪽 참조 바람.
4 이경지는 『주역통의』에서 소축괘의 괘사를 가뭄 현상으로 보고 있다. 실제로 등구백도 『백서주역교석』에서 "형(亨)"을 기우제를 지내는 것으로 말하고 있다.
5 이 괘의 유일한 음인 육사(六四)가 정위에 자리하고 있고, 아래와 위의 다섯 양이 모두 육사와 상응하려고 한다. 하나의 음으로 여러 양들을 제지하기에는 한계가 있기 때문에 "소

단전에 말하기를 소축은 유가 제자리를 얻고 상하가 응하므로 소축이라고 한 것이다.

健而巽⁶하며 剛中而志行⁷하여 乃亨⁸하니라.
건 이 손   강 중 이 지 행   내 형

굳세면서도 공손하며 강이 중에 자리하고 뜻이 행해지니 이에 형통하는 것이다.

密雲不雨는 尙往也⁹요 自我西郊는 施未行也¹⁰라.
밀 운 불 우   상 왕 야   자 아 서 교   시 미 행 야

빽빽한 구름에 비가 오지 않는 것은 (구름이) 여전히 올라가기 때문이고, 우리 서쪽 교외로부터이다는 것은 베풂이 아직 행해지지 않은 것이다

象曰 風行天上¹¹이 小畜이니 君子以하여 懿文德¹²하나니라.
상 왈 풍 행 천 상   소 축   군 자 이   의 문 덕

축(小畜)"이라고 말한다.
6 "건(健)"은 하괘의 건(乾)을 말하며, "손(巽)"은 "공손" 또는 "손순(遜順)"의 뜻으로 상괘의 손괘를 말한다.
7 이효와 오효가 중에 위치하고 있기 때문에 강중(剛中)이라고 말한다.
8 일시적으로는 일이 쉽게 풀리지 않고 지체되나 끝내는 실현되기 때문에 "형(亨)"이라고 한다.
9 "상왕(尙往)"은 "위로 올라가다(上進)"라는 의미이다. 즉 구름이 아래로 내려와야 비가 내릴 수 있는데도 불구하고 바람 때문에 내려오지 못하고 오히려 위로 올라가 버린다는 것이다.
10 은택(恩澤)의 시행(施行), 즉 비가 내릴 수 있기 위해서는 구름이 아래로 내려와야 한다. 이를 위해서는 우선 육사가 위로 올라오는 양의 기운을 저지하여야 하지만 그렇게 하지 못한 상황이다.
11 "바람이 하늘위에서 행하는 것(風行天上)"은 소축(小畜)이고, "바람이 땅 위에서 행하는 것(風行地上)"은 관괘(觀卦)이고, "하늘 아래 바람이 행하는 것(風行天下)"은 구괘(姤卦)이다. "바람이 하늘위에서 행하는 것(風行天上)"은 아직 작용을 하지 못하고 있

상전에 말하기를 바람이 하늘위에서 행하는 것이 소축이니, 군자가 그것을 본받아 문덕을 더욱 아름답게 닦아야 한다.

初九는 復이 自道어니 何其咎리오 吉[13]하니라.
초구 복 자도   하기구 길

🔲 初九, 復自道, 何其咎? 吉.
   초구 복자도 하기구 길

초구는 돌아옴이 도로부터 함이니, 어찌 그것이 허물이 있겠는가? 길하다.

🔲 초구는 그 길에서 되돌아오니, 무엇이 그것의 허물일 수가 있겠는가?[14]

는 상황이기 때문에 더욱 힘을 축적하여야 함을 상징한다.
12 「대상전」에서 "군자가 본받는 것"에 대해 공영달은 『주역정의』에서 두 가지를 말하고 있다. 그 중 하나는 상하괘(上下卦)의 상(象)을 취하여 본받는 경우이고, 다른 하나는 괘명(卦名)이 가지고 있는 의미에 근거하여 말하는 두 가지 경우로 나눈다(凡大象君子所取之義, 或取二卦之象而法之者, 或直取卦名, 因其卦義所有). 소축 「상전」의 경우는 후자의 "소축"이라는 괘명이 함의하고 있는 의미에 근거하고 있다. 즉 아직은 실력을 축적(蓄積)한 것이 부족하기 때문에 여전히 문덕(文德)을 더 닦아야 한다고 말한다. "문덕(文德)"은 문장재예(文章才藝)와 도덕을 가리킨다. 이에 대해 정이천은 "군자가 소축의 뜻을 관찰해서 그 문덕을 아름답게 한다. 축은 모이는 것으로, 쌓고 모이는 뜻이 되니, 군자가 쌓아 모으는 것 중 큰 것은 도덕과 천하를 경륜하는 일이고 적은 것은 문장과 재예(才藝)이니, 군자가 소축의 상을 보고서 자기의 문덕을 아름답게 한다. 문덕은 도의에 비해보면 적다(君子觀小畜之義, 以懿美其文德. 畜聚, 爲蘊畜之義, 君子所蘊畜者, 大則道德經綸之業, 小則文章才藝, 君子觀小畜之象, 以懿美其文德. 文德方之道義爲小也)"고 하여, 비록 문덕은 천하를 경륜하는 정치처럼 큰 것은 아니라 할지라도 분명히 필요한 것이라고 말한다.
13 "복(復)"은 원래의 본위(本位)로 돌아감을 의미한다. 이광지는 『주역절중』에서 "초구는 양강의 재질로 가장 아래에 자리하면서 음에 의해 저지당하므로 스스로 기미를 알아 더 이상 전진하지 않고 스스로 돌아옴이 도로부터 함이니 무슨 허물이 있겠는가?(初九以陽剛之才, 位居最下, 爲陰所畜, 知幾不進, 而自復其道焉, 何咎之有?)"라고 하였다. 즉 초구는 가장 아래에 자리하면서 스스로 기미를 알아 더 이상 나아가지 않고 본래의 자리로 돌아오니 어떤 잘못도 없을 뿐만 아니라 오히려 길하다.

길하다.

象曰 復自道는 其義吉也¹⁵라.
상왈 복자도   기 의길야

상전에 말하기를 돌아옴이 도로부터 함이니라는 것은 그 뜻이 아주 길한 것이다

九二는 牽復이니 吉¹⁶하니라.
구이   견복   길

🔲 **九二, 堅復.¹⁷ 吉.**
구이 견복   길

구이는 이끌려 돌아오는 것이니 길하다.

🔲 구이는 소를 끌고 밭에서 돌아왔다. 길한 점괘가 나왔다.

---

14 등구백은 『백서주역교석』에서 "밭의 사이로 다시 놀아오고 있지만 우리가 무슨 죄를 저질러서 하늘이 비를 내려주지 않는가? 길한 점이 나왔다"고 말하고, 이것은 고대인의 천인감응(天人感應)설을 반영하고 있는 것으로 보았다. 즉 밭을 왔다갔다 하면서 열심히 일하다 보면 하늘이 이런 정성을 알아서 비를 내려줄 것이라는 염원을 담고 있다는 것이다. 322-323쪽 참조 바람.
15 그 행동이 "의(義)"에 맞아 길하다. 여기에서 말하는 "의(義)"는 "의(宜)"로 이치에 어긋나지 않는다는 뜻을 가지고 있다.
16 "견복(牽復)"은 "억지로 이끌려 돌아온다"는 의미이다. 왜냐하면 구이(九二)는 구오(九五)와 불상응하여 배척되고, 또 육사(六四)에 의해 저지당하고 있어서 초구(初九)에 의해 억지로 아래로 내려오게 된다. 여기에서 말하는 "복(復)"은 자각적(自覺的)이거나 자원(自願)해서 돌아오는 것이 아니라 수동적으로 이끌려 돌아오는 것을 말한다. 결과적으로 이것 역시 길하다고 할 수 있다. 이광지는 『주역절중』에서 "초효와 서로 끌어당겨 이어져 아래로 돌아와 자리하기 때문에 길하다(與初相牽連而復居於下, 故吉)"고 말한다.
17 등구백은 『백서주역교석』에서 "견(堅)"을 "견(牽)"과 같은 의미를 가진 글자로 보고 있다.

象曰 牽復은 在中이라 亦不自失也[18]라.
상 왈 견 복 재 중 역 부 자 실 야

상전에 말하기를 "이끌려 회복하는 것"은 중에 있는 것이기 때문에 또한 스스로 잃지 않는다.

九三은 輿說輻이며 夫妻反目[19]이로다.
구 삼 여 탈 복 부 처 반 목

🔲 車說輹,[20] 夫妻反目.
거 탈 복 부 처 반 목

구삼은 수레가 바퀴살이 빠지며 부부가 서로 반목한다.

🔲 구삼은 차 아래에 있는 차축을 연결하나 고정하는 나무가 벗겨져 부부가 서로 반목하였다.

象曰 夫妻反目은 不能正室也[21]라.
상 왈 부 처 반 목 불 능 정 실 야

---

18 구이(九二) 효는 중(中)에 자리하고 있기 때문에 중도를 잃지 않아 비록 나아가는 데 적극적이기는 하지만 지나치게 강한 것(過剛)에는 이르지 않는다고 말한다. 이른바 '과강'은 자기 자신을 잃어버리는 것(自失)을 말한다.
19 구삼(九三)이 나아가려고 하나 육사(六四)에 의해 제지를 당하는 것으로 이것을 가장 가까이에 있는 부부가 반목하여 싸우는 것에 비유하고 있다. 육사(六四)가 구삼(九三)을 제지하여 바퀴살을 빼낸 수레처럼 전혀 움직이지 못하게 하고 있다.
20 "복(輹)"은 수레의 차축을 연결하여 고정하는 나무를 말한다.
21 "정실(正室)"은 집안을 바로 잡는 것을 말한다. 구삼은 강에 치우친 편강(偏剛)이고 부중(不中)으로 자기 몸을 바르게 하지 못하는 사람이다. 자신도 바르게 하지 못하는데 어찌 집안을 바르게 할 수 있겠는가? "정(正)"은 동사로 "바로 잡는다"는 뜻이다. 수신제가(修身齊家)가 무엇보다 가장 우선적임을 말하고 있다. "실(室)"을 "처(妻)"로 보기도 한다.

· 상전에 말하기를 부처가 서로 반목하는 것은 집안을 바로잡을 수 없기 때문이다.

六四는 有孚면 血去^{22}하고 惕出하여 无咎^{23}리라.
육사 유부 혈거   척출   무구

🅱 有復,^{24} 血去惕出. 无咎.
  유복   혈거척출 무구

육사는 진실한 마음을 가지고 있으면 피 흘리는 것을 면하고 두려움으로부터 빠져나가니 허물이 없는 것이다.

🅱 육사는 얼굴에 온통 피를 흘리면서 또 돌아왔다. 해가 없다는 점괘가 나왔다.

象曰 有孚惕出은 上合志也^{25}라.
상왈 유부척출   상합지야

---

22 육사(六四)는 소축괘의 주효(主爻)로 홀로 여러 양을 저지하는 역할을 하고 있다. 양을 저지하기 위해서는 힘으로 하기에는 부족하고 오직 진실한 마음으로 하여야 피를 흘리는 참사를 모면할 수가 있다. 육사(六四)가 다른 양들을 저지하는 것은 음으로 양을 저지하고, 작은 것이 큰 것을 저지하려는 것이기 때문에 자연히 "두려움"을 가질 수밖에 없다. 비유하자면 육사는 군주인 구오에 가까이 있는 근신(近臣)으로 군주의 욕심을 그치게 하는 역할을 하는 경우이다. 오직 믿음과 정성을 다해 임금을 대하면 분명히 감동시킬 수 있기 때문에 다치지 않고도 위험을 빠져나와 쉽지 않은 일을 수행할 수 있다고 말한다. 이런 관점은 정이천의 『이천역전』에 보인다.
23 "척출(惕出)"은 피를 흘리는 참사에 대한 "두려움"으로부터 빠져나가는 것을 말한다. 이는 진실한 마음으로 대하기 때문이며, 그래서 허물 또한 없게 된다.
24 "유(有)"는 "우(又)"의 뜻으로 "유복(有復)"은 "또한 돌아온다"는 말이다.
25 육사(六四)가 구오(九五)를 승(承)하는 것을 말한다. 육사(六四)가 진실한 마음을 가지고 구오(九五)를 대하면 구오(九五) 역시 육사(六四)의 뜻을 따르게 된다. 육사 혼자만 "진실한 마음을 가지고 있는 것(有孚)"으로는 두려움을 빠져나가기가 어렵고 반드시 구오도 같은 마음을 가지고 있어야 가능한 일이다. 구오가 육사를 믿고 따르기 때문에 다

상전에 말하기를 진실한 마음을 가지고 있으면 두려움으로부터 빠져나가니라는 것은 위와 뜻이 합하기 때문이다.

九五는 有孚라 攣如²⁶하여 富以其隣²⁷이로다.
구 오   유 부   연 여   부 이 기 린

백 九五, 有復攣如,²⁸ 富以其隣.
구 오 유 복 연 여   부 이 기 린

구오는 진실한 마음을 가지고 있는 것이니 끈끈하게 연결하여 부를 이웃과 함께한다.

백 구오는 인애(仁愛)의 마음을 가지고 되돌아옴이 있으니 그의 이웃과 함께 부유하리라.

象曰 有孚攣如는 不獨富也²⁹라.
상 왈 유 부 연 여   부 독 부 야

른 양들은 말할 필요도 없이 따른다.
26 진실한 마음을 가지고 여러 양들을 끈끈하게 연결함을 말하고 있다. "연여(攣如)"는 "손을 잡고 이끌다", "연결되다"의 뜻을 가지고 있다. 구오 효사는 육사가 음으로 양들을 적절하게 저지할 줄 아는 빼어난 능신(能臣)의 역할을 하는 것에 대한 군주로서의 태도를 말하고 있다. 구오는 강중(剛中)으로 군주의 자리에 있다. 육사와 서로 진실한 마음으로 견고히 연결되어 있는 것을 말하고 있다.
27 이광지는 『주역절중』에서 이 효의 뜻이 분명하지 않음을 말하고 있다. 특히 "이웃(隣)"이 어느 효를 지칭하는가에 대한 의견이 분분하다. 육사, 상구와 육사, 상괘(上卦)의 세 효 등으로 엇갈린다. 여기에서는 이광지의 관점을 참고하려고 한다. "린(隣)"은 이웃인 육사(六四)를 말한다. 육사와 구오는 가까이에 있기 때문에 이웃이다. "부(富)"는 진실함이 가득 찬 것을 말한다. 구오가 진실함으로 가득차면 육사가 역시 진실함으로 응(應)하게 되는데, 이것이 바로 "부유함으로 그 이웃과 함께 한다"는 말이다. 이 때문에 육사와 구오 모두 "진실함을 가지고(有孚)"라는 말을 하고 있는 것이다.
28 등구백은 『백서주역교석』에서 "연여(繺如)"를 "인애를 추구하는데 질서가 있고 문란함이 없는 것"으로 말하고 있다.

상전에 말하기를 진실한 마음을 가지고 있는 것이니 끈끈하게 연결한다는 것은 홀로 부유하지 않는다는 것이다.

上九는 旣雨旣處[30]는 尙德하여 載[31]니 婦貞이면 厲[32]하리라.
_{상구 기우기처   상덕   재   부정   려}

帛 尙九, 旣雨旣處, 尙得載, 女貞, 厲.
_{상구 기우기처   상득재 여정 려}

경의 의미 : 상구는 이미 비가 내렸다가 이미 그쳤지만 (비 때문에 길이 좋지 않았는데) 수레를 얻어 타서 갔다. 부인이 점을 치니 위태롭다는 결과가 나왔다.[33]

---

29 그 이웃과 함께 서로 진실함을 가지고 교류하는 것을 말한다. 진실함을 가지지 않으면 이웃과 진정으로 함께 할 수 없다. "부독(不獨)"은 바로 "연(攣)"을 말한다.
30 소축괘가 시작할 때의 "빼빼한 구름에 비가 오지 않는(密雲不雨)" 상태가 지금은 이미 비가 내렸다가 그친 상황이다.
31 상구(上九)는 소(小)로서 대(大)를 저지하는 소축의 종극(終極)이니. 이때는 이전과는 전혀 다른 방향으로 진행된다. 즉 "빼빼한 구름에 비가 오지 않는(密雲不雨)" 상태가 벌써 비가 내린(旣雨) 상태로 변했고, 다시 비도 이미 그쳤다. 이것이 바로 "이미 그쳤다(旣處)"이다. "재(載)"는 쌓여 가득 찼다(積滿)는 뜻이다. 이것은 음(六四)이 겸손한 덕으로 진실함을 가지고 다섯 양과 단결하여 공동으로 힘을 축적한 것이 가득차면서 이런 결과를 가져온 것이다. 그리하여 육사의 음은 다섯 양의 존경을 받게 된다.
32 음이 양을 저지하는 일은 결코 정상적으로 이루어지는 순리가 아니다. "쌓여 가득 찼다(載)"는 것은 바로 포화(飽和)의 상태를 말하여, 곧 바로 지나침(過)이 될 가능성이 높다. 그러므로 부(婦), 즉 육사(六四)가 계속적으로 양을 저지하는 것을 지나치게 고집한다면 아무리 동기가 선하여도 위태로울 가능성이 높다. 마치 부인이 스스로 올바르다고 생각하여 남편을 계속적으로 누를 경우 위태로운 결과를 초래할 가능성이 많은 것과 같다. 그러므로 사태의 변화를 간과한 지나친 고집은 좋을 것이 없음을 자각하여야 한다.
33 이경지는 『주역통의』에서 "재(載)"를 "작물을 심는다"는 뜻의 "재(栽)"로 보고 있다. (23쪽) 고형은 "덕(德)"을 "득(得)"으로 보고 있는데 백서주역의 해석과 맥을 같이하고 있다.

전의 해석 : 상구는 이미 비가 내리고 이미 그침은 덕을 숭상해서 쌓여 가득 찼으니, 부인이 곧게 이것만 지키려하면 위태로울 것이다.

🔲 상구는 이미 비가 내렸다가 이미 그쳤는데 바로 종자를 심기에 적당하다. 부인이 점을 치니 위태롭다는 결과가 나왔다.

月幾望[34]이니 君子征이면 凶[35]하리라.
월 기 망   군 자 정   흉

🔲 月幾望, 君子正,[36] 凶.
월 기 망 군 자 정   흉

경의 의미 : 달이 거의 보름에 가까운 날이니 군자가 출정하면 흉할 것이다.

전의 해석 : 달이 거의 보름에 가까웠으니 군자가 움직이면 흉하다.

🔲 달이 거의 보름에 가까운 날에 남편이 잡혀서 전장으로 끌려갔으니 흉하다.

象曰 旣雨旣處는 德이 積載也요 君子征凶은 有所疑也[37]니라.
상 왈 기 우 기 처   덕   적 재 야   군 자 정 흉   유 소 의 야

---

34 "기망(幾望)"은 14일이며 달이 거의 보름에 가까워지는 때이다. 그래서 16일을 "기망(旣望)"이라 하고, 15일을 "이망(已望)"이라고 한다.
35 비가 내렸다가 그치고 난 후, 달(음을 상징함)이 거의 보름달이 되었다는 것은 음의 힘이 막강해져서 양에 도전하는 상황을 비유한 것이다. 이른바 음양의 부조화 문제가 비가 내림으로 해결되었지만 다시 음양의 충돌 문제가 생긴 상황이라고 할 수 있다. 이런 상황에서 양, 즉 군자의 신중하지 못한 어떤 행동은 자칫 화를 불러 올 가능성이 크기 때문에 조심하여야 한다. 김경방의 『주역전해』 108-109쪽 참조 바람.
36 "정(正)"은 "정(征)"의 뜻이다.
37 여기에서 말하는 "의(疑)"는 곤괘(坤卦) 상육(上六)의 "음이 양과 대등해지면 반드시 싸

상전에 말하기를 이미 비가 내리고 이미 그침은 덕이 쌓여 가득 찬 것이고, 군자가 움직이면 흉하다는 것은 의심 받는 바가 있기 때문이다.

* 소축괘의 의미와 교훈

소축괘(小畜卦)는 사물의 발전 과정 속에서 역량이 부족하여 어쩔 수 없이 정체하여 앞으로 나아가지 못하는 상황을 어떻게 타개할 것인가 하는 문제에 대해 말하고 있다. 이런 일시적인 어려움은 모든 행동을 멈추고 물러나라고 말하려는 것이 아니다. 오히려 다음 단계를 위해 어떤 준비를 하여 역경을 탈출할 것인가 하는 심리적인 준비를 하도록 해주는 역할을 한다.

여기에서 말하는 소축(小畜)의 뜻은 "작은 것이 큰 것을 제지하고", "음이 양을 제지하여" 나아가지 못하게 하는 상황에 대해 말하고 있다. 이러한 곤경에서 제지하여 한 걸음 물러서서 다시 힘을 축적하여 모으도록 해주는 주체는 다름 아닌 작은 것(小), 즉 음(陰)이다. 제지하고 모으는 정도로 보자면 그것은 아주 미소(微小)하여 별로 많지가 않다. 괘사는 이를 비유하여 "빽빽한 구름에 비가 오지 않는 것(密雲不雨)"으로 표현하고 있다. 이것은 두 측면에서 괘의 의미를 밝히고 있다. 먼저 음은 다만 적절한 한도 내에서 양을 제지하고 모으지만 여전히 짙은 구름만을 형성하고 비를 내리지 못하는 상황을 나타낸다. 말하자면 음은 양을 제지하기는 하지만 양을 완전하게 제어할 수는 없는데, 이는 마치 신하가 군주를 제지할 수는 있으나 군주를 완전히 조정할 수 없는 것과 마찬가지이다.

우나니(陰疑於陽, 必戰)"의 "의(疑)"와 뜻이 같다. 즉 음의 힘이 지나치게 커져서 양과 대적하는 상황을 말하고 있다.

그러나 소축(小畜)은 형통할 수 있는 상황을 나타내는 것이기도 하다. 그것은 신하가 군주를 제지할 수 있고 군주가 신하의 고언(苦言)을 받아들여 따르면 형통할 수 있다는 것이다. 괘 가운데 다섯 양효는 제지되어지는 대상이고, 육사의 음효는 양을 제지하여 모으는 주체이다. 본 괘는 비록 음을 주효로 하고 있으나 그 핵심적인 뜻은 여전히 양을 돕는 것에 있다. 이것은 『주역』이 기본적으로 양강(陽剛)의 덕을 숭상하고 있음을 잘 드러내주는 것이라고 할 수 있다.

10. ☰ 천택이(天澤履, ䷉ 禮 第四)

1) 괘의 순서

「서괘전」에서는 "사물이 모인 뒤에 예가 있기 때문에 이(履)로써 받았다(物畜然後有禮, 故受之以履)"고 하였다. 즉 사물이 모이면 상하(上高下)와 귀천(貴賤)의 구별이 생기게 마련이다. 이런 상하와 귀천의 구별을 말하는 것이 바로 예(禮)이다. 이(履)가 바로 예(禮)이다. 사물이 쌓인 연후에는 반드시 예가 있고 그것을 실천하여야 한다. 즉 예는 사람이 그것을 실천할 때 비로소 의미를 갖게 된다는 것이다.

몽괘(蒙卦)가 아동의 계몽(啓蒙)에 대해 말하는 것이라면 이괘(履卦)는 만민(萬民)에 대한 교화(教化)를 말하고 있다. 몽괘가 말하는 계몽교육은 분명히 소수의 귀족이나 특권층의 사람들에게만 가능한 일종의 엘리트 교육이다. 이괘(履卦)가 강조하는 예의 교육은 복잡한 인간관계와 공동체의 질서, 생산물의 합리적 분배 등의 문제들과 관련되어 근본적으로 요청되는 것이라고 할 수 있다. 예를 들면 『논어』에서는 "인구가 이미 많아졌다면 다음에는 무엇을 하여야 합니까 하고 염유가 묻자 공자께서 그들을 부유하게 만들라고 하셨다. 이미 부유해졌다면 또 다음에는 무엇을 하여야합니까 하고 염유가 묻자 공자께서 그들을 교육시키라고 말씀하셨다"[1]고 하였다. 또 『맹자』에서는 "배부르게 먹고 따뜻하게 옷을 입고 편안하게 지내면서 전혀 교육을 받지 않고 있다면 금수와 큰 차이가 없게 될 것이다"[2]고 하였다.

---

[1] 「子路」 "旣庶矣, 又何加焉?" 曰, "富之." 曰, "旣富矣, 又何加焉?" 曰, "教之."
[2] 「滕文公」 "飽食煖衣, 逸居而無教, 則近於禽獸."

공자나 맹자 모두 물질적인 조건이 어느 정도 충족이 되면 그 다음은 예교(禮敎)와 같은 교육이 필요함을 역설하고 있다. 청대의 역학자인 이도평(李道平)은 『주역집해찬소』(周易集解纂疏)에서 위의 『논어』와 『맹자』의 말을 인용하고 난 뒤 "그러므로 인민을 양육하고 난 후 예로 가르칠 수 있어야 한다고 했는데 이것은 모두 '사물이 모인 뒤에 예가 있다'는 뜻에 해당하는 것이다"[3]고 하였다.

2) 괘명의 의미

"이(履)"라는 말의 뜻은 원래 사람이 신고 다니는 신발의 뜻을 가지고 있는데, 여기에서 "실천한다" "예(禮)" 등의 의미가 파생되어 나온 것으로 보인다. 『백서주역교석』에서는 이괘(履卦)가 아닌 예괘(禮卦)라고 하고 있는데 예(禮)와의 연관성을 충분히 짐작할 수 있게 하는 것이다. 「잡괘전」에서는 "이는 제 자리에 처해 있지 않다(履, 不處也)"고 하였는데, "제 자리에 처해 있지 않다"고 하는 것은 움직여서 행동하는 것을 의미한다. 움직여서 행동한다고 하여서 제멋대로 행동하는 것이 아니라, 반드시 따라야 하는 법칙에 의해 행동하여야 하는데 이것이 바로 예이다.

예(禮)는 상하의 구분, 귀천의 구분, 엄격한 순서가 있는 것으로 그것에 따라 실천하여야 한다. 원래 예는 신을 섬겨 복을 구하는 종교적인 성격을 가지고 있는 것이었는데[4] 점차 세속화하여 사람과 사람과의 관계로 바뀌게 된다. 만약 신을 섬겨 복을 구하는 것처럼 온갖 정성을 다하여 예로 다른 사람을 섬긴다면 누가 그 사람을 해롭게 하려 하겠는가? 예를 통

---

3 "故人民育, 然後可敎之以禮, 皆物畜然後有禮之義也."
4 『說文解字』 "禮, 履也, 所以事神致福也."

하여 바르게 행동한다면 당연히 다른 사람들의 비난이나 멸시를 받지 않는 것은 물론이고 모든 사람들의 모범이 될 수 있다.

3) 괘의 상

이괘(履卦 : ☰)의 괘상은 소축괘(小畜卦 : ☴)의 도전괘(倒顚卦)[5]이다. 소축괘의 핵심이 "저지(止)"에 있다고 한다면, 이괘의 의미는 "행하여 나아가는 것(行走)"에 있다. 이처럼 이괘의 핵심은 예를 실천하여 행하는 데에 있다.

이괘의 괘상은 그 자체가 이런 정신을 잘 표현하고 있다. 하늘(乾)이 위에 있고 못(兌)이 아래에 있는 이괘의 상은 위의 하늘과 아래의 못이 나뉘어져 있음을 나타낸 것이다. 이러한 나뉨은 곧 상하와 존비(尊卑)의 구분을 통해 인간의 질서를 세우려는 예의 근본정신을 상징한다. 또한 이괘는 강건함을 나타내는 상괘의 건(乾 : ☰)에 기뻐하고 화합하는(和悅) 것을 나타내는 하괘의 택괘(澤卦 : ☱)가 결합된 괘로 하나의 음과 다섯 개의 양효로 구성되어 있다. 유일한 음효인 육삼(六三)이 이괘의 주효라고 할 수 있다. 이 음효는 예를 실천하는 데 있어서 가장 중요한 미덕인 겸손으로 다른 사람들과 조화하고 다른 사람들을 인정해주는 화순(和順)의 성질을 상징한다. 괘상으로 말하면 강한 호랑이, 즉 건괘의 아래에서 부드러운 태괘가 그 꼬리를 밟고 있는 위태로운 상황을 상징하고 있다.

---

5 도전괘(倒轉卦)는 하나의 괘를 거꾸로 돌려놓은 괘를 말한다. 즉 본괘(本卦)를 반대쪽에서 보는 것을 말한다. 예를 들면 태괘(泰卦 : ☷☰)를 거꾸로 전복시켜 놓은 것이 바로 비괘(否卦 : ☰☷)이다. 그러므로 태괘의 도전괘가 바로 비괘이고, 비괘의 도전괘가 태괘이다. 이에 비해 한 괘의 여섯 효와 완전히 다른 효를 가지는 괘를 반대괘(反對卦)라고 말한다. 예를 들면 산수몽(山水蒙 : ☶☵)의 반대괘는 택화혁(澤火革 : ☱☲)이다.

履虎尾라도 不咥人⁶이라 亨⁷하니라.
이 호 미   부 질 인   형

🅑 禮虎尾不眞,⁸ 人亨.
   예 호 미 부 진   인 형

경의 의미 : 호랑이 꼬리를 밟더라도 사람을 물지 않으니 길할 것이다.⁹

전의 해석 : 호랑이 꼬리를 밟더라도 사람을 물지 않으니 형통하다.

🅑 가짜 호랑이 꼬리를 가지고 제사를 지내는 예를 행했는데 이것으로 제사 지낸 사람은 길할 것이다.

---

6 청대 역학자인 유원(劉沅, 생졸년 미상. 청대의 역학자로『周易恒解』라는 저서가 있음)은『주역항해』에서 "호랑이 꼬리를 밟더라도(履虎尾)"의 앞에 "이(履)"자가 있어야 하는데 전사(傳寫)하는 과정에서 탈오(脫誤)한 것으로 보이며,「단전」을 보면 이런 사실이 분명해진다고 하였다. 여기에서 말하는 호랑이는 괘로 말하면 상괘(上卦)이고, 효로 말하면 구오(九五)이다. 비록 사람을 잡아먹는 호랑이의 꼬리를 밟아버린 위태로운 상황에 있다 하더라도 조심하고 근신하면 이런 어려움을 빠져 나갈 수 있다고 말한다. "이호미(履虎尾)"를 보통 "호랑이의 꼬리를 밟는 것"으로 해석하지만 "호랑이의 꼬리 뒤를 따라가는 것"으로 해석하기도 한다.
7 비록 객관적으로는 어려운 상황이기는 하나 굳건한 의지를 가지고 대처하면 큰 피해를 입지 않고 오히려 형통한 결과를 가져 올 수 있다.
8 『백서주역교석』에서는 이괘(履卦)가 아닌 예괘(禮卦)로 말하고 있다. 또 "질(咥)"이 아니라 "진(眞)"으로 표기되어 있다. 여기에서 "부진(不眞)", 즉 가짜 호랑이 꼬리가 나오는 것은 제사 지낼 때 돼지 머리나 꼬리, 닭의 머리 등을 사용하는 것을 연상하면, 호랑이 꼬리는 구하기 어려운 것이기 때문에 그것을 모방한 가짜를 사용한 것으로 추측된다. 등구백의『백서주역교석』87-88쪽 참조 바람.
9 고형은 "형(亨)"을 제사를 지낸다는 의미의 "향(享)"으로 보고 있는데(『주역대전금주』108쪽 참조) 비해 이경지는 "형(亨)"을 "길(吉)"로 보고 있다. 특히 이경지는 이 내용을 몽점(夢占)으로 보아 "꿈에서 호랑이 꼬리를 밟았는데 사람을 물지 않아서 이상하게 생각하여 점을 쳐보니 결과는 길하였다"(『주역통의』23-24쪽 참조)고 말하였다.

彖曰 履는 柔履剛也니
단 왈   이   유 리 강 야

단전에 말하기를 이는 유가 강을 밟고 있으니.

說而應乎乾이라 是以履虎尾不咥人亨[10]이라.
열 이 응 호 건   시 이 리 호 미 불 질 인 형

기쁨으로 건에 응하고 있는 것이니 이 때문에 호랑이 꼬리를 밟더라도 사람을 물지 않아 형통할 것이다.

剛中正[11]으로 履帝位[12]하여 而不疚면 光明也[13]라.
강 중 정   이 제 위   이 불 구   광 명 야

강하고 중정함으로 왕의 자리에 올라 허물이 없음은 (그 덕이) 빛나고 밝기 때문이다.

象曰 上天下澤이 履니 君子以하여 辯上下하여 定民志[14]하나니라.
상 왈 상 천 하 택   이   군 자 이   변 상 하   정 민 지

상전에 말하기를 위에 하늘이 있고 아래에 연못이 있는 것이 이(履)이니

---

10 이괘(履卦)는 음(육삼)이 양(구사)에 밟혀 깔려 있다. 아래에서 기뻐하고 순한 태도(悅順)로 대하여 위의 굳세고 강함(剛强)인 건(乾)에 응하고 있다. 그러므로 "호랑이 꼬리를 밟더라도 사람을 물지 않으니 형통할 것이다(履虎尾, 不咥人, 亨)"고 하는 것이다.
11 구오(九五)를 말한다.
12 역시 구오(九五)를 말한다.
13 "구(疚)"는 병통(病痛), 즉 허물을 말한다. 허물이 생길 수 있는 가능성은 구오(九五)가 유일한 음인 부정한 육삼(六三)에게 관심을 가지는 데 있다. 그러나 구오는 중정하기 때문에 허물이 생기지 않는다.
14 "변(辯)"은 "변별하고" "구분하는" 의미의 "변(辨)"이다. "정(定)"은 안정시킨다는 말이다. 군자는 이괘(履卦)의 상을 보고 상하존비(上下尊卑)의 구분을 변별하고 예를 제정하여 민심(民心)을 안정시킨다.

군자가 이것을 본받아 상하를 분별하여 백성의 뜻을 안정시킨다.

初九는 素履로 往하면 无咎[15]리라.
초구 소리   왕   무구

🔲 錯禮,[16] 往, 无咎.
   착례   왕 무구

초구는 본래의 순수한 바탕으로 행하면 허물이 없을 것이다.

🔲 초구는 예로 신에 제사한 후에 행동하면 허물이 없을 것이다.

象曰 素履之往은 獨行願也[17]라.
상왈 소리지왕   독행원야

---

15 "소(素)"는 바탕, 본색, 즉 물들지 않은 소박함을 말한다. 다른 것에 물들지 않는 소박한 마음으로 행동하면 해가 없을 것이라는 것이다. 『주역절중』은 호병문(胡炳文 : 1250-1333)의 관점을 인용하여 "이괘(履卦)의 초효에서 '소(素)'를 말하였는데 이는 예가 본래 바탕(質)을 근본으로 삼고 있기 때문이다. 비괘(賁卦)는 장식을 의미하는 것으로 비괘 상구(上九) 효사에서 '희게 장식하다'는 '희다'는 말을 하고 있는데, 이는 장식이 극단에 이르러 도리어 순수한 바탕으로 되는 것을 말한다. '희게 장식하여도 허물이 없다'는 말은 바로 '본래의 순수한 바탕으로 행하면 허물이 없을 것이다'라고 하는 것과 같은 의미일 것이다(履初言素, 禮以質爲本也. 賁, 文也. 賁上言白, 文之極反而質也. 白賁无咎, 其卽素履往无咎歟?)"고 하였다. 이마이 우사부로(今井宇三郎)은 『역경』에서 "초구(初九)는 이(履)의 시작이고, 양효양위(陽爻陽位)로 가장 아래에 자리하고 있다. 자신의 재주를 뽐내지 않고 낮은 지위에서 소박하게 행동을 해 나가면 별다른 허물은 없을 것이다"고 말한다. 307쪽 참조 바람.
16 "착(錯)"을 베푼다는 의미로 말하고 있다. 쇼니시의 「백서주역」 영역본에서는 "반대로 실천한다"는 뜻으로 해석하고 있다.
17 다른 잡념 없이 오직 한 마음으로 예를 행한다는 말이다. 정이천은 『이천역전』에서 "독(獨)은 오로지함이다. 만약 귀하게 되려는 마음과 도를 행하는 마음이 속에서 서로 싸우면 어떻게 그 본래대로 편안히 행하겠는가?(獨, 專也. 若欲貴之心與行道之心, 交戰于中, 豈能安履其素也)"고 하였다.

상전에 말하기를 본래의 순수한 바탕으로 행한다는 것은 오직 한 마음으로 원하는 것을 행하는 것이다.

九二는 履道坦坦하니 幽人이라야 貞하고 吉[18]하리라.
구이   이도탄탄   유인   정 길

[백] 禮道亶亶,[19] 幽人[20]貞吉.
    례도단단   유인 정길

구이는 밟는 길이 넓고 평평하고 숨어사는 사람이라야 올바르고 길하다.

[백] 구이는 진심으로 예를 갖추어 제사를 올리면 설령 예에 어긋나는 행동을 하여 구금되어 있는 사람이라도 점을 치면 길한 괘가 나올 것이다.

象曰 幽人貞吉은 中不自亂也[21]라.
상왈 유인정길   중부자란야

상전에서 숨어사는 사람이라야 올바르고 길하다고 말하는 것은 마음속에서

---

18 구이는 양이 음의 자리에 위치하여 하괘의 중을 얻고 있다. 걸어가는 길이 순탄하고 평탄하다. 걸어가는 길이 평탄한 이유에 대해 『주역절중』은 양인(梁寅 : 1309-1390, 元末明初 시기의 학자로 양오경(梁五經) 또는 석문선생(石門先生)으로 불려짐)의 『주역참의(周易參義)』의 말을 인용하여 "도로를 걸어갈 때에 복판으로 가면 평탄하지만, 길 옆으로 따라가면 험하다(夫行於道路者, 由中則平坦, 從旁則崎險)"고 하였다. 그러나 구이는 양강(陽剛)의 재질을 가지고 있기 때문에 급하게 서두르면서 방심하고 소홀히 할 가능성이 크기 때문에 마치 '숨어사는 사람(幽人)'처럼 자신의 재덕(才德)을 드러내지 않고 행동하여야 길하다는 것을 특별히 말하고 있다. "유인"은 마음을 편안하게 가지고 있는 은자나 숨어있는 수도자를 말한다. 특히 이 구절은 재덕(才德)을 갖춘 사람이 오히려 빨리 망하고 더 큰 어려움을 만나는 경우를 경계할 때 자주 인용된다.
19 진심으로 행동하는 것을 말한다.
20 감옥 속에 구금되어 있는 사람.
21 "중(中)"은 마음속을 말한다. 유인이 길한 이유는 마음속이 편안하고 안정되어 있을 뿐만 아니라, 또 깨끗하여 아무리 바깥에서 혼란스럽게 하여도 흔들리지 않기 때문이다.

스스로 어지럽히지 않기 때문이다.

六三은 眇能視며 跛能履라 履虎尾하여 咥人이니 凶²²하고
육삼   묘능시   파능리   이호미   질인   흉

武人이 爲于大君²³이로다.
무인   위우대군

■ 六三, 眇能視, 跛能利, 禮虎尾眞, 人兇,²⁴ 武人洞²⁵于大君.
  육삼 묘능시 파능리 예호미진 인흉   무인동 우대군

육삼은 애꾸눈으로 보며 절름발이로 걸어 호랑이 꼬리를 밟으니 사람을 물

---

22 육삼(六三)은 부중부정(不中不正)으로 강자들 사이에 끼어 있고, 또 재질은 약하지만 의지는 매우 강하다. 그것은 애꾸눈이 능히 볼 수 있다고 생각하고, 절뚝발이가 스스로 능히 멀리까지 갈 수 있다고 생각하는 것과 같다. "묘(眇)"는 애꾸눈을 말하고, "파(跛)"는 절뚝발이를 말한다. 말하자면 능력이 부족하거나 자신의 약점은 간과한 채 욕심이나 의지만 강하기 때문에 좋지 않은 결과가 분명히 예상된다는 것이다. 이런 상황에서 자신을 반성하여 조심하지 않으면 "호랑이 꼬리를 밟는(履虎尾)" 불행한 사태가 벌어지게 된다. 이괘(履卦)의 괘사에서는 "호랑이 꼬리를 밟더라도 사람을 물지 않으니 길할 것이다(履虎尾, 不咥人, 亨)"고 하였다가 육삼 효사에서는 "호랑이 꼬리를 밟으니 사람을 물어 흉하고(履虎尾咥人凶)"라고 하여, 앞의 말과 뒤의 말이 일면 모순되는 것처럼 보이기도 한다. 그러나 이는 괘사가 전체적 대의라고 한다면, 육삼(六三) 효사의 경우는 구체적인 다양한 상황을 통하여 괘사의 전체적 대의를 보충 설명해주는 것이기 때문이다. 『주역집해』에서는 "능(能)"을 "이(而)"로 쓰고 있는데, 인용된 우번의 주 역시 "능(能)"을 "이(而)"로 쓰고 있다.
23 "무인(武人)"은 육삼(六三)을 말하는데, 자신의 능력은 생각하지도 않고 욕심만 많은 경우를 상징하고 있다. 육삼은 하괘의 상위에 처하여 마치 자신이 천자(大君)가 된 듯이 행동한다. 이런 상황을 주자는 『주역본의』에서 "육삼이 부중부정하고 유약하면서 뜻이 강하니 이런 상황에서 건괘를 밟으면 반드시 상해를 당하게 된다(六三不中不正, 柔而志剛, 以此履乾, 必見傷害)"고 하였다. 빌헬름은 "무인이 대군을 대신해서 행동한다"로 번역하고 있고(438쪽), 이마이 우사부로는 "무인(육삼)이 大君(구오)에 진력한다면 괜찮다"(307쪽)로 해석하고 있다.
24 "흉(兇)"을 "놀라다", "두렵다"는 의미로 쓰고 있다.
25 "동(迵)"을 『백화백서주역』에서는 "통보하다"는 뜻으로 쓰고 있다. (10쪽 참조)

어 흉하고 무인이 대군이 되었도다.

【豫】 육삼은 눈에 병이 있으면서도 관찰력이 특별히 뛰어나고 다리가 불편하면서도 매우 잘 달릴 수 있고 신에게 예를 올리면서 진짜 호랑이 꼬리를 쓰니, 사람들이 이런 모습을 보고 깜짝 놀라서 보초병이 재빨리 대군에게 보고하였다.

象曰 眇能視는 不足以有明也요 跛能履는 不足以與行也요
상 왈 묘 능 시   부족이유명야   파 능 리   부족이여행야

상전에 말하기를 애꾸눈으로 보는 것은 충분히 밝지 못한 것이고, 절름발이로 걷는 것은 같이 가기에는 부족한 것이요,

咥人之凶은 位不當也²⁶요 武人爲于大君은 志剛也²⁷라.
질 인 지 흉   위 부 당 야   무 인 위 우 대 군   지 강 야

사람을 물어 흉하다는 것은 자리가 맞지 않기 때문이고, 무인이 대군이 되었다는 것은 뜻이 강하기 때문이다.

---

26 기본적으로 육삼은 부중정의 위치에 있으면서도 자신의 치명적인 결점을 간과하고 무조건 목표를 향해 돌진하려는 경우에 해당한다. 효사에 "애꾸눈으로 보는 것(眇能視)"이라는 말은 본인 스스로는 사물을 분명하게 잘 판별할 수 있다고 생각하지만 실제로는 사물을 확실히 구분할 수 있는 시력을 가지고 있지 못하다. "절름발이로 걷는 것(跛能履)"은 본인 스스로는 잘 걸을 수 있다고 생각하지만 실제로는 멀리까지 걸어 갈 능력이 없다는 것이다. "사람을 물어 흉하다는 것(咥人之凶)"은 육삼의 효위가 정위(正位)가 아니기 때문이다.
27 "무인이 대군이 되었다는 것(武人爲於大君)"은 능력은 부족하면서 뜻만 강하다는 말이다. 이런 적극적인 뜻을 "대군(大君)"의 지휘 아래에서 순종적으로 쓴다면 매우 바람직할 것이다.

九四는 履虎尾니 愬愬이면 終吉²⁸이리라.
구사 이 호 미   삭 삭   종 길

백 九四, 禮虎尾, 朔朔,²⁹ 終吉.
구사 예 호 미   삭 삭   종 길

구사는 호랑이 꼬리를 밟은 것이니 두려워하고 두려워하면 끝내는 길할 것이다.

백 구사는 신에게 예를 올리면서 호랑이 꼬리를 쓰고 정신을 똑바로 차리면 끝내는 길할 것이다.

象曰 愬愬終吉은 志行也³⁰라.
상 왈 삭 삭 종 길   지 행 야

상전에 말하기를 두려워하고 두려워하면 끝내는 길할 것이라는 것은 뜻이 행해진다는 것이다.

九五는 夬履니 貞이라도 厲³¹하리라.
구 오   쾌 리   정   여

---

28 "삭삭(愬愬)"은 "두려워하고 조심조심하는 것"을 말한다. 비록 그가 호랑이의 꼬리를 밟았지만 조심하고 신중하게 하면 결국 길할 수 있다는 것이다. 구사는 구오의 아래에 있어서 위험하지만 스스로를 낮추어 구오를 대하기 때문에 끝내 길하게 된다. 육삼과 구사는 둘 다 호랑이의 꼬리를 밟았지만, 육삼은 흉한 반면에 구사가 길한 이유는 무엇인가? 이 결과의 차이는 하나는 자신의 능력을 모르고 욕심을 부린 때문이고, 다른 하나는 스스로의 상황을 잘 파악하여 조심하였기 때문이다.
29 "삭(朔)"은 "새로운 달이 시작되는" 뜻을 가지고 있는데, 이것을 놀랐다가 다시 정신을 차리는 의미(蘇)로 사용하고 있다. 『백서주역교석』 89쪽 참조 바람.
30 "뜻이 행해진다(志行)"는 말은 평시에 염원하던 바가 성취되었다는 것을 말한다.
31 구오는 제위(帝位)의 자리에 위치하고 있는데 왜 위태롭다(厲)고 말하는가? 구오는 효위로 보면 과강(過剛)하여 조금의 주저함이 없이 결단해 버리는 경향이 강하다. 그러므로 이런 사람이 높은 지위에 있을수록 필요한 미덕은 바로 포용과 검손을 통해 다른 사람

九五. 夬禮니 貞厲.³²
　　구 오　쾌 례　　정 려

경의 의미 : 구오는 신고 있는 신발이 터져버리니³³ 위태하다는 점의 결과가 나왔다.

전의 해석 : 구오는 과감하게 결단하여 행함이니 바르더라도 허물이 있을 것이다.

⑩ 구오는 신에게 예를 올리는 결정을 하였는데 위태하다는 점의 결과가 나왔다.

象曰 夬履貞厲는 位正當也³⁴일새라.
　상 왈　쾌 리 정 려　　위 정 당 야

상전에 말하기를 과감하게 결단하여 행함이니 바르더라도 허물이 있을 것이라는 말은 있는 자리가 바로 그러하기 때문이다.

의 의견을 경청하는 것이다. 이런 이유에서 편안하고 높은 자리에 있을 때 사람들은 오히려 위태로움을 잊지 말아야 한다.
32 등구백은 『백서주역교석』에서 "쾌(夬)"를 "결정하다"는 뜻으로 보고 있다.
33 고형(高亨)이나 주진보(周振甫)는 "쾌(夬)"를 "결(決)"로 보아 "찢어지다", "부서지다"는 의미로 보고, "이(履)"는 신발의 뜻으로 말하고 있다.
34 "과감하게 결단하여 실천하는 것(夬履)"의 위태로움은 지나친 자신감에서 생긴다. 정이천은 『이천역전』에서 "존귀한 지위에 거해서 마음대로 할 수 있는 권세를 가지고 있다고 해서 마음대로 과감하게 결단하여 실천하고 다시 두려워 조심하지 않으면 비록 바르더라도 위태로운 방법이다(居至尊之位, 據能專之勢, 而自任剛決, 不復畏懼, 雖使得正, 亦危道也)"고 하였다. 주자는 『주역본의』에서 이런 자신감이 자신의 발목을 잡는다는 의미로 "믿는 것에 다친다(傷於所恃)"고 말하여, 구오가 자리한 위치가 중정하여 하나도 거리낄 것이 없기 때문에 허물이 있을 수 있는 가능성이 있다고 경계한다. 즉 "자리가 바로 그러하기 때문이다"라는 말은 내용상으로는 구오의 증정함을 말한다.

上九는 視履하여 考祥[35]호되 其旋이면 元吉[36]이리라.
상구   시리   고상   기선   원길

🅱 尙九, 視禮, 巧翔其翾,[37] 元吉.
상구   시례   교상기환   원길

상구는 밟아온 것을 살펴보아 길흉화복을 상세히 살펴보되 되돌아볼 수 있으면 크게 길할 것이다.

🅱 상구는 신에게 예를 올리는 것을 상세하게 살펴보고 자기만을 생각하는 것에 능하고 크게 길한 점의 결과를 얻었다.

象曰 元吉在上이 大有慶也[38]니라.
상왈 원길재상   대유경야

상전에 말하기를 크게 길한 것이 상효에 있다는 것은 큰 경사가 있는 것이다.

---

35 "상(祥)"은 길흉화복이 드러난 징후를 말하고, "고(考)"는 냉정하게 길흉화복의 조짐을 총체적으로 상세하게 살피는 것을 말한다.
36 "선(旋)"은 "돌아가다", "회고하다"는 뜻이다. 상구는 이괘의 마지막 효로 지나온 과정들을 돌아보아 근본을 잃지 않고 다시 처음으로 되돌아가 반성하고 점검할 것을 말하고 있다. 처음은 바로 초구(初九)에서 말하는 "순수한 바탕(素履)"를 말한다. 즉 지금까지도 처음의 순수한 바탕이나 근본을 잃지 않고 끝까지 지속이 되었다면 크게 길할 것이라고 말한다. 대부분의 상구가 항상 좋지 않은데도 불구하고 여기서는 좋다. 상구가 길한 경우는 드문데 길한 경우는 겸괘(謙卦)와 이괘(履卦)뿐이다.
37 등구백은 『백서주역교석』에서 "교(巧)"를 "잘한다", "능하다"의 의미로 해석하고 있다.
38 사람에게 가장 중요한 것은 초심(初心)을 가지고 끝까지 잘 실천해야 한다는 것이다. 모든 일에는 끝이 중요하다. 이 구절은 상구가 원길(元吉)을 얻는 조건과 원인에 대해 말하는 것으로 보인다.

* 이괘의 의미와 교훈

이괘(履卦)는 '조심스럽게 행동해야 한다'는 것에서 괘명을 취하고 있다. 비유하자면 일을 처리하는 데 있어서 반드시 예(禮)에 따라서 행해야 한다는 것이다. 예(禮)는 기본적으로 순서와 겸손을 그 특징으로 삼고 있기 때문에 모든 일처리에 있어서도 이런 점을 잘 응용하여야 한다. 괘사에서 "호랑이 꼬리를 밟더라도 사람을 물지 않으니(履虎尾, 不咥人)"라는 말은 조심스럽게 나아간다면 비록 위험하더라도 끝내 해가 없다는 뜻을 담아 표현하고 있다.

소축괘(小畜卦 : ☰)나 이괘(履卦)는 모두 일음오양의 괘이다. 소축괘는 음이 사효에 있고 상괘에서 유로 강을 막는데 그것은 바로 유로써 강을 제어한다는 말이다. 이른바 사람을 제어하는 의미이다. 이괘의 여섯 효는 각각의 위치나 상황에 따라 밟는 것(履)의 문제에 대해 이야기하고 있다. 초구는 아래에 있으면서 "본래의 순수한 바탕(素)"을 지키고, 구이는 중(中)을 지탱하여 흔들리지 않게 하고, 구사는 두려워하여 근신하는 것을 말한다. 구오는 예를 따라 과감하게 결단하는 것을 말하고, 상구는 "이도(履道)"가 완성되는 것을 말하고 있다. 이 낫싯 효는 모두 양으로 예를 위배하지 않고 올바로 행동하였기 때문에 대부분 "허물이 없거나(无咎)"· 길하거나(吉) · 크게 길하다(元吉)고 말한다. 그러나 오직 육삼만이 음유(陰柔)로 급하게 나아가서 "호랑이 꼬리를 밟으니 사람을 물어(履虎尾咥人)" "흉(凶)"함이 있다. 하지만 이것 또한 잘못을 개선하여 올바른 것으로 돌아가는 데 힘쓰면 흉함이나 위태로움을 충분히 피할 수 있다.

전체 괘를 살펴보면 대부분 정반(正反) 두 측면으로 조심할 것을 말하고, 보다 위태로운 말을 통하여 더욱 경계할 것을 말한다. 본래 『주역』은 강을 높이고 유를 누르는 원칙을 따르지만 그것은 절대로 간단한 문제가 아니다. 왜냐하면 양은 움직이는 것을 좋아하여(好動) 쉽게 빨리 결단하는 약점을 가지고 있어서 무조건 양에 따라서 행동한다면 후회할 일이 많이 생기기 때문이다. 그래서 "호랑이 꼬리를 밟는 것(履虎尾)"처럼 어떤 일을 행할 때 항상 위기감을 가지고 매사에 조심하고 최선을 다할 것을 강조한다. 특히 직무를 실천할 경우 반드시 정도(正道)에 따라야 하고, 또한 중정하고 유순한 태도를 가지고 지나친 욕심은 버려야 한다. 행동을 항상 조심하고 신중하여야 한다는 이괘의 교훈은 사실상 주역의 64괘가 공통으로 가지고 있는 특징이라고 할 수 있다.

11. ䷊ 지천태(地天泰, ䷊ 泰 第三十四)

1) 괘의 순서

태괘(泰卦 : ䷊)는 「서괘전」에서 "실천하고 태평하게 된 뒤에 편안해지기 때문에 태괘로 받았다(履而泰然後安, 故受之以泰)"고 하였다. 어떤 일을 실천하여 자기의 맡은 바 역할을 충실히 하면 자기 자리를 얻게 되고, 올바른 위치에 있게 되면 자연스럽게 편안해지게 된다. 그러므로 이 괘 다음에 태괘가 오게 된다고 말한다.

2) 괘명의 의미

"태(泰)"는 "통한다(通)"는 뜻을 가지고 있다. 여기에서 말하는 "통한다"의 의미는 자연계와 인간 사회에 모두 적용되는 가장 최적(最適)의 상태 혹은 결과를 말한다. 이런 "통"의 결과를 가능하게 하는 원인이 바로 "서로 교류하는 것(交)"이다. 자연계에서는 천지가 서로 교류한(天地相交) 후에 만물의 발육과 생장이 왕성해지고, 인간 사회에서는 위정자와 일반 백성 간에 의사소통이 원활하여, 서로 상대방이 무엇을 바라고 있는 가 하는 것을 서로 알게 된 이후에 천하가 평안해지는 것이다. 이런 상태가 바로 막힘이나 장애가 없는 "태"이다.

3) 괘의 상

하늘(☰)이 위에 있고 땅(☷)이 아래에 있는 것이 정상적인데도 불구하고, 어째서 땅이 위에 있고 하늘이 아래에 있는 태괘(泰卦)가 천하가 편안해지는 도리를 보여줄 수 있는가? 어쩌면 태괘의 이런 괘상이야말로 『주역』의 동적(動的)인 변역(變易)의 원리를 가장 잘 보여주고 있는 것이라고 할 수 있다. 만약 정적(靜的)인 관점에서 보면 하늘이 위에 있고 땅이 아래에 있는 것이 정상적일 것이다. 그러나 동적인 입장에서 보면 하늘을 상징하는 건(乾)의 양기(陽氣)가 위로 오르려고 하는 것은 자연스럽다. 마찬가지로 땅을 상징하는 곤(坤)의 음기(陰氣)가 아래로 내려가는 것도 자연스럽다. 여기에서 상하가 서로 소통하게 된다. 그런데 현실적으로 천지가 어떻게 교류할 수 있는가? 이것은 천지의 형(形)간의 교류가 아니고, 천지의 기(氣)가 교류하는 것을 말하기 때문이다.

泰는 小往하고 大來하니 吉하여 亨[1]하니라.
태　　소 왕　　　대 래　　　길　　　형

백 柰, 小往大來,[2] 吉, 亨.
　　내　소 왕 대 래　　길　형

---

[1] 『주역』에서는 음(陰)을 "소(小)"로, 양(陽)을 "대(大)"로 말한다. "왕(往)"은 "내(內)"에서 "외(外)"로 나가는 것을 말하고, "래(來)"는 "외(外)"에서 "내(內)"로 들어오는 것을 말한다. 여기에서 말하는 "내(內)"는 내괘(內卦)를, "외(外)"는 외괘(外卦)를 가리킨다. 양이 왕성하고 음이 쇠락해 가는 시기로 인간사에 적용하면 군자의 도가 왕성해지고 소인이 물러나는 것을 상징하고 있기 때문에 길하고 형통하다고 말한다.

[2] 통행본 『주역』에서 태괘(泰卦)가 11번째 괘인 데 비해, 『백서주역』에서는 34번째 괘이고 "내(柰)"로 표기되어 있다. "내(柰)"는 본래 사과(沙果)를 말하기도 하지만 또 지명(地名)을 말하기도 한다. 등구백은 지명으로 보고 있다. 그래서 "작은 지방이 떠나가고 다른

경의 의미 : 태는 작은 것을 버리고 큰 것을 얻으니 크게 길하고 이롭다.³

전의 해석 : 태는 작은 것(陰)이 가고 큰 것(大)이 오니, 길하여 형통하다.

🔲 내는 작은 지방이 떠나가고 다른 큰 지방이 귀순해 오는 것에 대해 제사를 올리고 점을 치니 형통한 결과가 나왔다.

象曰 泰小往大來吉亨은 則是天地交而萬物通也며
단 왈 태 소 왕 대 래 길 형   즉 시 천 지 교 이 만 물 통 야

上下交而其志同也⁴라.
상 하 교 이 기 지 동 야

단전에 태는 작은 것(陰)이 가고 큰 것(大)이 오니, 길하여 형통하다고 말하는 것은 천지가 서로 사귀어(교류하여) 만물이 통하며 상하가 사귀어 그 뜻이 같아진다는 것이다.

內陽而外陰하며 內健而外順하며 內君子而外小人하니
내 양 이 외 음   내 건 이 외 순   내 군 자 이 외 소 인

큰 지방이 귀순해 오는 것(小往大來)"에서 "소대(小大)"를 주 왕실을 벗어나서 떠나가는 작은 내(邶)나라와 다른 많은 큰 나라들이 주 왕실에 귀순하는 내용으로 해석하고 있다. 『백서주역교석』 222쪽 참조 바람.
3 이경지는 『주역통의』에서 "소왕대래(小往大來)"를 "작은 이익이 큰 이익으로 바뀐 것"으로 말하고 있다. 특히 이 구절은 대립적인 것의 전환(轉換)을 잘 설명하고 있는 것이라고 하였다.(25쪽 참조) 이에 비해 고형은 『주역대전금주』에서 자기 임무에 충실하지 않는 소인을 도태시키고 어질고 능력이 많은 사람을 등용하면 길하다는 의미로 해석하고 있는데, "태(泰)"를 "도태(淘汰)"의 의미로 보고 있다. 112쪽 참조 바람.
4 천지 음양의 도가 교류하고 조화하여 우주 만물이 형통하게 되고, 군신 상하가 서로의 의견을 교환하여 같은 뜻(同志)을 가지게 된다고 말한다.

君子道長하고 小人道消也⁵라.

양이 안에 있고 음이 밖에 있으며, 강건함이 안에 있고 유순함이 밖에 있으며, 군자가 안에 있고 소인이 밖에 있으니 군자의 도가 커지고 소인의 도는 사라진다.

象曰 天地交泰니 后⁶以하여 財成天地之道하며 輔相天地之宜⁷하여 以左右民⁸하나니라.

---

5 태괘(泰卦)는 양은 점차 커가고 음이 사라지는 태평의 시기임을 말하고 있다. 「단전」은 이런 관점을 세 측면에서 나누어 설명하고 있다. 첫째, 자연계에서는 천지의 두 기가 접촉해 화합하여 만물이 생성 발전하고, 인간 사회에서는 군신이 친하게 지내어 화합하여 상하의 뜻이 통하는 것을 말한다. 둘째, 괘상(卦象)으로 말하면 내괘가 양이고 외괘가 음이기 때문에 내괘는 군자(陽)이고 외괘는 소인(陰)이라는 것을 말하고 있다. 셋째, 양기(君子의 道)가 점차 자람에 따라 음기(小人의 道)가 점차 사라져 가는 음양의 소식(消息)을 표현하고 있다.

6 대부분 군자(君子)나 선왕(先王)을 말하는데 여기에서는 "후(后)"를 말하고 있다. "후(后)"는 천자나 왕을 말하는데 태괘(泰卦) 이외에 구괘(姤卦)에만 출현한다. 「대상전」에서 말하는 선왕은 대부분 법제(法制)를 세우거나 건국(建國)하는 군주를 말하는데 모두 7번 출현한다. 대인(大人)은 이괘(離卦)에서 한 번 출현하는데 왕공(王公)을 통칭하는 것으로 보인다. 박괘(剝卦)에만 상(上)이 유일하게 출현하는데 높은 데 있는 군주를 말하는 것으로 보인다. 나머지 53괘는 모두 군자(君子)로 말한다.

7 "재성(財成)"은 "재성(裁成)"과 같다. "재(裁)"는 옷을 만들기 위하여 비단이나 베를 자르는 것, 즉 마름질한다는 의미이다. "재성천지지도(財成天地之道)"는 천지의 도를 마름질해서 돕는다는 것으로 자연의 도 그 자체로는 백성에게 직접적인 도움이 안 되므로 백성에게 맞게 만들어주어야 한다는 의미이다. "보상(輔相)"은 돕는다는 뜻으로 "천공대지(天工代之)", 즉 하늘의 일을 대신해서 할 뿐이라는 의미이다. 군주인 "후"는 이 태괘의 상을 본받아 천지의 도를 "재성(裁成)"하여 지나친 것을 마름질하고, 천지의 마땅한 바를 구하여 그 부족하고 모자라는 부분을 채우도록 돕는다. 그러므로 주자는 『주역본의』에서 "마름질하여 그 지나침을 억제하고, 보충하여 도와서 그 모자람을 보충하는 것이다(財成以制其過, 輔相以輔其不及)"고 하였다.

상전에 말하기를 천지가 서로 사귀는 것이 태니 군자는 이것을 보고서 천지의 도를 마름질하여 천지의 마땅함을 보충하여 도움으로써 백성을 돕는다.

初九는 拔茅茹라 以其彙征이니 吉[9]하니라.
초구   발 모 여   이 기 휘 정   길

[백] 初九, 犮[10]茅茹, 以其胃[11]. 貞, 吉.
초구 발 모 여 이 기 위 정 길

초구는 띠의 엉켜있는 잔뿌리를 뽑는 것인데 그 무리가 함께 가기 때문에

---

8 "천지의 도를 마름질하여 천지의 마땅함을 보충하여 돕기(財成天地之道, 輔相天地之宜)" 위해서는 백성들의 생활에 직접적으로 유용한 문명의 이기를 만들어 제공하여야 한다. "돕는다(左右)"는 말은 바로 좌우(佐佑)로 "보우(保佑)"의 의미이다. 『주역』에서는 자연세계와 인간세계를 관통하는 총체적 법칙이 있음을 말하고 있는데, 훌륭한 군주들의 지혜나 위대성은 바로 이 총체적인 법칙인 도(道) 혹은 역리(易理)를 인식하고 그것을 응용할 줄 아는 데 있음을 「계사전」은 역설하고 있다. 「계사전」에서는 구체적으로 다섯 명의 이런 군주들을 소개하고 있는데, 이들 5대 성인은 모두 새로운 발명을 한 인물들이다. 실제로 「계사전」은 복희씨, 신농씨, 황제, 요, 순 등의 다섯 명의 군주들이 각기 팔괘, 농기구와 시장, 의복, 배, 우마차, 절구, 활, 집, 관 등을 발명하였음을 말하고 있다. 이 문제에 대해서는 「계사전」 하의 제2장에서 집중적으로 말하고 있다.
9 모(茅)는 띠풀을 말한다. 초구는 정위(正位)로 가장 아래 자리에 있는 것으로 띠의 뿌리(茹)에 해당된다. 이는 군자가 밝고 강직한 재주를 가지고 낮은 자리에 있는 것과 닮았다. 뿌리라는 말을 쓴 것은 뿌리는 항상 밑에 있는 것으로 아래에서 위로 뽑는다는 것을 상징한다. "휘(彙)"는 아래에 있는 세 양을 두고 말한다. 즉 초구, 구이와 구삼의 세 양이 잔뿌리로 서로 엉켜 다 같이 위로 올라온다는 말이다. 『경전석문』(經典釋文)에서는 "여(茹)는 끌어서 당기는 것이다(茹, 牽引也)"고 하였고, 또 "휘(彙)는 무리이다(彙, 類也)"고 하였다. 자기 혼자만이 올라가는 것이 아니라 자신의 동류(同類)들과 함께 뜻을 합쳐 나아가는 것을 말한다. 그것은 뽑으면 많은 뿌리가 함께 딸려 나오는 띠(茅)의 모습으로 표현된다. 위로 나아가는 데 반드시 동류를 데리고 간다. 그러므로 뜻을 같이 할 수 있어서 나아가도 길하게 되는 것이다.
10 "발(犮)"은 "(개가 달리는 방법으로) 재빨리 달리는"이라는 뜻이다. "발(拔)"의 가차자로 사용된 것으로 보인다.
11 "위(胃)"는 "위장", "내장"이라는 의미를 가지고 있다. 이 글자를 『설문해자』에서는 "휘(彙)"의 고어 형태로 말하고 있다.

길하다.

> 초구는 띠 풀을 (서로 엮어 지붕을 이었는데, 띠 풀을 서로 엮지 않고 이은 지붕이 바람에 날아 가 버렸다. 지금은) 잘 엮었는데 점을 치니 길한 결과가 나왔다.

象曰 拔茅征吉은 志在外也¹²라.
상왈 발모정길 지재외야

상전에 말하기를 띠의 엉켜있는 잔뿌리를 뽑는 것이니 그 무리가 함께 가기 때문에 길하다는 것은 뜻이 바깥에 있다는 것이다.

九二는 包荒하며 用馮河¹³하며 不遐遺¹⁴하며 朋亡¹⁵하면
구이 포황   용풍하   불하유   붕망

得尙于中行¹⁶하리라.
득상우중행

---

12 "뜻이 바깥에 있다는 것(志在外)"은 초구가 위로 나아가려는(上進) 것으로 그 뜻이 모두 외괘에 있다. 또 육사(六四)와 상응하고 있어 바깥으로 나아가려는 것이기 때문에 이는 기본적으로 음양의 기가 서로 교통(交通)하고 있음을 말하는 것으로 보인다.
13 "포황(包荒)"은 "포용(包容)한다"는 뜻이다. 왕필은 거칠거나 더러운 것을 포용하는 것으로 해석하였으며, 정이천과 주자도 역시 그렇게 해석하였다. 즉 구이(九二)가 중의 자리에 위치하여 넓은 아량으로 일체를 포용하여야 함을 말하고 있다. 고형이나 이경지는 표주박으로 해석하고 있다. 이경지는 "황(荒)"을 비운다는 의미의 "공(空)"으로 보고 있다. "풍하(馮河)"는 물을 걸어서 건너가거나 맨몸으로 건넌다는 뜻이다.
14 "하유(遐遺)"는 멀리 있는 것도 버리지 않는다는 의미로 쓰였다. "하(遐)"는 멀다, 멀리 있다는 말이다.
15 붕당을 만들지 않고 공정하게 행동하는 구이(九二)의 태도가 도덕적으로 깨끗하고 공평 무사하다는 것을 말하고 있다. "망(亡)"은 "무(無)"의 뜻이다.
16 "득(得)"은 "할 수 있다"는 의미로 쓰였다. "상(尙)"을 왕필이나 정이천은 "배합한다(配)"는 의미로, 주자는 "합(合)"으로 보고 있다. "중도를 행하는 사람과 짝을 이룰 수 있을 것이다(得尙于中行)"는 것은 구이가 중도(中道)의 덕에 합치하여 일을 행할 수 있

🔲 **九二, 枹妄, 用馮河, 不騢遺, 弗亡得尙于中行.** [17]
　　구 이　포 망　용 풍 하　불 하 유　불 망 득 상 우 중 행

경의 의미 : 구이는 박의 중간을 파내고 비워 그것으로 강을 건너면서 물로 떨어지지 않았는데, 돈을 잃어 버렸으면서도[18] 도중에 다시 도움을 받아 보충하였다.

전의 해석 : 구이는 거친 것을 포용하고, 맨몸으로 강물을 건너가는 것을 이용하며, 멀리 있는 것을 버리지 않고, 붕당이 없으면 중도를 행하는 사람과 짝을 이룰 수 있을 것이다.

🔲 구이는 강을 건너는 도구가 없어서 걸어서 건너서도 귀한 말을 잃어버리지 않았다. 중군(中軍)에서 상을 받은 것을 잊어버리지 않았기 때문이다.

象曰 包荒得尙于中行은 以光大也[19]라.
　　상 왈　포 황 득 상 우 중 행　　이 광 대 야

다는 것이다. 구체적으로 구이는 태괘(泰卦)의 주효(主爻)로 중도의 덕에 합치하기 위한 방법은 다른 것이 아니라 앞에서 말한 "거친 것을 포용하고, 맨몸으로 강물을 건너가는 것을 이용하며, 멀리 있는 것을 버리지 않고, 붕당이 없는" 네 가지이다. 이 네 가지에 대해 이마이 우사부로는 『역경』에서 "더럽고 거친 것을 포용하는 도량(度量)을 근본으로 하고, 때로는 맨몸으로 강물을 건너가는 과단성 있는 행동을 하고, 가까운 것은 말할 필요도 없이 멀리 있는 것도 잊어버리는 일이 없어야 하고, 붕당의 사심을 끊어야 한다. 이렇게 하면 중도에 합치할 수 있다"(320쪽 참조)고 하였다.

17 "하(騢)"는 붉은 빛과 흰 빛의 털이 섞여 있는 홍사마(紅紗馬)를 말한다. "중행(中行)"은 상대(商代)의 군대 단위로 약 100명을 한 행(行)으로 하는데, 우행(右行), 중행(中行)과 좌행(左行) 등이 있다. "상(尙)"을 "상(賞)"으로 보고 있다.
18 이경지는 『주역통의』에서 "붕(朋)"을 화폐로 보고, 돈을 잃어 버렸으나 중도(中行)에 다른 사람의 도움을 받는 것으로 말하고 있다. 26쪽 참조.
19 구이(九二)가 광명정대한 마음을 가지고 있기 때문이다.

상전에 말하기를 거친 것을 포용하고 중도를 행하는 사람과 짝을 이룰 수 있을 것이라는 것은 그 마음이 광명정대(光明正大)하기 때문이다.

九三은 无平不陂하며 无往不復[20]이니 艱貞이면 无咎[21]하여
구삼   무평불피   무왕불복   간정   무구

勿恤其孚라 于食에 有福[22]하리라.
물휼기부   우식   유복

백 九三, 无平不波, 无往不復. 根貞, 无咎, 勿恤亓孚,
구삼 무평불파 무왕불복 근정 무구 물휼기부

于食有福.
우식유복

---

20 구삼(九三)은 건(乾)의 세력이 다하는 곳이다. 어떤 하나의 세력이 극성하게 되면 끝에 가서는 변화를 일으키게 된다. 이것이 바로 물극필반(物極必反)이다. 평평한 땅이 어느 순간에 이르면 기울어지고 언덕지지 않음이 없다는 것은 상괘(上卦)인 곤괘(坤卦)를 염두에 두고 하는 말이다. 비록 지금은 음의 소인이 다 물러나 태평한 시기에 있지만 다시 어려운 시대가 올 것임을 미리 대비하여야 한다. 해와 달이 윤전(輪轉)하듯이 해가 가고 나면 달이 뜨지만, 또 달이 지면 해는 반드시 돌아오게 마련이다. 바로 "일왕일복(一往一復)"이다.

21 "간정(艱貞)"은 어려운 상황(艱難) 가운데에서도 올바름을 지키면 허물이 없다는 말이다. 특히 삼효와 사효의 자리는 늘 어려운 자리이므로 "간정(艱貞)"이 될 수 있다. 구삼(九三)은 태평한 자리에 있으면서도 다시 어려움이 올 것을 미리 생각할 수 있으면 허물이 없을 수 있다고 말한다. 이에 대해 정이천은 『이천역전』에서 "태평한 때에 감히 안일하지 않고 항상 그 생각을 어렵고 위태하게 가져서 바르고 곧게 행동해야 하니 이렇게 하면 허물이 없을 것이다(方泰之時, 不敢安逸, 常艱危其思慮, 正固其施爲, 如是則可以无咎)"고 하였다.

22 왜 "그 진실한 믿음을 근심하지 말라(勿恤其孚)"고 하였는가? 구삼의 자리는 원래 어려운 자리이지만 우선 정위(正位)로 문제가 없고, 또 신의(信義)와 진실함을 지킨다면 어떠한 어려움도 빠져나갈 수 있다. 이러한 믿음을 가지고 나아가면 당연히 그 결과는 좋을 수밖에 없고, 여기에서 한 걸음 더 나아가 심지어는 복이나 봉록(俸祿)을 얻게 될 것이라고 말한다.

구삼은 평평하기만 하고 기울어지지 않는 것은 없으며 가기만 하고 돌아오지 않는 것은 없으니, 어려워도 올바르게 하면 허물이 없고 그 진실한 마음을 근심하지 않으면 먹는 것에 복이 있을 것이다.

■ 구삼은 평정(平靜)한 수면(水面)이 없이는 파도가 치는 것을 말할 수 없고, 가는 것이 없이는 돌아오는 것이 있을 수 없다. 처음 시작할 때 점을 쳤는데 재앙이 없고, 돌아오지 못할 것을 걱정할 필요가 없고, 또 먹을 복이 있을 것이라는 점의 결과가 나왔다.

象曰 无往不復은 天地際也[23]라.
상 왈 무 왕 불 복   천 지 제 야

상전에 말하기를 가기만 하고 돌아오지 않는 것은 없다는 것은 천지가 교제하는 것이다.

六四는 翩翩[24]히 不富以其隣[25]하여 不戒以孚[26]로다.
육 사   편 편   불 부 이 기 린   불 계 이 부

---

23 건은 올라가고 곤은 아래로 내려오니, 천지가 자리를 바꾸는 것이라고 할 수 있다(天地易位之際). "제(際)"는 교접처(交接處), 교체 시기, 즈음의 뜻을 가지고 있다.
24 "편편(翩翩)"은 새가 밑으로 날아 내려오는 모습을 묘사하고 있다. 육사(六四)를 따라 상괘의 곤괘(坤卦)가 아래로 내려오는 것을 말한다. 육사는 곤괘의 처음이므로 무리를 이끌고 아래로 내려오는 것으로 해석한다. 하괘에서 뿌리를 뽑을 때 잔뿌리가 연결되어 위로 올라오는 상황과 대비된다.
25 보통 음(陰)을 "불부(不富)"라고 한다. 경방(京房 : BC 77-BC 37, 前漢 때의 유명한 역학자)이 『경씨역전(京氏易傳)』에서 "양은 차 있고 음은 비어 있기 때문에 곤은 허하고, 양이 없어 불부라고 한다(陽實陰虛, 故坤虛無陽爲不富)"고 하였다. 주자 역시 『주역본의』에서 "음은 허하고 양은 실하기 때문에 부유하지 않다는 것은 다 음이라는 것을 말한다(陰虛陽實, 故凡言不富者皆陰也)"고 하였다. 육사(六四) 역시 음효이기 때문에 "불부"라고 한다. 그렇다고 해서 모든 음을 "불부"라고 하지 않는다. 육사가 "불부"인 이유는 겸허(謙虛)하기 때문이다. 정이천은 『이천역전』에서 "불부(不富)"를 "부유하지 않

백 六四, 翩翩, 不富以其隣不戒, 以孚.
육사 편편 불부이기린불계 이부

육사는 마치 새가 무리지어 날아 내려오듯이 부유하지 않으면서도 그 이웃과 함께하여 경계(警戒)하지 아니하여도 진실한 마음으로써 한다.

백 육사는 계속 왔다갔다 하면서 복을 구하려고 하나 그렇지 못한데, (그 이유는) 이웃이 제 마음대로 소란을 피워 자기 집으로 돌아갈 수밖에 없기 때문이다.

象曰 翩翩不富는 皆失實也요 不戒以孚는 中心願也[27]라.
상왈 편편불부 개실실야 불계이부 중심원야

상전에서 마치 새가 무리지어 날아 내려오는 듯이 부유하지 않으면서도 그 이웃과 함께 하여 라고 말하는 것은 모두 실을 잃었기 때문이요, 권고하지 아니 하여도 진실한 마음으로써 한다고 말하는 것은 충심으로 그렇게 되기를 원하기 때문이다.

는데도 서로 따르는 것은 권고나 경계를 받지 않고도 성의로 서로 합하는 것(不富以相從, 不待戒告而誠意相合也)"이라고 하여, 겸허하여 스스로 자만하지 않는 성의가 있음으로 해서 이웃이 그를 따른다고 말한다.

26 "경계하지 아니 하여도 진실한 마음으로써 한다(不戒以孚)"는 것은 억지로 권고하거나 훈계로써 하는 것이 아니라, 진실한 마음으로 하는 것을 말한다. "부(富)"와 "불계(不戒)"를 같이 해석하여 "부로써 유혹하지도 않고, 경고나 권고도 하지 않는 것"으로 말하기도 한다. 즉 육오(六五)와 상육(上六)이 함께 아래로 내려가는 것은 육사(六四)가 권하여 억지로 하는 것이 아니라, 자신의 진실한 마음에서 나온 것이라는 의미이다.

27 세 효 모두 "실(實)"이 없는 음으로 잃어버린 자기 집으로 돌아가려는 모습이다. "실을 잃어 버렸다(失實)"는 것은 근본(根本), 즉 자기 집을 잃어버렸다는 말이다. 자기 집으로 돌아가려고 하는 경우는 누구의 경고나 부로 유혹할 필요도 없이 충심으로 원하기 때문이다.

六五는 帝乙歸妹[28]니 以祉며 元吉[29]이리라.
육오 제을귀매   이지   원길

🔲 六五, 帝乙歸妹以齒,[30] 元吉.
   육오 제을귀매이치   원길

육오는 제을이 여동생을 시집보내어 복을 받으며 크게 길하다.

🔲 육오는 제을이 딸을 시집보낼 때 나이를 따져 원칙으로 삼았는데 크게 길하다.

象曰 以祉元吉은 中以行願也[31]라.
상왈 이지원길   중이행원야

상전에 말하기를 복을 받으며 크게 길하다는 것은 중으로써 원하는 것을 행하기 때문이다.

---

28 "제을(帝乙)"은 임금 이름이며, 을(乙)이라는 이름을 가진 상대(商代)의 왕은 모두 세 명 있다. 역사적 상황을 감안해 보면 주(紂)의 아버지를 지칭하는 것으로 보인다. 귀매(歸妹)는 은(殷) 말엽의 왕인 "제을(帝乙)"이 자기 여동생을 신하에게 시집보내는 것을 말한다. 육오(六五)는 음으로 가장 존귀한 자리에 있으며, 아래로 구이(九二)와 상응하므로 신분 자체로만 보면 여자가 남자보다 높다.
29 "지(祉)"는 "복(福)"을 말한다. 구이(九二)와 육오(六五) 간의 절묘한 교류를 통한 시대의 태평함을 말해주고 있다. 정이천은 『이천역전』에서 "제을(帝乙)이 누이를 시집보내듯 (육오가) 존귀함을 낮추어 양에게 순종하면 복을 받고 또 크게 길하다. 원길은 크게 길하고 지극히 선함이니 태평한 때를 다스리는 공을 이룬다는 말이다(如帝乙之歸妹然, 降其尊而順從於陽, 則以之受祉, 且元吉也. 元吉大吉而盡善者也, 謂成治泰之功也)"고 하였다.
30 "치(齒)"는 치아를 말하는데 "나이"라는 의미이다.
31 육오(六五)가 크게 길한 것은 중도(中道)를 행하여 아무리 지위가 아래에 있는 사람이라도 현인이면 충심으로 따르기 때문이다. 이것을 제왕의 딸이 지위가 낮은 사람에게 시집가는 것으로 상징하고 있다.

上六는 城復于隍³²이라 勿用師요 自邑告命이니 貞이라도 吝³³하니라.

🆑 尙六, 城復于湟, 密勿用師. 自邑告命. 貞. 闍.

상육은 성이 무너져 해자로 돌아감이니, 군대를 쓰지 말 것이고 자신의 읍에 명령을 고하였으나, 설령 바름을 지키고 있다고 해도 부끄러움을 면키 어려울 것이다.

🆑 상육은 성벽이 해자에 빠지니 군대를 사용하지 마라. 읍으로부터 명령이 왔다. 점을 치니 어려운 결과가 나왔다.

---

32 상육(上六)은 태괘(泰卦)가 끝에 이르러 비(否)로 변하려는 상황을 말한다. 즉 세력이 다함을 말하는 것이다. "황(隍)"은 성을 짓기 위해 땅을 파서 생긴 도랑을 말한다. "성복우황(城復于隍)"은 성이 붕괴되어 도랑을 다시 메우는 상황을 말하고 있다. 태(泰)의 종결(終結)이 바로 비(否)의 시작으로 이른바 "태극비래(泰極否來)"이다.

33 "군대를 쓰지 말 것이고 자신의 읍에 명령을 고하였다(勿用師, 自邑告命)"는 것은 이미 통치자의 권위가 땅에 떨어져 명령이 매우 제한된 작은 부분에서만 통한다는 것을 말한다. 백서주역에는 "밀(密)"자가 더 추가되어 있는데, 등구백은 『백화백서주역』에서는 "밀물(密勿)"을 노력의 뜻으로 해석하고 있다(88쪽 참조). 과실을 범한 후에 마음에 걱정이 생겨서 과실을 보충하여 선(善)으로 향하려는 생각을 일러 회(悔)라 하고, 과실을 보충해야 한다는 사실을 알면서도 성실히 행동하지 않고 입으로만 말하거나, 혹은 자신의 과실을 치장하여 계속 잘못을 저지르게 됨으로써 작은 잘못이 더 이상 변명의 여지가 없는 큰 잘못으로 되는 것이 린(吝)이라 한다. 그러므로 회(悔)는 길(吉)로 향하는 경향이 있고, 린(吝)은 흉(凶)으로 향하는 경향이 있다. 이런 상육의 상황을 주자는 『주역본의』에서 "태평함이 끝나서 다시 막히게 되는 것이 성이 무너져 해자로 돌아가는 상이다. 점치는 사람에게 힘으로 다투지 말고 다만 스스로 지켜야 하니, 비록 바름을 지키고 있다고 해도 부끄러움을 면키 어려울 것이라고 경계한 것이다(泰極而否, 城復于隍之象, 戒占者不可力爭, 但可自守, 雖得其貞, 亦不免於羞吝也)"고 하였다.

象曰 城復于隍은 其命이 亂也[34]라.
  상왈 성복우황   기명   난야

상전에 말하기를 성이 무너져 해자로 돌아감이니 라는 것은 그 명이 어지럽다는 것이다.

* 태괘의 의미와 교훈

전체적으로 말하여 태괘(泰卦)가 강조하는 관점은 몇 가지가 있다. 우선 자연계에는 서로 반대되는 두 가지가 있어서 서로 교통(交通)하여야 한다는 점이다. 이러한 현상은 보편적으로 존재한다. 특히 만물이 생장하여 결실을 맺는 데는 천지의 교통 혹은 교류가 필요하다. 이른바 천지의 교류 또는 교통이 어떻게 가능한가? 천지는 분명히 현격한 차이가 있고 형태로서는 교류할 수 없기 때문에 천지 사이의 음양의 기가 교류함을 말하여 그것을 인간사의 문제로까지 확대하여 군주와 신하, 통치계급과 피통치계급 또는 상하가 서로를 인정하고 의견을 교류하여 소통하고 뜻을 같이 하게 되는 것을 말한다. 『주역』의 이런 관점은 매우 정확하나, 사회구성원 간의 상호 소통과 교통이 있어야 그 사회나 국가는 발전이 있게 되

---

[34] 여기에서 말하는 "명(命)"은 상육(上六) 효사에서 말하는 "명령"의 의미보다는 "천명(天命)"이나 "발전추세"의 의미를 가지고 있는 것으로 보인다. 주자는 『주자어류(朱子語類)』에서 "이것은 또한 일이 되어가는 필연적 흐름을 말한다. 치세가 오래 가면 난세가 오기 마련이고 난세가 오래 가면 치세가 오게 마련이다. 천하에는 오래 되어서도 변하지 않는 이치란 있을 수가 없다(此亦事勢之必然, 治久必亂, 亂久必治. 天下無久而不變之理)"(권17)고 하였다. 또 상병화는 『주역상씨학』에서 "그 명이 어지럽다는 말은 태가 극에 이르면 다시 비로 돌아온다는 것으로 천지자연의 운명으로 피할 수 없는 것임을 말한다(其命亂者, 言泰極返否, 爲天地自然之命運, 无可避免)"고 하였다.

는 것이다.

다음으로 태괘는 성이 무너져 해자가 된다는 것을 통해 태평함이 극단에 이르면 어지럽게 되는 현상을 말하고 있는데, 이것은 일체 사물은 모두 무상(無常)하게 변화하고 있음을 의미하는 것이다. 천도(天道)가 이러하다면 인도(人道) 역시 그러하다. 누구도 여기에 대해서 저항할 수 없고 이런 흐름에 능동적으로 적응하여야 하는 것이다.

마지막으로 태괘가 참으로 관심을 가지는 문제는 어떻게 태평함(泰)을 계속적으로 수성(守成)하는가의 문제이다. 창업(創業)이 어렵기는 하지만 수성은 더욱 어렵다. 여기에서 말하는 수성의 의미는 단순한 현상유지에 그치는 것은 아니다. 그보다는 물극필반(物極必反)의 도리를 파악하여 편안하게 머물면서도 위기를 미리 생각하는 태도, 즉 "거안사위(居安思危)"의 태도를 가지고 자신의 새로운 발전을 위한 목표와 이상을 부단히 추구해야 한다는 점이다. 말하자면 창업과 수성 및 새로운 발전이 가능한 것은 인간이 가지고 있는 불안(不安) 또는 우환의식(憂患意識)에 대한 응전(應戰)이 가져온 결과라고 할 수 있다. 태괘는 바로 이런 점을 이야기하고 있다.

12. ䷋ 천지비(天地否, ䷋ 婦 第二)

1) 괘의 순서

「서괘전」에서 "태는 통하는 것이니 사물이 끝까지 통할 수만은 없기 때문에 비괘로써 받았다(泰者, 通也. 物不可以終通, 故受之以否)"고 하였다. 이는 태괘(泰卦)를 천지가 교류(交流)하여 만물이 활발히 생생(生生)하는 상태로 본다면, 비괘(否卦)는 이런 교류나 교통(交通)이 막혀 버린 상태로 본다는 것이다. 그것은 사물의 발전 과정에 있어서 사물이 계속적으로 통하는 시기만 있는 것이 아니라 막힐 때도 분명히 있기 때문이다. 비괘의 시기는 인간의 도리가 정상적으로 행해지는 시기가 아니다. 이 시기는 군자의 도가 줄어들고(消) 소인의 도가 자라나는(息) 시기이다.

2) 괘명의 의미

"비(否)"는 막힌다는 뜻으로 "시운(時運)이 불통(不通) 하는 의미"를 가지고 있다. 태괘(泰卦)의 반대 측면(反面)이다. 즉 태(泰)가 서로 교류하고 통하는 교통(交通)이라면, 비(否)는 교류가 닫히고 막히는 폐색(閉塞)을 의미한다. 『주역』이 말하려고 하는 가장 중요한 도리는 계속 새롭게 변화하여 발전하는 변역(變易), 생생불식(生生不息)과 일신(日新)에 있다. 이것은 모두 한 자리에 안주하여 머물러 있는 것이 아니라 계속적으로 움직인(動) 결과이다. 왜 끊임없이 움직여야 하는가? 그것은 불안(不安)하기 때문이다. 그런데 비괘의 경우는 안정된 상태에만 머물려 해서 생긴 결과를 말한다.

3) 괘의 상

비괘는 땅이 아래에 있고 하늘이 위에 있는 상이다. 이미 올바른 자리에 위치하여 각자 자기 자리를 얻고 있는 매우 질서정연(秩序整然)한 상으로 가장 이상적 상황이라고 할 수 있다. 그런데 왜 막혀 있고 격절(隔絶)해 있다는 의미를 가지게 되는가? 그것은 천(天)도 제자리를 찾고 있고, 땅도 제자리에서 안주하여 서로 교통하지 않아서 완전히 막혀 있기 때문이다. 천지가 교통하지 않으면 만물의 화생(化生) 작용은 멈추고, 위의 군주와 아래의 백성 간의 의사교류가 막혀 버린다. 한 마디로 상하, 내외 간의 소통(疏通)이 부재(不在)하다는 것이다.

否之匪人[1]이니
비 지 비 인

백 婦之非人[2]
부 지 비 인

경의 의미 : 좋지 않은 일을 한 자는 나쁜 사람이다.

전의 해석 : 비는 인도(人道)가 통하지 않는 시기로

백 부인이 사람답지 못하면

---

[1] 이 구절을 주자는 『주역본의』에서 "지비인(之匪人)" 세 자를 연문(衍文 : 문장 가운데에 쓸데없이 들어간 군더더기 글귀)으로 보고 있다. 이 구절은 일반적으로 비괘의 시기가 인간의 도리가 정상적으로 행해지는 때가 아니라는 것으로 해석한다.
[2] 『백서주역』은 '부괘(婦卦)'로 말하고 있다.

不利君子貞하니 大往小來³니라.
불리군자정　　　대왕소래

📘 不利君子. 貞. 大往小來.
불리군자　정　대왕소래

경의 의미 : 높은 지위에 있는 사람이 점을 치니 불리한 결과가 나왔다. 큰 것을 버리고 작은 것을 얻었다.⁴

전의 해석 : 군자가 바름을 지키기에 유리하지 않으니, 큰 것이 가고 작은 것이 오는 것이니라.

📘 군자에게 불리하다. 이것에 대해 점을 치니 큰 것이 가고 작은 것이 온다는 결과가 나왔다.

象曰 否之匪人不利君子貞大往小來는 則是天地不交而萬物不通
단왈 비지비인불리군자정대왕소래　　즉시천지불교이만물불통

也며 上下不交而天下无邦也⁵라. 內陰而外陽하며 內柔而外剛하며
야　　상하불교이천하무방야　　　내음이외양　　　내유이외강

---

3 "큰 것이 가고 작은 것이 오는 것(大往小來)"이라는 말은 군자의 도가 사라지고 소인의 도가 자라난다는 말이다. 이런 암흑의 시기에는 군자가 자신의 바름을 지키기에는 불리하다. 권력과 힘을 가진 소인배들은 올바르고 정의로운 생각을 가진 사람들이 도덕을 말하고 정의와 진리를 주장하는 것을 그대로 용인하지 않기 때문이다. 이러한 사실은 동서고금의 역사가 증명해준다.
4 이 구절에 대해 이경지는 『주역통의』에서 "대왕소래(大往小來)"를 "큰 이익이 작은 이익으로 바뀐 것", 즉 "얻은 것은 적고 잃은 것은 많은 것"으로 보고 있다.(27쪽 참조) 이에 비해 고형은 『주역대전금주』에서 능력이 많은 현인을 등용하지 않고 배척하는 것으로 말하고 있다.(119쪽 참조 바람)
5 "비는 인도가 통하지 않는 시기로 군자의 바름이 이롭지 않으니, 큰 것이 가고 작은 것이 오는 것(否之匪人, 不利, 君子貞, 大往小來)"이라는 것은 천도(天道)에서는 천지의 두

內小人而外君子하니 **小人道長**하고 **君子道消也**⁶라.
내 소 인 이 외 군 자   소 인 도 장   군 자 도 소 야

단전에 말하기를 비는 인도가 통하지 않는 시기로 군자의 바름이 이롭지 않으니 큰 것이 가고 작은 것이 오는 것이라는 것은 천지가 서로 사귀지(교류하여) 않아 만물이 통하지 않으며, 상하가 사귀지 않아 천하에 나라를 세우는 도리가 없어지는 것이다. 음이 안에 있고 양이 바깥에 있으며, 부드러움이 안에 있고 강한 것이 바깥에 있으며, 소인이 안에 있고 군자가 바깥에 있으니, 소인의 도는 자라나고 군자의 도는 사라지는 것이다.

象曰 天地不交否니 **君子以**하여 **儉德辟難**하여 **不可榮以祿**[7]이니라.
상 왈 천 지 불 교 비   군 자 이   검 덕 피 난   불 가 영 이 록

상전에 말하기를 천지가 사귀지 않는 것이 비니, 군자는 이것을 본받아 덕을 안으로 거두어 어려움을 피하고 녹으로 영달하지 않아야 하는 것이다.

기가 서로 섞여 통하는 일이 없기 때문에, 만물이 생성하지 못하고 닫히고 막혀 버리는 폐색(閉塞)의 상태에 빠진다는 말이다. 이른바 닫히고 막혀 버리는 폐색(閉塞)은 음양의 두 기가 소통하지 못하고 막혀서 교통(交通)하지 못하고 교류(交流)하지 못하는 상태를 말한다. 말하자면 천기(天氣)는 위로만 올라가고 지기(地氣)는 아래에만 머물러 서로 분리되어 교접(交接)하지 못하여 만물이 고사(枯死)하게 되는 상황을 표현한다. 인도(人道)로 말하면 군신 상하의 뜻이 소통(疏通)되지 않고 서로 등지는 바람에 나라가 망하는 상태에 이르는 것을 말한다.

6 괘체(卦體)로 말하면 내괘(內卦)는 음이고 외괘(外卦)는 양으로, 소인이 조정(朝廷) 내에 있으면서 올바른 생각을 가진 군자를 밀어내는 상황을 상징하고 있다. "소장(消長)"으로 말하면 소인의 도가 나날이 커지고 군자의 도가 점점 줄어드는 시기이다.
7 천지의 두 기가 서로 통하지 않는 것이 비괘의 상이다. 군자는 이 상을 본받아 그 재주와 덕(才德)을 안으로 거두어 밖으로 드러내지 않고, 소인들이 득세하는 어려운 시기를 벗어나 피해 버린다. 선뜻 녹과 지위에 유혹되어 영화를 누려서는 곤란하다. "검(儉)"은 절약하고 검소히 한다는 뜻으로 덕을 함부로 드러내지 않는다는 말이다. "피(辟)"는 피한다는 의미의 피(避)와 같다.

初六은 **拔茅茹**라 **以其彙**로 **貞**하면 **吉**하여 **亨**[8]하니라.
_{초 육   발 모 여   이 기 휘   정   길   형}

백 初六, 拔茅茹以亓彙. 貞, 吉亨.
_{초 육   발 모 여 이 기 휘   정   길 형}

초육은 띠의 엉켜 있는 잔뿌리를 뽑는 것이니, 그 무리가 함께 함이니 바름을 지키면 길하여 형통할 것이다.

백 초육은 (제사를 지내기 위해) 무성하고 아름다운 꼭두서니[9]를 뿌리째 뽑았다. 이 때문에 점을 치니 길하고 형통하다는 결과가 나왔다.

象曰 拔茅貞吉은 **志在君也**[10]라.
_{상 왈   발 모 정 길   지 재 군 야}

---

8 이 구절은 태괘(泰卦)의 초구(初九)와 거의 유사하나 뜻에서는 매우 큰 차이가 난다. 태괘 초구의 경우는 세 양이 아래에서 상괘(上卦)의 음과 상응하기 때문에 "그 무리가 함께 감이니 길하다(以其彙, 征吉)"고 하여 세 양효가 위로 올라가는 상진(上進)을 말하였다. 이에 비해 비괘(否卦) 초육의 경우는 세 개의 음이 아래에서 위의 상괘의 양과 본래는 상응하시만 비(否)의 시기에는 정도(正道)를 고수하여 위의 부류에 상응하지 않는다. 이에 대해 『주역절중』은 왕종전(王宗傳, 생몰년 미상. 남송 시기의 역학자로 대표적인 저작으로는 『童溪易傳』이 있다)의 말을 인용하여 "비괘의 초육은 비록 상응하는 것이 있지만 이런 때를 당하여서 상하가 격절하여 통하지 않기 때문에 초육에는 위와 상응하려는 뜻이 없고 다만 그 무리와 더불어 나의 바름을 지킬 뿐이다(否之初六雖有其應, 然當此之時, 上下隔絕而不通, 故初六無上應之義, 惟其以彙守吾正而已)"고 하였다. 이 때문에 "바름을 지키면 길하여 형통할 것이다(貞吉, 亨)"라고 하여, 바름을 지킨 후에야 비로소 길하고 형통할 수 있다고 말한다.
9 "꼭두서니"는 꼭두서닛과의 여러해살이 덩굴 풀을 말한다. 한문으로는 모수(茅蒐) 혹은 천초(茜草)로 불린다. 줄기는 높이가 1미터 정도이며, 모가 지고 속이 비어 있다. 잎은 4개씩 돌려나며 긴 달걀 모양이다. 7-8월에 노란 꽃이 많이 피고 둥근 모양의 열매는 검게 익는다. 어린 잎은 먹을 수 있고 뿌리는 물감의 원료나 진통제로 쓴다.
10 도가 행해지지 않는 시기에는 훌륭한 군주가 나올 때까지 세상에 나아가지 않고 올바름을 지키면서 기다린다는 말이다. 왜냐하면 초육은 본래 구사와 상응하여야 하나 비(否)의 시기에는 상응하지 않기 때문에 바름을 지키면서 기다릴 수밖에 없다는 말이다.

상전에 말하기를 띠의 엉켜 있는 잔뿌리를 뽑는 것이니 바름을 지키면 길하다라는 것은 뜻이 군주에 있다는 것이다.

六二는 包承이니 小人은 吉하고 大人은 否니 亨[11]이라.
육이 포승 소인 길 대인 비 형

🅱 六二, 枹承,[12] 小人吉, 大人不, 亨.
육이 포승 소인길 대인불 형

육이는 포용하여 이어 받드니 소인은 길하고 대인은 (몸은) 막히나 (도는) 형통하다.

🅱 육이는 소를 통째로 희생으로 삼아 제사를 지내고 점을 치니, 소인은 길하고 대인은 불길하다는 점이 나왔다.

象曰 大人否亨은 不亂群也[13]라.
상왈 대인비형 불란군야

---

[11] "포용하여 이어 받드니(包承)"를 주자는 "포용승순(包容承順)", 즉 "포용하고 받들어 순종하는" 뜻으로 약간 "아첨"의 기미를 가지고 있는 것으로 해석하고 있다. 도가 막혀 버리는 비색(否塞)의 시기에 육이(六二)의 소인은 다만 구오(九五)를 순하게 받들기만 하면 길하다. 그러나 대인은 일신의 영달을 위하여 몸을 굽히고 도를 굽혀서 윗사람을 받들어 순종하려고 하지는 않는다. 만약 지조를 지켜 이런 어려운 시기를 지나간다면 비록 대인의 몸은 비색하지만 그의 도는 오히려 형통하기 때문이다.
[12] 등구백의 『백서주역교석』에서 "포승(枹承)"의 "포(枹)"를 "포(抱)"의 차자(借字)로 보아 그 뜻을 쓸 용(用)의 의미로, "승(承)"은 희생(犧牲)의 뜻을 가진 "승(脀)"으로 보고 있다. 78-79쪽 참조 바람.
[13] 주자는 『주역본의』에서 "소인의 무리에 의해서 어지럽혀지지 않는다는 말이다(言不亂於小人之群)"고 하였다. 즉 막혀 버리는 비색(否塞)의 시기에 바른 절개를 지켜서 소인의 무리와 함께 섞이지 않는다는 말이다. 이렇게 하여야 몸은 비록 비색하지만 도는 형통하게 되는 것이다.

상전에서 말하기를 대인은 막히나 형통하다는 것은 소인의 무리들로 인해서 어지럽혀지지 않게 되는 것을 말한다.

六三은 包羞[14]로다.
육삼   포수

🄱 六三, 枹憂.[15]
  육삼 포우

육삼은 속에 품고 있는 것이 부끄러움이다.

🄱 육삼은 걱정을 품고 있다.

---

14 육이는 음으로 중의 자리에 있으면서 정위로 "포용하여 이어 받들 수 있기(包承)" 때문에, 대인은 비록 몸은 막히나 오히려 도는 형통하다고 말한다. 육이와 비교하여 육삼은 음유(陰柔)이고 부중정한 위치에 있는 소인(小人)으로 묘사되고 있다. 정이천은 『이천역전』에서 "육삼은 음유로 중성하시 곳하면서 비(否)에 거하고, 또 위와 매우 가까우나 도를 지키고 명을 편안히 지킬 수 있는 자가 아니다(三以陰柔不中不正而居否, 又切近於上, 非能守道安命)"고 하였다. 또 『주역절중』은 양간(楊簡)의 말을 인용하여 "육삼의 덕은 육이보다 못한데도 자리는 더 높다. 올바름을 버리고 사악한 것을 쫓으니 마음속으로는 부끄러움을 느끼기 때문에 '속에 품고 있는 것이 부끄러움이다'고 하는 것이다(六三德不如六二, 而位益高. 舍正而從邪, 羞有愧於中, 故曰包羞)"고 하였다. 육삼은 비(否)의 절정, 즉 막힘의 절정이다. "수(羞)"는 치욕, 부끄러움을 말한다. 도를 지키지 않으면서 중(中)도 아니고 정위도 아니면서 높은 자리에 있기 때문에 부끄럽다고 말하는 것이다. 『논어』 「태백(泰伯)」에서 말하는 "나라에 도가 없는데 부하고 귀한 것은 부끄러운 일이다(邦無道, 富且貴焉, 恥也)"라고 말하는 것이나, 「헌문(憲問)」에서 "나라에 도가 없는데 녹을 받는 것은 부끄러운 일이다(邦無道, 穀, 恥也)"고 하는 상황을 말하는 것이라고 할 수 있다. 효사에서 흉(凶)이나 허물(咎)이란 말이 보이지 않고 다만 "부끄러움(羞)"이란 말만 사용하는 것은 소인의 세력이 지극히 성(盛)하기 때문인 것으로 보인다. 그러나 군자(君子)의 각도에서 보면 부끄러울 수밖에 없다.
15 "포(枹)"는 "포(包)"의 의미이다.

象曰 包羞는 位不當也[16]일새라.
_{상 왈 포 수 위 부 당 야}

상전에서 말하기를 속에 품고 있는 것이 부끄러움이라는 말은 위가 부당하기 때문이다.

九四는 有命이면 无咎[17]하여 疇離祉[18]리라.
_{구 사 유 명 무 구 주 리 지}

📖 九四, 有命. 无咎, 疇,[19] 羅齒.[20]
_{구 사 유 명 무 구 도 라 치}

---

16 대부분의 송대 이후의 주석은 육삼이 음유(陰柔)로 양위(陽位)에 있어서 당위가 아니라는 것으로 말하지만, 양간은 『양씨역전(楊氏易傳)』 제6권에서 "위가 부당하다는 것은 덕이 부족하면서 자리에 있기 때문이다(位不當者, 德不足以當位故也)"라는 분명한 해석을 하고 있다.
17 구사(九四)는 이미 비괘(否卦)의 반이 지나가 막혀 있던 어려운 시기가 마감되고 다시 태(泰)의 때가 열릴 징조가 보이는 시기이다. "유명(有命)"의 "명(命)"은 막혀 있는 비도(否道)를 전환시키는 천명(天命)의 의미(주자의 관점)로 보기도 하지만, 또 구오(九五)의 군주의 명령(이천의 관점)으로 보는 견해도 있다. 특히 제임스 레게의 영어 번역본은 주자의 관점에 근거하여 천명(ordination of Heaven)에 따른 행동을 하여야 별다른 착오가 없고 같은 동료들이 모두 복을 누리게 될 것이라고 분명하게 해석하고 있다.(84쪽 참조 바람) 그런데 이런 물극필반(物極必反)의 현상은 태괘(泰卦)의 경우 내괘(內卦)의 상효(上爻)에서 나타났는데, 왜 비괘에서는 외괘(外卦)에서 겨우 나타나는가? 이는 아마도 태(泰)에서 비(否)의 상태로 바뀌는 것은 쉽기 때문에 내괘에서 말하였고, 비(否)에서 태(泰)로 바뀌는 상황은 어렵기 때문에 그렇게 말한 것으로 보인다. 이런 관점은 호병문의 『주역본의통석』에 보인다.
18 "주(疇)"는 여기서는 무리 주(儔)로 해석한다. "이(離)"는 "떨어진다"는 의미이지만 정반대로 "붙는다", "부착한다(附麗)"는 의미를 가지고 있고, "지(祉)"는 "복(福)"을 뜻한다. "이지(離祉)"는 복을 함께 받는다, 즉 동류(양)로 복을 받는다는 말이다. 김경방의 『주역전해』에서는 이 구절을 "대왕소래(大往小來)가 소왕대래(小往大來)로 변하여 구사(九四) 혼자만이 복을 받는 것이 아니라, 그와 동류인 다른 양효 모두 그것에 붙어서 함께 복을 받는 것"(116쪽 참조 바람)으로 해석하고 있다.
19 "도(檮)"는 "도올(檮杌)"로 악한(惡漢)이나 범죄자를 말함.
20 "라(羅)"는 본래 그물로 새를 잡는 의미를 가지고 있으나, 여기에서는 죄인을 잡는다는 의미로 쓰고 있다. "치(齒)"는 "깨물다", "죽이다"는 의미로 형벌을 가하는 뜻으로 쓰고

구사는 천명(天命)에 따라 행동하면 허물이 없어서 같은 무리가 모두 복을 받을 것이다.

백 구사는 (점치는 太卜에게) 제사지내 점을 치라고 명령하였는데 그 결과는 큰 재앙이 없을 것이라고 하였다. 죄인을 잡아 형벌에 처했다.

象曰 有命无咎는 志行也[21]라.
상왈 유명무구 지행야

상전에 말하기를 천명에 따라 행동하면 허물이 없을 것이라고 하는 것은 뜻이 행해지는 것이다.

九五는 休否라. 大人의 吉이니 其亡其亡이라야 繫于苞桑[22]이리라.
구오 휴비 대인 길 기망기망 계우포상

백 九五, 休婦,[23] 大人吉. 亓亡亓亡, 繫于抱桑.[24]
구오 휴부 대인길 기망기망 계우포상

있다. 『백서주역교석』 79-80쪽 참조 바람.
21 비색한 상황을 타개하려는 구사(九四)의 뜻이 본격적으로 실천되기 시작한다는 의미이다.
22 구오는 난세를 평정하는 대인이 출현하는 길한 시기이다. 비록 혼란이나 어려움이 대부분 해소되었으나 여전히 재연(再燃)할 불씨가 남아 있기 때문에 늘 조심하고 경계해야 한다고 말한다. "휴(休)"는 "그치게 하다"는 뜻을 가지고 있다. "기망기망(其亡其亡)"은 "망할까! 망할까!"라는 뜻이다. "포(苞)"는 뿌리가 더부룩하게 무더기로 많이 나있는 것을 표현한 말이다. "포상(苞桑)"은 뽕나무 뿌리의 튼튼함, 견고함을 말한다. 구오는 어려운 시기가 지나가도 안주해서는 안 되고, 항상 "망할까! 망할까!"라는 긴장감을 가지고 있어야 진정으로 안전하고 견고해질 수 있다고 말한다. 여기서 나무가 나오는 이유는 3, 4, 5의 호괘(互卦)가 손괘(巽卦)로 나무가 되기 때문이다.
23 "휴(休)"는 "미(美)"의 의미를 가지고 있다.
24 "포상(抱桑)"은 "뽕나무를 지킨다"는 뜻으로 바로 "수상(守桑)"이다. "뽕나무를 지킨다"는 것은 무슨 의미인가? 『시경』「소아(小雅)」「소변(小弁)」에서 "집 담 밑에 심어 놓은 뽕나무와 가래나무를 보면 반드시 공경하는 마음을 가지지 않을 수 없네(維桑與梓, 必

구오는 막힌 것을 그치게 함은 대인의 길함이다. 망할까! 망할까! 두려워하여 무더기로 더부룩하게 난 뽕나무 뿌리에 매어놓듯이 하여야 견고하고 안전하리라.

▣ 구오는 선하고 아름다운 부인은 대인에게 있어서는 길할 것이다. 망할 것이다. 망할 것이다라고 두려워하여 뽕나무를 대하듯이 하여야 안전할 것이다.

象曰 大人之吉은 位正當也^{25}일새라.
상왈 대인지길 위정당야

상전에 말하기를 대인의 길함이라고 하는 것은 자리가 정당하기 때문이다.

上九는 傾否^{26}니 先否하고 後喜^{27}로다.
상구 경비 선비 후희

恭敬止)"라는 구절이 있다. 왜냐하면 조상들이 이 나무들을 심어 누에를 치도록 하였으니 후손들은 당연히 이 나무들을 보면 부모를 생각하기 때문이다. 그러므로 마치 조상들이 심어 놓은 뽕나무와 가래나무를 대하듯이 공손하고 진심을 다하여 나라를 다스려야 안전할 수 있다고 말하는 것이다.
25 구오(九五)가 중정의 자리에 있으면서 재덕(才德)과 함께 현실적인 힘(權力)도 가지고 있기 때문에 막혀 있는 현실을 타개할 수 있다.
26 상구(上九)는 비의 끝에 자리하고 있는데, 비가 발전하여 극단에 이르러 드디어 전복할 때가 되었음을 말하고 있다. 괘상(卦象)으로 말하면, 비괘(否卦)를 거꾸로 하면 바로 태괘(泰卦)가 되기 때문에 "막힌 것이 전복되는 것(傾否)"이 된다. 효사에서 "막힌 상태(否)가 (어떤 것에 의해) 전복(顚覆)된다"는 함의를 가진 "경비(傾否)"로 표현하고, "막힌 것(否) 자체가 저절로 전복된다"는 의미의 "비경(否傾)"이라고 말하지 않는 데는 나름대로의 이유가 있다. 이에 대해 김경방과 여소강은 『주역전해』에서 비(否)의 상태가 전복되어 태(泰)의 상태로 바뀌게 된 데는 인간의 힘이 크게 작용하였기 때문이라고 하여, 단순히 가만히 놓아두어도 저절로 변화하고 발전되어서 그렇게 된 것이 아니라는 점을 강조하고 있다. 말하자면 역사발전에 있어서 가장 중요한 주체는 어떤 다른 것이 아닌 인간임을 분명히 말하고 있다. 117쪽-118쪽 참조 바람.

백 尙九, 傾婦, 先不後喜.
　　　상구　경부　선불후희

상구는 막힌 것이 전복되는 것이니, 먼저는 막혔으나 나중에는 기쁘다.

백 상구는 생각이 바르지 않은 부인이 처음에는 기분 나빠하다가 나중에는 기분 좋게 된다.

象曰 否終則傾하나니 何可長也^{28}리오.
상 왈　비 종 즉 경　　　하 가 장 야

상전에 말하기를 막힌 것이 끝나면 뒤집어진다고 하였는데, 어찌 오래 갈 수 있겠는가?

* 비괘의 의미와 교훈

사물의 변화에는 통하는 것(泰)이 있으면 반드시 막히는 것(否)이 있기 마련이다. 「잡괘전」에서는 "비와 태는 서로 반대되는 무리이다(否泰反其類也)"라고 말하였는데, 이것은 두 괘의 의미가 서로 반대된다는 것이다.

---

27 상구(上九)는 비(否)의 극에 자리하고 있으면서 위가 부정(不正)하나, 구오(九五)의 군주를 도와 막힌 비색의 세상을 전복하여 태평한 세상으로 만든다. 아직 기울어지기 전에는 막혀 있었지만 이미 기울어진 후에는 매사가 통하고 열려 기쁨이 있게 된다.

28 비색(否塞)의 종극(終極)은 반드시 전복되어서 태평하게 된다. 극에 달하면 반드시 뒤집혀지는 것이 정해진 이치이기 때문에 비색이 오래 계속되는 일은 있을 수 없다. 비괘가 뒤집어지면 태괘가 된다. 즉 막힌 시대가 극단에 이르면 통(通)하는 태평(太平)시대가 오게 마련이다. 어찌 막힌 시대만이 계속적으로 갈 수 있겠는가?

비괘(否卦)가 말하는 비색(否塞)은 사물의 대립적인 측면이 서로 조화되지 않는 가운데에서 나타난 현상이다. 예를 들면 상하(上下)가 교류하지 않고 음양(陰陽)이 조화되지 않는 경우이다. 비괘의 괘사는 하늘이 위에 있고 땅이 아래에 있는 상인데「단전」에서 "상하가 교류하지 않아서 천하에는 나라가 없다(上下不交而天下无邦也)"라고 말하는 것에서 이미 그 뜻을 분명하게 보여주고 있다.

비괘의 여섯 효 가운데 아래의 세 효는 모두 음효로 비색의 상태에 놓여 있는 것으로 말하고 있다. 위의 세 효는 양으로 비색의 상태를 돌파하는 것을 주로 말하고 있다. 비색의 때에 비록 만물이 막혀서 통하지 않지만 비색이 극단에 이르면 또 통할 수 있다는 사물 발전의 필연적 규칙을 비괘는 분명하게 말해주고 있다. 이 때문에 비괘의 핵심 사상은 비색의 때에 비색의 상황을 통하게 전환시키는 신념과 의지를 가지고 사람들에게 희망을 주는 데 있다.

실제로 비괘의 여섯 효 가운데 흉이나 허물에 관한 어떠한 점단사도 보이지 않는다. 왜 그런가? 일단 비괘의 육효는 음과 양이 고르게 나뉘어져 있는데, 이는 군자와 소인이 세상에 함께 존재하여 아직 유가 강을 압박하는 때에는 이르지 않았고, 소인이 해를 가하는 상황도 아니기 때문이다.

그러나 하나의 양이 위에서 다섯 음의 핍박을 받는 박괘(剝卦)에서 말하는 소인의 세계와는 분명히 다르다. 비괘의 시기에 있어서 전체 괘를 살펴보면 군자의 도는 줄어들고 소인의 도가 자라나는 시기로 군자에게는 불리한 것은 사실이다. 그러므로 괘사에서는 "군자가 바름을 지키기에는 불리하다(不利, 君子貞)"고 말하는 것이다.

그러나 여섯 개의 효의 각자의 상황은 조금씩 다르다. 비괘는 상괘에 접어들게 되면 새로운 전기(轉機)가 마련된다고 할 수 있다. 즉 상괘의 세 효는 모두 양으로 군자가 위에 있는 형상으로 막힌 상태를 돌파하여 형세가 호전된다. 구체적으로 구사에서는 "천명(天命)에 따라 행동하면 허물이 없어지고 뜻이 행해지고(有命无咎, 志行也)", 구오에서는 "막힌 것을 그치게 함은 대인의 길함이다(休否, 大人吉)"고 하고, 상구에서는 "막힌 것이 끝나면 뒤집어진다고 하였는데 어찌 오래 갈 수 있겠는가?(否終則傾, 何可長也!)"고 하여, 상황이 완전히 호전되고 있음을 말하고 있다. 이른바 "막힌 것을 그치게 하고(休否)", "막힌 것이 전복되는(傾否)" 것이 하나의 필연적 추세가 되어 버렸다. 이때는 오직 대인과 군자만이 이런 흐름에 순응하여 마음속으로 위기의식을 가지고 적극적으로 조심스러운 행동을 하여야 허물이 없게 되는 것이다.

13. ䷌ 천화동인(天火同人, ䷌ 同人 第六)

1) 괘의 순서

동인괘(同人卦)는 왜 비괘의 뒤에 오는가? 이에 대해 「서괘전」에서는 "사물이 끝까지 막힌 채로 있을 수만은 없기 때문에 동인으로 받았다(物不可以終否, 故受之以同人)"고 하였다. 세상이 막혀서 소통이 되지 않으면 서로 힘을 합쳐 이런 상황을 타개하여야 하기 때문에 동인괘가 비괘 뒤에 나오게 된다.

2) 괘명의 의미

"동인(同人)"은 다른 사람과의 대동(大同)과 조화 및 단결을 의미한다. 동인괘가 기본적으로 말하려고 하는 것은 사람들 간의 단결, 그리고 이것을 통한 국가와 사회의 단결에 있다. 이런 단결은 어떤 한 가지 의견으로의 일방적 통일보다는 다양성의 통일을 지향한다.

3) 괘의 상

동인괘는 하늘을 상징하는 건괘가 상괘이고, 불을 상징하는 이괘가 하괘이다. 불(火)은 위로 타 올라가는 성질(炎上)이 있고, 하늘(天)은 기본적으로 위에 자리한다. 그래서 두 괘는 전체적인 방향과 뜻에 있어서 서로 같다고 할 수 있다. 동인(同人)의 의미는 바로 이것을 통하여 나타내어진 것이다.

효의 관계로 보면 육이(六二)는 득중(得中), 정위(正位)로 구오(九五)와 상응(相應)하여 동인의 형상을 보여주고 있다. 육이(六二)가 유일한 음이므로 모든 양이 육이(六二)에게 관심을 가지고 뜻을 함께 하려고 하는데, 이것 또한 동인의 의미를 잘 보여주는 것이라고 할 수 있다. 그러므로 이 괘의 이상적 경계는 바로 대동(大同)세계에 있다.

同人于野[1]면 亨하리니 利涉大川이며 利君子의 貞[2]하니라.
동 인 우 야   형   이 섭 대 천   이 군 자   정

백 同人于野, 亨. 利涉大川, 利君子貞.
동 인 우 야 형   이 섭 대 천   이 군 자 정

경의 의미 : (통치자가) 들판에 사람들을 모아 놓고[3] 제사를 올렸는데 큰 내를 건너는 것이 이로우며 군자에게 유리하다는 점의 결과가 나왔다.

---

1 "동인(同人)"의 "동(同)"은 "회동(會同)", "화동(和同)"의 뜻이다. "야(野)"는 사사로움이 없이 공평무사하게 하는 "천하위공(天下爲公)"으로 들처럼 넓고 트인 공간에서 다른 사람과 뜻을 같이하여 친(親)한다는 의미이다. 그러나 동인괘의 핵심은 많은 사람을 모으는데 있는 것이 아니라 친함에 있다. 「잡괘전」에서는 "대유는 많은 무리요, 동인은 친함이다(大有衆也, 同人親也)"고 하였다.
2 "큰 내를 건너는 것이 이로우며(利涉大川)"라는 말은 계속 전진한다는 의미로 상괘의 천(天)과 관련이 있다. 즉 건(乾)의 강건함(健)에 의해 계속 앞으로 나아감을 말한다. "큰 내(大川)"는 "앞에 놓인 큰 어려움"을 말한다. "군자의 바름으로 함이 이로울 것이다(利君子, 貞)"는 것은 군자가 올바르게 하면 이롭다는 뜻이다. 즉 어려움을 헤쳐 나가는 데 있어서 가장 중요한 덕목은 광명정대(光明正大)하고 지공무사(至公無私) 함에 있음을 말하고 있다. 이렇게 하여야 다른 사람들의 지지를 얻어 모든 일을 형통하게 할 수 있기 때문에 험난(險難)한 큰 강을 건너는 것과 같은 어려운 일을 처리하는 데 유리하다.
3 이경지는 『주역통의』에서 "동인우야(同人于野)"를 농민을 들판에 모아 놓고 사병을 선발하는 것으로 말한다. 29쪽 참조.

전의 해석 : 들에서 사람들과 같이 하면 형통하리니, 큰 내를 건너는 것이 이로우며 군자의 바름으로 함이 이로울 것이다.

■ 들판에 사람들을 모아 놓고 제사를 올렸는데 큰 내를 건너는 것이 이로우며 군자에게 유리하다는 점의 결과가 나왔다.

彖曰 同人은 柔得位하며 得中而應乎乾⁴할새 曰同人이라.
단왈 동인   유득위   득중이응호건   왈동인

단전에 말하기를 동인은 유가 자리를 얻고 중을 얻어서 건과 상응하니 동인이라고 한 것이다.

同人曰⁵
동인왈

동인에서 말하기를

同人于野亨利涉大川은 乾行⁶也요
동인우야형이섭대천   건행야

---

4 이것은 괘체(卦體)에 근거하여 괘의 이름과 뜻을 해석한 것이다. 유(柔)는 육이를 가리키고, 건(乾)은 구오를 말한다. 육이는 괘 중에서 유일한 음효로서 이 괘의 주효이다. 전체 괘를 가지고 말하면 육이 효에 근거하여 동인(同人)을 실현한다. 육이는 음효로서 음의 위치에 자리하여 정위를 얻고 있고, 또 중을 얻어서 다른 사람과 좋아할 수 있는 여러 조건을 구비하고 있다. 그러나 오직 유(柔) 단독으로는 문제를 해결할 수 없기 때문에 반드시 "건에 응하여야(應乎乾)"한다. 즉 유(柔)는 건과 상응해야 다른 사람과 함께 할 수 있다. 유(柔)를 주효로 하는 괘는 대부분 이러하다. 예를 들면 이괘(履卦)의 "기뻐하여서 건에 상응하기 때문에 호랑이 꼬리를 밟아도 사람을 물지 않으니 형통하다(說而應乎乾, 是以'履虎尾, 不咥人, 亨)"라는 것이든가, 소축괘(小畜卦)의 "유가 바른 자리를 얻으니 상하가 상응한다(柔得位而上下應之)"라는 경우에 있어서도 이에 해당한다.
5 이 세 글자는 필요 없이 들어간 연문(衍文)으로 보인다.
6 "건의 행함(乾行)"은 천(天)의 행(行)을 말한다. "건의 행함(乾行)"에 대해 정이천은 『이

들에서 사람들과 같이 하면 형통하리니 큰 내를 건너는 것이 이롭다는 것은 건의 행함이요.

文明以健하고 中正而應이 君子正也[7]니
문 명 이 건   중 정 이 응   군 자 정 야

문명하면서 강건하고 중정으로 응함이 군자의 바름이니,

唯君子야 爲能通天下之志[8]하나니라.
유 군 자   위 능 통 천 하 지 지

오직 군자라야 천하의 뜻과 통할 수 있다.

「천역전」에서 "지극히 성실하고 사사로움이 없어서 험난함을 밟을 수 있는 것은 건의 행함이다(至誠无私, 可以蹈險難者, 乾之行也)"고 하여, 천(天)의 운행은 전혀 사사로움이 없는 것이라고 하였다. "들에서 사람들과 같이(同人于野)" 할 수 있는 것은 구오(九五)의 행동이 강건무사(剛健無私)한 하늘의 운행을 본받았기 때문이다.

7 "문명하면서 강건하고(文明以健)"라는 것은 전체 괘의 의미를 말하는 부분이다. "문명(文明)"은 아주 빛나는 덕을 말한다. 동인괘(同人卦)는 내부적으로는 아주 명민(明敏)한 자질과 덕을 가지고 있어서 빛나고, 바깥으로는 행실이 공평무사하고 아주 강건하다. 이런 의미는 하괘가 이괘(離卦)로 불(火)을 상징하고, 상괘가 건괘(乾卦)로 천(天)을 상징하는 것에서 나왔다. 하괘의 화(火)는 항상 "문명(文明)"으로 표현되며, "문(文)"은 장식(裝飾)의 의미이다. 즉 모든 사물은 장식을 통해 더욱 빛나게 된다는 것이다. "중정으로 응함(中正而應)"은 육이(六二)가 구오(九五)와 상응하는 것을 말한다. "군자의 바름(君子正也)"이라 하였는데, 육이는 음인데 왜 군자라고 말하는가? 여기서는 군주에 대한 신하의 의미로 사용되기 때문이다.

8 여기서 말하는 "군자(君子)"는 '계층적 지위'의 의미가 아니라, 덕(德)의 유무(有無)라는 기준을 가지고 말한다. "통(通)"은 "동(同)"의 뜻이다. 군자는 강건(剛健), 문명(文明), 그리고 중정(中正)이라는 세 가지 덕을 갖추고 있어야 한다. 왜냐하면 강건하고, 문명하여야 이치를 밝혀 실천할 수 있고, 중정하여야 어느 한쪽으로 편벽되게 기울어지지 않기 때문이다. 군자가 이런 덕에 바탕하여 바른 정도를 행한다면 그의 심지(心志)가 자연스럽게 천하의 사람들과 막힘없이 소통할 수 있게 될 것이다.

象曰 天與火同人[9]**이니 君子以하여 類族으로 辨物**[10]**하나니라.**
_{상 왈 천 여 화 동 인   군 자 이   류 족   변 물}

상전에 말하기를 하늘과 불이 동인이니 군자가 이를 본받아서 같은 무리끼리 모이고 사물을 분별한다.

初九는 同人于門이니 无咎[11]**리라.**
_{초 구   동 인 우 문   무 구}

🔲 **初九, 同人于門,**[12] **无咎.**
_{초 구   동 인 우 문   무 구}

---

9 "여(與)"를 "친(親)"의 뜻으로 보기도 한다. 그것은 천체(天體)가 위에 있고, 불 또한 위로 타올라 가는 성질이 있기 때문이다. 이런 유사성으로 하늘과 불은 같은 생각을 가지고 있고 서로 친화할 수 있는 것으로 간주한다.

10 "동인(同人)"은 올라가려는 성향이 같다. "같은 무리끼리 모음으로 사물을 분별한다(類族辨物)"는 것은 같은 종류끼리 분류하여 사물을 구별해낸 다음에야 다른 것과 구별하여 같은 것을 찾을 수 있다는 뜻이다. 실제로 사물의 같고 다름을 구별해야 전체적인 뜻을 알 수 있고, 또 다른 것을 상세히 살펴야 같은 것이 무엇인지를 알아낼 수 있다.

11 초구(初九)는 시간적으로 동인(同人)의 출발점이다. 동인괘의 궁극적인 목표는 '대동(大同)'에 있다. 초구는 사사로움을 버리고 대동에 참여하기 위한 시작(門)에 있다. "문을 나서 사람들과 함께 하니(同人于門)"라는 말은 문 바깥에서 다른 사람과 함께 하는 것이지, 문 안에서 함께 한다는 말이 아니다. 출입을 뜻하는 "문(門)"을 기점으로 문 안은 사사로움의 의미이고, 문 밖은 "하늘 아래 모든 것이 공평하다"는 '천하위공(天下爲公)'의 의미이다. 문 바깥에서 다른 사람과 함께 한다는 것은 친소후박(親疎厚薄)을 가리지 않고 똑같이 대하는 것을 말한다. 이런 똑같음은 개별적인 친소에 의한 사사로움(私)이 없이 오직 공평함 혹은 공정함(公)에 근거하고 있다. 이 때문에 친하다고 해서 가까이 하지 않고, 소원(疏遠)하다고 하여 멀리하지 않고, 오직 공평함과 공정함으로 사람을 대한다. "동인"의 시작은 반드시 이와 같아야 허물이 없다. 초구는 양효로 동인의 초효(初爻)에 자리하여 위로 상응되는 것이 없다. 본래 초효와 사효가 상응하지만 동인의 초효와 사효는 둘 다 양효이기 때문에 불상응한다. 초구가 상응되는 것이 없다는 것은 동인괘(同人卦)의 입장에서 말하면 어느 한 쪽으로 편벽되게 사적으로 연결되어 있지 않기 때문에 허물이 없다고 말하는 것이다.

12 "문(門)"을 사당(祠堂)의 문으로 보고 있다.

초구는 문을 나서 사람들과 함께 하니 허물이 없으리라.

🄱 초구는 사당의 문 앞에 사람을 모아 놓고 점을 치니 별 다른 재앙이 없을 것이라는 점의 결과가 나왔다.

象曰 出門同人을 又誰咎也¹³리오.
상왈 출문동인   우수구야

상전에 말하기를 문을 나서서 다른 사람과 뜻을 함께 하려는데 또 누가 탓하겠느냐.

六二는 同人于宗이니 吝¹⁴하도다.
육이   동인우종   린

🄱 同人于宗이니 閵.
  동인우종   린

육이는 같은 집안사람끼리만 함께하니 부끄러움을 당하게 될 것이다.

🄱 육이는 사당 안에서 사람들을 모아 놓고 점을 치니 불길하다는 점의 결과가 나왔다.

象曰 同人于宗이 吝道¹⁵也라.
상왈 동인우종   린도 야

---

13 사사로움이 없이 다른 사람들과 회동(會同)하기 때문에 허물할 수 없다는 의미이다.
14 일반적인 경우에 육이와 구오의 상응은 분명히 문제가 없이 좋다. 하지만 동인괘는 그 경우가 다르다. 왜냐하면 천하의 대동단결을 이상으로 하는 동인괘에서 육이가 너무 구오 하나에만 집착하면 대동의 화합이 깨어질 가능성이 크다. 여기에서 말하는 "종(宗)"은 종족, 같은 혈족의 의미로 육이와 구오의 상응을 같은 집안간의 사적인 관계로 설정하고 있다.

상전에서 말하기를 같은 집안사람끼리만 함께 하는 것은 부끄러움에 이르는 길이다.

九三은 伏戎于莽[16]하고 升其高陵하여 三世不興[17]이로다.
구삼   복융우망   승기고릉   삼세불흥

🔲 九三, 服容于莽,[18] 登其高陵, 三世不興.
구삼   복용우망   등기고릉   삼세불흥

구삼은 군사를 풀 속에 잠복시켜두고 높은 언덕에 올라 살펴보지만 삼 년이 되어도 전쟁을 일으키지 못함이로다.

🔲 구삼은 큰 숲처럼 관대함을 가지고 높은 곳에서 멀리보고 이웃나라와 소통하여 삼 년 동안 전쟁을 하지 않는다.

---

15 자기와 친하게 지내는 사람과만 교류하는 것은 결국 다른 사람을 멀리하는 것이 되므로 부끄러움을 당하게 된다는 것이다.
16 구삼은 상구와 같은 양으로 상응하지 않는다. 구삼은 하괘인 이괘(離卦)의 가장 높은 자리에 위치하여 높은 데 올라간 상이다. 이(離)를 「설괘전」에서는 "무기를 든 병사(戈兵)"로 말하고 있다. 이괘가 내(內)에 있기 때문에 숨어 있는 병사, 즉 "복융(伏戎)"으로 말한다. 육이와 구오는 서로 상응하고 있기 때문에 비록 구삼이 육이 위에 있으면서 육이와 친하려 시도하지만 육이가 가까이 하려 하지 않는다. 구삼은 여기에서 육이와 친하고 싶은 생각에 구오와 대적하려고 한다. 그러나 힘의 차이로 말미암아 전면 대결은 불가능하기 때문에 숨어서 기회를 살필 수밖에 없는 형편이다.
17 구삼은 육이와 화동(和同)하려고 시기를 엿보고 있다. 그런데 육이와 상응하는 구오를 배제해야 육이와 친할 수 있다. 그래서 구오와의 충돌은 불가피하다. 그러나 구오와 힘의 차이로 정면 대결은 힘들기 때문에 군사를 풀숲에 매복시켜 놓고 때때로 높은 언덕에 올라 상황을 엿보고 있다. 결과적으로 삼 년의 긴 세월에 이르기까지 군대를 일으키지 못한다. 삼 년은 단순한 숫자의 의미가 아니라 숨어서 기다려야 하는 오랜 시간을 나타내며, "흥(興)"은 발동한다는 의미이다.
18 "망(莽)"은 우거진 숲처럼 여러 수목을 모두 포함하는 관대함을 상징하여 이웃을 포용하는 의미로 쓰이고 있다. 『백화백서주역』 15쪽.

象曰 伏戎于莽은 敵剛也요 三世不興이어니 安行也[19]리오.
　　상왈 복융우망　　적강야　　삼세불흥　　　　안행야

상전에 말하기를 병사를 가시덤불에 매복시키는 이유는 적이 강하기 때문이고, 삼 년이 되어도 전쟁을 일으키지 못하니 어찌 행할 수 있겠는가?

九四는 乘其墉하되 弗克攻이니 吉[20]하니라.
구사　 승기용　　　불극공　　　길

백 九四, 乘其墉, 弗克攻, 吉.
　　　구사　승기용　불극공　길

구사는 담 위에 올라갔지만 능히 공격하지 못하니 길할 것이다.

백 구사는 담벼락 위에 올라갔지만 공격하지 못했다. 이 일로 점을 쳤는데 길하다는 결과를 얻었다.

象曰 乘其墉은 義弗克也요 其吉은 則困而反則[21]也라.
　　상왈 승기용　　　의불극야　　기길　　즉곤이반칙　야

---

19 "삼 년이 되어도 전쟁을 일으키지 못함이니 어찌 행할 수 있겠는가?(三歲不興, 安行也)"라고 하는 것은 구삼의 이런 일련의 행동들이 올바르지 않다는 생각이 들어 있는 것으로 구삼의 불의(不義)한 의도는 아무리 해도 쉽게 실현되기가 어려울 것이라는 것을 암시하고 있다.
20 "용(墉)"은 담벼락을 말한다. "극(克)"은 "능(能)"과 같다. 구사는 부정위(不正位), 부중(不中)이고 불상응(不相應)이다. 아래의 육이와 함께 하려고 하나 구삼에게 막혀 있다. 이 때문에 공격하려고 하나 이내 객관적 조건이나 도의(道義) 상 잘못이 있음을 깨닫고는 곧 후회하고 공격을 멈추는 것을 말한다. 전체의 대동(大同)을 위해서 자신의 욕심을 억누른다는 입장에서 이런 행동은 분명히 길한 결과를 가져올 것이다.
21 길하게 되는 이유는 곤궁함을 알고 난 후에 다시 정도(正道)로 돌아오기 때문이다. 이처럼 『주역』이 가지고 있는 가장 큰 교훈은 반성을 통한 깨달음이다. 그래서 구사의 경우처럼 비록 공격하기 위해 담 위에 올라갔다가 도리가 아니라는 것을 깨닫고 난 뒤에 다시 정도로 돌아오기 때문에 길하다는 것이다.

상전에 말하기를 구사가 담벼락 위에 올라감은 의리상 이기지 못함이요, 그 길함은 곤궁을 당한 후에 다시 원칙으로 돌아온 때문이다.

九五는 同人이 先號咷而後笑니 大師克이라야 相遇[22]로다.
　구 오　　동 인　　선 호 도 이 후 소　　대 사 극　　　　상 우

🔲 九五, 同人先號桃後芺, 大師克相遇.
　　구 오　동 인 선 호 도 후 요　　대 사 극 상 우

구오는 다른 사람과 함께 하되 먼저는 울부짖다가 뒤에는 웃으니, 큰 군사로 이겨야 서로 만난다.

🔲 구오는 여러 사람들이 공격하지 못한 것 때문에, 처음에는 복숭아를 제사에 올리는 이야기하다가, 뒤에는 요라는 풀을 가지고 제사를 올리고 군대를 다시 모아 힘을 합해 성을 치려고 한다.

象曰 同人之先은 以中直也[23]요 大師相遇는 言相克[24]也라.
　상 왈　동 인 지 선　　이 중 직 야　　　　대 사 상 우　　언 상 극　　야

상전에 말하기를 다른 사람과 함께 하되 먼저는 울부짖다가 뒤에는 웃는다는 말은 중심이 곧기 때문이요, 큰 군사로 이겨야 서로 만난다는 말은 서로

---

22 구오는 완성의 단계이며 대동(大同)이라는 전체적 대의를 위해서 군사를 동원한다. 처음에는 화동(和同)이 울부짖을 만큼 어렵지만 결국 나중에는 그것이 가능하게 되어 웃는다는 뜻이다. "큰 군사로 이겨야 서로 만난다(大師克相遇)"는 것은 구삼과 구사의 반발을 제압한 후에 구오와 육이가 서로 상응할 수 있는 과정을 말하고 있다.
23 "동인지선(同人之先)"의 "선(先)"은 "선호도(先號咷)"를 줄인 말이다. 동인괘 구오의 "먼저는 울부짖다가 뒤에는 웃는다(先號咷, 而後笑)"는 것이 가능한 이유는 중(中)하고 바르기 때문이다. 이에 비해 여괘(旅卦 : ䷷)의 상구는 부중정하고 구삼과 상응하지 않기 때문에 "먼저는 웃지만 뒤에는 울부짓는다(先笑, 後號咷)"고 말한다.
24 구오가 구삼과 구사를 제압한 후에 육이와 서로 만나는 것에 대해 말하고 있다.

이기는 것을 말한 것이다.

上九는 同人于郊니 无悔²⁵니라.
상구 동인우교 무회

🅱 **尙九, 同人于郊, 无悶**
상구 동인우교 무회

상구는 교외에서 사람들과 함께 하려 하니 후회는 없을 것이다.

🅱 상구는 여러 사람을 교외에 모아 두었는데 모두 후회하는 마음이 없다.

象曰 同人于郊는 志未得也²⁶라.
상왈 동인우교 지미득야

상전에 말하기를 교외에서 사람들과 함께 하려는 것은 뜻을 아직 얻지 못한 것이다.

---

25 고대 국가들은 읍(邑)을 중심으로 하고 있는데 읍 바로 바깥을 교(郊)라 하고, 교의 바깥을 야(野)라 한다. 괘사의 "들에서 사람들과 함께 하다(同人于野)"라는 말은 천하가 모두 공평하다는 '천하위공(天下爲公)'의 의미와 대동사상을 나타낸 것이다. 교(郊)는 야(野)보다는 읍에 가깝기 때문에 상구 효사에서 말하는 "교외에서 사람들과 함께 하는(同人于郊)" 것은 아직 사사로움에서 완전히 벗어나지 못해 "동인우야(同人于野)"가 지향하는 '천하위공(天下爲公)'과 대동(大同)의 정도에는 아직 미치지 못한다. 그래서 길하지는 못하고 다만 후회는 없다고 말한다. (김경방의 『주역전해』 138쪽 참조) 괘효로 보아도 상구는 괘의 가장 높은 자리에 있으나 아래에 상응하는 동지(同志)를 얻지 못하고 있다.

26 상구에서 동인(同人)하지 못하는 이유는 같은 뜻(志)을 가진 동지(同志)를 얻지 못했기 때문이다. 『주역절중』에서는 채연(蔡淵)의 말을 인용하여 "아직 야(野)에는 미치지 못하여 대동의 도를 온전하게 다하지 못했기 때문에 '뜻을 아직 얻지 못한 것이다'고 하는 것이다(未及乎野, 非盡乎大同之道者也, 故曰志未得)"고 하였다.

＊동인괘의 의미와 교훈

"동인괘(同人卦)"가 지향하는 근본적인 목표는 모든 사람들이 조화하여 함께하는 대동(大同)에 있는데, 이 문제를 개인과 사회의 관계를 통해 풀어나간다. "동인"은 유가에게 있어서 하나의 이상이라고 할 수 있다. 이러한 이상은 바로 『예기』「예운」편에서 말하는 대동세계(大同世界)이다.

동인괘가 구체적으로 말하려고 하는 몇 가지 특징을 정리하면 다음과 같다. 우선 이 괘의 전체적인 의미는 "들에서 사람들과 같이 한다(同人于野)"라는 말이 상징하는 것처럼 천하의 사람들과 뜻을 함께 하는 것이다. 「계사전」에서는 이런 동인괘에 대해 "군자의 도리는 나가기도 하고 머물기도 하며 침묵하기도 하고 말하기도 하지만, 두 사람이 마음을 같이 하면 그 날카로움은 쇠를 끊을 수 있고, 마음을 함께 하는 사람의 말은 그 향기가 난초와 같다(君子之道, 或出或處, 或默或語. 二人同心, 其利斷金, 同心之言, 其臭如蘭)"고 하여, 다른 사람과 화동(和同)할 경우의 효과에 대해 말하고 있다. 실제로 이런 효과나 결과는 뒤에 오는 대유괘(大有卦)의 부유함을 통해서 알 수 있다.

동인괘가 말하려고 하는 핵심은 역시 다른 사람들과의 화동(和同)에서 출발하여 대공무사(大公無私)한 대동(大同) 세계의 실현에 있다. 이를 실현하기 위해서는 소아(小我)를 희생하고 대아(大我)를 완성하여야 한다. 이런 점에서 동인괘는 개인과 전체 사이에 생길 수 있는 미묘한 갈등에 대해서도 잘 이야기하고 있다. 구삼에서 "군사를 풀 속에 잠복시켜두고(伏戎于莽)"라고 하고, 구사에서 "담 위에 올라가고(乘其墉)"라고 한 것은 개인의 사사로운 행동과 불만에 대해 묘사한 것이다. 이는 개인의 다른(異) 생각이나 욕심을 전체라는 같음(同) 속에서 어떻게 조절할 것인가 하는 문제를 해결하고자 한 것이다. 문제는 이런 개인의 다른 생각들이 분명히 존재하고 있기 때문에 누구에게나 보편적인 대동(大同)의 같음이 있을 수 없는 것이다. 그러나 동인괘의 전체 여섯 효 중에서 이 두 개의 효만이 다른 것을 말하고 있다. 전체 괘는 초효에서 상효에 이르기까지 하나의 같은 것에서부터 다른 것으로, 다른 것으로부터 같은 것으로의 발전 과정을 말하고 있는 것으로 보인다

14. ䷍ 화천대유(火天大有, ䷍ 大有 第五十)

1) 괘의 순서

대유괘(大有卦 : ䷍)가 동인괘(同人卦 : ䷌)의 뒤에 오는 이유는 사사로움을 버리고 다른 사람과 뜻을 같이 하면 부유하게 되기 때문이라고 말한다. 그래서 「서괘전」에서는 "다른 사람과 함께하는 사람에게는 물건이 반드시 따르기 때문에 대유괘로 받았다(與人同者, 物必歸焉, 故受之以大有)"고 말한다. 말하자면 대유괘는 다른 사람들과 함께(同人)한 결과로 얻은 수확이라고 할 수 있다. 다시 말해 천하의 사람들과 고락(苦樂)을 함께 하면 천하의 인심(人心)이 그에게로 귀의(歸依)하게 되고 결국 천하는 그에게로 돌아가게 된다. 천하를 가지는 것보다 더 큰 부유함이 어디 있겠는가?

2) 괘명의 의미

대유(大有)는 가지고 있는 것이 크다, 많다는 말이다. 대유의 뜻에 대해 이정조는 『주역집해』에서 우번의 관점을 빌려와서 '대부유(大富有)'라고 말한다. 「잡괘전」에서는 "대유괘는 많음이다(大有, 衆也)"고 하여 대유를 많다(衆多)의 뜻으로 풀이한다. 그러므로 옛사람들은 풍년이 든 해를 대유라고 불렀다. 『곡량전(穀梁傳)』에서는 "오곡이 크게 잘 익은 것은 대유년이다(五穀大熟爲大有年)"고 말한다. 즉 오곡이 모두 익는 것을 유년(有年)이라 하고, 오곡이 크게 잘 익은 것을 '대유년'이라고 말한다. '대유괘'의 괘명은 그 내용을 표제(標題)로 삼은 것으로 보인다.

3) 괘의 상

대유괘(大有卦)는 하나의 음과 다섯 개의 양으로 구성되어 있다. 이는 하나의 음, 즉 육오(六五)가 존위(尊位)에 자리하고 다섯 양이 그를 따르고 응(應)하는 상황을 상징하고 있다. 여기에서 육오(六五)는 명덕(明德)을 소유한 사람으로 그 밝은 덕을 밖으로 발휘하여 대업(大業)을 이룰 수 있는 주체를 상징한다. 그래서 『주역정의』에서는 "유가 존위에 자리하여 여러 양들이 함께 응하여 크게 많이 가질 수 있기 때문에 대유라고 말한다(柔處尊位, 群陽並應, 大能所有, 故曰大有)"고 하였다. 말하자면 하나의 음(一陰)이 가지고 있는 것이 매우 많은(大有) 것을 말한다.

大有는 元亨[1]하니라.
대 유　　원 형

백 大有, 元亨.
　　대 유　원 형

경의 의미 : 풍년이 드는 해에는 큰 제사를 올린다.

---

[1] 64괘 중에서 괘사에 "원형(元亨)"만 말하고 다른 말이 없는 괘는 대유괘 이외에 고괘(蠱卦), 승괘(升卦)와 정괘(鼎卦)가 있다. 건괘(乾卦)가 말하는 "원형이정(元亨利貞)"은 전체 우주에 대해 말하는 것으로 원(元)은 원시(元始), 즉 처음 시작을 말한다. 하지만 다른 괘에서 말하는 "원형이정"은 다만 하나의 사건이나 상태에 대해 말하는 것으로 건괘와는 의미가 다르다. 구체적으로 대유괘의 대통(大通)은 정치의 결과 혹은 효과라는 측면에 대해서 말한 것으로 보인다. 즉 나라에 원망하는 백성이 없는 것은 민정(民情)을 잘살펴보아 얻은 소통의 결과이다. 또 사람을 부리는데 천하에 필요한 현인(賢人)을 버려두지 않는 것은 인재를 쓰는 경우에 있어서의 대통이다. 이런 점들은 오늘날의 정치적 상황에서도 그대로 적용되는 경우라고 할 수 있다. 이런 두 가지 정치적 결과로서의 대통만 이루어져도 국가의 경영은 무난하게 이루어질 것이다.

전의 해석 : 대유는 크게 형통할 것이다.

■ 풍년이 드는 해에는 큰 제사를 올린다.

彖曰 大有는 柔得尊位하고 大中而上下應之할새 曰大有²니
　　단 왈 대유　　유 득 존 위　　　대 중 이 상 하 응 지　　　왈 대 유

단전에서 말하기를 대유는 유가 존귀한 자리를 얻고 큰 것들 사이(中)에 자리하여 상하가 모두 응함에 대유라고 하니,

其德이 剛健而文明하고 應乎天而時行이라 是以元亨³하니라.
　기 덕　　강 건 이 문 명　　　응 호 천 이 시 행　　　시 이 원 형

그 덕이 강건하면서 밝고, 하늘에 응하여 때에 맞춰 행해지니, 이 때문에 크게 형통한다.

象曰 火在天上이 大有⁴니 君子以하여 遏惡揚善하여
　상 왈 화 재 천 상　　대 유　　군 자 이　　　알 악 양 선

---

2 유(柔)는 육오(六五)를 말하고, 상하(上下)는 다섯 양을 말한다. 대유괘(大有卦)는 유(육오)가 존위(오의 군위)에 있고 상하의 다섯 양이 이에 응하고 있기 때문에 "대유"라고 한다. "대중(大中)"은 원래 오(五)가 양으로서 상괘(上卦)의 중(中)에 자리하는 것을 말한다. 그러나 여기에서 말하는 "대중(大中)"은 "대중지정(大中至正)"이나 "대유의 중(大有之中)"의 도라는 의미보다는 여러 대(大), 즉 구사와 상구의 양들 사이에 자리하고 있다는 의미로 보는 것이 문맥에 더 맞을 것으로 보인다.
3 대유괘의 괘덕(卦德 : 괘의 성질을 말함. 주자가 자주 사용하는 개념으로 정이천은 괘덕 대신에 괘재(卦才)라는 말을 주로 사용한다.)은 강건(하괘의 건)하고 문명(상괘의 이)하며, 유순한 육오(六五)의 군주가 아래의 건(乾)에 잘 응하고 있기 때문에 "하늘에 응하여 때에 맞춰 행한다(應乎天而時行, 是以元亨)"고 말한다. 그러므로 크게 형통한다.
4 "불이 하늘 위에 있는 것(火在天上)"은 대유괘의 괘상을 말한 것이다. 즉 불(離)이 하늘(乾) 위에 있으면 비추는 부분이 넓고 크기 때문에 바로 대유(大有)라고 하는 것이다.

順天休命⁵하나니라.
순 천 휴 명

상전에 말하기를 불이 하늘 위에 있는 것이 대유이니, 군자가 이를 본받아 악을 막고 선을 높여서 하늘의 아름다운 명을 따른다.

初九는 无交害니 匪咎나 艱則无咎⁶리라.
초 구   무 교 해   비 구   간 즉 무 구

백 初九, 无交禽⁷ 匪咎根, 則无咎.
초 구   무 교 해   비 구 근   즉 무 구

초구는 해로운 것과 사귐이 없으니, 허물은 아니나 어렵게 여기고 조심하면 허물이 없을 것이다.

---

5 군자는 대유괘의 괘상을 본받아 악을 막아 단절하고, 선한 것을 선양하여 천명(天命)의 본연(本然)에 따라야 한다. "하늘의 아름다운 명을 따른다(順天休明)"의 "휴(休)"는 "미(美)"의 의미이다. 즉 "천의 아름다운 명을 따른다(順天之美命)"는 의미로의 해석이 가능하다. 『역전』에는 '악(惡)'이란 말이 나오나, 『역경』에는 '악'이란 말이 보이지 않는다.
6 "교(交)"는 교접(交接) 혹은 교통(交通)의 의미를 가지고 있나. 초구는 대유괘의 시작으로 아래에 자리하고 있으면서 구사와는 상응하지 않고 또 다른 사람과도 내왕이 없는 상이다. 이 때문에 어떤 다른 재앙이나 허물이 생기지 않는다. "비구(匪咎)"라는 말은 허물이 아니라는 말이다. 위로 상응하는 것이 없고 홀로 자리하여 때를 기다리기 때문에 "어렵게 여기고 조심하면 허물이 없을 것이다(艱則无咎)"라고 말한다. 이 점에 대해 조언숙(趙彦肅 : 남송 시기의 역학자로 흔히 復齋先生으로 알려져 있다. 저서로는 『復齋易學』6권이 있음)은 이 효에 대해서 "비구는 때로 말미암아 생기는 것이고, 무구는 자기로부터 생겨나는 것이다(匪咎由時, 无咎由己)"고 하였다. 즉 은둔해 있는 시기가 되어 은둔하여 자신을 드러내지 않는 것은 시운이 그러하기 때문에 그것은 허물로 연결되지 않는다는 것이다. 스스로 어려움을 파악하여 함부로 망동하지 않는 이것은 명(命)을 알고 시(時)를 파악하였기 때문에 분명히 허물이 아니다. 결론적으로 이 효는 시운이 아직 이르지 않았기 때문에 이익도 없고 또 해도 없어서, 어려움 속에서 물러나 스스로를 보존하여 억지로 망동하지 않으면 충분히 평안할 수가 있다고 말한다.
7 "전쟁의 재앙이 없으면(无交禽)"의 "교(交)"를 "교전(交戰)"으로, "해(禽)"를 "화(禍)"의 다른 자체(字體)로 보고 있다. 『백화백서주역』 131쪽.

🔲 초구는 전쟁의 재앙이 없으면 모든 재앙의 근원이 없는 것으로 더 이상의 재앙은 없을 것이다.

象曰 大有初九는 无交害也[8]라.
상왈 대유초구   무교해야

상전에서 말하기를 대유의 초구는 해로운 것과 사귀지 않는다.

九二는 大車以載니 有攸往하여 无咎[9]리라.
구이   대거이재   유유왕   무구

🔲 九二, 泰車以載, 有攸往. 无咎.
   구이   태거이재   유유왕   무구

구이는 큰 수레로써 실었으니 갈 곳이 있어야 허물이 없느니라.

🔲 구이는 큰 수레에 사람들을 싣고 어떤 한 방향으로 달려가고 있다. 점쳐 물었는데 그 결과는 큰 재앙이 없을 것이라고 하였다.

---

8 초구의 효사는 두 가지 측면을 강조하고 있다. 하나는 풍성한 시기일수록 자기 자신을 삼가고 망동(妄動)하지 않아야 해가 없고 허물도 생기지 않는다는 것이다. 다른 하나는 이런 때를 당하여 풍성하게 많이 가지고 있다고 하여서 어려움을 망각해서는 안 된다는 것이다. 이 효의 「상전」은 특히 경계(警戒)의 의미를 매우 강조하고 있다.
9 "대거(大車)"는 큰 수레를 말한다. "큰 수레로써 실었으니(大車以載)"라는 것은 큰 수레에 가득 싣는다는 말이다. "수레"라는 말이 나오게 되는 것은 구이(九二)가 득중(得中)하고, 육오와 상응하여 신임을 얻게 되어 중임(重任)을 맡게 된 데서 나온 말이다. 즉 '중임'이라는 말에 "무거운 물건을 싣다"는 의미가 들어 있기 때문에 수레가 출현한 것으로 보인다. "갈 곳이 있어(有攸往)"라는 말은 "자진하여 어떤 일(事)을 적극적으로 해 나가는 바가 있다"는 말이다. 이렇게 일에 매진하여 나아가도 다른 재앙이나 허물이 없다. 구이는 큰 책임을 맡았는데도 불구하고 "허물"이란 말을 쓰는 이유는 자기 자리가 아니기 때문이다.

象曰 大車以載는 積中不敗也¹⁰라.
　　상 왈　대 거 이 재　　적 중 불 패 야

상전에서 말하기를 큰 수레로서 실었다는 것은 가운데에 많이 쌓았어도 무너지지 않는다는 것이다.

九三은 公用亨于天子니 小人은 不克¹¹이니라.
구 삼　　공 용 형 우 천 자　　소 인　　불 극

🔲 九三, 公用芳于天子, 小人不克¹².
　　구 삼　　공 용 방 우 천 자　　소 인 불 극

구삼은 왕공이 천자에게 조공을 바치지만 소인은 그러하지 못한다.

🔲 구삼은 왕공이 천자에게 잔치를 여는 예의를 보여주지만 소인은 그것을 할 수가 없다.

象曰 公用亨于天子는 小人은 害也¹³리라.
　　상 왈　공 용 형 우 천 자　　소 인　　해 야

---

10 구이는 중임을 맡아 전도가 유망한 사람을 상징하고 있다. 그 사람이 가질 수 있는 부유함을 마치 큰 수레에 가득 채운다는 것으로 형용하고 있다. 이런 위치에서 허물이 없으려 한다면 관건은 올바른 위치에서 적당한 행동을 하는 데 있다. 그래서 「상전」은 "가운데에 많이 쌓았어도 무너지지 않는다(積中不敗也)"고 말한다.
11 "극(克)"은 "능(能)"의 뜻이다. "공(公)"은 구삼(九三)을 가리키고, 천자(天子)는 육오(六五)를 말한다. 구삼은 내괘(內卦)에서 가장 높은 자리로 공의 위치이다. "왕공이 천자에게 조공을 바친다(公用亨于天子)"는 말은 공이 천자에게 조공(朝貢)을 바치는 예(禮)를 행하는 것을 말한다. 구삼은 천자를 모시는 제후로 재정적으로 풍성한 때에 그가 가진 것을 천자에게 조공으로 바치는 것을 당연한 것으로 생각하고 있으나, 소인은 그러지 못하다. 형(亨) = 팽(烹) = 향(享)은 같은 뜻으로 쓰인다.
12 등구백의 『백서주역교석』에서는 "방(芳)"을 "잔치를 열다"는 뜻으로 해석하고, 이 구절의 의미를 당시에 보여주는 엄격한 등급제도에서 찾고 있다. 291쪽 참조 바람.
13 공(公)은 천자에게 자기의 가진 것을 바치는 데 반해, 소인은 자기 혼자만 가지고 바치지

상전에서 말하기를 왕공이 천자에게 조공을 바치지만 소인은 그러하지 못하다는 것은 소인에게는 해로울 것이기 때문이다.

九四는 匪其彭이면 无咎[14]리라.
　구 사　　비 기 방　　　무 구

🔲 **九四, 匪元彭, 无咎.**
　구 사　　비 기 방　　무 구

구사는 지나치게 성대하지 않으면 허물이 없을 것이다.

🔲 구사는 의식이 그렇게 성대하지는 않았으나 점을 치니 별다른 재앙이 없다는 점괘가 나왔다.

象曰 匪其彭无咎는 明辨晢也[15]라.
　상 왈　비 기 방 무 구　　명 변 제 야

상전에서 말하기를 지나치게 성대하지 않으면 허물이 없을 것이라는 것은 밝게 분별하는 지혜이다.

　않는다. 이것이 결국 소인에게는 불행을 가져 오는 원인이 될 가능성이 크다. 이런 의미에서 소인은 많이 가지면 오히려 해가 된다.
14　"방(彭)"은 무엇이 성대하거나 세차다(지나치게 많음)는 뜻을 가지고 있다. 지나치지 않으면 허물이 없다. 왜냐하면 구사의 위치가 중정도 아니고 정위도 아니며, 또 가장 큰 힘을 가진 구오 아래에 자리하고 있기 때문이다. "지나치게 성대하지 않으면(匪其彭)"이라는 말은 성대하고 많은 것의 반면적(反面的) 의미, 즉 겸손의 뜻을 강조하는 말이다. 구사는 이미 중을 넘어서서 대유의 시기에 지나치게 성한 상황을 묘사하고 있다. 지나치게 성하면 문제가 생길 가능성이 크다. 그러나 다른 한편으로 구사는 강효로 음의 자리에 위치하여 충분히 겸손하고 두려워할 줄 알아서 지나치게 성한 상태로는 가지 않기 때문에 허물이 없을 수 있다.
15　"변(辨)"은 변별 혹은 분별의 의미를 가지고 있다. "제(晢)"를 『설문해자』에서는 "명(明)"으로 풀이하고 있는데, '밝은 지혜'를 뜻한다.

六五는 厥孚交如니 威如면 吉[16]하리라.
　　육오　　궐부교여　　위여　길

🔲 六五, 闕復交如, 委如, 終吉.
　　육오　　궐복교여　　위여　종길

육오는 그 믿음으로 서로 사귀니 위엄이 있으면 길하리라.

🔲 육오는 천자가 높은 망루에 올라 진지한 태도로 하늘과 사람이 서로 통하게 하니 끝내는 크게 길하리라.

象曰 厥孚交如는 信以發志也[17]요
상왈　궐부교여　　신이발지야

상전에서 말하기를 그 믿음으로 서로 사귀니라는 것은 믿음으로써 뜻을 발하는 것이요,

---

16 "궐(闕)"은 "기(其)"로 어기조사이다. 효위(爻位)로 말하면 육오는 군위(君位)에 자리하여 상하의 다섯 양과 믿음으로 사귀니 크게 인심을 얻은 모습이다. 육오는 대유괘의 주효(主爻)로서 다섯 양효가 모두 육오와 응하려고 한다. 또한 육오는 음효로서 유순하고 중의 위치에 자리하고 있는데, 이 자리는 군주의 자리로 구이와 상응할 수 있다. 육오의 군주가 진실한 믿음으로 아랫사람들을 대하면 아랫사람들 역시 진실한 믿음으로 그를 대하게 된다. 이렇게 진실한 믿음으로 상하가 서로 교통하여 매우 친밀하게 되면 마침내 뜻을 함께 할 수 있게 되는 것이다. 그래서 "서로 사귀니(交如)"라고 말한다. 이 효는 대유의 시기에 군신 상하관계의 한 측면을 말하고 있다. 육오는 음효로 양의 자리에 있기 때문에 부드러운 측면뿐만 아니라 동시에 위엄을 필요로 한다. 그래서 "위엄이 있으면(威如)"이라고 말한다. "위엄이 있으면(威如)"이라는 말은 군주의 위엄이 필요함을 말한다.
17 주자는 『주역본의』에서 "한 사람의 믿음이 위아래의 뜻을 충분히 발하도록 하니(一人之信, 足以發上下之志也)"라고 하여, 믿음이 진정한 마음에서 나온 것이지, 다른 어떤 강압적인 힘이나 억지에 의해서 나온 것이 아님을 말하고 있다.

威如之吉은 易而无備也[18]일새라.
위여지길   이이무비야

위엄이 있으면 길하리라고 말하는 것은 (아랫사람들이) 너무 쉽게 여겨 준비함이 없기 때문이다.

上九는 自天祐之라 吉无不利[19]로다.
상구   자천우지   길무불리

백 **尙九, 自天右之라 吉无不利.**
상구   자천우지   길무불리

상구는 하늘로부터 돕는지라 길하여 이롭지 않음이 없다.

---

18 위엄을 갖추는 것이 길한 이유는 너무 부드럽고 마음을 편하게 대하면 아랫사람들이 쉽게 여겨 계비(戒備 : 경계하고 대비함)가 없어지기 때문이다. 여기에서는 분명히 위엄이 필요하다. 그래서 정이천 역시 『이천역전』에서 위엄이 필요한 이유에 대해 "만약 위엄이 없으면 아랫사람들이 함부로 쉽게 업신여겨 경계하고 대비함이 없음을 이르는 것(謂若无威嚴, 則下易慢而无戒備也)"이라고 하였다.

19 대유괘의 결론은 상구에 있다. 대유괘가 대풍년의 상이라고 한다면 상구는 풍년의 극(極)을 의미한다. 문제는 이런 풍족함을 영원히 자신의 것이라고 자처해서는 곤란하다, 만약 자처하지 않는다면 가득차서 생기는 허물이 없고 이치에 순응하여 길하게 된다는 것이다(이런 관점은 『이천역전』에 보임) 상구는 최상위에 있어 이른바 "물극필반(物極必反)"의 상황에 처해 있기 때문에 위기일 수밖에 없다. 그러나 이런 경우에는 가득 차면서도 넘치지 않도록 하는 것이 군자가 닦아야 할 수양의 내용이다. 이렇게 하는 것이 천도에 부합하여 천의 보우(保祐)를 받을 수 있어 길하여 불리함이 없게 되는 길이다. 이 때문에 상구는 최고위에서 마땅히 겸허하여야 하고 스스로를 억제할 수 있어야 한다. 이 문제에 대해 「계사전」은 "주역에서 말하기를 하늘로부터 돕는지라 길하여 이롭지 않음이 없다고 하였다. 공자께서 말씀 하셨다. 우(祐)란 돕는다는 것이니, 하늘이 도와주는 것은 (자신을) 따르는 사람의 경우요, 사람들이 (진정으로) 도와주려는 사람은 진실함을 실천하는 사람이니, 진실함을 실천하고 하늘의 뜻에 따를 것을 생각하며, 또한 그러한 마음으로 어진 사람을 숭상한다. 이 때문에 하늘로부터 돕는지라 길하여 이롭지 않음이 없다(易日, "自天祐之, 吉无不利." 子曰, "祐者, 助也. 天之所助者, 順也, 人之所助者, 信也. 履信思乎順, 又以尙賢也, 是以 '自天祐之, 吉无不利'也")"고 하였다.

■ 상구는 천명에 따르면 하늘은 그 사람을 도울 것이다. 점을 쳤는데 길하고 불리하지 않다는 점의 결과를 얻었다.

象曰 大有上吉은 自天祐也[20]라.
상왈 대유상길   자천우야

상전에서 말하기를 대유의 상구가 길하다고 하는 것은 하늘로부터 도와주기 때문이다.

* 대유괘의 의미와 교훈

대유괘는 이괘(離卦 : ☲)와 건괘(乾卦 : ☰)로 구성되어 있다. 하나의 음효가 오의 위치에 있고 다섯 개의 양이 그것을 따르고 있다. 육오가 다섯 개의 양효를 모두 가지고 있기 때문에 괘의 이름을 대유라고 하는 것이다.

그런데 괘사에는 "대유는 크게 형통한다(大有, 元亨)"라고 하여 "원형(元亨)"을 "대형(大亨)"으로 보고 있다. 크게 형통하고 재물을 풍성하게 많이 가지려고 하는 것은 모든 사람들의 보편적인 바람이다. 이런 측면에서 보면 크게 형통한다는 이 말 속에는 '부유(富有)'의 의미가 들어 있다. 그래서 대유괘의 여섯 효 속에는 모두 이런 '부유'의 도리가 함축되어져 있다. 먼저 초효에서는 재물의 많음에 대해 말하면서, 넘치지 않아야 허물이 없다고 말한다. 구이 효사에서는 큰 수레에 가득 담을 만큼 넘치는

---

20 천명에 따르는 것, 즉 순천(順天)하여 도움을 받는 것을 말한다. "자천우야(自天祐也)"는 하늘은 스스로 돕는 자를 돕는다는 의미이다.

부에 대해 말하면서, 조심스럽게 중용의 도리를 행해야 허물이 없다고 말한다. 그리고 삼효에서는 왕공이 천자에게 자신의 재물을 바치는 것이 유리하다고 말하고, 사효에서는 비록 부유하나 스스로를 억눌러서 지나치게 풍성한 데로 가지 않아야 허물이 없다고 말한다.

또한 나머지 두 효에서는 '부유함'을 얻고 또 그것을 유지하는 방법에 대해 언급하고 있다. 육오 효사에서는 대유의 존위(尊位)를 말하고 있는데, 진실함으로 통해야 상하가 모두 길함을 얻을 수 있다고 말한다. 특히 육오의 경우는 상괘의 이중허(離中虛)가 상징하는 마음을 진실로 비운다는 의미를 말하고 있다. 즉 얼마만큼 자신의 사욕을 비우느냐에 따라 얻는 것이 결정된다는 것이다. 이른바 인물의 도량이나 그릇의 크기에 의해서 인재나 재물을 얻음에 있어서 많고 적음이 정해진다는 의미이다. 상효에서는 하늘이 도와야 부유함을 오래도록 보존할 수가 있다고 말한다. 여기에서 하늘이 돕는다는 것은 스스로 천명에 따르고 자신의 욕심 없는 양심의 소리에 따라야 할 것을 말한다. 이처럼 각 효의 상황들은 모두 일치하지 않지만 하나같이 이 부유함에 처하는 도리와 그것을 보존할 수 있는 방법에 대해 적절하게 설명하고 있다.

15. ䷎ 지산겸(地山謙, 백 嗛 第三十五)

1) 괘의 순서

대유괘(大有卦) 다음에 왜 겸괘(謙卦)가 오는가? 이렇게 괘의 순서를 안배하는 것은 결코 우연한 것이 아니다. 여기에는 그 나름의 깊은 철학적 의미를 가지고 있다. 물론 단순하게 돈이 많은 사람이 교만해서는 안 되기 때문에 대유괘 다음에 겸괘를 배치하였다고 볼 수도 있다.

그러나 「서괘전」에서는 "크게 가지는 것은 넘치게 할 수 없기 때문에 겸괘로 받았다(有大者不可以盈, 故受之以謙)"고 하였다. 이런 관점은 역시 일종의 '물극필반(物極必反)'의 도리에 근거한 것이다. 이 도리가 의미하는 것은 사물의 발전에는 한계가 있고, 일정한 한계에 이르면 가득 차게 된다는 것이다. 즉 가득 차게 되면 변화가 생기고 그 반대 방향으로 변화하기 시작한다는 것이다. 예를 들면 자연 세계에 있어서 "해가 중천에 있으면 기울어지고 달이 차면 줄어든다(日中則昃, 月盈則食)"고 하는 것처럼 인간사에 있어서도 마찬가지이다. 태평한 세상이 오래가면 다시 어지러워지고, 어지러운 세계가 극단에 이르면 다시 안정을 찾게 마련이다.

이런 다채롭게 변화하는 현실 세계에서 자신을 위대하게 만든 사람들이 가지고 있는 가장 보편적이고 효과적인 법칙은 자만하지 않고 항상 겸허함을 유지하는 것에 있다고 말한다. 이것은 개인뿐만 아니라 사회에도 적용된다. 예를 들면 대유가 풍성한 부(富)를 말한다면, 겸(謙)은 공평한 분배 혹은 분배적 정의를 말하는 것으로 볼 수 있다. 대유괘에서도 말하였지만 부유함이란 것이 오직 자신의 힘으로만 형성된 것이 아니다. 하늘이 도와야 부유함을 오래도록 보존할 수가 있다. 여기에서 하늘이 돕는다는 것은 스스로 천명에 따르고 자신의 욕심을 버리고 거기에서 울려오는 양심의 소리에 따르는 것이다. 이것은 바로 적절한 분배와 사회적 환원 등의 문제를 해결하는 데 필연적으로 요청되는 것이다. 이런 이유에서 『주역』을 지은 사람(作易者)은 대유괘 뒤에 겸괘를 배치한 것으로 보인다.

2) 괘명의 의미

겸은 어떤 의미를 가지고 있는가? 문자적인 의미에서 보면 "겸은 공경(敬)의 뜻(謙, 敬也)"(『설문해자』)을 가지고 있고, 또 "겸은 양보의 뜻을 가지고 있다. 겸은 공경과 양보의 뜻(謙, 讓也)"(『玉篇』)을 함께 나타내기도 한다. 일반적으로 '겸'은 겸허(謙虛), 겸손(謙遜)의 뜻을 가지고 있다고 말하는 이유도 바로 이런 근거에서 나온 것으로 보인다. 이에 대해 정이천은 "덕을 가지고 있으면서도 (덕에 해당하는 지위에) 자리하지 않는 것을 겸이라고 한다(有其德而不居謂之謙)"고 하였고, 주자는 "겸이라는 것은 가지고 있으면서 (덕에 해당하는 지위에) 자리하지 않는다는 뜻이다(謙者, 有而不居之義)"고 하였다. 이 두 가지 해석은 모두 적절한 해석으로 보인다. 옛날 사람들은 겸의 덕을 매우 강조하여 결하고 해가 없는 것으로 말하고 있다. 그러나 겸이라는 말은 본래 비굴의 뜻이 아니라, 많이 가지고 있으면서도 다른 사람에게 낮출 수 있는 미덕을 말한다.

3) 괘상의 의미

겸괘는 상괘에 땅이 있고, 하괘에 산이 있는 괘상이다. 땅과 산 중에서 분명히 산이 더 높은데도 불구하고 땅 아래에 처해 있는데, 이것은 근본적으로 겸손한 것을 상징하는 것이라고 할 수 있다. 또 괘덕(卦德), 즉 괘의 성질로 볼 때 상괘인 곤의 성격은 순(順)이고, 하괘인 간은 지(止, 멈추다, 억제하다)인데, 이것은 내심으로는 스스로를 억제하고, 밖으로는 행동을 부드럽게 취한다는 것을 의미한다.

이 겸괘는 여섯 개의 효가 모두 나쁘지 않고, 좋은 효만 가진 유일한 괘이다. 괘상으로 보면 겸괘는 오직 구삼만이 양효로 하괘에 머물러 있다. 그래서 「단전」에서는 "하늘의 도가 아래로 내려와 베풀어 빛이 난다(天道下濟而光明)"고 말한다. 이와 동시에 곤의 체(地)는 본래 하괘에 있어야 하나 오히려 겸괘의 상체에 자리하고 있기 때문에 「단전」에서는 "땅의 도는 스스로 낮추면서 위로 올라가 행한다(地道卑而上行)"고 말한다.

64괘 중 다른 괘에는 모두 회린흉구(悔吝凶咎)가 있으나 유독 겸괘만이 하괘의 삼효는 모두 길하고, 상괘의 삼효는 모두 이롭다고 한다. 그러므로 전체 괘로 말하면 형통하기 때문에 다른 조건을 달 필요가 없다. 겸허함은 모든 일을 무리 없이 형통하게 해낼 수 있다. 비록 시작할 때는 순조롭지 못하지만 겸손하기 때문에 다른 사람의 아낌없는 지원을 받아 결국에는 성공할 수밖에 없다.

謙은 亨하니 君子有終[1]이니라.
겸   형   군자유종

---

[1] 어떤 지위에 있는 사람이건 간에 겸손함으로 행동한다면 항상 형통할 수 있다. 여기에는 다른 조건을 필요로 하지 않는다. 그러나 일시적으로 겸손한 행동을 하는 것은 쉬우나 그것을 평생토록 유지해 나가기란 현실적으로 매우 어렵다. 그러므로 군자에게 있어서도 겸손함을 종신하도록 가져가는 것이 매우 어렵고 큰일이기 때문에 이렇게 말하는 것이다. (김경방의 『주역전해』 146쪽 참조) 이에 대해 공영달은 『주역정의』에서 "소인은 겸손한 행동을 하더라도 오래 갈 수 없고, 오직 군자만이 평생토록 유지해 간다(小人行謙, 則不能長久, 唯君子有終也)"고 하였다.

백 謙, 亨, 君子有終.
　　겸　형　군자유종

경의 의미 : 겸괘는 제사를 지낼 수 있고, 군자는 좋은 결과를 맺을 것이라는 점의 내용을 말하고 있다.

전의 해석 : 겸은 형통하니, 군자는 (겸이라는 이 미덕을) 끝까지 가지고 가야 할 것이다.

백 겸허하여야 형통할 수 있고, 군자는 겸허한 미덕을 가지고 있어서 좋은 결말에 이르게 된다.

彖曰 謙亨은 天道下濟而光明하고 地道卑而上行[2]이라.
　　단왈 겸형　　천도하제이광명　　　　지도비이상행

단전에 말하기를 겸이 형통하다는 것은 하늘의 도가 (위에 있지만) 아래로 베풀어 광명하고, 땅의 도가 비록 (겸손하여) 아래에 있는 것이지만 위로 올라가 행한다.

---

[2] 이 두 구절은 괘체(卦體)를 가지고 괘사(卦辭)의 "겸은 형통하다(謙亨)"의 의미를 해석하고 있다. "하늘의 도가 (위에 있지만) 아래로 베풀어 광명하고(天道下濟而光明)"라는 것은 하늘의 위치가 높은 데 있지만, 해와 달이 아래에 내려와 남김없이 베풀어 아주 밝게 비추는 것을 말한다. "제(濟)"는 건너다·평평하다·베푼다는 뜻이 있는데, 여기서는 시(施 : 베푼다)의 의미이다. 또 땅은 비록 아래에 있으나 그 기가 위로 올라가 천과 교통하여 만물을 생성한다. 이에 대해 정이천은 『이천역전』에서 "이것은 겸손해서 형통할 수 있는 뜻을 밝힌 것이다. 하늘의 도는 그 기운으로서 아래로 사귄다. 그러므로 만물을 변화시키고 길러서 그 도가 빛나고 밝을 수 있다. 하제(下際)는 아래로 사귀는 것이다. 땅의 도는 낮게 처하지만 그 기운이 위로 가서 하늘과 사귀는 까닭은 모두 낮추어 내려옴으로써 형통하는 것이다(此明謙而能亨之義, 天之道以其氣下際, 故能化育萬物, 其道光明, 下際謂下交也. 地之道以其處卑, 所以其氣, 上行交於天, 皆以卑降而亨也)"고 하였다.

天道는 虧盈而益謙³하고
천도　휴영이익겸

천도는 가득 찬 것을 이지러지게 하여 겸손한 것에 더해주고,

地道는 變盈而流謙⁴하고
지도　변영이유겸

지도는 가득 찬 것을 변하게 해서 겸손한 데로 흐르게 하며,

鬼神은 害盈而福謙⁵하고
귀신　해영이복겸

귀신은 가득 찬 것을 해치고 겸손한 것에 복을 주고,

人道는 惡盈而好謙하나니
인도　오영이호겸

인도는 찬 것을 싫어하고 겸손한 것을 좋아하니,

---

3 구체적으로 달이 차면 기울고 기울면 다시 찬다는 것에 대해 말한 것이다. "휴(虧)"는 이지러진다는 뜻이다. "겸(謙)"은 부족하다는 것을 의미한다.
4 차지 않는 비어 있는 곳으로 흐르게 한다. 땅의 모습은 큰 것을 훼손시켜 작은 것으로 만든다. 말하자면 높은 산은 점점 깎여 평지가 되고 물은 낮고 비어 있는 곳으로 흐르게 마련이다.
5 "귀신(鬼神)"은 조화(造化)의 흔적이며(정이천의 관점, 주자의 『주자어류』의 경우), 음양의 작용하는 모습이다. 조화는 자연과 인간사의 객관적 법칙을 말하지만, 귀신을 신령스런 존재로(빌헬름의 경우 Spirits and Gods로 번역) 해석하기도 한다. 가득 찬 것을 싫어하고 겸허한 것을 좋아하기 때문에 자연히 겸허한 것은 복을 얻게 마련이고, 과도하게 채우려는 것은 재앙을 불러오기 십상이다. 천지자연의 세계는 모두 이러하기 때문에 인간이 억지로 이것을 바꾸기가 쉽지 않다는 말이다.

謙은 尊而光[6]하고 卑而不可踰[7]니 君子之終也[8]라.
겸   존이광   비이불가유   군자지종야

겸은 상대방을 존중하여서 오히려 내가 빛이 나고, 나를 낮추는데도 불구하고 나를 뛰어넘을 수 없으니, 군자가 끝까지 가지고 가야 할 것이다.

象曰 地中有山이 謙이니 君子以하여 裒多益寡하여
상왈 지중유산   겸   군자이   부다익과

稱物平施[9]하나니라.
칭물평시

상전에 말하기를 땅 속에 산이 있는 것이 겸이니, 군자가 이것을 본받아 많은 것은 줄이고 적은 것은 더해서 사물을 저울질하여 공평하게 베풀어야 한다.

初六은 謙謙君子니 用涉大川이라도 吉[10]하니라.
초육   겸겸군자   용섭대천   길

---

6 "겸(謙)"이라는 것 자체는 인간에게만 국한되는 것이 아니라, 자연 사물을 포함한 모든 것에 적용된다. "상대방을 존중하여서 오히려 내가 빛이 나고(尊而光)"라는 것은 스스로 낮은데 처하여 상대방을 높이기 때문에 오히려 자신이 더욱 빛이 나게 된다는 것이다.
7 "비(卑)"는 겸손을 표현하는 방식이다. "겸(謙)"은 아주 낮으나 그 효과는 아주 높다. 그래서 세상의 그 어떤 것도 겸손의 덕을 뛰어넘을 수 없다. 이런 태도는 흡사 도가적인 요소와 상통하는 측면이 있는 것처럼 보인다. 즉 자기 자신을 낮추고 굽히나 그 덕은 어떤 것도 뛰어넘을 수 없다는 것이 도가의 생각이다.
8 "군자가 끝까지 가지고 가야한다(君子之終)"는 말은 두 가지 뜻이 있다. 하나는 군자가 처음부터 끝까지 겸손함을 지켜야 한다는 것이고, 다른 하나는 군자가 끝내 겸손하기 때문에 복을 얻을 것이라는 것이다. 이런 이해는 대부분 공영달의 관점에 근거한 것이다.
9 겸괘의 괘상은 땅보다 더 높은 산이 땅 아래 있는 것을 통해 겸손의 뜻을 상징하고 있다. "부(裒)"는 "취(取)"의 뜻으로 골라내고 뽑아내어 줄인다는 의미이다. 즉 군자가 겸괘의 괘상을 본받아 많은 것은 덜어내고, 부족한 것은 보태 평형을 유지하려는 것에 대해 말하고 있다. "칭(稱)"은 저울질해서 공평하게 하는 것을 의미한다.
10 초육은 음효로서 맨 아래에 자리하여 겸손의 지극함을 보여준다. 겸손을 뜻하는 괘 가운

백 初六, 謙謙君子用, 涉大川. 吉.
　　　초육　겸겸군자용　섭대천　길

초육은 겸손하고 겸손한 군자니 큰 내를 건너더라도 길하다.

백 초육은 군자가 매우 겸허한 태도로 큰 내를 건넌다. 길한 점을 얻었다.

象曰 謙謙君子는 卑以自牧也[11]라.
상왈　겸겸군자　　비이자목야

상전에 말하기를 겸손하고 겸손한 군자라고 말하는 것은 낮추어서 스스로 기른다는 것이다.

六二는 鳴謙[12]이니 貞하고 吉하니라.
육이　　명겸　　　정　　　길

백 六二, 鳴謙, 貞, 吉.
　　　육이　명겸　정　길

데에서도 가장 낮은 자리에 위치하고 있기 때문에 "겸손하고 겸손하다(謙謙)"고 말한 것이다. "큰 내를 건너더라도 길하다(用涉大川)"는 것과 "큰 내를 건너는데 유리하다(利涉大川)"의 차이는 무엇인가? "이섭(利涉)"은 험난함을 극복하는 능력을 강조하는 것이라면, "용섭(用涉)"은 지닌 덕을 이용하여야 할 것을 강조한 것이다. 이것에 따르면 초육의 "용섭"은 자기 자신을 내세우지 않고 다른 사람보다 앞서나가려고 다투지 않는 겸손하고도 겸손한 덕을 이용하여야 모든 난관을 헤쳐 나간다는 것이다. 김경방의 『주역전해』 148쪽 참조 바람.

11 "비(卑)"는 귀한 것에 반대되는 뜻을 가지고 있다. "목(牧)"을 왕필은 "양(養)"으로 본다.
12 "겸손함이 밖으로 표현되어 울리니(鳴謙)"라는 것은 겸손의 덕이 아래서 쌓여 저절로 바깥으로 울려 나오는 것을 상징한다. 왜냐하면 육이는 중정의 자리에 위치하고, 또한 정위로서 겸손하게 행동하고 있기 때문이다. 이러한 겸손의 덕을 지닌 사람은 그 내심의 덕이 외면으로 표현되어 목소리와 얼굴빛에 드러나는데, 그것이 곧 "명겸(鳴謙)이다. "명겸(鳴謙)"의 "명(鳴)"을 왕필은 "이름을 떨치는 것을 말하는 것이다(鳴者, 聲名聞之謂也)"고 하여, 겸손의 덕으로 이름을 떨치는 것으로 말하고 있다.

육이는 겸손함이 밖으로 표현되어 울리니 바르고 길하리라.

🄫 육이는 마치 새들이 서로 화답하여 의좋게 지저귀는 것처럼 친구를 구하고 점을 치니 좋은 결과가 나왔다.

象曰 鳴謙貞吉은 中心得也[13]라.
<small>상왈 명겸정길   중심득야</small>

상전에 말하기를 내심의 덕이 밖으로 드러나니 바르고 길하다는 것은 충심으로 얻는 것이다

九三은 勞謙[14]이니 君子有終이니 吉[15]하니라.
<small>구삼   노겸   군자유종   길</small>

🄫 九三, 勞嗛, 君子有終, 吉.
<small>구삼 노겸 군자유종 길</small>

구삼은 공로가 있는 겸손이니 군자는 끝이 있으니 길하다.

---

13 "중심(中心)"은 충심(忠心)의 뜻이다. 그래서 정이천은 충심으로 마음에 얻었기 때문에 소리로 나타난다고 말한다.
14 구삼 효는 이 괘의 주효로 유일한 양효로 하괘의 최상위에 자리하여 중대한 책임을 맡은 인물에 해당한다. 구삼 효는 강직하고 굳세어(剛毅) 바름을 얻었기(得正) 때문에 다섯 양으로부터 신뢰를 받고 있다. "공로가 있는 겸손(勞謙)"은 많은 일을 하여 공을 세웠으면서도 겸손하기 때문에 "노겸(勞謙)"이라고 말한다. 역사를 통하여 보아도 수많은 명장들이 큰 공을 세워 놓고도 이 도리를 파악하지 못하여 공이 사라질 뿐만 아니라 목숨마저도 부지하지 못하는 경우를 많이 발견할 수 있다. 이 구삼 효는 전체 괘의 핵심으로 괘사에서 말하는 것과 거의 같은 내용을 말하고 있는데, 효사에서는 다만 "형(亨)"자를 "길(吉)"자로만 바꿔 놓고, "겸(謙)"자 앞에 "노(勞)"자를 덧붙이고 있을 뿐이다. 겸손이라는 것 자체도 결코 쉽지 않은 일인데, "노겸(勞謙)"은 더욱 행하기 어려운 것이다.
15 공로가 있으면서 겸손한 덕(謙德)을 지키는 노겸(勞謙)의 군자는 이런 태도를 끝까지 잘 지키기 때문에 길하다고 말한다.

🅱 구삼은 다른 사람에게 겸손하기를 권하고 군자는 시작과 끝이 있는 덕을 가지고 있다. 점을 치니 좋은 결과가 나왔다.

象曰 勞謙君子는 萬民이 服也[16]라.
<small>상 왈 노 겸 군 자 만 민 복 야</small>

상전에 말하기를 공로가 있으면서 겸손한 군자는 만민이 다 복종한다.

六四는 无不利撝謙[17]이니라.
<small>육 사 무 불 리 휘 겸</small>

🅱 六四는 无不利撝謙.
<small>육 사 무 불 리 휘 겸</small>

육사는 겸손함을 나누어 베푸니 이롭지 않음이 없느니라.

🅱 육사는 겸손한 인품으로 백성들을 다스리니 정치를 행하는 데 유리하다.

---

16 "만민이 다 복종한다(萬民服也)"는 말은 두 가지 뜻을 가지고 있다. 하나는 괘의(卦義)를 가지고 말하는 것으로 군자가 겸손하여서 민심이 그에게 돌아가는 것이고, 다른 하나는 구삼이 비록 하괘에 있으나 상하의 모든 양들이 그에게 돌아간다는 것이다.
17 육사의 자리는 육오 아래의 위험한 자리이다. 육사는 겸손함을 위의 육오에게도 보여주어야 하고, 아래에 대해서도 교만하지 않도록 "분산(撝)"하여야 한다. 여기에서 말하는 "휘(撝)"는 찢다·지휘하다·발휘하다·분산하다 또는 엄지손가락의 뜻을 가지고 있다. 어떤 사람들은 이 "휘(撝)"를 '발휘(發揮)'의 뜻으로 보고(주자) 있고, 또 어떤 사람들은 '펴다(施布)'(정이천)의 뜻으로 보기도 한다. 또 어떤 사람들은 엄지손가락의 뜻으로 보아, 마치 엄지손가락이 다른 네 개의 손가락을 하나하나 어루만지듯이 육사의 일거수일투족이 겸손한 미덕을 행하여야 불리함이 없다고 말하기도 한다(김석진, 『대산주역강해』의 경우). 이는 육사의 위치가 바로 육오의 존위(尊位) 아래에 자리하여 특히 두려움과 어려움이 많은 자리임을 말해주고 있다. 사효(四爻)를 정이천은 군주에 가까이 있는 위치인 "근군지위(近君之位)" 또는 두려움이 많은 자리인 "다구지지(多懼之地)"라고 하여 항상 진퇴를 요구받는 위험한 자리이며 늘 두려움이 많은 위치이기 때문에 아래위로 겸손함의 미덕을 나누어 발휘하여야 한다고 말한다.

象曰 无不利撝謙은 不違則也[18]**라.**
상 왈 무 불 리 휘 겸   불 위 칙 야

상전에 말하기를 겸손함을 베풂에 이롭지 않음이 없다고 말하는 것은 법도에 어긋나지 않음이라.

六五는 不富以其隣이니 利用侵伐이니 无不利[19]**하리라.**
육 오   불 부 이 기 린   이 용 침 벌   무 불 리

🔲 **六五, 不富以亓隣, 利用侵伐, 无不利.**
육 오   불 부 이 기 린   이 용 침 벌   무 불 리

육오는 부유하지 아니하고서 그 이웃과 함께하니 군대를 이용해서 정벌하여도 이로우니, 이롭지 않음이 없다.

---

18 모든 것에 겸손한 덕을 행하는 것은 육사의 입장에서는 법도에 어긋나지도 지나치지 않는 것이다. "칙(則)"은 법도(마땅함)이다.
19 "부유하지 아니하고서 그 이웃과 함께한다(不富以其隣)"라는 말은 육오가 부유하지 않은(不富) 음이면서도(양은 부(富)이고, 음은 빈(貧)으로 말함) 이웃(여기에서 이웃은 신하나 일반 백성들을 지칭함)과 함께 함을 말하고 있다. 이것이 가능한 이유는 육오가 음으로 천자의 자리에 거하여 겸손함을 보여줌으로 신하와 백성의 지지를 얻고 있기 때문이다. 그러나 육오는 음이기 때문에 분명히 그에게 복종하지 않는 자가 있다. 그에게 복종하지 않는 자가 있으면 군대를 이용하여 정복할 수 있는데, 이는 결코 도덕적으로 문제가 되거나 불리할 것은 없다. 왜냐하면 군주에게 겸손의 덕도 중요하지만 동시에 군대를 이용하여 복종하게 만드는 강한 리더십도 필요하기 때문이다. 그러므로 주자는 "유로서 존위에 자리하고 있는데 위에 있으면서도 겸손할 수 있는 사람이다. 그러므로 부유하지 않아도 그 이웃과 같이 할 수 있는 상이니 따르는 사람이 많다. 여전히 굴복하지 않는 사람이 있으면 치는 것이 이롭고, 다른 일에도 또한 이롭지 않음이 없으니, 사람이 이런 덕을 가지고 있으면 그 점(占)과 같다(以柔居尊, 在上而能謙者也, 故爲不富而能以其鄰之象, 蓋從之者衆矣. 猶有未服者則利之征之而於他事, 亦无不利, 人有是德則如其占也)"고 하였다. 물론 복종하지 않는 자가 없다면 당연히 무력을 쓸 필요는 없다. 구삼은 육오와는 분명히 다르다. 구삼의 양효는 여유가 있어서 좋은 결과도 기대할 수 있고, 만민이 모두 복종하기 때문에 정벌할 필요도 없다. 이에 비해 육오의 경우는 정벌의 문제가 생길 수밖에 없다.

■ 육오는 이웃 나라가 소란하여서 부유하지 않기 때문에, 이런 상황을 바꾸기 위해서는 오직 전쟁의 수단을 사용해서 상대방을 소멸시켜야 나라의 변경이 편안하게 된다.

象曰 利用侵伐은 征不服也[20]라.
_{상 왈 이 용 침 벌   정 불 복 야}

상전에 말하기를 군대를 이용해서 정벌하여도 이롭지 않음이 없다는 것은 복종하지 않는 것을 정복한다는 것이다.

上六은 鳴謙이니 利用行師하여 征邑國[21]이니라.
_{상 육   명 겸   이 용 행 사   정 읍 국}

■ 尙六, 鳴謙, 利用行師征邑國.
_{상 육 명 겸 이 용 행 사 정 읍 국}

상육은 겸손함이 밖으로 표현되어 울리니 군대를 출동하여 읍국을 치는 것이 이로울 것이다.

---

20 덕으로 되지 않은 것에 대해 무력을 사용할 수 있다. 겸손도 지나치게 과하면 좋지 않다.
21 상육은 겸괘의 극(極)에 자리한다. 상육은 겸손의 덕을 지극히 행하는 사람을 가리킨다. 지극한 겸손을 가지고 있기 때문에 그것은 자연히 밖으로 나타난다. 상육은 음효의 나약한 자로 군주와 같은 힘과 지위를 가지고 있지 못하기 때문에 겸손의 덕은 있지만 힘이나 권력은 부족하다. 그렇기 때문에 큰 군대를 동원하여 정복활동을 할 수 없고 다만 자신의 작은 영지를 다스리는 것으로 만족해야 한다. 상육의 "명겸(鳴謙)"은 육이의 "명겸(鳴謙)"과는 많이 다르다. 실권이 없으면서 지나치게 겸손하면 결코 뜻을 얻지 못한다. 그러므로 이런 경우에는 자기 단속을 철저히 하는 것이 오히려 바람직하다. 육이의 경우는 겸손한 덕이 바깥으로 발하여 결과가 "바르고 길하다(貞吉)"는 것으로 나타나지만, 상육의 겸덕(謙德)은 바깥으로 발휘되어도 자신이 처한 환경이 나쁘기 때문에 좋은 결과를 가져오지 못한다. 이 때문에 상육은 다만 "군대를 출동하여 자신의 읍국을 다스리는(利用行師, 征邑國)" 것에 머무르는 것으로 겸손의 도리를 표현할 수밖에 없다. 군대를 동원하는 목적은 다른 나라를 치려고 하는 것에 있는 것이 아니라 분봉(分封)받은 봉지(封地)인 자신의 읍(私邑)을 바로잡는 데 있을 뿐이다.

▣ 상육은 군대를 일으켜 적국을 정벌하는 데 유리하기 위해서 마치 새들이 서로 화답하여 의좋게 지저귀면서 친구를 구하는 것처럼 여러 사람들의 이해와 지지를 얻으면 적을 고립시켜 정복하기에 유리하다.

象曰 鳴謙은 志未得也니 可用行師하여 征邑國[22]也라.
상왈 명겸 지미득야   가용행사   정읍국   야

상전에 말하기를 겸손함이 밖으로 표현되어 울리니 라는 말은 아직 뜻을 얻지 못함이니 군대를 동원해서 읍국을 정벌하여야 한다.

* 겸괘의 의미와 교훈

『상서』「대우모」편에서 "자만하는 자는 손해를 자초하고 겸손한 자는 이익을 받으니, 이는 하늘의 도리인가 봅니다(滿招損, 謙受益, 時乃天道)"라고 말하는 것처럼 겸손의 미덕은 만고 이래의 불문율이었다. 겸(謙)은 보기에 따라서는 퇴보로 보이지만 사실은 진취(進取)의 의미를 가지고 있는 매우 적극적인 행위로 보아야 할 것이다. 이러한 미덕을 가지기 위해서는 반드시 진실하고 거짓이 없어야 한다. 겸괘의 아래 괘의 세 효는 모두 길하고, 상괘의 세 효는 모두 이익(利)를 말하여 흉구회린(凶咎悔吝)이 전혀 보이지 않는다. 이것이 바로 겸괘의 가장 큰 특징이다.

---

22 겸손함을 드러내었으나 그 뜻(志)을 아직 충분히 이루지 못했다는 것을 말한다. 주자는 『주역본의』에서 "음유로서 지위가 없고 재주와 힘이 부족하므로 뜻을 아직 얻지 못하여 군대를 동원하는 사태에까지 이른다. 그러나 또한 다만 자신의 읍만을 다스릴 수 있을 뿐이다(陰柔无位, 才力不足, 故其志未得, 而至於行師, 然亦適足以治其私邑而已)"고 하였다.

겸괘는 말 그대로 "겸손"을 주제로 하고 있다. 이 겸손의 미덕은 어떠한 상황에서도 결코 재앙을 초래하지 않는다. 겸괘의 여섯 효를 가지고 구체적으로 말하면 초육은 유로서 아래에 처하여 겸손하고 또 겸손하여 조금의 잘못도 하지 않는다. 육이는 음으로 중정의 위치에 자리하여 겸손의 덕이 속에 충실하여 바깥으로 표현되기 때문에 바르고 또한 길하다. 구삼은 이 괘의 주효로 큰 공로가 있으면서도 스스로 겸손할 줄 알기 때문에 군자가 이런 자세로 처하면 종신토록 길함을 얻을 것이다. 육사는 위로 겸손한 군주를 모시고 아래로는 수고로우면서도 겸손한 신하이다. 그런데 이 자리는 절대 편안한 자리가 아니기 때문에 겸손을 상하 모두에 두루 베풀 줄 알아야 한다. 육오와 상육은 상괘의 높은 곳에 자리하고 있는데 겸괘 전체의 입장에서 보면 결코 좋은 자리는 아니다. 육오에게 복종하지 않는 자도 있기 때문에 무력을 이용하여 정벌하는 말이 나오고, 상육에서는 어쩔 수 없어서 군대를 움직이는 내용도 나오고 있다. 비록 정벌을 말하지만 모두 겸손을 행하기 위한 것이기 때문에 해로운 결과를 초래하지는 않는다.

16. ䷏ 뢰지예(雷地豫, 백 餘 第二十七)

1) 괘의 순서

부유하면서 또 겸양할 수 있으면 반드시 심신상의 편안함과 유쾌함을 맛볼 수 있다. 「서괘전」에서 "큰 것을 소유하고도 겸손하면 반드시 즐겁다. 그러므로 예괘로 받았다(有大而能謙必豫, 故受之以豫)"고 하였다. 말하자면 가지고 있는 것이 많으면서도 겸손할 수 있으면 더 큰 즐거움이 생길 수 있다는 점에서 "예(豫)"는 즐거움의 뜻을 가지게 된다.

또한 예괘(豫卦)는 16번째의 괘로 달의 주기로 말하면 매달 음력 16일인 기망(旣望)에 해당한다. 기망은 새로운 시작으로 미리 앞을 살펴본다는 의미를 가지고 있다.

2) 괘명의 의미

"예(豫)"는 즐거움, 태만, 미리의 세 가지 뜻을 가지고 있다. 즉, 즐거움에만 빠져 방심하여 태만하게 되면 뜻하지 않은 실패를 하기 때문에 미리 경계해야 한다는 의미가 복합되어져 있다는 것이다. 특히 이 괘는 모든 사람이 안락을 추구하지만 어떻게 안락을 추구하여야 할 것인가 하는 문제에 대해 이야기 한다. 실제로 안락 속에 고통이 있고, 또 안락 속에 위기가 잠복되어 있다. 현대에 생기는 대부분의 병은 편안해서 생기는 병이다. 동시에 계속적으로 더욱 강도 높은 안락을 추구할 경우 그 끝은 고통일 수밖에 없다.

예괘(豫卦 : ䷏)는 겸괘(謙卦 : ䷎)의 도전괘(倒轉卦)이다. '겸'이 스스로 낮추는 뜻을 가지고 있는 데 비해 '예'는 안일하여 즐기거나 태만하다는 뜻을 가지고 있기도 하다. 예괘의 특성은 안일하게, 즐기거나 태만한 의미가 있는 반면에 이런 점을 미리 예방한다는 예비(豫備)의 뜻도 가지고 있다.

3) 괘의 상

예괘의 괘상은 우레를 상징하는 상괘와 땅을 상징하는 하괘로 구성되어 있다. 자연현상으로 말하면 우레가 소리를 내면서 움직이면 땅 속의 만물 역시 소생하기 시작한다. 이를 인간사에 적용하면 위에 있는 지도층이 올바로 행동하면 아래의 일반 국민 역시 순종하여 따르려 하는 것에 해당한다.

豫는 利建侯行師[1]하니라.
예   이 건 후 행 사

---

[1] "예(豫)"는 두 가지 측면을 동시에 보여주고 있다. "건후(建侯)"는 제후를 봉하는 것으로 상을 내리는 것을, 그리고 "행사(行師)"는 군대를 행한다는 의미로 벌을 내리는 것을 상징한다. 괘상으로 보면 외괘는 진(震)이고 내괘는 곤(坤)으로 구성되어 있는데, 진괘는 맏아들로 제후를 상징하고 아래의 곤괘는 무리와 군대를 상징한다. 이 때문에 "제후를 세우고 군대를 일으키는 데에 유리하다(利建侯行師)"고 말하는 것이다. 예를 들면 수뢰둔(水雷屯)의 둔괘에도 진(震)은 있으나 곤이 없기 때문에 "제후를 세우는 데 유리하다(利建候)"고만 말하고 군대를 동원하는 문제에 대해서는 말하지 않는다. 사괘(師卦)는 곤은 있으나 진이 없으므로 군대에 대해서만 말하고 제후에 대해서는 말하지 않고 있다. 또 괘덕(卦德)으로 말하면 천자가 위에서 군대를 일으키면 아래의 백성들이 순순히 따르는 것을 말한다.

🄫 餘², 利建侯行師.
여   이 건 후 행 사

경의 의미 : 점쳐서 이 괘를 얻으면 제후를 세우고 군대를 일으키는 데에 유리하다.

전의 해석 : 예는 제후를 세우고 군대를 일으키는 데에 유리하다.

🄫 백성들을 배부르게 해주어야 제후를 세우고 군대를 일으켜 적을 칠 수가 있다.

象曰 豫는 剛應而志行하고 順以動이 豫³라.
단 왈 예   강 응 이 지 행   순 이 동   예

단전에 말하기를 예는 강에 응하여 뜻이 행해지고 때에 순응하여서 행동하는 것이 예이다.

豫順以動이라 故로 天地도 如之온 而況建侯行師乎⁴아!
예 순 이 동   고   천 지   여 지   이 황 건 후 행 사 호

예는 때에 순응하여서 움직이니 천지도 이와 같은데 하물며 제후를 세우고

---

2 『백서주역』은 "예괘(豫卦)"를 "여괘(餘卦)"로 부르고 있다. "여(餘)"는 풍족하거나 배부르다는 뜻의 "요(饒)"나 "포(飽)"의 의미를 가지고 있다.
3 구사가 육오에 응하여 그 뜻을 행한다. "때에 순응하여서 행동하는 것이 예이다(順以動豫)"는 전체 괘효사의 뜻을 말한다. 「단전」은 항상 주효(主爻)에 대한 해석을 한다. 여기에서 말하는 "순(順)"은 하괘의 곤을, "동(動)"은 위의 진괘를 말한 것이다.
4 이 구절은 천지의 움직임과 성인의 움직임을 예로 들어 만사만물은 반드시 "때에 순응하여서 움직여야한다(順以動豫)"고 말한다. 이정조의 『주역집해』에서는 우번의 말을 인용하여 "천지도 이와 같은데라고 하는 것은 천지 또한 때에 따라 움직여 사계절을 이룬다는 것을 이른다(如之者, 謂天地亦動以成四時)"고 하였다.

군대를 행사하는 데 있어서야!

天地以順動이라 故로 日月不過而四時不忒[5]하고 聖人이
천 지 이 순 동   고 일 월 불 과 이 사 시 불 특   성 인

以順動이라 則刑罰淸而民服[6]하나니
이 순 동   즉 형 벌 청 이 민 복

천지가 때에 순응하여서 움직이는 까닭으로 해와 달이 뒤바뀌어 나오지 않으니 사계절이 어긋나지 않고, 성인이 때에 순응하여서 움직이니 형벌이 분명하여 백성이 복종한다.

豫之時義大矣哉[7]라.
예 지 시 의 대 의 재

예괘의 때와 뜻이 크도다.

---

5 천지는 자신의 고유한 법칙에 따라 운동하기 때문에 일월(日月)의 운동 또한 그 불변의 법도를 잃어버리지 않는다. 이정조의 『주역집해』는 우번의 관점을 인용하여 "과는 법도를 잃어버리지 않는 것을 말한다(過謂失度)"고 하였다. "특(忒)"은 어긋나고 차이가 난다는 뜻이다. 즉 춘하추동의 사계절이 조금의 어긋남이 없이 순환함을 말하고 있다. 모두 시서(時序)에 따라 움직인다는 말이다.

6 성인이 천지의 법칙을 인간 사회에 적용하여 이치와 때에 순응하여서 행동하고 형벌을 분명하게 하면 모든 백성이 복종한다. 이정조의 『주역집해』는 우번의 관점을 인용하여 "청(淸)은 명(明)과 같다(淸猶明也)"라고 하였다.

7 시의(時義)라는 말은 모두 12개의 괘에 나타난다. 『주역』의 64괘에는 시(時), 의(義), 용(用)에 대해서 말하고 있다. 「단전」에서 "때가 위대하다(時大矣哉)"고 말하는 것에는 이괘(頤卦), 해괘(解卦), 대과괘(大過卦), 혁괘(革卦) 등이 있고, "때와 뜻이 크도다(時義大矣哉)"를 말하는 것에는 예괘(豫卦), 수괘(隨卦), 둔괘(遯卦), 구괘(姤卦), 여괘(旅卦) 등이 있고, "때와 작용이 위대하다(時用大矣哉)"라고 말하는 것에는 감괘(坎卦), 규괘(睽卦), 건괘(蹇卦) 등이 있다. 그 중에서 "때가 크도다(時大矣哉)"고 말하는 것의 중점은 '때(時)'에 있다. "때와 뜻이 크도다"라고 말하는 것의 중점은 뜻에 있다. 그리고 "때와 작용이 위대하다"라는 말의 중점은 작용 혹은 사용에 있다. 김경방의 『주역전해』 155쪽 참조.

象曰 雷出地奮⁸이 豫니 先王이 以하여 作樂崇德하여
_{상 왈 뇌 출 지 분   예   선 왕   이   작 악 숭 덕}

殷薦之上帝하여 以配祖考⁹하니라.
_{은 천 지 상 제   이 배 조 고}

상전에 말하기를 우뢰가 땅에서 나와 분출하는 것이 예니, 선왕이 이것을 본받아 예악을 제정하고 덕을 숭상하여 아주 성대하게 상제에게 제사지내고 조상으로 배향하였다.

初六은 鳴豫니 凶¹⁰하니라.
_{초 육   명 예   흉}

---

8 "뇌출지분(雷出地奮)"은 "우레가 땅에서 나와 분출한다는 것"으로 살아 있는 양기가 움직이기 시작하여 땅 속의 동식물이 밖으로 나오는 것을 뜻한다. 양의 기운이 잠복 중인 동식물들을 밖으로 분출하게 하는 것을 말한다.

9 여기에서 말하는 "숭(崇)"은 높이는 것을, "은(殷)"은 성대함을 뜻한다. 옛날 사람들은 만물을 주재하는 지고무상(至高無上)의 신(神)을 "상제(上帝)"라고 보았다. "천(薦)"은 제사지낸다는 말이고, "지(之)"는 "지어(之於)"라는 말이고, "배(配)"는 조상(祖考)에게 함께 제사지낸다는 말이다. 상제에게 제사를 지내거나 조상에게 제사를 올리는데 음악을 연주하는 것은 그 규모가 모두 성대하다. 이처럼 "예악을 제정하고 덕을 숭상하는 것(作樂崇德)"은 모두 "우레가 땅에서 나와 분출하는 것(雷出地奮)"을 본받은 것이라고 할 수 있다.

10 초육은 예괘(豫卦)의 가장 아래에 있는 소인(小人)을 말한다. 초육은 정위도 아닌데 즐거움을 드러내는 것은 구사를 믿고 있기 때문이다. 주효인 구사(九四)의 응원을 등에 업고 그 즐거움을 견디지 못해 소리를 내면서 기뻐하는데 이것은 결국 흉이 된다. "드러냄(鳴)"은 마음속에 느낌이 있어서 그것이 소리로 표출되어 나오는 자연스런 감정의 표현이다. 그러나 감정의 성질은 각각 다르다. 겸괘(謙卦) 상육이나 예괘(豫卦) 초육 모두 "속의 기쁨을 밖으로 드러냄(鳴)"을 말한다. 그러나 이 둘의 "드러냄(鳴)"의 상황이나 의미는 판이하게 다르다. 겸괘의 상육이 자신의 봉지인 읍국만을 쳐서 바로잡고 다른 나라를 치지 않는 것은 겸손함으로 이로운 표현이다. 그러나 예괘의 초육은 구사 때문에 "속의 기쁨을 밖으로 드러내(鳴豫)"지만 즐거움과 안일함에 빠져서 스스로 그것을 참지 못하고 표현하기 때문에 결과는 흉하게 된다는 것이다. 이에 대해 『주역절중』에서는 공환(龔煥: 송말원초의 역학자. 저서에는 『역설(易說)』이 있음)의 말을 인용하여 "예괘의 초육은 바로 겸괘 상육의 반대이다(豫之初六, 卽謙上六之反對)"라고 하였다.

백 鳴豫, 凶.[11]
명 여 흉

초육은 속의 기쁨을 밖으로 드러내니 흉하다.

백 초육은 백성이 배가 부른 것은 나라에는 흉한 조짐이다.

象曰 初六鳴豫는 志窮하여 凶也[12]라.
상 왈 초 육 명 예   지 궁   흉 야

상전에 말하기를 초육이 속의 기쁨을 밖으로 드러낸다고 하는 것은 뜻이 궁해서 흉하다는 것이다.

六二는 介于石이라 不終日이니 貞하고 吉[13]하니라.
육 이   개 우 석   부 종 일   정   길

백 疥于石, 不終日, 貞吉.
개 우 석   부 종 일   정 길

---

11 등구백의 『백서주역교석』에서는 백성들이 부유하면 국가의 재난이라고 말하는 이유를 다음과 같이 말한다. 백성이 자기만 부유하기를 애쓰면 국가의 창고가 비게 되고, 그것은 바로 국력의 쇠약함과 직결된다. 국력이 쇠약하게 되면 법령이 행해지지 않고 질서가 문란하게 되면서 나라가 망하게 될 흉조가 나타나게 된다. 그러나 이러한 견해는 어디까지나 통치자의 입장에서 말하는 것으로 보인다. 188쪽 참조.
12 초육의 "속의 기쁨을 밖으로 드러냄(鳴豫)"이라고 하는 것은 뜻이 크지 못하고 안일만을 추구하고 있는 것으로 이런 안일의 추구는 금방 한계에 도달하기 때문에 "흉"이라고 말한다.
13 육이는 중정(中正)을 얻어 본분을 지킬 줄 아는 위치에 있다. 즉 다른 효가 모두 즐거움에 빠져 안일하게 방심하여 바름을 잃어버리지만 육이만이 유일하게 미리 기미(幾微)를 알아서 오래 기다릴 것 없이 재빨리 스스로를 경계하고 있다. 구체적으로 육이는 초육의 상황을 미리 간파하여 오래 기다릴 필요 없이 시기를 보고 움직여, 날이 저무는 것을 기다리지 않고 재빨리 스스로 버릴 것은 버리고 자신을 바로잡는다. 여기서 말하는 "개(介)"의 의미는 절개 또는 견고함이다. "우(于)"는 "같다"는 뜻의 "여(如)"와 동일하다.

육이는 절개가 돌과 같은지라 하루를 마칠 것도 없으니 올바르고 길할 것이다.

🔲 육이는 절개가 돌과 같은지라 하루를 마칠 것도 없으니 점치면 길하다.

象曰 不終日貞吉은 以中正也[14]라.
_{상 왈 불 종 일 정 길   이 중 정 야}

상전에 말하기를 (절개가 돌과 같은지라) 하루를 마칠 것도 없으니 올바르고 길할 것이라는 것은 중정하기 때문이다.

六三은 肝豫라 悔며 遲하여도 有悔[15]리라.
_{육 삼   우 예   회 지   유 회}

🔲 六三 肝餘, 悔, 遲有悔.
_{육 삼 우 여   회 지 유 회}

육삼은 위로 쳐다보며 즐거워하니 뉘우침이 있으며, 더딜수록 더욱 뉘우침이 있을 것이다.

---

14 육이가 중정의 자리에서 중정의 도를 행하기 때문이다.
15 "우(肝)"는 위를 쳐다본다는 뜻을 가지고 있다. "우예(肝豫)"라는 말은 눈을 위로 치켜 뜨면서 구사의 눈치를 살피는 것을 말한다. 육삼은 근본적으로 중도 아니고 정위에 자리하지 않은 소인을 말한다. 육삼이 구사와 친하려고 하나 그 뜻을 이룰 수 없기 때문에 빨리 뉘우치고 제자리로 돌아와야 할 것이다. 만약 그런 뉘우침이 늦으면 더 나쁜 상황에 이르게 될 것이라는 말이다. 여기에서 말하는 "더디다(遲)"는 말은 육이에서 말하는 "하루를 마칠 것도 없는(不終日)"이라는 말과 상반된다. 육이와 육삼의 상황은 크게 다르다. 육이가 중정하고 구사에 매달리지 않는 데 비해, 육삼은 올바르지 못하여 주효(主爻)에 해당하는 구사에 가까이 하려고 한다. 그러나 육삼은 "절개"가 돌처럼 굳지 못하고 눈을 위로 치켜뜨면서 눈치만 살피기 때문에 하루를 마칠 것 없이 끝내는 것이 아니라 지체되어 늦게 된다는 말이다. 이런 점에서 육삼은 육이와는 분명히 다르다.

🔲 육삼은 얼떨결에 부유하게 되었으니 빨리 뉘우쳐야 하나 더디면 더 큰 후회가 있을 것이다.

象曰 盱豫有悔는 位不當也[16]일새라.
　　상왈 우예유회　　위부당야

상전에 말하기를 위로 쳐다보며 즐거워하니 후회가 있다고 하는 것은 자리가 맞지 않기 때문이다.

九四는 由豫[17]라 大有得이니 勿疑면 朋이 盍簪[18]하리라.
　구사　　유예　　대유득　　물의　　붕　합잠

🔲 **九四, 允餘, 大有得, 勿疑倗甲讒[19].**
　　　구사　윤여　대유득　물의붕갑참

구사는 말미암아 즐거워하는 것이라 크게 얻음이 있으니, 거기에 의심하지 않으면 벗들을 비녀로 머리를 모으듯이 모을 것이다.

🔲 구사는 풍년이 든 해에 욕심을 절제하여 배고플 때를 잊지 말고, 가까운 사람이 자기에게 나쁜 말을 한다고 의심하지 말라.

---

16 육삼은 중(中)도 아니고 정위(正位)에 자리하지 않은 소인이기 때문이다.
17 "말미암아 즐거워 한다(由豫)"는 말은 구사의 양효로 말미암아 모든 음효들이 즐거워한다는 것이다. 괘상으로 보면 구사는 상괘의 주효이다. 상괘는 우레인데 이 우레로 말미암아 모든 만물이 움직여 즐거워하는 것과 같다.
18 "합(盍)"은 모은다는 뜻을 가지고 있고, "잠(簪)"은 비녀 또는 모은다는 뜻을 가지고 있다. 비녀는 흩어진 머리를 묶는 도구이기 때문에 "합잠(盍簪)"의 뜻은 사람들을(친구들을) 하나로 모은다(묶는다)는 뜻을 함축한다.
19 등구백은 "붕(倗)"을 "붕(朋)", "갑(甲)"을 "압(狎)"의 가차자로 보고 있다.

象曰 由豫大有得은 志大行也[20]라.
_{상왈 유예대유득 지대행야}

상전에 말하기를 말미암아 즐거워하는 것이라 크게 얻음이 있으니 라고 말하는 것은 뜻이 크게 행해진다는 것이다.

六五는 貞호되 疾하나 恒不死[21]로다.
_{육오 정 질 항불사}

[백] 六五, 貞疾, 恒不死.
_{육오 정질 항불사}

육오는 바르되 병을 얻었으나 항상 병들어 있어도 죽지는 않는다.

[백] 육오는 병이든 것에 대해 점을 치니 오래 살 수 있다고 하였다.

象曰 六五貞疾은 乘剛也요 恒不死는 中未亡也[22]라.
_{상왈 육오정질 승강야 항불사 중미망야}

---

20 효의 위치로 보면 구사가 다섯 음효의 신임을 얻어 모두가 와서 상응하려 한다. 즉 구사에 대한 믿음으로 말미암아 여러 음들이 모두 즐거워 따르기 때문에 "크게 얻음이 있다"고 말한다. 이런 바탕 위에서 자신의 의지를 넓게 펼치는 것이 가능하고 또 충분히 실현할 수 있다. 그래서 여기에서 강조하는 것은 구사가 가지고 있는 신뢰성이다.
21 육오 자체가 병든 것이 아니라 모든 것이 다 구사에 의존해 있다는 의미이다. 즉 비록 육오가 존위에 있으나 구사의 영향을 받는 병통(病痛)이 있다. 그러나 위(位) 자체가 존위에 있으므로 권위를 잃은 것은 아니다. 그래서 비록 병들어 있으나 멸망하지 않는다. 음으로 바탕이 약해 구사에 다 몰려 있다. "정(貞)"은 여성적인 의미로 병들어 보인다는 것이다. 모든 권력은 구사에 있고 육오는 모든 권위를 잃어버린 경우에 해당한다. 그러나 기본적으로 군주의 위치에 자리하고 있고 바름을 지킨다면 결코 멸망하지는 않을 것이다. 그러므로 항상 병들어 있는 것처럼 보이지만 죽지는 않는다고 말한다.
22 육오의 "바르되 병을 얻었다(貞疾)"라고 하는 것은 비록 중의 자리에 있으나 구사의 강(剛)을 타고 있다는 것으로 병을 얻었음을 상징하고 있다. "항상 병들어 있으나 죽지 않는다(恒不死)"고 하는 것은 근신(謹愼)하고 중용의 원칙을 견지하면 멸망을 피할 수 있다는 말이다.

상전에 말하기를 육오는 바르되 병을 얻었으나 항상 병들어 있으나 죽지 않는다는 것은 강을 타고 있는 것이고. 언제나 죽지는 않는다는 것은 중을 잃어버리지 않았기 때문에 아직 망하지는 않는다는 것이다

上六은 冥豫니 成하나 有渝면 无咎[23]리라.
상육 명예 성 유유 무구

🔲 **尙六, 冥[24]餘, 成有渝, 无咎.**
상육 명 여 성유유 무구

상육은 안일한 즐거움에 빠져 어두운(열락에 빠져 극단에 이른 상태) 것이 되었으나 변화하게 되면(마음을 바꾸면) 허물은 없을 것이다.

🔲 상육은 밤늦게 배불리 먹고 일이 성공되어 세상에 알리니 재앙은 없을 것이다.

象曰 冥豫在上이어니 何可長也[25]리오.
상왈 명예재상 하가장야

상전에서 말하기를 안일한 즐거움에 빠져 어두우면서 위에 있다고 하였느

---

23 "안일한 즐거움에 빠져 어두운 것(冥豫)"이라는 것은 즐거움에 빠져 눈이 어두워진 상태, 즉 방심하다 극단에 이른 상태를 말한다. 그러나 여기에서도 마음을 바꿀 수 있으면 얼마든지 허물을 벗어날 수 있다고 말한다. 주자는 『주역본의』에서 "음유로서 예(豫)의 극에 자리하여 즐거움에 빠져 어두워진 상이지만, 동체이기 때문에 또 그 일이 비록 이루어 졌으나 변함이 있는 상이 된다. 점치는 자가 이와 같이 하면 잘못을 보충하여 허물이 없다고 경계한 것이니 선으로 옮기는 문을 넓힌 것이다(以陰柔居豫極, 爲昏冥於豫之象, 以其動體, 故又爲其事雖成而能有渝之象. 戒占者如是則能補過而无咎, 所以廣遷善之門也)"고 하였다.
24 늦은 밤을 뜻한다.
25 "즐거움(豫)"에 빠져 위에 있으면서 계속 안락(安樂)을 추구하는 일이 어찌 길게 계속될 수 있겠는가? 재빨리 태도를 고쳐야 한다.

데 이것이 어찌 오래 갈 수 있으리오.

* 예괘의 의미와 교훈

예괘(豫卦)는 안락(安樂) 가운데서 인간이 어떻게 행동해야 하는가라는 철리(哲理)를 말하고 있다. 크게 성공을 거둔 사람들의 경우 쉽게 안락한 환경 속으로 빠져들 가능성이 크다. 여러 가지 조건이 갖추어져 있다는 것은 분명히 그 조건들을 이용하여 계속적으로 이름을 날리고 사업을 이루는 데는 분명 유리할 것이다. 그러나 본인이나 그의 자식들이 바로 이 조건들에 기대려 하기 때문에 쉽게 타락하고 안락에 빠져들게 된다. 이것이 바로 본 괘의 초육이 이야기하려고 하는 내용이다.

크게 성공한 사람들도 쉽게 편안함과 안락함에 빠져 들어 스스로 헤어 나오지 못하는데 이것은 쾌락이 지나치면 슬픔을 낳는다는 의미이다. 오직 육이처럼 때로는 안락하고 때로는 단단한 돌처럼 스스로를 엄격하게 제어할 줄 아는 사람이라야 길하고 이로운 결과를 낳을 수 있다.

사람은 안락함을 가지지 않을 수 없다. 그러나 그 안락함은 조건과 경우에 맞게 절제할 수 있어야 하고, 그 속에 탐닉(耽溺)하여 빠져서는 안 된다. 가장 먼저 고려하여야 할 것은 안락함은 조건적(條件的)이어야 한다는 사실이다. 여기에서 조건적이라는 말은 다른 사람과 함께 안락하고 천하와 함께 안락함을 즐겨야 한다는 것이다. 만약 이런 중요한 원칙을 버리고 브레이크 없는 향락 속에 빠진 사람은 위대한 사업은 차치하고 스스로 멸망을 초래하는 결과만을 낳게 될 것이다. 결론적으로 "예(豫)"는 좋은 것인 동시에 나쁜 것이다. 이것을 잘 처리하면 좋은 것이 되고 잘못 처리하면 나쁜 것이 되어 버린다.

사람도 이 즐거움을 가지지 않을 수 없고 사회 역시 마찬가지다. 만약 이 즐거움의 탐닉에서 스스로 헤어 나오지 못한다면 그 결과는 반드시 흉이 되어 버리는데, 이것은 초효의 경우를 통해서 잘 알 수 있다. 육삼과 육오는 모두 구사와 친하게 지내려 하지만 모두 좋지 않은 경우들이다. 육삼은 빨리 후회하고 자신의 생각과 태도를 바꾸지 않으면 나쁜 결과를 가져올 수밖에 없다. 육오는 다른 사람이 그를 바르게 교정해 주지만 스스로 올바름을 지켜야만 한다. 상육은 예괘의 극에 위치하여 안락함이 극단에 이르는 상태로 이런 상황을 스스로 변화시켜야만 한다.

17. ䷐ 택뢰수(澤雷隨, ䷐ 隨 第四十七)

1) 괘의 순서

왜 수괘(隨卦 : ䷐)가 예괘(豫卦 : ䷏)의 뒤에 오는가? 수괘는 「서괘전」에서 "즐거우면 반드시 따르는 사람이 있기 때문에 수괘로서 받았다(豫必有隨, 故受之以隨)"고 하여, 대개 기뻐하고 즐기는 도는 사람들이 따르기 때문에 수괘가 예괘 다음에 온다고 말한다. 그러나 사람이 따르는 데에는 자기를 버리고 남을 따르는 경우도 있고, 남이 자기를 따르게 하는 경우도 있다. 이러한 의미에서 보면 「서괘전」에서 말하는 예괘 다음에 수괘가 오는 것에 대한 설명에는 어떤 합리성이나 논리적 근거를 명확히 제시하는 하는 데 부족함이 있는 것으로 보인다.

2) 괘명의 의미

"수(隨)"는 "따르다"는 뜻을 가지고 있다. 『설문해자』에서는 "수(隨)"를 "종(從)"으로 말하고 있다. 「잡괘전」에서 "수는 주관적 견해가 없다(隨, 無故也)"고 하였다. 이 말은 "수(隨)"가 어떠한 구체적인 일에 대해 자신의 어떤 뚜렷한 생각을 가지고 있지 않다는 것을 말한다. 어떤 일에 대한 뚜렷한 생각을 하고 있지 않다는 것은 주관적인 측면에서 어떤 일을 해야 하겠다는 정해진 의지가 없고, 다만 사태의 흐름에 따라서 무엇을 해야 할 것인지를 그때그때 결정하고 적절한 행동을 취하는 것을 의미한다. 「서괘전」이나 「잡괘전」에서는 수괘를 어떤 대상을 따라 가거나 또는 시의(時宜)에 따르는 의미로 말하고 있는데, 이것은 「단전」에서 말하는

"때를 따르는 의미는 크도다(隨時之義大矣哉!)"는 것과 그 의미가 합치한다.

정이천은 수괘의 "수(隨)"의 의미를 세 가지로 나누어 설명하고 있다. 첫째는 군자의 도로 모든 사람들이 따라야 하는 것이고, 두 번째는 스스로 다른 사람을 따르는 것이고, 세 번째는 어떤 일에 임하여 따라야 하는 바를 선택하는 것으로 말하고 있다(君子之道, 爲衆所隨與己隨於人, 及臨事擇所隨皆隨也). 아울러 "대개 임금이 착한 것을 쫓음과, 신하가 명을 받드는 것과, 배우는 자가 올바른 것으로 옮기는 것과, 어떤 일에 임해서 어른을 쫓음이 다 '따르는(隨)'것이다(凡人君之從善, 臣下之奉命, 學者之徙義, 臨事而從長, 皆隨也)"고 하였다.

특히 이 괘는 모든 강효가 유효 아래 있는 의미에 대해 이야기하고 있다.

3) 괘상의 의미

수괘의 괘상으로 말하면 상괘의 태(兌 : ☱)는 삼녀(三女)이고, 하괘의 우레(雷 : ☳)는 장남으로 남존여비라는 전통적인 관념과는 반대이다. 이것은 "이귀하천(以貴下賤)"으로 높은 지위에 있는 사람이 스스로 낮추는 형상이다. 구체적으로 말하면 아래의 남편이 움직이면 위의 아내가 기뻐하여 응하는 상이라는 것이다. 괘와 효 모두에서 양이 음 아래에 있는 괘상 또한 "이귀하천"이라는 의미의 연장선상에 있다.

또 아래의 진괘(震卦)는 동쪽으로 해가 뜨는 것을 상징하고, 위의 태괘(兌卦)는 서쪽으로 해가 지는 것을 상징한다. 이것은 진괘에서 태괘로 움직인 것은 봄으로부터 가을로 옮기는 것을 상징하여 시간의 순서에 따라서 전환하는 뜻을 보여주고 있다. 그러므로 상전에서 "날이 저물어 가면 집에 들어가서 편안히 쉰다(嚮晦入宴息.)"라고 말한다. 군자는 이런 이치에 근거하여 낮에는 일하고 밤에는 방에 들어가서 휴식한다. 이런 관점에서 보자면 수괘가 가지고 있는 도리는 자연법칙을 따르는 데 있는 것이지 자기 마음대로 하는 것이 아니다. 또 도덕법칙을 준수하여 따라야 하는 것이지 마음 내키는 대로 행하는 것을 의미하는 것은 결코 아니다. 이것이 바로 수괘가 가지고 있는 의미이다.

隨는 元亨하니 利貞이라 无咎[1]리라.
수　　원형　　　이정　　　　무구

백 隋, 元亨, 利貞. 无咎.
　　수　　원형　　이정　무구

경의 의미 : 수괘는 큰 제사를 올렸는데 유리하다는 점의 결과를 얻었다. 허물이 없다.

전의 해석 : 수는 크게 형통하니 바르게 함이 이로울 것이니 허물이 없으리라.

---

1 "수(隨)"는 자기가 다른 것을 따라가서 매우 좋은 결과를 얻는 것을 말한다. 그러나 이 따르는 것에는 조건이 있어야 하고 원칙도 있어야 한다. 따라가야 할 것을 따라가고, 따라가지 말아야 할 것은 따라가서는 안 된다. 따르는 데는 반드시 '올바름'을 전제로 하여야 한다. 그래야만 크게 형통하고 허물이 없게 된다. 만약 바르지 않는 것을 따른다면 그것은 올바른 처신이 되지 못해 결과적으로 허물을 얻게 될 것이고, 나쁜 결과에 이르게 될 것이다. 주자는 『주역본의』에서 "그러나 바르게 하는 데 있어서 반드시 이로워야 허물이 없을 수 있다. 만약 따르는 바가 바르지 못하면 비록 크게 형통하더라도 허물이 있음을 면할 수 없다(然必利於貞, 乃得无咎, 若所隨不貞, 則雖大亨而不免於有咎矣)"고 하였다. 말하자면 따르는 목적이 반드시 정당하여야 하고 목적이 정당하면 크게 형통할 수 있다는 것이다. 목적이 정당하지 못하면 형통할 수 없고, 형통할 수 없으면 좋은 결과를 얻을 수 없다.

■ 수는 일이 잘 풀리기 시작하였고 점을 치기에 적합하였다. 별 다른 재앙이 없을 것이라는 점단(占斷)이 나왔다.

彖曰 隨는 剛來而下柔²하고 動而說³이 隨니
_{단 왈 수　　강 래 이 하 유　　　동 이 열　　수}

단전에 말하기를 수는 강한 것이 와서 부드러운 것에 낮추고 움직이고 기뻐함이 수이니,

大亨하고 貞하여 无咎하여 而天下隨時⁴하나니
_{대 형　　　정　　　무 구　　　이 천 하 수 시}

크게 형통하고 바르게 하여 허물이 없어서 천하가 때를 따르니,

隨時之義 大矣哉⁵라.
_{수 시 지 의　대 의 재}

---

2 이 구절은 보통 괘변(卦變)의 각도에서 수괘(隨卦 : ䷐)의 괘사를 설명한 것으로 본다. 즉 수괘는 비괘(否卦 . ䷋)에서 온 것으로 비괘의 상구가 내려와 초구가 되고, 초육이 올라가 상육이 되었다고 말한다. 그러나 이것은 의미적인 관점에서 괘사를 해석한 것으로 볼 수도 있다. 즉 생각이 뚜렷하고 강한 사람은 본래 다른 사람을 따르기가 쉽지 않은데도 불구하고, 지금은 유순한 사람보다 더욱 스스로를 낮추려고 하는 것이 바로 수괘라는 것이다.
3 이 구절은 괘덕(卦德), 즉 상하 괘의 성질을 조합하여 수괘를 해석하고 있다. 수괘는 진괘(震卦)와 태괘(兌卦)가 합쳐진 것인데 진의 특성은 움직이는 것이고, 태의 특성은 기뻐하는 것이다. 이 둘을 조합하면 마음속으로 기뻐하면서 행동하고 진심으로 일을 하려는 태도를 나타내는 것이 된다.
4 『주역』에서 가장 중요한 문제 중의 하나가 바로 이 "시(時)"라는 것이다. 수괘에서도 역시 이 시의 문제가 가장 중요한 관건이 된다. 어떤 때를 따라가느냐 하는 것이 가장 중요하다는 것이다. 적절한 때를 놓쳐 버리면 아무리 많은 준비를 하고 또 설령 동기가 훌륭하다 하더라도 아무런 의미가 없어져 버린다. 이런 이유로 「단전」에서는 "수시(隨時)"의 중요성을 계속적으로 강조한다.
5 주자는 『주역본의』에서 "왕숙의 판본에는 시(時)자가 지(之)자 아래에 있으니 지금은 이

때를 따르는 의미가 크다.

象曰 澤中有雷 隨니 君子以하여 嚮晦入宴息[6]하나니라.
　　상　왈　택　중　유　뢰　수　　　군　자　이　　　　 향　회　입　연　식

상전에서 말하기를 못 속에 우뢰가 있는 것이 수이니, 군자가 그것을 본받아서 날이 저물어 가면 집에 들어가서 편안히 쉰다.

初九는 官有渝[7]니 貞이면 吉하니 出門交[8]면 有功[9]하리라.
　　초　구　　관　유　유　　　정　　　　길　　　　출　문　교　　　유　공

를 따르는 것이 옳다(王肅本, 時字, 在之字下, 今當從之)"라고 하여 "수의 때와 의미가 크다(隨之時義大矣)"라고 말하기도 한다.

6 "향(嚮)"은 "향(向)"과 같은 뜻으로 "향회(嚮晦)"는 "향만(向晚)", 즉 "날이 저물어 간다"는 의미이다. "연식(宴息)"은 바로 휴식의 뜻이다. 이 구절은 군자가 수괘가 가지고 있는 상을 보고 모든 일은 적절한 때에 따라야 한다는 도리를 깨달아, 아침 일찍 나와 일하고 밤에는 집에 들어가 휴식해야 한다는 것을 강조하고 있다. 정이천은 『이천역전』에서 "군자는 낮에는 스스로 굳세게 해서 쉬지 않고 어두워질 때가 되면 들어가서 집에 거처하여 편안히 쉬어 그 몸을 편안하게 하니, 때에 따라 기거해서 그 마땅한 데에 맞춘다. 『예기』에 '군자가 낮에는 집안에 있지 않고, 밤에는 바깥에 있지 않는다'고 하였는데 이것이 바로 때를 따르는 도이다(君子晝則自强不息, 及嚮昏晦, 則入居於內, 宴息以安其身, 起居隨時, 適其宜也. 禮, 君子晝不居內, 夜不居外, 隨時之道也)"고 하였다.

7 『주역정의』에서 공영달은 "관(官)"을 "사람의 마음이 주관하는 것(人心所主謂之官)", 즉 주관적으로 자신의 주장을 지키는 것으로 해석하고 있다. 왕필의 『주역주』를 영어로 번역한 린(Richard John Lynn)은 "관(官)"을 자기조정능력(self-control)이라는 말로 번역하고 있다(*The Classic of Changes : A New Translation of the I Ching as Interpreted by Wang Bi*, Columbia University Press, New York, 1994,p. 243). 또 정이천은 『이천역전』에서 "관은 주장하고 지킨다(官, 主守也)"라고 하였는데, 여기에서 말하는 "관"은 스스로 견지하고 있는 사상이나 관점에 해당하는 것으로 볼 수 있다. 지금 "스스로 주장해서 지키는 것에 변함이 있으니(官有渝)"라고 말하는 것은 자신이 지켜온 주장이 변한다는 것을 말한다. "유(渝)"라는 말은 '변한다'는 의미를 가지고 있다.

8 "정(貞)"은 올바른 것(=正)이다. "문(門)"은 공적(公的)인 것과 사적(私的)인 것의 경계를 말한다. 그래서 "문을 나간다(出門)"는 말은 사적인 것을 버리고 공적인 영역에 들어가는 것을 뜻한다.

9 문을 나와 넓게 세상 사람들과 교제하면 사사로운 정(私情)에 끌리는 일이 없기 때문에

🆃 初九, 官或諭,¹⁰ 貞吉, 出門交有功.
　　초구　관혹유　　정길　출문교유공

초구는 스스로 주장해서 지키는 것에 변함이 있으니 바르게 하면 길하니 문을 나가서 사귀면 공이 있으리라.

🆃 초구는 점치는 관리가 점을 물은 사람에게 길하니 문을 나가서 사귀면 공이 있으리라 하고 말했다.

象曰 官有渝에 從正이면 吉也니 出門交有功은 不失也¹¹라.
상왈 관유유　　　종정　　　길야　　출문교유공　　　불실야

상전에서 말하기를 스스로 주장해서 지키는 것에 변함이 있으니 바름을 따르면 길하니 문을 나가서 사귀면 공이 있다고 하는 것은 바름을 잃지 아니함이라.

六二는 係小子면 失丈夫¹²하리라.
육이　　계소자　　실장부

성공을 거둘 수 있다는 말이다.
10 등구백은 "관(官)"은 점치는 관리로, "혹(或)"은 유(有)로, "유(諭)"는 말을 알려 깨우쳐 주는 의미의 고유(告諭)의 뜻으로 해석하고 있다. 『백화백서주역』, 122쪽 참조.
11 원칙과 정도에 따라 움직이기 때문에 잘못된 결과가 나오지 않음을 말한다. 그러므로 수괘(隨卦)에서 가장 중요한 것은 어떤 것을 따르는가 하는 문제이다. 올바른 것을 따르면 길(吉)하게 되게 마련이라는 뜻이다.
12 수괘의 여섯 효는 상응(相應) 여부를 따지기 보다는 가까운 것과 친하여 따르는 근비(近比)를 말한다. 수괘의 여섯 효는 대부분 초효와 이효, 삼효와 사효의 친비(親比 : 친하게 가까이 함), 사효와 오효, 오효와 상효 사이의 친비를 말하고 있다. 이런 관점에서 육이는 상응하는 구오보다는 가까이에 있는 초구와 친하게 가까이 지내려고 한다. 여기에서 말하는 "소자(小子)"는 젊은 사나이로 초구를 지칭하고, "장부(丈夫)"는 남편 또는 훌륭한 남자로 구오를 가리킨다.

백 六二, 係小子, 失丈夫.
　　　육이　계소자　실장부

육이는 젊은 사나이에게 메이면 남편(장부)을 잃을 것이다.

백 육이는 젊은 사람을 묶어 놓고 나이 많은 사람에게로 도망가 버렸다.

象曰 係小子면 弗兼與也¹³리라.
상왈　계소자　　불겸여야

상전에서 말하기를 소자에 메이면 아울러 함께하지 못할 것이다.

六三은 係丈夫하고 失小子¹⁴하니 隨에 有求를 得하나
육삼　　계장부　　　실소자　　　　수　유구　　득

利居貞¹⁵하니라.
이 거 정

---

13 "아울러 함께하지 못할 것이다(弗兼與也)"라는 말은 한 명의 장부(丈夫)를 따라야 하지 다른 사람을 겸해서 둘다 따를 수는 없다는 말이다.
14 육삼은 상육과 상응이 안 되기 때문에 다른 양효를 따른다. 장부는 구사이고, 소자는 초구이다. 육삼은 하괘(下卦)에서 가장 높은 자리에 있으나 어려운 자리에 있을 뿐만 아니라, 부정위(不正位)하고 상응함도 없는 '실위무응(失位無應)'의 처로 마치 남편 없는 여자의 어려운 상황과 같다. 이러한 처지의 육삼은 음으로 어쩔 수 없이 어느 하나를 따라가야 하기 때문에 구사에 의지할 수밖에 없다. 주자는 이에 대해 "장부는 구사를 말하고 소자는 또한 초구를 말한다. 육삼은 가까이 구사에 매여 초구를 잃으니 그 상이 육이와는 바로 정반대이다(丈夫謂九四, 小子亦謂初也, 三近係四而失於初, 其象與六二正相反)"라고 하였다.
15 이 구절은 삼과 사의 두 효가 모두 상응하지는 않지만 서로 친비하기 때문에 삼이 사를 따르면서 목적을 얻게 됨을 말하고 있다. 그러나 동시에 육삼은 헛되이 아무것이나 구해서는 곤란하고 반드시 올바른 기준에 따라 행동할 것을 경고하고 있다. 즉 구사를 따르면 구하는 것은 얻을 수 있지만, 반드시 바름(貞正)을 지키는 것이 좋다는 의미이다.

📗 六三, 係丈夫, 失小子. 隨¹⁶有求得, 利居貞.
　　육삼　계장부　실소자　수　유구득　이거정

육삼은 장부에게 매이고 젊은 남자를 잃으니, 따름에 구하는 것이 있어서
얻으나 올바름에 처해야 유리하다.

📘 육삼은 늙은이를 묶어놓으니 어린 아이가 뛰쳐나가 버려 어린 아이를
찾으러 다녔는데, 거주하는 것에 대한 점을 치면 유리하다.

象曰 係丈夫는 志舍下也¹⁷라.
상왈　계장부　　지사하야

상전에서 말하기를 장부에 매인다는 것은 뜻이 아래를 버린다는 것이다.

九四는 隨에 有獲이면 貞이라도 凶하니 有孚하고 在道하고
구사　　수　유획　　　정　　　흉　　　유부　　　재도

以明이면 何咎¹⁸리오.
이명　　　하구

---

16 "수(隨)"는 좇는다는 의미를 가지고 있다.
17 이것은 육삼이 위쪽의 구사를 붙잡고 아래쪽의 초구를 버리는 상황에 대해 말한 것이다. 이런 상황은 육이가 초구를 붙잡고 구오를 버리는 것과 동일하다. 다만 다른 점은 육이는 "아울러 함께하지 못할 것이다(弗兼與也)"라는 것인 데 비해, 육삼은 "뜻이 아래를 버리는 것이다(志舍下也)"라고 하는 데에 있다. "아울러 함께하지 못할 것이다"고 말하는 것은 육이가 본래 소자(小子)도 붙들고 장부(丈夫)까지도 붙들려고 하는 그런 목적에서 나왔지만 결과적으로는 소자는 붙잡지만 장부를 잃어버리게 된다는 것이다. "뜻이 아래를 버리는 것이다"고 말하는 육삼의 본래 의도는 장부를 잡고 소자를 버리는 것이지 장부와 소자 둘 모두를 붙들려고 하는 생각은 없었다는 것이다.
18 구사는 구오의 아래에 위치하고 있는 '근군지위(近君之位)'이다. 이런 위치는 원래 매우 위험한 자리이다. 지금 구사는 "따름에 얻음이 있으나(隨有獲)"라고 하여 천하 사람들의 마음이 그를 추종하여 그를 따르는 민심이 군주인 구오보다도 인기가 오히려 훨씬 높을 가능성이 있는 경우이다. 이러한 상황은 실제로 매우 위험하다. "바르더라도 흉하니(貞

■ 九四, 隨有獲. 貞. 凶. 有復在道, 已明何咎.[19]
　　구사　수유획　정　흉　유복재도　이명하구

경의 의미 : 함께 나가서 수확이 있으나 흉하다는 점이 나왔다. 돌아오는 길에 포로를 얻었으나 맹약(盟約)을 정하니 무슨 해가 있겠는가?[20]

전의 해석 : 구사는 따름에 얻음이 있으나 바르더라도 흉하니, 마음에 진실함을 두고 도에 입각하여서 밝히면 무슨 허물이 있으리오.

■ 구사는 따라가 잡았다. 점을 치니 흉하다고 하였다. 돌아오는 길에 재앙의 원인이 무엇인지를 분명히 알았다.

象曰 隨有獲은 其義凶也요 有孚在道는 明功也[21]라.
　상왈　수유획　　기의흉야　　　유부재도　　　명공야

凶)"라는 말은 바로 이런 경우를 두고 하는 말이다. 다시 말하면 아무리 바른 행동을 한다 하더라도 이런 상황은 자칫 구사를 위험에 빠뜨릴 가능성이 높다. 이런 상황을 벗어나는 하나의 방법으로 구사는 "마음에 진실함을 두고 도에 입각하여(有孚在道)" 행동하는 것이다. 즉 진실함을 다 하고 원칙에 맞는 행동을 하여 공연히 쓸데없는 오해를 받지 말아야 할 것을 강조하고 있다.

19 "복(復)"을 쇼니시의 『백서주역』의 영역본은 "되돌아오는"이라는 뜻으로 해석하고 있다. "하구(何咎)"를 등구백은 "어떤 원인"이란 말로 주석하고 있다. 『백화백서주역』 124쪽 참조 바람.
20 이 구절에 대해 이경지는 "상인들이 동행(同行)하여 문을 나서는 것은 돈을 벌기 위한 것으로 이익의 충돌이 없을 수 없기 때문에 흉하다고 말한다. 이익의 충돌이 있을 경우 서로 맹약을 맺어서 그대로 따르면 별다른 일은 없을 것이다"라고 말한다.(『주역통의』 38쪽) 위의 해석은 주진보의 관점에 따른 해석이다. 『주역역주』 68쪽 참조 바람.
21 이 구절에 대해 왕필은 "강의 체로서 기뻐하는 데에 자리하였으니 민심을 얻고 일을 잘 처리할 줄 알아서 그 공을 이루었다. 비록 일반적인 의미에서는 어긋날지라도 뜻이 바르고 사람을 제도하는 데에 있어서 마음이 공정하고 성실하여 진실함을 보이고 도를 벗어나지 않고 그 공을 밝힌다면 어떠한 허물이 있겠는가(體剛居說, 而得民心能幹其事, 而成其功者也. 雖違常義志, 在濟物心存公誠著信, 在道以明其功, 何咎之有象)"라고 하였다. 실제로 이 구절에 대한 해석은 매우 분분하다. 정수창은 『독역회통』에서 "이명(以

상전에 말하기를 따름에 얼음이 있다는 것은 그 뜻이 흉한 것이고 마음에 진실함을 두고 도에 있음은 그 공을 밝힘이라.

九五는 孚于嘉니 吉²²하니라.
구오   부우가   길

🔳 九五, 復于嘉. 吉.
구오 복우가 길

구오는 착한 것에 진실한 믿음을 두고 있으니 길하다.

🔳 구오는 기쁨에 돌아오니 길하다.

象曰 孚于嘉吉은 位正中也²³일새라.
상왈 부우가길   위정중야

明)은 상전에서는 명공(明功)으로 풀었는데, 왕필주에서는 이로써 그 공을 밝힌다고 했고, 『이천역전』에서는 명철(明哲)하게 처신한다고 하여 명공(明功)을 명철한 공이라고 해석했다. 왕필주가 글의 뜻에서는 순통하다(以明大傳釋爲明功, 王注謂以明其功, 程傳謂以明哲處之, 而于明功, 釋爲明哲之功. 王注于文義 爲順)"고 하여 왕필의 해석을 높게 평가하고 있다.

22 "가(嘉)"라는 말은 착하고 아름답다는 의미로 여기에서는 높은 덕을 말한다. 또 "부(孚)"라는 말은 여기에서 "진실한 믿음을 두고 따른다"는 의미를 띤다. 말하자면 착하고 아름다운 것에 믿음을 둔다는 뜻은 육이와 구사가 아무런 사심 없이 구오를 따르는 것을 나타내고 있다는 것이다. 이 점에 대해 정이천은 『이천역전』에서 "구오가 높은 데에 자리하고 바름을 얻고 가운데가 진실하니 이것은 속마음이 진실하여 선을 따르는 데에 있는 것이니 그 길함을 알 수 있다. '가(嘉)'는 선하다는 것이니 임금으로부터 일반 서민에 이르기까지 도를 따르는 길함은 오직 선한 것을 따르는 데에 있을 뿐이다. 아래로 중정한 육이와 상응했으니 선을 따르는 뜻이 된다(九五居尊得正而中實, 是其中誠, 在於隨善, 其吉可知. 嘉善也, 自人君至於庶人, 隨道之吉, 唯在隨善而已, 下應二之正中, 爲隨善之義)"고 하였다.

23 구오가 길상(吉祥)함을 얻을 수 있는 것은 처한 위치가 지존(至尊)의 자리에 있으면서 바름과 중용의 도리를 행하여 천하 사람들의 믿음을 얻었기 때문이다.

상전에서 말하기를 착한 것에 진실한 믿음을 두고 있으니 길하다고 하는 것은 위가 바르고 중에 있기 때문이다.

上六은 拘係之요 乃從維之니 王用亨于西山[24]이로다.
상육 구계지   내종유지   왕용형우서산

🔲 尙六, 枸係維之, 乃從維之, 王用芳于西山
  상육 구계유지   내종유지   왕용방우서산

경의 의미 : 상육은 포로를 잡아 두었다가 놓아 보내주니 왕이 서산에서 제사를 지낸다.[25]

전의 해석 : 상육은 (더 이상 따르지 않는 자들을) 붙들어 묶어 놓고 이에 좇아 얽어매니 왕이 서산에서 제사를 올린다.

🔲 상육은 포로를 꽁꽁 묶어두고 잘 지키다가 서산으로 데려가 주 문왕이 선조의 제사에 그들을 바친다.

---

24 "구(拘)"는 "붙들다", "걸다", "구속하다"는 뜻이다. "계(係)"는 "묶다", "얽어매다"는 뜻이다. 그래서 "구계(拘係)"는 억지로 따르게 만든다는 의미이다. "내종(乃從)"은 "이에 좇는다"는 뜻이고, "유(維)"는 끈으로 묶는다는 뜻이다. "형(亨)"의 뜻에 대해 정이천은 형통(亨通)의 뜻으로 보는 데 비해, 주자는 제향(祭享)을 올린다는 향(享)의 뜻으로 보았다. 본괘 상육(上六)에 대한 해석은 다양하다. 보통은 두 가지 의미로 해석된다. 그 중 하나는 정이천 등의 관점으로 상육이 아래의 구오, 구사와 관계가 밀접하게 좋고 모든 백성이 따르는 상황을 마치 밧줄로 묶어 놓은 것처럼 견고한 것으로 표현하여 서산(西山), 즉 기산(岐山)에서 주나라 왕실이 형통하다는 것을 말한다. 두 번째의 경우는 왕필의 견해인데 조금은 나쁜 의미로 상육만이 따르지 않아 군대를 동원하여 억지로 따르게 하려는 뜻을 가지고 있기 때문에 "묶어 놓는다" 등의 말을 한다고 말한다. 즉 군대를 일으켜 역도(逆徒)를 토벌하기 전에 왕이 서산에서 제사를 모시는 것으로 말한다. 본 효는 수괘의 극으로 따르는 것이 변하여 따르지 않는 상황으로 반전(反轉)한 경우를 말하기 때문에 붙들어 묶어 억지로 따르게 만드는 말이 있게 된 것이다.
25 고형의 『주역고경금주(周易古經今注)』 65-66쪽 참조 바람.

象曰 拘係之는 上窮也²⁶라.
상왈 구계지 상궁야

상전에 말하기를 붙들어 묶어 놓았다는 것은 극단에서 (隨의 道가) 다했기 때문이다.

* 수괘의 의미와 교훈

수괘(隨卦)의 수(隨)가 이야기하려는 것은 따라가고, 추종한다는 의미로 선(善)을 추구하는 기본적 의미를 집중적으로 말하고 있다. 수괘의 여섯 효는 그 각각의 위치에서 이런 추종의 문제를 이야기하고 있는데, 특히 이, 삼, 사, 상의 효는 나름대로 득실이 있지만 올바름을 지키기만 하면 흉한 상태를 허물이 없는 상태로 바꿀 수 있음을 지속적으로 말하고 있다. 이런 상황을 바꾸기 위해서는 강제적으로 바름을 따르게 하기도 하고 자발적으로 진실한 마음을 통하여 바꾸기도 한다.

특히 수괘의 의미 중에서 가장 분명한 의미는 '서로 따른다(相隨)'는 원칙에 있다. 사람과 사람의 관계 속에서 위가 아래를 따르고, 아래가 위를 따르거나, 자기가 남을 따라가거나, 다른 사람이 나를 따르는 이런 모든 상황들에서 가장 중요한 것은 역시 정도(正道)를 위배하지 않고 진실한 마음으로 따르는 데에 있다. 이런 면에서 『주역』이 분명히 처세(處世)와 수신(修身)의 의미를 담고 있다는 사실이 이 괘 하나만을 통해서도 충분히 드러난다고 할 수 있다.

---

26 진심으로 따르는 도가 사라지고 억지로 구금(拘禁)하여 따르게 하는 상황으로 변하여 수(隨)의 도가 극단에 이르렀음을 나타낸다.

수괘의 여섯 효는 각각 세 개의 양효와 음효로 구성되어 있다. 음효나 양효를 막론하고 서로 친하게 따르는 것을 강조하고, 상응에 대해서는 말하지 않는다. 또 하나 중요한 점은 '따른다'는 말을 각각의 효에서 달리 표현하고 있다는 사실이다. 구체적으로 말하면, 초구에서는 "교(交)", 구사에서는 "수(隨)", 구오에서는 "부(孚)"라고 표현하고 있는데, 이것들의 의미에도 약간의 차이가 있다. 초구에서는 문 밖을 나가서 다른 사람을 사귀어야 공이 있다고 하여 수(隨)의 시작에는 사사로움과 편애함이 없어야 함을 강조하고 있다. 구사에서는 "따름에 얻음이 있으니(隨有獲)"라고 하여 이런 성공의 경우에 있어서도 반드시 "진실한 믿음을 두고 도에 있으면서 밝혀야(有孚在道, 以明) 한다"고 하여, 좋은 일이 나쁜 일로 변하는 것을 미리 방지할 것을 경고하고 있다. 구오에서는 "선한 것에 진실한 믿음을 둔다(孚于嘉)"고 하여, 따르는 원칙은 기본적으로 진실하여야 하고 따르는 대상은 마땅히 선한 것이어야 함을 강조하고 있다. 또 육이, 육삼과 상육의 음효들은 모두 "계(系)"라고 하지 "수(隨)"라고 말하지 않는다. 이 "계(系)"가 사실은 "수(隨)"이다. 다만 그들은 모두 음유(陰柔)의 재질을 가지고 있기 때문에 따르는 경우에 있어서도 약간은 감정적으로 지나치게 빠져들 가능성을 고려하여 세 양효와 구분하여 그 수준을 한 단계 아래에 속하는 것을 택하여 말하고 있다.

결론적으로 수괘는 다른 사람과 어떻게 조화롭게 살아가느냐 하는 철리(哲理)를 설명한다고 할 수 있다. 사람이 사회적 동물이라고 한다면 반드시 무리에 기대어야 하고, 무리에 기대려고 한다면 반드시 조화를 이루면서 따를 수 있어야 한다. 조화를 이루면서 따르려고 한다면 결코 자신의 견해와 사사로운 이익만을 주장할 수는 없고, 반드시 다른 사람의 견해를 수용하고 아울러 다른 사람의 이익을 고려해야 한다.

그러나 조화를 이루면서 따른다고 하여 무조건 다른 사람의 의견을 따르는 것만이 능사가 아니다. 다른 사람의 의견과 조화를 이루려 할 경우에도 반드시 정확한 원칙에 근거해야 하고 전체의 이익을 고려해야만 한다. 개인의 이익과 공동체의 이익, 눈앞의 이익과 장기적인 이익이 합해져야 하고, 또 전체 공동체의 정신과 원칙에 맞아야만 공동의 목표와 공동의 행복을 이룩할 수 있다. 결코 한 사람으로서는 이러한 목표와 행복을 성취할 수 없다.

18. ䷑ 산풍고(山風蠱, 🔲 箇 第十六)

1) 괘의 순서

고괘(蠱卦 : ䷑)는 수괘(隨卦 : ䷐)의 도전괘(倒轉卦)이다. 「서괘전」에서는 "기쁨으로써 사람을 다루는 것은 반드시 일이 있기 때문에 고괘로써 받았다(以喜隨人者必有事, 故受之以蠱)"고 하였다. 고괘가 수괘 다음에 나온 이유를 「서괘전」에서는 "일하다(事)"로 말한다. "사(事)"는 단순히 일을 한다는 의미가 아니라, "일을 올바르게 하고", "잘못된 일을 바로 잡는 것"을 말한다. "고"를 "사(事)"로 말하는 것은 "부패한 상황에서 온전하게 바로잡는 것", 즉 "정치(整治)"에 그 의미를 두고 있기 때문이다. 앞에서 예괘(豫卦)(방심하고 안일하게) → 수괘(隨卦)(따르고) → 고괘(蠱卦)(결국 부패가 생긴다)라는 순서에서 고괘(蠱卦)는 결국 부패하고 병이 생긴 상태이지만, 이를 고쳐나가는 데 더 큰 의미를 둔 괘라고 할 수 있다.

2) 괘명의 의미

"고(蠱)"라는 글자는 원래 그릇에 벌레가 생기거나 먹는 양식에 벌레가 생긴 것을 말한다. 소동파(蘇東坡)는 "그릇을 오랫동안 사용하지 않으면 벌레가 생기는데, 이것을 고라고 한다. 사람이 오랫동안 노는 데에 빠지면 병이 생기는데, 이것을 일러 고라고 한다. 천하가 오랫동안 편안하여서 특별한 일이 없으면 폐단이 생기는데, 이것을 일러 고라고 한다(器久不用而蟲生之謂之蠱, 人久宴溺而疾生之謂之蠱, 天下久安无爲而弊生之謂

之蠱)"고 하였다.

원래 "고(蠱)"는 그 뜻이 일상생활 속의 여러 용기(容器)들을 오랫동안 사용하지 않고 방치해 둘 때 생기는 벌레를 말한다. 이것을 사회적인 측면에 적용할 경우 그것은 바로 너무 오랫동안 그대로 놓아두고 조금의 개선도 없이 안일함에만 빠져서 생기는 폐단을 두고 말한다. 이와 연관해서 '썩어 문드러진 부패된 상황' 혹은 '질서가 무너진 상황'이라는 뜻이 생겨난다. 또한 "고"가 "좀먹는다"는 의미로 쓰일 때 역시 이러한 상황과 연관된다.

"고(蠱)"를 "사(事)"로 말하는 것은 실은 "무사(無事)"에서 "유사(有事)"로 전환된 상황을 의미한다. 말하자면 "고(蠱)"라는 말은 일이 없는 것에서 일이 생긴 상황을 뜻한다는 것이다. 일이 생겼다는 것은 나쁜 일이 생겼음을 말한다. 그러므로 "고(蠱)" 자체가 "사(事)"라는 뜻은 아니다. 그것보다는 잘못된 일을 바로잡는 의미를 가지고 있다. 또 여기에서 일이 생긴다는 의미는 아무리 좋은 제도나 법도 세월이 가면 여러 가지 현실적 조건의 변화에 의해서 그와 관련된 문제와 사건들이 생길 수밖에 없다는 것을 뜻한다. 고괘는 바로 이런 일을 어떻게 처리할 것인가 하는 것에 초점을 두고 있다.

3) 괘상의 의미

고괘의 형상은 산(艮☶)과 바람(巽☴)으로 구성되어 있다. 바람은 사물에 생기를 불어넣어 주지만, 지금 산에 막혀 버렸기 때문에 만물은 이런 바람의 생기를 얻지 못해서 그 속의 사물들이 고괴(蠱壞)되어 버린 상황을 나타낸다. 예를 들면 산(艮☶) 아래에 바람(巽☴)이 불어 재앙을 일으키는 일종의 열풍현상이나 중년부인(巽☴)이 젊은 청년(艮☶)을 고 혹(蠱惑)하는 형상을 나타낸다. 고괘는 이런 일종의 천재지변과 풍기문란 등의 정상적이지 않은 자연적 현상과 사회적 현상을 말하고 있고, 또 이것을 어떻게 바로잡아야 할 것인가 하는 문제를 다루고 있다.

상하의 괘를 가지고 말하면 간괘(艮卦)가 위에 있고 손괘(巽卦)가 아래에 있고, 괘의 육효로 말하면 간괘와 손괘는 모두 양효가 위에 있고 음효는 아래에 있다. 이처럼 고괘에는 양괘와 양효가 모두 위에 있고, 음괘와 음효가 모두 아래에 있다. 이런 경우는 64괘 가운데서 고괘가 유일하다. 이것이 의미하는 것은 양효와 음효 그리고 상하가 서로 교류하여 만나지 않기 때문에 시간이 가면 갈수록 더욱 두절되어서 여러 가지 문제와 사건이 생기게 되는 것이다.

蠱는 元亨하니 利涉大川이니 先甲三日하며 後甲三日[1]이니라.
고   원 형   이 섭 대 천   선 갑 삼 일   후 갑 삼 일

---

[1] "선갑삼일, 후갑삼일(先甲三日, 後甲三日)"이라는 구절에 대한 해석은 매우 다양하다. 공영달은 새로운 법령을 발표할 때 갑자기 백성들에게 요구하기가 쉽지 않기 때문에 사흘 전에 미리 공표하여 가르치고, 공표한 삼일 뒤에 다시 한 번 더 간곡히 일러주는 것이라고 말한다. 이마이 우사부로는 "일(事)이 있는 날에는, 갑(甲)보다 앞서 삼 일째의 신(辛)의 날과, 갑(甲)보다 늦은 삼 일째의 정(丁)의 날이 길일(吉日)이다(『易經』上卷 416쪽 참조 바람)"는 것으로 해석하고 있다. 여기에서 말하는 "갑(甲)"은 천간(天干)의 첫 번째이다. 그 순서는 우리가 알다시피 갑(甲), 을(乙), 병(丙), 정(丁), 무(戊), 기(己), 경(庚), 신(辛), 임(壬), 계(癸)이다. 이 열 개의 수 가운데에서 "갑(甲)"은 "끝나고서 다시 시작하는" 의미를 가지고 있기 때문에 '갑일(甲日)'을 폐단을 바꾸고 다시 정상적인 것을 시작하는 것의 상징으로 취하고 있다. 말하자면 「단전」에서 "마치면 다시 시작함이 있다(終則有始)"라는 말의 의미가 이것이라는 것이다. 이 두 구절은 각각 "갑(甲)"의 3일이라는 말을 하는데 아마도 여러 가지 말들이 생략된 것으로 보인다. 그 뜻은 대체로 '잘못된 것을 바로잡는(治蠱)' 이전의 상태를 다시 한 번 깊이 있게 고려하여 여러 가지 문제점들을 분석하고 따지고 난 후, 한 걸음 더 나아가 '잘못된 것을 바로잡은' 이후에 출현하게 될 사태들을 미리 추정하여 준비하고 임해야 함을 말하고 있다. 이렇게 하여야 잘못된 상황들을 바로잡아 일이 크게 형통할 수 있기 때문이다. 그래서 정이천은 『이천역전』에서 "고를

괘 蠱, 元吉, 亨, 利涉大川. 先甲三日, 后甲三日.
　　　　개　원길　형　　이섭대천　　　선갑삼일　　후갑삼일

경의 의미 : 큰 제사를 올린다. 큰 내를 건너면 이로운데 갑일(甲日)의 삼일 전과 삼일 후가 그러하다.

전의 해석 : 고는 크게 형통하니 큰 내를 건너는데 이로우니 일을 시작하기 전에 사흘을 생각하며, 일을 하고 나서 사흘을 살핀다.

괘 시초 점을 쳤는데 크게 길하고 형통하다는 점을 얻었고, 신(辛)의 날에서 정(丁)의 날까지 7일 사이에 큰 내를 건너가는 것이 유리하다고 하였다.

彖曰 蠱는 剛上而柔下²하고 巽而止 蠱³라.
　　단 왈　고　　강 상 이 유 하　　　　손 이 지　고

단전에 말하기를 고는 강이 위로 올라가고 유가 아래로 내려가며 공손함으

다스리는 도리는 마땅히 선후의 사흘을 생각해야 하니, 선후를 미루어 살펴서 폐단을 구해서 오래 갈 수 있는 도리를 만들어야 한다. '선갑'은 이것보다 먼저라는 말이니 좀먹게 된 까닭을 연구하는 것이고 '후갑'은 이것보다 뒤라는 말이니 장차 그렇게 될 것을 생각하는 것이다. 하루 이틀에서 사흘까지 이르는 것은 깊이 염려하고 멀리 미루어 보는 것을 말한다(治蠱之道, 當思慮其先後三日, 蓋推原先後, 爲救弊可久之道. 先甲謂先於此究其所以然也, 後甲謂後於此慮其將然也, 一日二日至於三日, 言慮之深推之遠也)"고 하였다.

2 일반적으로 「단사(彖辭)」의 이 구절은 괘변(卦變)을 통하여 고괘를 해석한 것이라고 말한다. 고괘(蠱卦 : ䷑)는 태괘(泰卦 : ䷊)에서 변해 온 것으로 태괘의 초구인 강효(剛爻)가 상위(上位)로 올라가고 유효인 상육은 하위로 하강한 것이다. 즉 태괘의 두 효가 위치를 교환하여 고괘가 되었다는 것이다.

3 이 구절은 괘의 특성, 즉 괘덕(卦德)으로 괘사를 해석한 부분이다. 하괘의 손괘는 겸손하다는 의미를 가지고 있고, 상괘의 간괘는 억지한다, 가라앉힌다(止)는 의미를 가지고 있다. 아래쪽의 겸손이라는 도로 그 썩어 문드러진 상황을 억지하고 바로잡을 능력이 있는 것이 바로 고괘이다.

로 그치는 것이 고이다.

蠱元亨하여 而天下治也⁴요
고 원 형   이 천 하 치 야

고는 크게 형통하여 천하가 올바르게 다스려지고,

利涉大川은 往有事也⁵요
이 섭 대 천   왕 유 사 야

큰 내를 건너는데 이로움이 있다는 것은 가서 할 일을 하는 것이요,

先甲三日後甲三日은 終則有始 天行也⁶라.
선 갑 삼 일 후 갑 삼 일   종 즉 유 시 천 행 야

일을 시작하기 전에 사흘을 생각하며, 일을 하고나서 사흘을 살핀다라는

---

4 고괘가 크게 형통할 것이라고 말하는 것은 잘못된 것을 개혁하여 천하가 올바르게 다스려지는 상태가 되어 매우 순리적으로 발전할 것이기 때문이다. 사물의 발전은 안정된 상태에서 불안정한 상태로 갔다가 다시 안정된 상태로 옮겨간다는 것을 말한다. 고괘의 경우는 안정된 태괘(泰卦)가 변하여 된 것이다. 즉 안정된 상태를 타파한 것이 바로 "고(蠱)"이다. 그러나 고괘가 추구하고자 하는 일의 핵심은 불안정이나 부패에 머물러 있는 것이 아니라, 그것을 수정하고 바로잡으려는 노력과 시도에 있기 때문에 오히려 "크게 형통한다(元亨)"고 말한다. 이 때문에 고괘의 단사는 "고(蠱)"라는 잘못된 것을 고치고, 또 그 잘못을 고치는 내용에 대해 특히 강조한다.
5 어려운 시기일수록 용감히 도전하여야 환난을 돌파할 수 있다. 정이천은 『이천역전』에서 "바야흐로 천하가 어지럽게 부서지는 때를 당하여 마땅히 어려움과 험함을 건너가서 구제하여야 하니, 이는 가서 할 일을 하는 것이다(方天下壞亂之際, 宜涉艱險以往而濟之, 是往有所事也)"고 하였다.
6 이 구절을 주자는 『주역본의』에서 "고를 다스려 크게 형통하는 데 이르면 혼란하였다가 다시 다스려지는 상이다. 혼란의 마침은 다스려짐의 시작이니 천운이 그러하다(治蠱至於元亨, 則亂而復治之象也. 亂之終治之始, 天運然也)"고 하였다. "천행(天行)"의 "행(行)"은 "유행(流行)"으로 천도의 운행(運行)을 뜻한다.

말은 끝나면 시작이 있는 것이 천도의 운행이라는 것이다.

象曰 山下有風이 蠱니 君子以하여 振民하며 育德[7]하나니라.
상왈 산하유풍 고 군자이 진민 육덕

상전에 말하기를 산 아래 바람이 있는 것이 고이니, 군자는 그것을 본받아서 백성을 진작하여 덕을 길러주어야 한다

初六은 幹父之蠱니 有子면 考无咎하리니 厲하여야 終吉[8]이리라.
초육 간부지고 유자 고무구 여 종길

---

[7] 산 아래에 바람이 있는 것이 고(蠱)이다. 바람이 산에 막혀서 선회(旋回)하면서 불어대어 제 자리에 있어야 할 물건들이 흩어져 산란(散亂)해 버리는 것을 상징한다. 그러므로 주자는 『주역본의』에서 "산 아래에 바람이 있으니 물건이 파괴되어서 일이 있는 것으로 일은 이 두 가지 보다 큰 것이 없으니, 바로 자기를 다스리고 남을 다스리는 도리이다(山下有風, 物壞而有事矣而事莫大於二者, 乃治己治人之道也)"고 하였다. 공자는 「안연」편에서 계강자(季康子)의 정치하는 도리에 대한 물음에 대답하면서 "그대가 선하고자 하면 아래의 백성들이 선해지니 군자의 덕은 바람과 같고 소인의 덕은 풀과 같은 것입니다. 풀이 바람에 불면 풀은 (바람의 방향에 따라) 쓰러집니다(子欲善而民善矣, 君子之德風, 小人之德草. 草上之風, 必偃)"고 하여, 위에서 부는 바람을 정치로 비유하고 있다. 군자는 이런 상황을 파악하여 환란을 바로잡고 백성을 구제하는 바른 정치를 펴야 한다. 바른 정치를 펴기 위해서는 자신의 덕을 기르는 한편, 천하의 백성을 구제하는 두 가지 일을 함께 행할 수 있어야 한다.

[8] "간(幹)"은 "사(事)"와 같은 의미로 어떤 일을 한다, 처리한다, 바로 잡는다, 보충한다는 뜻을 가지고 있다. 또한 "간(幹)"은 나무의 줄기에 해당하는 것으로, 가지를 말하는 지(枝)와 상대되는 말이다. 즉 지엽(枝葉)이 치우치다(偏)는 의미를 가지고 있다면 나무의 줄기(幹)는 바름(正)에 해당한다. 이렇게 줄기에서 파생된 바름이라는 의미에서 잘못을 바로잡는다는 의미의 규정(糾正)이나 치리(治理)라는 동사가 나온다. "고(考)"는 아버지를 말한다. 초육은 부패의 초기단계로 그렇게 심하지 않은 상태를 말한다. 초육은 무너지고 어지러워지는 "고(蠱)"의 시작단계로서 본 괘의 주효이다. "아버지가 잘못한 일을 바로잡는(幹父之蠱)"에 있어서 그 일을 감당할 수 있는 자식(초육)이 있다면 죽은 아비의 지난 허물은 없어진다. 일(事)의 시작에 해당하기 때문에 위험하지만 그 임무를 잘 참고 견디면 끝내는 길하다. "간부지고(幹父之蠱)"의 해석에 대해서는 의견이 분분하다. "아버지의 일을 주관하다"라는 해석과 "죽은 아버지의 잘못된 일을 시정해 나간다"는 의미로 해석하고 있다. 여기에서는 후자의 해석에 따른다.

初六, 幹父之箇,[9] **有子巧, 无咎, 厲, 終吉.**
  초육 간부지개   유자교 무구 려 종길

초육은 아버지가 잘못한 일을 바로잡는 것으로 자식이 있으면 아버지가 허물이 없을 것이니 위태롭게 여겨야 끝내 길하리라.

초육은 아버지의 점치는 일을 배우는데 아들이 매우 총명하여 큰 탈이 없으니 조금은 위험하나 끝내는 길할 것이다.

象曰 幹父之蠱는 意承考也[10]**라.**
 상왈 간부지고   의승고야

상전에서 말하기를 아버지의 일을 바로잡는다는 것은 죽은 아버지의 뜻을 받드는 것이다.

九二는 幹母之蠱니 不可貞[11]**이니라.**
 구이   간모지고   불가정

---

9 『백서주역』에서는 "고(蠱)"를 "개(箇)"로 말하고 있다. 여기에서 말하는 "개(箇)"는 점칠 때 산출된 효(爻)를 그리는 죽간(竹竿)이나 막대기(木棍)를 말한다. 즉 점을 치는 것을 말한다.
10 아들(初六)의 마음속에 죽은 아비의 뜻을 이어받아 따르려는 의지가 있다는 것을 말한다. 아들이 아버지의 잘못을 잡으려는 것으로 예를 들면 우(禹)임금이 아버지인 곤(鯤)이 이루지 못한 치수(治水) 사업을 바로 잡아 성공한 경우를 들 수 있다. 표면상으로 보면 아버지의 생각에 위배되는 것 같으나 사실은 그렇지 않다. 아들이 부친의 잘못을 바로잡아 완성하면 이것이야말로 실질적으로 아버지의 유지(遺志)를 계승하는 것이라고 할 수 있다.
11 구이는 강효로 유의 자리에 있다. 위의 육오(六五)와 상응함이 있다. 강(剛)으로서 유(柔)를 행하고, 육오의 고괴(蠱壞)를 다스리는 일을 맡아서 행하는(主幹) 상(象)이다. 그러나 어머니이기 때문에 바른 것을 너무 지나치게 견지해서는(堅貞)해서는 아니되고, 부드럽고 순(順)한 태도로 대하여야 한다.

🅱 九二, 幹母之蠱, 不可貞.
　　구 이　 간 모 지 고　 불 가 정

구이는 어머니가 잘못한 일을 바로잡으니 바른 것을 너무 지나치게 견지해서는 안 된다.

🅱 구이는 어머니의 점치는 일을 이어 받았지만 함부로 점을 칠 수는 없다.[12]

象曰 幹母之蠱는 得中道也[13]라.
상 왈　 간 모 지 고　 득 중 도 야

상전에 말하기를 어머니의 잘못한 일을 바로잡는 것은 중도에 맞게 적절하게 해야 한다.

九三은 幹父之蠱니 小有悔나 无大咎[14]리라.
구 삼　 간 부 지 고　 소 유 회　 무 대 구

---

12 등구백은 『백서주역교석』에서 점치는 일은 마땅히 아버지에게 배워야 하지만 시대적 변회에 따라서 어머니에게 배우는 경향도 있음을 말하고 있다. 그러나 동시에 어머니에게 이런 일을 배우는 것을 결코 길하고 옳은 것으로는 간주하지 않는 것으로 보인다. 141-142쪽 참조 바람.
13 "바른 것을 너무 지나치게 견지해서는 안 된다(不可貞)"는 말이 바로 "중도에 맞게 적절하게 해야 한다(得中道也)"는 말이다. 어머니이기 때문에 지나치게 강하게 잘못을 따져서는 아니되고, 윗사람에 대한 예의를 갖추고 겸손하게 대해야 한다는 말이다.
14 구삼과 구이는 모두 강효이고 바로잡을 수 있는 능력을 가진 인재로 상징된다. 특히 구이는 중의 자리에 있어서 모든 행동이 중도(中道)를 벗어나지 않는다. 그러나 구삼의 강효는 양의 자리를 차지하여 정위(正位)이지만 지나치게 강하다. 그래서 "아버지의 잘못된 일을 바로 잡는(幹父之蠱)" 일을 과도하게 바로잡으려 하다가 후유증이 생길 가능성이 크기 때문에 "약간의 후회가 있다(小有悔)"고 말한다. 그러나 잘못된 일이 바로잡는 것이기 때문에 "큰 허물은 없다(无大咎)"고 말한다. 구삼은 기본적으로 아버지의 잘못된 점을 충분하게 바로잡을 수 있기 때문에, 설령 약간의 후회가 있다 할지라도 결국에는 큰 재앙으로는 발전하지 않는다. 그러므로 주자는 『주역본의』에서 "지나치게 강하여 중

백 九三, 幹父之蠱, 小有悔, 无大咎.
구삼　간부지고　소유회　무대구

구삼은 아버지의 잘못한 일을 바로잡으니 조금은 후회하는 바가 있으나 큰 허물은 없을 것이다.

백 구삼은 아버지에게 점치는 기술을 배웠는데 후회스러움이 거의 없고 크게 잘못된 것도 없다.

象曰 幹父之蠱는 終无咎也[15]니라.
상왈　간부지고　　종무구야

상전에 말하기를 아버지의 잘못된 일을 바로잡으면 끝내는 허물이 없을 것이다.

六四는 裕父之蠱니 往하면 見吝[16]하리라.
육사　　유부지고　　왕　　　견린

도를 얻지 못했기 때문에 조금 후회가 있으나 손의 체로 바름을 얻었기 때문에 큰 허물은 없다(過剛不中, 故小有悔, 巽體得正, 故无大咎)"고 하였다.
15 이전부터 있어 온 잘못된 점들을 약간의 무리가 따르더라도 바로잡는 것이 대국적인 면에서는 필요하다는 말이다. 이 기회를 놓치면 다시 기회를 잡을 수 없어 더 큰 어려움에 부딪히게 될 것이기 때문이다.
16 육사의 자리는 너무 유약하여 큰 일을 담당하기에는 부족한 면이 많다. "아버지의 잘못한 일을 바로잡음(幹父之蠱)"과 여기에서 말하는 "아버지의 잘못한 일을 너그럽게 함(裕父之蠱)"은 서로 반대의 뜻을 가지고 있다. "간(幹)"이 온 힘을 다해 일을 힘 있게 추진하는 뜻을 가지고 있다면, "유(裕)"는 느긋하고 관대하게 일을 대충 처리하는 것을 말한다. 그러므로 주자는 『주역본의』에서 "음으로서 음의 자리에 있어 일을 처리하지 못하고 너그럽게 좀먹은 일을 다스리는 상이다. 이렇게 하면 좀먹음이 장차 날로 깊어질 것이기 때문에 가면 부끄러움을 당하는 것이니, 점치는 사람이 이렇게 되도록 해서는 안 된다고 경계했다(以陰居陰, 不能有爲, 寬裕以治蠱之象也. 如是則蠱將日深, 故往則見吝, 戒占者不可如是也)"고 하였다.

백 六四, 裕父之蠱, 往見吝.
　　육사　유부지고　왕견린

육사는 아버지의 잘못한 일을 너그럽게 함이니, 계속 하게 되면 부끄러움을 당하게 될 것이다.

백 육사는 아버지의 점치는 일을 포기해 버리면 여러 곳에서 어려운 일이 생길 것이다.

象曰 裕父之蠱는 往앤 未得也[17]라.
상왈　유부지고　　왕　　미득야

상전에 말하기를 아버지의 잘못한 일을 너그럽게 한다는 것은 계속 하게 되면 얻음이 없을 것이다.

六五는 幹父之蠱니 用譽[18]리라.
육오　　간부지고　　용예

---

[17] 느슨하게 대충 일을 처리하려고 하면 아무리 애를 써서 일을 추진하여도 결과적으로는 부끄러움을 당하게 되고 일을 더 심각하게 만들 뿐 뜻은 이루어지지 않을 것이라고 말한다. "계속 하게 되면 얻음이 없을 것이다(往未得也)"는 말은 바로 "계속 하게 되면 부끄러움을 당하게 될 것이다(往見吝)"는 말이다.

[18] 육오는 존위의 자리에서 적절한 방식을 이용해서 아버지의 과실을 바로잡고 난세(亂世)를 치세(治世)로 변화시켜 최고의 영예를 얻을 수 있다. 여기에서 말하는 "예(譽)"는 아름다운 명성 혹은 영예를 말한다. "용(用)"은 방법의 사용을 의미한다. 아버지 때의 잘못된 일을 바로잡는 데는 더욱 고도의 방법을 필요로 하는데, 여기에서 사용하는 방법은 궁극적으로 아버지의 좋은 명예를 잃지 않게 하는 데 있다. 이와 같은 방법이 최고의 방법이다. 이런 관점을 『주역절중』은 정유악(鄭維岳)의 말을 인용하여 "잘못한 일을 바로잡으면서도 아버지의 좋은 명예가 잃어버리지 않도록 하는 이것이 '영예로 하여야 한다'는 방법을 통하여 바로잡는 것이다. 잘못한 일을 바로잡는 것의 가장 좋은 방법이다(幹蠱而親不失于令名, 是用譽以幹之也. 幹蠱之最善者)"라고 말하고 있다. 육오는 존위(尊位)에 자리하고 중(中)을 얻는 동시에 음유(陰柔)의 바탕을 가지고 있어서 선대(先代)를 계승하고 이어가는 덕을 가지고 말하고 있다. 그러므로 아버지의 잘못을 바로잡는 데

백 六五, 幹父之蠱 用譽.
　　　육 오　간 부 지 고　용 예

육오는 아버지의 잘못한 일을 바로잡으니 영예로 하여야 한다.

백 육오는 아버지의 점치는 일을 계승하니 찬사를 받을 것이다.

象曰 幹父用譽는 承以德也[19]라.
상 왈　간 부 용 예　　승 이 덕 야

상전에 말하기를 아버지의 잘못한 일을 바로잡으니 영예로울 것이라는 것은 덕으로써 이어나가기 때문이다.

上九는 不事王侯하고 高尙其事[20]로다.
상 구　불 사 왕 후　　고 상 기 사

백 尙九, 不事王侯, 高尙亓德, 兇.
　　　상 구　불 사 왕 후　고 상 기 덕　흉

상구는 왕과 제후들을 섬기지 않고 그 일을 높이 숭상한다.

백 상구는 왕과 제후들을 위해 점을 치지 않으면 아무리 덕이 높다 하여도 재앙을 당할 것이다.

그치는 것이 아니라 궁극적으로는 아버지의 명예와 자신의 명예를 함께 높이는 데 있다.
19 아버지의 과실을 바로 잡는데 중용의 덕으로서 계승한다는 말이다. 황수기의 『주역역주』는 "승이덕야(承以德也)"를 "이덕승야(以德承也)"의 도치로 보고 있다. 152쪽 참조.
20 상구는 양강(陽剛)으로 고(蠱)의 끝과 일(事)의 바깥에 있다. 현인군자(賢人君子)로서 왕후(王侯)도 모시지 않고 홀로 고결(高潔)을 지키는 상(象)이다. 원래 "고(蠱)"는 질서가 흐트러지고 무너진 것을 바로잡는 데 초점이 있다. 그러나 오직 상구만이 강직하고 의로운 자로 자기 방식대로 살아가므로 "고(蠱)"자를 쓰지 않는다. "고상(高尙)"은 자기일, 자기만의 삶을 견지하는 것을 말한다.

象曰 不事王侯는 志可則也[21]라.
　　상 왈 　불 사 왕 후 　　　지 가 칙 야

상전에 말하기를 왕과 제후들을 섬기지 않는다는 것은 그 뜻이 모범이 될 만하다.

* 고괘의 의미와 교훈

고괘(蠱卦)는 잘못을 바로잡는 원칙과 방법에 대해 말한다. 어떤 일이나 제도라 하더라도 시간이 흐르면 폐단이 생기게 되어 결국은 폐기하게 되는 상태에 이르는데, 이것이 바로 고(蠱)이다. 이런 상황은 모든 경우에 다 적용될 수 있다. 그러나 문제는 이런 잘못이나 폐단을 어떻게 바로잡는가 하는 것이다. 여기에서 가장 중요한 것은 역시 사람의 노력과 태도이다. 괘사에서 "일을 시작하기 전에 사흘을 생각하며, 일을 하고 나서 사흘을 살핀다(先甲三日, 後甲三日)"라고 한 것은 이 일에 있어 신중함과 준비성, 그리고 미래를 내다볼 줄 아는 통찰력이 요구된다는 것을 의미한다. 즉 '잘못된 것을 바로잡기(治蠱)' 이전의 상태를 다시 한 번 깊이 있게 살펴서 여러 가지 문제점들을 상세하게 분석하고 따지고 난 후, 이에서 한 걸음 더 나아가 '잘못된 것을 바로잡은' 이후에 출현하게 될 사태들을 미리 추정하여 준비해야 한다는 것이다. 이렇게 해야 잘못된 상황들을 바로잡아 일이 크게 형통하도록 할 수 있다.

21　그 나아감과 물러남(進退)이 도에 맞고, 그 뜻은 법칙(法則)으로서 충분히 본받을 만하다는 말이다.

19. ䷒ 지택임(地澤臨, 🈀 林 第三十六)

1) 괘의 순서

왜 고괘(蠱卦 : ䷑) 다음에 임괘(臨卦 : ䷒)가 오는가? 이 문제에 대해 「서괘전」은 "일이 있은 연후에 클 수 있기 때문에 임괘로서 받았다(有事而後可大, 故受之以臨)"고 하였다. 즉 고괘(蠱卦)가 어떤 일(事)을 바로잡는 것을 의미한다면, 임괘(臨卦)는 어떤 일이 바로잡히기 시작된 후에 점점 다시 커져 가는 것(壯大)을 의미하는 것으로 보인다. 이에 대해 정이천은 『이천역전』에서 "두 양이 이제 커서 성대하기 때문에 임괘가 되었다(二陽方長而盛大, 故爲臨也)"고 하였다. 이 견해는 맹희의 12벽괘를 통해 보면 더욱 분명해 보인다. 맹희의 12벽괘는 아래와 같다.

䷗	䷒	䷊	䷡	䷪	䷀	䷫	䷠	䷋	䷓	䷖	䷁
11月	12月	1月	2月	3月	4月	5月	6月	7月	8月	9月	10月
復卦	臨卦	泰卦	大壯	夬卦	乾卦	姤卦	遯卦	否卦	觀卦	剝卦	坤卦

임괘는 12월로 양이 점차로 커져가는 시기에 해당한다. 즉 하나의 양이 처음 생겨난 시기가 11월에 해당하는 복괘라고 한다면, 두 개의 양이 자라나는 시기가 바로 12월인 임괘에 해당한다.

2) 괘명의 의미

임괘(臨卦)에서는 일을 어떤 방식으로 처리하고, 또 그 일과 관련된 사람들을 어떻게 대하느냐는 것이 중심이 된다. 특히 임괘는 통치하는 군주가 백성을 어떻게 대하느냐는 것이 중요한 문제로 떠오른다. "임(臨)"의 자의(字意)는 높은 데 자리하면서 아래를 내다보는 것을 의미하는데, 이런 의미가 확장되어 감독, 영도(領導), 그리고 통치 등의 의미로 사용된다. 『설문해자』에서는 "임은 살피는 것이다(臨, 監也)"라고 하였고, 『이아』에서는 "임은 보는 것이다(臨, 視也)"라고 하였다. 이 말들을 종합하면 "임"자는 "위에서부터 아래를 내려다보고" "높은 것으로부터 낮은 것에 임하는" "다스림(治)"의 의미가 된다.

3) 괘상의 의미

임괘는 괘상으로 말하면 태괘(兌卦 : ☱)가 아래에 있고, 곤괘(坤卦 : ☷)가 위에 있는 상으로 물위의 땅을 의미한다. 말하자면 물가에 있는 언덕인 "안(岸)"이다. 안은 물에 임해 있는 언덕을 말한다. 임의 괘상은 높은 것에서 낮은 것을 향해 있는 것으로 특히 군주가 일에 임하거나 백성에게 임한다는 뜻을 담고 있다.

효의 위치로 보면 구이가 주효인데, 구이는 중의 자리에서 위로 나아가는 모습을 하고 있다. 임괘는 여섯 효 가운데 두 개의 양이 아래에 있고, 네 개의 음이 위에 있는 것으로 양이 점차적으로 위로 성장하여 음을 핍박하는 형상이다. 이른바 "강이 점차적으로 자라나는" 시기이다. 여기에서 말하는 강은 초구와 구이의 두 효를 말한다. 특히 임괘는 음력 12월로서 양이 점차적으로 커져가는 시기에 해당된다.

臨은 元亨하고 利貞¹하니
임   원형   이정

🔲 林,² 元亨利貞,
   림   원형이정

경의 의미 : 임은 큰 제사를 올려 유리한 점괘를 얻었으니.

전의 해석 : 임은 크게 형통하고 바르게 함이 유리하니,

🔲 산림의 나무들은 태평무사하지만

至于八月하여는 有凶³하리라.
지 우 팔 월   유 흉

🔲 至于八月有凶.
   지 우 팔 월 유 흉

경의 의미 : 팔월에 이르면 흉할 것이다.

---

1 임괘(臨卦)가 원형(元亨)하고 이정(利貞)한 이유는 아래에 있는 두 개의 양이 위의 음을 밀어내고 점차로 커 가는 상이기 때문이다. 그러나 여기에서의 "원형(元亨)"은 조건적이다. 그 조건은 바로 "바르게 함이 유리하다(利貞)"는 것이다.
2 백서주역은 임괘(臨卦)를 림괘(林卦)로 말하고 있는데, "림(林)"은 수풀 또는 산림(山林)의 뜻이다.
3 이 구절은 바로 12벽괘에 근거하여 나왔다고 할 수 있다. 8월의 괘인 관괘(觀卦)에 이르면 양기(陽氣)가 거의 물러난 상태가 된다. 왜냐하면 관괘는 위의 두 양이 아래의 네 음에 의해서 밀려나 있기 때문이다. 이것은 바로 임괘가 발전하여 자기의 대립면에 해당하는 관괘에 이르러서는 성(盛)함이 극단에 이르러 쇠퇴하기 때문에 흉이 있다고 말하는 것이다. 길흉화복은 사물의 운동·발전의 법칙에 따라 결정된다. 이 법칙은 바로 사물이 모순대립 가운데에서 부단히 변화하고, 물극필반(物極必反)의 법칙에 따라 그 반대면으로 발전하기 때문이다. 임괘(臨卦)에서 말하는 8월이 가리키는 것은 바로 관괘(觀卦)이다. 임괘와 관괘의 관계는 도전괘(倒轉卦)이다.

전의 해석 : 팔월에 이르면 흉함이 있을 것이다

백 팔월에 이르면 (가뭄 등의) 재앙이 있을 것이다.

彖曰 臨은 剛浸而長⁴하며
_{단 왈 임   강 침 이 장}

단전에 말하기를 임은 강이 점차적으로 자라나며(세어지며),

說而順하고 剛中而應⁵하여
_{열 이 순   강 중 이 응}

기뻐하고 유순하며 강이 중에 있고 응하여

大亨以正하니 天之道也⁶라.
_{대 형 이 정   천 지 도 야}

크게 형통함으로써 바르니 하늘의 도이다

---

4 임괘(臨卦)는 복괘(復卦 : ䷗)에서 시작해서 양이 하나씩 점차적으로 많아지는 것을 말하고 있다. "침(浸)"은 "점(漸)"의 뜻이다. "점차적으로 자라나며(浸而長)"라는 말은 순간적으로 자라나는 것이 아니라 느끼지 못하는 사이에 점점 자라나는 것을 말한다.
5 앞의 "강(剛)"이 가리키는 것은 초구와 구이 효를 말한다. "강중(剛中)"은 구이를 말한다. 즉 아래에서 기뻐하여 상진(上進)하면 상괘에서 유순(柔順)함으로 아래를 받아주면서 상하가 친근하게 서로 임(臨)한다. 그러므로 "기뻐하고 유순하며(說而順)"라고 말하여 힘이나 권력으로 임하는 것이 아니라, 덕(德)을 가지고 사람들에게 임하여야 함을 말하고 있다. "강이 중에 있고 응하여(剛中而應)"라는 말은 중에 자리한 구이와 역시 중에 자리한 육오가 서로 상응한다는 말이다.
6 이 구절은 괘사의 "원형이정"을 설명하는 말이다. 어떤 일이 크게 형통하고 올바른 것은 모두 천도(天道)에 합치하기 때문이다.

至于八月有凶은 消不久也⁷이라.
지 우 팔 월 유 흉   소 불 구 야

팔월에 이르러 흉함이 있다는 것은 (양이) 줄어드는 것이 오래가지 않는다는 것이다.

象曰 澤上有地臨⁸이니 君子以하여 敎思无窮하며 容保民이
상 왈   택 상 유 지 임   군 자 이   교 사 무 궁   용 보 민

无疆⁹하나니라.
무 강

---

7 음양소장(陰陽消長)은 보편적인 자연법칙으로 사람이 이것을 위배하거나 바꿀 수는 없다. 양이 자라나면 음은 반드시 줄어들고, 음이 자라나면 양은 반드시 줄어든다. 이것은 바꿀 수 없는 불변의 법칙이다. 복괘(復卦)의 일양(一陽)이 생겨나서 임괘의 두 양으로 점차 자라나는 관계로 발전하는 것은 양의 덕이 날로 성하고 음의 덕이 점차적으로 줄어드는 시기이다. 사람들은 여기에서 지금의 좋은 상황에 안주하여 양이 계속 발전할 것으로 여기고 조만간 양이 줄어드는 상황으로 변화할 수밖에 없다는 진리를 무시할 가능성이 크다. 따라서 음이 줄어드는 상태가 조만간 음이 늘어나는 상태로 변화하고, 좋은 상태가 나쁜 상태로 변화할 수 있음을 잊어버리지 말아야 한다. "팔월에 이르러 흉함이 있다는 것은 (양이) 줄어드는 것이 오래가지 않는다는 것이다(至于八月有凶, 消不久也)"는 말이 바로 이런 점을 말해준다. 지금은 두 개의 양이 계속적으로 발전하고 네 개의 음이 점차적으로 줄어들지만 이처럼 음이 줄어드는 상황이 8월, 즉 관괘(觀卦)에 이르면 더 이상 양이 자라나고 음이 줄어드는 것이 아니라, 음이 자라나고 양이 줄어드는 상태로 되어 버린다. 김경방의『주역전해』176-177쪽 참조.
8 "연못 위에 땅이 있다(澤上有地)"라는 말은 호숫가에 큰 절벽이 있는 것으로 큰 대지가 큰 면적의 물을 포용하고 있는 의미를 가지고 있다. 이 때문에「상전」에서는 "군자가 그것을 본받아서 가르쳐 주려는 생각이 무궁하며 백성을 포용해서 보살피는 것이 끝이 없다(君子以敎思无窮, 容保民无疆)"고 말하는 것이다. 여기에서 군자는 대지의 무한한 포용성을 본받아 마치 큰 호수를 포용하는 듯한 인품을 기르고, 이런 인품을 인간사회에 적용하여 널리 교화를 펴고 민중을 보호하고 기른다는 것이다.
9 여기에서 말하는 "교(敎)"와 "사(思)"는 모두 동사로 사용되어 "가르침을 시행하고", "생각을 충분히 한다"는 의미이다. 이것은 군자가 임괘(臨卦)의 상을 보고 백성을 대할 때에는 반드시 끊임없는 생각을 통하여 백성을 이끌고 아울러 무궁한 덕으로 백성을 포용하고 보호해야 한다는 것을 깨달아야 한다고 말한다. 이것을 현실에 적용해서 말하면 땅은 통치자를 상징하고, 물은 백성을 상징한다. 흙과 물은 항상 같이 붙어 있어서 매우 친밀하여

상전에 말하기를 연못 위에 땅이 있는 것이 임이니, 군자가 그것을 본받아서 가르쳐주려는 생각이 무궁하며 백성을 포용해서 보살피는 것이 끝이 없다.

初九는 咸臨이니 貞하여 吉[10]하니라.
초구   함림   정   길

🔲 初九, 禁[11]林. 貞, 吉.
    초구 금 림   정 길

초구는 감응(感應)하여 임하니, 바르게 하여야 길할 것이다.

🔲 초구는 함부로 산림을 멋대로 벌채하는 것을 금하니 때에 맞추어 하여 다 쓰고도 남을 만큼 많은 재목이 생겼다. 길한 점괘가 나왔다.

象曰 咸臨貞吉은 志行正也[12]라.
상 왈 함 림 정 길   지 행 정 야

상전에 말하기를 감응하여 임하니 바르게 하여야 길하다는 것은 뜻이 바름

지금이 빈 틈도 없듯이 통치자와 백성 또한 이와 같아야 한다. 즉 통치자는 반드시 친민(親民)하여야 하는데, 친민이 바로 백성을 가르치고(敎民) 백성을 보호하는(保民) 것이다. 통치자가 백성을 대하는 것은 마치 땅이 물을 포용하여서 그것이 하나의 큰 호수가 되도록 해주는 것과 똑같다. 이것이 바로 "가르쳐주려는 생각이 무궁하며(敎思无窮)"라는 말이다.

10 초구는 육사와 상응하기 때문에 감응(感應)을 말한다. 임괘(臨卦)의 시작이기 때문에 진실함을 윗사람에게 보여주어야 나아갈 수 있다. "함(咸)"은 감(感)의 뜻이다. 초구는 두 개 양 중의 하나로 덕으로 상대방을 감동하게 하여 임(臨)하는 경우를 말한다. 특히 초구는 임괘의 시작이기 때문에 믿음을 윗사람에게 보여주어야 한다.
11 "금(禁)"은 금지한다는 말이다.
12 초구는 위(位)가 바르고 육사와 상응하여 행함을 말한다. "지(志)"는 강효(剛爻)가 앞으로 나아가려고 하는 희망을 말하고, "행(行)"은 강효가 각각의 효(爻)를 따라 성장하려는 운행(運行)의 추세(趨勢)를 말한다. 이런 희망과 운행 추세가 천지의 정도(正道)에 들어맞기 때문에 길한 것이다.

을 행하려고 하기 때문이다.

九二는 咸臨이니 吉하여 无不利[13]하리라.
구이　함림　　길　　　무불리

백 九二, 禁林. 吉, 无不利.
　　　구이　금림　길　무불리

구이는 감응하여 임하니 길하여 이롭지 않음이 없을 것이다.

백 구이는 함부로 산림을 멋대로 벌채하는 것을 금하니 길할 뿐만 아니라 큰 이익을 가져왔다.

象曰 咸臨吉无不利는 未順命[14]也라.
상왈　함림길무불리　　미순명　　야

---

13 구이는 바로 양의 덕이 성대한 때로 군주의 자리에 위치한 육오와 상응한다. 그러므로 "감응하여 임하니(咸臨)"라고 말하는 것이다. 구이의 "함림(咸臨)"과 초구의 "함림(咸臨)"은 구별된다. 초구는 강으로서 강의 자리에 위치하여 올바름을 얻어 길하다. 구이는 부정위이지만 중의 자리에 위치하고 상응하여 길을 얻은 경우이다. 비록 길하다는 측면에서는 둘 다 같지만 구이가 오히려 중의 자리에 위치하여 상응하고 있기 때문에 초구보다는 형편이 나은 편이다. 그렇기 때문에 "길하여 이롭지 않음이 없을 것이다(吉无不利)"고 말하는 것이다.(김경방의『주역전해』178쪽 참조) 위의 관점이 초구와 구이의 비교와 상응의 관점에서 이야기하였다면, 음양소식의 측면에서 구이가 전체 괘에서 차지하는 위치와 상황이라는 것을 통해 말하면 다른 해석이 가능하다. 복괘(復卦)에서는 초구가 주효(主爻)였지만 임괘(臨卦)에서는 양효(陽爻)가 2효까지 자라나게 되면서 구이가 주효가 된다. 복괘에서 양효의 세력은 매우 미미하고 고립되어 있어서 마치 건괘(乾卦) 초구의 "잠룡물용(潛龍勿用)"처럼 어떤 일을 주도적으로 수행하기가 매우 어렵다. 그러나 임괘에서는 양효가 하나 더 늘면서 두 효가 동반(同伴)하여 어떤 일을 본격적으로 벌일 수 있는 "현룡재전(見龍在田)"의 단계에 이르게 된다. 이런 상황의 변화가 가능한 것은 바로 양효의 증가가 그런 힘을 가지게 만든 것이라고 할 수 있다. 그러므로 "감응하여 임하니 길하여 이롭지 않음이 없을 것이다(咸臨, 吉无不利)"고 하는 것이다.

14 "무조건 명령을 따르는 것은 아니다(未順命也)"라는 것은 명령을 무턱대고 따르는 것이 아니라는 말이다. 구이는 분명한 원칙과 지조, 그리고 중용의 덕으로 육오를 감통하게

상전에 말하기를 감응하여 임하니 길하여 이롭지 않음이 없을 것이라는 것은 무조건 명령을 따르는 것은 아니기 때문이다.

六三은 甘臨이라 无攸利하니 旣憂之라 无咎[15]리라.
육삼 감림 무유리 기우지 무구

백 六三, 甘林. 无攸利, 旣憂之, 无咎.
육삼 감림 무유리 기우지 무구

육삼은 달콤하게 임하는지라 이로운 바가 없으니, 이미 근심하면 허물이 없을 것이다.

백 육삼은 조금씩 나무를 베는 것은 별다른 이익이 없다. 이미 이런 문제점을 알았으면 더 이상 큰 상관이 없다. 점을 쳤는데 재앙이 없다는 결과가

---

[15] 만들기 때문이다. 이 구절에 대한 해석은 매우 다양한데, 특히 주자는 이 구절의 의미에 대해 "상세하지 않다(未詳)"고 말하였다. 그러나 역시 중요한 것은 진정한 의미의 "함(咸)"이 무엇인가에 대해서 말하고 있는 것으로 보인다. 괘사와 「단전」에서 말하는 "임(臨)"의 핵심은 강으로 유에 임하는 것, 즉 큰 것으로 작은 것에 임하는 데에 있다. 효사에서는 초효와 이효의 두 양효가 큰 것으로 작은 것에 임하는 것을 제외하고, 그 나머지 네 개의 음효는 모두 나름대로 세력과 위치를 가지고 있는데 구체적으로 말하면 지위의 상(上)으로 하(下)에 임하고 있다. 육삼은 음으로 양에 자리하여 부중부정하고, 또 하괘의 가장 윗자리에 자리하고 있으나 사람들에 임할 수 있는 덕을 갖추지 못하여 다만 빼어난 입담으로 아랫사람들을 기쁘게 해주는 상을 보여주고 있다. 이것이 바로 "달콤하게 임하는 것(甘臨)"이다. "달콤하게 임하는 것(甘臨)"은 덕이 없는 임함이고, 이런 방식으로 임하는 것은 자연히 이로운 바가 없다. 단지 감언이설로 아랫사람을 속여서 호감을 얻으려 해서는 안 된다. 이런 방식을 통한 결과는 더욱 비참할 수밖에 없다. 그러나 구삼은 전혀 빠져나갈 길이 없는 것은 아니다. 만약에 아래의 초효와 이효의 두 개의 양이 자기 아래에 있는 것을 인식하여 그들이 점차 자라나 위로 올라오는 형세를 미리 감지하여 겸손하고 올바른 태도로 그들을 대하면 허물이 있을 상황을 허물이 없을 상황으로 충분히 전환시킬 수 있다. 특히 육삼은 위태로움을 파악하고 걱정하여 스스로의 태도를 바꾸어 미리 대비하면 허물이 오래 가지 않게 된다. 이런 의미에서 본 효는 어려운 상황을 어떻게 전환시켜야 할지를 잘 보여주고 있다.

나왔다.

象曰 甘臨은 位不當也요 旣憂之하니 咎不長也[16]리라.
_{상 왈 감 림　　위 부 당 야　　기 우 지　　구 불 장 야}

상전에 말하기를 달콤하게 임하는 것은 위가 부당하기 때문이고, 이미 근심한다면 허물이 오래가지 않을 것이다.

六四는 至臨이니 无咎[17]하니라.
_{육 사　　지 림　무 구}

백 六四, 至林, 无咎.
_{육 사　지 림　무 구}

육사는 지극한 마음으로 임하니 허물이 없을 것이다.

백 육사는 산림 속을 이리 저리 순시하였다. 점을 쳤는데 재앙이 없다는 결과가 나왔다.

象曰 至臨无咎는 位當也[18]일새라.
_{상 왈 지 림 무 구　　위 당 야}

---

16 효사에 "달콤하게 임한다(甘臨)"는 것은 육삼이 정위도 아니고 덕을 가지지도 못하고 있기 때문이다. 또 "이미 근심한다면(旣憂之)"이라고 말하는 것은 스스로 태도를 고쳐 임하기 때문에 그 허물은 길게 가지 않는다고 말한다.
17 "지극한 마음으로 임한다(至臨)"는 것은 "내려와서 임한다"는 뜻을 가지고 있다. 육사(六四)는 초구와의 관계에서 초구에게 오히려 내려와 임한다. 즉 지위가 더 높은 사람이 아래의 강직하고 유덕한 인재들을 존중하여 스스로 친히 다가가 임한다면 허물이 없을 것이라는 말이다.
18 육삼과 육사는 모두 무구(无咎)지만, 육삼은 걱정해야 하고 육사는 걱정할 필요가 없다. 왜냐하면 기본적으로 육삼은 위가 부당하고, 육사는 정위이기 때문이다. 이른바 육사의 위가 올바르다는 말은 음으로써 음의 자리에 위치하여 바름을 얻었을 뿐만 아니라, 상하

상전에 말하기를 지극한 마음으로 임하니 허물이 없을 것이라는 것은 위가 마땅하기 때문이다.

六五는 知臨이니 大君之宜니 吉[19]하니라.

백 六五, 知臨, 大君之宜. 吉.

육오는 지혜로 백성들에게 임하니, 군주가 취해야할 마땅한 도리인지라 길할 것이다.

백 육오는 대군을 위하여 산림을 관리하는 것은 매우 영광스러운 일이다. 점을 쳤는데 길한 결과가 나왔다.

象曰 大君之宜는 行中之謂也[20]라.

의 사이에 처하고 있어서 임의 가장 좋은 위치에 있다는 의미이다. 김경방의 『주역전해』 179쪽 참조.

19 "지혜로 백성들에게 임하니(知臨)"라는 말은 최고의 자리에 있지만 아래에 내려와서 임하여야 하는 것을 말한다. 여기에서 말하는 "임(臨)"은 군림(君臨)하다, 또는 통치(統治)하다는 의미이다. "지혜로 백성들에게 임하니(知臨)"라는 말을 쓴 이유는 임금이 직접 정치하는 데는 한계가 있으니 훌륭한 신하를 두는 것, 즉 적절한 자리에 적절한 사람을 두어야 하기 때문이다. 육오는 구이와의 관계에서 강중(剛中)하여 뜻이 강한 신하의 보필을 받는다. 이른바 "지혜로 백성들에게 임하니(知臨)"라는 말은 지혜롭게 백성에 임하는 것으로 구오가 스스로 행하지 않고 구이의 강정(剛正)을 빌려서 사용한다는 것이다. 이 때문에 주자는 『주역본의』에서 "유로서 중의 자리에 위치하고 아래로 구이와 상응하여 혼자서 스스로 하지 않고 다른 남에게 맡기니 바로 지혜로운 일로서 대군의 마땅함이니 길한 도이다(以柔居中, 下應九二, 不自用而任人, 乃知之事, 而大君之宜, 吉之道也)"고 하였다.

20 육오와 구이는 모두 중의 자리에 있어서 중용의 덕행을 실행하여 의기투합하기 때문에 마땅하다(宜)고 이야기하는 것이다.

상전에 말하기를 군주가 취해야할 마땅한 도리라는 것은 중용을 행하는 것을 말하는 것이다.

上六은 敦臨이니 吉하여 无咎[21]하니라.
　　　상육　　돈림　　　　길　　　　무구

🔲 **尙六, 敦臨. 吉, 无咎.**
　　상육　돈림　길　무구

상육은 돈독하게 임하는 것이니 길하여 허물이 없을 것이다.

🔲 상육은 산림을 관리하는 자가 뛰어난 실적을 올려 산림이 우거지니 마땅히 상을 받아야 한다. 점을 쳤는데 재앙이 없다는 결과가 나왔다.

象曰 敦臨之吉은 志在內也[22]라.
　　상왈　돈림지길　　　지재내야

상전에 말하기를 돈독하게 임하는 것이니 길하다는 것은 뜻이 안에 있기 때문이다.

---

21 "돈(敦)"은 두텁다는 말이다. 상육은 이 괘의 최상위로 높은 데 자리하여 아래를 임하는 것으로 이미 종점(終點)의 위치에 도달해 있다. 일반적으로 "물극필반(物極必反)"의 경우는 대부분 불길하지만, 이 괘에 있어서 상육은 아래에서 위로 올라오는 두 개의 양효에 유순한 태도를 취하고 돈후하게 상대한다면 크게 허물될 일은 없고 오히려 길하다고 말한다. 이 구절은 영도(領導)의 원칙에서 가장 중요한 것은 돈후하여야 하고 각박해서는 안 된다는 것을 말하고 있다. 황수기『주역역주』158쪽 참조.

22 "뜻이 안에 있다(志在內)"라는 것의 "내(內)"는 내괘(內卦)를 말한다. 내괘는 바로 하괘(下卦)로 상육이 마음속에 두고 있는 것은 바로 하층의 일반 민중에 대한 관심과 생각이다.

*임괘의 의미와 교훈

"임(臨)"이란 말은 '통치'의 대명사로 사용되기도 한다. 임괘에서 말하는 "임(臨)"은 바로 위에서 아래를 통치하고, 높은 자가 낮은 자를 통치하고, 또는 군주가 백성을 통치하는 도리를 말한다. 괘사는 "지극히 형통하여 바름을 지키는 것이 유리하다(元亨, 利貞)"라고 하여 "임(臨)"의 도리를 찬미하고 있다. 또 "8월에 이르면 흉함이 있다(至于八月有凶)"는 비유를 통하여 성함이 극단에 이르면 반드시 쇠퇴한다는 경계를 말하여 "사람들 위에 임하는" 자들에게 가득 차고 교만해지는 것을 미리 방비할 것을 말해주고 있다.[23]

임괘는 두 개의 양이 아래에 있고 네 개의 음이 위에 있는 것으로 12월 건축(建丑)의 괘로 양이 성행하는 때를 말한다. 임에는 강(剛)으로 유(柔)에 임하는 것과 상(上)으로 하(下)에 임하는 두 가지의 뜻이 있다. 괘사는 주로 강으로 유에 임하는 의미를 취하여, 이것이 자연적으로 원형이정(元亨利貞)할 수 있음을 강조하고 있다. 그러나 사물은 반드시 반대 방향으로의 전환이 이루어지게 된다. 그래서 음양소장의 법칙, 즉 양이 자라나면 음이 줄어드는 상황이 음이 자라나고 양이 줄어드는 상황으로 변할 수 있다는 점을 환기시키고 있다.

마지막으로 임괘는 지도적 위치에 있는 사람들이 가져야 할 자세에 대해 말하고 있다. 지도자에게 있어서 가장 중요한 것은 물론 고상한 인격을 갖추는 것으로 그것이야말로 민중들에게 가장 큰 호소력을 지닌다. 또한 지도자는 은혜로움과 위엄으로 사람들에게 임해야지 감언이설로 아랫사람을 속여서 호감을 얻으려 해서는 안 된다. 지도자는 충분한 지혜와

---

[23] 황수기의 『주역역주』 158-9쪽 참조.

다른 사람을 잘 쓸 수 있는 능력을 가지고 있어야 한다.

이러한 능력으로 지도자는 자신에게는 엄격하고 다른 사람에게는 관용적이고 돈후(敦厚)해야 하며, 능력 있는 사람을 임용하여 소신껏 일할 수 있게 해야 한다. 일처리에 있어서는 과격해서도 또 보수적이어서도 안 된다. 오직 이렇게 하여야 사람들을 단결시키고 동시에 그들의 재주와 역량을 충분히 발휘시켜 위대한 업적을 성취할 수 있다. 이러한 내용을 임괘는 특히 두 개의 양효와 네 개의 음효를 통해서 적절하게 설명하고 있다. 이외에 임괘는 백성들에게 임하고 다스리는 것 이외에 또한 교육의 작용을 매우 강조하고 있다. 왜냐하면 고대의 정치와 교육은 매우 밀접한 연관 관계를 가지고 있고, 올바른 교육 위에서 올바른 정치가 행해질 수 있다고 보기 때문이다.

20. ䷓ 풍지관(風地觀, 🈷 觀 第五十九)

1) 괘의 순서

관(觀 : ䷓)은 「서괘전」에서 "임은 큰 것이니 물건이 큰 뒤에야 볼 만 하므로 관괘로 받았다(臨者, 大也, 物大然後可觀, 故受之以觀)"라고 하였다. 모름지기 사물은 크게 되어야 사람들에게 볼 만한 것이 된다. 예를 들면 정치를 하는 사람이 백성들에게 임하여 덕(德)과 업(業)을 크게 쌓아 놓으면 백성들이 우러러보게 된다. 임괘 뒤에 관괘가 오는 이유도 이와 같다.

2) 괘명의 의미

"관"은 단순히 그냥 보는 것이 아니라 자세하고 상세히 살펴서 사물과 사태의 깊은 곳, 가장 본질적인 것을 꿰뚫어 보는 것을 말한다. "관"을 『설문해자』에서는 "관은 상세히 보는 것이다(觀, 諦視也)"라고 하여, 매우 자세하게 살펴보는 뜻으로 해석하고 있다. 그러므로 단옥재(段玉裁)는 『설문해자주』에서 "곡량전에서 말하기를 일반적으로 보는 것을 시라 하고, 특별하게 보는 것을 관이라고 한다(穀梁傳曰, 常視爲視, 非常曰觀)"고 하였다. 이처럼 관은 그냥 보이는 대로 보는 것이 아니라 상세하게 보는 것을 의미한다. 그러므로 빌헬름의 영역본에서는 "관"을 'Contemplation'으로 번역하고 있다. 이 말은 응시(凝視)하고 주시(注視)한다는 의미를 담고 있다.

또 "관"이라는 글자의 의미에는 관찰 이외에 보여준다는 현시(顯示)의 뜻도 들어 있다. 현시라는 말 속에는 다른 사람에게 자신을 보여준다는 의미가 함축되어 있다. 이 때문에 정이천은 『이천역전』에서 "관"의 함의를 두 가지로 나누어 말하고 있다. "무릇 관은 사물을 보면 본다는 뜻의 관(平聲)이 되고, 아랫사람에게 보인다는 뜻의 관(去聲)이 된다. 예컨대 누관을 관이라고 한 것은 아랫사람에게 보이기 때문이다. 임금이 위로 천도를 보고 아래로 백성의 풍속을 보면 보는 것이 되고 덕을 닦고 정사를 행하여 백성들이 우러러보는 바가 되면 보여주는 것이 된다(凡觀視於物則爲觀, 爲觀於下則爲觀, 如樓觀謂之觀者, 爲觀於下也. 人君上觀天道, 下觀民俗則爲觀, 修德行政, 爲民瞻仰則爲觀)"고 하였다.

3) 괘상의 의미

관괘(觀卦)는 마치 땅위에 바람이 불어 모든 초목이 바람에 따라 흔들리는 모습으로 군자가 사람들을 어떻게 교화하느냐 하는 것이 핵심적인 문제이다. 이 괘는 군자의 교화가 세상에 행해짐에 백성이 점차적으로 감화(感化)되어 가는 상을 가지고 있는데, 이것을 땅위에 바람이 부는 모습으로 설명하고 있다. 특히 땅(坤卦) 위에 나무(巽卦)가 있는 상은 높은 언덕 위의 누대(樓臺)에서 백성들을 살펴보는 의미도 가지고 있다.

효의 위치를 통해 보면 구오는 빼어난 덕행으로 임금의 자리에 있으면서 만민(萬民)이 우러러보는 위치에 있고, 또 적법하고 바른 중정(中正)한 도를 가지고 천하를 관찰한다. 위의 괘가 손(巽)이고 아래의 괘가 곤(坤)이라는 것은 겸손하고 부드러운 덕성을 가지고 있음을 상징한다. 그래서 관괘는 이런 겸손하고 훌륭한 인품으로 사방을 시찰하여 민정(民情)과 풍속을 관찰하여 올바로 되도록 교화(敎化)를 행한다는 것을 말한다.

觀은 盥而不薦이면 有孚하여 顒若[1]하리라.
관 관이불천   유부 옹약

백 觀, 盥而不尊,[2] 有復顒[3]若.
관 관이불존   유부옹약

경의 의미 : 관은 술을 뿌려 신을 맞이하였으나 아직 희생을 올리지 않았다. 어떤 덩치가 큰 포로가 있는데 희생으로 쓰려 한다.

전의 해석 : 관은 손을 씻고 아직 제수를 올리지 않았을 때처럼 하면 (백성들이) 마음속에 진실함을 가지고 우러러볼 것이리라.

백 관은 이미 술을 뿌렸기 때문에 술을 올리는 제사가 따로 필요 없다. 또 마음 속에 진실함을 가지고 경건하게 제사를 지내면 매우 좋다.

象曰 大觀으로 在上하여 順而巽하고 中正으로 以觀天下[4]니
단 왈 대관   재 상   순이손   중정   이관천하

---

[1] "관(盥)"은 세수 대야의 의미 외에 제사지내기 전에 손을 씻는다는 뜻을 가지고 있다. "옹(顒)"은 엄숙한, 존경히는 모양(尊敬之貌, 수자의 말), 우러러 바라봄(仰望, 이천의 말)의 뜻을 가지고 있다. 일반적으로 위에 있는 통치자가 아래의 사람들에게 중정(中正)의 덕을 나타내면 자연스레 아래의 사람들이 위를 우러러 바라보게 된다. 그러나 단순히 우러러보는 것이 아니라 진심으로 믿고 복종하게 하려면 어떻게 해야 하는가? 여기에서 가장 중요한 것이 바로 정성스러움과 진지함이다. 이는 마치 종묘에 제사를 올릴 때에 그 시작에 앞서서 제주(祭主)가 관(盥, 손을 씻어 깨끗이 하는 것)을 하여 아직 공물(供物)을 헌상(獻上)하지 않을 때의 엄숙하고 경건한 모습에 나타나는 것과 같은 태도로 임하는 것이다. 이렇게 하여야 그것을 우러러보는 자도 진실함(誠信)이 넘쳐 흘러 공경하는 태도로 (顒然, 우러러보고 공경하다) 마음으로부터 복종(心服)하게 되는 것이다.
[2] "존(尊)"은 제사에서 두 손으로 술을 받들어 천신(天神)에게 바치는 것을 말한다.
[3] "옹(顒)"은 경건함을 뜻한다.
[4] 이 구절은 구오의 양이 중의 자리에서 바른 자리를 얻고 있음을 말한다. "순(順)"은 아래 괘의 곤을 말하고, "손(巽)"은 위의 손괘(☴)를 말한다. 이것은 구오의 효와 상하의 괘상을 가지고 괘명(卦名)인 "관(觀)"을 해석한 것이다. 그 주된 의미는 빼어난 도덕으로 온

단전에 말하기를 크게 보이는 것으로 위에 있어 순하고 겸손해서 중정으로
써 천하를 보니

觀盥而不薦有孚顒若은 下觀而化也[5]라.
관 관 이 불 천 유 부 옹 약   하 관 이 화 야

관은 손을 씻고 아직 제수를 올리지 않았을 때처럼 하면 (백성들이) 마음
속에 진실한 믿음을 가지고 우러러볼 것이리라는 것은 아랫사람들이 보고
교화(敎化)되는 것이다.

觀天之神道而四時不忒하니 聖人이 以神道設敎而天下服矣[6]니라.
관 천 지 신 도 이 사 시 불 특   성 인   이 신 도 설 교 이 천 하 복 의

천하 사람들이 저절로 그를 우러러보게 만드는 데에 있다. "대관재상(大觀在上)"이라는
말에 대해 정이천은 "오가 존위에 자리하여 양강중정의 덕으로 아랫사람들에 의해 우러러
보는 바가 되어 그 덕이 아주 크기 때문에 '크게 보이는 것으로 위에 있다'고 하는 것이다
(五居尊位, 以剛陽中正之德, 爲下所觀, 其德甚大, 故曰大觀在上)"고 하였다. 즉 구오
가 이 괘의 존위(尊位)에 자리하고 있으면서 중정(中正)한 덕으로 천하를 살피고, 또 강
효(剛爻)이기 때문에 아래에 있는 여러 유효(柔爻)에 의해서 추대된다는 것이다. 이는 구
오가 덕행이 높은 빼어난 군주로 상징되고 있음을 의미한다. "순하고 겸손해서(順而巽)"
라는 말은 상하괘의 특성을 조합하여 괘를 해석한 것이다.
5 이 구절은 백성을 다스리는 사람이 마치 제사를 지내기 전에 공경을 표하기 위해 손을 씻
는 것처럼 백성들을 진실함으로 대하면 아래에 있는 백성들이 저절로 그 정성에 감화되는
것을 말하고 있다. 여기에서 말하는 경건한 마음은 몸으로 보여주는 도덕적 교화능력을
표현한 것이라고 할 수 있다.
6 "신도(神道)"는 신묘한 자연법칙을 말한다. 성인이 자연법칙을 본받아 교화(敎化)를 행
하는 것에 대해 말하는 구절이다. 천에는 천의 도가 있고 인간사회에는 인간사회의 도가
있다. 그러나 천의 도와 인간세계의 도리는 결코 다른 것이 아니다. 왜냐하면 인간세계의
도는 바로 천이 가지고 있는 도에 근거하여 만든 것이기 때문이다. 천의 도를 왜 천의 도
라 부르지 않고 "천의 신도(天之神道)"라고 말하는가. 이에 대해 김경방의 『주역전해』는
여기에서 말하는 신은 종교적 의미의 신(神)이 아니라 그것보다는 천이 말하지 않고도 사
계절을 운행시키고 만물을 생장하는 일을 하면서 조금의 어긋남도 없는 오묘한 작용을 한
다는 의미에서 신도(神道)라고 말한다. 그래서 성인은 이러한 신도를 빌려와서 백성을 교
화하는 가르침의 체계를 만든다.(183-184쪽 참조) 또 주자는 『주역본의』에서 "관괘의 도

하늘의 신묘한 도를 봄에 사시가 어긋나지 아니하니 성인이 신도로써 가르침을 베풀어 천하가 복종한다.

象曰 風行地上이 觀이니 先王以하여 省方觀民하여 設敎[7]하니라.
상왈 풍행지상 관 선왕이 성방관민 설교

상전에 말하기를 바람이 지상에서 행하는 것이 관이니, 선왕이 그것을 본받아서 사방을 순시하며 백성을 다 살펴서 적절한 가르침을 베푼다.

初六은 童觀이니 小人은 无咎요 君子는 吝[8]이리라.
초육 동관 소인 무구 군자 린

리를 극진하게 말한 것이니, 사시가 어긋나지 않는 것은 하늘이 보이는 바이고 신묘한 도로 가르침을 베푸는 것은 성인이 보이는 바이다(極言觀之道也, 四時不忒, 天之所以爲觀也, 神道設敎, 聖人之所以爲觀也)"라고 하였다. 성인은 이 천의 신도를 마음에 새기고 실천하기 때문에 천하의 사람들이 진정으로 심복(心服)하게 되는 것이다.

[7] 선왕(先王)이 관괘(觀卦)의 "바람이 땅위에서 행하는(風行地上)" 상을 본받아 사방을 두루 살펴보고 백성들에게 가르침을 주어 그들을 교화시키려 한다는 의미이다. 「상전」에서 말하는 "백성을 다 살펴서 적절한 가르침을 베푼다(觀民設敎)"는 의미는 이미 아래에서 위를 살피고 위에서 아래를 살피는 두 가지 차원의 "관"을 하나로 융합하고 있다.

[8] 관괘의 "관(觀)"에는 두 가지 함의가 있다. 괘 자체와 관련해서 말하는 "관"은 자신의 모습을 다른 사람들에게 '보여준다'는 의미를 가지고 있다. 이에 비해 효(爻)에 보이는 "관"은 남에게 보여주는 것이 아니라 스스로 다른 사람을 "본다"는 뜻을 가지고 있다. 즉 구오는 괘의 주효(主爻)로 나머지 효가 모두 이것을 바라본다. 가까우면 가까울수록 분명하게 볼 수 있어서 좋다. 초육은 가장 아래에 있으면서 위를 바라보고 있는데 거리가 가장 멀다. 보는 것이 확실치 않아서 마치 무지몽매한 어린 아이가 보는 것과 같은 것으로 비유하고 있다. 이것은 원래 사물을 보는 것이 천근(淺近)한 것으로 소인이라면 큰 허물이 아니지만, 군자라면 수치스러워 해야 할 일이다. 이에 대해 정이천은 "보는 것이 얕아서 어린 아이처럼 유치하다(觀見者淺近, 如童稚然)"라고 말하고 있다. 또 왕필은 『주역주』에서 "유순하게 따르기만 할 뿐 주동적으로 하는 것이 없음은 소인의 도이므로 소인은 허물이 없다고 말한다. 군자가 크게 보아야 할 때에 어린아이처럼 보니 또한 궁색스럽지 아니한가?(趣順而已, 无所能爲, 小人之道也, 故曰小人无咎, 君子處大觀之時, 而爲童觀不亦鄙乎?)"라고 하였다.

🔳 初六, 童觀, 小人无咎, 君子吝.
　　　초육　동관　소인무구　군자린

초육은 어린아이의 보는 것이니 소인은 허물이 없으나 군자는 부끄러움을 당하게 될 것이다.

🔳 초육은 유치하게 보는 것이니, 소인에게는 관계가 없으나 대인에게는 좋지 않다.

象曰 初六童觀은 小人道也라.
상왈　초육동관　　소인도야

상전에 말하기를 초육은 어린아이의 보는 것이라고 한 것은 소인의 도이다.

六二는 闚觀이니 利女貞⁹하니라.
육이　　규관　　　이여정

🔳 六二, 覗觀, 利女貞.
　　　육이　규관　이여정

육이는 문틈으로 남 모르게 엿보는 것이니 여자가 바르게 하면 이롭다.

---

9 "규(闚)"는 문 안에서 틈을 통하여 밖(구외)을 내다보는 것을 말한다. 이것은 근시안적인 동관은 아니지만 자기 위주의 부분적인 인식에만 머물러 있다. "규관(闚觀)"은 작은 대롱 구멍으로 보는 "관견(管見)", "공견(孔見)"의 뜻과 같다. 호병문은 『주역본의통석』에서 "이효의 자리는 음이기 때문에 여자가 된다. …… '문틈으로 남모르게 엿보면' 보는 것이 적고 전체를 볼 수 없다. 점에서 말하는 '여자가 바르게 하면 이롭다'는 말은 대장부가 할 일이 아님을 알 수 있다(二位陰, 故爲女. …… 闚觀, 是所見者小, 不見全體也. 占曰利女貞, 則非丈夫之所爲可知也)"고 하였다. 육이는 여자의 자리이므로 중정하여 초육의 어린아이가 보는 것에 비해서는 좀 낫지만 역시 부분적으로 보는 것에 그친다. 부분적으로 볼 수밖에 없는 이유는 삼효와 사효에 의해 가로막혀 있기 때문이다.

■ 육이는 문틈으로 보니 여자가 점치는데 유리하다.

象曰 窺觀女貞이 亦可醜也[10]니라.
_{상 왈 규 관 여 정   역 가 추 야}

상전에 말하기를 문틈으로 남 모르게 엿보는 것이니 여자가 바르게 하면 이롭다는 것은 부끄러워 할 만하다.

六三은 觀我生하여 進退[11]로다.
_{육 삼   관 아 생   진 퇴}

■ 六三, 觀我生, 進退.
_{육 삼 관 아 생 진 퇴}

육삼은 나의 행동을 살펴서 나아가고 물러난다.

■ 육삼은 나의 행동거지를 살펴서 나아가고 물러난다.

---

10 『주역』은 똑같은 경우에서도 군자와 소인의 길흉은 다르고 남자와 여자의 길흉 또한 같지 않다고 말한다. 예를 들면 항괘(恒卦 : ䷟)의 육오 효사에서 "부인은 길하나 남편은 흉하다(婦人吉, 夫子凶)"라는 예가 이를 증명한다. 관괘 육이 효사에서 말하는 의미는 여자는 문틈으로 남몰래 보는 것은 괜찮지만 만약 남자라면 문제가 있다는 것이다. 주자는 『주역본의』에서 "장부에게 있어서는 추함이 된다(在丈夫則爲醜也)"고 하였다.
11 "관아생(觀我生)"이라는 말에 대해 정이천은 『이천역전』에서 "내가 만들어 낸 것이니, (나의) 행동과 베풀어 행한 것이 나로부터 나온 것(我之所生, 謂動作施爲出於己者)"으로, 주자는 "나의 생이라는 것은 내가 행한 것이다(我生, 我之所行也)"로, 원대(元代)의 오징(吳澄)은 『역찬언(易纂言)』에서 "자신의 행동거지를 스스로 살펴본다(自觀其身之動也)"는 것으로 해석하고 있다. 정이천과 주자, 그리고 오징이 말하는 '생'의 뜻은 대체적으로 '자기 자신의 행위와 관련된 의미로 보인다. "진퇴(進退)"는 육삼 자체가 나아갈 수도 있고 물러날 수도 있는 위치에 있기 때문에 진퇴를 신중하게 선택하여야 한다. 당연히 여기에서 중요한 것은 자신의 원칙을 버리지 않는 것이다.

象曰 觀我生進退하니 未失道也[12]라.
상왈 관아생진퇴 미실도야

상전에 말하기를 나의 행동을 살펴서 나아가고 물러난다는 것은 아직까지는 도를 잃지 않았다는 것이다.

六四는 觀國之光이니 利用賓于王[13]하니라.
육사 관국지광 이용빈우왕

---

[12] 초효와 이효에서 말하는 "동관(童觀)"이나 "규관(闚觀)"과 비교하면 육삼은 이미 구오의 중정(中正)한 덕에 상당히 접근되어 있어서 보는 것이 상당히 깊이가 있다. 그러므로 비록 정위(正位)는 아니나 보는 것이 바르고 자신의 본분을 나름대로 잘 닦아 나가고 있기 때문에 "아직 도를 잃어버리지 않았다(未失道也)"라고 말한다.

[13] 관괘의 다섯 효는 모두 구오와의 관계를 통하여 그 의미를 말한다. 예를 들면, 초육은 음으로 양의 자리에 위치하여 구오와 너무 멀리 떨어져 있어서 보는 것이 분명하지 않기 때문에 "동관"이라고 말하고, 육이는 음으로 음의 자리에 위치한 정위이지만 구오와는 멀리 떨어져 있고 보는 것 또한 분명하지 않기 때문에 "규관"이라고 말하였다. 다만 육사가 구오에 가장 근접해 있고 또 정위에 자리하고 있기 때문에 보는 것이 가장 밝아서 "나라의 성대한 모습을 보는 것(觀國之光)"이라고 말한다. 정이천은 『이천역전』에서 "구오가 양강중정으로 존위에 자리한 성현의 군주인데, 육사가 오에 매우 가까워서 그 도를 볼 수 있기 때문에 나라의 빛남을 본다고 말하는 것이다. 임금 자신을 지칭하지 않고 나라를 말한 것은 임금의 입장에서 말하면 어찌 그 한 몸의 행함을 보는 데 그치겠는가? 천하의 정치와 교화를 보면 군주의 도덕을 볼 수 있다(五以剛陽中正, 居尊位, 聖賢之君也, 四切近之, 觀見其道, 故云觀國之光, 觀見國之盛德光輝也. 不指君之身而云國者, 在人君而言, 豈止觀其行一身乎? 當觀天下之政化則人君之道德可見矣)"고 하였다. "나라의 성대한 모습을 보는 것(觀國之光)"이라는 말은 구체적으로는 구오를 보는 것을 의미한다. 구오는 곧고 바른 군주를 말하는데 왜 "관국"이라고 하는가. 이에 대해 김경방, 이것은 『주역』이 군주가 국가를 대표한다는 국군일체설(國君一體說)을 반영하고 있음을 보여준 것이라고 말한다. 즉 한 나라의 민속풍정(民俗風情)은 그 나라의 군주의 덕행이 어떠한 가를 살펴보면 충분히 알 수 있다는 것이다. "임금에게 빈객(賓客) 노릇 하는 것이 유리하다(利用賓于王)"는 말은 육사가 군주의 가까이에 자리하여 군주의 빛나는 덕을 가장 자세하게 살펴볼 수 있어서 "임금의 빈객(손님)"이 되기에 가장 적합하기 때문이다. 여기에서 "임금의 빈객 노릇한다"는 말은 실제로는 이 왕의 조정에서 벼슬한다는 말이다. 고대에는 능력 있는 사람들을 군주가 빈례(賓禮)를 통하여 모셨기 때문이다. 김경방의 『주역전해』 186쪽 참조.

六四, 觀國之光, 利用賓于王.
_{육사 관국지광 이용빈우왕}

육사는 나라의 성대한 모습을 보는 것이니 임금에게 빈객(賓客) 노릇하는 것이 유리하다.

육사는 나라의 빛나는 앞길을 관찰하고 분석하여 왕에게 정보를 전달하면 왕이 다른 나라와 연맹을 맺는 데에 유리하다.

象曰 觀國之光은 尙賓也[14]라.
_{상왈 관국지광 상빈야}

상전에 말하기를 나라의 성대한 모습을 보는 것은 왕의 손님됨을 숭상하는 것이다.

九五는 觀我生호되 君子면 无咎[15]리라.
_{구오 관아생 군자 무구}

---

14 고대에 군자들이 조정에 들어갈 때에 군주는 빈객(賓客)의 예로서 그들을 영접하고 대접하기 때문에 "빈(賓)"이라고 말한다. 이 때문에 "상빈(尙賓)"이라는 것은 바로 벼슬을 하는 데 매우 고상하고 영예롭게 하는 것을 말한다. 정이천은 괘상의 각도에서 이 구절을 분석하여 "왕의 조정에 올라가서 자기의 도를 행하려는 데 뜻을 두고 있기 때문에 나라의 빛을 보는 것은 왕의 손님됨을 숭상함이라고 말했다. 상은 뜻을 숭상한다는 말이니 그 뜻이 왕의 조정에 손님이 되는 것을 바라고 희망한다는 말이다(所以志願登進王朝, 以行其道, 故云觀國之光, 尙賓也, 尙謂尙志, 其志意願慕賓于王朝也)"고 하였다.

15 구오는 중정한 군자인데 그 군자를 보려면 먼저 백성을 보면 알 수 있다. 천하 백성들의 풍속과 교화는 실제로 구오에 있는 군주의 영향에 의한 결과이다. 사회적 분위기의 좋고 나쁨이나 백성들의 정부에 대한 따름과 위배는 오직 군주가 덕을 어떻게 펴고 가르침을 어떻게 행했는가에 달려 있다. 구오가 올바른 군주로서 스스로를 보려고 한다면 반드시 먼저 백성들을 살펴보아야 하고, 백성들을 살펴봄으로써 스스로를 살펴볼 수 있다. 그러므로 관괘의 다른 네 효가 모두 구오를 관(觀)하고 있지만, 오직 육삼과 구오만이 "자신을 관하고(自觀)" 있다. 만약 백성들의 풍속이 순수하고 바르면, 그것은 군주가 행한 교화가 올바르다는 것을 의미한다. 이에 대해 주자는 『주역본의』에서 "구오가 양강중정으

백 九五, 觀我生, 君子, 无咎.
　　　구오　관아생　군자　무구

구오는 나의 행동거지를 보되 군자면 허물이 없으리라

백 구오는 자신의 일생을 자세하게 살펴보니 군자의 행실과 부합한다. 점을 쳤는데 허물이 없다고 하였다.

象曰 觀我生은 觀民也[16]라.
상왈　관아생　　관민야

상전에 말하기를 나의 행동거지를 보는 것은 백성을 본다는 것이다.

上九는 觀其生하되 君子면 无咎[17]리라.
상구　　관기생　　　군자　　무구

로 존위에 자리하여 아래에 있는 네 개의 음이 우러러보니 군자의 상이다. 그러므로 이 지위에 자리하고 이 점괘를 얻은 자는 마땅히 자기가 행한 바를 보아야 할 것이니 반드시 양강중정함이 또한 이와 같다면 허물이 없을 수 있다고 경계하였다(九五陽剛中正, 以居尊位, 其下四陰, 仰而觀之, 君子之象也. 故戒居此位, 得此占者, 當觀己所行, 必其陽剛中正, 亦如是焉, 則得无咎也)"고 말한다.

16 군자는 백성들의 생활을 살펴보는 가운데에서 자신이 행한 정치의 옳고 그름을 알 수가 있게 된다. 이로부터 좋은 것은 계속 유지하고 나쁜 것은 개정하여 더 이상 잘못을 범하지 않아야 한다. 즉 나의 행동이 어떠한가를 보려고 하면 백성의 덕행이 어떠한가를 보면 알 수 있다. 그러므로 나의 행동거지를 보는 것은 실은 백성들을 보는 것이나 마찬가지이다.

17 상구 효사에서 말하는 "관기생(觀其生)" 역시 "관아생(觀我生)"의 뜻과 같은 것으로 본다. 그것은 "관기생(觀其生)"의 "기(其)"를 "기(己)"의 차자(借字)로 보아 "관기생(觀其生)"을 "관기생(觀己生)"으로 보는 관점이다. 배학해(裴學海)의 『고서허자집석(古書虛字集釋)』 376쪽에서는 "기(其)"와 "기(己)"가 통용되는 것으로 간주한다. 유백민(劉百閔)은 『주역사리통의(周易事理通義)』 상권, 177쪽에서 『고서허자집석』을 근거로 하여 '其'를 '己'의 차자로 보아, 나의 입장에서 말하면 "관아생(觀我生)"이고, 다른 사람의 입장에서 말하면 "관기생(觀其生)"이라고 보다 자세하게 분석해 놓았다. 『주자어류』에서 주자는 '관아생'과 '관기생'의 의미를 설명하면서 여러 가지 중요한 언급을 하고 있

■ 尙九, 觀其生, 君子. 无咎.
　　상구　관기생　군자　무구

상구는 그 행동을 살펴보아 군자라면 허물이 없을 것이다.

■ 상구는 빈객의 행동거지를 자세하게 살펴보니 그 역시 군자의 풍도를 가지고 있음을 알 수 있다. 점을 쳤는데 큰 재앙이 없다고 하였다.

象曰 觀其生은 志未平也[18]라.
상왈　관기생　　지미평야

상전에 말하기를 그 행동을 살펴보아 군자라면 허물이 없을 것이라는 것은 심지(心志)가 아직 편안하지 아니한 것이다.

다. "관아(觀我)'라는 것은 스스로 보는 것(自觀)이다. '실천한 것을 되돌아보아 길흉화복의 단서를 자세히 살펴본다'는 말과 같은 어조를 가지고 있다. '관기(觀其)'라는 것 역시 스스로 보는 것(自觀)인데 다만 이는 다른 사람의 입장에서 말하는 것이다. 『주역』에서 말하는 '其'자는 다른 사람을 말하는 것이 아니라 오직 자신을 말하는 것이다(觀我是自觀, 如'視履考祥'底語勢. 觀其亦是自觀, 却從別人說. 易中'其'字不說別人, 只是自家)"고 하였다. 상구에서 말하는 "관기생"이라는 말은 구오 효사에서 이야기한 화제를 계속해서 말하고 있는 것으로 보인다. 구오는 군주의 자리에 위치하여 이 괘의 주효이기 때문에 "관아생"이라고 말한다. 그런데 상구 자신은 군주의 자리에 있지 않으면서 군도(君道)의 문제를 말하고 있기 때문에 "관아생"이라고 말하지 못하고 다만 "관기생"이라고 말할 뿐이다. 상구는 계속해서 구오의 문제를 말하기 때문에 두 효의 효사는 일치하고 다만 "其" 한 자만이 차이가 있을 뿐이다. "기생(其生)"은 바로 "아생(我生)"이다.

18 "평(平)"은 편안하여 작위(作爲) 함이 없는 것을 의미한다. 상구는 비록 맡은 일이 없는 자리에 있으나 늘 자신의 덕행을 닦아서 안일하게 있지만은 않는다. 그러므로 주자는 『주역본의』에서 "비록 위를 얻지는 못했으나 아직 경계함과 두려움을 잊어서는 안 된다는 말이다(言雖不得位, 未可忘戒懼也)"고 하였다.

※ 관괘의 의미와 교훈

관괘(觀卦)의 주제는 백성들의 교화(敎化)이다. 이 교화는 성인이 천지자연으로부터 대도(大道)를 파악하여 그것을 응용하여 실제로 사회에 적용함으로써 이루어진다. 이 때문에 성인이 제정한 예의와 정령(政令)은 천지자연의 법칙에 부합하는 것으로 이것을 따르기만 한다면 천하는 올바로 다스려지는 것으로 보고 있다. 관괘는 이런 관점을 중심으로 이야기하고 있다.

관괘의 여섯 효 중에서 네 개의 음은 주로 아래에서 위를 보는 존재들이다. 그런데 초효와 이효는 구오의 양효로 부터 가장 멀리 떨어져 있기 때문에 보는 것이 천박하다거나 문틈으로 본다는 것으로 표현하여 완벽하게 보지 못함을 말하고 있다. 육삼은 상괘와 근접하여 있어서 자기 자신의 한계를 성찰할 수 있기 때문에 아직은 그 도를 잃어버린 것은 아니다. 육사는 구오와 친하여 마치 이 나라의 성대한 정치를 관광하듯이 친히 임(臨)하여 "왕에게 빈례(賓禮)를 받는" 이로움을 얻게 된다. 또 오효와 상효의 두 양효는 위에서 아래를 보는 존재들로 자신들이 가지고 있는 미덕을 아랫사람들이 우러러 살펴보도록 하고 있다. 이처럼 관괘는 바라보는 것을 두 가지로 나누어 말한다. 그 하나는 아래로 살펴보는 것으로 위에 있는 통치자가 아래의 백성을 미덕(美德)으로 감화하는 것을 말하며, 다른 하나는 위로 우러러보는 것으로 군주가 백성의 풍속을 살펴보고 자신이 가지고 있어야 할 도리와 태도를 바로잡는 계기로 삼는 것이다.

관괘는 네 개의 음이 아래에 있고 두 개의 양이 위에 있는 것이기 때문에 본래는 음이 성하고 양이 물러나는 시기에 해당하는 괘이다. 반면에 이 괘에는 또 양이 성(盛)한 측면도 있는데, 구오의 양강이 중(中)에 자리하고 바름을 얻고 있는 것이 그것이다. 실제로 관괘가 강조하고 있는 괘의 의미는 네 개의 음이 위로 점점 세력을 확장하는 것에 있는 것이 아니라, 양강(陽剛)의 군주가 중의 자리에 있다는 것에 있다. 이 때문에 관괘가 이야기하려고 하는 괘의 의미는 위에 자리하고 있는 군주가 어떻게 올바르게 천하를 살펴보고 있는가 하는 문제에 대해 말할 뿐이고, 음의 세력이 점점 강성해가는 문제에 대해서는 말하고 있지 않다.

또 괘사와 효사를 나누어 말하면 괘사는 주로 위에서 아래를 보는 것을 말하지만, 효사에서는 아래로부터 위를 보는 것에 대해 말한다. 아래로부터 위를 보는 것은 원근(遠近)을 기준으로 삼고 있다. 즉 구오에서 가까우면 가까울수록 좋다. 가까우면 가까울수록 보는 것이 더욱 크고 분명하여 더 좋기 때문이다. 또 관괘 속에서는 신도설교(神道設敎)나 덕으로 백성을 교화하는 내용을 말하고 있다.

결론적으로 관괘는 사회를 관찰하는 데에 그 핵심이 있다. 사회를 올바르게 관찰하여 올바른 정치를 추구하고 민중의 고통을 잊지 말아야 할 것을 강조하고 있다. 많은 정치가들이 입으로만 애국 애민하고 실제로 민중들의 고통을 살펴보지 않아서 결국은 파국으로 가는 경우를 역사를 통하여 쉽게 발견할 수 있을 것이다. 백성에 대한 진정한 애정은 실제의 관찰 가운데 있다. 이런 점에서 사회와 민중의 삶을 관찰하는 것이 정치의 시작이고 군자의 첫 번째 도리라는 것을 관괘는 강조하고 있다.

21. ䷔ 화뢰서합(火雷噬嗑, 帛 筮盍 第五十五)

1) 괘의 순서

「서괘전」에서는 "볼 만한 뒤에 합하는 것이 있기 때문에 서합으로 받았다(可觀而後, 有所合, 故受之以噬嗑)"고 하였다. 즉 모든 사람이 우러러 쳐다보면(仰慕) 자연히 단결된다(合)는 것이다. 정이천이 『이천역전』에서 "이미 볼 만한 것이 있은 뒤에 와서 합하는 것이 있으니 이것이 서합괘가 관괘의 다음 차례가 된 까닭이다(旣有可觀然後來合之者, 噬嗑所以次觀也)"고 말하는 것이 바로 「서괘전」의 의미이다.

「서괘전」에서 관괘(觀卦 : ䷓) 다음에 서합괘(噬嗑卦 : ䷔)가 오는 이유에 대한 설명은 언뜻 보기에 쉽게 이해가 되지 않는 측면이 상당히 많다. 그러나 관괘가 주로 말하려고 하는 부분이 교화(敎化)를 베푸는 데 있다고 한다면, 서합괘는 형법(刑法)을 쓰는 데 초점이 있다는 것을 감안하면 이해가 가능하리라고 본다. 왜냐하면 형법을 통한 은혜와 위엄(恩威)의 과시는 국가와 사회를 통합하는 주요한 수단이 되기 때문이다.

2) 괘명의 의미

"서(噬)"는 씹는다는 뜻이고, "합(嗑)"은 상하의 턱이 합친다는 뜻이다. 입안에 어떤 물건이 없어야 아래와 위의 치아가 가지런히 교합(咬合 : 입을 다물었을 때에 아랫니와 윗니의 접촉 상태를 말함)할 수 있다. 말하자면 완전히 "서(噬)"하여야 "합(嗑)"할 수 있다. 서합괘는 이처럼 괘상(卦象)에 근거하여 괘명(卦名)을 설명하는 경우이다. 백서주역에는 괘명이 손결(損缺)되어 있다. 백서 계사전에 근거하여 보입(補入)하여 서합(噬嗑)으로 쓰고 있다. 뜻은 "지나간다"는 말이다.

　서합괘(噬嗑卦)는 입안에 어떤 물건이 있으면 반드시 씹은 이후에야 합하는 도리를 사회와 인간사에 응용한다. 천하의 일들은 왜 쉽게 화합하지 못하는가? 이유는 그 속에 어떤 문제가 있기 때문이다. 인간사의 크고 작은 일에는 모두 이런 문제가 있다는 것을 『주역』을 지은 사람들은 이미 인식하고 그것에 착안하여 이 괘를 말하는 것으로 보인다. 그래서 『주역』의 작역자(作易者)는 서합괘의 괘상에 근거하여 국가가 어떻게 재판을 하고 형을 내려야 올바른지 등의 문제에 대해 이야기하고 있다.

3) 괘상의 의미

　서합괘(噬嗑卦 : ䷔)의 괘명은 괘상에서 나온 것이라고 할 수 있다. 즉 초구는 아래턱(下顎)을, 상구는 위턱(上顎)을 상징한다. 육이, 육삼, 육오는 모두 치아를 상징하고, 구사는 입안에 들어 있는 음식물을 상징한다. 구사의 음식물을 완전히 씹어야 입이 잘 다물어 질 수 있다. 말하자면 입을 편안하게 다물려면 구사를 완전하게 씹어서 요절내어야 한다. 이것을 국가나 사회에 적용한다면 구사는 국가나 사회의 해악(害惡)에 해당된다. 이것은 음식물을 씹는 것으로 사회의 평안 여부를 비유한 것이라고 할 수 있다. 국가나 사회가 평화롭고 안전하기 위해서는 국가와 사회를 위협하는 범죄와 해악을 제거해야 하는 것과 똑같다. 이 때문에 서합괘는 형벌(刑罰)에 관한 문제를 다룬다.

　서합괘를 구성하는 상괘(上卦)가 불로써 밝음을 의미하고 있다면, 하괘(下卦)는 움직임을 말하는 진괘(震卦)이다. 이것은 사회의 모든 움직임을 위에서 매우 공정하고 상세하게 비춘다는 의미를 상징하고 있다. 또 상하의 괘는 각각 번개와 우레로서 분명한 재판과 위엄 있는 벌을 상징하고 있다. 이러한 형벌을 주재하는 사람이 바로 육오이다. 특히 주효인 육오는 음양, 즉 강유를 겸비하고 있는 인물이다. 『논어』의 「자로」편에서 "형벌이 적절하고 올바르지 않으면 백성들은 팔다리를 어디다 둘지 모른다(刑罰不中, 則民無所錯手足)"고 하여 형벌은 반드시 공정하여야 함을 말한다. 서합괘의 주효인 육오는 유효(柔爻)로서 강(剛)의 자리에 위치하여 강유(剛柔)를 겸비하여 위엄과 빼어난 지혜 및 중요한 행동의 여러 조건들을 갖추고 있기 때문에 형벌을 집행하는 데 매우 적합한 인물이다.

噬嗑은 亨하니 利用獄[1]하니라.
서 합 형   이 용 옥

백 噬嗑, 亨. 利用獄.
서 합 향   이 용 옥

경의 의미 : 서합은 제사를 올릴 수 있으니 송사를 처리하는 데 유리하다.

---

[1] "옥(獄)"은 오늘날의 형법(刑法)에 해당하는 것이다. 형법으로서의 "옥"이 하는 역할을 상징화는 『주역상씨학』에서 "상하가 서로 합할 수 없는 것은 그 가운데에 반드시 어떤 물건이 있어서 둘 사이를 벌려 놓기 때문이다. 씹어서 그 사이를 없애면 합하여 통할 것이다. 국가에 형벌과 옥이 있는 것은 또한 이와 같은 것이다(上下之不能相合者, 中必有物間之, 噬而去其間, 則合而通矣. 國家之有刑獄, 亦復如是)"고 하였다. 즉 두 개의 사물이 합쳐질 수 없는 것은 그 사이에 다른 어떤 것이 끼어 있기 때문인데 형법은 바로 이런 끼어 있는 사물을 제거하는 역할을 한다. 그러므로 "옥을 이용하는 데 유리하다(利用獄)"고 말한다. "용옥(用獄)"이라는 말은 "용형(用刑)"과는 다르다. "용옥(用獄)" 속에는 옳고 그름을 판단하는 내용이 들어 있기 때문이다. 괘사는 형벌을 사용하는 이야기에 대해서는 말하지 않았고, 효사만이 형벌을 사용하는 문제에 대해서 이야기하고 있다. 여섯 효의 상은 형벌을 이용하는 것과 형벌을 받는 두 부분으로 나뉘어져 있다. 초효와 상효는 형벌을 받는 경우에 해당하고, 중간의 네 효는 형벌을 쓰는 자리이다. 육오는 존위(尊位)에서 형벌을 쓰는 주체이다.

전의 해석 : 서합은 형통하니 옥(형법)을 사용하는 것이 이로울 것이다.

■ 가서 형통하다. 옥사를 판단하는 데 유리하다는 점의 결과가 나왔다.

彖曰 頤中有物일새 **曰噬嗑**이니
단 왈 이 중 유 물   왈 서 합

단전에 말하기를 턱 가운데에 물건이 있으므로 서합이라고 말하는 것이니,

噬嗑하여 **而亨**[2]하니라.
서 합   이 형

씹어서 합해야 형통한 것이다.

剛柔分하고 **動而明**하고 **雷電**이 **合而章**[3]하고
강 유 분   동 이 명   뇌 전   합 이 장

강유가 나누어지고 움직이고 밝아서 우뢰와 번개가 합하여 빛나고

柔得中而上行하니 **雖不當位**나 **利用獄也**[4]니라.
유 득 중 이 상 행   수 부 당 위   이 용 옥 야

---

2 정이천은 『이천역전』에서 "입안에 물건이 있기 때문에 서합이 되었다. 물건이 입 가운데 있으면 해가 되고 씹어서 합하면 그 해가 없어져서 형통하기 때문에 씹어 합하면 형통하다고 말하는 것이다(頤中有物, 故爲噬嗑, 有物間於頤中則爲害, 噬而嗑之則其害亡, 乃亨通也, 故云噬嗑而亨)"고 하였다.

3 "강유가 나누어지고(剛柔分)"라는 것은 강과 유가 각각 세 개로 분명하게 구분되는 것을 말한다. 위의 이괘(離卦 : ☲)는 음의 괘이고, 아래 진괘(☳)는 양의 괘로 분명하게 나누어져 있다. "움직이고 밝아서(動而明)"라는 것은 강력한 추진력과 명쾌한 판단력을 상징한다. "뇌전(雷電)"은 놀랍고 무서운 것을 의미한다. 벌은 추상같이 무서운 측면과 동시에 매우 광명정대함을 필요로 하는데 이 둘을 다 가지고 있어야 빛이 난다.

4 이 구절은 육오에 대해서 말하고 있다. 육오가 비록 부정위이나 존위의 자리에서 중을 얻

유가 중을 얻어 위로 올라가니 비록 부당위(不當位)이나 옥(형법)을 사용하는 것이 이로울 것이다.

象曰 雷電이 噬嗑이니 先王以하여 明罰勅法[5]하니라.
상 왈 뇌 전　　서 합　　　선 왕 이　　　명 벌 칙 법

상전에 말하기를 우레와 번개가 서합이니, 선왕이 그것을 본받아 형벌을 분명히 밝히고 법령을 반포한다.

어 강과 유를 모두 겸비하고 있기 때문에 "옥(형법)을 사용하는 것이 이로울 것이다(利用獄也)"고 말한다. 형법을 사용하는 경우, 지나치게 부드러우면 관대함이 가지고 있는 참된 의미를 오히려 잃어버릴 가능성이 크다. 또 지나치게 강할 경우는 포악해지게 된다. 육오는 지나치게 부드럽지도 않고 지나치게 강하지도 않게 유와 강을 매우 적절하게 이용할 줄 아는 사람으로 옥사(獄事)를 처리하는 데 가장 적합하다. 『주역』에서 유가 아래에 있고 강이 위에 있는 것은 매우 정상적인 경우이다. "상행(上行)"에 대해서 김경방은 괘변의 입장에서 다음과 같이 말한다. 만약 유가 위에 있으면 "상행(上行)"이라고 말하고, 강이 아래에 있으면 "래(來)"라고 말한다. 예를 들면 송괘(訟卦 : ䷅), 무망괘(无妄卦 : ䷘), 환괘(渙卦 : ䷺) 등은 강효가 아래에 있기 때문에 『단전』에서 "강래(剛來)"라고 말한다. 진괘(晉卦 : ䷢), 규괘(睽卦 : ䷥), 서합괘(噬嗑卦 : ䷔) 등은 유효가 본래 아래에 있어야 하나 지금은 오효의 자리에 있기 때문에 『단전』에서 "상행"이라고 말한다. 『주역전해』 191쪽 참조.

5 "전(電)"에는 밝다는 뜻이 있는데, 밝다는 것은 여러 사물을 분명하게 모두 비출 수 있음을 말한다. "뢰(雷)"에는 위엄의 뜻이 있는데, 위엄이 있어야 사물들을 무섭게 할 수 있다. 통치자가 전기와 우레를 관찰하여 그것을 본받아 밝음과 위엄으로 벌을 밝히고 법령을 선포한다. 여기에서 "선왕(先王)"이라고 말하고 군자라고 말하지 않는 것은 벌을 밝히고 법령을 선포하는 일은 입법(立法)을 할 수 있는 위치에 있는 사람이어야 하기 때문이다. 벌을 밝힌다는 것은 먼저 무엇이 죄가 되고 그 죄에 해당되는 형벌은 무엇이라는 것을 규정하여 그것을 사람들에게 분명하게 고지(告知)해주어야 함을 말한다. 그리고 법령을 반포한다는 것은 백성들에게 법령 제도를 공포하여 백성들이 두려움을 가지고 죄를 범하지 못하게 하는 데 그 목적이 있다. "칙(勅)"을 『경전석문』에서는 정현의 말을 인용해 "칙은 이(理)와 같다"(勅猶理也)고 하여 정리(整理)의 의미로 사용하고 있는데, 법령을 정비한다는 뜻을 가지고 있다. 제임스 레게의 영역본은 "칙법(勅法)"을 법률을 반포하고 공표한다는 의미의 'promulgate'란 말을 사용하고 있다. p. 293 참조 바람.

初九는 屨校하여 滅趾니 无咎[6]하니라.
초구 구교   멸지   무구

🔲 初九, 屨校[7]滅趾. 无咎.
   초구 구교 멸지 무구

초구는 발에 형틀을 신겨서 발이 보이지 않으니 허물은 없을 것이다.

🔲 초구는 나무로 만든 형틀을 신겨서 죄를 범한 사람의 발이 잘렸다. 점을 쳤는데 큰 재앙이 없다고 하였다.

象曰 屨校滅趾는 不行也[8]라.
상왈 구교멸지   불행야

상전에 말하기를 발에 형틀을 신겨서 발이 보이지 않으니 허물은 없을 것이라는 것은 다니지 못하게 하는 것이다.

六二는 噬膚하되 滅鼻니 无咎[9]하니라.
육이   서부   멸비   무구

---

6 구(屨)는 명사로는 신발의 뜻이고 동사로는 밟는다, 신는다는 말이다. "교(校)"는 나무로 만든 형틀을 말한다. 나무로 만든 형틀에는 여러 가지가 있다. 예를 들면 가(枷)는 목에 거는 형틀이고, 곡(梏)은 손에 묶는 형틀이고, 질(桎)은 발에 묶는 형틀이다. 여기에서 "교"는 발에 묶는 질(桎)을 말하는데, 가장 약한 범죄를 저지르는 사람에 해당하는 형틀이다. "멸지(滅趾)"는 형틀 때문에 발이 보이지 않게 된 것으로 초범자에 해당한다. 처음 죄를 저질렀을 때 약한 벌을 주어 교화시켜 바른 길로 인도할 수 있기 때문이다.
7 "구(屨)"는 신는다 뜻의 "구(屨)"이다.
8 주자는 『주역본의』에서 "발이 보이지 않는다는 것에는 또한 악한 것에 나아가지 못하게 하는 상이 있다(滅趾, 又有不進於惡之象)"고 하여, 더이상 죄를 짓는 상황으로 진전되지 못하도록 하는 상징이 들어 있다. "발에 형틀을 신겨서 발이 보이지 않으니(屨校滅趾)"라는 말은 죄인이 걸을 수 없게 만든 것을 말한다. 이런 벌을 통하여 죄인이 더 이상 죄를 저지르지 못하도록 경계하는 데에 초점이 있다.
9 "부(膚)"는 껍데기를 가지고 있는 고기로 동물의 피부 아래에 있는 것을 말한다. 이것은

백 六二, 噬膚滅鼻. 无咎.
　　　육이　서부멸비　무구

육이는 부드러운 고기를 깨물되 코가 푹 들어가 보이지 않을 정도로 함이니 허물은 없을 것이다.

백 육이는 죄를 지은 자의 피부를 벗기고 코를 베었다. 점을 쳤는데 큰 재앙이 없다고 하였다.

象曰 噬膚滅鼻는 乘剛也[10]일새라.
상왈　서부멸비　　승강야

상전에 말하기를 부드러운 고기를 깨물되 코가 푹 들어가 보이지 않을 정도로 한다는 것은 강을 타고 있기 때문이다.

六三은 噬腊肉하다가 遇毒이니 小吝이나 无咎[11]리라.
육삼　　서석육　　　　우독　　　소린　　　무구

　　기름기가 두터운 지방층과 비교하면 좀더 신선한 부분에 해당된다. 『경전석문』에서는 "부드럽고 기름기 있는 부분을 부라고 한다(柔脆肥美曰膚)"고 하였다. "부"의 부위는 아래에서 말하는 "석육(腊肉)"이나 "건자(乾胏)"에 비해서 훨씬 부드럽고 신선하다. 이 때문에 한번 깨물면 코까지 그 속에 빠져 버리는 것 같다. 육이의 죄를 다스릴 때는 부드러운 고기를 씹을 때 깊이 들어가 마치 코가 고기 속에 빠져 보이지 않듯이 단호하게 처리하여야 한다. 특히 초구를 이렇게 단호하게 벌하여야 더 이상 나쁜 죄를 저지르지 않게 할 수 있다. 서합괘에서는 벌을 주는 것을 씹는다는 의미의 "서(噬)"로 상징하고 있다. 내지덕(來知德)은 『역경래주도해』(易經來註圖解)에서 말하기를 "초구와 상구는 형벌을 받는 사람이고, 중간의 네 효는 형을 쓰는 자이다(初九上九, 受刑之人, 中四爻則用刑者)"라고 하였다. 육이가 초구를 다스리기 위해서는 형벌 쓰기를 단호하게 해야 함을 말하고 있다.
10 육이의 아래에 있는 초구는 성격이 매우 강한 자로서 적절한 징벌을 가하지 않으면 징벌의 효과를 얻지 못하고 더 큰 범죄를 저지를 가능성이 있기 때문에 자기의 코가 빠질 정도로 단호하게 처리해야 한다고 말한다.
11 육삼이 처한 위가 부당하여 재판이 쉽게 진행되지 않는 상황을 말한다. "석육(腊肉)"은 딱딱하여 씹기가 어렵고 냄새가 강한 고기로 독이 있을 가능성이 크다. 『주역정의』는

🔲 **六三, 筮腊肉遇毒. 小吝无咎.**
　　육삼　서석육우독　소린무구

육삼은 말린 고기를 씹다가 독을 만났으니 조금은 부끄러우나 큰 허물은 없을 것이다.

🔲 육삼은 독이 있는 말린 고기를 버렸다. 점을 쳤는데 조금 부끄러우나 큰 재앙이 없다고 하였다.

象曰 遇毒은 位不當也[12]일새라.
　상왈　우독　　위부당야

상전에 말하기를 독을 만난다는 것은 위가 부당하다는 것이다.

九四는 噬乾胏하여 得金矢나 利艱貞하니 吉[13]하리라.
　구사　서간치　　득금시　　이간정　　　길

"석육"을 "질기고 딱딱한 고기(堅剛之肉)"로 해석하여, 형을 시행하려는데 복종하지 않는 사람으로 비유하고 있다. 이런 고기는 잘게 씹어서 넘기기가 쉽지 않다. 마치 벌 받는 자가 쉽게 복종하지 않고 반발하고 있는 것과 같다. "독(毒)"은 벌을 받는 자가 불만과 원망을 속에 품고 있는 것을 상징한다. 이것은 음이 양을 벌하는 경우의 어려움을 말하는 것으로 보인다. 그러나 실제로 이것은 크게 문제가 되지 않는다. 약간 성가시고 괴롭다 하더라도 씹어서 넘기는 것, 즉 죄를 지은 자에게 단호하게 벌을 주는 것은 필요한 것으로 약간의 어려움은 있을지 모르나 결국은 허물이 없을 것이다.

12 다 같이 형벌을 이용하지만 육삼의 경우는 육이보다 못하다. 그렇기 때문에 육이는 "허물이 없다(无咎)"고 한 반면에, 육삼은 "약간의 부끄러움이 있으나 허물이 없다(小吝, 无咎)"고 하였다. 왜 육삼은 약간의 부끄러움이 있는가? 그것은 처해 있는 위치가 부당하고 중(中)하지 못하기 때문이다. 벌을 주는 자가 중정(中正)하지 못하기 때문에 죄인에게 벌을 주는 것은 당연히 순조롭지 못하다. 형벌을 다스리는 자는 반드시 먼저 스스로 정의롭고 옳아야 벌을 받는 자를 복종시킬 수 있다.

13 "치(胏)"는 뼈가 많이 붙은 고기를 말한다. "금시(金矢)"는 쇠로 만든 화살촉을 말한다. 구사는 자리 자체가 정위도 상응도 없는 아주 어려운 자리에서 빼어난 법 집행을 하는 경우이다. "간치(乾胏)"는 뼈가 많이 붙은 고기로 석육보다 더욱 질기다. 이는 구사에서

백 九四, 筮乾胏得金矢. 艱貞, 吉.
　　　구사　서간체득금시　　간정　길

구사는 뼈에 붙어 있는 마른 고기를 씹다가 쇠로 만든 화살을 얻었으나 어렵더라도 바르게 함이 이로우니 길할 것이다.

백 구사는 제사지내는 예기(禮器)를 버리려고 운반할 때 쇠로 만든 화살을 얻었다. 점을 치기 시작하니 길한 결과가 나왔다.

象曰 利艱貞吉은 未光也[14]라.
상왈　이간정길　　미광야

상전에 말하기를 어렵더라도 바르게 함이 이로우니 길할 것이라는 것은 아직 광명형통하지 못한 것이다.

六五는 噬乾肉하여 得黃金이니 貞厲면 无咎[15]리라.
육오　서간육　　　득황금　　　정려　　무구

벌을 집행하는 것이 육삼보다 더욱 어렵다는 것을 말한다. 구사는 괘의 중간에 있는 내 개의 효 중에서 유일한 양효이다. 이 효는 강으로 군주를 가까이에서 보필하는 자리에 해당하는 것으로 치옥(治獄)을 가장 잘 처리하는 능력 있는 인물로서 매우 해결하기 어려운 안건을 적절히 잘 처리하는 사람으로 상징되고 있다. 이 사람은 엄청나게 딱딱한 "간치"마저도 씹어서 넘길 수 있을 정도로 강직한 인물이다. 구사가 이 딱딱한 고기를 씹어 넘길 수 있는 것은 그가 "쇠로 만든 화살을 얻은(得金矢)" 탁월한 능력을 갖추고 있기 때문이다. 여기서 말하는 "쇠로 만든 화살"은 강직하여 어떤 것에도 흔들림이 없는 성격을 가진 사람으로 상징되어 어려운 안건도 잘 처리할 수 있다고 말한다.

14 호괘(互卦)로 말하면 구사가 감(坎)의 중간에 자리하고 있기 때문에 밝지 않은 상을 가진다. 내용적으로는 법을 집행하고 안건을 판단하기에는 아직 상황이 여러 모로 순조롭거나 밝지 못하기 때문에 바른 정도를 계속 지켜나가는 노력이 더 필요함을 말하고 있다.
15 "간육(乾肉)"은 완전히 햇빛에 말린 고기로 형을 받는 자를 비유하고 있다. "황금(黃金)"은 치우치지 않고 중의 입장에서 법을 강직하게 행하는 중용의 덕을 말한다. "황(黃)"을 중용으로 보는 것은 오행에 의해서이다.

■ 六五, 筮乾肉愚毒. 貞, 厲, 无咎.
　　육오　서간육우독　　정　려　무구

육오는 햇빛에 말린 고기를 씹다가 황금을 얻으니 바르고 위태롭게 하면 허물은 없을 것이다.

■ 육오는 제사에 사용한 독이 있는 고기를 버렸다. 점을 치니 위태롭지만 허물은 없을 것이라는 내용을 얻었다.

象曰　貞厲无咎는 得當也[16]일새라.
상왈　정려무구　　　득당야

상전에 말하기를 바르고 위태롭게 하면 허물은 없을 것이라는 것은 중의 자리에서 마땅함을 얻었기 때문이다.

上九는 何校하여 滅耳니 凶[17]토다.
상구　　하교　　　멸이　　흉

木　火　土　金　水
東　南　中　西　北
靑　赤　黃　白　黑

육이의 "부를 씹는 것", 육삼의 "석육을 씹는 것", 그리고 구사의 "간치를 씹는 것" 등은 갈수록 점점 씹기가 어렵지만 육오의 "햇빛에 말린 고기를 씹는 것"에 이르면 변화가 있게 되는데, 그것은 황금을 얻었기 때문이다. 여기에서 말하는 황금은 중의 색으로 육오가 중도를 얻었고 또한 군주의 자리에 있다는 것을 의미한다. 육오가 비록 부정위이면서 허물이 없는 결과를 얻을 수 있는 것은 올바름을 지켜서 늘 두려워하고 근신하고 있기 때문에 어려운 일도 쉽게 해결해낼 수 있는 것이다.

16 형옥(刑獄)을 정당하게 사용하고 있기 때문이다. "당(當)"은 "정(正)"으로 허물이 없다는 말이다. 육오는 부정위(不正位)이지만 오히려 강(剛)을 사용하는데 중(中)을 지킬 수 있기 때문에 끝내는 허물이 없다는 말이다. 즉 형법을 집행하는 위치에 있으면서 자칫 지나치게 형벌을 강하게 집행하거나 남용할 가능성을 경계하고 있다.

17 "하(何)"는 의문사가 아니라 동사로 사용되는데, 그 뜻은 맨다는 의미의 "하(荷)"와 같

상구. 何校滅耳, 凶.
　　　　하 교 멸 이　흉

상구는 형틀을 머리에 써서 귀가 보이지 않으니 흉하다.

백 상구는 칼을 들고 귀를 베니 사람들이 모두 두려워하였다.

象曰 何校滅耳는 聰不明也[18]일새라.
상 왈　하 교 멸 이　　총 불 명 야

상전에 말하기를 형틀을 머리에 써서 귀가 보이지 않는다는 것은 귀가 밝지 못했기 때문이다.

*서합괘의 의미와 교훈

서합괘는 입안에 있는 음식을 씹어서 입이 온전하게 닫히는 상징을 통

다. 여기에서 말하는 "교(校)"는 어깨와 목에 거는 형틀인 가(枷)를 말하는 것으로 보인다. 상구는 초구와 마찬가지로 형을 받는 사람이다. 가라는 형틀은 매우 커서 귀가 보이지 않는 모습으로 귀를 잘라낸다는 의미가 아니다. 고대에 귀를 잘라내는 형벌은 가벼운 것이고, 가를 차고 있는 것은 중형에 해당한다. 상구가 이렇게 중벌을 받는 이유는 개과 천선하지 못하고 작은 잘못들이 쌓여서 더 이상 돌이킬 수 없는 지경에 이르렀기 때문이다. 본래 한 괘의 초효와 상효는 서로 관련되는데 여기에서도 예외는 아니다. 만약 초구의 단계에서 작은 잘못을 심각하게 받아들여 개과천선하였으면 상구의 이런 비참한 지경에는 이르지 않았을 것이다.

18 "귀가 밝지 못하다(聰不明也)"는 말은 바른 말을 순순히 받아들이지 않는다는 뜻이다. 이에 대해 주자는 『주역본의』에서 "귀가 보이지 않는다는 것은 그 듣는 것이 귀가 밝지 못한 것에 대해 죄를 주는 것이니 만약 살펴 들어서 일찍 도모할 수 있었으면 이런 흉한 결과는 없었을 것이다(滅耳, 蓋罪其聽之不聰也, 若能審聽, 而蚤圖之, 則无此凶矣)"고 하였다.

하여 형법을 이용하는 문제를 비유적으로 말하고 있다. 괘사에서는 "형통하고 옥을 쓰는데 유리하다(亨, 利用獄)"고 하여 정확한 법률을 통해 올바르게 형벌을 사용하면 형통할 수 있다는 뜻을 분명하게 말하고 있다.

여섯 효 중에서 초효와 상효는 벌을 받는 사람으로 비유된다. 초효는 초범(初犯)으로 충분히 개과천선하여 허물이 없을 수 있으나, 상효는 지은 죄가 이미 중(重)하기 때문에 비참한 결과를 낳게 된다. 이효에서 오효에 이르는 네 개의 효는 형벌을 주관하는 사람으로 비유된다. 그 중 육이는 유로서 강을 타고 있고, 육삼과 육오는 음으로 양의 자리에 있고, 구사는 양으로 음의 자리에 있어서 하나같이 모두 강과 유를 동시에 겸비해야 하는 "치옥(治獄)"의 도리를 말하고 있다.

『서계역설』(西溪易說)에서 이과(李過 : 남송시대의 역학자)는 오효를 군주의 자리로 형벌을 주관하는 주체로, 사효는 대신의 자리로 형벌을 주관하는 경으로, 또 그 아래에 있는 이효와 삼효는 형벌을 주관하는 실무 담당지로 나누어 보고 있다("五, 君位也, 爲治獄之主. 四, 大臣位也, 爲治獄之卿, 又其下也爲治獄之吏"). 그러나 이들 네 효의 위(位)는 비록 높고 낮음의 차이가 있으나 형벌을 주관하는 과정에서는 대개 "허물", "부끄러움", "어려움" 등이 생긴다. 이것은 아마도 『주역』의 작자가 형벌을 주관하는 어려움을 깊이 파악하였기 때문인 것으로 보인다.[19]

결론적으로 서합괘는 법률을 집행하는 가운데에서 나타나는 인생의 여러 가지 문제를 이야기하고 있다. 법을 집행하고 재판을 진행하는 일은 결코 쉬운 일은 아니다. 또 죄의 내용이 심각한 안건일수록 더욱 처리하기가 어렵다. 그 때문에 서합괘는 단단한 고기라든가 뼈가 붙어 있는 고기, 그리고 건조한 고기를 가지고 이런 어려움을 비유하고 있다. 법을 집

---

[19] 황수기 『주역역주』 173쪽 참조.

행하고 재판을 결단하는 행위는 반드시 공정무사하고 엄숙하고 진지해야 한다. 또한 자비로움과 위엄을 동시에 갖추고 있어야 한다. 특히 법으로 죄인을 징계하는 방식 이외에 또한 그들을 교화하는 방식을 결합하여야 법제(法制)의 존엄성을 확보할 수 있고 사회의 안정을 유지할 수 있다는 것을 서합괘는 강조하고 있다.

22. ䷕ 산화비(山火賁, 🔲 繫 第十四)

1) 괘의 순서

비괘(賁卦 : ䷕)는 「서괘전」에서 "합은 합하는 것이니 물건은 구차하게 합할 수만은 없기 때문에 비괘로 받았다(嗑者合也, 物不可以苟合而已, 故受之以賁)"고 하였다. 비괘는 서합괘(䷔)의 전도괘로 형상이 완전히 거꾸로 이며, 의미 또한 그와 같다. 그래서 서합괘에서 악을 벌주었다면, 비괘는 선(善)을 장식하는 것에 대해 말하고 있다. 말하자면 서합괘가 법률을 말하였다고 한다면, 비괘는 예의를 말한다. 이에 대해 정이천은 『이천역전』에서 "비는 꾸민다는 것이다. 물건이 합하면 반드시 무늬가 있는데 무늬는 바로 꾸미는 것이다. 예를 들면 사람이 모이면 위엄과 상하의 구분이 있게 되고, 물건이 모이면 순서와 항렬이 있어서 합하면 반드시 꾸밈이 있게 되니 비괘가 서합괘 뒤에 오는 까닭이 된다(賁者飾也. 物之合則必有文, 文乃飾也. 如人之合聚則有威儀上下, 物之合聚則有次序行列, 合則必有文也, 賁所以次噬嗑也)"고 하였다.

2) 괘명의 의미

"비(賁)"는 자의(字意) 상으로 보면 기본적으로 장식(裝飾)의 의미를 가지고 있다. 『설문해자』에서는 "비는 꾸미는 것이다(賁, 飾也)"고 하였고, 『경전석문』에서는 "비는 고대의 반(斑)자로 문채가 빛나는 모습이다(賁, 古斑字, 文章貌)"고 하였다. "비"자의 본의는 조개껍데기의 광택을 의미하는 것으로 꾸민다는 뜻을 가지고 있다. 사회에 대해서 말하면 예의

(禮義)는 가장 빼어나고 체계화된 꾸밈이라고 할 수 있다. 이 때문에 비괘는 예의를 주로 말한다. 문자적인 분석을 통해보면 비괘의 괘명이 가지고 있는 뜻은 주로 장식하고 미화(美化)하는 데 초점이 있다.

사회적인 의미에서 꾸밈을 말하자면 여러 가지 다양한 질서를 조합하는 가운데 조화와 통일이 생겨나는데 이러한 조화와 통일을 가장 분명하게 드러내주는 것이 법치와 예를 중심으로 하는 문명이다. 현대적 의미로 말하자면 문명과 법치는 현대사회를 조직하는 데 있어서 필수 불가결한 두 가지 측면이다. 여기에서 말하는 문명 속에는 도덕적인 인격, 문화적 수양, 예의와 공공질서 및 사상 교육들을 모두 포괄하는 것으로 이것들은 인간의 언행과 생각을 조정하고 제약한다. 이것이 바로 「단전」에서 말하는 "인문(人文)"의 주요한 의미이다.

인간의 언행은 무엇보다도 먼저 문명의 규범에 제약되어야 하고 또 이런 문명의 제약을 벗어날 경우에는 법치의 규범에 제한되어야 한다. 이렇게 될 때 비로소 사회가 질서 있게 전진하고 발전될 수 있는 것이다. 어떤 의미에서 보자면 문명이 법치보다는 더욱 중요하다고 할 수 있다. 왜냐하면 문명은 절대 다수의 사람들이 정상적인 질서 속에서 활동할 수 있도록 하는 하나의 보증인 데 비해서 법치는 주로 소수의 범죄를 저지를 가능성이 있는 사람들을 질서 속으로 들어가도록 강제하는 데에 초점이 있기 때문이다. 이런 점에서 서합괘나 비괘는 『주역』이 말하는 사회의 조직 체계를 나름대로 설명하고 있다. 구체적으로 말하면 서합괘가 법치를 말한다면, 그것을 잇는 비괘는 문명의 문제를 이야기하고 있다.

3) 괘상의 의미

비괘(賁卦 : ䷕)의 괘상은 내괘가 이괘(離卦)로 그 특성은 밝음이며,

외괘(外卦)는 간괘(艮卦)로 그 특성은 머무름(止)이다. 사물이 취합하면 반드시 질서와 모범이 있어야 한다. 특히 인간의 집단에는 이런 질서가 더욱 필요한데 여기에서 예(禮)의 장식이 요청된다. 내괘(內卦)가 가지는 뜻은 문명한 제도로서 모든 개인들에게 자신의 일정한 분수에 머무르게 한다. 이것이 바로 인류생활에 필요한 장식이다. 말하자면 문명적인 제도로 모든 사람들이 일정한 위치에 머무르게 하는 이것이 바로 인류 공동체에 필요한 장식이고, 이런 입장에서 비괘가 출현한다.

괘변(卦變)으로 보자면 이 괘는 손괘(損卦 : ☳)의 육삼과 구이가 교환된 것이거나 또는 기제괘(旣濟卦 : ☲)의 상육과 구오가 교환된 것이다. 이러한 괘변은 모두 유효가 하강하여 원래의 강효를 꾸미고 있고, 강효가 상승하여 원래의 유효를 꾸미고 있다. 이 때문에 비괘라고 말하는 것이다.

이외에 손괘(損卦)의 육삼과 구이가 교환된 후에 내괘는 이괘(離卦 : ☲)로 변하게 되는데 이괘(離卦)는 바로 광명하기 때문에 형통하게 된다. 또 기제괘의 상육과 구오가 교환된 후에 외괘는 간괘(艮卦 : ☶)로 변하여 머무는 뜻이 된다. 바깥에 머물게 됨으로써 크게 나아갈 수는 없고 다만 조금만 나아가야 유리함이 있게 되는 것이다.

본래 비는 장식에 불과하고, 비록 미화한다 하여도 결국은 실질적인 바탕에 부속될 따름이다. 그러므로 큰 중임은 맡을 수 없고, 장식을 지나치게 중시하는 것 역시 자제되어야 한다.

賁는 亨하니 小利有攸往[1]하니라.
비　　형　　　소 리 유 유 왕

---

[1] 조금만 꾸미는 것이 좋다는 의미이다. 꾸밈을 지나치게 하면 자칫 실질(實質)을 망칠 가

🔲 賁,² 亨. 小利有攸往.
　　번　　형　소 리 유 유 왕

경의 의미 : 비괘는 제사를 올리니 가면 약간의 이익이 있을 것이다.

전의 해석 : 비는 형통하나 가는 바를 둠이 조금 이롭다.

🔲 흰 쑥을 뜯어 제사를 올렸다. 점을 쳤는데 나아가면 불리하다는 결과가 나왔다.

彖曰 賁亨³은
단 왈　비 형

단전에 말하기를 비는 형통하다는 것은

柔來而文剛이라 故로 亨하고 分剛하여 上而文柔라 故⁴로
유 래 이 문 강　　　　고　　형　　분 강　　　　상 이 문 유　　고

능성이 있기 때문이다. 비괘(賁卦)는 크게 보면 현상과 본질의 문제를 다루고 있는 것으로도 볼 수 있다. 좁게는 『논어』에서 말하는 문질(文質)과 관련되는 것으로 보인다. 즉 바탕과 장식의 대립과 적절한 조화를 말하고 있다.
2 "번(蘩)"은 하얀 쑥을 말한다.
3 주자는 이 구절을 연문(衍文)으로 보고 있다.
4 "유(柔)"는 육이를, "강(剛)"은 구오를 말한다. "문(文)"은 장식(裝飾)의 의미로 크게는 인간이 자연을 변화시키는 것을 말한다. 이른바 장식은 위치와 색깔을 바꾸어 적절하게 안배하는 것을 말한다. "문"은 장식하는 것으로 여기에서는 강과 유가 서로 교착(交錯)되는 것을 말한다. 강유가 서로 교착하는 것 중에서 가장 큰 것이 바로 자연의 장식인 "천문(天文)"이다. 이런 "강유상교(剛柔相交)"를 가장 잘 보여주는 괘가 바로 비괘(賁卦)이다. 이 문제에 대해 소식(蘇軾)은 『동파역전』(東坡易傳)에서 다음과 같이 말한다. "주역에는 강유왕래상가가 서로 바뀌는 설이 있는데, 그 중에서 가장 현저한 예가 바로 비괘의 단전이다. …… 무릇 주역에서 말하는 강유가 서로 바꾼다는 관점은 모두 건·곤괘에 근본하고 있다. 건괘가 하나의 양을 곤괘에 베풀어서 그 음을 변화시켜 세 아들을 낳았는데 모두 하나의 양과 두 개의 음으로 구성되어 있다. 무릇 이 세 아들의 괘에는 강이 와서(剛來)라

小利有攸往하니 天文也⁵요.
소리유유왕   천문야

유가 내려와서 강을 꾸미기 때문에 형통하고, 강이 나누어 올라가 유를 꾸미기 때문에 갈 바가 있으나 이로움이 적으니, 이것이 천문이다.

文明以止하니 人文也⁶니
문명이지   인문야

문명으로써 머물러 인문이니

觀乎天文하여 以察時變⁷하며
관호천문   이찰시변

는 말이 있는데, 이것은 본래 곤괘인데 건이 와서 변화시킨 것임을 밝히고 있다. 곤괘가 하나의 음을 건괘에 베풀어서 그 양을 변화시켜 세 딸을 낳았는데, 모두 하나의 음과 두 개의 양으로 구성되어 있다. 무릇 이 세 딸의 괘에는 음이 와서(柔來)라는 말이 있는데, 이것은 본래 건괘인데 곤이 와서 변화시킨 것임을 밝히고 있다(易有剛柔往來上下相易之說, 而其最著者貴之彖也. …… 凡易之所謂剛柔相易者, 皆本諸乾坤也. 乾施一陽於坤, 以化其一陰而生三子, 皆一陽而二陰, 凡三子之卦, 有言剛來者, 明此本坤也, 而乾來化之. 坤施一陰於乾, 以化其一陽而生三女, 皆一陰而二陽. 凡三女之卦, 有言柔來者, 明此本乾也, 而坤來化之)"고 하였다.

5 "천문"은 하늘의 문채로 일월성신(日月星辰) 혹은 음양변화 등을 말한다. "천문"의 앞에 "강유교착(剛柔交錯)"이라는 말이 탈락된 것으로 보기도 한다. 황수기의 『주역역주』 175쪽 참고 바람.
6 "문명"은 아래 괘인 이괘(離卦)의 불 혹은 태양을 가리키고, "지(止)"는 상괘의 간(艮)을 가리킨다. "인문"은 인간의 문제로 문장(文章)이나 예의(禮義) 등을 가리킨다. "문명"은 인류의 장식으로 그 중 대표적인 것이 바로 예의이다. 예의는 인간이 본능적으로 가지고 있는 거친 동물성을 다른 사람에 대해 배려하고 아끼는 규범이나 질서로 장식하는 문화체계를 의미한다.
7 이것은 대자연의 꾸밈을 관찰하여 사계절의 변천에는 나름대로의 법칙이 있음을 알게 되는 것을 말한다. 그러므로 정이천은 『이천역전』에서 "하늘의 무늬는 해와 달과 별이 섞이고 벌려있는 것과 한서와 음양이 교대하고 변하는 것이니, 그 운행을 살펴서 사시의 바뀜을 관찰한다(天文謂日月星辰之錯列, 寒暑陰陽之代變, 觀其運行, 以察四時之遷改也)"고 하였다.

천문(일월성신의 장식)을 보고서 사시의 변화를 관찰하며,

觀乎人文하여 以化成天下⁸하나니라.
관 호 인 문　　　이 화 성 천 하

인문을 관찰함으로써 천하를 교화해서 이룬다.

象曰 山下有火 賁니 君子以하여 明庶政하되 无敢折獄⁹하나니라.
상 왈 산 하 유 화 비　군 자 이　　　명 서 정　　　　무 감 절 옥

상전에 말하기를 산 아래에 불이 있는 것이 비니, 군자는 이것을 본받아 여러 정사를 밝히되 함부로 옥사를 과감하게 처리하지 않는다(찬찬히 살펴서 신중하게 처리한다).

初九는 賁其趾니 舍車而徒¹⁰로다.
초 구　　비 기 지　　사 거 이 도

---

8 이것은 인류가 장식한 것을 관찰하여 천하를 교화하여 훌륭한 정치가 이루어지도록 하는 것을 말한다. 『이천역전』에서는 "인문을 관찰하여서 천하를 가르쳐 교화하게 하고, 천하가 그 예와 풍속을 이루는 것이 바로 성인이 장식을 쓰는 방법이다(觀人文以敎化天下, 天下成其禮俗, 乃聖人用賁之道也)"고 하였다.

9 "서정(庶政)"은 여러 방면의 정사(政事)를 말한다. "절옥(折獄)"은 안건(案件)을 판결한다는 말이다. 상괘의 간(艮)은 산이고, 하괘의 이(離)는 불이다. 산 아래에 불이 있어 불의 세력이 산에 의해 막혀서 더 이상 번져가지 못하는 상이다. 군자는 이 괘상을 본받아 여러 가지 상황을 자세히 관찰하여 경솔하게 소송을 판결하지 않는다. 내괘(內卦)의 이(離)는 밝음으로 여러 정황(情況)을 분명히 살피는 것을 말하고, 외괘(外卦)의 간(艮)은 머무르는 것(止)으로 쉽게 판결을 내지 않는 것을 말한다.

10 "발(趾)"이 나온 것은 신체 중에서 가장 아래에 있고, 또 "행(行)"과 연관되기 때문이다. "그 발을 꾸미니(賁其趾)"라는 말은 행동을 꾸미는 것, 즉 행동을 깨끗하고 올바르게 하는 것을 말한다. "수레를 버리고 도보로 걷는다(舍車而徒)"는 것은 정도를 버리지 않고 힘들지만 어려운 길을 꿋꿋하게 가겠다는 것을 말한다. 초구는 가장 아래 있으면서 자기 짝인 육사와 상응하지만 근처에 있는 육이와 친하게 가까이 지낼 가능성이 크다. 육이는 수레에 해당하는데, 수레를 타면 목적지에 빨리 도착할 수 있다. 그런데도 수레를 버리

🔳 初九, 賁, 亓趾, 舍車而徒.
　　　초 구　번　기 지　사 거 이 도

초구는 그 발을 꾸미니 수레를 버리고 도보로 걷도다.

🔳 초구는 물속의 작은 모래섬에 가서 흰 쑥을 뜯으려면 수레를 타고 갈 수가 없고 오직 수레에서 내려 걸어갈 수밖에 없다.

象曰 舍車而徒는 義弗乘也[11]라.
상 왈　사 거 이 도　　의 불 승 야

상전에 말하기를 수레를 버리고 도보로 걷는다는 것은 올바른 도리(義)에 따라 타지 않는 것이다.

六二는 賁其須[12]로다.
육 이　　비 기 수

🔳 六二, 賁, 亓須.
　　　육 이　번　기 수

고 도보로 가겠다는 것은 자기 위치와 정도를 지켜 나가겠다는 의미이다.
11 주자는 『주역본의』에서 "군자가 취하고 버리는 것은 단지 올바른 도리(義)에 의해서 결정될 뿐이다.(君子之取舍, 決於義而已)"라고 하였다.
12 "수(須)"는 수염(鬚)을 말한다. 사람에게 있어서 수염의 주된 용도는 얼굴을 장식하며 얼굴을 아름답게 보이는 데 있다. 수염은 스스로 자립(自立)할 수 없고 반드시 턱에 붙어있어야 한다. 만약에 턱이 없다면 수염 또한 붙어 있을 데가 없다. 이런 의미에서 육이는 본질을 벗어난 장식에 대해 말한 것이다. 장식한다고 본질이 변하는 것은 아니기에 장식에는 한계가 있을 수밖에 없다. 그러므로 육이는 자체로 독립적으로 움직일 수 없고 구삼에 따라서 움직여야 한다. 육이는 음으로 중정(中正)하면서 구삼과 가까이 지내려고 한다. 육이는 아래턱(頤)에 따라서 움직이는 턱을 장식하는 턱수염(須)을 상징하고 있다. "턱"이라는 것은 삼효에서 상효에 이르는 네 효가 턱을 상징하는 이괘(頤卦)를 나타내고 있기 때문이다.

육이는 수염을 꾸미는 것이로다.

❚백❚ 육이는 흰 쑥의 수염뿌리를 뜯는다.

象曰 賁其須는 與上興也¹³라.
　　상왈　비기수　　　여상흥야

상전에 말하기를 수염을 꾸민다는 것은 위와 함께 움직이는 것이다.

九三은 賁如濡如하니 永貞하면 吉¹⁴하리라.
　구삼　　비여유여　　　　영정　　　길

---

13 "흥(興)"은 "동(動)"과 같다. "상(上)"은 구삼을 말한다. 효사에 "수염을 꾸민다(賁其須)"고 말하는 것은 그 가까이 친하는 상(구삼)을 따라 같이 움직이는 것을 말한다.
14 ""유여(濡如)"는 윤택(潤澤)이 나는 것을 말한다. 구삼은 이괘(離卦 : ☲)의 상효에 자리하여 육이와 서로 가까이 친하여 꾸미기 때문에 "꾸며서 빛이 나고(賁如)"라고 한다. 또 육이, 육사와 더불어 감괘(坎卦 : ☵)가 되기 때문에 "윤택이 나는(濡如)"이라고 한다. 이 때문에 이정조의 『주역집해』에서는 "이괘의 문명함이 있어서 스스로 꾸미기 때문에 비여라고 한다. 감괘의 물이 있어서 저절로 윤택하기 때문에 유여라고 한다(有離之文以自飾, 故曰賁如也, 有坎之水以自潤, 故曰濡如也)"고 하였다. 구삼은 육이와 육사의 중간에 끼어 있는 양으로 이괘의 상효로 육이와 육사가 구삼을 꾸미고 있는 경우이다. 꾸며서 윤택함이 나온다. 그러나 이런 상황에 만족해서 빠질 수는 없다. 왜냐하면 육이와 육사는 정응하는 것도 없고 이·삼·사효의 호괘(互卦)가 감(坎)이기 때문에 위태로워서 계속 올바르게 행동하여야 한다. 사물은 일정한 정도에 이르면 쉽게 변화하기 때문에 조금만 주의를 기울이지 않으면 어느 사이엔가 다른 방향으로 가버린다. 꾸미고 장식하는 것이 지나치면 바탕, 즉 본질을 훼손하는 경우가 종종 발생하기 때문에 "빛이 난다(濡如)"고 말하는 것이다. "유(濡)"는 정확히 말해서 꾸며서 장식한 문체가 매우 화려하고 윤택함으로 가득 차 있는 것을 말한다. 『주역절중』은 『주역』에서는 여러 군데에서 "~如 ~如" 등의 말이 출현하는데, 이는 하나같이 모두 의심스러워 결정하지 못하는 경우에 사용한다고 말한다. 이 괘에서 말하는 "비여(賁如)"나 "유여(濡如)"라는 말은 꾸미고 장식했는데, 꾸미고 장식한 것이 과분해서 바탕을 훼손할 가능성에 대해 고려하고 있는 상태를 말한다. 그러므로 여기에 "계속 바르게 하면 길할 것이다(永貞吉)"는 말을 덧붙이는 것이다. 구삼은 강으로서 양의 자리에 있어서 결코 '부정위'가 아니지만 문제는 계속적으로 바름을 지켜갈 수 있느냐 하는 것이다. 계속적으로 바름을 지켜갈 수 있으면

🈶 九三, 賁如濡如, 永貞吉.
　　구삼　번여유여　영정길

구삼은 꾸며서 빛이 나고 윤택이 나니, 계속 올바르면 길할 것이다.

🈶 구삼은 부드럽고 연한 흰 쑥 나물로 제사를 지냈다. 오래도록 길게 점쳐 길한 결과를 얻었다.

象曰 永貞之吉은 終莫之陵也[15]니라.
상왈　영정지길　　종막지능야

상전에 말하기를 계속 올바르면 길할 것이라는 것은 끝내는 업신여기는 자가 없다는 것이다.

六四는 賁如皤如하며 白馬翰如하니 匪寇면 婚媾[16]리라.
육사　비여파여　　　백마한여　　　비구　　혼구

꾸밈에 의해서 바탕이 훼손되는 상태에는 이르지 않기 때문이다. 이럴 경우에 비로소 길하다고 말한다. 김경방의 『주역전해』 201-202쪽 참조 바람.

15 만약 꾸며서 형식으로만 흐르면 끝에 가서는 다른 사람들에게 업신여김을 당하게 될 것이라는 말이다. 이에 대해 정이천은 "꾸미되 항상하지 못하고 또 바른 것이 아니면 다른 사람들에게 능멸과 업신여김을 당하게 된다. 그러므로 늘 바르게 하면 길하다고 경계한 것이다. 그 꾸밈이 항상적이고 바르다면 누가 능멸할 수 있겠는가(飾而不常且非正, 人所陵侮也, 故戒能永正則吉也. 其賁旣常而正, 誰能陵之乎?)"고 하였다.

16 "파(皤)"는 본래 노인의 백발을 가리키지만 여기에서는 장식을 하지 않은 흰색을 말하는 것으로 원래의 본분(本分) 또는 바탕에 따르는 것을 상징한다. "한(翰)"은 배회하면서 기다리거나 혹은 날다(飛)라는 뜻으로 해석된다. 육사는 본래 초구와 서로 상응하지만 중간에 있는 구삼에 막혀 쉽게 가지 못하고 있다. 여기에서 막힌다는 말은 구삼과 가까이에서 친비하는 경우를 가지고 말할 수도 있고 또는 구삼을 흉폭한 도적으로 의심할 수도 있다. 그러므로 "비구혼구(匪寇婚媾)"에 대해 정이천은 중간에 놓여 있는 구삼이 아니라면 초구와 육사가 상응하여 서로 친함을 이룰 것으로 말한다. 이에 비해 주자는 구삼은 강정(剛正)이어서 적(敵)이 되는 자가 아니고 단지 청혼(請婚)하는 자라고 말한다. 어쨌든 육사는 구삼을 버리고 정당한 배우(配偶)인 초구에게로 말을 타고 달려가듯이 재

백 六四는 繁如蕃如, 白馬翰如, 匪寇婚媾.
육사 번여번여   백마한여   비구민후

육사는 꾸몄다가 희게 하였다가 하얀 말이 날아갈 듯이 달려가니 도적이 아니면 청혼할 것이다.

백 육사는 흰 쑥 나물과 무성한 채소가 있는데 당당하게 생긴 흰말을 타고 오니 강도적질을 하러 온 것이 아니라 아내를 얻으러 왔다.

象曰 六四는 當位疑也니 匪寇婚媾는 終无尤也[17]라.
상왈 육사   당위의야   비구혼구   종무우야

상전에 말하기를 육사는 위가 의심 받는 자리에 처해 있으니, 도적이 아니면 청혼할 것이라는 것은 끝내는 허물이 없다는 것이다.

六五는 賁于丘園이니 束帛이 戔戔이면 吝하나 終吉[18]이리라.
육오   비우구원   속백   잔잔   린   종길

빠르게 감을 비유하여 말한다.

[17] "당위(當位)"는 육사의 정위(正位)를 의미하는 당위로 쓰기도 하지만, "당하다" 또는 "처해 있다"는 "당"으로 말하기도 한다. 후자의 해석은 정이천이 대표적인데 매우 설득력이 있는 해석으로 보인다. 정이천은 "사효와 초효가 멀리 (떨어져) 있고 삼효가 그 사이에 끼어 있으니, 이는 처해 있는 자리가 의심스러울 만하다. 비록 구삼의 원수에게 끼여져 혼인할 사람과 가까이 친할 수 없으나, 그 상응하는 바의 이치가 곧고 지켜야 할 도리가 빼어나 끝내는 반드시 합하기 때문에 '끝내는 허물이 없을 것이다'고 말하는 것이다(四與初相遠而三介於其間, 是所當之位爲可疑也, 雖爲三寇讐所隔, 未得親於婚媾, 然其正應理直義勝, 終必得合, 故云終无尤也)"고 하여, 육사의 처해 있는 상황을 입체적으로 잘 설명하고 있다. 도적질을 하러 온 것이 아니라 아내를 얻으러 왔다는 말은 둔괘(屯卦) 육이 효사에서도 발견되는데 내용적으로 본 괘와 유사하다. 그러나 둔괘의 경우는 어려운 상황에서 빨리 가지 못하는 경우를 말하지만, 이 괘에서는 의심스러워 빨리 가지 못하는 의미로 내용에서 구별된다. 이에 대해 호병문은 『주역본의통석』에서 "둔괘의 육이는 오효와 상응하여 아래가 위를 구하는 것으로 급해서는 안 된다. 반면에 비괘의 육사는 초구와 상응하는데 이는 위에서 아래를 구하는 것으로 늦출 수가 없다(屯二應五, 下求上也, 不可以急. 賁四應初, 上求下也, 不可以緩)"고 하였다.

백 六五, 賁于丘園, 束白戔戔, 吝, 終吉.
　　　육오　번우구원　속백전전　린　종길

육오는 언덕과 채마밭을 꾸밈이니 비단 묶음이 적으면 부끄러움을 느낄지는 모르나 끝내는 길할 것이다.

백 육오는 동산에서 흰색의 쑥을 뜯는데 흰옷을 입고 작은 목소리로 여러 이야기들을 하고 있다. 비록 약간의 부끄러움을 당하는 어려움이 있을지라도 점을 치니 끝내 길할 것이라는 결과를 얻었다.

---

18 "구원(丘園)", 즉 언덕과 채마밭을 말하는데 바깥의 높은 곳에 있는 상구를 가리킨다. 빌헬름은 "구원"을 언덕과 채소밭(hills and gardens)으로 번역하고 있다. 정이천은 "언덕(丘)은 바깥에 있으면서 가깝고도 높은 곳을 이르는 것이고 채마밭은 성읍에서 가까우나 역시 바깥의 가까운 곳에 있다. 언덕과 채마밭은 바깥에 있으면서 가까운 것을 말하니 상구를 가리킨다(丘謂在外而近且高者, 園圃之地, 最近城邑, 亦在外而近者. 丘園謂在外而近者, 指上九也)"고 하였다. "속백(束帛)"은 다섯 필이 한 묶음인 비단을 말하는데 화려하지 않고 빈약한 물건을 말한다. 주자는 『주역본의』에서 "비단 묶음은 하찮은 물건이요, 잔잔은 작다는 뜻이니 사람으로서 이와 같다면 비록 부끄럽고 궁색할 것이나 예는 사치스러운 것보다는 차라리 검소해야 하므로 끝내 길함을 얻을 것이다(束帛薄物, 戔戔淺小之意, 人而如此, 雖可羞吝, 然禮奢寧儉, 故得終吉)"고 하였다. "잔잔(戔戔)"은 가볍다는 말이다. 예를 들면 물이 적고 얕은 것을 '천(淺)'이라 하고, 지위가 낮은 것을 '천(賤)'이라 하고, 작은 돈을 '전(錢)'이라 하는 경우에서 알 수 있다. "비단 묶음(束帛)"은 박한 예물이다. 왜 예물을 말하는가? 이유는 "현사(賢士)"를 모시려고 하기 때문이다. 『주역절중』은 하해(何楷, 생물년 미상, 명말의 역학자로 대표적인 저작으로는 『古周易訂詁』가 있다)의 말을 인용하여 "구원(丘園)은 상효를 가리키는데 상효는 양강으로 바깥에 있는 사람으로 현인이 구원에 숨어 있는 상이다(丘園指上, 上陽剛而處外, 乃賢人隱丘園之象)"고 하였다. 육오의 군주가 초야(草野)에 은거하고 있는 상구의 현사를 모셔 그의 도움을 받아 나라의 여러 가지 일을 꾸미려는 것이다. 현인을 모시기 위한 빙례(聘禮)를 위한 예물이 필요하지만 결코 비싸거나 사치스러운 물건이 필요한 것은 아니라는 것이다. 중요한 것은 진정성(sincerity of feeling)이라는 것을 빌헬름은 말하고 있다. 육오 효사에서 말하는 "비단 묶음이 적으면 부끄러움을 느낄지는 모르나(束帛戔戔, 吝)"라고 말하는 것은 비록 부끄러움을 느껴야 되는 평가를 받을 수 있을지는 모르나 중요한 것은 그 바탕에 있는 정신적 내용임을 강조하고 있다.

象曰 六五之吉은 有喜也라.[19]
_{상 왈 육 오 지 길   유 희 야}

상전에 말하기를 육오가 길하다는 것은 경사가 있다는 것이다.

上九는 白賁면 无咎리라.[20]
_{상 구   백 비   무 구}

🔲 尙九, 白賁. 无咎.
_{상 구   백 비   무 구}

상구는 희게 꾸미면 허물이 없을 것이다.

🔲 상구는 흰색의 쑥을 뜯었다. 점을 치니 허물은 없을 것이라는 결과를 얻

---

19 이 구절은 존위(尊位)에 자리하면서도 사치스럽고 화려한 꾸밈을 좋아하기보다는 질박(質朴)한 바탕을 버리지 않는다면 끝내는 원하는 바대로 길한 결과를 가질 것이라고 말한다. 공영달은 『주역정의』에서 "구는 언덕배기를 말하고, 원은 채마밭을 말한다. 오직 초목이 자랄 수 있는 것은 질박한 땅이지 화려하고 아름다운 곳이 아니다(丘謂丘墟, 園謂園圃, 唯草木所生是質素之處, 非華美之所)"고 하였다.

20 본래 "비(賁)"는 여러 색이 섞여 있는 장식을 말한다. 상구는 다른 색을 쓰지 않고 흰색을 바탕으로 하여 꾸미고 있다. 흰 것과 꾸민다는 말은 서로 반대되는 말이다. 이른바 "백비(白賁)"는 꾸밈의 극단 혹은 꾸밈의 최종적인 상태를 이야기한 것이라고 할 수 있다. 일체의 꾸밈은 극단에 이르면 일체의 소박한 본래 상태로 돌아가게 마련이다. 인간세계에서 가장 큰 꾸밈 혹은 장식은 예와 법이고 예법이 극단에 이르면 자연으로 회귀하는 소박함을 회복하게 된다. 이것이 바로 "백비"이다. 요즘 강조하는 웰빙(well-being)의 문제 역시 이런 "백비"의 문제와도 연결된다. 이른바 '잘 삶'의 문제는 결코 다양한 문명의 이기(利器)로 장식하기 보다는 본래의 자연 상태에 있는 것이 가장 좋은 삶의 방식임을 다시 발견하였기 때문이다. 여기에서 말하는 "백비"의 의미는 흰 것이 바로 꾸미는 것을 의미하여 흰 것과 꾸미는 것이 같은 것으로 됨을 말한다. 꾸밈이 극단에 이르면 꾸미지 않는 것으로 변하게 된다. 꾸밈이 없다는 것은 꾸밈이 없는 것이 아니라 무색을 꾸밈으로 삼고, 바탕을 꾸밈으로 삼는 것을 말한다. 이 때문에 「잡괘전」에서 "꾸밈은 무색이다(賁無色)"고 하여, 비괘가 가진 특색을 매우 완벽하게 설명하고 있다. 여기에서 『주역』은 대립면의 통일이라는 일종의 변증법적인 논리를 통하여 "백비"의 관점을 명쾌하게 설명해주고 있다.

었다.

象曰 白賁无咎는 上得志也²¹라.
　상　왈　백　비　무　구　　　　상　득　지　야

상전에 말하기를 희게 꾸미면 허물이 없을 것이라는 것은 위에서 뜻을 얻었다는 것이다.

* 비괘의 의미와 교훈

　비괘(賁卦)는 예의(禮義)의 원칙을 설명하고 있다. 질서를 세우고 유지하기 위해서 규제와 형벌이 부득이한 수단이라고 한다면, 문명사회를 유지하는 예의를 제정하는 것은 인간을 다른 동물과는 다르게 만드는 필수불가결한 꾸밈 혹은 장식이라고 할 수 있다. 그러나 일체의 인위적인 장식은 그 분수에 들어맞아야 한다. 장식에 앞서서 그 의미의 실질적 바탕을 먼저 강조하여야 하지 형식적이거나 표면적인 장식에만 사로 잡혀서는 곤란하다. 이러한 경우는 이미 춘추전국시대에 주나라의 예 문화가 처한 경우를 통해서도 알 수 있다. 주례(周禮)가 단순히 형식화되었을 때 그것은 인간을 억압하는 수단으로만 작용하였지, 인간을 보다 고상한 문화적 존재로 만드는 본래의 기능을 거의 상실하였기 때문이다.

---

21 상구는 꾸며야 하는 시기에 도리어 바탕(質)을 꾸밈(文)으로 삼는데, 이는 실질적으로는 꾸밈이 없는 것이다. 그러면 "무구(无咎)"라고 하는 이유는 무엇인가? 상위(上位)는 무위(無位)로 이미 국외자(局外者)라고 할 수 있다. 상구는 이런 위치에 도달하여 자득(自得)의 상태에서 헛된 꾸밈이나 장식을 버리고 바탕으로 돌아간다. 상구는 간괘(艮卦)의 주효(主爻)로 육오와 친비(親比)하여 "백비"가 가지고 있는 의미와 뜻을 크게 얻고 있다. 상구에서 말하는 꾸밈의 도리는 바탕을 높여야 한다는 근본적인 의미를 파악하였다고 할 수 있다.

비괘는 꾸밈의 의미를 집중적으로 분석하고 있다. 괘 가운데에 여섯 효는 음양이 교착하고 서로 섞인 가운데에서 꾸며주는 상을 보여주고 있다. 그 중에서 초효와 사효는 상응하면서 꾸며주고, 이효와 삼효, 오효와 상효는 서로 가까이 친하게 지내면서 꾸며준다.『주역절중』에서 "음양이라는 이 둘은 상응하는 것은 상응으로써 서로 꾸며주고, 상응하지 않는 것은 가까이 친하게 지내는 것으로써 꾸며준다(陰陽二物, 有應者以應而相賁, 無應者以比而相賁)"고 하였다.

비괘는 인간사회에서 행해지는 예의의 문제에 대해서 말하고 있다. 예의는 일종의 표면적인 꾸밈이다. 그러나 예의를 추구하는 데 있어 중요한 것은 그 실질이나 바탕을 파악하는 데 핵심이 있다. 표면적인 꾸밈은 반드시 적절하여야 하고 허영을 따르거나 지나친 낭비를 조장해서는 곤란하다. 만약 번쇄한 예의 속에 함몰되어진다면 그것은 더욱 나쁜 결과를 초래할 것이다. 꾸미는 것 가운데에서 최고의 것은 자연적이고 소박한 것에 바탕 하여야 하기 때문이다.

그렇다고『주역』이 바탕과 장식의 관계 문제에 있어서 바탕만을 강조하고 꾸밈을 중요하게 생각하지 않는 것은 아니다. 도가(道家)가 장식보다는 바탕을 중요하게 여기는 데 비해,『주역』이나 유가는 바탕도 중요하게 여기고 꾸밈도 중요하게 여겨서 "문질빈빈(文質彬彬)"의 이상적인 상태를 추구한다. 유가나『주역』의 입장에서 본다면 바탕과 꾸밈은 서로 반대되면서도 서로를 이루어주는 대립적 통일을 보여주어 어느 하나도 결핍할 수가 없다. 도가들 역시 이런 대립 통일의 변증법적인 법칙을 자주 말하지만 문질관계에 있어서는 소박(素朴)을 특별히 강조하고 자연으로 돌아갈 것을 말하여 일체의 인위적인 꾸밈에 대해서는 비판한다. 이런 점에서 유가와 도가는 구별된다.[22]

---

[22] 김경방, 여소강『주역전해』204-205쪽 참조 바람.

23. ䷖ 산지박(山地剝, ䷖ 剝 第 十一)

1) 괘의 순서

박(剝)은 「서괘전」에서 "비는 꾸미는 것이니 꾸밈을 이룬 다음에 형통함을 다하기 때문에 박괘로서 받았다(賁者飾也. 致飾然後亨則盡矣, 故受之以剝)"고 하였다. 박(剝)은 "깎아내다", "허물다"는 뜻이다. 앞의 비괘(賁卦)가 가지고 있는 성격은 꾸미는 것인데, 장식이 지나치게 되면 그것은 형식주의가 되어 이른바 허식(虛飾)에 빠지게 된다. 이렇게 되어 이것을 깎아내는 상태에 빠지지 않을 수 없게 되고 여기에서 박괘(剝卦)가 오게 되는 것이다. 그래서 정이천은 『이천역전』에서 "사물이 꾸미는 데 이르면 형통함이 지극한 것이니 지극하면 반드시 되돌아가기 때문에 비가 끝나면 박이 된다(夫物至於文飾, 亨之極也, 極則必反, 故賁終則剝也)"고 하였다.

사물이 완성된 후에는 반드시 점차적으로 소멸되어가기 시작한다. 사물이 흥성한 후에는 점차적으로 쇠락하여 멸망에 이른다. 이것은 결코 바꿀 수 없는 자연적 법칙이다. 그러면 우리는 이들 쇠락과 소멸을 어떻게 처리해야 하는가? 이러한 문제들을 박괘는 분명히 이야기하고 있다.

2) 괘명의 의미

박(剝)은 벗겨서 떨어뜨린다, 깎아내린다는 뜻을 가지고 있다. 박은 음의 세력이 점차 강해지고 양의 힘이 극도로 약해져 붕괴 직전의 상태를 말한다. 『설문해자』에서는 "박은 찢어지는 것이다(剝, 裂也)"고 하여, 박을 자의(字意)상으로 떨어져 나오거나 떨어지는 의미로 말하고 있다. 『경전석문』에서는 "박은 떨어지는 것이다(剝, 落也)"고 하고, 이정조의 『주역집해』에서는 "음기가 양을 침식하여 위로는 오효에 이르고 만물은 하나하나 시들어 가기 때문에 박이라고 말한다(陰氣侵陽, 上至于五, 萬物靈落, 故謂之剝也)"고 하였다.

박은 깎아서 떨어진다는 의미로 본래는 과실이 나무에서 떨어지는 것을 말한다. 식물에는 영고(榮枯)가 있고 조대(朝代)에는 성쇠(盛衰)가 있다. 이것은 모든 인간사와 자연세계에 있어서 필연적인 현상으로 피할 수 없는 것이다. 식물의 영고는 음양의 소장(消長)에 따라서 변화하는 것이고, 조대의 성쇠는 군자와 소인의 진퇴에 의해서 전이(轉移)된다. 자연계에서 음기가 성하면 초목이 지고, 양기가 성하면 초목은 무성하게 된다. 인간사에 있어서도 군자가 득세하면 국가가 흥성하고, 소인이 득세하면 국가가 망한다. 이들 두 가지의 소장의 도리는 완전히 일치한다.

그러나 이 두 가지가 현상까지 일치하는 것은 아니다. 자연계의 현상은 불변(不變)하는 것으로 일 년 사계절 중에서 봄의 두세 달에 초목은 분명히 무성하고 엄동설한에 초목은 반드시 고락(枯落)하게 되어 있다. 그러나 인간사의 경우는 다르다. 국가의 성쇠는 비록 군자와 소인의 진퇴에 달려 있지만, 군자와 소인의 진퇴는 결코 천도운행의 자연법칙처럼 그렇게 고정되어 있지 않다. 군자가 만약 그 재주와 덕을 잘 이용한다면 소인의 진로를 억제를 할 수 있고 쇠망하는 형세를 저지하여 최소한 완만(緩慢)하게 진행하도록 만들 수 있다.

박(剝)의 시대는 소인의 도가 자라나고 군자의 도가 줄어드는 시대로 이 시기에 군자는 자신의 실력을 숨겨 보존하여야 한다. 만약 자기가 가진 실력을 드러내어 소인과 부딪치게 된다면 군자는 소멸의 길로 갈 수밖에 없는 것이다. 그러므로 군자와 소인이 서로 부딪치는 이 시기에는 군자는 항상 현명함을 가지고 시대의 흐름을 파악하여야 한다.

3) 괘상의 의미

　괘상으로 말하면 박괘(䷖)는 높이 솟은 산이 침식당하여 점차 평지로 변화하여 가는 모습이다. 음이 성하고 양이 쇠하는 시기로 군자가 어려움에 처하는 상이다. 이 시기는 음이 왕성해지는 시기이다. 기후로 보면 추위가 성한 때이고, 의미상으로 보면 소인이 강해지고 군자가 쇠해지는 때로 결국 양은 약해지고 음은 강해진다.

　박괘는 12소식괘(消息卦) 중의 하나이다. 소식괘는 두 부류로 나눌 수 있다. 복괘(復卦), 임괘(臨卦), 태괘(泰卦), 대장괘(大壯卦), 쾌괘(夬卦), 건괘(乾卦)는 강효가 늘어나고 유효가 줄어드는 괘에 속한다. 이에 비해 구괘(姤卦), 돈괘(遯卦), 비괘(否卦), 관괘(觀卦), 박괘(剝卦), 곤괘(坤卦)는 유효가 생장하고 강효가 줄어드는 여섯 괘이다. 박괘는 유가 늘어나고 강이 줄어드는 다섯 번째 괘로 12달 중 9월에 해당된다. 음력 9월은 낙엽이 떨어지고 추수를 하는 시기이기 때문에 박(剝)에는 바로 조락(凋落)의 의미가 있다.

　괘는 전부 음으로 되어 있고, 상구에만 양효가 있다. 박괘 중에서 가장 중요한 것은 다섯 번째 효이다. 이 효는 음에 의해서 완전히 침식되어 있고 유일한 양효가 상위에 자리하고 있다. 이것을 인간 세상에 비교하자면 상괘인 간괘(艮卦)는 귀족(貴族)을, 곤괘의 하괘는 평민을 상징한다. 귀족이 몰락하여 평민으로 떨어지는 것이 바로 박괘의 상이다. 이는 마치 늦가을에 나무 위에 까치밥이 남아 있거나 나무 위에 마지막 잎새만이 남아 있는 모습에 해당된다.

剝은 不利有攸往[1]하니라.
박　불리유유왕

백 剝. 不利有攸往.
_{박 불리유유왕}

경의 의미 : 박은 나아가는 것이 있으면 불리하다.

전의 해석 : 박은 나아가는 것이 있으면 불리하다.

백 껍데기를 벗기려 한다. 나아가면 불리하다는 점괘를 얻었다.

彖曰 剝은 剝也니 柔變剛也²니
_{단 왈 박 박 야 유 변 강 야}

단전에 말하기를 박은 깎이는 것으로 유가 강을 변화시킨 것이니

不利有攸往은 小人이 長也일새라.
_{불 리 유 유 왕 소 인 장 야}

나아가는 것이 있으면 불리하다는 것은 소인이 자라나기 때문이다.

順而止之는 觀象也니 君子尙消息盈虛 天行也³라.
_{순 이 지 지 관 상 야 군 자 상 소 식 영 허 천 행 야}

---

1 박괘의 시기는 어떤 일을 하기에는 좋지 않은 시기이다. 왜냐하면 군자가 도를 제대로 펼 수 없는 시기이기 때문이다. 그러므로 주자는 『주역본의』에서 "다섯 음이 아래에 있어 막 자라나고 양 하나는 위에서 장차 다하려고 하여 음이 성하게 자라나고 양이 줄어서 떨어지니 구월의 괘이다. 음이 성하고 양이 쇠하여 소인은 씩씩하지만 군자는 병들고 또 안은 곤이고 밖은 간이니 때에 따라서 멈추는 상이 있기 때문에 점쳐서 이 괘를 얻은 자는 가는 바를 두어서는 안 된다 (五陰在下而方生, 一陽在上而將盡, 陰盛長而陽消落, 九月之卦也. 陰盛陽衰, 小人壯而君子病, 又內坤外艮, 有順時而止之象, 故占得之者, 不可有所往也)"고 하였다.
2 음의 역량이 강하여 위로 나아가 양을 음으로 점차적으로 변화시키는 형상을 말하고 있다.
3 "순(順)"은 땅이 가지는 성질로 상황에 따라 진퇴를 결정한다. "지(止)"는 산이 가진 성

순하게 하여 멈추는 것은 상을 관찰해 보고서 하는 것이니, 군자가 소식(消息)과 영허(盈虛)를 중요하게 여기는 것은 천의 운행이기 때문이다.

象曰 山附於地剝이니 上이 以하여 厚下하여 安宅[4]하나니라.
　상왈　산부어지박　　　상　이　　　　후하　　　안택

상전에 말하기를 산이 땅에 붙어 있는 것이 박이니, 위에 있는 사람이 이를 본받아 근본을 두텁게 하여 집을 편안하게 해준다.

初六은 剝牀以足이니 蔑貞이라 凶[5]하도다.
　초육　　박상이족　　　멸정　　흉

질로 멈출 때 멈추고, 나아갈 때 나아간다. "소식(消息)"은 줄어들고 늘어난다는 의미로 시간적 상황을 말하고, "영허(盈虛)"는 차고 빈다는 의미로 공간적 상황을 말하는 것이다. "상(尙)"을 오징(吳澄)은 귀(貴)로 보아(尙, 猶貴也) 중시하고 귀중하게 생각한다는 뜻으로 사용하고 있다. 한쪽이 줄어들면 다른 한쪽이 늘어나서 이 세계는 항상 운동하고 변화하는 과정 속에 놓여 있다. 천도의 운행법칙 또한 이와 같다. 그러므로 "천의 운행(天行)"이라고 말한다.

4　박괘는 위의 괘가 산이고, 아래 괘가 땅인 상(象)으로 구성되어 있다. 이 구절에서 말하는 "상(上)"은 위에 있는 군주, 즉 군상(君上)을 말한다. 「대상전」에서는 대부분 군자나 성인이라는 말을 쓰는데, 여기에서는 "상(上)"이라는 말을 쓰고 있다. 그 이유에 대해 상구가 주효이기 때문이라고 하는 경우도 있는데, 나름대로의 근거도 있으나 보편적 설득력을 얻기에는 어려움이 있다. 그보다는 통치자와 피통치자인 백성 간의 관계에서 상하(上下)의 올바르고 안정된 정립이라는 각도에서 보는 것이 타당할 것이다. "후(厚)"와 "안(安)" 등은 모두 동사로 "두텁게 하다", "안정되게 하다"의 뜻으로 사용되고 있다. 또 "하(下)"라는 것은 아래를 말하는데 기초의 의미이다. 즉 위에 있는 자가 박괘의 상을 살펴서 "아래를 두텁게 하고 집을 편안하게 하여" 깎여 떨어지는 추세를 방지할 수 있다고 말한다. 여기에서 말하는 "집안을 편안하게 하는(安宅)" 것은 일종의 비유이다. 『주역절중』에서는 이 구절에 대해 "군주는 백성을 근본으로 하기 때문에 아래를 두텁게 하면 군주는 위에서 편안하게 될 것이다(君以民爲本, 厚其下, 則君安于上)"고 하였다. 이는 아래의 백성에게 잘해 주어야 나라가 편안해진다는 뜻이다.

5　초육은 가장 아래에 있는 것이기 때문에 발로 상징된다. "상(牀)"은 좌상, 침상이라는 뜻이다. 상 또는 침상을 말하는 이유는 상효의 양은 평평한 침상의 윗부분을, 아래의 음들은 침상의 다리를 상징하는 것으로 보기 때문이다. 아마도 이러한 시각은 박괘(䷖)의 괘형

🔲 初六, 剝臧以足,⁶ 蔑. 貞, 兇.
　　초 육　박 장 이 족　멸　정　흉

경의 의미 : 초육은 상의 다리를 잘라버리는 꿈을 점쳤는데 흉하다.⁷

전의 해석 : 초육은 상이 깎이는데 발로부터 하여 바른 것을 없애니 흉하도다.

🔲 초육은 노비의 피부 껍데기를 발까지 벗긴 후에 죽였다. 흉한 점괘를 얻었다.

象曰 剝牀以足은 以滅下也라.
상 왈　박 상 이 족　이 멸 하 야

상전에 말하기를 상을 깎으니 발로부터 한다는 것은 아래를 없애는 것이다.

六二는 剝牀以辨이니 蔑貞이라 凶⁸토다.
육 이　　박 상 이 변　　멸 정　　흉

(卦形)에서 나온 것으로 보인다. "박(剝)"은 음이 양을 깎아내는 것을 말한다. 백서주역은 "노비(臧)의 피부 껍데기를 발까지 벗긴 후에 죽였다"고 말하는데 이런 참혹한 내용들이 여러 곳에서 보인다. 여기에서 당시의 인간 생명에 대한 관점들을 살펴볼 수 있다. 상(牀)은 사람들이 여기에 기대어 편안하게 안식을 취할 수 있도록 하는 기능을 하는데, 이러기 위해서는 아래의 상다리가 튼튼해야 한다. 이에 대해 정이천은 "음이 양을 깎는 것이 아래로부터 위로 올라간다. 상(牀)으로써 상(象)을 취한 것은 몸이 처해 있는 곳에서 취한 것으로 아래로부터 깎아서 점점 몸에까지 이른다(陰之剝陽, 自下而上. 以牀爲象者 取身之所處也, 自下而剝, 漸至于身也)"고 하였다. "멸"(蔑)은 멸(滅)이다. 올바른 도리를 깨는 것을 말한다.

6 "장(臧)"은 노비나 신분이 낮은 사람을 말한다.
7 고형이나 주진보는 "이(以)"를 "유(猶)"로, "멸정(蔑貞)"을 "몽점(夢占)"으로 해석하고 있다.
8 육이는 그 깎여 떨어지는 기세가 점차 드세어져 침상의 본체인 "변(辨)"까지 미치는 상이

■ **六二, 剝牀以辯, 蔑, 貞, 凶.**
　　육 이　박 상 이 변　멸　정　흉

경의 의미 : 육이는 상의 언저리를 잘라버리는 꿈을 점쳤는데 흉하다.

전의 해석 : 육이는 상의 언저리 부분을 깎으니, 올바른 것을 없앤 것으로 흉하다.

■ 육이는 노예의 피부 껍데기를 무릎까지 벗긴 후에 죽였다. 흉한 점괘를 얻었다.

象曰 剝牀以辨은 未有與也[9]일새라.
　상 왈　박 상 이 변　　미 유 여 야

상전에 말하기를 상의 언저리 부분을 깎는다는 것은 함께 있을 수 없기 때문이다.

다. 침상의 본체를 깎아내리니 당연히 흉하다. "변"이 무엇인가에 대한 해석은 매우 분분하다. 왕필은 "변"을 "침상 발의 위(足之上也)"로, 정이천이나 주자는 상의 위와 아래를 나누는 "침상의 본체(牀之幹也)"로 보고 있다. 이에 비해 "변"을 정현은 "발의 윗부분을 변이라고 하는데, 무릎 근처의 아랫부분을 말한다(足上稱辨. 近膝之下)"고 하였다. 정현은 인체 부위에서 변은 발의 윗부분과 무릎 아래인 정강이(腿) 부분이기 때문에 이것을 침상과 연결시키면 침상의 다리 위와 판(본체) 바로 밑의 부분이 된다고 말하고 있다. 또 이마이 우사부로는 "변"을 "평상의 판(板)과 다리를 상하로 이분하는 횡목(橫木)"(498쪽 참조)이라고 한다. 이렇게 보면 "변"은 상판(牀板)의 아래 부분, 상다리의 윗부분으로 상의 위아래로 나누어 받치는 언저리 부분의 나무로 보인다. 침상 바로 아래까지 깎였으니 아직은 사람의 몸 부분까지 미치지는 않았다.

9 육이는 상응하는 것이 없기 때문에 함께하지 못한다. "여(與)"는 함께 있다는 의미이고, "미유여(未有與)"는 함께 있을 수 없다는 뜻이다. 즉 이효와 오효가 불상응하기 때문에 깎여 떨어지는 상황을 위에서 도와서 막아주지 못하고 육이 혼자 막아야 한다.

六三은 剝之无咎[10]니라.
육삼   박지무구

📖 六三, 剝无咎.[11]
육삼   박무구

육삼은 깎으나 허물이 없다.

📖 껍데기를 벗긴다. 재앙이 없는 점괘를 얻었다.

象曰 剝之无咎는 失上下也[12]일새라.
상왈 박지무구   실상하야

상전에 말하기를 깎으나 허물이 없다는 것은 상하의 여러 음과 단절해 있기

---

10 육삼은 박괘의 초효에서부터 사효에 이르는 네 개의 음효 중에서 허물이 없는 것에 해당한다. 왜 육삼은 허물이 없는가? 육삼은 상구의 양과 상응하기 때문이다. 비록 육삼이 군자를 깎아내리는 소인의 무리에 속하지만 상구와 상응하기 때문에 결코 군자를 깎아내리려는 뜻은 없다. 실제로 위의 육오와 육사 및 아래의 초육, 육이의 소인을 벗어나서 오히려 군자 쪽을 향하기 때문에 허물이 없다고 말한다. 정이천은 『이천역전』에서 "여러 음이 양을 깎아 내리는 때에 육삼이 홀로 강한 곳에 자리하여 강한 양과 응하니 위아래 음들과는 다르다. 뜻이 올바른 것을 쫓아가는 데 있으니 박의 때에 허물이 없는 사람이 된다(衆陰剝陽之時, 而三獨居剛應剛與上下之陰異矣. 志從於正, 在剝之時爲无咎者也)"고 하였다.

11 통행본 『주역』에는 "박(剝)"자 뒤에 "지(之)"자가 있지만 백서본에는 보이지 않는다. 그런데 『주역음의(周易音義)』에는 "지"가 없는 것으로 되어 있다. 이에 대해 『주역음훈(周易音訓)』에는 "통행본에는 '지'자가 있다. 육씨가 말하기를 통행본의 '박지무구(剝之无咎)'로 기록된 것은 틀린 것이다. 조씨가 말하기를 경방과 유보 및 순상은 모두 '지'가 없는 것이라고 말했다(今本有之字, 陸氏曰, 一本作剝之无咎, 非. 晁氏曰, 案: 京, 劉, 荀爽, 一行皆无之字)"고 하였다. 『주역집해』에도 "지"가 없다.

12 박괘의 다섯 음효 중에서 오직 육삼만이 전체 효 중의 유일한 양인 상구와 상응하고 있다. 다섯 개 음효는 원래 다 같이 마지막 효인 상구를 깎아내리는 데에 목표가 있지만, 육삼은 상구와 음양의 상응 관계를 가지고 있기 때문에 상구를 무너뜨리려고 하지 않는다. 이 때문에 상하의 네 개 음효와 일치된 행동을 하지 않게 된다. 그러므로 "상하의 여러 음과 단절해 있기 때문이다(失上下也)"라고 말하는 것이다.

때문이다.

六四는 剝牀以膚니 凶[13]하니라.
_{육사   박 상 이 부   흉}

백 六四, 剝牀以膚. 兇.
_{육사   박 장 이 부   흉}

육사는 침상을 깎아 먹되 살갗에 까지 미치니 흉하다.

백 노예의 피부 껍데기를 배위에까지 벗긴 후에 죽였다. 흉한 점괘를 얻었다.

象曰 剝牀以膚는 切近災也라.
_{상 왈   박 상 이 부   절 근 재 야}

상전에 말하기를 침상을 깎아 먹되 살갗에 까지 미친다는 말은 절박하게 재앙에 가까워졌다는 것이다.

---

[13] 육사는 유일한 양인 상구에 이미 재앙이 가까이 왔음을 말하고 있다. 상다리와 상의 본체가 거의 깎여서 이미 사람의 피부와 근접해 있음을 상징하고 있다. 상다리 위에까지 접근한 상황을 상괘의 초효인 육사를 통해서 말하고 있다. 이 괘의 초효는 상의 발을 깎아내렸고, 두 번째 효는 중간을 깎아 내려서 소인이 한 걸음 한 걸음 군자에게 다가서서 이제 육사에 이르면 그 상황이 이미 상당히 심각한 정도에까지 이른다. 여기에서 말하는 "부(膚)"는 표피(表皮)를 말한다. 이것은 외괘를 말하는 것으로 양을 깎아내리는 것이 이미 외괘에 있는 것을 말한다. 군자의 입장에서 이것은 매우 심각한 것이다. 그래서 효사에서는 "정흉(貞凶)"이라고 말하지 않고 직접적으로 "흉"이라고 말하는데, 여기에서의 "흉"은 무조건적이고 절대적임을 말한다. 이 때문에 주자는 『주역본의』에서 "음의 화가 몸에 절박하기 때문에 다시 올바른 것을 없애니 라는 말을 하지 않고 바로 흉하다고 말했다(陰禍切身, 故不復言蔑貞而直言凶也)"고 하였다.

六五는 貫魚하여 以宮人寵이면 无不利[14]리라.
육 오   관 어   이 궁 인 총   무 불 리

백 六五, 貫魚食, 宮人寵, 无不利.
   육오   관어식   궁인총   무불리

경의 의미 : 고기를 활로 맞추면 궁인도 제사에 참석할 수 있는 총애를 받아 이롭지 않음이 없을 것이다.[15]

전의 해석 : 육오는 물고기를 꿰듯이 하여 궁인을 이끌고 총애를 받게 하면 이롭지 않음이 없을 것이다.

---

14 육오는 여타의 음들과 다르다. 육오 아래의 여러 음들에서는 어떻게 양을 깎아내릴 것인가 하는 것을 말하지만, 육오에 이르면 양을 깎아내리지도 않을 뿐만 아니라 도리어 어떻게 양을 이어받을 것인가를 말하고 있다. 여기에서 말하는 물고기는 음에 속하는 것으로 육오 이하의 여러 음을 상징한다. 궁인은 궁중에서 일하는 사람으로 후궁(後宮)인 비빈(妃嬪)을 가리킨다. "이(以)"는 거느린다는 의미의 솔(率)이다. 육오는 다섯 음효의 가장 윗자리에 있으면서 존위(尊位)에 있기 때문에 황후(皇后)에 해당하고, 다른 음효는 비빈에 해당하는 것으로 볼 수 있다. 육오는 여러 음의 수장으로 마치 고기를 줄로 꿰듯이 하여 여러 음을 통솔하고 있는데, 명분차서(名分次序)에 따라 상구의 총애를 받도록 하여 서로 다투고 질투하는 불미스런 현상이 생기지 않도록 한다. 이렇게 하여 상구의 총애와 비호를 얻는데, 음이 양을 깎아내리는 시대에 양을 깎아내기보다는 도리어 양을 따라서 모시기 때문에 당연히 불리함이 없는 것이다. 고대의 예법에 의하면 보름달이 뜨는 밤에는 황후가 시침(侍寢)하고, 보름달 이전에는 어처(御妻, 천자를 모시던 가장 하위의 女官을 말함. 81명을 두었음), 세부(世婦, 천자를 모시던 후궁의 하나. 빈의 아래, 어처의 위로, 정원이 27명임), 빈(嬪), 부인(夫人) 등의 신분이 낮은 순서로, 보름달 이후에는 신분이 높은 순서로 매일 밤 진어(進御)한다고 말한다. 『주례(周禮)』「천관총재(天官冢宰)」편 참조 바람.
15 『예기』「사의(射義)」에서는 "천자가 장차 제사 지내려 할 때는 반드시 먼저 연못에서 활을 연습한 후에 …… 후궁이 활 쏘는 궁에서 쏘았다. 활을 쏘아서 맞추는 자는 함께 제사에 참여할 수 있고, 맞추지 못하는 자는 제사에 참여하지 못한다(天子將祭, 必先習射於澤. …… 而后射於射宮, 射中者得與於祭, 不中者不得與於祭)"고 하였다. 이것은 궁인들이 고기를 맞추면 제사에 참가할 수 있는 영예를 얻음을 말한다. 이경지의 『주역통의』 48쪽.

㉻ 육오는 물고기를 꿰어서 먹으니 궁인들이 고기를 모두 끌어모아서 여러 곳에서 많은 이득을 얻었다.

象曰 以宮人寵이면 終无尤也¹⁶리라.
상 왈 이 궁 인 총   종 무 우 야

상전에 말하기를 궁인을 이끌고 총애를 받게 하면 끝내는 허물이 없을 것이다.

上九는 碩果不食이니 君子는 得輿하고 小人은 剝廬¹⁷리라.
상 구   석 과 불 식   군 자   득 여   소 인   박 려

㉻ 尙九, 石果不食, 君子得車, 小人剝蘆.
  상 구   석 과 불 식   군 자 득 거   소 인 박 려

---

16 "우(尤)"는 과실(過失)을 말한다. "궁인을 이끌고 총애를 받게 하면(以宮人寵)"이라는 말은 소인이 총애를 받고, 군자가 총애를 받지 못함을 말한다. 소인이 총애를 받는 것은 본래 좋은 일은 아니지만, 음이 양을 깎아내리는 때에는 육오가 여러 음들을 통솔하여 양을 따른다는 것은 결국은 잘못이 없다는 것이다. 육오 효의 '상'은 매우 교묘하다. 먼저 고기를 꿰는 것으로 궁인을 비유하고, 다시 고기를 꿰는 것과 궁인을 합하여 육오와 네 개 음효의 상황을 비유하고 있다. 그래서 『주역건착도(周易乾鑿度)』에서는 박괘의 육오효에 대해 "음이 고기를 꿰어서 군자를 받들려고 한다(陰貫魚而欲承君子也)"고 하였다.

17 괘상으로 보면 상구 효는 지붕이고, 다섯 개 음은 벽이다. 그러므로 이 괘는 거의 무너져 가는 오두막집을 상징하고 있다. 여기에서 말하는 "석과(碩果)"는 복괘(復卦)의 종자를 가진 마지막 하나 남은 과실(박괘의 상구효를 말함)을 말하고, "득여(得輿)"는 높이 받들려져 추대되는 것을 상징한다. 상효의 자리에 군자가 추대되는 상황과 소인이 자리하는 상황은 다르다. 만약에 소인이 상의 자리에 추대되면 겨우 남아 있는 오두막 집까지 보존하지 못하게 된다고 말한다. 여기에서 말하는 군자와 소인은 양과 음으로 비유되고, 수레를 얻는다는 말은 세상을 다스릴 수 있는 자격을 얻었다는 것을 의미한다. 이 박의 때에 양이 이미 깎여져 버리고 오직 상구의 양만이 남아 있는 상황을 마치 하나의 큰 과실이 먹혀지지 않은 채 남아 있는 것으로 표현하고 있다. "먹지 않았다"고 말하는 것은, 하나의 양이 여전히 남아 있고 여러 다른 음들이 그것을 먹고 싶은 마음이 없거나 우연히 아직 먹지 않았다는 것이 아니라, "영허소식"하는 천도의 법칙에 따라 양이 전부 깎여지지 않은 것을 말한다. 이 과실은 그 종자로 간직되어 이듬해 봄에 다시 생겨나기 때문이다.

상구는 마지막 하나 남은 큰 과실이 먹히지 않으니 군자는 수레를 얻고 소인은 오두막집마저 허물어뜨릴 것이리라.

🄱 상구는 큰 과실도 먹지 않고 군자는 덕으로 백성을 널리 구제하지만, 소인은 이와 반대로 조롱박의 뿌리까지도 다 먹어 버린다.

象曰 君子得輿는 民所載也요 小人剝廬는 終不可用也[18]라.
상 왈 군 자 득 여   민 소 재 야   소 인 박 려   종 불 가 용 야

상전에 말하기를 군자가 수레를 얻는다는 것은 백성들에 의해서 추대(推戴)된다는 것이고, 소인은 오두막집마저 허물어뜨릴 것이라는 것은 끝내는 쓰이지 않을 것이라는 것이다.

* 박괘의 의미와 교훈

박괘는 정의(正義)가 점차 쇠퇴하여 부패해 가는 시대의 흐름에 어떻게 대응해야 하는가라는 문제에 대해 이야기하고 있다. 즉 정의가 쇠락하고 허위가 극단에 이르는 암흑시기를 어떻게 살아나갈 것인가 하는 상황을 말하고 있다. 이처럼 양이 쇠퇴하고 음이 자라나는 소장영허(消長盈虛)의 과정 속에서는 소인의 세력이 끊임없이 확장되고, 군자는 날로 핍박을 받아서 모두 숨어 버린다. 비록 어떤 사람들은 소인들과 함께하지만, 그러나 덕이 있는 위대한 인물들은 다음을 기다린다.

---

18 만약 군자라면 백성들의 추대를 받을 것이지만, 소인일 경우에는 끝내 등용되지 못하고 자신이 거주하여야 하는 공간마저도 잃어버릴 것임을 경고하고 있다.

박괘는 사물 발전 과정 중에서 양이 음에 의해서 깎여지는 상황들을 비유하고 있는데, 마치 가을의 기운이 스산하여 만물이 모두 영락(零落)하는 풍경을 묘사하고 있는 것 같다. 전체 괘의 뜻은 깎여 내리는 흐름 속에서 어떻게 대응하고, 그 깎이는 것이 극단에 이르면 반드시 회복된다는 도리에 대해 이야기하고 있다. 그래서 괘사는 "박은 나아가는 것이 있으면 불리하다(不利有攸往)"고 하여, 사람들에게 이 시기에는 근신하고 조심하여 다시 회복의 기미를 파악할 것을 경계하고 있다.

　여섯 효 가운데 다섯 음이 아래에 있고 하나의 양이 위에 있어서 각기 다른 상징을 통하여 사물이 점차적으로 깎여가는 과정들을 말하고 있다. 그 중 세 개의 음효는 상(牀)의 몸체가 점차적으로 침식되어 떨어져 나가는 것으로 비유되고 있다. 즉 초육은 상의 다리를 무너뜨리고, 육이는 상의 언저리 부분을 깎아내리지만 여전히 위험에는 이르지 않는데 모두 바름을 지켜서 흉함을 방지할 것을 경계하고 있다. 육사는 깎이는 상태가 침대 위에까지 미쳐서 흉함이 있음을 말하고 있다. 육삼과 육오의 두 음효도 비록 깎아내리는 흐름에 따라가고 있기는 하나, 마음속으로는 양을 따르고 양을 회복시키려는 기대와 소망을 품고 있다. 이 때문에 육삼은 "무구"를 얻었고, 육오는 "무불리(无不利)"하다고 하는 것이다.

　상구는 유일한 양효로 사물이 깎여 가다가 다하지 않고 그 반대 방향으로 회복되는 것을 말한다. 즉 큰 과일(碩果)이 유일하게 존재하여 양이 끝내 소멸되지 않는 의미를 그 속에 포함하고 있다. 이것은 자연계와 인류 사회의 "생생불식(生生不息)"하는 객관적 법칙을 생동적으로 표현하고, 또 다른 한편으로는 큰 과실이 상징하는 군자인 양이 결국에는 회복되는 것을 나타낸 것이다.

　박괘 속에는 군자와 소인, 상(上)과 민(民)등의 개념들이 있는데, 이는 괘효사를 지은 시기에 이미 미약하지만 도덕적 가치의 상하의 구별이나 계급관계가 존재하여 사회가 이미 문명시대에 접어들었음을 보여준다.

또 「단전」을 통해 보면 『주역』의 작자에게는 신이나 귀신의 관념이 없고, 현실세계의 인간사와 자연계의 변화는 다만 그 내재적이고 비의지적(非意志的)인 법칙에 의해 이루어진다고 생각한 것으로 보인다. 또 「상전」에서는 "위에 있는 사람이 이를 본받아 근본을 두텁게 하여 집을 편안하게 해준다(上以厚下安宅)"고 하고, "군자는 백성들에 의해서 추대(推戴)된다"고 한 것을 보면, 『역전』의 작자는 통치의 관건이 아래 백성들을 후하게 하고 편안하게 하는 데 있음을 분명히 인식하고 있었다는 것을 알 수 있다. 이와 같이 백성을 존중하는(重民) 관점은 소박한 민본(民本) 관념의 선하(先河)라고 할 수 있다.

결론적으로 박괘는 사물이 점차적으로 쇠락해 가는 철학적 이치를 기술하여 이 쇠락하는 상태에서 어떻게 정확한 판단을 통하여 결단하고 행동할 것인가를 말하고 있다. 사물이 쇠락해 가는 것은 사물 발전의 전체 과정 중의 필연적 단계로서 거부할 수 없는 것이다. 그러나 군자는 소인과 똑같이 영합할 수 없고 쇠락한 상황이 지나가기를 기다려 다시 올바른 방향으로 나아가도록 노력하여야 하는 것이다.

24. ䷗ 지뢰복(地雷復, ䷗ 復 第三十九)

1) 괘의 순서

복괘(復卦)는 박괘(剝卦)의 도전괘이다. 복괘가 박괘의 뒤에 오게 되는 이유에 대해 「서괘전」은 "물건은 끝내 다할 수 없으므로 박이 위에서 다하면 아래로 돌아오기 때문에 복괘로 받았다(物不可以終盡, 剝, 窮上反下, 故受之以復)"고 하였다. 즉 "음양소장(陰陽消長)"과 "물극필반(物極必反)"이라는 자연의 법칙에 의해 음이 극하면 양이 다시 회복되고, 양이 극단에 이르면 다시 음으로 돌아가서 회복된다. 즉 사물은 계속적으로 깎아내려질 수는 없고 다시 회복되게 마련이다. 이 때문에 박괘 다음에 복괘가 이어진다. 「잡괘전」에서 "복은 돌아오는 것이다(復, 反也)"고 하였다. 이 구절은 복이라는 것은 다시 시작한다는 것을 말한다. 「서괘전」과 「잡괘전」의 해석에 의하면 복괘의 괘명이 가지고 있는 뜻은 돌아와서 다시 시작한다는 의미이다.

비록 고대인들은 현대 물리학이나 화학의 관점을 통하여 물질불멸이라는 법칙을 증명할 수는 없었지만, 『주역』의 작자는 해가 뜨면 반드시 지고, 사계절이 순환하고, 만물에는 생사(生死)가 있다는 등의 현상을 통하여 사물은 하나의 방향으로만 영원할 수 없다는 법칙을 깨닫게 된다. 이런 법칙을 철학적 차원으로 끌어올려 "사물이 위로 극단에 이르면 아래로 돌아간다"는 관점을 제기하고, 그것을 괘상을 이용하여 직관적으로 표현해 내고 있다. 하나의 물체가 소멸되어 갈 때, 또 아래에서 다시 새롭게 생장되어 나오는 것은 바로 이런 관점을 보여준다. 특히 박괘(剝卦)의 유일한 양효인 상구가 잠복해 있다가 복괘의 초구로 새롭게 태어난 점이 바로 이런 관점을 분명하게 보여준다.

2) 괘명의 의미

"복(復)"의 자의(字意)에 대해 『설문해자』는 "복은 왕래이다(復, 往來也)"고 하였는데, 여기에서 왕복(往復), 반본(反本), 회복(回復), 복귀(復歸), 회귀(回歸) 등의 뜻이 연역되어 나온다. "복(復)"은 기본적으로 '회복' 혹은 '반본'인데, 이것이 가능하려면 그 자체로 그런 가능성 혹은 잠재적인 능력을 가지고 있어야 한다. 이것이 바로 일양(一陽)의 회복 혹은 돌아옴이다. 이에 대해 이정조의 『주역집해』는 "복이라는 것은 근본으로 돌아오는 것을 이름한 것이다. 여러 음들이 양을 깎아내려 거의 없어지는 단계에까지 이르렀다가 하나의 양이 아래로 돌아오기 때문에 반복이라고 말하는 데, 양기가 다시 돌아옴으로써 서로 통함을 얻게 된다(復者, 歸本之名. 羣陰剝陽至於幾盡, 一陽來下, 故稱反復, 陽氣復反而得交通.)"고 하였다.

이것은 자연 현상뿐만 아니라 인간의 도덕적 수양의 문제와도 연결된다. 일양의 돌아옴에 대해 진몽뢰(陳夢雷, 1650-1741)는 『주역천술(周易淺述)』에서 "천지의 하나의 양이 처음 움직이는 것은 마치 사람의 선한 생각의 싹과 같은 것인데 이것은 성인이 가장 중요하게 여기는 것이다(天地之一陽初動, 猶人善念之萌, 聖人所最重)"고 하였다.

3) 괘상의 의미

복괘(復卦 : ䷗)의 괘상은 지(地)가 위에 있고 우레(雷)가 아래에 있는 것으로 하나의 양이 아래에 있고 다섯 음이 위에 있는 모습이다. 괘의 형태로 보면 박괘(剝卦)의 상구가 깎여 떨어지면 순전히 음으로만 구성된 10월에 해당되는 곤괘(坤卦)가 된다. 이때 양은 또한 그 아래에서 숨어 그 힘을 서서히 길러가다가 11월의 동지에 이르게 되면 하나의 양효가 초효의 자리에 출현하게 되는데, 이것이 바로 복괘(復卦)이다. 복괘의 상·하괘를 나누어 보면 내괘인 진괘(震卦)의 특성은 움직임이고, 외괘인 곤괘(坤卦)의 특성은 순응하는 것으로 양이 아래에서 활동하면 자연스럽게 상승하는 모습이다.

복괘는 소식괘(消息卦)로 보면 11월에 해당하는 것으로 하나의 음이 발생하기 시작하는 5월의 구괘(姤卦 : ䷫)로부터 계산하면 일곱 번째의 괘에 해당된다. 이러한 순환은 자연적 법칙으로 인간 역시 이러한 법칙을 파악하여 인간사에 적용할 것을 말하고 있다. 박괘(剝卦 : ䷖)가 다섯 개의 음이 아래에 있고 하나의 양이 위에 자리하고 있는데, 복괘는 바로 박괘의 전도된 모습으로 다섯 개의 음이 위에 있고 하나의 양이 아래에 자리하고 있다. 보통 이런 괘상이 가진 의미를 말하면 박괘는 소인이 군자를 깎아내리는 때이기 때문에 소인의 도가 자라나고 군자의 도가 줄어드는 시기이며, 복괘는 군자가 소인을 밀어내기 때문에 군자의 도가 자라나고 소인의 도가 줄어드는 경우에 해당한다.

復은 亨[1]하여 出入에 无疾하여 朋來라야 无咎[2]리라.
복   형   출입   무질   붕래   무구

---

[1] 복(復)이 형통하다고 한 것은 박(剝)했다가 복(復)하기 때문이며, 이렇게 해야 만물이 형통해진다. 양이 깎이는 것이 극단에 이르면 양은 아래에 다시 돌아오는데, 비록 하나의 양으로 그 세력이 매우 약한 것처럼 보이지만 그 세력은 위를 향하고 전진하는 힘을 잠재적으로 가지고 있다. 이는 마치 동지(冬至)에 양의 기가 다시 돌아와 만물이 새싹을 내는 보이지 않는 강한 잠재력을 속에 담고 있는 것과 같다. 위에 있는 다섯 개의 음은 비록 엄청난 힘을 가지고 위력을 발휘할 것 같으나 하나의 양을 막기에는 힘이 부족하다. 이 때문에 약하게 보이는 하나의 양이 가지는 세력은 형통할 수밖에 없다. 즉 복괘가 형통할 수 있는 주요한 원인은 바로 생명력의 회복과 사물이 가면 갈수록 강해지고 왕성해진다는 데에 있다. 괘상에 보이는 초구는 전체 괘의 주효로서 무한한 신생(新生) 능력을 가지고 발전하

🔲 復. 亨. 出入无疾. 朋來. 无咎.
　　복　형　출입무질　붕래　무구

경의 의미 : 복은 제사를 올려야 하고 나가고 들어옴에 병이 없어서 친구가 와야 허물이 없을 것이다.

전의 해석 : 복은 형통하여 나가고 들어옴에 병이 없어서 친구가 와야 허물이 없을 것이다.

🔲 어떤 사람이 밖으로 나가 장사를 하여 병으로 쓰러지지 않았을 뿐만 아니라 큰 돈을 벌어 돌아오니 재앙이 없다.

反復其道하여 七日에 來復하니 利有攸往[3]이니라.
반 복 기 도　　　칠 일　　내 복　　이 유 유 왕

기 때문에 그 어느 것도 이것을 막을 수는 없다.
2 "나가고 들어옴에 병이 없어서(出入无疾)"라는 말이 가리키는 것은 양효가 박괘(剝卦)의 상효로부터 물러났다가 복괘(復卦)의 초효로 다시 돌아온 것을 말한다. 이것은 자연법칙의 운동에 따른 것으로 결코 재앙이나 질병이 있을 수 없다. 여기에서 말하는 "들어간다"는 것은 물러나는 것이고, "나간다"는 것은 자라남을 말한다. "출입(出入)"은 생장(生長)과 같은 것으로 정이천은 이를 "생생불식(生生不息)"이라고 하였다. 사물의 "출입"은 한 번 박(剝)하였다가 한 번 복(復)하여 생생불식한다. 즉 "한 번 음하고 한 번 양하는 것을 일러 도라고 한다(一陰一陽之道)"와 같으므로 철학적으로 중요한 의미를 가지고 있다. "병(疾)"은 장애를 말하며, 기의 순환이 제대로 되지 않은 것으로 재앙이나 질병을 말한다. 양강(陽剛)은 활력과 생기(生氣)를 표시하는 것으로 양강이 생장하여 살아 움직이는데 어찌 재앙이나 질병이 있겠는가. "붕(朋)"은 같은 성질을 가진 것을 말한다. "친구가 와야 허물이 없을 것이다(朋來无咎)"라는 말은 복괘로부터 시작하여 더욱 많은 양효가 연속적으로 생장하고 가면 갈수록 강해지기 때문에 무슨 허물이 있겠는가 하고 말하는 것이다. 이 말은 복괘는 강이 자라나고 유가 물러나는 첫 번째 괘라는 것을 의미한다.
3 여기에서 말하는 "도(道)"는 음양의 왕래와 소장(消長)의 도를 말한다. "반복(反復)"은 양이 자라나면 음이 줄어들고, 음이 자라나면 양이 줄어드는 것을 말한다. "그 도를 반복한다(反復其道)"는 것은 음양의 왕래 소장을 말하는 것으로 규칙적으로 변화하는 것을 의미한다. "7일이면 다시 돌아올 것이니(七日來復)"라는 말은 복괘와 박괘가 도전괘임을

| 反復亓道, 七日來復. 利有攸往.
　반 복 기 도　칠 일 내 복　이 유 유 왕

경의 의미 : 길을 갔다가 돌아오는 데 7일이 걸리니, 가는 바가 있으면 유리할 것이다.[4]

전의 해석 : 그 도를 반복하여 7일이면 다시 돌아올 것이니, 나아가는 바가 있으면 이로울 것이다.

| 길을 갔다가 돌아오는 데 7일이 걸리니, 가는 바가 있으면 유리할 것이다.

象曰 復亨 剛反[5]이니
단 왈　복 형　강 반

말하고 있다 즉 박괘의 괘를 거꾸로 돌리면 복괘가 된다. 박괘의 음이 점차로 자라나면 양은 점차로 줄어드는데, 일곱 번의 변화를 거쳐서 복괘가 되기 때문에 "7일이면 다시 돌아올 것이다"고 말한다. 이른바 7일은 7개의 효를 가지고 말한다. 박괘를 들러서 다시 복괘가 되는 데에는 모두 일곱 효의 변화를 거쳐야하기 때문이다. 복의 때에는 양은 나아가고 음은 물러나고, 군자의 도는 자라나고 소인의 도는 줄어들기 때문에 "나아가는 바가 있으면 이로울 것이다(利有攸往)"고 말한다. 박괘의 때에는 음은 나아가고 양은 물러가고, 소인의 도가 자라나고 군자의 도가 물러나기 때문에 "나아가는 바가 있으면 불리할 것이다(不利有攸往)"고 말한다.

4　이경지는 『주역통의』에서 복괘의 괘사를 여행과 관련되는 내용으로 보고 있다. 구체적으로 그는 복괘의 괘사를 통하여 여행할 때 주의하여야 할 몇 가지 점에 대해 말하고 있다. 첫째는 집을 나가서는 병에 걸려서는 안 된다. 두 번째는 돈을 벌어야 하고 또 어떤 사고가 일어나서도 안 된다. 셋째는 여행할 경우 내왕(來往)이 빨라야 하는데 칠일 정도라야 좋다. 통행본 『주역』이 사물 발전의 순환성이라는 철학적 관점에서 복괘를 보고 있다면, 이경지는 복괘의 원의는 본래 그런 심오한 철리적(哲理的)인 측면이 아닌 우리의 일상생활 속에서 쉽게 부딪히는 여행에서 집으로 돌아오는(復) 문제로 보아야 한다고 말한다. 이런 관점의 차이야말로 점친 내용이나 생활 주변의 고사들을 기록하고 있는 『역경』과 후대의 철학적 해석을 말하고 있는 『역전』의 관점에서 『주역』을 보는 관점의 차이를 매우 분명하게 보여주는 예라고 할 수 있다.

단전에 말하기를 복은 형통하다는 것은 강이 다시 돌아오기 때문이니,

動而以順行[6]**이라 是以出入无疾朋來无咎니라.**
동 이 이 순 행   시 이 출 입 무 질 붕 래 무 구

움직이고 순하게 운행하기 때문에 나가고 들어옴에 병이 없어서 친구가 와야 허물이 없을 것이다.

反復其道七日來復은 天行也[7]**요**
반 복 기 도 칠 일 래 복   천 행 야

그 도를 반복하여 7일이면 다시 돌아올 것이라는 것은 하늘의 운행이요,

利有攸往은 剛長也[8]**일새니**
이 유 유 왕   강 장 야

나아가는 바가 있으면 이로울 것이라는 것은 강이 자라나기 때문이니,

復에 其見天地之心乎[9]**인저.**
복   기 견 천 지 지 심 호

---

5 "강이 다시 돌아온다(剛反)"는 말은 괘사에서 말하는 "복은 형통하다(復亨)"는 판단의 근거와 실제 내용을 가리키고 있다. 천도의 운행이 복에 이르면 왜 형통하여 장애되는 것이 없어지는가? 이것의 근본 원인은 양강이 소멸되는 것이 극단에 이르면 다시 점점 자라나서 형통하기 때문이다.
6 양기가 아래에서 움직여 천지의 자연적 도리에 따라 점차 위로 나아가는 것을 말하고 있다.
7 "하늘의 운행(天行)"은 "그 도를 반복하여 7일이면 다시 돌아온다(反復其道, 七日來復)"는 말을 해석한 것이다. "천행(天行)"은 실제적인 천지음양 운동의 법칙이다. 음이 양을 끝까지 깎아내려 극단에 이르면 양이 다시 생겨나고, 하나의 양이 생기면서 복이 되는 것은 바로 천지음양이 규칙적으로 운행한 결과이다. 주자는 『주역본의』에서 "음과 양이 사그라지고 자라나는 것은 하늘의 운행이 그러하기 때문이다(陰陽消息, 天運然也)"고 하였다.
8 괘 가운데에 양강이 날로 성장하는 것을 말하는데, 괘사에서 말하는 "나아가는 바가 있으면 이로울 것이다(利有攸往)"는 것을 해석하고 있다.

복에서 그 천지의 마음을 볼 수 있다.

象曰 雷在地中이 復이니 先王以하여 至日에 閉關하여
상왈 뇌재지중   복   선왕이   지일   폐관

商旅不行하며 后不省方[10]하니라.
상여불행   후불성방

상전에 말하기를 우뢰가 땅속에서 있는 것이 복이니, 선왕이 그것을 본받

---

9 "천지지심(天地之心)"이라는 것은 "천지가 만물을 낳는 마음(天地生物之心)"이라는 말과 같다. 이 구절은 복괘가 가지고 있는 대의를 단적으로 말해준다고 할 수 있다. 구양수(歐陽修)는 『역동자문(易童子問)』에서 "천지의 마음은 움직임에서 드러나는데, 복이라는 것은 하나의 양이 아래에서 처음 움직인 것으로 천지가 만물을 생육하려는 것은 이것에 근본한다. 그러므로 천지지심이라고 말하는데, 천지는 사물을 낳는 것을 그 마음으로 삼는 것이다(天地之心見乎動, 復也一陽初動於下矣, 天地所以生育萬物者, 本於此. 故曰天地之心也, 天地以生物爲心者也)"라고 하였다.(『역동자문』 권1 참조) 본래 천지는 어떠한 사려도 계획도 없는데 왜 "천지지심"이라고 말하는가? 여기에서 말하는 "천지지심"은 하나의 비유이다. 전시는 본래 마음을 가지고 있지 않다. 그러나 천지 사이에는 만물이 끊임없이 생생(生生)하고 음양이 소식(消息)하여 잠시도 끊어짐이 없이 작용하고 있는데, 이는 마치 천지에 어떤 마음이 있어서 자기의 뜻과 행위에 따라 주재(主宰)하는 것처럼 보인다. 『역전』에서 말하는 "천지지심"은 결코 천지에 마음이 있어서가 아니라, 다만 천지가 마치 어떤 마음을 가진 것처럼 표현되고 있을 뿐이다. 이른바 천지지심은 바로 다른 괘에서 말하는 "영허소식(盈虛消息)"으로 이것은 결코 인간의 의지에 의해서 전이(轉移)되지 않는 자연법칙이다.

10 "복(復)"은 우레가 땅속에 있고, 아직 뇌성(雷聲)을 발(發)하는 데 이르지 않은 것을 가리킨다. "우레가 땅 속에 있다(雷在地中)"는 말은 우레가 땅속에 갇혀 있어서 아직 나오지 못하고 있는 것으로 만물이 생겨나오는 시기까지 기다려야 한다. 그러므로 선왕(先王)은 복괘의 괘상을 통하여 동짓날 하루는 문을 나서서 활동하지 않고, 또 성문을 걸어 잠그고 상인과 여행객의 왕래를 금한다. 동시에 군왕 스스로도 밖으로 나가 시찰하는 것을 금지한다. 여기에서 말하는 "후(后)"는 나라의 군주를 말하고, "성(省)"은 순시하는 것을 의미하고, "방(方)"은 사방 각지를 말한다. 오늘날에도 동지 때 문을 잘 나서지 않는 습속은 복괘의 「상전」을 통하여 그 유래를 알 수 있다. 이렇게 하는 이유는 천도(天道)에 따라 오직 안정을 지키고 아직 약한 양(陽)을 더 기르고 양성(養成)하기 위한 것이다.

아서 동지에 관문을 닫아걸고 상인과 여행자가 다니지 못하게 하며, 임금도 지방을 순시하는 일을 하지 않는다.

初九는 不遠復이라 无祗悔니 元吉[11]하니라.
초구   불원복   무지회   원길

🈶 初九, 不遠復, 无提悔. 元吉.
　　초구 불원복   무제회   원길

초구는 멀리가지 않고 돌아오는 것이라 뉘우치는 데까지 이르지 않으니 크게 길할 것이다.

🈶 초구는 멀리가지 않고 돌아오면 뉘우침을 가지지 않을 것이다. 크게 길한 점괘를 얻었다.

象曰 不遠之復은 以脩身也[12]라.
상왈 불원지복   이수신야

---

11 "지(祗)"는 "적(適)"과 같은 뜻으로 "가다" 혹은 "이르다"는 의미를 가지고 있다. 초구는 하나의 양이 이 괘에 와서 주효가 되는데, 사물이 막 시작될 때에 비록 약간의 잘못이 있다 하더라도 아직은 심각한 데까지 이르지 않아 충분히 개선할 수 있음을 상징하고 있다. 그러므로 "멀리가지 않고 돌아오는 것이다(不遠復)"고 말한다. 「계사전」에서 "공자께서 '안씨의 자식(顔回)'이 (도덕의 완벽한 경지에) 거의 가까웠던 것 같다. 올바르지 않은 것이 있으면 일찍이 알지 않은 적이 없었고, 그것을 알았으면 일찍이 다시 저지르지 않았으니 주역(복괘 초구)에서 말하기를 '멀리가지 않고 돌아오는 것이라 후회하는 데까지 이르지 않으니 크게 길할 것이다라고 하셨다(子曰, "顔氏之子, 其殆庶幾乎? 有不善, 未嘗不知, 知之, 未嘗復行也. 易曰, '不遠復, 无祗悔, 元吉.'")"고 하였다. 초구는 일양(一陽)이 처음 아래로 돌아온 것으로 복괘의 주효이다. 그것은 아직 멀리가기 전에 다시 재빨리 돌아온 상이다. 재빨리 선심(善心)으로 되돌아가기 때문에 당연히 후회하는 데 이르는 일이 없이 크게 길한 도이다.

12 「상전」은 "수신(修身)"을 가지고서 "멀리 가지 않고 돌아온다"는 말을 해석하고 있는데, 이는 효사가 가지고 있는 상징적 의미를 발휘하여 해석한 것으로 보인다. 「계사전」에서는 이 말을 다시 해석하여 "불선함을 알았으면 일찍이 다시 저지르지 않았으니(知不善未

상전에 말하기를 멀리 가지 않고 돌아온다는 것은 이로써 자기 몸을 닦는 것이다.

六二는 休復이니 吉¹³하니라.
육이   휴복   길

🔲 六二, 休復. 吉.
육이 휴복 길

육이는 아름답게 돌아옴이니 길하니라.

🔲 육이는 기쁘게 돌아왔다. 길한 점괘를 얻었다.

象曰 休復之吉은 以下仁也¹⁴라.
상왈 휴복지길   이하인야

상전에 말하기를 아름답게 돌아옴이니 길하다는 것은 어진 사람을 따라 낮

曰復行)"라고 하였다. 정이천은 『이천역전』에서 "멀리 가지 않고 돌아온다는 것은 군자가 그 몸을 닦는 도리이다. 학문의 도는 다른 것이 아니라 오직 불선임을 알면 빨리 고쳐 선을 따라갈 뿐이다(不遠而復者, 君子所以修其身之道也. 學問之道無他也, 唯其知不善, 則速改而從善而已)"고 하였다. 이처럼 수신의 문제는 다른 것이 아니라 잘못을 알면 재빨리 고치는데 있음을 강조하고 있다. 황수기의 『주역역주』 192쪽 참조.

13 "휴복(休復)"의 "휴(休)"는 아름답다는 의미이다. 육이는 양이 회복되었을 때 유(柔)로서 중정하여 아래로 초구와 가까이 친한 것이 마치 아래의 현인과 친하게 지내는 것과 같다. 그러므로 아름다운 미덕을 회복하여서 길함을 얻게 되는 것이다. 이에 대해 주자는 『주역본의』에서 "유순중정하고 초구에 가까이 있으면서 자신을 더욱 낮추니 돌아옴이 아름답다. 그래서 길한 도이다(柔順中正, 近於初九而能下之, 復之休美, 吉之道也)"고 하였다. 육이는 강을 타고 있는 승강(乘剛)이지만 강을 따르게 된다. 육이는 중정하며 유순하여 도움을 받기 위해 항상 양을 찾는다. 그러나 상응할 양이 없기 때문에 이웃해 있는 초구와 친하게 가까이 지내게 된다. 황수기의 『주역역주』 192쪽 참조.

14 "하(下)"는 스스로 낮추고 따라감을 말한다. 여기에서 말하는 어진 사람은 아래의 초구의 양을 가지고 말한다.

추기 때문이다.

六三은 頻復이니 厲하나 无咎[15]리라.
육삼 빈복   려   무구

🄱 六三, 頻復. 厲, 无咎.
육삼 빈복 려 무구

육삼은 빈번하게 자주 돌아오니 위태로우나 큰 허물은 없다.

🄱 육삼은 빈번하게 왔다갔다 한다. 점을 쳐서 위태롭지만 허물이 없다는 점의 결과를 얻었다.

象曰 頻復之厲는 義无咎也[16]니라.
상왈 빈복지려   의무구야

---

15 육삼은 위치로 보면 정위(正位)도 중정(中正)도 아니다. 그러나 어려운 가운데에서도 올바른 상황으로 나아가게 되니 허물은 없다. "빈(頻)"은 자주 또는 급하다는 뜻이다. 육삼은 음으로 진괘(震卦)의 최상위에 있어서 급하게 움직이는 상을 가지고 있다. 잘못을 범할 경우 가능하면 빨리 바꾸어 다시는 잘못을 저지르지 않는 것이 가장 좋지만 육삼은 그렇지 못하다. 육삼의 "빈번하게 자주 돌아오니(頻復)"라는 말은 잘못을 고쳤다가 또 잘못을 범하고 하여 몇 번이나 반복하는 것으로 초구의 "멀리가지 않고 돌아오는 것(不遠復)"이나 육이의 "아름답게 돌아옴(休復)"보다 못하다. 그러므로 "위태하다(厲)"고 말하는 것이다. 비록 위태하나 회복하려는 뜻이 허물이 있는 것은 아니다. 이에 대해 주자는 『주역본의』에서 "음으로써 양의 자리에 있어서 중정하지 못하고, 또 움직이는 괘의 제일 위에 처하여 돌아오나 견고하지 못하니 자주 잃고 자주 돌아오는 상이다. 자주 잃음으로 위태롭지만 돌아오면 허물이 없으므로 그 점이 또 이와 같은 것이다(以陰居陽, 不中不正, 又處動極, 復而不固, 屢失屢復之象. 屢失故危, 復則无咎, 故其占又如此)"고 하였다.
16 효사에 "빈복지려(頻復之厲)"라고 되어 있는 것은 매번 되돌아왔다가 다시 잘못하고 또 다시 돌아오는 것은 위험하기는 하지만 선심(善心)으로 돌아가는 것은 결코 나쁜 것이 아니기 때문이다.

상전에 말하기를 빈번하게 자주 돌아오니 위태로우나 큰 허물은 없다고 말하는 것은 도의상으로 허물이 없다는 것이다.

六四는 中行하되 獨復[17]이로다.
육사　중행　　　독복

■ 六四, 中行獨復.[18]
　육사　중행독복

육사는 음의 가운데에서 행하는 것이니 홀로 돌아오는 것이로다.

■ 육사는 중군(中軍)만이 단독으로 돌아왔다.

象曰 中行獨復은 以從道也[19]라.
상왈　중행독복　　이종도야

---

17 육사는 다섯 개의 음 가운데에서 중간에 자리한다. 그러므로 음효 사이에 끼여서 홀로 돌아올 줄 아는 존재이다. 육사는 초구와 상응하기 때문으로 이는 마치 올바른 사람의 인도로 선을 따르는 상이다. 『한상역전(漢上易傳)』에서 정현은 "효가 다섯 음의 가운데에 자리하여 중을 헤아려 행하는데, 육사만이 홀로 초효와 정응한다(爻處五陰之中, 度中而行, 四獨應初)"고 하였다. 또 주자는 『주역본의』에서 "이러한 때를 당하여 양기가 매우 미약하여 어떤 일을 할 수가 없으므로 길함은 말하지 않았다(當此之時, 陽氣甚微, 未足以有爲, 故不言吉)"고 하였다. 육사의 주관적인 생각이나 포부는 좋으나 객관적인 조건으로 보면 초구의 도움도 미약하여 구체적으로 실행하기는 어렵기 때문에 길(吉)이라고 말하지 않는 것으로 보인다.

18 좌군(左軍)과 우군(右軍)은 돌아오지 않고 중군(中軍)만이 돌아옴을 기록하고 있다. 등구백의 『백서주역교석』 246쪽 참조 바람.

19 "도(道)"는 양강(陽剛)한 군자의 도를 말한다. 정이천은 『이천역전』에서 "홀로 돌아옴을 칭찬한 것은 양강한 군자가 선한 도를 따르기 때문이다(稱其獨復者, 以其從陽剛君子之善道也)"고 하였다. 올바른 초구와의 상응, 즉 올바른 인도(引導)에 의해 선함을 따르는 것을 상징하고 있다. 이에 대해 주자는 『주역본의』에서 "사효는 여러 음의 가운데에 처하여 홀로 초효와 응하여 무리와 함께 가면서도 홀로 선을 따를 수 있는 상이 된다(四處羣陰之中而獨與初應, 爲與衆俱行而獨能從善之象)"고 하였다.

상전에 말하기를 음 가운데에서 행하여 홀로 돌아온다는 것은 도를 따르기 때문이다.

六五는 敦復이니 无悔[20]하니라.
_{육 오   돈 복   무 회}

🔲 六五, 敦復, 无悔.
_{육 오 돈 복 무 회}

육오는 돈독하게 돌아오니 후회가 없을 것이다.

🔲 육오는 화를 내어서 돌아왔다. 후회가 없다는 점괘를 얻었다.

象曰 敦復无悔는 中以自考也[21]라.
_{상 왈 돈 복 무 회   중 이 자 고 야}

---

20 "돈(敦)"은 돈후함을 말한다. "돈"이라는 말은 상괘의 상(象), 즉 곤괘인 땅이 가진 형상과 관련이 있는 것으로 말하기도 한다. 또 육오가 존위에 자리하여 어느 곳에 치우치지 않고 돈후하게 스스로를 살펴 선한 일을 행하려는 상에서 찾기도 한다. 육오는 비록 정위도 아니고 상응함도 없으나 "후회가 없을 것이다(无悔)"라고 말한다. 육오는 복괘의 주효인 초구와 어떠한 상응관계도 없기 때문에 마땅히 후회함이 있어야 하지만, 중의 자리에 위치하여 회복할 수 있는 역량을 가지고 있기 때문에 "후회가 없을 것이다"고 하는 것이다. 육오에서 말하는 "후회가 없을 것이다(无悔)"라는 말과 초구에서 말하는 "멀리가지 않고 돌아오는 것이라 후회하는 데까지 이르지 않으니(不遠復, 无祇悔)"라는 것과는 약간 다르다. 초구의 "멀리가지 않고 돌아오는 것이라 후회하는 데까지 이르지 않으니"라는 말은 악을 버리고 선을 회복하는 것을 막 시작하였기 때문에 "후회에 이르지 않는다"고 말한다. 이에 비해 육오의 "돈독하게 돌아오니(敦復)"라는 것은 악을 버리고 선을 회복하는 행동이 이미 오래되었기 때문에 "후회가 없을 것이다"고 하는 것이다. 다른 괘의 효사에서 "돈독함"을 말하는 것들은 대부분 상효에 있다. 예를 들면 임괘(臨卦) 상육의 "돈임(敦臨)"이나 간괘(艮卦) 상구의 "돈간(敦艮)"등이 그것이다. 김경방의 『주역전해』 217쪽 참조.

21 「상전」에서 말하는 "무회(无悔)", "중(中)", "자고(自考)" 등은 모두 내심(內心)의 활동과 관련이 있다. "중"에는 내심의 뜻이 있고, "자고"는 바로 자기 내심의 고찰과 반성을 말한다. 내심의 고찰과 반성을 통하여 비로소 올바른 덕을 이룰 것을 말한다. 그러므로

상전에 말하기를 돈독하게 돌아오니 후회가 없을 것이라는 것은 중으로써 스스로 살펴서 이루기 때문이다.

上六은 迷復이라 凶²²하니 有災眚²³하여 用行師면 終有大敗하고
상육   미복   흉   유재생   용행사   종유대패

以其國이면 君이 凶²⁴하여 至于十年히 不克征²⁵하리라.
이기국   군   흉   지우십년   불극정

📖 尙六, 迷復, 兇, 有茲省. 用行師, 終有大敗. 以亓國君凶至.
　 상육 미복 흉 유자성   용행사 종유대패   이기국군흉지

"돈복"은 내심을 돈후하게 하여 올바른 도를 이루는 것을 말한다.

22 김경방은 "미(迷)"를 멈추다, 정지한다는 뜻을 가진 "미(彌)"로 보고 있다. 그에 따르면 "미복(迷復)"은 바로 "미복(彌復)"으로 "지복(止復)"의 뜻이라는 것이다. 말하자면 올바른 도를 회복하는 것을 멈춘 것으로 그 결과는 당연히 흉하다. 그러나 일반적으로는 혼미하여 돌아오지 못하는 것으로 해석한다. 올바른 도를 회복하지 못할 경우 전쟁을 하면 무조건 패배하게 되어있다.

23 "재생(災眚)"을 『경전석문』에서는 정현의 말을 인용하여 "재앙이 안으로부터 생긴 것을 생이라 하고, 바깥에서부터 생긴 것을 상이라 하고, 사물에 해를 끼치는 것을 재라고 한다(異自內生曰眚, 自外曰祥, 害物曰災)"고 하였다. 상육은 아래의 초구와 상응하지도 못하고 미혹하여 회복할 줄 모르는 상이다. 그러므로 정이천은 "이미 혼미하여 선에 돌아오지 못하니 자신에게 있어서 행동하는 모든 것이 다 과실이고, 재화 또한 밖으로부터 이르니 모두가 스스로 자초한 것이다(旣迷不復善, 在己則動皆過失, 災禍亦自外而至, 蓋所招也)"고 하였다.

24 상육은 혼미하여 올바름을 회복할 줄 모르기 때문에 전쟁이나 나라를 다스리는 일에서 반드시 패배하여 흉하다고 말한다. 빌헬름은 이런 전쟁을 곤괘(坤卦) 상육의 "용이 들판에서 싸우는(龍戰于野)"는 경우와 같은 것으로 말하고 있다. 즉 복괘의 상육은 연속된 음의 마지막으로 양의 회복에 대해 자신의 세력을 계속적으로 지속하기 위해 저항하는 상황을 말하는 것으로 보고 있는데, 매우 타당한 관점으로 보인다. 508쪽 참조 바람.

25 10년의 긴 세월이 지나도, 나라의 힘을 강하게 하지 못하고, 결국 출정도 못한다. "십 년(十年)"에 대해 정이천은 "십 년이라는 것은 수의 마지막이니 십 년에 이르도록 능히 출정하지 못한다는 것은 끝내 행하지 못함을 이른 것이다. 이미 도에 혼미하니 어느 때에 행할 수 있겠는가(十年者數之終, 至於十年不克征, 謂終不能行, 旣迷於道, 何時而可行也)"라고 하였다.

十年弗克正.
십 년 불 극 정

상육은 돌아오는데 혼미하여 흉하니, 재앙이 있어서 군대를 움직여 쓰면 끝내 대패하고, 한 나라로써 (예로 들어) 말하면 군주에게 흉하여 10년에 이르도록 끝내는 출정도 하지 못한다.

■ 상육은 군대가 지형에 미숙하여 어렵게 돌아오니 입은 피해가 매우 심하여 군대를 출정시키기에는 불리하다. 이런 군대가 전쟁을 하면 분명히 패할 것이다. 이는 군주가 방탕하여 생긴 결과이다. 이런 군대는 10년 동안 전쟁을 할 수 없을 것이다.

象曰 迷復之凶은 反君道也[26]일새라.
상 왈 미 복 지 흉   반 군 도 야

상전에 말하기를 돌아오는데 혼미해서 흉하다는 것은 군주의 도에 어긋나기 때문이다.

---

26 "반(反)"은 위배(違背)한다는 의미이다. "복(復)"은 도에 합치하기 위해 돌아오는 것을 말한다. "돌아오는데 혼미하다(迷復)"는 것은 도(道)로 돌아오는데 혼미하여 쉽게 엉뚱한 방향으로 간다는 말이다. 도와 다른 방향으로 가기 때문에 흉은 필연적이다. "군도(君道)"를 군주(君主)의 도리로 볼 것인지 혹은 군자(君子)의 도리로 볼 것인가 하는 것이 문제가 될 수 있다. 대부분은 효사에서 "군주에게 흉하여(以其國君凶)"라는 말에 대한 해석으로 보아 "군도"를 군주의 도리로 본다. 그러나 빌헬름의 경우는 "군자의 도리에 반(反)하는 것(opposing the way of the superior man)"으로 번역하고 있다. 이런 것과 관련하여 정이천은 "군주가 위에서 무리를 다스리는 것이 마땅히 천하의 선을 쫓아야 할 것인데 돌아오는데 혼미하니 군주의 도리에 위배된다고 하는 것이다. 군주뿐만 아니라 모든 회복하는 데 혜매는 사람은 모두 도에 위배되어 흉하다(人君居上而治衆, 當從天下之善, 乃迷於復, 反君之道也. 非止人君, 凡人迷於復者, 皆反道而凶也)"고 하여, 군주의 도에 어긋난다(反君道)라는 것은 사실은 군주뿐만 아니라 모든 사람들의 미복(迷復)을 포함하고 있는 것으로 보고 있다.

※ 복괘의 의미와 교훈

　복괘(復卦)는 회복의 원칙에 대해 설명하고 있다. 물극필반(物極必反)하여 벗겨져 떨어지는 것이 이미 극단에 이르게 되면 다시 회복하여 어떤 일을 할 수 있는 시기가 도래하게 된다. 회복의 원칙은 반드시 과거의 잘못을 근절하여 선한 도리를 다시 회복하는 것에 있다. 회복하기 위해서는 부패가 시작되어 잘못된 과실이 아직 심각하기 이전에 때에 맞추어 반성하고 잘못을 고쳐야 한다. 그렇지 않으면 잘못이 누적되어 회복하기가 어렵게 되기 때문이다. 또한 반드시 철저하게 검토하고 상세하게 계획을 세우고 행동을 성실하게 해야 더 이상의 잘못을 저지르지 않게 된다. 잘못을 저지르고 또 다시 반복하게 되면 회복할 기회가 점차적으로 줄어들 수밖에 없다. 바른 도리나 정의를 회복하는 시기에 그 정의나 도리가 펼쳐질 만큼 여건이 성숙되지 못하면 그 결과는 장담할 수 없다. 이러한 어려운 시기에 뜻이 있는 사람들은 다른 사람들과 달리 어려움을 무릅쓰고 홀로 행동하여 자신의 원칙을 견지하고 최선을 다해 정의와 올바른 도리를 회복한다.

　복괘는 사물의 정기를 회복하고 생기가 다시 발동하는 상황을 비유적으로 보여주고 있다. 이것은 대지에 미미한 하나의 양이 처음 움직이기 시작하여 봄이 곧 이를 것 같은 풍경이 그려지고 있다. 전체 괘의 뜻은 생명이 지속적인 박탈로 그 힘을 다하여 갈 때 하나의 양이 다시 돌아오는데, 이것은 마치 '정도(正道)'의 부흥이 더 이상 저항할 수 없는 자연적 법칙임을 이야기해 주는 것과 같다. 그래서 괘사는 양이 회복할 즈음에 그 힘은 비록 미약하지만 어려움을 뚫고 결국은 형통하게 될 것이라는 점을 매우 강조하고 있다.

　여섯 효 가운데 초구는 전체 괘의 주제인 '회복'의 문제를 '인(仁)'과 '선(善)'을 통하여 말하고 있다. 「단전」에서 말하는 천지가 만물을 생육하는 마음은 바로 이 양과 연결된다. 이 때문에 다섯 음은 모두 이 초구의 양에 돌아가려는 것을 상징한다. 육이는 초구에 친비하려 하기 때문에 '어진 사람을 따라 낮추는 것(下仁)'으로 말하고, 육사는 초구와 상응하기 때문에 '도를 따르는 것(從道)'으로 말하고 있다. 나머지 세 개의 음과 초구는 상응하거나 친비하고 있지는 않으나, 육삼은 양의 자리에 처하여 힘써 선을 회복하여 "허물이 없는" 단계에 이른다. 육오는 존위에 자리하여 선을 회복하는 것을 돈독히 함으로써 "후회가 없다"는 단계에 이른다. 오직 상육만이 초구를 위배하여 혼미하여 돌아올 줄을 몰라 끝내는 흉한 상태에 이르게 된다. 이처럼 복괘는 양을 빌려서 선함에 비유하는데, 그 상징적 의미는 한마디로 "선을 회복하여 인을 추구하는 것"을 목적으로 하고 있다.

결론적으로 복괘는 사물의 회복에 관한 이치에 대해 말하고 있다. 사물이 다시 부흥하려고 하는 단계는 사물 발전의 전체과정에서 하나의 필연적 과정으로 저항할 수 없는 것이다. 군자는 이러한 대세를 파악하여 이러한 부흥을 촉진하는 데에 온 힘을 사용해야 한다.

25. ䷘ 천뢰무망(天雷无妄, ䷘ 无孟 第七)

1) 괘의 순서

무망괘(无妄卦)가 복괘(復卦)의 뒤에 오는 것에 대해「서괘전」은 "돌아오면 망녕됨이 없기 때문에 무망괘로 받았다(復則无妄矣, 故受之以无妄)"고 하였다. 무망은 허망(虛妄)함이 없음을 말한다. 허망함이 없다는 것은 바로 진실(實)하다는 의미이다. 『주역』에서 음은 허(虛)이고, 양은 실(實)이다. 복괘는 음이 줄어들어든 후에 양이 다시 자라나는 때로서 복괘 이후는 바로 실하다. 그러므로 복괘 뒤를 이어서 무망괘가 오는 것이다. 이에 대해 정이천은 『이천역전』에서 "돌아오는 것은 도에 돌아옴이니, 이미 도에 돌아오면 바른 이치에 합하여 무망하기 때문에 복괘의 뒤를 무망괘로 받은 것이다(復者反於道也, 旣復於道則合正理而无妄, 故復之後受之以无妄也)"고 하였다.

2) 괘명의 의미

무망괘(无妄卦)의 "망(妄)"의 자의에 대해『설문해자』에서는 "망은 어지러운 것이다(妄, 亂也)"라고 하여, 무망을 어지럽거나 혼란하지 않는 것으로 말하고 있다. 어지럽지 않다는 의미는 착실하게 규율에 따라 일을 처리하여 모든 것이 정상적으로 질서 있게 돌아가는 것을 말한다. 무망은 다른 사람에 대해서 헛된 말을 하지 않고 헛된 것을 구하지 않는 것을 의미한다. 헛된 말을 하지 않는다는 것은 말에 진실함이 있다는 것이고, 헛된 것을 구하지 않는다는 것은 현실에 들어맞는 것을 요구한다는 것을 의미한다. 즉 무망은 허망한 것이 없고 진실함으로 살아가는 도리를 말한다.

"무망괘"의 "망"의 의미에 대한 역대 주석자들의 견해는 매우 다양하다. 예를 들면 경방, 마융, 정현, 왕숙(王肅) 등은 "망"을 "망(望)"으로 보아 "무망"을 "무망(无望)"으로 해석하고 있다. 여기서 말하는 "무망"은 어떤 의도나 개인적인 욕심이 없이, 있는 그대로 자연스럽게 맡겨 놓는 "무희망(無希望)"을 말한다. 여기에서 말하는 "무희망"은 희망이 없다거나 가능성이 없다는 절망의 의미가 아니라, 인위적이지 않은 자연스러움의 의미에 가깝다. 이 문제에 대해 상병화는 경방이나 왕충(王充) 등이 무망괘를 '큰 가뭄이 있는' '대한지괘(大旱之卦)'로 보아 "한 해의 수확이 실망스러운(年收失望) 것"으로 해석한 것을 인용하고 있다. 이에 비해 우번은 "망(妄)"을 "망(亡)"으로 보아 "무망"을 "무망(无亡)"이라고 말하고 있다. 「잡괘전」에서는 "무망은 재앙이다(无妄, 災也)"고 하였다.

무망(无妄)은 거짓되지 않는다는 것으로 함부로 망동하지 않는다는 의미이다. 함부로 망동하지 않는데 왜 재앙이 생기는가? 아마 이는 무망의 때는 시운(時運)이 좋지 않아 이유 없이 재해를 당하는 것으로 보인다. 이에 비해 「잡괘전」에서는 대축괘(大畜卦)의 시운은 매우 좋은 것으로 말하는데 여기에서 말하는 "대축"은 풍년의 의미이다. 물론 「잡괘전」이나 왕충 등의 견해가 일리가 없는 것은 아니지만 기본적 의미로 말하면 무망괘의 의미는 단순히 재앙으로만 한정할 수 없다. 그보다는 역시 무망괘는 "허망하지 않다", "진실하다"는 의미로 규정하는 것이 타당한 것처럼 보인다. 그래서 한강백은 「잡괘전」에서 말하는 "무망은 재앙이다"는 구절을 "무망의 때에 망동하면 재앙이 온다(无妄之世, 妄則災也)"는 것으로 해석하고 있다.

3) 괘상의 의미

괘상으로 보면 무망괘(无妄卦 : ䷘)의 상괘(上卦)는 건으로 하늘을 상징하고, 하괘는 진으로 우레를 상징한다. 하늘 아래에 우레가 움직인다는 것은 하나의 물상(物象)을 나타낸 것이 아니라, 일종의 질서를 상징한 것이다. 만물의 생장은 하늘 아래 우레가 움직이는 것과 같은 법칙에 따르기 때문에 어지럽지가 않다. 말하자면 하늘 아래 우레가 움직인다는 말은 천도(天道)를 따라서 움직여야 무망(无妄)할 수 있다는 것이다. 만약 천도의 바름이 아닌 것으로서 행동한다면 그것은 무망할 수 없고 망(妄)이 되어 버린다.

无妄은 元亨하고 利貞하니 其匪正이면 有眚하릴새
무망   원형   이정   기비정   유생

不利有攸往[1]하니라.
불리유유왕

---

[1] 정이천은 『이천역전』에서 "무망괘(无妄卦)"의 의미를 괘상과 괘덕을 통하여 풀이하고 있다. 즉 상체(上體)인 건괘는 본래 천도(天道)이고, 하체(下體)인 진괘(震卦)는 그 특성이 움직임에 있기 때문에 반드시 천도에 근거해서 움직여야 하고 사사로운 욕심에 근거해서는 곤란하다고 말한다(爲卦乾上震下, 震動也, 動以天爲无妄, 動以人欲則妄矣). 이것이 바로 무망이다. 천도에 따라서 움직인다면 충분히 "원형이정" 할 수 있다. "그것이 바르지 않으면 재앙이 있을 것이므로(其匪正有眚)"라는 말은 경계(警戒)하는 입장에서 말한 것이다. 다시 말하면 천도에 따라서 행동하지 않고 개인의 생각에 따라 마음대로 움직인다면 그것은 올바르지 않게 될 가능성이 크다. 올바르지 않으면 재앙이 생기고, 재앙이 생기게 되면 "나아가는 바가 있으면 불리하다(不利有攸往)"는 상황, 즉 "어떤 일을 행하는 것이 이롭지 않는" 상황이 된다. 『설문해자』에 의하면 "생(眚)"은 눈에 흐릿한 것이 생겨나는 것을 말한다. 눈에 흐릿함이 생기면 밝음을 잃게 되고 사물을 올바로 볼 수 없게 되는데, 이때 무망은 유망(有妄)이 된다.

🅑 无孟,² 元亨, 利貞, 非正有眚, 不利有攸往.
　　무맹　원형　이정　비정유성　불리유유왕

경의 의미 : 무망괘는 큰 제사를 지내고 유리한 점의 결과를 얻었지만, 행하는 바가 바르지 않으면 재앙이 있을 것이므로 나아가는 바가 있으면 불리하다.

전의 해석 : 무망은 크게 형통하고 바르게 하는 것이 이로우니, 그것이 바르지 않으면 재앙이 있을 것이므로 (적극적으로 나서서) 일을 행하는 것은 이롭지 않다.

🅑 노력하여 힘쓰지 아니하고 "원형"이라는 좋은 점괘를 얻었다. 행동이 바르지 않아 스스로 깨달아서 점을 치니 밖으로 나가 길을 가는 것이 불리하다는 결과를 얻었다.

彖曰 无妄은 剛이 自外來而爲主於內³하니
　　단왈 무망　강　　자 외 래 이 위 주 어 내

---

2 노력하여 힘쓰지 않는다는 의미이다. "맹(孟)"은 힘써 노력한다는 뜻이다.
3 보통 이 구절은 괘변설(卦變說)에 근거해서 강효가 외괘(外卦)에서 와서 내괘의 주효(初九)가 된 괘가 바로 "무망괘(无妄卦)"라고 말한다. 예를 들면 마항군은 『주역정종』에서 "무망괘는 돈괘(遯卦 : ䷠)에서 변하여 나온 것으로 돈괘의 상구가 외괘에서 내괘의 초효의 자리에 와서 주효(主爻)가 된 것"(221쪽)이라고 말한다. 이 말은 쉽게 이해가 되지 않는다. 만약 이 관점에 따라 돈괘의 상구와 초육이 호환(互換)할 경우 무망괘가 나올 수 없기 때문이다. 이런 관점에 대해 김경방은 "강이 바깥에서 와서 안의 주인이 되니(剛自外來而爲主於內)"라는 구절은 내괘인 진괘(震卦)에 대해 말하는 것임을 모르는 것이라고 비판하고 있다. 그래서 이 구절을 「설괘전」의 "진(震)은 첫 번째로 구하여 남(男)을 얻음이다. 그러므로 장남이라 이르네(震一索而得男, 故謂之長男)"라는 관점에서 보아야 한다고 말하고 있다.(『주역전해』 220쪽) 무망괘의 하체(下體)인 진(震)은 건괘(乾卦)의 강효가 와서 곤괘(坤卦)와 서로 교류하여 괘를 이룬 것이다. 바로 곤이 건에게 한번 구하여 건의 초효를 얻었기 때문에 진괘(震卦)의 초효를 "강이 바깥에서 와서(剛自外來)"라고

단전에 말하기를 무망은 강이 바깥에서 와서 안의 주인이 되니

動而健하고 **剛中而應**하여 **大亨以正**하니 **天之命也**⁴라.
동 이 건   강 중 이 응   대 형 이 정   천 지 명 야

움직이는 데 굳건하고 강이 (구오의) 중에 있으면서 (육이와) 상응하여, 크게 형통하고서도 바르게 하니 하늘의 명이다.

其匪正有眚不利有攸往은 **无妄之往**이 **何之矣**리오 **天命不祐**를
기 비 정 유 생 불 리 유 유 왕   무 망 지 왕   하 지 의   천 명 불 우

行矣哉⁵아.
행 의 재

말하는 것이다. 또 『주역』의 통례(通例)인 적은 것이 많은 것을 거느리는 원칙에 의해 바깥에서 온 하나의 양이 "안의 주인이 되는(爲主於內)" 것이다. 하나의 양효가 오기 전에 곤괘는 음이고 허(虛)였으나, "강이 바깥에서 와서 안의 주인이 된(剛自外來而爲主於內)" 이후에 곤괘는 진괘(☳)로 변해 양이 되고 실(實)이 된다. 즉 허망(虛妄)으로부터 진실(眞實)로 변하기 때문에 무망(无妄)이라고 하는 것이다. 이런 관점은 괘의 주효(主爻)를 가지고 괘명을 해석한 것이라고 할 수 있다. (서지예, 『주역대전신주』 165쪽 참조) 또 이 구절을 『중용』에서 말하는 "천이 명한 것을 일러 성이라고 한다(天命之謂性)"는 관점과 연결시키기도 한다. 왜냐하면 건(乾) 즉 하늘로부터 처음 부여 받은 것이 인간의 본성(性)이기 때문이다. 정이천의 관점.

4 "강이 구오의 중에 있으면서 육이와 상응하고(剛中而應)"라는 것은 구오와 육이의 상응을 가리키는데, 이것은 강의 중정(구오)이 유의 중정(육이)과 상응한다는 괘체((卦體)의 관점에서 말한 것이다. "천지명(天之命)"은 무망한 천도를 말한다. "움직이는데 군건하다(動而健)"는 말은 천이 가지고 있는 굳건함(健)의 괘덕(卦德)을 의미한다. 이것은 함부로 망동(妄動)하지 않고 바른 이치에 따라 움직이는 것이기 때문에 그 도가 크게 형통하여 올바른데, 그것이 바로 천의 명(天道)이다.

5 "행하겠는가(行矣哉)"라는 말에는 "이렇게 망령되이 행하겠는가?"라는 견책(譴責)의 의미가 포함되어 있다. "천명이 돕지 않는데 행하겠는가?(天命不祐, 行矣哉)"라는 말은 "무망의 감이 어디로 가려 하는가?(无妄之往, 何之矣)"라는 의미를 포함하고 있는데, 괘사의 "그것이 바르지 않으면 재앙이 있을 것이므로 (적극적으로 나서서) 일을 행하는 것은 이롭지 않다(其匪正有眚, 不利有攸往)"는 말을 해석한 것으로 정도(正道)를 위배하는 것은 잘못된 행동임을 말하고 있다. 보통 사람의 경우, 무망의 때에 있어서 중요한 문

그것이 바르지 않으면 재앙이 있을 것이므로 (적극적으로 나서서) 일을 행하는 것은 이롭지 않다는 것은 무망의 감이 어디로 가려 하는가? 천명이 돕지 않는데 행하겠는가?

象曰 天下雷行하여 物與无妄⁶하니 先王以하여 茂對時하여 育萬物⁷하니라.

제는 바름을 지키는 것(守正)으로 정상적이지 않는 방법으로 이익을 얻으려고 바라지 말아야 하고, 또 비정상적인 방법으로 재앙을 피하려고 해서도 안 된다. 가장 바람직한 방법은 정도를 지켜서 순리에 따라 자연스럽게 처신하는 것이다. 결론적으로 어떤 일을 하는 데에 있어서 주어진 법칙에 어긋나면 어떠한 일도 통할 수 없다는 것이다.

6 무망괘의 괘상은 하괘가 진괘이고 상괘가 건괘로, 우레가 하늘에서 행하여 백리에 그 소리가 전달되어 그 진동을 받지 않는 사물이 없음을 나타낸 것이다. 「설괘전」에서는 "만물은 진에서부터 나온다(萬物出乎震)"고 하였는데, 고대인들은 겨울에는 양기(陽氣)가 숨어 있고 봄이 되면 양기가 지면으로 분출하여 우레가 된다고 생각하였다. 만물은 겨울에는 동면상태로 숨어 있다가 봄이 되어 우레 소리를 듣고 깨어나 새싹을 땅위로 내밀며 발육을 시작한다. 이처럼 우레는 만물을 진동시키기 때문에 "물여(物與)"라고 말한다. 여기서 말하는 "여(與)"는 모든 사물에 부여하는 뜻을 가지고 있다. 위의 두 구절은 상하괘의 상을 해석하여, 우레는 위엄 있는 움직임을 보여주고 만물은 함부로 망동해서는 안 되는 점을 설명하고 있다. "모든 존재에 무망을 주니(物與无妄)"라는 이 구절은 사실상 이 괘의 주제라고 할 수 있다. 「상전」의 통례에 따른다면 무망괘의 상사(象辭)는 "천하뢰행, 무망(天下雷行, 无妄)"이라고 해야 하는데 "물여"라는 말이 더 붙어 있다. 이것은 『주역』 속에서 매우 드문 현상으로 「상전」의 작자가 특별히 강조하려는 것이 있기 때문이다. 그것은 우레가 때에 맞추어 천도를 행하여 모든 사물에 무망(无妄), 즉 천명(天命) 또는 성(性)을 부여하는 무망괘의 특성을 드러내고자 하는 것이다. "모든 존재에 무망을 주니"라는 말은 만물이 모두 천도로부터 부여받은 본성을 가지고 있어서 허망할 수 없고, 어느 누구도 여기에서 벗어나 예외가 될 수 없음을 말하고 있다. 사람의 경우도 누구든지 주어진 본성에 따라야 한다. 이것이 바로 무망괘가 말하려고 하는 핵심이다. 무망괘의 이러한 관점에 따르면 사람들은 어떻게 행동해야 할 것인가라는 것이 분명해진다.

7 "무(茂)"를 『경전석문』에서는 "성하다(盛)"로 해석하고 있는데, 이것은 생명력이 왕성한 것을 말한다. 즉 선왕이 무망괘의 "하늘 아래에서 우뢰가 움직이는" 강성한 위세를 본받아 그 왕성한 생명력을 천시(天時)에 배합하고 만물을 양육하여 망동하지 않게 하는 것을

상전에 말하기를 하늘 아래에서 우뢰가 움직여 모든 존재에 무망을 주니, 선왕이 이것을 본받아 힘써 때에 맞추어 만물을 길러준다.

初九는 无妄이니 往에 吉[8]하리라.
_{초 구　무 망　　왕　길}

🈁 初九, 无孟往, 吉.
_{초 구　무 맹왕　길}

초구는 조금의 헛됨도 없이 진실하니 나아가면 길할 것이다.

🈁 초구는 노력하고 힘쓰지 아니하는 경향을 없애야 좋다.

象曰 无妄之往은 得志也[9]리라.
_{상 왈　무 망 지 왕　　득 지 야}

상전에 말하기를 조금의 헛됨도 없이 진실함으로 나아간다는 것은 뜻을 얻

말한다. "대시(對時)"를 정이천은 "천시에 순하게 합하는 것(順合天時)"이라고 하였다. 자연계의 만물이 발육 생장하는 것은 모두 사시(四時)의 정해진 법칙에 따라 운행하기 때문인데, 통치자들 역시 백성들을 다스리는 데 있어서 이런 자연현상을 본받아 때에 맞게 적절하게 이용해야 할 것을 강조하고 있다. 이 때문에 고대 중국인들은 시간을 매우 중요하게 여기는데, 일찍부터 월령(月令) 제도를 실행하였다는 것은 바로 이것을 증명해준다. 월령은 계절에 따라 해야 할 활동을 적절히 안배하고 있는데 특히 농사 활동에 있어서는 더욱 중요하다. 인간사나 농사 모두 천시를 위배할 수 없다.

8 초구는 양으로 무망괘의 맨 아래에 자리하고 있는데, 음의 아래에 있으면서 겸손하고 공손하여 진실한 모습을 보여주고 있다. 그러므로 나아가면 반드시 길함을 얻는다. "나아간다(往)"라는 말은 하괘인 진괘(震卦)의 괘덕(卦德)인 움직임(動)과 관련이 있다. 겸손하고 공손하여 헛된 행동을 하지 않는 진실한 모습이야말로 무망의 진정한 모습이라 할 수 있다. 이런 태도로 행동하는 것이야 말로 천(天)과 합치하는 것으로 여기에서 불길(不吉)함은 찾기 어렵다.

9 초구는 양으로 초의 자리에 있는데 자연스럽고 주어진 법칙에 적응하여 사사로운 욕심으로 멋대로 행동하지 않는다. 그러므로 어디를 가든지 순조로이 뜻을 얻을 수 있다.

는다는 것이다.

六二는 不耕穫하며 不菑畬니 則利有攸往[10]하니라.
육이   불경확   불치여   즉이유유왕

🅱 六二, 不耕獲, 不菑餘. 利有攸往.
육이   불경획   불치여   이유유왕

육이는 밭갈 때에는 수확을 생각하지 않으며, 새밭을 만들 때에 삼 년을 묵힌 좋은 밭을 생각하지 않으면 가는 바를 두면 이로울 것이다.

🅱 육이는 파종하지도 않고 수확이 있고, 모 심지 않고도 배부르게 밥을 먹는다. 가는 바를 두면 이로울 것이라는 점의 결과가 나왔다.

---

[10] 이 구절에 대한 해석은 매우 분분하다. "치(菑)"는 개간한 지 1년이 지난 밭으로 더 이상 잡초가 나지 않는다. "여(畬)"는 개간한지 3년이 지난 밭으로 지질이 이미 상당히 부드러워져 있다. 개간한 지 삼 년이 지나야 충분한 수확을 얻을 수 있는데, 이런 밭을 숙전(熟田)이라고 한다. 육이는 중정하여 천시(天時)에 따르고 천리에 순응하여 사사로운 욕망을 가지고 있지 않다. 이처럼 쓸데없는 욕심을 바라지 않는 것이 바로 무망(无妄)이다. 그러므로 밭 갈지 않고 수확하기를 바라지 않는다. 마찬가지로 금방 개간한 밭에서 풍성한 수확을 기대하지도 않는다. 지나친 수확을 기대하는 사람의 생각이 바로 "망(妄)"이다. 자연에 따라서 밭 갈고 김매면서 수확을 묻지 않아야 비로소 무망하다고 말할 수 있다. 이에 대해 주자는 『주역본의』에서 "유순하고 중정해서 때를 따르고 이치를 쫓을 뿐, 사사로운 마음으로 꼭 바라는 것이 없으니 …… 미리 앞에서 작위(作爲)하는 바도 없고 뒤에서 바라는 바도 없음을 말한 것이다(柔順中正, 因時順理而无私意期望之心, 故有不耕穫不菑畬之象, 言其无所爲於前, 无所冀於後也)"라고 하였다. 그러나 이천이나 주자의 해석도 분명하지가 않다. 이에 비해 빌헬름의 해석이 가장 합당한 것으로 보인다. 그는 "밭가는 동안에 미리 수확을 생각하지 않고, 또 밭을 정비하는 시기에 미리 그 땅을 쓸 일을 생각하지 않으면 어떤 일이라도 수행할 수 있을 것이다"(102쪽 참조)라고 해석하고 있다. 어떤 결과에는 그에 합당한 노력이 있어야 한다는 말이다. 육이는 자리가 유순중정한 좋은 자리이다. 자기 자리를 지키고 중도를 지키니 사사로움이 없고 올바름을 가진 상태가 된다.

象曰 不耕穫은 未富也[11]라.
상왈 불경확   미부야

상전에 말하기를 밭 갈지 않고도 수확한 것은 부자가 되려고 하는 것은 아니다.

六三은 无妄之災니 或繫之牛하나 行人之得이 邑人之災[12]로다.
육삼   무망지재 혹계지우   행인지득   읍인지재

🔲 六三, 无孟之兹, 或繫之牛, 行人之得, 邑人之兹.
육삼 무맹지자 혹계지우 행인지득 읍인지자

육삼은 무망의 재앙이니 혹 소를 묶어 놓았다 하더라도 지나가는 사람이 얻음은 고을 사람들의 재앙이로다.

🔲 육삼은 노력하고 힘쓰지 아니하는 사람은 매우 위험한데, 만약 이런 사

---

11 "미(未)"를 정이천은 미필(未必 : 반드시 그렇게 하려고 한 것은 아니지만) 하지만 결과적으로는 그렇게 되었다는 뜻으로 보고 있다. 이에 비해 주자는 『주역본의』에서 "부는 천하를 탐해서가 아니라는 말의 '부'자와 같으니, 그 이익을 계산해서 한 것이 아니라는 말이다(富, 如非富天下之富, 言非計其利而爲之也)"고 하였다. 주자의 이 말에서 "부는 천하를 탐해서가 아니다(非富天下)"라는 말은 『맹자』「등문공」하 편에 나오는 것으로 "부(富)"는 어떠한 것을 탐내서 얻으려 한다는 의미로 사용하고 있다.
12 무망괘의 여섯 효는 모두 무망하다. 그러나 무망하다고 해서 반드시 좋은 결과를 얻는 것은 아니다. 육삼의 음효는 양의 자리에 있어서 부정위이다. 원래 삼의 자리가 흉이 많은 위치이고, 유(柔) 역시 위태롭기 때문에 이유 없이 상상하기 힘든 무망한 재해를 당할 수가 있다. 마치 마을에 묶어 놓은 소를 길 가던 사람이 끌고 가 버렸는데도, 부근에 살던 사람들을 소를 훔친 도둑으로 의심하여 억울한 누명을 씌울 가능성도 있는 것이다. 이것이 바로 "무망지재(无妄之災)"로 이유 없이 재앙을 입는 것으로, 자기 스스로는 어떠한 과실도 저지르지 않은데도 오는 그 재앙은 바깥에서 온 것이다. 이에 대해 주자는 『주역본의』에서 "까닭없는 재앙이 있으니 행인이 소를 끌고 갔는데 읍에 사는 사람이 도리어 도둑으로 체포되는 소란을 당하는 것과 같은 것이다(无故而有災, 如行人牽牛以去, 而居者反遭詰捕之擾也)"고 하였다. 이것은 읍에 사는 사람들의 입장에서 말하면 바로 무망한 재앙이다.

람으로 하여금 밭가는 소를 방목하게 하면 그는 소를 때려 도망가게 만들어 버리니, 지나가는 행인이 소를 얻는 이득을 보지만 고을 사람들은 소를 잃어버리는 재앙에 부딪친다.

象曰 行人得牛 邑人災也¹³라.
_{상 왈 행 인 득 우   읍 인 재 야}

상전에 말하기를 지나가는 사람이 소를 얻는 것은 고을 사람들의 재앙이다.

九四는 可貞이니 无咎¹⁴리라.
_{구 사   가 정   무 구}

백 九四, 可貞, 无咎.
_{구 사   가 정   무 구}

구사는 바름을 지킬 수 있으면 허물이 없을 것이다.

백 구사는 점을 칠 수 있으면 허물이 없을 것이다.

象曰 可貞无咎는 固有之也¹⁵일새라.
_{상 왈 가 정 무 구   고 유 지 야}

---

13 초구와 육이는 자기자리를 지켜 의외의 소득이 있으나, 육삼은 자기자리를 지키지 못해 예기치 않은 불행이 온다. 결국 한 사람이 얻음이 있으면, 한 사람은 잃는 것이 있기 마련이다.
14 구사의 양효는 강건하다. 구사는 하괘에 상응하는 것이 없는데, 이것은 사적인 내왕이 없음을 의미한다. 이러한 굳건하면서도 사사로움이 없는 것이 바로 "무망"이다. 무망한 정도(正道)를 고수하기 때문에 허물이 없다. 호병문은 "정(貞)"을 "바르고 견고한 것(正而固)"으로 말하고 있다. 사실 구사는 '근군(近君)'의 위태로운 자리이고, 아래로는 상응하는 것도 없기 때문에 본래 위태롭고 허물이 많은 자리이다. 그러나 양이 음의 자리에서 구오와 가까이 잘 지내면서 능히 스스로 겸손하여 군주를 보필하고 바름을 지켜 헛된 행동을 하지 않기 때문에 "무구"를 얻는 것이다.

상전에 말하기를 바름을 지킬 수 있으면 허물이 없을 것이라는 것은 (본래의 바탕을) 굳게 지키고 있기 때문이다.

九五는 无妄之疾은 勿藥이면 有喜¹⁶리라.
구오 무망지질 물약 유희

---

15 구사가 바름을 지켜 위태로운 자리에 있으면서 자신을 보존하여 "무구"할 수 있는 방법은 강의 자리에 있으면서 부드러울 수 있어야 하고 겸손을 지키면서 헛된 행위를 하지 않는 것이다. 만약 해를 입지 않으려고 한다면 반드시 시종일관 이러한 원칙을 지켜나가야 한다. 이것이 바로 「상전」에서 말하는 "굳게 지키고 있기 때문이다(固有之)"는 의미이다. 주자는 『주역본의』에서 "유는 지킨다는 의미의 수(守)와 같다(有, 猶守也)"고 하였다.

16 구오는 강건중정(剛健中正)한 자질로 존위(尊位)에 있고, 아래로 유순중정(柔順中正)한 육이와 상응하는 무망(无妄)한 자이다. 이런 무망한 사람에게는 근본적으로 병이 있을 수 없다. 유행성 독감이나 불면증에 걸렸다 하더라도 건강한 사람(무망한 사람)은 내재적(內在的) 저항력을 가지고 있어서 쓸데없이 감기약이나 수면제를 투약(投藥)할 것이 아니라 정상적인 생활을 하기만 한다면 곧 바로 벗어날 수 있다. 왜냐하면 이런 사람의 경우 신체 자체의 부조화나 허약함 때문에 문제가 생긴 것이 아니라, 일시적인 기후의 변화나 스트레스에 의한 것이기 때문이다. 기후가 다시 변하거나 스트레스를 주는 일이 해결되기만 하면 언제든지 정상적인 상태를 회복할 수 있다. 여기에서 무분별하게 약을 쓰는 것은 오히려 병을 생기게 하는 경우가 될 가능성이 크다. "질(疾)"은 작은 병을 말한다. 구오의 무망한 작은 병은 약을 쓸 필요도 없이 저절로 회복된다. 왕필은 "무망의 병(无妄之疾)"은 신체 자체는 건강하여 전혀 병이 없는 상태라고 말한다. 그는 "존위에 자리하여 무망의 주가 되었다. 아래는 모두 무망하여 해가 이르지 않으나 약을 쓰는 것은 병이 심하기 때문이다. 망령되어 생긴 재앙이 아니니 치료하지 않아도 저절로 회복할 수 있어서 망령되지 않았는데 약을 쓰는 것은 흉한 것이기 때문에 '약을 쓰지 않아도 기쁜 일이 있으리라'고 하는 것이다(居得尊位, 爲无妄之主者也. 下皆无妄害非所致, 而取藥焉疾之甚也. 非妄之災, 勿治自復, 非妄而藥之則凶, 故曰勿藥有喜)"고 하였다. 왕필은 구오가 걸린 질병은 외부의 다른 약물에 의해서 치유(治癒)되는 병이라기보다는 그 망령됨을 스스로의 마음에 의해서 치료할 수 있는 일종의 자기치료(自療)로 치유가 가능한 병으로 간주하고 있다. 만약 약을 먹는다고 하여도 이런 병에는 아무 소용이 없고, 오히려 없는 병이 생길 가능성이 더 크다고 말한다. 그러므로 약을 쓰지 않아도 자연스럽게 회복할 수 있다고 말한다. 이는 약으로 치료할 수 있는 병이 아니고, 스스로의 마음에 달려 있는 것이기 때문에 약을 쓰지 않고 스스로를 다스리면 좋은 결과가 있을 것이라고 말한다. 고형은 무망의 병에 대해 예컨대 지나치게 음식을 많이 먹는 것, 술을 너무 많이 마시는 것, 색에 지나치게 탐닉하는 것, 또는 일을 하는 데 지나치게 과로하는 것 등으로 생긴 병으로 말하고 있다. 이런 병은 스스로 조절하거나 자제하면 나을 수 있

🔲 九五, 无孟之疾, 勿樂有喜.
　　구 오　무 맹 지 질　물 락 유 희

구오는 무망의 병은 약을 쓰지 않아도 기쁜 일이 있으리라.

🔲 구오는 노력하지 않는 병은 쾌락에서 근원한다. 만약 이런 쾌락을 금하면 노력하지 않는 병은 고칠 수 있으니, 즐거움이 이것보다 더 클 수가 없다.

象曰 无妄之藥은 不可試也[17]니라.
상 왈　무 망 지 약　　불 가 시 야

상전에 말하기를 무망의 약은 쓸 수 없는 것이다.

上九는 无妄에 行이면 有眚하여 无攸利[18]하니라.
상 구　무 망　행　　유 생　　무 유 리

는 병이라고 하였다. 『주역대전금주』 189쪽 참조.
17 무망의 질병을 치료하는 가장 좋은 방법은 바른 도를 지켜 의연하게 행동하여 병이 저절로 자연스럽게 소멸되게 하는 것이다. 만약 여기에 약을 투여하게 되면, 그것은 정도를 지켜 의연하게 행동하는 정확한 방법을 부정하는 것이 되고, 오히려 이것이 자신의 정상적인 생명의 흐름을 파괴하게 만들어 버린다. 이런 방식은 질병을 제거하게 할 수 없을 뿐만 아니라 도리어 더욱 많은 질병을 초래하게 된다. "무망의 약은 쓸 수 없는 것이다"라는 도리는 사회와 인간사에 적용할 수 있다. 만약 자신의 어떤 관점이나 주장이 정확하다는 것을 분명하게 파악하거나 확신하였다고 한다면, 다른 사람들이 믿지 않고 비판한다고 하여도 동요하지 않고 끝까지 그것을 관철해 나가야 한다. 그렇지 않으면 시작하지 않은 것만 못한 것으로, 중도에 포기해 버리는 것은 무망한 병에 약을 쓰는 것과 똑같은 경우가 되어 버린다. 이 문제에 대해 정이천은 "사람에게 망녕됨이 있는 것은 이치로 반드시 고쳐야 하지만, 이미 망녕됨이 없는데 다시 약으로 치료하면 이는 도리어 망녕됨이 되니 쓸 수 있겠는가. 그러므로 쓰면 안 된다고 말한 것이다. '시(試)'는 잠시 쓴다는 것으로 조금 시험해 본다는 말과 같다(人之有妄, 理必修改, 旣无妄矣, 復藥以治之, 是反爲妄也, 其可用乎? 故云不可試也·試暫用也, 猶曰少嘗之也)"고 하였다.
18 상구는 부정위로 양이 음의 자리에 있고, 육삼과 상응은 하지만 부중부정이다. 그러므로 더 이상 움직이지 않고 머물러 있어야 함에도 자꾸 행동하게 되면 반드시 잘못이나 재앙이 따라와서 이롭지 않게 될 것이다. 이것은 상구가 이미 무망괘의 극의 위치에 도달하

🅱 **尙九, 无孟之行有省, 无攸利.**
　　상　구　　무　맹　지　행　유　성　　　무　유　리

상구는 무망함에 가면 재앙이 있어서 이로운 바가 없느니라.

🅱 상구는 노력하지 않고 일하는 행동은 어떤 이득도 없다는 것을 깨달았다.

象曰 无妄之行은 窮之災也[19]라.
상　왈　무　망　지　행　　　궁　지　재　야

상전에 말하기를 무망한 데 가는 것은 궁극에 이르렀기 때문에 생긴 재앙이다.

여 물극필반(物極必反)하기 때문이다. 이 효사에서 가장 중요한 관건은 "행(行)"에 있다. 재앙은 이 "행"으로부터 나온다. 상구는 이 괘의 마지막 효에 자리하고 있어서 어떤 행동을 하려고 하면, 여기에는 반드시 차질이 생기고 조금의 좋은 점도 없을 것이다. 괘사에서는 "유생(有眚)"이라고 말하는 데 비해, 효사에서는 "유재(有災)"와 "유생" 두 가지를 겸해서 쓰고 있다. "재"와 "생"의 결과는 서로 비슷하나 그 연유는 다르다. 즉 "재"는 바깥에서 온 재앙이고, "생"은 스스로 자초한 과오를 말한다. 예를 들면 육삼 효사에서 소를 잃어버린 경우의 재앙은 바깥에서 온 것이기 때문에 "재"이지 "생"은 아니다. 이에 반해 상구는 경거망동하여 스스로 재앙을 만든 "생"으로 반드시 삼가야만 한다.

19 "무망함에 가는 것(无妄之行)"은 본래 좋은 것이지만 행동이 올바름을 지키지 않거나, 억지로 행하면 좋지 않다. 즉 무망의 끝에 있기 때문에 제 자리에 머물러야 무망이 된다. 상구의 문제는 마치 건괘의 상구 효사의 "항용유회(亢龍有悔)"처럼 처한 위치와 때가 불리하여 막힌다는 의미와 비슷하다. 그러므로 두 효는 모두 "궁극에 도달하여 생긴 재앙이다(窮之災也)"라는 말을 한다. 여기에서 말하는 "재(災)"는 객관적인 시운을 가지고 말하는 것으로 처한 때가 막혀서 재앙을 얻게 되는데, 재앙이 바깥에서 생기기 때문에 "재(災)"라고 하는 것이다. 이에 대해 정이천은 『이천역전』에서 "무망이 이미 지극한데 다시 더 나아가면 바로 망령됨이 되니, 이것은 끝까지 다해서 재앙이 되는 것이다(无妄旣極而復加進, 乃爲妄矣, 是極窮而爲災害也)"고 하였다.

* 무망의 의미와 교훈

　무망괘는 허위적(虛僞的)이거나 가식적(假飾的)이지 않은 도리에 대해 말하고 있다. 모든 것이 정상을 회복하여 진실로 돌아가는 것이 바로 허위적이지 않는 무망의 시기이다. 허위적이지 않아야 당연히 이익이 생긴다. 그러나 이것도 무조건 100% 보증할 수 있는 것은 아니다. 물론 좋은 결과를 가질 수도 있지만 어떤 경우에서는 오히려 재해를 입을 수도 있다. 허위적이지 않다는 것은 천리(天理)이고 인도(人道) 역시 반드시 이와 같은 도리라야 한다. 이 때문에 공정무사하고 쓸데없는 욕심을 부리지 않고 이해득실만을 따지지 않아야 오히려 심리적인 안정을 얻을 수 있다.
　무망괘가 말하려고 하는 교훈은 크게 두 가지 관점에서 이야기할 수 있다. 하나는 헛되이 어떤 것을 구하려는 망상을 해서는 안 된다는 것이고, 다른 하나는 나쁜 일은 우리가 예상하지 못하거나 생각하지 못한 데서 생긴다는 것이다. 이 두 가지 문제에 대한 대응 방법은 오히려 하나이다. 그 방법은 바로 법도를 따르고 자연스러움에 따라야 한다는 것이다. 사람은 무망하여야 할 때에 반드시 헛되이 구하려 하지 말아야 하고, 구차하게 얻으려 해서는 곤란하다. 또한 나아갈 때는 나아가고 물러설 때는 물러서서 모든 것을 그 때에 따라 정해야 한다. 이런 문제가 무망괘에서 매우 두드러지게 표현되고 있다.
　무망괘의 여섯 효는 모두 무망하지만, 각 효가 처한 때가 다르기 때문에 그 결과 역시 다르다. 초구는 정위(正位)하여 무망괘의 주효이므로 무망의 초기에 나아가야 길하다고 말한다. 상구는 부정위하여 실위(失位)하고, 또 때가 이미 지나가 버렸기 때문에 그 행동이 비록 헛된 바람을 가지고 있지 않다고 하여도 재앙이 생기는 것을 면하기 어렵다. 나머지 다른 효들 또한 마찬가지이다. 육이와 초구는 매우 비슷하게 "나아가는 바가 있으면 이롭다(不利有攸往)"고 하여 마땅히 행동하여야 할 때에 헛된 생각을 하거나 구차하게 구하지 말 것을 말하고 있다. 구사는 "바르게 하니 허물이 없다(可貞, 无咎)"고 하고, 구오는 "약을 쓰지 말라(勿藥)"고 하여 마땅히 고요하여야 할 때는 고요하여야 할 것을 말한다. 그러므로 이때 움직이면 재앙이 있고, 움직이지 않으면 허물이 없거나 즐거움이 있다고 말한다. 이처럼 『주역』이 시간의 문제를 강조하는 것은 무망괘에서 가장 분명하게 나타난다.

26. ䷙ 산천대축(山天大畜, 백 泰蓄 第十)

1) 괘의 순서

　대축괘(大畜卦 : ䷙)는 무망괘(无妄卦 : ䷘)의 도전괘이다. 두 괘의 괘형(卦形)은 상하가 서로 상반된다. 대축괘가 무망괘의 뒤에 오는 이유에 대해 「서괘전」은 "무망이 있은 뒤에 모일 수 있으므로 대축괘로 받았다(有无妄然後可畜, 故受之以大畜)"고 하였다. 진실하기 때문에 덕이나 물자를 축적할 수 있다. 이러한 이유로 무망 뒤에 대축이 이어 나오는 것이다.
　「잡괘전」에서는 "대축은 때이다(大畜, 時也)"라고 하였는데 크게 축적할 수 있는 시기는 시운이 좋은 때이다. 그러므로 대축괘를 시간으로 말한다. 이에 대해 정이천은 『이천역전』에서 "망녕됨이 없으면 참된 실질이 있다. 그러므로 쌓이고 모일 수가 있으니, 이것이 바로 대축괘가 무망괘 다음에 있는 까닭이다(无妄則爲有實, 故可畜聚, 大畜所以次无妄也)"고 하였다.

2) 괘명의 의미

　대축괘의 "대축(大畜)"의 의미는 "크게 축적한다"는 것을 의미한다. 크게 축적한다는 것은 절제해서 이루는 것이지 무절제하게 제멋대로 해서 이루는 것은 아니다. 여기에서 말하는 절제는 바로 제지하고 저애하는 것이다. 제지나 저애가 없으면 사실상 축적도 없다. 이 때문에 크게 축적한다는 것은 바로 크게 저애를 받는다는 의미를 가지고 있다. 이 때문에 정이천은 "모은다는 것은 제지하는 것이다. 제지하면 모인다(畜, 止也. 止則聚矣)"고 하였다.

'축'에는 세 가지의 뜻이 있는데 '모은다(畜聚)', '제지하다(畜止)', '기른다(畜養)' 등이다. 대축괘에서는 대체로 모은다는 의미를 기본으로 하고 있다. 내괘 건(乾 : ☰)은 순양의 괘이고, 외괘 간(艮 : ☶)은 음이 많고 양이 작은 경우로 양괘이다. 양은 큰 것(大)이므로 대축이라고 말한다. 또 건괘는 강건하고, 간괘는 제지하는 뜻을 가지고 있어서 강건하게 전진하려는 건괘가 간괘에 의해서 제지되고, 제지되는 대상이 크고 또 이 것을 제지하기 위한 역량도 크기 때문에 대축괘라고 말한다. 그리고 내괘와 외괘 모두 양의 덕성을 가지고 있어서 도덕이라는 큰 것을 축적할 수 있기 때문에 대축이라 한다.

대축괘와 소축괘(☰)는 서로 상대된다. 소축괘는 손괘가 상괘이고, 건괘가 하괘로 음이 양을 기르기 때문에 소축이라고 말한다. 그에 비해 간괘가 상괘이고 건괘가 하괘인 대축괘는 강으로 건괘를 제지하기 때문에 대축이라고 말한다. 소축괘와 비교하면 대축괘의 기백이 훨씬 더 강하다. 진몽뢰(陳夢雷)는 『주역천술(周易淺述)』에서 "소축은 아름다운 문덕을 말하여 문장, 재예와 같은 말단만을 말할 뿐이지만, 대축은 도덕성명을 가지고 말한다(小畜言懿文德, 不過文章才藝之末而已, 此則就道德性命言之)"고 하였다. 이렇게 본다면 대축의 결과는 역량을 축적하여 시기를 기다려야 하고, 때가 되면 가로막는 것을 넘어서서 일을 크게 성취하여야 한다.

3) 괘상의 의미

"대축괘"는 산(艮) 아래에 하늘(乾)을 품고 있는 상(象)으로 하늘처럼 큰 덕을 가졌다는 말이다. 건의 앞으로 나아가려는 성질을 산이 앞에서 차단하고 있다. 제지하는 주체 자체(山)도 크지만, 동시에 제지해야 할 대상(天)이 더 크므로 제지 주체의 역량도 동시에 커야 한다. 두 가지의 강력한 힘이 서로 대항하기 때문에 대축이라고 말한다.

양으로 양을 저지하기 때문에 대정(大正)이라고도 말한다. 이러한 축적과 저지라는 것은 모두 잠시의 순간적인 것으로 시기를 기다리는 성질을 지니고 있다. 일단 때가 되면 저해되는 것을 무너뜨리고 넘어서서 반드시 자기가 하려고 하는 일을 군자는 해내야 한다.

大畜은 利貞[1]하니 不家食하면 吉[2]하니 利涉大川[3]하니라.
대축   이정   불가식   길   이섭대천

백 泰蓄, 利貞. 不家食. 吉, 利涉大川.
태축   이정   불가식   길   이섭대천

---

1 "정(貞)"은 바르고 고정되어 움직이지 않는 것을 말한다. 축적되어 다른 것으로 빠지지 않아야 모을 수 있다. 예를 들면 물이 한 쪽으로 흘러 정지되어야 비로소 호수나 못이 되고, 흘러서 빠져나가면 그것을 모을 수가 없다. 대축괘는 그것을 고정시켜 움직이지 않게 하는 데에 유리하다. 사람에게 있어서 가장 큰 축적은 학문이나 도덕의 축적이다. 학문과 도덕의 축적에는 깊고 얕거나 많고 적은 것 이외에 또한 바르고 바르지 못한 문제가 있다. 학문이나 도덕이 충실하고 단정해야 국가사회에 이익을 줄 수 있다. 그러므로 "바르면 유리하다(利貞)"고 말하는 것이다.
2 "불가식(不家食)"이라는 것은 현인으로 하여금 집에서 혼자 밥을 먹지 않도록 조정에 불러들이는 것을 말한다. 즉 현인이 자기 한 몸을 위해서만 노력하지 않고 천하를 위해서 밖으로 나가 일하도록 해야 함을 말한다. 이 구절은 현인을 기르는 것에 대해 말하는 것으로 가장 큰 기름은 바로 현인을 기르는 것임을 말하고 있다. 주자는 『주역본의』에서 "집에서 먹지 않는다는 것은 조정에서 녹을 먹고 집에서 밥을 먹지 않는 것을 말한다(不家食, 謂食祿於朝, 不食於家也)"고 하였다.
3 이것은 대축의 때에 현인을 기르고 올바른 정도를 지킬 수 있다면, 어려움을 타개하는 데에 유리하다는 것을 말한다.

경의 의미 : 대축괘는 유리한 점의 결과가 있었다. 집에서 밥을 먹지 않고 나가서 찾으면 길하다. 큰 내를 건너는 것이 이롭다.

전의 해석 : 대축은 올바르게 함이 이로우니 집에서 밥을 먹지 않으면 길하고, 큰 내를 건너는 것이 이롭다.

백 크게 축적하여 점치기에 적합하다. 집에서 밥을 먹지 않는다. 점을 쳤는데 길하고 넓은 강을 건너는 것이 유리하다는 내용을 얻었다.

彖曰 大畜은 剛健하고 篤實하고 輝光하여 日新其德[4]이니
단 왈 대 축   강 건   독 실   휘 광   일 신 기 덕

단전에 말하기를 대축은 강건하고 독실하고 빛이나 날로 그 덕을 새롭게 하니,

剛上而尙賢하고 能止健이 大正也[5]라
강 상 이 상 현   능 지 건   대 정 야

강이 위의 상에 자리하여 현인을 숭상하고 강건을 제지할 수 있으니 크게

---

[4] 괘의 특성(卦德 혹은 괘의 才)으로 괘명(卦名)을 해석하고 있다. 이에 대해 정이천은 『이천역전』에서 "괘의 재질과 덕으로써 말했다. 건의 괘체(卦體)는 강건하고, 간의 괘체는 독실하니 사람의 재주가 강건하고 독실하면 쌓이는 것이 커질 수 있어서 충실하고 빛남이 있을 것이니 쌓이는 것이 그치지 않으면 그 덕이 날로 새로워질 것이다(以卦之才德而言也. 乾體剛健, 艮體篤實, 人之才剛健篤實, 則所畜能大, 充實而有輝光, 畜之不已, 則其德日新也)"고 하였다.
[5] 상구는 양강으로 상효에 자리하고 있기 때문에 강상(剛上)이라고 말한다. 양강은 상효에 자리하여 육오 존위(尊位)의 유를 타고 있기 때문에 현인을 숭상하는 뜻을 가진다. 현인을 숭상한다는 것은 바로 현인을 기르는 뜻이다. 간괘가 건괘의 위에서 강건함을 누를 수 있다. 국가를 위해서 능력 있고 현명한 인재를 기르는 것이 바로 "크게 바른 것(大正)"이고, 그 지향하는 바가 가장 크고 올바른 길이라고 할 수 있다.

바르다.

不家食吉은 養賢也⁶요
불 가 식 길   양 현 야

집에서 밥을 먹지 않으면 길하다는 것은 현자를 기르는 것이요,

利涉大川은 應乎天也⁷라.
이 섭 대 천   응 호 천 야

큰 내를 건너는 것이 이롭다는 것은 하늘에 응하는 것이다.

象曰 天在山中이 大畜⁸이니 君子以하여 多識前言往行하여
상 왈 천 재 산 중   대 축   군 자 이   다 식 전 언 왕 행

以畜其德⁹하나니라.
이 축 기 덕

---

6 여기에서 "집에서 밥을 먹지 않으면(不家食)"의 주체는 현인이고 현인은 국가에 의해서 길러진다. 집의 밥을 먹을 필요가 없다는 것은 국가가 인재를 존중하여 현명하고 능력 있는 사람을 양육하고 숭상하여야 길하다는 것을 말한다.
7 국가가 인재를 기르면 반드시 인재를 사용하고, 인재가 능력을 발휘할 수 있는 조건을 마련해주어야 한다. 인재 자신의 입장에서 보자면 그는 반드시 "큰 내를 건너야(涉大川)"하는 일, 즉 천하의 험난함을 구하고 국가가 직면하고 있는 어려움과 큰 문제들을 해결해주어야 한다. 이것이 바로 "하늘에 응하는 것이다(應乎天也)".
8 이것은 하괘가 천이고 상괘가 산인 대축괘의 괘상을 해석한 구절이다. 『주역집해』에서는 상수(向秀)의 말을 인용하여 "저지하는 것으로는 산만한 것이 없고, 큰 것으로는 하늘만한 것이 없다. 하늘이 산속에 있는 것이 바로 대축의 상이다(止莫若山, 大莫若天. 天在山中, 大畜之象)"고 하였다. 대축괘의 형태는 "천재산중(天在山中)"인데, 이것은 사실상 현실에서는 불가능한 허구적인 비유라고 할 수 있다. 주자는 『주역본의』에서 "하늘이 산 가운데 있는 것은 반드시 이런 일이 실제로 있는 것이 아니고, 다만 그 상으로 말했을 뿐이다(天在山中, 不必實有是事, 但以其象言之耳)"고 하였다.
9 "식(識)"은 "기(記)"이다. "과거 성현들의 말씀과 행실(前言往行)"이라는 것은 이전의 성현들의 언행을 말한다. 이 구절은 군자가 대축괘의 상을 본받아 "과거 성현들의 말씀과 행

상전에 말하기를 하늘이 산 가운데 있는 것이 대축이니, 군자가 이것을 본받아 과거 성현들의 말씀과 행실을 많이 알아서 그 덕을 쌓는다.

初九는 有厲리니 利已[10]니라.
초구   유려   이이

🔲 初九, 有厲, 利已.
   초구 유려 이이

초구는 위태로움이 있으니 그치는 것이 이롭다.

🔲 초구는 힘들게 일하였고 제사에 적합하다는 점괘를 얻었다.

象曰 有厲利已는 不犯災也[11]라.
상왈 유려이이   불범재야

실"을 많이 기억하여 덕행을 축적하는 것을 말한다. 이것은 고대 교육 이론의 형성에 영향을 매우 많이 준 관점으로 『상서』의 "옛것을 배우다(學古)", "옛것을 스승으로 삼다(師古)"(「說命下」)와 『논어』의 "널리 배우고 뜻을 독실하게 한다(博學篤志)"는 말과 연관된다.

10 대축괘는 전체적으로 볼 때 하괘인 건(乾)의 세 양효가 모두 앞으로 나아가려고 하나 위의 간괘(艮卦)에 의해 제지당하고 있는 형국이다. "려(厲)"는 위태롭다는 의미이고, "이(已)"는 그치고 정지한다는 뜻이다. 이것은 초구가 대축의 때에 있어서 양의 덕이 아직 미미하여 육사의 의해 제지당하고 규제되는 것을 말하고 있다. 초구와 육사는 상응하고 있는데 왜 제지하는가? 일반적인 상응(相應)의 의미는 서로 도와주어 어떤 일을 완성시키는 상보상성(相補相成)에 있다. 그런데 여기에서는 상보상성이 아니라 제지하고 있다. 이것은 당기는 것만이 상응이 아니라, 제지하는 것 역시 경우에 따라서 일종의 상응이 될 수 있다는 의미이다. 즉 여기에서 제시하는 것은 궁극적으로 도와주는 것이 된다는 것이다. 왜냐하면 이때 만약 급히 나아가려고 한다면 위태롭기 때문이다. 만약 경솔하게 나아가지 않고 자신의 덕을 충분히 길러서 기다린다면 이로울(利) 것이다. 초구의 자리는 마구 위로 나아가려고 하는 자리이나, 아직 재덕(才德)이 충분히 축적되어 있지 않아서 잠시 나아가지 않고 육사의 제지를 받아들여야 한다.

11 "위태로움이 있으니 그치는 것이 유리하다는 것(有厲利已)"은 어떤 일을 위험을 무릅쓰고 억지로 하려고 하여 재해(災害)를 초래하는 것보다는 그치는 것이 이롭다는 말이다.

상전에 말하기를 위태로움이 있으니 그치는 것이 유리하다는 것은 재앙을 범하지 않는다는 것이다.

九二는 輿說輹[12]이로다.
구 이   여 탈 복

백 九二, 車說輹.
구 이 거 탈 복

구이는 수레의 바퀴살을 벗긴다.

백 구이는 차체와 차축을 연결하는 밧줄이 느슨해졌다.

---

[12] 이에 대해 정이천은 『이천역전』에서 "위태함이 있으면 마땅히 그쳐야 하고, 재앙과 위태함을 범하면서 갈 수는 없으니 그 형세를 헤아리지 못하고 나아가면 재앙이 있을 것이 필연적이다(有危則宜已, 不可犯災危而行也, 不度其勢而進, 有災必矣)"고 하였다. 구이 역시 상응하는 육오에 의해 저지된다. 강건하여 중(中)을 얻고 있기 때문에 스스로 멈추어 위로 나아가려고 하지 않는다. 이것을 수레가 바퀴살(輹)을 벗기고 나아가지 않으려는 것으로 상징하고 있다. "복(輹)"은 수레의 바퀴살로 이것이 있어야 수레가 굴러갈 수 있다. 수레가 정지하여 움직이지 않을 때는 복을 빼내 버린다. "수레의 바퀴살을 벗긴다"라는 말은 수레를 멈춰 놓고 운행하지 않는다는 것을 의미한다. 가지 못하게 정지시키는 것이 아니라, 스스로 나아가지 않는 것을 말한다. 구이는 위(位)가 중으로 스스로 나아가지 않을 줄 아는 절도가 있기 때문에 바퀴살을 빼 버린다. 이러한 구이의 행동은 전체를 파악하여 스스로 멈추고 나아가지 않으면서 육오의 제지를 받아들인다. 그러므로 주자는 『주역본의』에서 "구이가 또한 육오에 의해서 그침을 당하지만, 구이가 중에 처하여 있기 때문에 스스로 멈추어 나아가지 않을 수 있으니 이런 상이 있는 것이다(九二亦爲六五所畜, 以其處中, 故能自止而不進, 有此象也)"고 하였다. 구이의 "수레의 바퀴살을 벗긴다(輿說輹)"는 말은 초구와 같은 점도 있고, 다른 점도 있다. 같은 점은 둘 다 양으로 외괘의 음에 의해 저지당한다는 점이다. 다른 점은 초구는 바른 자리에 있으나 부중(不中)이고, 구이는 중이기는 하지만 바른 자리가 아니라는 점이다. 『주역』은 '중(中)'을 높인다. 초구는 중에 있지 않기 때문에 제지를 받고서 두려워하면서 멈추지 않을 수 없다. 이에 비해 구이는 중에 있기 대문에 제지를 받지만 두려워하지 않고 지나쳐서는 안 됨을 스스로 파악하여 제 발로 멈출 줄 안다는 점에서 차이가 있다.

象曰 輿說輹은 中이라 无尤也¹³라.
상 왈 여 탈 복   중   무 우 야

상전에 말하기를 수레의 바퀴살을 벗긴다는 것은 중(中)이라서 허물이 없다는 것이다.

九三은 良馬逐이니 利艱貞¹⁴하니 日閑輿衛¹⁵면 利有攸往¹⁶하리라.
구 삼   양 마 축   이 간 정   일 한 여 위   이 유 유 왕

---

13 "우(尤)"는 잘못된 허물 또는 과실(過失)을 말한다. 구이는 강으로 중을 얻어 중용의 덕을 가지고 있기 때문에 스스로 잘못을 범하지 않을 수 있다. 즉 스스로 기다리면서 수양하고 덕을 기르는 것을 알고 있기 때문에 허물이 없는 것이다.

14 "좋은 말로 따라 가는(良馬逐)" 것은 좋은 말을 타고서 따라간다는 의미이다. 주자는 『주역본의』에서 "구삼이 양으로써 굳센 건괘의 극에 자리하고 있는데, 상구가 양으로서 그치게 하는 괘의 극에 자리하니 극에 이르러서 통하는 때이고, 또 모두 다 양효이기 때문에 서로 그치게 하지 않고 함께 나아가니 좋은 말로 쫓아가는 상이 있다(三以陽居健極, 上以陽居畜極, 極而通之時也, 又皆陽爻故不相畜而俱進, 有良馬逐之象)"고 하였다. 구삼과 상구는 다 같이 양효인데, 상구는 이미 제지하는 것의 정점에 도달하여 물극필반(物極必反)하여 막힌 것이 마침내 통하는 것으로 변한다. 그래서 두 개의 양효는 더 이상 구애받지 않고 전진한다. 또 구삼과 상구는 상응하지 않아서 제지하지 않기 때문에 "좋은 말로 따라 가는(良馬逐)" 형상이 있게 된다. 그러나 구삼은 지나치게 깅긴하여 마구 나아가기 때문에 위험에 빠질 가능성이 많다. 그러므로 반드시 스스로 어려움을 깨닫고 정도를 지켜야만 유리하다.

15 적을 쫓기 전에 반드시 수레를 모는 훈련을 하여야 하고, 호위하는 전사들은 자신의 수레를 견고하도록 준비하여 나아가 쫓아야 비로소 이롭다는 것이다. "일(日)"을 『주역정의』나 『백서주역』에서는 "왈(曰)"로 쓰고 있다. 정현과 우번은 모두 "일"로 쓰고 있다. 『경전석문』에서는 "정현은 (그 글자를) 인과 실의 반절이라고 했다(鄭, 人實反)"라고 하여, 발음을 "일"로 보고 있다. 우번은 "이괘는 태양이다(離爲日)"라고 하여 왕필 이전의 사람들은 모두 "일"로 보았으나, 왕필이 "왈(曰)"로 바꾸어 놓았다. 문장의 구조로 말하면 "일"은 시간을 말하는 것으로 매일의 의미를 가지고 있다. 여기에서는 매일 연습하여 숙련된 단계로 향상하는 것을 의미한다. "여(輿)"는 수레이고, "위(衛)"는 호위하는 사람을 말한다. 그러므로 이 구절은 매일 매일 수레를 모는 것과 호위하는 것을 연습한다는 뜻이다. 이것을 "왈"이라는 말로 바꾸면 문장이 잘 통하지 않게 되어 버린다. 옛날에는 수레를 모는 것이 매우 중요한 기예에 속했다. 예를 들면 공자는 육예(六藝)를 말했는데, 그것은 예(禮), 악(樂), 사(射), 어(御), 서(書), 수(數)로 그 중에서 "어"가 바로 수레를 모는 것이다. 또 전차를 보호하는 것 역시 매우 중요한 하나의 기예였다. 『고공

❖ 九三. 良馬逐. 利艱貞. 曰閑車衛. 利有攸往.
　　구삼　양마수　이간정　왈한거위　이유유왕

구삼은 좋은 말로 따라 가는 것으로, 어려워도 바름을 지키면 이로우니, 날마다 수레 타는 것과 호위하는 것을 연습하면 가는 바를 두는 것이(나아가 어떤 일을 적극적으로 행해도) 이로울 것이다.

❖ 구삼은 수레를 끌던 좋은 말을 잃어 버렸는데 점을 시작하는 것이 이롭다. 점치는 사람의 대답은 방어하는 전차가 고장이 나서 육지에서의 전투는 불리하고 돌아가는 것이 유리하다고 하였다.

象曰 利有攸往은 上이 合志也[17]일새라.
　 상왈　이유유왕　　상　 합지야

상전에 말하기를 가는 바를 둠이 이로울 것이라는 것은 상(上)과 뜻이 합하기 때문이다.

기(考工記)』에서 여섯 가지 다른 무기를 가지고 수레를 보호하는 것에 대해 구체적으로 이야기하고 있는 것을 보면 이러한 사실을 잘 알 수 있다.
16 좋은 말을 타고 앞으로 나아갈 때는 오직 바른 도를 지키고 험난함을 극복하여야 이로울 수 있다. 매일 수레를 모는 것과 그 수레를 지키는 기술을 연습하여야 나아가는 데 유리하다. 이런 조건이 성숙되어야 비로소 나아갈 수 있다. 험난함과 어려움이 많기 때문에 경계를 늦추지 않고 더욱더 많은 준비를 하여야 한다는 말이다.
17 구삼이 "나아가는 바가 있으면 유리하다(利有攸往)"고 할 수 있는 것은 상구가 구삼을 저지하지 않고 뜻을 같이 하고 있기 때문이다. 다른 괘에서는 음과 양이 상응하면 끌어주지만, 대축괘에서는 강유가 상응하면 저지시킨다. 이에 대해 정이천은 『이천역전』에서 "가는 바를 둠이 이로울 것이라는 것은 윗사람과 뜻이 합하기 때문이다. 상구의 양의 성질이 위로 나아가고 또 그치는 것이 이미 극에 도달했기 때문에 아래로 구삼을 저지하지 않고 구삼과 뜻을 합하여 위로 나아간다(所以利有攸往者, 以與在上者合志也. 上九陽性上進, 且畜已極, 故不下畜三而與合志上進也)"고 하였다. 다른 괘에서 강유가 서로 적응(適應)하면 함께 더불어 할 수 없지만, 대축괘에서는 강유가 서로 적응하면 오히려 뜻을 합한다.

六四는 童牛之牿이니 元吉[18]하니라.
육사 동우지곡   원길

🄱 六四, 童牛之牿. 元吉.
    육사 동우지곡 원길

육사는 어린 소에 뿔 빗장을 댄 것이니 크게 길할 것이다.

🄱 육사는 송아지의 뿔이 자라서 얼마 되지 않아 마차를 끌고 쟁기를 몬다. 이것에 대해 점을 쳤는데 크게 길하다는 점괘가 나왔다.

象曰 六四元吉은 有喜也[19]라.
상왈 육사원길   유희야

상전에 말하기를 육사의 크게 길함은 기쁨(좋은 결과)이 있다는 것이다.

六五는 豶豕之牙니 吉[20]하니라.
육오   분시지아   길

---

18 "어린 소(童牛)"는 아직 뿔이 자라지 않는 작은 소를 말하고, "곡(牿)"은 소에 걸친 빗장(횡목)을 말하는데, 그것으로 사람들이 다치는 것을 방지한다. 육사는 초구를 저지하는데 초구는 가장 아래에 있어 힘이 약하여 마치 뼈가 약한 송아지와 같다. 또 사람이 다치는 것을 방지하기 위한 빗장을 달고 있기 때문에 육사는 별다른 힘을 쓸 필요 없이 초구를 저지한다. 이것은 악행(惡行)이 아직 형성되기 이전에는 비교적 쉽게 그것을 저지 할 수 있다는 말로 바로 미연(未然)에 방지한다는 의미를 나타낸 것이다. 그래서 "크게 길하다"고 말하고 있다.

19 함부로 못 날뛰게 미연에 방지해서 좋은 결과를 내었다. 유가(儒家)는 죄를 지은 사람에게 형벌을 부과하기보다는 나쁜 버릇이나 성격 자체를 교화시켜 범죄행위를 근원적인 차원에서 교화하려는 특별예방주의를 표방한다. 이는 바로 "예는 어떤 사태가 발생하기 전에 금지하는 것이고, 법은 어떤 사태가 발생한 뒤에 억지시키는 것이다(『大戴禮記』「禮察篇」"禮者禁於將然之前, 而法者禁於已然之後")"는 말로서 설명할 수 있을 것이다.

20 『경전석문』에서는 "거세된 돼지를 일러 분이라고 한다(豕去勢曰豶)"고 하였는데, 말하자면 "분"은 불깐 돼지이다. 육적(陸績) 또한 "분이라는 것은 돼지 중에서 거세된 것을 이른다(豶謂豕之去勢者)"고 하였다. 여기에서 말하는 "세(勢)"는 양성(陽性)의 생식기

🔳 **六五, 豶豕之牙, 吉.**
　육 오　곡 희 지 아　길

육오는 거세된 돼지의 어금니이니 (양순하여) 길하다.

🔳 육오는 돼지가 입을 열어 울부짖으며 어금니를 드러내었다. 점을 쳤는데 길한 점괘가 나왔다.

象曰 六五之吉은 有慶也²¹라.
　상 왈　육 오 지 길　　유 경 야

로 여기서 "거세"는 수퇘지의 생식기를 거세해 버린 것을 말한다. 지금 사람들이 돼지를 기르는 것 또한 이와 비슷하다. 종돈(種豚) 이외에 모든 수퇘지는 고환(睾丸)을 제거해야만 한다. 돼지는 본래 사납고 난폭한 동물로 어금니가 매우 무섭지만 거세한 후에는 온순해지고, 어금니도 퇴화되어 쉽게 살이 찌게 된다. 최경(崔璟)은 "돼지는 본래 매우 저돌적이지만 거세된 이후에는 아주 얌전하게 되어 비록 어금니가 있으나 다른 것을 해치기에는 부족하다(豕本剛突, 豶乃溫和, 雖有其牙, 不足害物)"고 하였다. 이런 언급들은 수퇘지를 거세하지 않으면 그 성격이 저돌적이고 사나워서 쉽게 사람들을 해치는데, 그 해치는 무기가 되는 돼지의 어금니를 제거하는 것이 효과적인 방법은 아니라고 한다. 이 돼지를 다루는 가장 좋은 방법은 바로 거세하는 것이다. 그렇게 하면 비록 어금니가 있다 해도 사람을 물지 않기 때문이다. 육사와 육오에서 "축(畜)"의 의미는 "제지하는 것"보다는 "기른다"는 의미가 더 강하다. 초구는 작은 소, 구이는 작은 돼지, 구삼은 좋은 말, 육사는 어린 소, 육오는 돼지를 기르는 방법에 대해 말하고 있기 때문이다. 이 두 효를 가지고 말하면, 대축괘는 크게 가축을 기른다는 뜻으로 사용할 수도 있을 것이다. 이 효사들을 통해서 중국의 돼지를 기르는 기원이 매우 이르고, 『주역』이 출현한 시기에 이르면 이미 돼지를 기르는 기술이 고도로 발전했다는 것은 이런 방법들은 현재까지도 여전히 유효하다는 것을 보면 알 수 있다. 여기에서 말하는 거세된 돼지의 어금니는 구이를 말하고, 육오는 존위에서 구이를 제어하여 스스로 그 규제를 받아들이도록 만들면 길함을 얻게 될 것이라고 말한다. 이것이 바로 「단전」에서 말하는 "강건을 제지하니 크게 바르다(能止健, 大正也)"는 의미에 해당한다. 『주역정종』 232-3쪽 참조.

21 육오의 길함은 경사스러움이 있다는 말이다. "희(喜)"와 "경(慶)"은 뜻이 거의 비슷하고 단지 정도의 차이만 있을 뿐이다. 기쁨의 정도로 말하면 "희"보다는 "경"이 더 크다. 육사의 「상전」에서는 "기쁨이 있다(有喜)"고 하였고, 육오에서는 "경사스러움이 있다(有慶)"고 말하였는데, 육오의 위치는 상괘의 중의 자리로 육사의 위치보다 훨씬 좋기 때문이다. 효사와 연계해서 말하면 이 두 효는 모두 좋다. 그런데 육사는 "원길(元吉)"이고,

상전에 말하기를 육오가 길하다는 것은 역시 경사스러움이 있다는 것이다.

上九는 何²²天之衢니 亨²³하니라.
상구   하 천지구   형

【백】 尙九는 何天之瞿. 亨.
상구   하 천 지 구   형

상구는 막힘없는 하늘의 대도를 싣고 있으니 형통할 것이다.

【백】 상구는 손으로 하늘이 내린 최고의 무기를 들고 온 사방을 풍미한다. 점을 쳤는데 형통한 점괘가 나왔다.

육오는 "길(吉)"이라고 하여, 결코 육사가 육오에 비해서 못한 것도 아니다. 『주역정종』 233쪽 참조.

22 "하(何)"와 "하(荷)"는 같은 것으로 그 뜻은 "어깨에 메다", "부담하다"는 뜻을 가지고 있다. 이광지(李光地)는 『주역질중』에서 "하(何)"를 『이천역전』에서는 잘못 덧붙였다고 보았고, 『주역본의』에서는 발어사로 보았다. 그런데 대부분의 학자들은 모두 '하(荷)'자로 풀었는데 이 뜻이 따를 만한 것으로 보인다(何字, 程傳以爲誤加, 本義以爲發語, 而諸家皆以荷字爲解, 義亦可從)"고 하였다.

23 "구(衢)"는 사거리로 교통이 매우 편리한 곳을 말한다. 괘의 가장 높은 곳에 자리하여 전체 괘에 의해서 업혀있는 것이기 때문에 "하(荷)"라고 말한다. 또 제5효와 상효는 하늘의 위(位)에 해당하기 때문에 "천(天)"이라고 말한다. 상구는 반드시 구삼과 합해서 보아야 한다. 다른 괘에서는 대부분 강과 유의 상응을 통하여 서로 도와주는 것으로 말한다. 하지만 대축괘에서는 초구와 육사가 상응하고, 구이와 육오가 상응하지만 이들의 상응은 도리어 제지되는 그런 상황들을 보여준다. 유독 상구만이 다르다. 상구는 구삼과 비록 두 개의 양강이 서로 만나지만 오히려 덕과 뜻이 합치하고 있다. 즉 구삼이 전진하려 하면 상구 또한 따라서 전진한다. 상구는 대축의 끝머리에 자리하여 제지하는 것이 극단에 이르기 때문에 마땅히 방향을 전환한다. 상구는 또한 대축괘의 주효로 현인들을 떠받드는 임무를 가지고 있다. 그러므로 괘사의 "집에서 밥을 먹지 않으면 길하고 큰 내를 건너는 데 이롭다(不家食吉, 利涉大川)"는 말 속에 담긴 현인을 기르고 등용하는 관점을 잘 구현하고 있다.

象曰 何天之衢오 道大行也²⁴라.
상왈 하천지구 도대행야

상전에 말하기를 막힘 없는 하늘의 대도를 싣고 있다는 것은 도가 크게 행해진다는 것이다.

* 대축괘의 의미와 교훈

대축괘에서 크게 축적한다는 것은 사물의 발전과정 속에서 온 힘을 다하여 정도(正道)를 축적하는 도리에 대한 것이다. 이것을 인간사에 비유해서 말하면 군자가 미덕을 크게 축적하고, 군왕이 현인을 널리 모으는 것과 같다. 그러므로 괘사에서는 "바름을 지키고(守正)", "현인을 기를 것(養賢)"을 강조하여 "양강의 바른 덕을 축적하는 것(畜其德)"이 바로 대축괘의 핵심임을 말하고 있다.

전체 괘의 육효는 삼단계로 분석할 수 있다. 우선 초효와 이효는 양에 의해서 제지되는 상을 말하는 것으로 반드시 그 덕을 스스로 축적하여 급하게 나아가지 말아야 한다. 그 때문에 초효에서는 위협을 알아 나아가지 않아야 "이롭다"고 말한다. 또 이효에서는 큰 수레가 움직이지 못하는 것이 허물이 아니라고 말한다. 「잡괘전」에서는 "대축은 때이다(大畜, 時

---

24 상구는 "덕을 축적하여(畜德)" 크게 통하는 상으로 대축괘에서 가장 이상적인 효이기 때문에, 그 뜻은 매우 광범위하게 응용된다. 『주역절중』에서는 호병문의 말을 인용하여 "이것은 다만 벼슬하는 자들을 위한 점만은 아니다. 『대학장구』에서 말하는 '힘을 쓴 지가 오래되어 한 순간에 활연관통하는 것'이 또한 이 의미인데, '이전의 사람들의 말과 행동을 많이 알아서 그 덕을 축적하는 것'이 여기에 해당한다(此不徒爲仕者之占, 大學章句所謂用力之久, 一旦豁然貫通者, 亦此意也, 多識前言往行, 以畜其德者, 當如之)"고 하였다.

也)"고 하였는데, 이것은 덕이나 능력을 길러서 때를 기다리는 것이 중요하다는 의미이다. 즉 때를 기다리기 위해서는 마땅히 머물거나 정지하는 (止) 것이 필요하다. 오직 머물고 있어야 축적하고 길러 충실하게 할 수 있는 것이다. 사효와 오효는 존위에 자리한 것에 의해서 아래가 길러지는 상으로 강건한 자를 규제하고 제약하고 있다. 이를 통하여 제4효에 의해 어린 소가 크게 길함을 얻게 되고, 제5효가 제2효의 돼지의 어금니를 제약하여 길함을 얻게 된다고 말하고 있다. 상하괘의 마지막 두 효에 있어서는 모두 덕을 축적하여 나올 결과들에 대해 말하고 있다. 그러므로 세 번째 효는 마치 좋은 말처럼 매우 빨리 달려 모든 일이 형통하게 된다고 말한다. 이처럼 대축괘의 효의 뜻은 초, 이, 사, 오효는 대축의 도를 어떻게 잘 처리할 것인가를 말하고, 삼효와 상효의 두 효는 대축의 결과에 대해서 이야기하고 있다.

결론적으로 대축괘는 큰 축적이 가능하기 위해서는 반드시 큰 장애를 만날 수밖에 없는데, 큰 장애가 있음으로써 또한 큰 축적이 생길 가능성이 높다는 인생의 철리에 대해서 말하고 있다. 앞으로 나아가는 입장에서는 반드시 현실 세계를 냉정하고 객관적인 입장에서 형세를 분석하여, 전진할 수 있으면 전진하여야 하고, 전진할 수 없으면 멈출 줄을 알아야 한다. 올바른 판단 없이 무조건 전진하는 것은 더 많은 손실을 초래할 수밖에 없다.

27. ䷚ 산뢰이(山雷頤, ䷚ 頤 第十五)

1) 괘의 순서

"이괘(頤卦)"가 "대축괘"의 뒤에 오는 이유에 대해서 「서괘전」은 "사물이 쌓인 뒤에 기를 수 있기 때문에 이괘로 받았다(物畜然後可養, 故受之以頤)"고 하였다. 정이천은 『이천역전』에서 "사물이 이미 모이면 반드시 길러줌이 있어야 하고, 기름이 없으면 존재해서 자랄 수 없으니 이괘가 대축괘 뒤에 오는 차례가 된 까닭이다(夫物旣畜聚則必有以養之, 无養則不能存息, 頤所以次大畜也)"고 하였다. 사람이 모이면 무엇보다도 먼저 먹을 밥과 입을 옷, 그리고 거처할 집이 필요하다. 의식주 이 세 가지야말로 가장 먼저 충족이 되어야 할 필수적 수요(需要)이다. 이괘가 말하려고 하는 것은 바로 먹고 사는 문제, 즉 먹여주고 길러주는 이양(頤養)의 도리에 있다. 먹여 주고 길러 주는 문제가 해결되지 못하면 인간은 생존할 수 없다.

2) 괘명의 의미

『이아(爾雅)』에서는 "이는 기르는 것이다(頤, 養也)"라고 말한다. 여기에서 말하는 "양(養)"의 의미에는 '자신을 기른다(自養)'는 말과 '다른 사람을 기른다(養人)'는 말 두 가지로 나누어 볼 수 있다. 예를 들면 유가에서 말하는 공자의 "자기 자신을 수양하여서 백성들을 편안하게 해준다(修己以安百姓)"라는 말에서 '수기(修己)'는 자양(自養)이고, '안백성'은 양인(養人)이다. 이것은 단순한 개인의 수양뿐만 아니라 정치에 대해서도 말하고 있다. 정치를 말하면 이해(利害)문제를 언급하지 않을 수 없다. 이해문제가 걸리면 욕심을 빠져나가기가 쉽지 않다. 인욕이 여기에 끼어들게 되면 정치에 참여한 자는 종종 자신이 백성들을 위해서 존재한다는 사실을 망각하기 쉽다. 정치가의 책임은 백성들을 위해서 재앙을 막고 행복을 만들어 나가야 함에도 불구하고 도리어 백성들을 희생시켜서 자신의 이익만을 챙기거나, 자신의 권리를 공고하게 하는 것을 당연한 것으로 여기는 큰 잘못에 빠지게 된다. 여기에서 말하는 이괘의 근본적 함의는 백성들을 길러주고 잘 살게 해주는 데 있음을 말하는 데 있다.

「잡괘전」에서는 "이는 바름을 기르는 것이다(頤, 養正也)"라고 하였는데, 그 뜻은 올바른 것을 길러주어야 함을 말한다. 이것은 단순히 자기 자신의 사욕을 기르는 것이 아니라, 백성의 입장에서 생각하고 백성을 위한 그런 기름을 행해야 함을 의미한다. 이런 점에서 음식지도(飲食之道)를 말하는 수괘(需卦) 역시 기름(養)을 말하지만, 이괘(頤卦)의 양(養)은 단순히 구복(口腹)의 기름에만 머무는 것이 아니라 덕성(德性)의 기름이라는 문제도 포함하고 있다.

3) 괘상의 의미

이괘(䷚)의 괘상 자체는 입(口)을 상징한다. 즉 위에는 움직이지 않고 정지되어 있는 산(艮卦)이 있고, 아래에는 움직이는 성질을 가진 우레(震卦)가 있다는 이괘의 형상은 마치 사람이 음식을 먹을 때 위턱은 움직이지 않고 아래턱만 움직이는 형상과 비슷하다는 것이다. 이에 대해 이정조의 『주역집해』에서는 "산이 위에서 정지해 있고, 우레가 아래에서 움직이니 이괘의 상이다(山止於上, 雷動於下, 頤之象也)"고 하였다. 이괘의 형상은 마치 입을 벌리고 있는 형상으로 상하의 치아가 서로 마주하고 있고,

음식물이 이곳으로 들어가서 영양을 공급하는 모습이다. 여기에서 '기른다' 또는 '영양을 주다'는 의미를 가지게 된다.

괘상으로 보면 이괘의 여섯 효 중에서 초와 상은 양효이고 중간의 넷은 음효이다. 이것은 음식을 먹을 때 입을 벌리고 있는 것을 상징한다. 입을 벌린 목적은 당연히 음식을 먹는 데 있다. 여기에서 말하는 입의 형상은 중간이 비어 있고 상하가 차 있다. 이것은 서합괘(噬嗑卦 : ䷔)에서 중간에 구사의 양효가 하나 더 있어 입안에 음식물이 들어 있는 것을 형상하고 있는데, 여기에서 입안의 물건을 빼버리면 바로 사람의 입과 같은 것으로 되어 버린다. 입으로 먹고 마시는 것은 사람에게 있어서는 가장 중요한 것으로 이른바 양생(養生)이다. 여기에서 말하는 양(養)이 바로 이(頤)이다. 이(頤)는 천지의 경우에 있어서는 만물을 양육하는 것이고, 군주의 경우는 현인과 만민을 기르는 것을 의미한다. 보통의 개인들이 자신의 몸과 덕을 기르는 것 또한 이괘가 가진 함의 속에 포함된다.

頤는 貞하면 吉하니 觀頤하며 自求口實[1]이니라.
　이　　정　　길　　　관 이　　　　자 구 구 실

---

[1] "구실(口實)"은 입이 필요로 하는 음식물을 말한다. 주진(朱震)은 "실(實)이라는 것은 입안에 있는 물건이다(實者, 頤中之物也)"고 하였다. 특히 이 구절은 앞에서 말한 "정길(貞吉)"의 의미를 다시 한 번 더 풀이하는 것으로 올바른 도로써 입안의 음식을 스스로 구해야 함을 말하고 있다. "스스로 입안을 채울 음식을 구해야 하는(自求口實)" 이유는 입안에 아무것도 없이 비어 있기 때문이다. 입안에 어떤 물건이 들어가 있는 것을 서합괘라고 하는 것(頤中有物曰噬嗑)과는 달리, 이괘(頤卦)의 상은 중간(2,3,4,5효가 모두 음이고 초와 상효가 양으로)이 비어 있는 것으로 입을 벌리고 있는 모습이다. 그러나 입이 비어 있다고 해서 아무 것이나 무조건 입에 담아서는 곤란하다. 정이천은 『이천역전』에서 "천지의 조화가 만물을 양육해서 각각 마땅함을 얻게 하는 것 또한 바른 것일 뿐이다. 길러주는 것을 보고 스스로 입안을 채울 음식을 구하는 것을 살펴보아야 한다는 것은 사람이 길러 주는 바와 스스로 입안을 채울 음식을 구하는 도를 보면 선악과 길흉을 볼 수 있을 것이다(天地造化養育萬物, 各得其宜者, 亦正而已矣. 觀頤自求口實, 觀人之所頤,

백 頤, 貞, 吉. 觀頤, 自求口實.
　　이　정　길　관　이　　자구구실

경의 의미 : 이괘는 점을 치니 길하다고 하였다. 다른 사람의 입안에 음식물이 들어 있는 것을 보는 것만으로는 배가 부를 수 없고, 입안을 채울 음식물은 스스로 구해야 한다.

전의 해석 : 이는 바르게 해야 길하니, 길러주는 것을 보고 스스로 입안을 채울 음식을 구하여야 한다.

백 기르는 문제에 대해 점을 쳤는데 길한 점괘가 나왔다. 다른 사람의 아래턱이 움직이는 것을 보고만 있는 것은 스스로 고생을 자초하는 것이라고 할 수 있다.

彖曰 頤貞吉은 養正則吉也²니 觀頤는 觀其所養也요
단 왈　이정길　　　양정즉길야　　　　관이　　　관기소양야

自求口實은 觀其自養也³다.
자구구실　　　관기자양야

與其自求口實之道, 則善惡吉凶可見矣)"고 하였다. 전체적으로 보면 이괘의 괘사는 일종의 도치된 구절이라고 할 수 있다. 말하자면 "사람이 평생 동안 길러야 할 것이 무엇인가? 그리고 배를 채우기 위해서는 어떻게 하여야 하는가? 이런 문제들의 해답은 반드시 바르게 해야 길하다는 것이다(貞吉)"는 말로 달리 표현할 수 있다.

2 이 구절은 양생을 하는 데 있어서도 바른 도리에 따라야 길하다는 것을 말한다. 어떻게 하여야 올바른 도리에 따라 기를 수 있는가? 가장 좋은 방법은 스스로의 힘으로 먹는 것이고, 다른 사람에 기대는 것은 올바르지 않다. 특히 여기에서는 일하지 않고 다른 사람의 노동의 성과에 기대려는 것을 비판하고 있다.

3 이괘의 사회적 의미에 대해 말하고 있다. 특히 부양을 받아야 할 대상이 무엇인가를 말하고, 어떻게 부양할 것인가에 대해서도 이야기하고 있다. "관이(觀頤)"는 그 사람이 무엇을 양육하는가를 잘 관찰한다는 뜻이다. 또 "자구구실(自求口實)"이라고 하는 것은 스스로 자기의 몸을 양육하는 도를 잘 관찰하여야 한다는 뜻이다.

단전에 말하기를 이는 바르게 해야 길하다는 것은 기르는 것이 올바르면 길하니, 길러주는 것을 보는 것은 그 기르는 바를 관찰하는 것이요, 스스로 입안을 채울 음식을 구하는 것은 스스로 기르는 것을 살피는 것이다.

天地養萬物하면 聖人이 養賢하여 以及萬民[4]하나니
천지양만물　　　성인　　양현　　　이급만민

頤之時大矣哉[5]라.
이 지 시 대 의 재

천지가 만물을 기르면, 성인이 현인을 길러서 만민에게 미치니, 이의 때가

---

4 이 구절은 "스스로 입안을 채울 음식을 구하는 것(自求口實)"의 사회적 의미와 바른 도리에 따른 양생(養生)의 문제를 설명하고 있다. 양생의 도리는 한 개인에게만 한정되는 것이 아니라 다른 사람, 사회, 천지에 마찬가지로 모두 적용된다. 천지가 이처럼 장구하게 만물을 기를 수 있는 것은 바른 도리에 따르기 때문이다. 여기에서 말하는 바른 도리라는 것은 때에 따르고(適時) 절제가 있기 때문이다. 예를 들면 추울 때는 춥고 더울 때는 더운 올바른 법칙에 따라 운행하기 때문에 천지가 만물을 영원히 길러 줄 수 있는 것이다. 마찬가지로 성인이 현명한 인재와 재능을 가진 인물들을 길러 백성을 가르치고 인도하여 농시(農時)를 위배하지 않고 때맞추어 일할 수 있도록 하였다. 이렇게 정해진 법칙과 시간을 따르니 백성들은 "자구구실" 할 수 있게 되었다. 이것은 곧 시간의 중요성에 대해 말한 것이다.

5 천지와 성인이 기르는 것은 공정하고 사사로움이 없다. 이것이 바로 천지와 성인이 기르는 바의 올바름이다. 천지와 성인이 스스로를 어떻게 기르는가하는 문제에 대해서는 「단전」은 구체적으로 말하지 않고 있다. 왜냐하면 그것은 더 이상 말할 필요가 없기 때문이다. 천지가 만물을 기르는 것에는 당연히 일정한 법칙이 있다. 비와 햇빛을 내리고 사계절과 음양을 교체하는 것에는 조금의 틈도 없이 정확하다. 성인이 현인을 길러서 만민에까지 미치는 것은 천지가 만물을 기르는 것과 똑같이 나름의 법칙을 가지고 있다. 그러므로 이괘가 가지는 때(時)의 의미는 위대할 수밖에 없는 것이다. 특히 만물의 생성과 기름에는 시(時)가 가장 중요하기 때문에 시를 크다고 말하는 것이다. 정이천은 『이천역전』에서 "그러므로 공자께서 기르는 도를 미루어 천지와 성인의 공을 찬미하기를 이의 때가 크다고 말씀하신 것이다. 혹은 의라 말하고, 혹은 용이라고 말하고, 혹은 다만 때라고만 말한 것은 그 큰 것을 가지고 말한 것이니, 만물을 낳음과 길러줌은 때가 중요하기 때문에 때라고 말씀하신 것이다(故夫子推頤之道, 贊天地與聖人之功, 曰頤之時大矣哉, 或云義或云用或止云時, 以其大者也, 萬物之生與養, 時爲大, 故云時)"고 하였다.

크다.

象曰 山下有雷頤니 君子以하여 愼言語하며 節飮食[6]**하나니라.**
　상　왈　산　하　유　뢰　이　　　군　자　이　　　　신　언　어　　　　절　음　식

상전에 말하기를 산 아래 우레가 있는 것이 이니, 군자가 이것을 본받아 언어를 삼가며 음식을 절제한다.

初九는 舍爾靈龜하고 觀我하여 朶頤니 凶[7]**하니라.**
　초　구　　　사　이　영　귀　　　　관　아　　　　타　이　　　흉

---

[6] 입과 관련되는 것에는 언어와 음식이 있다. 군자는 이괘(頤卦)의 상을 보고 언어를 신중히 하고 음식을 절제 한다. 재앙은 입에서 나오고, 병은 입으로 들어간다. 언어는 한번 튀어나오면 다시 들어갈 수 없고, 음식은 한번 들어가면 다시 나올 수 없다. 이 때문에 언어와 음식 두 가지는 매우 신중히 대하여야만 한다. 언어(말)와 음식은 둘 다 입에서 나오고 들어가는 것이니 절제해야 한다. 언어는 정신적인 것과 관계하고, 음식은 육체적인 것과 관계한다. 곧 언어를 신중히 하는 것이 바로 수양(修養)이고, 음식을 절제하는 것은 건강과 영양(營養)의 문제에 해당한다. 한 개인으로 말하면 언어는 언어이고 음식은 음식일 뿐이지만, 국가라는 차원에서 말하면 언어에는 정책이나 법령이 포함되어 있고 음식에는 재정과 세무의 문제까지 결부된다. 그러므로 국가의 언어는 더욱더 신중하여야 하고, 국가의 음식은 더욱 절제해야 하고, 함부로 빼었다 넣었다 할 수 없는 것이다.(『주역전해』 235쪽 참조) 양생(養生)의 도리로 말하면 입은 인체와 물질세계가 왕래하는 중요한 통로로 인체를 보양(保養)하는 가장 중요한 기관이다. 이 입을 적절하게 사용하지 못하면 자신의 생명에 위해(危害)를 가할 수 있다. 그러므로 입에 대한 언급은 양생의 문제로 직접 연결된다. 양생의 또 다른 문제는 어떻게 자신을 기르는가의 문제로 확대되기 때문이다. 「단전」에서 말하는 "양현(養賢)"과 「상전」에서 말하는 "언어를 신중히 하고 음식을 절제한다(愼言語, 節飮食)"는 것을 결합한 것이 바로 이괘의 주제이고, 올바른 양생의 도리라고 할 수 있다.

[7] 거북을 고대에서는 점칠 때 사용했는데, 거북은 오랜 시간 먹지도 않고 마시지도 않을 수 있기 때문에 "신령한 거북이(靈龜)"라고 말한다. "타(朶)"의 원의는 나뭇가지가 아래로 처진 것을 말한다. "늘어진 턱(朶頤)"은 아래턱이 아래로 늘어져 입을 벌리고 음식을 먹으려고 하는 형상이다. "이"(爾)는 초구를 가리키고, "아"(我)는 육사를 가리킨다. 초구는 양강으로 이괘의 하체(下體)인 진동(震動)의 시작에 있다. 스스로 기를 수 있는 소질을 지니고 있으나 육사와 상응하려고 움직인다. 이 때문에 스스로의 영귀(靈龜), 즉 밝은 지혜로움(明智)을 버리고 나(六四)를 보고 탐을 내듯이 아래턱을 늘어뜨리고 있다. 물론

🅱 初九, 舍而靈龜, 觀我朶[8]頤. 凶.
　　초 구　사 이 영 귀　관 아 쉐 이　흉

초구는 너의 신령스러운 거북이를 버리고 나를 보고 턱을 벌리니 흉하다.

🅱 초구는 너 자신의 신령스러운 거북이를 버리고 점치지 않고 오직 나의 입이 움직이는 것만을 보고 있다. 점을 치니 흉하다는 결과가 나왔다.

象曰 觀我朶頤하니 亦不足貴也[9]로다.
상 왈　관 아 타 이　　　역 부 족 귀 야

상전에 말하기를 나를 보고 턱을 벌리는 것은 또한 귀하게 되기에는 부족하다.

이것은 흉하다. 이에 대해 주자는 "신령스러운 거북은 먹지 않는 존재이고, 타는 드리우는 것이니, 턱을 드리운다는 것은 먹으려고 하는 모습이다. 초구가 양강으로 아래에 있어서 먹지 않을 수 있는데, 위로 육사의 음과 상응하여 욕심에 움직이니 흉한 도리이기 때문에 그 상과 점이 이와 같다(靈龜不食之物, 朶垂也, 朶頤欲食之貌. 初九陽剛在下, 足以不食, 乃上應六四之陰而動於欲, 凶之道也, 故其象占如此)"고 하였다.

8 백서본에서는 "挮"으로 되어 있지만 현재 이 글자는 없다. 아마도 "쉐(揣)"자의 이문(異文)으로 보인다.
9 다른 사람의 부귀함이 탐나서 신령스런 거북이와 같은 자신이 가지고 있는 밝은 지혜를 버리고 바보처럼 입을 벌린 채 다른 사람이 가지고 있는 음식물을 바라보고 있는 상이다. 이것은 자신의 지혜를 어떻게 사용할 것인지를 모르기 때문에 귀하다고 하기에는 부족하여 흉하다고 말한다. 『주역절중』은 정여해(鄭汝諧, 송대의 역학자. 주로 『이천역전』에 근거한 역학적 관점을 보여주고 있다.)가 『동곡역익전』(東谷易翼傳)에서 말한 "이괘의 상체는 모두 길하고 하체는 모두 흉하다. 상체는 머무는 것이고 하체는 움직이는 것이다. 상괘에 있으면서 머문다는 것은 다른 사람을 길러주는 것이고, 아래에 있으면서 움직이는 것은 다른 사람에게 기름을 구하는 것이다. 움직여서 다른 사람에게 기름을 구하는 것은 반드시 입의 기름에 연루되기 때문에 비록 초효의 양이라 할지라도 욕심을 움직여서 나를 보고 턱을 벌린다는 것을 면하기 어렵다(頤之上體皆吉, 而下體皆凶. 上體止也, 下體動也. 在上而止養人者也, 在下而動求養於人者也, 動而求養於人者, 必累於口體之養, 故雖以初之剛陽, 未免於動其欲而觀朶頤也)"는 내용을 인용하고 있다.

六二는 顚頤라 拂經이니 于丘에 頤하여 征하면 凶[10]하리라.
_{육이 전이 불경 우구 이 정 흉}

🔳 六二, 曰,[11] 顚頤, 拂經于北. 頤, 正凶.
_{육이 왈 전이 불경우배 이 정흉}

육이는 거꾸로 (초구에) 부양되니 상도(常道)에 어긋나는 것으로 언덕(上九)에 부양받으러 나아가면 흉할 것이다.

🔳 육이는 점에 말하기를 아래턱에 경련이 생겨 목과 등에까지 연결되니 병든 몸을 이끌고 정벌하러 가는 것은 좋을 것이 없다.

象曰 六二征凶은 行이 失類也[12]라.
_{상왈 육이정흉 행 실류야}

상전에 말하기를 육이는 나아가면 흉하다는 것은 (상구에 부양받으러 나아

---

10 "전(顚)은 "넘어지다"는 의미로 "전도되다"는 뜻을 가진 "도(倒)"와 같다. "불(拂)"은 "위(違)"와 같은 뜻으로 상도(常道)에 어긋난다는 말이다. "경(經)"은 상리(常理) 또는 상도(常道)를 말한다. 여기에서 "전이(顚頤)", "불이(拂頤)"나 "불경(拂經)"의 상황들이 나타나는 곳은 모두 음유의 자리이다. 이것은 음이 가지는 역행(逆行)의 성격 때문인 것으로 보인다. 육이는 중정의 자리에 있지만 음으로 자립하기 어렵기 때문에 반드시 양의 부양을 받아야 한다. 육이는 초구를 타고 있기 때문에, 만약 전도되어 아래(초구)에 의해 양육된다면 이는 상도에 어긋나는 것이다. 또 만약 위의 언덕(上九)에 부양 받으려고 가는 것도 분명히 흉하다. 언덕이라는 말은 상괘가 산이기 때문이다.
11 통행본『주역』에는 '왈(曰)'자가 없다. 이에 대해 등구백은『백서주역교석』에서 "왈"은 "점왈(占曰)"이다. 통행본『주역』에 '왈'이 없는 것은 점친 기록인 서사(筮辭)를 정리하여 괘효사로 편찬한 작자가 '왈'자를 삭제하였기 때문인 것으로 보인다. 136쪽 참조 바람. 장립문 역시 같은 견해를 말하고 있다.
12 "실류(失類)"는 전혀 상응이 안 된다는 말이다. 육이가 상구에 가서 구하는 것은 정상적인 상응이 아니다. 육이가 상구에 갈 경우 흉한 이유는 육삼, 육사, 육오의 동류를 잃어 버리기 때문이다. "실류"에 대한 주석은 다양하다. 그 중 주자는 "초구와 상구는 다 동류가 아니다(初上, 皆非其類也)"고 하였다.

가는) 행실이 같은 무리를 잃어버리기 때문이다.

六三은 拂頤貞이라 凶하여 十年勿用이라 无攸利[13]하니라.
육삼   불이정   흉   십년물용   무유리

🅱 六三, 拂頤. 貞. 凶. 十年勿用, 无攸利.
　　육삼　불 이 정　흉　십년물용　무유리

육삼은 기름의 바름을 거스리니 흉하여 10년 동안 쓰지 못한다. 이로울 바가 없다.

🅱 육삼은 병이 아래턱까지 만연되어 점을 치니 좋지 않다는 결과를 얻었다. 10년 내에는 출정할 수 없고 좋은 점이 없기 때문이다.

象曰 十年勿用은 道大悖也[14]라.
상왈 십년물용   도대패야

---

[13] 육삼은 부중부정(不中不正)으로 하체인 움직임의 극의 위치에 있다. 음유로 상응하는 상구의 양에 양육되려고 가벼이 움직이는 것은 이괘(頤卦)의 도리에 어긋나기 때문에 흉하다. 10년의 긴 세월이 걸린다는 것도 결국에는 공양을 쉽게 얻지 못하기 때문에 함부로 움직여서는 안 된다. 조금도 이로울 것이 없다. "기름의 바름을 거스리니(拂頤貞)"라는 것은 기름의 올바른 도리를 위반한 것을 말한다. 이런 올바르지 못한 행위는 흉하여 10년 동안 어떠한 이익도 얻지 못하는 상황에 이르게 된다. 육삼은 왜 이러한 상황에 처하게 되는가? 이것은 우선 음효가 양의 자리에 있어서 부중부정하고, 또 하괘인 진괘(震卦)의 최상위에 자리하면서 상구에 기대고 있는 간사한 자이기 때문이다. 이 말은 육삼은 스스로를 기르는 능력을 가지고 있지 못하고 다만 상구에게 자신을 먹여 살려 달라고 요구할 뿐이라는 것을 말한다. 부중부정하기 때문에 정당하지 못한 수단을 이용하고 있다. 육삼은 또 상구의 공양(供養)에 대해 매우 불만족하고 있다. 그러므로 공양의 정도(正道)를 위배하였기 때문에 그 결과는 흉하여 십 년 동안 상구의 공양을 받지 못하니 이익될 것이 전혀 없다.

[14] "십 년 동안 쓰지 못한다(十年勿用)"는 말은 끝내 버려진다는 의미인데, 왜 끝내 쓸 수가 없다고 말하는가? 그것은 기본적으로 인도(人道)를 위배했기 때문이다. 여기에서 말하는 "도(道)"라는 글자는 군주를 섬기는 도일뿐만 아니라, 일상적인 인륜(人倫)의 의미

상전에 말하기를 10년 동안 쓰지 못한다는 것은 도가 크게 어그러진 것이다.

六四는 顚頤나 吉[15]하니 虎視耽耽하며 其欲逐逐하면 无咎[16]리라.
　육사　　전이　　길　　　　호시탐탐　　　　기욕축축　　　　무구

도 포함하고 있다. "도가 크게 어그러진 것이다(道大悖也)"는 말은 그것이 기르는 공양의 도리를 위배하면서 행동하였다는 것을 의미한다. 이 효는 공양의 바른 도리를 위배하였기 때문에 움직일 경우 모두 흉한 재앙을 받을 것이고, 적어도 십 년 이내에는 호전될 기미가 없음을 말하고 있다.

15 육사는 음유로 자리가 바르고, 상체인 간지(艮止)의 시작에 있고, 또 아래에 상응하는 초구가 있다. 이것은 초구의 아래턱이 움직여 상응하는 육사를 길러주기 때문에 전이(顚頤)라고 한다. 그러나 오히려 전도되어 초구에 양육되는 것(顚頤)은 도(道)에 근거하고 있기 때문에 길하다. 이것은 육사의 음이 상괘에 자리하여 정위인 초구와 상응하고 있는데, 이는 마치 위에 있는 사람이 아래의 사람에게 공양을 구하지만 공양 받은 것을 이용하여 다시 아래의 백성들을 길러주는 것과 같다. 그러므로 비록 "거꾸로 부양 받는 것"이기는 하지만 길함을 얻을 수 있다. 그러므로 주자는 『주역본의』에서 "유가 위에 자리하여 바름을 얻고 응하는 바가 또 바르며, 그 기름에 의지하여 아래에 베풀기 때문에 비록 전도되나 길한 것이다(柔居上而得正, 所應又正而賴其養, 以施於下, 故雖顚而吉)"고 하였다.

16 이것은 호랑이(육사)가 아래(초효)를 가만히 바라보면서 백성들을 양육하려는 뜻을 쉬지 않고 추구하는 모양이다. 아무런 허물도 없다. "탐탐(耽耽)"이라는 것은 호랑이가 아래를 향하여 주시하는 모습이다. "축축(逐逐)"이라는 말은 쫓고 쫓듯이 끊임없다는 뜻을 가지고 있다. 육사는 음효로 비록 상괘에서 다른 사람을 길러주는 지위에 있지만, 오히려 자기 자신도 기르지 못하고 거꾸로 아래의 초구에게 공양할 것을 구하는 수밖에 없다. 그러나 육사와 육이는 다르다. 육사와 초구는 모두 정위를 얻고 있고 또 상응하고 있다. 육사는 강직하고 바른 초구의 공양을 받고 있는데, 이것은 도리에 비추어보면 길하다고 할 수 있다. 음유가 위에서 아래에 있는 강직하고 강한 자에게 부양을 구하면 아래에 있는 사람에게 경시를 당하거나 수모를 받을 가능성이 있을 수도 있다. 이 때문에 반드시 "호랑이가 위에서 아래를 노리며 내려 보듯이 하여야"하고, 또 가면 갈수록 엄격하여야 허물에 빠지지 않는다. "호시탐탐"이라는 말은 마치 호랑이가 사냥감을 노려보고 있는 것처럼 하나의 사냥감에 온 정신을 집중하고 있는 것을 말한다. 이와 같이 하여야 육사는 무구할 수 있다. 스스로 바깥의 영양분을 먹지 않고도 장수하는 것 중의 대표적인 것이 바로 거북이다. 초구는 바로 거북이를 상징으로 삼고 있다. 반면에 바깥에서 기름을 구하여 온 정신을 바깥으로 집중하지 않으면 살아갈 수 없는 가장 대표적인 동물이 바로 호랑이이다. 그러므로 육사는 호랑이를 상징으로 삼은 것으로 보인다.

六四. 顚頤. 吉. 虎視沈沈. 其容笛笛. 无咎.
육사   전 이   길   호 시 심 심   기 용 적 적   무 구

육사는 거꾸로 부양 받는 것이나 길하니, 호랑이가 위에서 아래를 노리며 내려 보듯이 하며, 그 하고자 함이 쫓고 쫓듯이 끊임없이 하면 허물이 없을 것이다.

■ 육오는 아래턱이 진동한다. 점을 치니 길하고 좋은 결과가 나왔다. 호랑이가 멀리 상세하게 살펴보고 있는데 그 동작이 매우 신속하다. 큰 재앙이 없다는 점괘가 나왔다.

象曰 顚頤之吉은 上施光也[17]일새라.
상 왈 전 이 지 길   상 시 광 야

상전에 말하기를 거꾸로 부양을 받으니 길하다는 것은 위에서 베풂이 빛나기 때문이다.

六五는 拂經이나 居貞하면 吉[18]하려니와 不可涉大川[19]이니라.
육 오   불 경   거 정   길   불 가 섭 대 천

---

17 육사와 육이의 두 효는 모두 "거꾸로 부양을 받으니(顚頤)"라는 말을 하고 있지만, 육이는 흉인데 비해 육사는 왜 길하다고 하는가? 이에 대해 『주역절중』은 "육이의 뜻은 사물에 있지만, 육사의 뜻은 도에 있기 때문이다(二之志在物, 而四之志在道)"고 하였다. 여기에서 "사물에 있다"라는 것은 상응하지 않는데 억지로 기름을 구하기 때문에 흉하고, "도에 있다"는 것은 바름을 기르고 다른 사물을 이롭게 해주기 때문에 길하다고 하는 것이다. "위에서 베풂이 빛나기 때문이다(上施光也)"는 말은 육사가 "백성에게서 얻어서 백성에게 쓴다(取之於民, 用之於民)"는 의미를 가지고 있다. 즉 육사의 대신이 초구의 현인의 도움을 받아 선정을 베푸는 것이 빛이 난다는 말이다. 이 때문에 "그 하고자 함이 쫓고 쫓듯이 끊임없어도(其欲逐逐)" "무구"할 수 있는 것이다.
18 "상도에 어긋나다(拂經)"는 말은 기름 또는 부양의 일반적인 관례(慣例)를 위반하고 있음을 말한다. 육오는 왜 이와 같은 상황에 처하게 되는가? 왜냐하면 육오는 음유로 비록 존위에 자리하고 있으나, 스스로 부양할 능력이 없어서 오히려 위에 있는 상구에게 부양

🅱 **六五, 拂經, 居, 貞：吉, 不可涉大川.**[20]
　　육오　불경　거　정　길　불가섭대천

육오는 상도에 어긋나기는 하나 올바름에 거하면 길하려니와 큰 내를 건널 수는 없다.

🅱 육오는 병이 위중해져서 집에 있으면서 점을 쳤는데 길하고 밖에 나가서 큰 내를 건널 수 없다는 결과를 얻었다.

象曰 居貞之吉은 順以從上也[21]**일새라.**
　상 왈　거정지길　　순이종상야

을 구하고 있기 때문이다. 이에 대해 정이천은 "육오는 기르는 때에 임금의 위치에 자리하여 천하를 기르는 사람이다. 그러나 육오의 음유한 자질은 천하를 기르기에는 부족하다. 위에 양강한 어진 사람이 있기 때문에 순종해서 그 사람에 의지하여 자기를 부양하여 천하를 다스리니 군주는 사람을 길러주어야 함에도 도리어 다른 사람의 기름에 의지하니 이것은 상도에 어긋난 것이다(六五, 頤之時居君位, 養天下者也. 然其陰柔之質, 才不足以養天下, 上有剛陽之賢, 故順從之, 賴其養己, 以濟天下, 君者養人者也, 反賴人之養, 是違拂於經常)"라고 하였다. 상구의 현인의 봉양 하에 있기 때문에 "올바름에 거하면 길하다(居貞吉)"라고 하는 것이다. "올바름에 거하면 길하다"는 것은 존위에 자리하고 있으나 순수하고 바른 현인들의 의견을 받아들여 바른 도를 실행하면 길하다는 것을 말한다. 이렇게 하는 것은 비록 상도를 위배하는 것이지만, 이는 천하를 부양하기 위한 어쩔 수 없는 조치이다. 그러므로 동기가 순정(純正)하고 정도를 지키기만 한다면 길하다.

19 "큰 내를 건널 수는 없다(不可涉大川)"는 말은 상구에 의지하는 형편이기 때문에 큰일을 도모하기에는 적절치 않으나, "올바름에 거하면(居貞) 백성을 양육하는 목적은 이룰 수 있다는 의미이다. 육오의 "정(貞)"과 육삼의 "정(貞)"은 구별된다. 육삼의 "정"은 상응을 구하는 것으로 움직임(動)에서 말하는 것이고, 육오의 "정"은 상효와 가까이 친하게 지내는 것으로 움직이지 않는(靜) 것에서 말하는 것이기 때문에 "거(居)"라는 말을 덧붙이고 있는 것이다. 『주역전해』 237-238쪽 참조 바람.

20 "오불경불가섭대(五拂經不可涉大)"의 일곱 자는 백서본에는 결손(缺損)되어 있다. 통행본과 백서본의 용자예(用字例)에 따라 보입(補入)하였다. 등구백의 『백서주역교석』 138쪽 참조 바람.

21 육오의 "올바름에 거하면 길하다(居貞吉)"는 것에서 길함을 얻을 수 있는 이유는 유순한

상전에 말하기를 올바름에 거하면 길하다는 것은 순순히 상구(上九)를 따르기 때문이다.

上九는 由頤니 厲하면 吉²²하니 利涉大川²³하니라.
상구 유이 려 길 이섭대천

🔲 尙九, 由頤, 厲, 吉, 利²⁴涉大川.
상구 유이 려 길 이섭대천

상구는 (그로) 말미암아 길러지니 위태롭게 여기면 길하고 큰 내를 건너는 데(큰 일을 하는 데) 이롭다.

🔲 상구는 병이 나았는데 어떤 일을 하려고 하여 점을 쳤는데 길하고 큰 내

덕으로 상구를 따라 그의 영향을 빌려 천하를 기를 수 있기 때문이다. 이 말은 바로 「단전」에서 말하는 "성인이 현인을 길러서 만민에게 미치니(聖人養賢以及萬民)"라는 말에 해당하는 것으로 볼 수 있다.
22 만민(萬民)은 상구에 의해 길러진다. 모든 기름이 말미암는 곳이 바로 상구이다. 이괘(頤卦) 중간의 네 음효는 모두 상하의 두 양에게 기름을 구한다. 상구는 간괘(艮卦)의 최상에 있는 효이고, 네 개의 음효는 모두 이것에 의지해서 기름을 받기 때문에 "유이(由頤)", 즉 "(그로) 말미암아 길러지니"라고 말한다. 그렇다고 하여서 상구가 왕은 아니고 어떤 직위도 가지고 있지 않다. 어디까지나 신하이다. 신하가 천하를 길러야 하는 중임을 맡으면 반드시 늘 위태로움을 가지고 신중하고 두려워하듯이 행동하여야 길할 수 있다. 그러므로 "위태롭게 여기면 길하니(厲吉)"라고 하는 것이다. 이렇게 본다면 이 괘의 상괘의 세 효는 모두 길하고 하괘의 세 효는 모두 흉하다.
23 "큰 내를 건너는데(큰일을 하는데) 이롭다(利涉大川)"와 "위태롭게 여기면 길하니(厲吉)"라는 말은 연결되어 있다. 즉 앞의 말은 일의 결과와 관련된 것이라면, 뒤의 말은 그 결과를 가능하게 하는 방법이나 태도와 관련된 것이다. 여기에는 위태로움과 길함의 이중적인 의미가 포함되어 있다. 왜냐하면 험난한 문제를 해결하려고 하면 당연히 위태롭고, 늘 이런 생각을 가지고 충분히 대처하고 긴장감을 가지고 도전하다보면 험난한 문제도 충분하게 해결되어 결과는 길해지기 때문이다.
24 "상구유이려길리(尙九由頤厲吉利)"이 일곱 글자는 백서본에 결손되어 있다. 통행본과 백서본의 용례(用例)에 따라 보입하였다. 등구백의 『백서주역교석』 138쪽 참조 바람.

를 건너는데 이로운 바가 있다는 결과를 얻었다.

象曰 由頤厲吉은 大有慶也[25]라.
상왈 유이려길 대유경야

상전에서 말하기를 자신으로 말미암아 길러지니 위태롭게 여기면 길하다는 것은 크게 경사가 있다는 것이다.

* 이괘의 의미와 교훈

이괘는 기르는(養) 원칙에 대해 말하고 있다. 물자가 축적되어 충분해진 후에야 천하를 양육할 수 있다. 양육은 반드시 자기 자신에 의지해야 하고, 다른 사람들에게 의지할 수는 없다. 이 때문에 자신의 지혜를 이용하여 자신을 기르고 온 천하가 공양 받을 수 있도록 하여야 한다. 양육은 반드시 정상적인 이치에 따라야 하고 또 정당한 수단을 택해야 한다. 절대로 올바른 원칙을 위배해서는 안 된다. 만약 부득이한 경우 오로지 광명정대하게 백성들에게 물자를 먼저 얻도록 하고 그것을 백성들에게 사용

---

25 "크게 경사가 있다(大有慶也)"는 말은 한 사람의 경사가 아니라 천하 모두의 경사를 말한다. 상구가 "위태롭게 여기면 길하다(厲吉)"는 것은 자기 스스로의 공로가 아니라 육오의 상구에 대한 신임과 의지 및 순종으로부터 얻은 것이기 때문이다. 이것은 육오의 「상전」의 관점과 대응된다. 육오는 바름에 처해야 얻어지는 길함으로 스스로 그 길함을 얻은 것이 아니라 위의 상구의 도움을 받아 얻은 것이다. 이괘(頤卦)의 상구 "(그로) 말미암아 길러지니(由頤)"라는 말과 예괘(豫卦) 구사효의 "그로 말미암아 즐거워 한다(由豫)"는 어법의 구조가 매우 비슷하고, 심지어 효의 의미에서도 비교할 만하다. 그러므로 왕종전(王宗傳)은 『동계역전(童溪易傳)』에서 "예괘의 구사는 천하가 그로 말미암아 즐거워하기 때문에 '크게 얻음이 있다'라고 하였고, 이괘의 상구는 천하가 상구로 말미암아 부양받기 때문에 '크게 경사가 있다'라고 하였다(豫之九四, 天下由之以豫, 故曰大有得. 頤之上九, 天下由之以頤, 故曰大有慶也)"고 말한다.

할 경우에만 가능하다. 백성들에게 물자를 얻을 경우 반드시 공정하고 엄격해야 한다. 이처럼 공양이라는 것은 정당한 행위라야 하고 어떠한 어려운 상황에서도 이것을 지켜서 행해야 한다.

이괘는 기름의 의미에 대해 설명하고, 괘사 역시 처음부터 이 뜻에 대해 설명하면서 바름을 지키면 길하다고 말한다. 괘 가운데에서 나타나는 "올바름을 기르다(養正)"는 의미는 기본적으로 두 가지 측면에서 구현된다. 하나는 "자신을 기르는(自養)" 도리인데, 당연히 덕에 근본하여야 하고 덕을 버리고 욕망을 쫓아서는 안 된다는 점을 강조한다. 또 하나는 "다른 사람을 기르는(養人)" 도리인데 마땅히 공정하게 하여야 하고 반드시 덕을 길러서 다른 것에 미쳐야만 한다.

아래 하괘의 세 효는 모두 스스로 기르는 것을 얻지 못하고 있다. 그 때문에 초효는 흉하고, 이효는 "나아가면 흉하다(征凶)"고 하고, 삼효는 "이로울 바가 없다(无攸利)"고 하였다. 위의 상괘 세 효는 모두 다른 사람을 부양하는 데에 노력한다. 그 때문에 사효는 길하고, 오효는 "바른 데에 있으면 길하다(居貞吉)"고 하고, 상효는 "위태롭게 여기면 길하니 큰 내를 건너는데(큰일을 하는데) 이롭다(厲吉, 利涉大川)"라고 말한다. 이처럼 여섯 효의 대의는 집중적으로 "다른 사람을 기르고", "현인을 기르고", "천하를 기르는" 기름의 덕을 찬미하고 있다.

결론적으로 이괘는 기름에 대한 철학적 이치에 대해 말하고 있다. 사람은 우선적으로 독립적인 자기 부양 능력을 가지고 있어야 한다. 그 중에서 덕을 기르는 것을 가장 중요하게 여겨야 한다. 이 때문에 자기 부양의 수단은 반드시 정당하여야 하고, 다른 사람의 부유한 생활조건에 대해 부러워하거나 질투해서는 곤란하다. 더욱이 이로 인하여 자신의 도덕과 인격을 상실해서는 곤란하다. 현대에서 빈부격차로 말미암은 범죄와 양극화로 인해 생기는 갈등이나 사회적 문제는 매우 심각한데, 특히 이런 문제에 대해 이괘(頤卦)는 시사하는 바가 매우 크다.

그 다음으로 다른 사람을 길러주는 능력을 가지고 있으면, 당연히 천하를 길러주는 책무를 자신의 임무로 받아들이는 것이 사회를 위한 책임이라고 할 수가 있다. 물론 천하를 부양하는 것은 기본적으로 국민들로부터 그 재원을 조달하여 국민들에게 적절하게 재배분하는 것으로 모든 국민들은 정부의 이런 재분배의 역할에 믿음을 두어야 길하다. 이 때문에 국가는 반드시 좋은 경제나 조세(租稅) 정책을 가지고 끊임없이 국가 경제와 국민의 복지를 발전시켜야 하는 것이다. 나라를 다스리는 데 있어서 가장 중요한 것은 바로 국민을 배고프지 않게 부양하는 것이며, 그것이 국가를 통치하는 사람의 첫 번째 임무이다. 이것을 해결하지도 못하면서 아무리 뛰어난 이념이나 주장을 말하여도 그것은 공담(空談)이나 억지에 불과하다.

28. ䷛ 택풍대과(澤風大過, ䷚ 泰過 第四十八)

1) 괘의 순서

　대과괘(大過卦)가 이괘(頤卦)의 뒤에 오는 이유에 대해 「서괘전」은 "이는 기르는 것이니 기르지 않으면 움직일 수 없기 때문에 대과로서 받았다(頤者養也. 不養則不可動, 故受之以大過)"고 하였다. 이 세상의 모든 존재들은 물질적인 조건이나 사회적인 제반 조건이 충족되지 않으면 생존할 수가 없다. 물질적인 조건의 필요성이 물론 가장 중요하지만, 문제는 물질적인 조건이 기형적으로 과도하여 평형하지 못할 경우이다. 여기에서 말하는 기형적인 과도함이나 불평형이 바로 "대과(大過)"이다.
　예를 들면 식물이나 인간이 생존하는 데에 물은 필수적이다. 그러나 홍수의 범람은 단순한 물의 필요성을 넘어서는 지나침이고 불균형이다. 사람에게 다양한 영양의 공급은 필수 불가결하지만 지나치게 많이 섭취할 경우 더욱 심각한 건강 문제를 유발시킨다. 현대인들에게 생기는 병의 대부분은 과도한 영양섭취에서 온다고 하여도 크게 틀린 말은 아닐 것이다.
　또 국가를 정상적으로 관리하고 운영하기 위해서는 세금을 거두는 것은 매우 당연한 일이다. 그런데 국가를 더욱 체계적으로 관리하고 운영하기 위해 많은 수의 공무원과 기구를 필요로 하게 되면서 더욱 많은 세금을 부과할 수밖에 없다. 이런 일련의 상황 속에서 세금은 점점 눈덩어리처럼 많아지면서 정부는 비대해지고 국민들은 세금 폭탄으로 고통을 호소할 수밖에 없는 경우를 볼 수 있게 된다. 여기에서 세금이 결코 나쁜 것은 아니다. 세금은 국민들을 위해서 필요한 것이었지만 그것이 균형을 상실할 경우에 문제가 되는 것이다. 대과괘는 바로 이런 문제를 다루고 있고, 또 왜 이괘 다음에 대과괘가 오는가 하는 이유에 대해 이야기하고 있다.

2) 괘명의 의미

대과괘의 "대과(大過)"는 "교왕대과(矯枉大過)"를 말한다. "교왕대과"는 구부러진 것을 바로 잡으려다가 정도를 지나치거나, 또는 잘못된 것을 바로 잡으려다가 너무 지나쳐서 오히려 나쁘게 되는 것을 말한다. 즉 필요는 하지만 너무 지나쳐서 오히려 상황을 나쁘게 하는 "교왕과정(矯枉過正)" 또는 "교왕과중(矯枉過中)"을 말한다. 이 때문에 여기에는 좋은 점과 나쁜 점을 동시에 모두 가지고 있다고 할 수 있다. 좋은 점은 인정하고 나쁜 부분은 가능하면 줄여야 한다.

『설문해자』에서는 "과는 건너는 것이다(過, 度也)"라고 하였다. 여기에서 말하는 "도(度)"는 "도(渡)"의 가차자(假借字)이다. 이 말은 이곳을 부정하고 초월해서 다른 곳으로 건너간다는 의미를 가지고 있다. 만약 이곳이 정상인데도 불구하고 이곳을 부정하고 초월해서 건너가 버리는 것은 오히려 비정상(非正常)이라고 할 수 있을 것이다.

대과는 양(陽)이 과(過)한 것이다. 양은 대(大)이기 때문에 양이 과한 것을 대과라고 한다. 이런 의미를 넓혀서 말하면 모든 일반적인 수준을 넘어서거나, 보통 이상의 정도에 이른 것을 대(大)라고 하고, 또 그것을 일러 대과(大過)라고 말한다. 대과의 과(過)는 "지나침은 모자람만 못하다"의 지나침을 말하려는 데에 초점이 있는 것은 아니다. "지나침은 모자람만 못하다"라는 말은 어떤 일을 하는 데 있어서 중용을 구하기를 요구하는 것이다. 미치지 못하는 것이나 지나친 것은 모두 부중(不中)으로 마땅히 바로잡아야 할 것이다. 그러나 어떤 일반적이거나 상식적인 관점을 완전히 넘어서서 시대를 앞서가는 대과(大過)한 그 무엇은 어떤 점에서 인류의 역사를 혁명적으로 바꾸어 놓을 수 있다. 그 때문에 이를 억지로 줄여서 일반적이거나 상식적인 관점에다 중용적으로 맞추려는 것은 더 큰 문제가 될 수도 있다.

3) 괘상의 의미

대과괘(大過卦 : ䷛)는 하괘의 손(巽)은 풍(風)으로 목(木)이고, 상괘의 태(兌)는 택(澤)으로 연못이므로 물속에 나무가 잠겨 버리는 상이다. 대과괘의 괘상은 홍수의 물결(兌)에 빠진 나무(巽)를 상징한다. 대과괘의 괘상은 중간은 견실하나 아래와 위가 허(虛)한 것으로 능력에 비해 지나친 책임을 맡은 경우를 상징한다. 즉 나무가 본래 물이나 못에 의해 생장하지만 도리어 물에 의해 잠겨 버린 것으로 이른바 대과를 상징하고 있다.

대과괘의 네 양효는 중간에 자리 잡고 있어서 양의 성질이 과도하게 왕성하여 음의 성질이 그에 대칭될 수 없다. 이런 음양의 부조화는 양이 지나치게 과한 대과의 형상으로 나타난다. 이런 의미에서 대과는 "양이 지나치게 과한 것(陽過)"으로 말하기도 한다.

大過는 棟[1]이 橈[2]니 利有攸往하여 亨[3]하니라.
　대　과　　　동　　요　　　이유유왕　　　　형

---

[1] 여기에서 말하는 "동(棟)"을 "들보 기둥", "대들보"나 "기둥" 등으로 해석하는데, 엄밀히 말해서 "동"은 "마룻대"를 말한다. "마룻(루)대(棟)"는 집의 용마루 밑에 서까래를 걸치고 있는 나무를 말한다. 이에 비해 "들보" 또는 "대들보(梁)"는 건물의 칸과 칸 사이의 두 기둥 위를 건너지른 나무를 말한다. 아래의 그림을 참고하기 바란다.

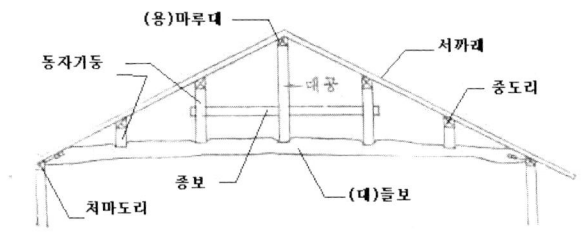

泰過, 棟轟, 利有攸往, 亨.
태과 동농 이유유왕 형

경의 의미 : 마룻대가 휘니 밖으로 나가는 것이 유리하고 순탄하다.

그러나 이런 차이점이 있음에도 불구하고 "대들보"나 "마룻대"를 엄밀하게 구별하여 사용하지 않는다. 이는 항상 두 글자를 연용(連用)하여 "동량"이라는 말을 사용하는 용례 때문에도 그러한 것으로 보인다. 특히 대과괘의 중간의 네 개의 양효를 건물을 중간에서 지탱하는 "대들보"나 "마룻대"로 상징하여 사용하는 경우에서 "마룻대"와 "대들보"를 철저하게 구분하여 따지지 않는 것으로 보인다.

2 동(棟)과 양(梁)은 건물의 척추를 구성하는 주요 부분이다. 요(橈)는 요(撓)와 같은 뜻으로 곡절(曲折)의 뜻이다. 이것은 동량의 두 부분이 약해서 무거운 압력을 이기지 못하여 휘어져 내린 것으로 사물의 강한 것이 지나치게 심하여 부드럽고 작은 것들이 그 세력을 이기지 못하는 상태를 비유하고 있다. 대과괘(大過卦)는 괘 가운데 네 개의 양은 지나치게 강하고, 두 개의 음은 허약한 것으로 표현하고 있다. 주자는 『주역본의』에서 "상하의 두 음이 무거운 것을 이기지 못하기 때문에 마룻대가 휘는 상이 있다(上下二陰, 不勝其重,, 故棟撓之象)"고 하였다. 대과괘는 네 개의 양이 있는 괘인데, 『주역』중에 네 개의 양을 가진 괘는 모두 열다섯 개가 있다. 그런데 오직 이 괘만이 대과라는 이름을 가지고 있다. 이것은 양이 음보다 많아서가 아니라, 네 개의 양이 괘의 중간에 집중적으로 몰려있고 두 개의 음이 각각 괘의 본말에 분산되어 있기 때문이다. 초육이 본(本)이고, 상육은 말(末)이다. 본말은 약하고 중앙은 너무 깅히다. 본말은 모두 음으로 무력하여 무거운 것을 지탱할 수 없기 때문에 마룻대가 휘어지는 상이 생기게 된다. 『주역전해』 240쪽 참조 바람.

3 마룻대가 휘어 있다고 하면서 "나아가는 바가 있으면 유리하여 형통하다(利有攸往, 亨)"고 하는 것은 모순되는 것이 아닌가? 이에 대해 정이천은 어려운 시대이기 때문에 떠나는 것이 유리하다는 식으로 말하고 있다. "대과의 때에 있어서 중도와 기뻐하는 도로써 행하기 때문에 가는 바를 두는 것이 이로우니 그래서 형통할 수 있다(在大過之時, 以中道巽說而行, 故利有攸往, 乃所以能亨也)"고 하였다. 또 주자는 『주역본의』에서 "네 개의 양이 비록 과하지만 이효와 오효가 중을 얻고, 안은 겸손하고 바깥은 기뻐하여 행할 만한 도리가 있기 때문에 나아가는 바가 있으면 유리하다(四陽雖過而二五得中, 內巽外說, 有可行之道, 故利有攸往而得亨也)"고 하였다. 약간은 분명하지가 않다. 이에 비해 호병문의 관점이 상당히 타당성이 있다. 호병문은 "이미 '마룻대가 휘어 있으니'라고 말하고, 또 '나아가는 바가 있으면 유리하여 형통하다'고 이야기하였는데 이것은 무슨 의미인가? '마룻대가 휘어 있으니'라고 하는 말은 괘상으로서 말한 것이고, '나아가는 바가 있으면 유리하여 형통하다'는 것은 큰 일을 할 수 있는 인재가 없을 수 없고 천하에도 또한 할 수 없는 일이 없는 것이다(旣曰棟撓, 又曰利有攸往, 亨, 何也? 曰, 棟撓, 以卦象言也. 利有攸往, 亨, 是不可无大有爲之才, 而天下亦无不可爲之事)"고 하였다. 대과의 때에 이 어려

전의 해석 : 대과는 마룻대가 휘어 있으니, 나아가는 바가 있으면 유리하여 형통하다.

🔳 태과는 동량과 같은 역할을 크게 잘 할 수 있는 사람이라면, 나아가는 바가 있어도 유리하고 형통하다.

彖曰 大過는 大者過也[4]요
단왈 대과 대자과야

단전에 말하기를 대과는 큰 것(陽)이 지나침이요,

棟橈는 本末이 弱也[5]라.
동요   본말 약야

마룻대가 휘는 것은 근본과 말단(本末)이 약하기 때문이다.

剛過而中하고 巽而說行이라 利有攸往하여 乃亨[6]하니
강과이중   손이열행   이유유왕   내형

운 난국을 구(救)하기 위해서는 조금은 지나친 점이 있다고 하여도 과감하게 생각하고 행동할 줄 아는 빼어난 인재가 출현하여야 난국을 타개할 수가 있다.

[4] 괘명을 해석하는 부분이다. 양이 과한 것을 말한다.
[5] "약(弱)"은 아래와 위의 효가 음이기 때문이다
[6] 강(剛)과 중(中)은 2효와 5효의 두 효가 양강으로 중의 자리에 있음을 말한다. 손(巽)은 고분고분하고 온순함의 뜻을 포함하고 있고, 열(說)은 상괘인 태(兌)를 말한다. 이 두 구절은 2효와 5효의 효상과 상하 괘상에 대해 말하는 것으로 "가는 바가 있으면 이로워 형통할 것이다(利有攸往, 亨)"라는 구절을 해석하고 있다. 강이 과도하게 많아 동량이 휘어져 있는 상징은 결코 나쁜 것만은 아니다. 특별한 어떤 상황에 처할 경우 부득불 과도한 수단을 취할 수밖에 없는 경우가 있다. 예를 들면 고대의 요(堯)임금은 제위를 평민인 순(舜)에게 선양(禪讓)한 것이나 은나라 탕(湯)왕과 주나라 무(武)왕의 혁명은 모두 매우 과도한 행위이다. 그러나 그런 상황에서 그들은 모두 일상적이지 않는 특별한 수단을 어쩔 수 없이 쓸 수밖에 없었다.

강이 과하게 많아도 중(中)에 있고 공손하고 기쁨으로 행하여 가는 바가 있으면 이로워 형통할 것이니,

大過之時大矣哉⁷라.
대 과 지 시 대 의 재

대과의 때가 크도다.

象曰 澤滅木이 大過니 君子以하여 獨立不懼하며
상 왈 택 멸 목   대 과   군 자 이   독 립 불 구

遯世无悶⁸하나니라.
둔 세 무 민

---

7 과도한 시기에 대단히 빼어난 재능을 가진 사람들이 출현하고, 또 이런 재능을 가진 자들은 자연히 막중한 임무를 맡을 수밖에 없다. 그러므로 대과괘가 상징하는 때의 의미는 클 수밖에 없다. 대과(大過)의 때가 큰 이유는 대과의 때에는 반드시 대과의 일이 있기 때문이다. 대과의 일을 예로 들면 군주를 세우거나, 나라를 세우고, 또 풍속을 바꾸는 일 등이다. 대과의 때는 바로 평범함을 뛰어 넘는 내과한 인재들이 그 능력을 발휘하는 시기이다.

8 "멸(滅)"은 몰(沒)의 뜻이다. 이 괘는 상괘가 태(兌)로 연못을 상징하고, 하괘가 손(巽)으로 나무를 상징한다. 이 두 개를 합하면 물에 떠 있어야 할 나무가 도리어 물에 빠져버리는 상황으로 정상적인 것이 아니다. 군자는 이런 정신을 본받아 일반인들이 쉽게 행하지 못하는 것을 행하고, 다른 사람들의 비난을 감수하면서도 지나치다 싶을 정도의 과도한 행위를 할 수도 있다. 이는 일반적이지 않은 과도한 행위를 하면서도 절대 두려워하지 않고, 그 이름을 감추고 세상을 피한다하더라도 결코 번뇌하지 않는다. 단사에서는 대과괘를 "마룻대가 휘는 것"으로 묘사하는데 비해, 「상전」에서는 대과를 이마가 물속에 잠겨 보이지 하는 재앙이라고 하여 죽음과 관련 있는 것으로 말한다. 여기에 대해 「계사하전」에서는 "옛날에 장사는 섶나무로써 두텁게 입혀 들 가운데에 장사 지내서, 봉분하지도 않고 나무를 심지도 않아서 초상을 치르는 기간이 일정치 않더니, 후세에 성인이 관곽으로써 바꾸니, 대개 대과괘에서 취한다(古之葬者, 厚衣之以薪, 葬之中野, 不封不樹, 喪期无數, 後世聖人易之以棺槨, 蓋取諸大過)"고 하였다. 대과괘는 관곽(棺槨)의 상이다. 그러므로 한(漢)나라 사람들은 대과괘를 바로 죽음을 말하는 괘로 이야기한다. 이와 같은 괘상을 통하여 군자는 마땅히 무엇을 배워야 하는가? 「상전」에서 "군자는 이것을 본받아 홀로 서서도 두려워하지 않으며 세상을 등지고 피해 있어도 근심하지 않는다(君子以獨立不懼, 遯世无悶)"고 하였다. 이 구절은 군자가 매우 좋지 않은 시국(時局)을 정상으로 돌

상전에 말하기를 연못(물)이 나무를 (보이지 않게 물속에) 빠뜨리는 것이 대과니, 군자가 이것을 본받아 홀로 서도 두려워하지 않으며 세상을 등지고 피해 있어도 근심하지 않는다.

初六은 藉用白茅니 无咎[9]하니라.
　　초 육　　자용백모　　　무 구

백 初六, 籍用白茅. 无咎.
　　　　초 육　 적용백모　　무 구

초육은 자리를 까는 데 흰 갈대를 쓰니 허물이 없다.

백 초육은 흰 갈대를 이용하여 제사 자리를 삼아 점을 쳤는데 허물이 없을 것이라고 하였다.

象曰 藉用白茅는 柔在下也[10]라.
상 왈　자용백모　　유재하야

리는 것을 본인의 임무로 생각하여 두려워하지 않고 자신의 입장을 끝까지 견지하여 임무를 완성한다는 뜻이다. 이 때문에 어려운 때 일수록 군자는 큰일을 완성한다.

[9] "자(藉)"는 빌린다, 깐다는 뜻이다. "백(白)"은 순수하고 유순함을 말한다. "백모(白茅)"는 굉장히 약한 것을 말한다. 하괘인 손(巽)은 순(順)하다는 말이다. 대과의 때에 스스로 낮추어 두려워할 줄 알면 허물이 없을 것이다. 「계사전」에서 "(제물은) 그냥 땅에 놓아도 되거늘 그런데 그 밑에 띠풀을 사용하는데 무슨 허물이 있겠는가? 삼가는 마음이 지극한 것이다. 띠풀은 하잘것없는 것이지만 사용하기에 따라 중요한 것이 될 수도 있다. 이러한 방법을 삼가며 나아가면 잘못되는 바가 없을 것이다(苟錯諸地而可矣, 藉之用茅, 何咎之有? 愼之至也, 夫茅之爲物, 薄而用可重也. 愼斯術也 以往, 其无所失矣)"고 하였다. 만약 일을 하는데 있어서 조심하지 않으면 어떠한 일도 할 수 없는데, 하물며 대사를 행하는데 있어서는 그런 신중함이 더욱 필요하다. 초육은 대과의 시작이고 또 음유로 손괘의 아래에 자리하여 매우 신중하고 조심스럽게 일을 시작해야하는 경우이다.

[10] 이 효는 음유가 아래에 있는 상을 말한다. 초육은 음유로 대과의 아래에 자리하여 사효와 상응하기 때문에 "유가 아래에 있다(柔在下也)"고 말한다. 유가 아래에 있다는 것은 강이 위에 있는 것을 말하는 것이다. 높은 것도 아래를 그 기본으로 하는 것처럼 강 역시

상전에 말하기를 자리를 까는 데 흰 갈대를 쓴다는 것은 유가 아래에 있다는 것이다

九二는 枯楊이 生稊하며 老夫得其女妻니 无不利[11]하니라.
구 이   고 양   생 제   노 부 득 기 여 처   무 불 리

백 九二, 枯楊生稊, 老夫得其女妻, 无不利.
구 이   고 양 생 이   노 부 득 기 여 처   무 불 리

구이는 마른 버드나무에 새로운 싹이 돋으며 늙은이가 (나이 어린) 처를 얻으니 이롭지 않음이 없다.

백 구이는 추하게 말라비틀어진 버드나무에 부드러운 싹이 돋으며 늙은이가 나이 어리고 예쁜 색시를 얻으니 정말 좋다.

象曰 老夫女妻는 過以相與也[12]라.
상 왈   노 부 여 처   과 이 상 여 야

유를 그 뿌리로 삼는다. 초육은 비록 약하나 신중하고 조심스럽게 잘 처리한다면 구사의 마룻대가 완전히 넘어지는 상황까지는 이르지 않을 정도로 지탱하는 것이 가능하다.
11 "제(稊)"는 오래된 뿌리에서 새로운 잎이 나오는 것을 말한다. "여처(女妻)"는 나이 어린 부인을 말한다. 구이는 네 개의 양효 가운데 가장 아래에 있는 것으로 바로 양이 성대하고 과도하게 되는 시작에 해당한다. 구이는 상괘에 상응하는 것이 없기 때문에 아래의 초육과 가까이 하여 음양이 서로 끌어 당겨 매우 친근하게 사귈 가능성이 있다. 구이가 초육과 결합하는 것은 마치 이미 말라버린 버드나무가 아래쪽의 음의 성질로부터 생기를 얻어 새로운 잎을 피우는 것과 같다. 이는 마치 노인이 나이 어린 부인을 얻어 아이를 낳는 것과 같은 것으로 결코 이롭지 않은 것은 없다. "이롭지 않음이 없다(无不利)"는 것은 음양의 조화와 중(中)이라는 관점에서 말한다. 이런 각도에서 사마광은 『온공역설(溫公易說)』에서 "대과의 양은 모두 음에 있을 때 길하고, 정위를 얻은 것을 좋은 것으로 여기지 않는다(大過之陽, 皆以居陰爲吉, 而不以得位爲美也)"고 하였다. 즉 대과괘의 경우 양이 정위(正位)에 있는 경우보다는 음의 자리에 있는 경우가 오히려 길하다고 말한다.
12 "늙은이와 나이어린 여자(老夫女妻)"의 만남은 연분의 과도한 결합이다. 마른 고목에 새

상전에 말하기를 노부와 나이 어린 여자는 지나침으로써 서로 함께 한다.

九三은 棟¹³橈니 凶¹⁴하니라.
구삼   동   요   흉

🔳 九三, 棟橈. 凶.
구삼 동요 흉

싹이 돋았다는 것은 남녀 혹은 음양의 과도한 짝 맞춤(相與)으로 지나침이 있는 연분의 결합이다. 비록 과도한 짝 맞춤이기는 하나 음양이 서로 조화하여서 생육(生育)을 이루니 이로움이 있다는 것이다. 『주역절중』에서는 왕신자(王申子, 元代의 역학자로 주로 이천역에 근거하고 있는데 저서로는 『대역집설(大易輯說)』이 있다.)의 말을 인용하여 "(비록 노부와 나이어린 여자의 결합이 일상적인 것은 아니지만) 음양이 서로 함께하여 생육의 공을 이루니 이롭지 않음이 없다(陰陽相與, 以成生育之功, 則無不利也)"고 하였다.

13 "동(棟)"과 "양(梁)"은 보통 구별하지 않는데, 이것은 가옥의 꼭대기에서 무거운 압력을 지탱하는 부분으로 모두 반드시 필요한 것이기 때문에 사람들은 자주 이 두 말을 연결하여 쓰고 있다. 여기에서 말하는 동량의 일반적인 의미는 큰 재목감을 의미한다. 그러나 동과 양은 각각 가리키는 바가 다르기 때문에 나누어서 보아야 한다. 양은 천장 위에서 앞뒤로 놓여 있는 큰 나무로 민간에서는 그것을 들보라고 말한다. 동은 천장 위에서 좌우로 놓여 압력을 견디는 긴 나무를 말한다. 이처럼 동과 양이 종횡으로 교차하면서 놓여 있어야 집이 바로 설 수 있고 지붕의 무거운 압력을 견디낼 수 있다. 앞의 그림 참조 바람

14 괘사에서 말하는 마룻대는 중간의 네 양효를 말한다. 마룻대는 구삼과 구사의 두 효로 구체화되고, 마룻대가 굽는 상은 구삼을 가지고 말한다. 왜냐하면 구삼은 강으로 강에 자리하여 지나치게 강하고 중이 아니기 때문이다. 대과의 시기에 큰 사업을 하기 위해서는 반드시 다른 사람의 지지와 보좌가 있어야 한다. 구삼처럼 지나치게 강하여 중에 어긋남이 있거나 일을 하는데 있어서 다른 사람과 불화(不和)하게 되면 어떤 사람도 그를 지지하거나 보좌하지 않을 것이다. 그래서 구삼은 대과의 중임(重任)을 맡지 못하고, 결과적으로 마룻대가 굽고 지붕이 무너지는 상황이 출현하게 된다. 이렇게 되면 흉이다. 그러므로 이천은 『이천역전』에서 "지나치게 강함으로써 움직이면 중화에 어긋나고 대중의 마음에 어긋나니 어떻게 대과의 소임을 맡겠는가? 그러므로 그 소임을 이겨내지 못하는 것은 마룻대가 휘어서 집이 무너지는 것과 같으니, 그래서 흉하다. 기둥을 상으로 취한 것은 돕는 이가 없어 무거운 책임을 이길 수 없기 때문이다(以過甚之剛, 動則違於中和而拂於衆心, 安能當大過之任乎? 故不勝其任, 如棟之橈, 傾敗其室, 是以凶也. 取棟爲象者, 以其无輔而不能勝重任也)"고 하였다.

구삼은 마룻대가 휘니 흉하다.

뜻 구삼은 마룻대가 휘었다. 흉한 점괘가 나왔다.

象曰 棟橈之凶은 不可以有輔也¹⁵일새라.
_{상 왈 동 요 지 흉   불 가 이 유 보 야}

상전에 말하기를 기둥이 휘니 흉하다는 것은 도움을 줄 수 없다는 것이다.

九四는 棟隆이니 吉¹⁶하거니와 有它면 吝¹⁷하리라.
_{구 사   동 륭   길   유 타   린}

---

15 구삼은 상육과 상응하나 구삼이 과강(過剛)하고 중을 얻지 못하여 상육의 도움을 받지 못한다. 만약 다른 괘의 경우 구삼이 정위를 얻고 상효와 응하는 것은 매우 이상적이겠지만, 대과괘의 경우에 있어서는 다르다. 지나친 강함은 손해만 되고 이익이 되지 못한다. 그러므로 효사에서는 과강(過剛)은 반드시 흉이 된다고 말하고 「상전」에서는 "도와줄 수 없다(不可以有輔也)"고 말하는 것이다. 대과괘의 전체 괘상은 마룻대가 굽는 상이지만, 효 중에는 구삼만이 이 상을 가지고 있다. 대과괘는 전체적으로 나아가는 바가 있으면 유리하다는 상을 가지고 있는데, 이런 특성은 구이가 유일하게 이야기하고 있다. 구이는 과강한 때에 유에 머물러 중을 이용하고 있기 때문에 그런 것이다. 이 괘의 괘체는 중간이 매우 강하고 본말이 약하기 때문에 굽어서 기울어지는데, 구삼은 강으로 강에 머물러 여섯 효 가운데 특히 과강하여 지나치기 때문에 마룻대가 이미 기울어져 어떻게 도울 방법이 없다고 말한다. 『주역절중』의 항안세의 말 참조 바람.
16 "융(隆)"은 융기(隆起)의 의미로 아래로 굽은 것이 아니라 위로 높아진 것을 말한다. 이것은 구사가 대과괘의 상괘가 시작되는 곳에 있고, 또 양이 음의 자리에 처하여 강유를 겸비하여 본말이 휘어진 것을 구하여 마룻대를 평시대로 바로 잡는 것과 같다. 그러므로 길함을 얻었다고 하는 것이다. 이에 대해 『주역본의』는 "양으로 음위에 거하여 과하나 과하지 않음으로 그 상이 기둥의 높은 솟음이 되고, 점이 길한 것이다(以陽居陰, 過而不過, 故其象隆而占吉)"고 하였다.
17 구사는 강유를 겸비한 대신으로 육오의 군주를 돕는다면 마치 대들보를 높이는 듯한 좋은 결과를 가져올 수 있지만, 상응하는 초육에 마음을 두면 부끄러운 결과를 가져올 것이라고 말한다. 즉 "다른 마음을 품고 있으면(有它)"이라는 말은 바로 초효와 상응하는 것을 말한다. 이 두 구절은 구사와 초효의 상응함에 의해서 생길 나쁜 결과에 대해 특별히 경계하는 말을 덧붙이고 있다. 만약 다시 아래를 향하여 초효와 상응한다면 지나치게

九四. 棟隆. 吉. 有它. 吝.
구 사 동 융 길 유 타 린

구사는 마룻대가 높으니 길하거니와 다른 마음을 품고 있으면 부끄럽게 될 것이다.

구사는 동량과 같은 주요한 역할을 하는 인재인데 길한 점괘가 나왔다. 의외의 사고가 생겼는데 부끄럽다는 점괘가 나왔다.

象曰 棟隆之吉은 不橈乎下也[18]일새라.
상 왈 동 융 지 길   불 요 호 하 야

부드러워 오히려 굽은 것을 구하지 못하고 부끄러움을 당하게 될 것이기 때문이다. 이 때문에 『주역본의』에서는 "아래로 초육에 상응하여 유로 구제한다면, 유가 지나치게 된다. 그래서 또 다른 뜻이 있으면 부끄러워할 만하다고 경계한 것이다(下應初六, 以柔濟之, 則過於柔矣, 故又戒以有它則吝也)"고 하였다. 구사와 구삼은 모두 괘의 중간에 있어서 마룻대의 상을 가지고 있다. 그러나 구삼은 "마룻대가 휘니 흉하다"(棟橈, 凶)고 하였고 구사는 "마룻대가 높으니 길하다(棟隆, 吉)"고 하였다. 이에 대해 『주역절중』은 오신(吳愼)의 말을 인용하여 세 가지의 원인을 들고 있다. 첫째 구삼은 강으로 강의 자리에 있고 구사는 강으로 유의 자리에 있다. 두 번째 구삼은 하괘의 상에 자리하여 위는 실하고 아래는 허한 꼴이 되어 쉽게 넘어지는 형상이며, 구사는 상괘의 아래에 자리하여 아래가 실하고 위가 허한 상태가 되어 충분히 지탱할 수 있는 형상이다. 셋째 구삼은 구사의 아래에 자리하고 있기 때문에 마룻대가 아래로 기울어지는 상이 되고 구사는 구삼의 위에 있기 때문에 마룻대가 위로 올라오는 상이 된다.

18 "아래로 휘어지지 않는다(不橈乎下也)"는 것은 자기 위치를 잘 지키고 있다는 것을 말한다. "하(下)"는 초육을 두고 말한다. 정이천은 『이천역전』에서 "마룻대가 높이 솟으면 길하다고 하는 것은 휘고 굽어 아래로 나아가지 않기 때문에 아래로 초효에 얽매이지 않는다고 이른다(棟隆起則吉, 不橈曲以就下也, 謂不下繫於初也)"고 하였다. 삼과 사 두 효는 마땅히 상응하는데도 상응해서는 안 되는데 그 이유는 각기 다르다. 삼효는 강건함이 지나친 것으로 상효와 상응하게 되면 강건함이 더욱 지나치게 되어 마룻대가 휘는 상황이 더욱 심하게 된다. 사효는 강과 유가 적절하게 섞인 것으로 초효와 상응하는데, 아래로 치우치면 지나치게 부드러워 마룻대가 높이 솟은 것이 다시 기울어질 가능성이 크다. 그러므로 구사의 길함은 다만 스스로 강함을 드러내고 초효와 응하지 않는 데 있다. 구삼의 흉은 조급하게 상효와 상응하여 위험을 더 했기 때문이다. 황수기의 『주역역주』

상전에 말하기를 기둥이 높이 솟아 있는데 길하다는 것은 더 이상 아래로 휘어지지 않는다는 것이다.

九五는 枯楊이 生華하며 老婦得其士夫[19]니 无咎나 无譽[20]리라.
구 오   고 양   생 화   노 부 득 기 사 부   무 구   무 예

🅱 **九五, 枯楊生華, 老婦得亓士夫, 无咎无譽.**
　　구 오   고 양 생 화   노 부 득 기 사 부   무 구 무 예

구오는 마른 버드나무가 꽃을 피우며 늙은 부인이 젊은 남자를 얻으니, 허물이 없으나 명예로운 것도 아니다.

221쪽 참조 바람.

[19] 마른 버드나무 가지에 새로운 꽃이 나오고 늙은 부인이 장부를 얻는다는 말은 구오의 강건한 양이 상육의 이미 쇠한 음과 친하여 이 둘이 화합하기 때문에 꽃이 피는 상이 나오게 된다. 이에 대해 『주역절중』은 "구이는 초효와 친하게 되는데, 이것은 뿌리에 가깝기 때문에 새로운 싹이 트는 상이 있다. 구오는 상효를 이어받아 나뭇가지 끝에 붙어있기 때문에 꽃이 피는 상이 있다(九二比於初, 近本也, 生稊之象也. 九五承於上, 附末也, 生華之象也)"고 말한다. 그러나 "마른 버드나무가 꽃을 피우며(枯楊生華)"라고 하는 것은, 오히려 마른 나무를 점점 시들게 하는 것으로 오랫동안 계속해서 꽃을 피울 수는 없다는 말이다. 또 "늙은 부인이 젊은 남자를 얻는다(老婦得其士夫)"고 하는 것은 상도(常道)에 어긋나는 것으로 젊은 남자(士夫)로서는 결코 자랑스러울 수는 없다. 그러므로 빌헬름은 이 문제를 정치 상황과 연결시켜 불안정한 시기에 낮은 계층의 사람들과의 화합을 포기하고 다만 높은 계층의 사람들과의 관계만을 유지하려고 한다면 결국은 불안정한 상황만을 만들어 낼 것이라고 말한다. 빌헬름의 영역본 114쪽 참조 바람.

[20] 이것은 구오가 온 힘을 다하여 "본말이 약한" 상황을 타개하려고 노력하는 것을 상징한다. 비록 늙은 여자가 짝을 찾으려고 하나 기본적인 자세를 잃어버리지 않았기 때문에 허물이 없다고 말한다. 그러나 억지로 짝하려고 하여 비록 성공한다 하더라도 그 짝이 적절하지 않는 것이 있기 때문에 명예로운 것도 없다고 말한다. 구오는 지나친 강으로 지나친 유를 구제 하려고 하나 성공하지 못한다. 그러나 최후의 노력을 한 것은 사실이다. 이 때문에 "허물도 없이 명예로움도 없다(无咎无譽)"라는 결과는 대세가 그러한 것으로 쉽게 바꿀 수 있는 것이 아니다. 구오의 경우는 구삼의 마룻대가 휘어지는 것처럼 흉하지 않고, 또 구사의 마룻대가 높이 솟은 것처럼 길하지도 않다. 그래서 허물도 없지만 또 명예롭지도 않다고 말한다.

■ 구오는 마른 버드나무에 꽃이 피며 늙은 부인이 젊은 남자를 찾은 것이니 추궁할 것도 칭찬할 일도 아니다.

象曰 枯楊生華 何可久也며 老婦士夫亦可醜也[21]로다.
상왈 고양생화 하가구야 노부사부역가추야

상전에 말하기를 마른 버드나무가 꽃을 피우니 어찌 오래 갈 수 있으며, 늙은 부인이 젊은 남자를 얻으니 또한 추한 것이다.

上六은 過涉滅頂이라 凶하니 无咎[22]하니라.
상육 과섭멸정 흉 무구

---

21 마른 버드나무가 꽃을 피운다는 것은 버드나무가 여전히 생기를 지니고 있음을 말한다. 그러나 꽃은 가지 끝에서 생기는 것으로 근본적인 문제를 해결할 수 없을 뿐만 아니라, 도리어 약간 남아 있는 양기마저도 신속하게 소모하도록 만들어 버린다. 이런 상황이 어떻게 오래 갈 수 있겠는가? 나이든 여자는 상육을 가리키고, 젊은 남자인 사부(士夫)는 구오를 가리킨다. 상육은 음이 지나치게 과하여 나이든 여자라고 말하고, 구오는 양이 지나친 것인데 왜 젊은 남자(士夫)라고 하는가? 구오는 비록 어린 것은 아니지만 나이든 여자와 비교해 보면 여전히 혈기 왕성하기 때문에 젊은 남자라고 말한다. 늙은 부인은 생육하지 못하는데, 젊은 남자를 얻었다 해도 여전히 생육(生育)은 어렵다. 이것은 구오에 대해서 말하는 것으로 마치 마른 버드나무가 꽃을 피우는 것과 같은 것으로 별로 아름다운 광경이라고 할 수는 없다. 『주역전해』 244쪽 참조 바람.

22 상육에서 물을 건넌다(涉)는 말이 나온 이유는 대과괘를 크게 보면 ☵(坎)이기 때문이다. 이것은 분명히 전체 괘를 가지고 상을 취한 경우이다. 상육은 최상위에 자리하고 있는데 초효가 발뒤꿈치라고 한다면 상효는 머리 부분에 해당하는 것이 『주역』의 일반적인 통례이다. 상육은 인체의 이마 부분에 해당하는 것이기 때문에 "나무가 못에 빠졌다(澤滅木)"는 상을 가지고 말한다. 못의 물이 나무를 빠뜨렸다는 것은 나무의 꼭대기가 물아래에 빠져 버린 것으로 물이 지나치게 많은 것을 말한다. 분명히 이것은 흉한 것이지만, 효사는 도리어 허물이 없다고 말한다. 상육은 이 괘의 끝이고 또 음효이기 때문에 연약하고 힘이 없음에도 불구하고 지나치게 적극적으로 행동하고 있다. 이것은 자기 자신의 능력을 파악하지 못한 것이기 때문에 당연히 흉하다. 이것은 마치 강을 건너는데 깊이를 모르고 건너가다가 이마가 보이지 않는 것으로 상징하고 있다. 비록 결과는 흉하지만 세상을 구하려는 높은 기개와 살신성인(殺身成仁)이라는 관점에서는 크게 비판할 수는 없다. 이런 점에서 허물할 수가 없다고 말한다. 이에 대해 주자는 『주역본의』에서 "지나친

🔳 **上六, 過涉滅頂, 凶, 无咎.**
　　상 육　과 섭 멸 정　흉　무 구

상육은 지나치게 건너가다가 이마까지 빠져 보이지 않는 것이라 흉하나 허물할 수가 없다.

🔳 상육은 강물을 건너는데 물이 이마를 넘어서 매우 위험하니 수영을 잘 하거나 물에 능숙하면 재앙은 없을 것이다.

象曰 過涉之凶은 不可咎也²³니라.
　상 왈　과 섭 지 흉　　불 가 구 야

상전에 말하기를 지나치게 건너는 것의 흉함은 허물할 수가 없는 것이다.

* 대과괘의 의미와 교훈

대과괘는 평상적인 것과는 다른 특별한 행동의 원칙을 설명하고 있다. 그러나 이런 특별한 행동에는 반드시 위기가 있기 때문에 더욱 신중해야

---

23 효사의 "지나치게 건너는 것의 흉함(過涉之凶)"이라고 하는 그 정신에 있어서는 비판받아서는 안 된다고 말한다. 상육은 마룻대의 말단과 같은 것으로 지나치게 약하여 무거운 것을 지탱할 수 없어서 아래로 굽어 있다. 이때 온 힘을 다하여 바로 잡으려고 하나 누르는 힘을 지탱할 수 없을 때 의연하게 자기 몸을 희생하여 전체를 보존하고 넘어지지 않게 하려는 것을 말한다. 이사진(李士珍)은 『주역학설』(周易學說)에서 "때로는 할 수가 없고, 재앙은 피할 수 없기 때문에 그 흉을 달갑게 받아 들인다(時无可爲, 禍无可避, 甘罹其凶)"고 하였는데, 이것은 흉하지만 부끄러운 것으로 허물할 수 없음을 말한 것이다. 자리에 처하여 재능이 부족해서 건널 수 없으나 그러나 도의상에 있어서는 허물할 수가 없다. 살신성인의 일이기 때문에 그 상과 점이 이와 같다(處過極之地, 才弱不足以濟, 然於義爲无咎矣. 盖殺身成仁之事, 故其象占如此)"고 하였다.

한다. 물론 일반적인 상식에만 충실하다 보면 어떠한 특별한 행동도 할 수 없지만 동시에 또한 과도한 자신감도 버려야 한다. 자기가 가지고 있는 모든 역량을 결집하여야 하고 수단도 반드시 정당하여야 명예를 얻을 수 있다.

자연계와 인류사회에서 사물의 발전은 어떤 경우에는 양이 지나치게 강하고 음은 지나치게 약한 상황들이 발생할 수도 있다. 여기에서 이른바 생태의 불균형이 나오고 사물의 상황이 이상(異常) 상태가 되는 경우가 발생한다. 이것이 바로 대과괘에서 말하는 "지나치게 심한(大過)" 상황이다.

괘사는 먼저 마룻대가 아래로 굽어 버리는 것을 비유하여 양이 지나치게 과하여 유가 그 힘을 이기지 못하는 상황을 표현하고 있다. 또 여기에서 한 걸음 더 나아가 "보통이 넘는 사람(大過人)"이 힘써 난세를 구하려는 것을 상징한다.

괘 가운데 여섯 효는 각각 대과를 어떻게 잘 처리할 것인가 하는 도리를 설명하고 있다. 구체적으로 말하면 상하의 두 음은 강과 유의 조화를 말하고, 중간의 네 양은 유를 취하여 강과 조화하는 것을 말하고 있는데, 이렇게 서로 조화하여야 대과의 폐단을 조정할 수 있다고 말한다. 또 여섯 효는 각각 길흉의 차별이 있다. 초효는 무구이고, 이효는 이롭지 않는 바가 없다. 오효와 상효 또한 서로 친하지만 둘 사이의 조화가 힘들기 때문에, 오효는 허물도 없고 명예로움도 없는 반면에, 상효는 흉하지만 허물은 없다고 말한다. 다만 삼효와 사효의 두 양효는 음효에서 가장 멀리 떨어져 있어서 스스로 강한 것을 줄여야 한다. 그럼에도 불구하고 삼효는 이런 경향에 위배되기 때문에 흉하고, 이에 비해 사효는 이런 흐름에 따라가기 때문에 길하다. 이처럼 대과를 구할 수 있는 근본 원칙은 강유의 조화와 평형에 있다. 물론 이런 구제(救濟)의 과정 중에서 대과한 사람의 행동이 관건이 된다.

대과괘에서 주의해야 할 문제가 있다. 그것은 괘효의 상응에 관한 것이다. 일반적으로 이와 오, 초와 사, 삼과 상의 관계는 상응이다. 그러나 대과의 경우에는 다르다. 육효는 상하 대칭의 형식으로 배열되어 있다. 즉 중간의 네 개의 양효와 상효와 초효의 두 음효로 구성되어 있는데, 삼효와 사효를 짝으로 하여 마룻대의 상을 취하여 사효는 솟아 올라오지만 삼효는 기울어져 있다. 또 이효와 오효를 짝으로 하는데 모두 마른 버드나무가지의 상을 취하여, 오효는 꽃을 피우고, 이효는 새로운 싹을 낳는 것으로 말한다. 또 초효와 상효를 짝으로 하여, 초효는 흰 갈대를 방석으로 삼는 것으로 신중함을 강조하고, 상효는 물을 건너는데 이마가 빠져버린 상을 통하여 흉함을 경계하고 있다. 이러한 경우와 유사한 괘로는 대과괘 이외에 이괘(頤卦), 중부괘(中孚卦)와 소과괘(小過卦)의 세 괘가 있다. 대과괘는 양이 지나치게 많기 때문에 양이 양의 자리에 있으면 더욱 지나치게 된다. 그래서 대과괘의 경우 양으로 음의 자리에 있는 것은 모두 길하고, 양으로 양의 자리에 있는 것은 모두 흉하다. 대장괘(大壯卦) 역시 이와 비슷하다.

29. ䷜ 중수감(重水坎, 🀰 習贛 第十七)

1) 괘의 순서

"감괘(坎卦)"가 대과괘 다음에 오는 이유에 대해 「서괘전」에서는 "물건이 끝내 지나칠 수는 없기 때문에 감괘로 받았다(物不可以終過, 故受之以坎)"고 하였다. 사물은 항상 순리적으로 발전할 수만은 없다. 그러므로 대과괘의 뒤에 나오는 것이 감괘이다. 감괘와 대과괘(大過卦)는 반대이다. 즉 대과는 양의 지나침(過)이고, 감은 양의 빠짐(陷)이다. 여기에서 빠진다는 말은 양이 두 개의 음 속에 놓여 있는 것을 말한다.

2) 괘명의 의미

"습감(習坎)"의 "감(坎)"을 『백서주역』에서는 습공(習贛)이라고 쓰고 있다. 『설문해자』에서는 "공은 주는 것이다(贛, 賜也)"라고 하였고, 『경전석문』에서는 "감은 본래 함(陷)으로 쓰였다(坎, 本亦作陷)"고 하였다. 「잡괘전」에서는 "이는 위이고, 감은 아래이다(離上, 坎下也)"고 하였다. 이것은 이괘(離卦)가 불의 상이고 불은 위를 향해 타기 때문에 위(上)라고 말하고, 감은 물의 상이고 물은 아래를 향해 흐르기 때문에 아래라고 말한 것이다.

이처럼 감은 아래의 웅덩이를 의미하는 것에서 위험한 의미로 확대되는데, 주로 지형을 가지고 말한다. 대지의 지형에는 높은 것도 있고 낮은 것도 있는데, 일반적으로 말해서 모든 아래의 땅은 감함(坎陷)이라고 할 수 있다. 또 괘명을 습감(習坎)이라고 말하는 것은 감괘가 두 개 연속적으로 중첩되어 있기 때문이다. 감은 위험이기 때문에 습감은 바로 중첩된 위험을 말한다.

3) 괘상의 의미

감괘는 건곤 이후에 처음으로 상하의 괘가 모두 같은 괘이다. 감이 둘이기 때문에 습감(習坎)이라고 한다. 감괘(䷜)는 감(☵)이 상하로 중첩되어 있는 괘로서 하나의 양효가 두 개의 음효 속에 빠져 있는 형상이다. 감괘 위에 또 감괘가 있으므로 이것은 계속적인 위험이 도사리고 있고, 또 함정 속에 또 함정이 있다는 것을 의미한다. 그러므로 습감이라고 말한다.

이런 의미에서 감괘는 어려운 위험이 계속적으로 있는 것을 강조한다. 괘사는 대부분 직접적으로 괘명을 말하지만, 이 괘에서는 "습(習)"이라는 글자를 덧붙이고 있다. 왜냐하면 건괘와 곤괘를 제외하고 상하의 괘가 똑같은 순괘(純卦) 중에서 가장 먼저 출현하는 괘이기 때문에 특별히 상하가 중복된 괘임을 주지(周知)하도록 하기 위해서이다.

習坎[1]은 有孚하여 維心亨[2]이니 行하면 有尚[3]이리라.
습감   유부   유심형   행   유상

---

[1] 일반적으로 "습(習)"은 새가 계속적으로 날려고 하는 것으로 중복의 의미를 담고 있다. 즉 아래와 위의 괘가 모두 감(坎)으로 위험이 중첩되어 있다는 것을 말하고 있다. 64괘 중에서 괘의 이름 앞에 다른 말을 추가하는 경우가 없다. 그 이유는 무엇인가? 이에 대한 의견은 다양한데 두 가지만 소개하면 다음과 같다. 먼저 공영달은 "감은 험난함을 의미하기 때문에 특별히 습(習)이라는 이름을 덧 붙였다(以坎爲險難, 故特加習名)"고 하였다.

쾌 習贛,⁴ 有復, 巂心, 亨, 行有尙.⁵
　　습공　유복　휴심　형　행유상

경의 의미 : 습감은 포로가 다른 마음을 가지고 있어서 죽여서 제사를 지내고 밖으로 나가면 상을 받을 것이다.

전의 해석 : 습감은 마음속에 진실함을 가지고 있고 오직 그 마음이 형통하니 가면 가상함(嘉尙 : 칭찬하고 훌륭하게 여김)이 있을 것이다.

쾌 제사를 올리는 예를 배우는데 전체적으로 한 번 배웠고, 온 힘과 정신을

또 『주역절중』에서는 장황(章潢, 1526-1608, 명대의 역학자로 南昌 사람이다)의 말을 인용하여 64괘중에서 감괘가 유일하게 심(心)을 가지고 사람을 이야기하고 있기 때문이라고 한다. 즉 이 괘의 괘상이 마치 마음이 몸속에 있는 것처럼 하나의 양이 두 개의 음속에 있는 것을 상징하고 있다고 보아, 이른바 '도심은 오직 은미하고'라는 말이 바로 여기에 해당한다(六十四卦, 獨於坎卦指出心以示人, 可見心在身中, 眞如一陽陷於二陰之內, 所謂道心惟微者, 此也)는 것이다.

2 "유(維)"는 위험에 처한 때에는 항상 진실한 믿음을 보존하고 있어야 그 마음이 형통하여 험난함을 넘어서고 위험을 돌파할 수 있다. 괘 가운데에 이효와 오효의 두 효는 양으로 중(中)에 자리하여 바로 이런 형상을 내포하고 있다. 그러므로 정이천은 『이천역전』에서 "양의 실함이 가운데에 있으니, 가운데에 진실한 믿음이 있는 것이 된다. 오직 그 마음이 형통하다는 말은 오직 마음이 정성스럽고 전일하기 때문에 형통할 수 있다. 지성은 쇠와 돌을 관통하고 물과 불을 헤쳐나갈 수 있으니, 어떤 험난한 것이라도 형통하지 못하겠는가?(陽實在中, 爲中有孚信. 維心亨, 維其心誠一, 故能亨通. 至誠可以通金石蹈水火, 何險難之不可亨也)"라고 하였다.

3 『이천역전』에서는 "가면 가상함이 있을 것이라고 하는 것은 정성과 한결같음으로 간다면 위험을 벗어나 가상할 만한 것이 있음을 말하는 것이니, 공이 있다는 것이다. 가지 않는다면 항상 위험 속에 있을 것이다(行有尙, 謂以誠一而行則能出險, 有可嘉尙, 謂有功也. 不行則常在險中矣)"고 하였다.

4 『백서주역』에서는 "습감(習坎)"을 "습공(習贛)"으로 쓰고 있다. "습공"의 뜻은 "공헌(貢獻)을 배우다"라는 말이다. "공(贛)"은 "공(貢)"으로 본의는 "주다", "바치다"라는 뜻을 가지고 있다.

5 "상(尙)"은 "상(賞)"의 뜻이다.

여기에 집중하였기에 모두 형통하여 실제 예를 행하여 많은 상을 받았다.[6]

彖曰 習坎은 重險也니
단 왈 습 감　　중 험 야

단전에 말하기를 습감은 위험이 중첩되어 있는 것으로

水流而不盈하며 行險而不失其信[7]이니
수 유 이 불 영　　행 험 이 불 실 기 신

물은 흘러서 차지 아니하며 위험한데 나아가도 그 진실함을 잃지 않는 것이니,

維心亨은 乃以剛中也[8]요
유 심 형　　내 이 강 중 야

그 마음이 형통하다는 것은 바로 강으로 중에 있기 때문이다

---

6 등구백은 『백화백서주역』에서 "상(尚)"을 행위(行爲)가 고상(高尚)한 것으로 번역하고 있기도 하다. 38-39쪽 참조 바람.
7 물이 흘러 갈 때 앞에 파여진 웅덩이가 있으면 반드시 먼저 웅덩이를 가득 채우고 난 후에 흘러나온다. 『맹자』의 「진심」장에서 "흐르는 물의 성질은 웅덩이를 채우지 않으면 더 이상 앞으로 흘러가지 못한다(流水之爲物也, 不盈科不行)"라고 하였는데, 물은 바로 이와 같다. 눈앞에 여러 가지 수많은 장애가 있다 하여도 물은 늘 이러한 본성을 위배하지 않고 같은 행위를 계속적으로 반복한다. 그러므로 괘사에서는 "유부(有孚)"라고 말하여 수많은 어려움을 겪고서라도 진실한 믿음을 버릴 수 없음을 이야기하고 있다.
8 여기에서 말하는 "강중(剛中)"은 구이와 구오의 강이 상하 감괘의 가운데에 자리하고 있는 것을 가리킨다. 이것은 앞에서 말한 "위험을 행하면서도 그 진실한 믿음을 잃어버리지 않는다"는 말을 해석한 것이다. 정이천은 『이천역전』에서 "오직 그 마음이 형통할 수 있는 것은 강이 중하기 때문이다. 중이 실한 것은 유부의 상이니 지성의 도는 무엇인들 통하지 못하겠는가. 강중의 도로써 행하면 험난함을 구제하여 형통할 수 있다(維其心, 可以亨通者, 乃以其剛中也. 中實爲有孚之象, 至誠之道何所不通, 以剛中之道而行, 則可以濟險難而亨通也)"라고 하였다.

行有尙은 往有功也⁹라.
행유상 왕유공야

가면 가상함이 있을 것이라는 것은 가면 공이 있다는 것이다

天險은 不可升也요 地險은 山川丘陵也¹⁰니 王公이 設險하여
천험 불가승야 지험 산천구릉야 왕공 설험

以守其國하나니 險之時用이 大矣哉¹¹라.
이수기국 험지시용 대의재

---

9 "가면 가상함이 있을 것이라는 것(行有尙)"은 구이와 구오가 강중(剛中)의 고상(高尙)하고 가상(嘉尙)한 덕성과 목적을 가지고 전진하면 반드시 성공할 것이라는 말이다. 구이와 구오의 동류(同類)가 서로 돕기 때문에 마음속에 진실함을 가지고 계속적으로 멈추지 않고 행동하면 반드시 공적(功績)이 있을 것이라는 의미이다.

10 여기에서는 "험(險)"을 천험(天險), 지험(地險), 인험(人險) 세 가지로 나누고 있다. 일반적으로 천험은 자연적으로 생성된 험난함을 의미한다. 그러나 「단전」의 작자는 그런 식으로 말하지 않고 천험을 천도의 법칙으로 항거할 수 없는 험난함, 즉 넘어설 수 없는 험난함으로 말하고 있다. 그러므로 "천험은 오를 수 없다"라고 말한다. 예를 들면 영허소식(盈虛消息)의 법칙은 어떤 측면에서는 험난한 장애가 될 수가 있는데, 이것을 벗어날 어떠한 방법도 없고 다만 이를 따라서 움직일 수밖에 없다. 사람이 아무리 노력한다 하더라도 다만 약간의 보충일 뿐이지 근본적인 변화는 불가능하다. 여기에서 말하는 "오를 수 없다"는 말은 천은 사람이 더 이상 넘어설 수 없는 성질을 지니고 있음을 이야기해준다. "지험" 역시 대지 위에서 자연적으로 생성된 험난함으로 예를 들면 산천이나 구릉 등이다. 왜 천험과 지험을 가지고 와서 말하는가? 이는 "인험"을 강조하기 위해서이다. 습감은 위험을 말하는 괘이기 때문에 사람들은 천험과 지험으로부터 위험을 이용하는 것을 배워야 한다. 즉 천험의 넘어설 수 없음을 배우고, 지험의 놓인 형태를 학습함으로써 인험을 설치하려고 하는 것이다. 『주역정종』 252쪽 참조 바람.

11 이 구절은 앞에서 말한 "천험", "지험", 그리고 왕공이 설치한 위험의 예를 통하여 위험의 큰 효용을 이야기 한다. 특히 인험의 용도에 대해 설명하고 있다. 왕공이 천험과 지험을 이용해 위험을 세워 자기 나라를 지키는 것이 바로 인험의 용도이다. 왕공은 천험의 넘어설 수 없음과 지험의 위치와 형태를 본받아 깊은 도랑과 높은 성루 등을 설치하여 자신의 나라를 보호한다. 이에 대해 정이천은 "높아서 올라 갈 수 없는 것은 하늘의 험함이요, 산천과 구름은 땅의 험함이다. 왕공이나 임금이 된 자는 감의 상을 보고서 험한 것을 능멸할 수 없음을 알았기에 성곽과 도랑의 험한 것을 설치하여 나라를 지키고 인민을 보호하니, 이는 험함을 쓸 때에 그 쓰임이 매우 큰 것이다. 그러므로 크다고 찬미하는 것이

하늘의 험(險)함은 오를 수 없고, 땅의 험함은 산천과 구릉이니, 왕공이 험한 것을 설치해서 자기 나라를 지키나니, 험한 때(時)와 쓰임(用)이 크도다.

象曰 水洊至習坎이니 君子以하여 常德行하며 習敎事[12]하나니라.
　　상왈　수천지습감　　　군자이　　　상덕행　　　습교사

상전에 말하기를 물이 거듭 이르는 것이 습감이니, 군자가 이것을 본받아 항상 (자신의) 덕을 행하며 (다른 사람을) 가르치는 일을 익힌다.

初六은 習坎에 入于坎窞이니 凶[13]하니라.
　　초육　 습감　 입우감담　　 흉

다(高不可升者, 天之險也. 山川丘陵, 地之險也. 王公君人者, 觀坎之象, 知險之不可陵也, 故設爲城郭溝池之險, 以守其國, 保民民人, 是有用險之時, 其用甚大, 故贊其大矣哉)"라고 하였다.

[12] 물이 흘러 멈추지 않는 모습이 "습감(習坎)"의 상이다. 군자는 물이 계속적으로 흘러서 목표에 도달하는 상을 본받아 스스로는 덩상 덕행음 행하고, 백성을 다스릴 경우에는 가르치는 일을 계속적으로 익혀야 한다. 습감괘의 괘상은 두 개의 감괘로 구성되어 있다. 상괘도 물이고 하괘도 또한 물로, 물과 물이 서로 이어져서 나오는 것이 바로 습감괘이다. "천(洊)"이라는 말을 많은 사람들은 "여전하다(仍也)"로 해석하지만, 정확하게 말하면 계속적으로 연속하여 끊임없이 이어진다는 의미이다. 『이아』 「석언」(釋言)에서는 "다시하다(再也)"라고 하였다. 군자는 이 괘상을 통하여 무엇을 본받아 배울 수 있는가? 이에 대해 「상전」은 "항상 (자신의) 덕을 행하며 (다른 사람을) 가르치는 일을 익힌다"라고 하였다. 여기에서 말하는 "항상 덕을 행한다"라는 것은 덕행이 떳떳함을 가지도록 하여 자신의 덕행이 시종일관할 수 있도록 만든다. 또 "가르치는 일을 익힌다"라는 말에서 익힌다는 것은 계속 반복한다는 의미이고, 가르친다는 것은 개인적인 수양 방면에서 교화(敎化)의 일을 행하는 것을 말한다. 이처럼 물이 연속적으로 온다는 형상을 통하여 학습의 반복적인 의미를 끄집어낸다.

[13] "담(窞)"을 『경전석문』에서는 『설문해자』를 인용하여 "웅덩이 속에 또 웅덩이가 있는 것(坎中更有坎)"으로 말하고 있다. 『주역집해』에서는 간보(干寶)의 말을 인용하여 "웅덩이의 깊은 곳이다(坎之深者也)"라고 하여, 깊은 웅덩이로 보았다. 이것은 초육이 음으로 중감의 아래에 자리하여 나약하고 바름을 잃어서 위험을 빠져나가기 어렵기 때문에 깊은 웅덩이 속에 빠져서 흉하게 되는 것으로 상징하고 있다. 주자는 『주역본의』에서

백 初六. 習贛. 入贛窞. 凶.
　　초육　습공　인공염　흉

초육은 거듭된 위험에 깊은 구덩이 속으로 들어가니 흉하다.

백 초육은 제사를 올리는 예를 배울 때 어떤 사람이 동리의 문에서 제사를 올리니 흉하다는 점괘를 얻었다.

象曰 習坎入坎은 失道라 凶也[14]라.
상왈　습감입감　　실도　　흉야

상전에 말하기를 거듭된 위험에 깊은 구덩이 속으로 들어간다는 것은 도를 잃은 것이라 흉하다.

九二는 坎에 有險하나 求를 小得[15]하리라.
구이　　감　유험　　　구　소득

　"음유로 중첩된 위험의 아래에 자리하여 그 빠진 것이 더욱 깊기 때문에 그 상과 점이 이와 같다(以陰柔居重險之下, 其險益深, 故其象占如此)"고 하였다.

14　여기에서 말하는 "도를 잃은 것(失道)"이라는 말은 일반적이고 객관적인 도리를 위배했음을 뜻한다. 초육과 육사는 상응하지 않기 때문에 바깥의 도움을 얻지도 못하고, 또 스스로 어려움을 헤쳐나갈 능력을 가지고 있지 못하다. 그러므로 왕필은 "감괘의 가장 바닥에 처해 있으니 구덩이 속에 들어가 버린 것이다. 아주 험한 데에 처하고 다시 구덩이 속에 들어가 버리니 그 도가 흉하다. 험한 곳에서 움직이지만 스스로 구제할 수 없고, 거듭된 위험에 깊은 웅덩이 속에 들어가니 도를 잃고 구덩이 바닥에 처박혀 있다. 위로 도와주는 이가 없어서 스스로를 구제해야 하니 이 때문에 흉하다(最處坎底, 入坎窞者也. 處重險, 而復入坎底, 其道凶也. 行險而不能自濟, 習坎而入坎窞, 失道而窮在坎底, 上无應援, 可以自濟, 是以凶也)"고 하였다. 위험을 벗어나려면 강정(剛正)해야 하지만, 초육은 음유로 부정(不正)하고 그 몸이 위험 속에 빠져 있고 위로부터의 도움도 없기 때문에 흉할 수밖에 없다.

15　"소(小)"는 음유를 가리키고, 작은 일이나 작은 곳 등을 의미한다. 이것은 구이가 아래의 감괘의 속에 자리하여 바름을 잃고 위험 속에 빠져있지만, 강으로 중에 자리하여 상하의 두 음과 진실하게 친하기 때문에 약간의 얻음을 구하여 더 이상 빠지지 않고 위험을

🅱 **九二, 贛有訛,¹⁶ 求小得.**
　　구 이　공 유 침　　구 소 득

구이는 구덩이에 험함이 있으나 구하는 것을 조금 얻으리라.

🅱 구이는 제사를 올리는데 성의가 있으면 제수품이 조금 부족해도 관계가 없다.

象曰 求小得은 未出中也¹⁷일새라.
　상 왈　구 소 득　　미 출 중 야

상전에 말하기를 구하는 것을 적게 얻는다는 것은 아직 중에서 나오지 못한 것이다.

六三은 來之에 坎坎¹⁸하며 險에 且枕하여 入于坎窞이니
　육 삼　내 지　감 감　　　　험　차 침　　　입 우 감 담

벗어나려는 것을 도모하는 상이다. 비록 구이는 두 개의 음 속에 빠져서 분명히 위험 속에 들어가 있기는 하나 구이와 초육은 다르다. 왜냐하면 구이는 분명히 강중(剛中)한 인재로서 완전히 위험을 벗어나지는 못한다 하더라도 어느 정도의 구함을 얻어서 위험을 벗어나는 것이 가능하기 때문이다. 구이는 성과가 적다고 하여서 미리 시도하는 노력을 포기하지는 않는다. 큰 성과는 작은 것을 누적하여서 나오는 것이기 때문이다.

16 "침(訛)"은 성의(誠意) 또는 진실함의 의미를 가지고 있다.
17 아직 중첩된 위험(重險) 속에서 탈출하지 못하고 있다. 구이는 위험에 처하여서도 그 위험으로 인하여 곤란함을 느끼지 않는다. 왜냐하면 그는 위험 속에서 마음을 편안하게 하여 큰 것을 얻으려고 하지 않고, 작지만 지금 이 자리에서 능히 할 수 있는 일만 하려고 하기 때문이다. 사람들이 학문을 하고 일을 할 때는 반드시 작은 것을 구하는 것으로부터 시작하여야 한다. 이는 마치 물이 처음에는 한 방울 두 방울 떨어지는 것에서 시작하지만 이것이 모여서 큰 바다를 이루는 것처럼 작은 일로부터 하는 것이 위험에서 행동하는 첫번째 원칙이다.
18 "래(來)"는 위로부터 아래로 오는 것이고, "지(之)"는 아래로부터 위로 가는 것을 말한다. 육삼은 하괘의 상효에 자리하여 아래 감괘의 위험이 이미 끝나고 상괘의 위험이 오려는 때에 처해있다. "오고 감이 다 험함뿐이며(來之坎坎)"라는 말은 오는 것도 위험이

勿用[19]이니라.
물 용

🔳 六三, 來之贛贛, 險且枕. 入于贛閻. 勿用.
　　육삼　내지공공　엄차침　인우공염　물용

육삼은 오고 감이 다 험함뿐이며, 험한 데에 또 깊어서 바닥이 보이지 않는 구덩이 속에 들어가는 것이니 쓰지 말아야 한다(함부로 경거망동하지 말라).

🔳 육삼은 왔다갔다 하면서 제사를 올리고 경건하게 기도하였다. 어떤 사람이 동리의 문에서 제사를 올렸다. 쓰지 말라는 점괘를 얻었다.

象曰 來之坎坎은 終无功也[20]리라.
상 왈　래지감감　　 종무공야

상전에 말하기를 오고 감이 다 험함뿐이니 끝내는 공이 없을 것이다.

六四는 樽酒와 簋貳를 用缶[21]하고 納約自牖면 終无咎[22]하리라.
육 사　준주　궤이　용부　　납약자유　　종무구

고 가는 것도 위험으로 모두가 위험이라는 것이다. 김경방의 『주역전해』 249쪽 참조 바람.
19 "침(枕)"에 대한 사람들의 견해는 매우 다양하다. 주자는 "침은 의지해서 붙은 것이 편하지 못하다는 뜻(枕, 倚著未安之意)"이라 하였고, 우번은 "침"을 "지(止)"로 보았다. 비록 관점들이 각기 다르지만 위험 속에 빠져서 편안하지 못하다는 의미는 대체적으로 비슷하다고 할 수 있다. 또 침은 가라앉고 깊다는 의미로 사용되는데, 이 구절에서는 위험 속에 빠져 있다는 의미로 사용되었다. 즉 더욱 깊은 위험 속에 빠져들어 갔기 때문에 자신의 분수와 상황을 올바로 파악하여서 함부로 경거망동해서는 안 된다는 의미이다.
20 육삼은 행동하지 않으면 공에 대해 말할 수 없다. 왜냐하면 움직여도 공은 없고 재앙만 초래하기 때문이다. 이러한 때에는 공을 세우려 하지 말고 스스로를 보호하는 것이 차라리 더 낫다.
21 이 효는 위험 속에 있으면서 아직도 스스로 위험을 빠져나갈 수 있는 힘을 갖추고 있지 못하다. 그러나 만약 진정한 마음으로 구오의 군주를 공손하게 받들어 도운다면 끝내는

백 六四. 樽酒巧詠, 用缶人約自牖. 終无咎.
　　　육사　준주교역　용부인약자유　종무구

육사는 한 동이의 술과 두 그릇의 밥을 질그릇으로 사용하고 들창문으로 간략하게 드리면 끝내는 허물이 없을 것이다.

백 육사는 술로 제사를 올려 도움을 빌었고, 질그릇에 약을 담아 들창문으로 환자에게 건네주었다. 점을 치니 끝내 재난이 없다는 결과가 나왔다.

象曰 樽酒簋貳는 剛柔際也²³일새라.
상왈　준주궤이　　강유제야

잘못을 범하지 않고 어려움을 벗어날 수 있을 것이다. 이 효사의 구절이 가장 해석하기 어려운 구절이다. "궤(簋)"는 곡식을 담거나 또는 밥을 담는 둥근 그릇을, "준주(樽酒)"는 한 동이의 술을, "부(缶)"는 무늬가 없는 투박한 도자기를 말한다. 여기에서 말하는 세 가지의 그릇들은 모두 간단하고 질박한 것들을 상징하는 것으로 보인다. 한 동이 술과 두 대그릇의 밥을 장식이 없는 질그릇에 담아 올린다는 것은 화려한 장식보다는 질박(質朴)한 정성을 강조하는 것이라고 함 수 있다.

22 "납약(納約)"은 군주에게 올리는 것을 말한다. "유(牖)"는 창문이나. 옛날 사람들의 방에는 문은 동쪽에 있고, 들창문은 서쪽에 있는 것이 일반적이었다. 들창문은 햇빛이 들어오는 곳으로 실내에서 유일하게 밝은 장소이다. 사람의 인식 또한 창문과 같이 밝아야 한다. 만약 분명하지 않은 문제를 알기 위해서는 지금 알고 있는 부분으로부터 시작하여 문제를 해결해야 한다. 그러면 왜 정문(正門)이 아닌 창문을 통해서 간단한 음식물을 군주에게 바치려고 하는가? 정문은 정상적으로 출입하는 장소이고 들창문(牖)을 통해서는 빛(光明)이 들어오게 한다. 이것은 정식적인 절차를 밟아 군주의 지혜를 밝히려는 것이 아니라, 간소하고 작은 일로부터 문제를 해결하려는 시도라고 할 수 있다. 즉 위험한 시기에 격식을 중히 여기는 태도는 상대적으로 중요하지 않다. 가장 중요한 것은 진실성이다. 창문은 빛이 방으로 들어오는 곳으로 어려운 시기에 누군가를 비추고자 한다면, 즉 계몽(啓蒙)하려 한다면 기본적으로 간소하고 질박한 것에서부터 시작해야 한다. 빌헬름 영역본 116쪽 참조 바람.

23 군주인 강(구오)과 신하인 유(육사)가 서로 화합해 험난(險難)함을 구하기 때문이다. 이것은 강과 유가 진정한 마음으로 왕래하여 조금의 거슬림도 없이 합작하는 것을 말한다. "제(際)"는 두 개의 벽이 서로 붙어 있는 경계선으로 서로 합하고 친하다는 의미를 가지고 있다.

상전에 말하기를 한 동이의 술과 대그릇 둘은 강과 유가 서로 교제하기 때문이다.

九五는 坎不盈하니 祇旣平^{24}하면 无咎^{25}리라.
구오   감불영   지기평   무구

白 九五, 贛不盈, 堥旣平.^{26} 无咎.
   구오 공불영 온기평   무구

구오는 구덩이가 차지 아니하니 이미 평평함에 이르면 허물이 없으리라.

---

24 "지기평(祇旣平)"의 뜻에 대한 여러 학자들의 의견은 분분하다. 여기에서 세 가지만 소개하면 다음과 같다. 첫째, 우번의 주를 인용하여 『주역집해』에서는 '안기평(安旣平)'으로 보아 '지(祇)'를 편안함(安)으로 해석하고, 『주역집해찬소』에서는 이 구절을 "편안하고 또 평화롭다(旣安且平)"고 풀이했다. 두 번째, 왕필은 "지는 사(辭)이다(祇, 辭也)"고 하여 허사로 보고 "이미 평안하여 허물이 없다(旣平乃无咎)"라고 하였다. 셋째로 정이천은 "지는 마땅히 저(柢)로 읽어야 하고 뜻은 이른다(抵)이다(祇, 宜音柢, 抵也)"고 하여, "반드시 이미 평평함에 이르면 허물이 있을 수 없다"라고 하였다. 이것이 "지기평(祇旣平)"에 대한 대표적인 해석들이다. 내용상으로 왕필과 정이천의 해석은 거의 일치하고 있다. 즉 이미 가득차서 평평함(平滿)에 이른 것으로 해석할 수 있다.

25 구오는 상괘 감의 중앙에 자리하여 물이 여전히 유입되고 있으나 넘쳐흐르지는 않고 있어서 아직도 위험에서 완전히 벗어난 것은 아니다. 그러나 구오의 양은 중정하고 또 존위에 자리하고 있어서 덕성과 지위를 막론하고 천하를 구원하여야 하는 어려운 임무를 지니고 있다. 또 구오는 이미 감괘가 끝나가는 위치에 접근해 있기 때문에 웅덩이에 유입되는 물이 거의 평면에 도달하는 때가 되어 머지않아 넘쳐흐를 수 있다. 말하자면 위험을 돌파할 때가 오기 때문에 허물이 없다고 말한다. 그러나 험난함이 여전히 존재하고 있다. 왜냐하면 구오는 두 개의 음 사이에 끼여서 아직도 험난함의 포위를 탈출하지 못했기 때문이다. 군주가 가지고 있어야 할 가장 큰 책임은 어려움을 제거하고 백성을 편안하게 하는데 있다. 만약 이런 책임을 완수하지 못하면 그 책임은 모두 군주에게 돌아가게 되어 있는데, 지금은 그 문제가 어느 정도 해소되었기에 "허물이 없다"고 말하는 것이다.

26 『백서주역』의 쇼시니의 영역본에서는 장립문(張立文)의 관점에 따라 "온(堥)"은 아마도 "제(坻)", 즉 모래톱의 잘못된 글자로 보고 있다.

■ 구오는 제사지내는 물건이 비록 많지 않으나 모래톱이 평평하게 되었다. 재난이 없을 것이라는 점괘를 얻었다.

象曰 坎不盈은 中이 未大也²⁷라.
상왈 감불영 중 미대야

상전에 말하기를 구덩이가 차지 아니하니 중이 아직 광대(光大)²⁸해진 것은 아니다

上六은 係用徽纆하여 寘于叢棘²⁹하여 三歲라도 不得³⁰이니
상육 계용휘묵 치우총극 삼세 부득

---

27 구오는 중정의 자리에 처해있으나 구이의 보조를 받지 못하고 있기 때문에 양의 작용이 여전히 크게 발휘되지 못하고 있다. 이처럼 여전히 위험에서 완전히 벗어나지 못했기 때문에 다만 허물이 없다고만 말한다. 이에 대해 유염은 "구오의 양효는 큰 것이다. 중이 아직 크지 않았다라고 말하는 것은 구오가 비록 강중의 재주를 가지고 있으나, 오직 이미 평평함에 이르면 허물이 없으리라고 하여 아직 충분하게 크지 않음을 말하고 있다(九五陽爻, 大也. 中未大者, 九五雖有剛中之才, 唯有祇平而无咎, 未足以爲大也)"고 하였다. 그러나 이러한 해석은 여전히 『상전』의 "중이 아직 광대하지 못했다(中未大)"의 원인을 구체적으로 제시하지 못하고 있다. 실지로 이것의 진정한 원인은 구이와의 불상응인 것으로 보인다.

28 『상전』의 "중이 아직 광대하지 못했다(中未大)"라는 구절을 『주역집해』에서는 "대(大)"자 위에 "광(光)"을 덧붙이고 있고, 『주역정의』에서는 "아직 광대함을 얻지 못했다(未得光大)"고 하였다. 이런 근거로 보자면 아마도 "대"자 위에 "광"자를 하나 더 덧붙여야 할 것으로 보인다. 황수기의 『주역역주』 229쪽 참조 바람.

29 "묵(纆)"이나 "휘(徽)"는 모두 밧줄을 말한다. "치(寘)"는 "치(置)"와 같은 글자이다. "총극(叢棘)"에 대해서 『주역집해』에서는 우번의 말을 인용하여 "감옥의 바깥에 아홉 그루의 가시나무를 심어놓았기 때문에 총극이라고 말한다(獄外種九棘, 故稱叢棘)"고 하였다. 그래서 "총극(叢棘)"은 다른 한편으로 감옥을 상징한다. 이런 것들은 상육이 음으로서 위험의 최고 높은 자리에 있기 때문에 그 빠지는 함정의 깊이도 가장 깊음을 나타낸다. 이것은 마치 죄수가 가시덤불 속에 갇혀서 삼 년 동안 벗어나지 못하는 것과 같다. 그래서 흉하다고 말한다. 이에 대해 정이천은 『이천역전』에서 "상육은 음유로서 음의 극에 처하여 빠짐이 깊은 자이니, 빠짐이 깊기 때문에 감옥을 가지고 비유하였다. 이는 마치 밧줄로 붙잡아 매어서 가시나무 숲속에 가두어 둔 것과 같으니 음유로서 빠짐이 깊어

凶하니라.

백 上六, 係用徽纆, 寘于叢棘, 三歲不得, 凶.
　　상육　계용휘묵　　치우총극　　삼세부득　흉

상육은 밧줄을 사용하여 묶어 가시덤불 속에 가둬두어 삼 년이 지나더라도 면하지 못하니 흉하다.

백 상육은 죄수가 청백색(靑白色)의 수의를 입고 얼굴에 글자를 새겨 밧줄에 묶인 채 감옥으로 송치되었는데, 삼 년 동안 풀지 못했다. 흉한 점괘가 나왔다.

象曰 上六失道는 凶三歲也[31]리라.
상왈 상육실도　　흉삼세야

나올 수 없다. 그러므로 삼 년이 지나더라도 면하지 못한다고 말하였으니 그 흉함을 알 수 있다(上上六, 以陰柔而居險之極, 其陷之深者也. 以其陷之深, 取牢獄爲喩, 如繫縛之以徽纆, 因寘于叢棘之中. 陰柔而陷之深, 其不能出矣. 故云至于三歲之久, 不得免也, 其凶可知)"고 하였다.

30 "삼 년이 지나더라도 면하지 못 한다(三歲不得)"라는 말은 『주례』(周禮)의 「추관사구」(秋官司圜)에서 "중죄인은 삼 년을 채워서 석방하고, 비교적 덜 중한 죄인은 이 년을 채워서 석방하고, 가벼운 죄는 일 년을 채워서 석방하였다. 만약 (끝까지 계속해서 자신의) 잘못을 바꾸어 감옥에서 벗어나지 못하는 죄수는 잡아 죽였다(上罪三年而舍, 中罪二年而舍, 下罪一年而舍, 其不能改而出圜土者, 殺)"는 기록을 보면 죄인이 구금되어 삼 년 후에도 여전히 면하지 못하면 뒤에는 죽음을 당했다는 것을 알 수 있다. 따라서 상육의 상황은 당연히 흉한 것이다. 삼 년이라는 것은 매우 긴 시간으로 엄밀한 의미의 삼 년을 의미하는 것이 아니라 매우 긴 시간을 통칭한다. 상육은 왜 이와 같이 매우 나쁜 흉의 상이 나오는가? 정이천이나 주자 모두 상육 자체는 음유로 위험의 극에 자리하여 깊은 위험 속에 빠져 있어서(以陰柔居險極) 빠져나올 가능성이 없기 때문이라고 말하고 있다.

31 상육은 음으로 음의 자리에 위치하여 원래는 정위이나, 감괘의 상육은 위험의 극단인 매우 험한 자리에 처해 있어서 스스로 탈출할 힘을 가지고 있지 못하다. 또 아래로는 육삼의 응원을 얻지 못하여 내외가 모두 좋지 않은 상황이기 때문에 "상육은 도를 잃은 것이다(上六失道)"라고 말한다. "그 흉함이 삼년에 이르리라(凶三歲也)"는 것에서 "삼"은

상전에 말하기를 상육이 도를 잃은 것은 그 흉함이 삼 년에 이르리라.

* 감괘의 의미와 교훈

습감괘는 건·곤괘 이외에 첫 번째로 출연하는 팔순괘(八純卦) 중의 하나이다. 과거 역학자들은 삼효(三爻)로 구성된 팔괘를 어떤 경우에 있어서는 단괘(單卦)라고 말하고, 또 어떤 경우에는 경괘(經卦)라고도 하였다. 이것은 모두 육효로 구성된 괘와 상대해서 말하는 것이다. 단괘라고 말하는 것은 그것이 아직 중첩하지 않았다는 것을 말하고, 경괘라고 말하는 것은 그것이 육효괘를 짜 낼 수 있는 기본이 된다는 것을 말한 것이다. 그러나 삼효괘를 순괘(純卦)라고는 칭할 수 없는데 그 이유는 두 개의 삼효괘가 서로 중첩하여 육효괘를 이루었을 때 비로소 순(純) 혹은 불순(不純)의 문제가 있게 되기 때문이다. 그러므로 팔순괘가 가리키는 것은 두 개의 상하가 서로 같은 삼효괘를 합쳐서 이루어진 육효괘를 의미한다. 습감은 바로 이러한 순괘 중의 하나이다.

습감이라는 괘는 우리들에게 위험이 무엇인가라는 보편적 의미와 이런 위험에 대해 어떻게 대처할 것인가라는 일반적인 원칙 및 구체적인 내용들에 대해 말하고 있다. 습감괘에서 말하는 위험에 대한 최초의 괘상(卦象)은 '빠지는 것'(위험한 것)이다. 그 근거는 양이 두 개의 음 속에 포위되고 막혀 버리는 것에 있다. 즉 양이 곤경 속에 놓여 있기 때문에 위험한 것이다.

이 괘에서는 또 하늘에는 하늘의 위험(天險)이 있고, 땅에는 땅의 위험

끝을 의미하는 말로 종신토록 흉하다는 뜻이다.

(地險)이 있고, 인간 세상에는 인간 세상의 위험(人險)이 있다고 말한다. 위험은 분명히 사람들에게 해를 주지만, 어떤 경우에는 사람들이 이것을 이용하여 오히려 사람들을 이롭게 하는 경우도 있다. 여기에서 위험이라는 개념은 추상적인 것에서 구체적인 것으로 변하여 그런 여러 가지 상황들을 분석하기도 한다. 특히 이 괘에서 관심을 두고 보아야 할 내용 중의 하나는 육효의 효사 가운데에 '길(吉)'이라는 글자가 보이지 않는다는 사실이다. 그것은 이 괘가 위험을 빠져나가는 어려움이나 위험 속에 놓여 있는 힘든 상황들을 상징하고 있기 때문인 것으로 생각된다.

초효와 상효는 이효와 오효의 두 양효 바깥에 있기 때문에 가장 흉하고 위험을 벗어날 희망도 없다. 이효는 약간 얻은 것이 있고, 오효는 아직 차지 않았으나(不盈) 평평한 데에 이르면 위험을 빠져나갈 가능성은 있다. 삼효와 사효의 상황은 아래 위의 음효 사이에 끼어 있는 경우이다. 삼효는 잘 기다려야만 하고, 사효는 진실하고 근신하여야만 한다. 이렇게 하여야 겨우 허물이 없을 수 있다. 상육은 감옥 속에 갇히는 경우이기 때문에 끝내 어려움을 벗어날 수 없게 된다.

이처럼 습감괘는 어려움이나 위험에 처해 있는 경우에 대해 이야기하고 조건적인 형통에 대해 말하고 있다. 그러나 역경(逆境)이 사람을 총명하고 지혜롭게 만든다는 말처럼 감괘는 우리에게 어려움 속에서 어떻게 살아야 하는가 하는 교훈을 말해주고 있다. 사람이 빼어난 지혜와 덕행을 가지고, 훌륭한 업적을 이룰 수 있었던 이유는 어려움이나 위험 속에서도 굴하지 않는 굳건한 의지로 목표를 성취하기 위해 끝없이 인내했기 때문이다. 이런 관점들을 감괘는 잘 이야기하고 있다고 할 수 있다.

30. ䷝ 중화이(重火離, 🏳 羅 第四十九)

1) 괘의 순서

『주역』의 하경(下經)은 감괘(坎卦)와 이괘(離卦)가 서로 상호 결합되어 있는 호승(互乘)으로 끝이 난다. 즉 64괘의 마지막은 이괘가 하괘이고 감괘가 상괘가 되는 것이 기제괘(旣濟卦 : ䷾)이고 감괘가 하괘이고 이괘가 상괘인 것이 미제괘(未濟卦 : ䷿)이다. 이에 비해 상경(上經)은 감리(坎離)의 순괘(純卦)로서 종결된다.

감(坎)은 물로 그 뜻이 험난함이라면, 이(離)는 불로 그 뜻은 문명(文明)이다. 기제괘와 미제괘가 물과 불을 서로 이용하는 이치를 말했다면, 이괘는 감괘를 이어서 험난함을 지혜로움을 이용하여 돌파하는 교훈을 말하고 있다. 그러므로 상경의 감괘는 실은 하경의 기제괘의 뜻에, 상경의 이괘는 하경의 미제괘의 뜻에 해당한다.

"이괘"는 「서괘전」에서 "감은 빠지는 것이니 빠지면 반드시 걸리는 것이 있기 때문에 이괘로써 받았다. 이는 부착(附着)이다(坎者, 陷也, 陷必有所麗, 故受之以離. 離者, 麗也)"라고 하였다. "이(離)"는 "이(麗)"로 부착(附着)의 뜻을 가지고 있다. 이것은 이자의 통상적인 의미와는 상반되는 것 같다. 그러나 부착하는 두 가지 사물은 반드시 먼저 분리되어 있다. 그러므로 붙이고(附), 짝이 되고(偶), 합하는(合) 의미를 가진다. 이에 대해 정이천은 『이천역전』에서 "험난한 가운데 빠지면 반드시 걸리는 것이 있는 것이 자연스런 이치이니 이괘가 이 때문에 감괘의 다음이 된 것이다(陷於險難之中, 則必有所附麗, 理自然也, 離所以次坎也)"고 하였다.

2) 괘명의 의미

"이괘(離卦)"의 "이(離)"의 뜻은 "이(麗)"이다. "이(麗)"는 사물에 부착한다는 뜻으로 사람이 물에 빠지면 반드시 어떤 물건이라도 잡아야만 위험을 탈출할 수 있는 것처럼 이괘에는 부착의 뜻이 포함되어 있다.

그러면 64괘 가운데 이괘에서는 부착의 의미를 어떻게 말하고 있는가? 불과 물은 상극하는 것이지만 하나는 형체가 있고 하나는 형체가 없다. 물의 형체는 그것이 있는 환경에 따라서 모습이 변하여 그 본래의 형체가 정해져 있는 것은 아니다. 불은 물체가 탈 때에 비로소 그 빛으로 볼 수가 있지만, 물체가 타지 않거나 혹은 다 소진되었을 경우에 불빛은 사라져버려 어떠한 형태도 볼 수가 없다. 그러므로 이괘의 상징인 불은 사물에 부착하여서만 존재할 수 있다. 그 때문에 이의 뜻은 부착이라는 의미를 가지게 된다.

감괘와 이괘가 서로 상대되는 괘명으로 감괘를 습감(習坎)이라고 한다면 왜 이괘는 습리(習離)라고 말하지 않는가? 그 이유는 아무리 조심하여도 여전히 위험하고, 아무리 깊게 생각하여 지혜를 짜내어도 생존을 장담할 수 없는 중첩된 위험 속에서 거듭된 노력을 강조하기 위해서 특히 감(坎)에 "습(習)"이라는 말을 덧붙인 것으로 보인다. 이에 비해 이(離)의 뜻은 문명함으로 개인에게 있어서는 총명한 지혜를 의미한다. 그런데 총명한 지혜를 가진 사람이 그 지혜를 지나치게 사용하여 변칙이 될 경우 많은 사람들을 어려움에 빠뜨리고 심지어 국가를 위험 속에 빠뜨릴 가능성이 크다. 그 때문에 지혜는 도리어 억제해야 하는 측면이 있어 이괘에서는 반복된 의미인 "습"자를 사용하지 않는 것으로 보인다. 말하자면 이괘의 가장 중요한 가르침은 총명한 재주를 반드시 정도에 "부착하여야 함"을 강조하는 데에 있는 것으로 보인다.

3) 괘상의 의미

"이괘"의 여섯 효는 음이 상하의 양에 부착되어 있기 때문에 "이(麗)"라고 말한다. 이괘는 불이고, 불의 외적인 특징은 비어있는 것(虛)으로 스스로 이루고 스스로 생겨날 수 없기 때문에 반드시 다른 사물에 부착하여서 밝음을 드러낼 수 있다. 또한 이괘는 중간에 있는 하나의 음효가 두 개의 양효에 붙어 있는 형상이다. 그래서 이괘는 크게 부착(麗)과 밝음(明)의 두 가지 뜻을 가지고 있다. 부착은 음이 상하의 양에 부착해 있는 상에서, 밝음은 가운데의 비어 있는 상에서 그 의미를 취한 것이다.

離는 利貞하니 亨[1]하니 畜牝牛하면 吉[2]하리라.
이   이정   형   축빈우   길

---

[1] "이(離)"는 부착(附着)의 뜻인데, 이것은 매우 보편적인 현상이다. 자연계와 인간사회를 포함한 만사만물은 모두 이것과 서깃, 이 일과 저 일 간에 서로 붙어있는 관계로 존재한다. 어떤 사람을 막론하고 모두 이 세상에서 생활하고 있기 때문에 어쨌든 부착(붙어있는 곳)이 있다. 인간사에 있어서도 반드시 의지하는 것(부착하는 것)이 있고, 사업상에 있어서도 그가 주로 하는 특기가 있다. 사상적으로 그가 믿는 믿음이 있고 또 이념적으로 추구하는 것이 있게 마련이다. 이것들이 모두 사람에 붙어 있는 것(麗)이다. 사람이 부착해야 할 문제를 어떤 방식으로 해결하느냐에 따라 형통할 수 있고 그렇지 않을 수도 있다. 여기에서 가장 중요한 문제는 부착하려고 하는 대상이 올바른가 그렇지 않은가의 문제이고, 그 다음은 스스로가 어떻게 행동하느냐에 달려 있다. 『주역전해』 253쪽 참조 바람.

[2] "빈우(牝牛)"는 중간의 음으로 중정의 뜻을 가지고 있다. 이효와 오효의 음은 각각 상하의 양에 의해서 길러진다. 그러므로 "암소를 기른다(畜牝牛)"라고 말한다. 양이 아래 위로 음을 덮고 있는 것들은 모두 기른다(畜·頤)고 하는데, 대축괘(䷙), 소축괘(䷈)와 이괘(頤卦 : ䷚) 모두 이런 의미를 가지고 있다. "이정(利貞)"은 이효와 오효의 음효가 바른 것을 말한다. "암소를 기르면 길할 것이다(畜牝牛吉)"라는 것은 중정을 지켜 헛되지 않게 행동하여야 길하다고 말하는 것과 같다. 여기에서 말하는 "길(吉)"은 바로 바름을 지키면 유리하다는 의미이다. 암소를 상으로 취하는 뜻은 매우 중요하다. 소는 온순한 동물이고, 빈우는 암소로 온순한 것 중에서도 온순한 동물이다. 사람이 분명하게 붙어야 할 대상을 확정한 후에 마치 암소처럼 온순한 품격을 가지고 묵묵히 따르도록 자신을 이끌어가는 것

䷝ 羅, 利貞, 亨. 畜牝牛, 吉.
　　라　이정　형　축빈우　길

경의 의미 : 이는 유리한 점이다. 제사를 지내려면 먼저 암소를 잘 길러서 희생으로 삼으면 길하다.

전의 해석 : 이는 올바름을 가지면 형통하니 암소를 기르면 길할 것이다.

䷝ 그물로 사냥을 하는 것은 좋은 방법이다. 그물로 잡은 암소를 기르면 번식시키기에 매우 유리하니 매우 길한 점괘가 나왔다.

象曰 離는 麗也니 日月이 麗乎天하며 百穀草木이 麗乎土³하니
단왈 이　이야　일월　이호천　　백곡초목　이호토

단전에 말하기를 이는 붙는 것으로 해와 달이 하늘에 붙어 있고 백곡(百穀)과 초목이 땅에 붙어 있으니,

重明으로 以麗乎正하여 乃化成天下⁴하나니라.
중명　　이이호정　　내화성천하

　은 결코 단시간 내에 이루어질 수 있는 것이 아니다. 오랜 시간의 연마를 통하여 가능하기 때문에 "축(畜)"이라고 말한다. 『주역전해』 254쪽 참조 바람.
3 "이(麗)"의 글자는 나란히 서 있는 두 마리의 사슴을 말하는 것으로 서로 의지하는 의미를 가지고 있다. "이(麗)"는 또 "이(離)"와 동음(同音)이기 때문에 "이"와 "이"는 둘 다 붙어 있다는 뜻을 가지고 있다. 해와 달이 하늘에 붙어있고, 여러가지 곡물과 초목이 땅에 붙어 있는 것처럼 만물은 모두 붙어야 할 대상을 가지고 있다.
4 "중명(重明)"은 거듭된 밝음을 말한다. "화성천하(化成天下)"는 천하를 변화시키고 완성시킨다는 의미이다. "이"괘는 두 개의 이괘를 중첩하고 있다. 그래서 이괘는 중첩된 광명(光明)의 뜻을 가지고, 광명함을 대표하는 것이 된다. 육이는 정위로 상하가 정당한 광명함에 부착한 형상이다. 붙어야 할 대상들은 반드시 정당하여야 한다. 그러므로 사람은 반드시 "바름(正)"에 붙어서 부착하여야 한다. 이렇게 하여야 천하를 충분히 교화시켜 풍속을 착하게 바꾸는 목적을 달성할 수 있다.

거듭된 밝음으로 올바름에 걸려야 이에 천하를 변화시키고 이룬다.

柔麗乎中正이라 故亨하니 是以畜牝牛吉也⁵라.
_{유 이 호 중 정   고 형   시 이 축 빈 우 길 야}

유는 중정에 걸려있기 때문에 형통하니, 이로써 암소를 기르듯 하면 길할 것이다.

象曰 明兩이 作離하니 大人以하여 繼明하여 照于四方⁶하나니라.
_{상 왈 명 량 작 리   대 인 이   계 명   조 우 사 방}

상전에 말하기를 밝음이 두 번 일어나는 것이 이괘가 되었으니, 대인은 이것을 본받아 밝음을 이어 사방을 비춘다.

初九는 履錯然하니 敬之면 无咎⁷리라.
_{초 구   이 착 연   경 지   무 구}

---

5 육이와 육오가 모두 유효로 중(中)에 붙어서 스스로 유순을 지키고 있기 때문에 형통하다. 마치 유순한 암소를 기르는 것처럼 길하다는 것이다.
6 "작(作)"을 정현이나 주자는 "일어나다(起)"는 뜻으로 해석하고 있다. "명양작(明兩作)"은 같은 밝음이 두 번 일어나 시간적으로 연속성을 가진다는 것을 말한다. 이괘의 "밝음이 두 번 일어나는 것(明兩作)"라는 말은 바로 "밝음을 이어 사방을 비춘다"는 뜻이다. 대인(大人)이라는 말은 도덕적인 차원에서 말하면 성인이나 현자(賢者)이고, 정치적 지위라는 측면에서 말하면 천자(天子)나 제후(諸侯)를 의미한다. "계(繼)"는 서로 이어져 끊어지지 않는 것을 말한다. 통치자는 이전 사람들의 밝은 덕을 대대손손 계승하고 그것을 광대(廣大)하게 발현하여 천하에 널리 비춘다. 『주역전해』 255쪽 참조 바람.
7 "이(履)"는 초구가 가장 아래에 있는 효이기 때문에 발을 밟는다는 의미로 말한다. 하루의 계획을 아침에 세우듯이 처음부터 신중해야 함을 말한다. 초효는 괘의 가장 아래에 자리하여 비록 지위는 가장 낮지만, 양강(陽剛)한 성질을 가지고 있고 또 재주가 뛰어난 인재이다. 또 이괘는 불을 상징하고 불의 성질은 위로 타올라 가기 때문에 초구는 낮은 자리에 안주하지 않는 기개를 가지고 있다. 총명하고 재주 있는 인재가 출세하기 위해 온 힘을 다하여 능력을 발휘하려고 할 때 경거망동하기가 쉬운데, 이럴 경우 반드시 부끄럽고 후회스러운 결과에 이를 가능성이 크다. 여기에서 말하는 "이(履)"는 행사(行事)의 의미이

初九, 禮昔[8]然敬之, 无咎.
　　초구　예석　연경지　　무구

초구는 밟는 것이 엉키니 조심하면 허물이 없을 것이다.

초구는 예가 통용되기 시작한 후에 서로 공경하게 되어서 허물이 없게 되었다.

象曰 履錯之敬은 以辟咎也[9]라.
　상왈　이착지경　　이피구야

상전에 말하기를 밟는 것이 엉키니 조심하라는 것은 허물을 피하기 위해서이다.

六二는 黃離니 元吉[10]하니라.
　육이　　황리　　원길

고, "경지(敬之)"는 신중하다는 의미이다. 총명하고 재주 있는 선비가 처음 세상에 나왔을 때 모든 행동은 반드시 신중하고 정중한 태도를 가지고 대처하여야 별다른 허물이 없게 된다. "착연(錯然)"은 걸음이 서로 교착(交錯)하여 뒤엉킨다는 의미를 가지고 있다. 즉 초구는 출세하려는 욕구가 매우 강하기는 하지만, 맨처음 자신이 기대어야 할 대상이나 구체적인 방향 또는 지향해야 할 목표가 명확하게 정해지지 않았기 때문에 걷는 걸음걸이가 이리저리 왔다갔다 하여 매우 위험하다. 또 "착연(錯然)"에는 신중하고 정중(鄭重)해야 한다는 의미도 있다(왕필의 관점). 만약 조심스럽고 신중하지 않으면 허물을 피하기 어렵다.

8 "예석(禮昔)"은 예를 시행하기 시작한다는 말이다.
9 "피(辟)"는 "피(避)"와 같은 뜻이다. 초구의 양은 본래 허물이 있다. 그러나 아래에 자리하여 겸손하고 신중하면 그 허물을 면할 수 있다. 『주역절중』에서는 호원의 말을 인용하여 "이괘의 초효에 자리하고 있는 것은 마치 해가 처음 뜨는 때와 같다. 일의 초기에 있어서는 마땅히 항상 조심스럽게 경계하여 덕을 쌓고 일을 닦아나가야 한다. 이렇게 하여야 그 허물을 면할 수 있는 것이다(居離之初, 如日之初生. 於事之初, 則當常錯然警懼, 以進德修業, 所以得免其咎)"고 하였다.
10 육이는 특히 중정에 붙어 주효(主爻)가 되어 있다. 그래서 "황색에 붙음", 즉 "중정에 부

🅑 六二는 黃離,¹¹ 元吉.
　　육이　황리　원길

육이는 황색에 붙음이니(중정에 부착되어 있으니) 크게 길하다.

🅑 육이는 황혼 무렵에 짐승에게 그물을 던졌다. 크게 길한 점괘를 얻었다.

象曰 黃離元吉은 得中道也라.
상왈 황리원길　　득중도야

상에 말하기를 누런 걸림이니 크게 길하다는 것은 중도를 얻은 것이다

九三은 日昃之離니 不鼓缶而歌면 則大耋之嗟라 凶¹²하리라.
구삼　일측지리　불고부이가　즉대질지차　흉

착되어 있는" 상이 되어 크게 길하다. "황(黃)"은 흙의 색이고, 흙은 오행의 중앙이기 때문에 중색(中色)이다. 육이는 내괘(內卦)의 중위(中位)로 중색(中色)에 부착되어 있다. 육이는 또 음효로 정위이고 중정의 덕성을 가지고 있기 때문에 당연히 크게 길하다. 이것은 곤괘 육오의 "황상원길(黃裳元吉)"의 의미와 비슷하다.

11 등구백은 『백화백서주역』에서는 "황(黃)"을 '멋진', '아름다운'이란 말로 번역하고 있다. 128쪽 참조.
12 "측(昃)"을 『설문해자』에서는 "해가 서방에 있을 때를 측이라고 한다(日在西方時, 昃也)"고 하여, 해가 서쪽으로 기울어진 것을 말한다. "이(離)"는 해로 서쪽으로 기울어진 해가 바로 "일측지리(日昃之離)"이다. "부(缶)"는 흙으로 만든 질그릇을 말하고, "고(鼓)"는 두드린다는 의미이다. "무늬 없는 질 장구를 두드려 노래하지 아니하면(不鼓缶而歌)"이라는 말은 질그릇을 치면서 노래하지 않는다는 의미이다. "질(耋)"은 늙었다는 의미이다. 마융은 70세를 질(耋)이라고 하였고, 왕숙(王肅)은 80을 "질"로 보았다. 『설문해자』는 80세를 질로 보았는데, 대체적으로 "질"은 칠팔십 세의 노인들을 말하는 것으로 보인다. 여기에서 "아주 늙은 사람이 탄식하는 것이니(大耋之嗟)"라는 것은 노인의 찬탄을 표현한 말이다. 결국 이 구절은 태양이 서쪽으로 지려 하니 질그릇을 두드리며 노래하는 달관의 태도가 아니라, 해가 지는 것에 슬퍼하는 사람의 찬탄이기 때문에 흉하다는 것이다. 순상(荀爽)은 "초효는 일출이고, 이효는 해가 중천에 있는 것이고, 삼효는 해가 기울어지는 것이다(初爲日出, 二爲日中, 三爲日昃)"라고 하였는데, 구삼은 하괘의 끝으로 해가 서쪽으로 지는 상이다. 이것을 사람의 생명에다 비유하자면 거의 죽음을

백 九三, 日昃之離, 不鼓缶而歌, 則大耋之嗟. 凶.
　　　구삼　일측지리　불고부이가　즉대질지차　흉

구삼은 해가 기울어져 걸림이니, 무늬 없는 질 장구를 두드려 노래하지 아니하면 아주 늙은 사람이 탄식하는 것이니 흉할 것이다.

백 구삼은 해가 서쪽으로 기울어졌을 때는 그물로 짐승을 잡기는 힘이 든다. 북을 두드리며 노래를 부르지 않고 삼베 띠가 있는 상복을 입고 한탄하는 것은 모두 좋지 않은 결과 때문이다.

象曰 日昃之離 何可久也[13]리오.
　　상왈　일측지리　하가구야

상전에 말하기를 해가 기울어져 걸려있음이 어찌 오래 가겠느냐?

九四는 突如其來如라 焚如니 死如며 棄如[14]니라.
　구사　돌여기래여　분여　사여　기여

앞둔 노인을 상징하는 것이라고 할 수 있다. 그러므로 정이천은 『이천역전』에서 "구삼은 하체의 마지막에 있으니, 이는 앞의 밝음이 장차 다하고 뒤의 밝음이 계속하는 때이니 사람의 처음과 끝으로 변혁하는 때이다. 그러므로 해가 기울어져 걸림이니 해가 아래로 기울 때의 밝음이니 해가 기울면 장차 지게 된다. 이치로 말하면 성하면 반드시 쇠함이 있고, 시작하면 반드시 종말이 있는 것이 일반적인 도리이니 통달한 자는 이치에 순종하는 것을 즐거움으로 삼는다(九三居下體之終, 是前明將盡, 後明當繼之時, 人之始終時之革易也. 故爲日昃之離, 日下昃之明也, 昃則將沒矣. 以理言之, 盛必有衰, 始必有終, 常道也. 達者順理爲樂)"라고 하였다.

13 그 밝음이 어찌하여 오래 가겠는가? 반드시 멀지 않아 소멸할 것이라는 말은 자연법칙이 본래 그러한 것이라는 의미이다. 마찬가지로 사람도 늙으면 죽게 마련이다. 어찌 오래 가겠는가? 여기에서 지혜로운 자는 이런 진리를 알고 죽음을 두려워하지 않고 자연에 있는 그대로 순응할 뿐이다.

14 "여(如)"는 "연(然)"의 뜻이다. 이괘가 말하는 부착의 도는 유(柔)가 중정에 자리하여 형통한 것이다. 구삼은 나이가 많으면서도 지나치게 강하여 쉽게 자기 자리를 내어주지 않으려고 발버둥치기 때문에 흉하다. 이에 비해 구사는 공손하고 겸손하게 행동하여야

백 九四, 出如, 來如, 紛¹⁵如, 死如, 棄如.
　　　　구사　출여　래여　분　여　사여　기여

구사는 갑자기 그것이 오는 것이라 (기염이) 불에 타는 듯하니, 죽으며 버림을 받는다.

백 구사는 잠자는 새가 둥지를 빠져 나와 날다가 그물에 걸려서 온 힘을 다해 발버둥 치면서 빠져 나오려다가 힘이 다해 죽어 땅위에 버려졌다.

象曰 突如其來如는 无所容也¹⁶니라.
　상왈　돌여기래여　　무소용야

상전에 말하기를 갑자기 그것이 오는 것은 용납할 것이 없는 것이다 (태위

함에도 불구하고 지나치게 급하고 강한 태도를 취하여 마치 기염(氣焰)이 불타는 듯이 하기 때문에 "갑자기 그것이 오는 것(突如其來如)"이라고 말한다. 구사는 바로 두 개의 이괘, 즉 두 개의 태양이 연결되어 이어지는 곳이다. 앞의 태양은 이미 서쪽으로 침몰하고 뒤에 오는 태양은 지금 떠오르고 있는 그런 미묘한 시각이다. 여기에서 구사는 조급하여 중정하지 못하고 앞의 왕이 뒤의 왕을 계승하려는 시기에 망동(妄動)히여 자기 스스로 왕을 칭(稱)할 경우 결과는 비참하게 된다는 것이다. 여기에는 반드시 겸손한 정성과 대세에 순응하는 태도로 여유 있게 기다려야 한다. 그렇지 못하고 급하게 자리를 물려받으려 할 경우 많은 사람들에게 미움을 받고, 이러한 결과로 "불에 타서 죽으며 버려지게(焚如, 死如, 棄如)" 되는 것이다. 이 때 구사의 경우는 이미 불에 타서 죽임을 당해서 버려지는 상태와 있기 때문에 이보다 더한 흉함은 있을 수가 없다. 특히 이 부분은 『맹자』「만장」하에서 말하는 순(舜)임금과 우왕(禹王)의 아들인 계(啓)의 왕위 계승 문제와 관련하여 말하기도 한다.

15 "분(紛)"은 발버둥 친다는 의미이다.
16 구사는 양강으로 부중부정이다. "명(明)"을 잇는 문제를 조급하게 압박하는 상이다. 이럴 경우 결국은 타서 버려지고 마는 불행을 만난다. 이런 상황은 여러 사람으로부터 버려져(무시당해) 몸 둘 곳도 없다는 것을 말한다. 이러한 결과가 생기는 것은 엄밀히 말하면 천하 사람들이 그를 용납하지 못한 것이 아니라, 그 스스로 자초한 것이라고 할 수 있다. 이에 대해 정이천은 『이천역전』에서 "위로 군주를 능멸하여 계승함을 순조롭게 하지 않으면 사람들이 미워하고 버려서 천하가 용납하지 않는 것이다(上陵其君, 不順所承, 人惡衆棄, 天下所不容也)"라고 하였다.

지고 죽고 버려진다).

六五는 出涕沱若하며 戚嗟若이니 吉¹⁷하리라.
육오 출체타약   척차약   길

▣ 六五, 出涕沱若, 戚嗟若. 吉.
  육오 출체타약 척차약 길

육오는 눈물을 줄줄 흘리며 슬퍼 탄식하니 길할 것이다.

▣ 육오는 버림받아 떠나는 여인이 슬퍼하여 온 얼굴에 눈물이 흘리고 탄식한다. 점을 치니 길하다는 결과가 나왔다.

象曰 六五之吉은 離王公也¹⁸일새라.
상왈 육오지길   이왕공야

---

17 "타약(沱若)"이라는 말은 눈물을 줄줄 흘린다는 말이다. 육오는 유로서 부정(不正)의 자리로 군주의 위치에 있으면서 상하의 양에 의해 핍박받아 눈물을 흘리면서 슬퍼서 탄식하고 있는 경우를 말한다. 다행히 육오가 외괘에서 중을 얻어 부드럽고 중도를 지키는 성격을 지니고 있어서, 비록 처한 상황이 위험하지만 늘 두려워하면서 경계하여 위험한 상황을 평안한 상태로 바꾼다. 이처럼 늘 자각적인 상태에 있기 때문에 결과적으로 길을 얻게 되는 것이다. 감괘(坎卦)와 이괘(離卦)는 모두 중을 귀하게 여긴다. 이괘의 육이와 육오는 모두 중에 있기 때문에 길함을 얻고 있다. 그런데 육이의 효사에서는 편안하게 "원길"를 얻지만, 육오의 효사에서는 위험한 가운데에서 길함을 얻는다고 말한다. 이 차이는 "득위(得位)" 여부에 있다. 육이는 음으로서 음의 자리에 있으면서 중의 자리에 있고, 육오는 음으로서 양의 자리에 처하여 중이긴 하지만 득위하지 못하고 있다. 육오는 부득위이기 때문에 위험의 상이 있게 되는 것이다. 그러나 육오는 비록 유로서 중에 거하여 매우 위험한 위치에 있지만, 그 위험을 알아 그것을 벗어날 수 있는 능력을 가지고 있다.

18 "길"한 이유는 왕공의 정위(五)를 얻고 있기 때문이다. 육오는 눈물을 흘리면서 탄식하고 있는데 어떻게 길을 말할 수 있는가? 길을 말할 수 있는 이유는 그것이 제왕의 자리에 있고, 제후들이 눈물을 흘리면서 탄식하는 상황을 좌시하지 않고 모두가 일어나서 그를 돕기 때문이다. 만약 제왕의 자리가 아니라면, 단순히 나약하고 무능한 자질로 눈물을 흘리고 탄식하는 것으로는 어떠한 길함도 얻을 수 없을 것이다. 그러므로 "왕공이라

상전에 말하기를 육오의 길함은 왕공이라는 위치에 붙어 있기 때문이다.

上九는 王用出征이면 有嘉¹⁹니
상구   왕용출정   유가

☷ 尙九, 王出正有嘉,
   상구 왕출정유가

상구는 왕이 출정하면 아름다움(훌륭한 결과)이 있을 것이니,

☷ 상구는 왕이 출병하여 유가국(有嘉國)을 정벌하여 크게 승리하여,

折首하고 獲匪其醜면 无咎²⁰리라.
절수   획비기추   무구

☷ 折首獲, 不馘²¹. 无咎.
   절수획 불추   무구

적의 괴수만 잡고 그 농뮤기 아니면 허물이 없을 것이다.

☷ 군주의 목을 베고 더 이상 토벌하지 않았다. 허물이 없다는 점을 얻었다.

象曰 王用出征은 以正邦也²²라.
상왈 왕용출정   이정방야

는 위치에 붙어있기 때문이다"라고 말한다.
19 상구는 이괘의 끝으로 강명(剛明)의 끝의 자리이다. 왕(육오)은 강명한 상구를 이용해 출정하여 복종하지 않는 죄인을 정벌한다. "가(嘉)"는 훌륭한 결과를 말한다.
20 "수(首)"는 적의 괴수(魁首)를 말하고, "추(醜)"는 "동류(同類)"를 말한다. 전쟁의 목적은 적의 수령의 목을 베는 것에 있기 때문에 협박을 받고 따랐던 동류는 포획(捕獲)하지 않고 놓아 준다. 이렇게 함부로 형벌을 가하지 않기 때문에 허물이 없게 되는 것이다.
21 등구백의 『백서주역교석』 288-9쪽과 장립문의 『백화백서주역』 449쪽 참조 바람.

상전에 말하기를 왕이 출정한다는 것은 나라를 바로 잡으려는 것이다.

* 이괘의 의미와 교훈

이괘(離卦)는 의지하여 부착하는 원칙에 대해 말하고 있다. 험난함 속에서 반드시 어디에 의지하여 의탁할 만한 것을 찾아야 안전할 수 있다. 그러나 부착(附着)하거나 의부(依附)하는 것을 구하려면 반드시 먼저 목표를 분명히 하여야 하기 때문에 매우 조심스럽게 선택할 수밖에 없다. 중정(中正)의 원칙을 파악하고 단순한 기회주의적인 선택을 해서는 안 된다. 또한 부착의 근본적인 목적은 단결에 있기 때문에 단결이나 조화를 파괴하는 자는 마땅히 제거할 수밖에 없다. 이러한 몇 가지 원칙에 근거하여 중도(中道)의 원칙을 세워 항상 자신을 되돌아보고 잘못을 자각하는 그런 태도를 가져야 어려운 상황도 쉽게 해결할 수 있게 되는 것이다.

이괘가 말하는 '부착'의 뜻은 불과 태양을 기본적인 상으로 갖는다. 괘사에서 "암소를 기른다"면 길함을 얻을 수 있다는 것은 바로 부착할 때는 반드시 부드럽고 바름을 지켜야 좋은 결과를 얻을 수 있음을 강조한 것이라고 할 수 있다.

여섯 효의 상황을 가지고 분석하면, 이효와 오효는 음으로 중의 자리에 있기 때문에 길함을 얻고 정도를 지켜서 부착의 결과를 얻는다고 말한다. 삼효와 사효는 모두 흉한데, 이는 두 효가 부중부정하거나 혹은 쇠퇴에

---

22 상구는 강직하고 밝으며 덕을 가지고 이괘의 극에 자리하고 있다. 그리고 아래에는 그를 의지하여 따르는 자들이 매우 많고 배신하는 자들은 아주 적다. 그러므로 이때 자신과 다른 자들을 정벌하는 일은 오직 나라를 바로잡으려는 것이기 때문에 허물이 없는 결과를 낳을 수 있다.

직면하여 부착의 뜻을 이루지 못한 경우들이다. 초효와 상효의 두 양효의 경우 초구가 신중하게 점차적으로 사물에 부착하는 것을 말한다면, 상구는 부착의 도가 이미 완성되고 모든 사물들이 부착되어 있기 때문에 무구(无咎)라고 말한다. 만약 감괘(坎卦)와 이괘(離卦) 두 가지를 서로 비교해 보면, 위험을 행하는 경우에는 반드시 '강중(剛中)'을 위주로 하고, 부착의 경우에는 '유중(柔中)'을 표준으로 한다는 것을 알 수 있다.

이괘가 상징하는 의미는 매우 광범위한데 인간사를 가지고 말하면 지위가 높고 낮은 것을 막론하고 반드시 그가 처한 시대와 사회에 부착할 수밖에 없다. 사람과 사람 간에는 의탁하기도 하고 의탁되어지기도 하는 복잡한 관계가 존재한다. 인간들의 사회구조는 이 때문에 불가피하게 하나의 특정한 조합을 반영할 수밖에 없다. 여기에서 국가나 단체가 생겨나고 또 상하 존비의 관계가 형성될 수밖에 없는 것이다.

이괘는 상호 의지하는 인간사의 의미를 이야기하고 있다. 사람들이 사회에서 생활하는 경우에는 반드시 서로 의지해야만 한다. 그러나 상호의지 역시 적합한 대상을 선택하고 중정(中正)의 원칙에 근거하여야 하고, 또 유순한 태도를 가지고 행동하여야 상호 관계의 우애(友愛)를 상하게 하지 않을 수 있다. 그러므로 이괘는 육효 중에서 이효와 오효는 모두 길하고, 구삼은 오래 갈 수가 없고, 구사는 용납될 수 없어서 모두 좋지 않다. 초구와 상구는 공손하고 주어진 한계를 잘 받아들이기 때문에 허물이 없고 또한 나름대로의 공을 이루어 낼 수가 있다. 결론적으로 이괘가 이야기하려는 상호의지의 바른 도리는 현대의 일상생활에서도 여전히 따를 만한 가치가 있는 원리라고 할 수 있을 것이다.

주역 하권

차례

31. ䷞ 택산함(澤山咸, 백 欽 第四十四)
32. ䷟ 뢰풍항(雷風恒, 백 恒 第三十二)
33. ䷠ 천산둔(天山遯, 백 掾 第三)
34. ䷡ 뢰천대장(雷天大壯, 백 泰壯 第二十六)
35. ䷢ 화지진(火地晉, 백 溍 第五十一)
36. ䷣ 지화명이(地火明夷, 백 明夷 第三十八)
37. ䷤ 풍화가인(風火家人, 백 明夷 第六十三)
38. ䷥ 산택규(火澤睽, 백 乖 第五十三)
39. ䷦ 수산건(水山蹇, 백 蹇 第二十)
40. ䷧ 뢰수해(雷水解, 백 解 第三十)
41. ䷨ 산택손(山澤損, 백 損 第十二)
42. ䷩ 풍뢰익(風雷益, 백 益 第六十四)
43. ䷪ 택천쾌(澤天夬, 백 夬 第四十二)
44. ䷫ 천풍구(天風姤, 백 狗 第八)
45. ䷬ 택지췌(澤地萃, 백 卒 第四十三)
46. ䷭ 지풍승(地風升, 백 登 第四十)
47. ䷮ 택수곤(澤水困, 백 困 第四十五)
48. ䷯ 수풍정(水風井, 백 井 第二十四)
49. ䷰ 택화혁(澤火革, 백 勒 第四十六)

50. ䷱ 화풍정(火風鼎, 백 鼎 第五十六)

51. ䷲ 중뢰진(重雷震, 백 辰 第二十五)

52. ䷳ 중산간(重山艮, 백 根 第九)

53. ䷴ 풍산점(風山漸, 백 漸 第六十)

54. ䷵ 뢰택귀매(雷澤歸妹, 백 歸妹 第二十九)

55. ䷶ 뢰화풍(雷火豊, 백 豊 第三十一)

56. ䷷ 화산여(火山旅, 백 旅 第五十二)

57. ䷸ 중풍손(重風巽, 백 筭 第五十七)

58. ䷹ 중택태(重澤兌, 백 奪 第四十一)

59. ䷺ 풍수환(風水渙, 백 渙 第六十二)

60. ䷻ 수택절(水澤節, 백 節 第二十一)

61. ䷼ 풍택중부(風澤中孚, 백 中復 第六十一)

62. ䷽ 뢰산소과(雷山小過, 백 少過 第二十八)

63. ䷾ 수화기제(水火旣濟, 백 旣濟 第二十二)

64. ䷿ 화수미제(火水未濟, 백 未濟 第五十四)

『역경』과『역전』

계사전(繫辭傳)・상

계사전(繫辭傳)・하

설괘전(說卦傳)

서괘전(序卦傳)

잡괘전(雜卦傳)

부록 : 주요 개념들